大国通史丛书

总主编 钱乘旦

英国通史

A History of England

钱乘旦 主编

【第六卷】

日落斜阳

——20 世纪英国

钱乘旦 陈晓律 潘兴明 陈祖洲 著

江苏人民出版社

图书在版编目(CIP)数据

英国通史. 第六卷,日落斜阳:20 世纪英国/钱乘
旦等著. —南京:江苏人民出版社,2016.9(2025.8 重印)
　ISBN 978 - 7 - 214 - 17543 - 4

　Ⅰ.①英…　Ⅱ.①钱…　Ⅲ.①英国-历史- 20 世纪
Ⅳ.①K561.0

　中国版本图书馆 CIP 数据核字(2016)第 174284 号

书　　　名　英国通史·第六卷　日落斜阳:20 世纪英国
主　　　编　钱乘旦
著　　　者　钱乘旦　陈晓律　潘兴明　陈祖洲
策　　　划　王保顶
责 任 编 辑　蒋卫国
特 约 编 辑　刘沁秋
装 帧 设 计　刘葶葶
出 版 发 行　江苏人民出版社
地　　　址　南京市湖南路 1 号 A 楼,邮编:210009
照　　　排　江苏凤凰制版有限公司
印　　　刷　江苏凤凰新华印务集团有限公司
开　　　本　652 毫米×960 毫米　1/16
印　　　张　186.25　插页 24
字　　　数　2 480 千字
版　　　次　2016 年 9 月第 1 版
印　　　次　2025 年 8 月第 5 次印刷
标 准 书 号　ISBN 978 - 7 - 214 - 17543 - 4
定　　　价　660.00 元(全 6 卷)

(江苏人民出版社图书凡印装错误可向承印厂调换)

目　录

前　言

20 世纪是一个突飞猛进的世纪,对英国来说情况也不例外。

20 世纪开始的时候,英国是世界上一号强国——当时美国偏安一隅,德国的威胁还不为人知,俄国尚很落后,日本刚刚露头,中国则被人宰割,世界其他国家就更不能与英国相匹敌了,只有法国是英国的老对手,而这时显然已位居下风,无法与英国相比。

然而在 20 世纪结束的时候人们回头去看:世界的变化何其之大!所有那些潜在的对手都走上舞台,有些又匆匆走下去了,只有美国成为世界超强,顶替了 19 世纪英国的位置。英国在决定世界命运的每一次斗争中都是赢家,但最后却输得最厉害。现在,许多人已经忘记英国曾经是世界上最强的国家,忘记了历史上曾经有过"英国时代"。英国的国际地位大大下降,人们说:英国衰落了!

但如果仅仅从世界霸权的角度看英国衰落,那是很褊狭的。事实上,人们在经历了几个世纪的强权争夺后,已意识到暴力不是强大的体现,最强大的力量植根于"引领世界潮流"。

英国最强大的时候,正是它引领了世界潮流。看一看 17 世纪以前的历史,英国只是跟在别人后面走,并没有形成自己的特色:它跟在别人后面搞文艺复兴,搞宗教改革,又跟在别人后面闯进海洋,投入地理大发现;它跟在别人后面建立了具有近代意义的君主专制的民族国家,从而在欧洲民族之林中初露头角。但一直到 17 世纪中叶,它只是跟在别人后面而已,完全谈不上"领先"。这以后情况就不同了,从它发生政治变革起,几个世纪中它一直站在时代前列,引导世界的潮流。它非但不再跟别人,相反整个世界都开始跟它:它率先在世界上开展政治革命,这个革命导致现代国家制度的诞生;它率先在世界上开展经济革命,这个革命导致工业生产方式的形成;它率先在世界上开展社会革命,这个革命导致现代社会的出现;它率先在世界上开展思想革命,这个革命创造了人类的现代思维;此外还有技术革命、科学革命、文学革命、艺术革命……所有这些"革命"都是用和平、渐进的方式完成的,并不依赖暴力和流血。因此英国的发展方式本身也是一笔宝贵的财富,在这方面它也引领其他国家。所有这些"引领",使英国在世界潮流中独树一帜,其他国家无不试图仿效它、超越它,有意无意地将它视为发展的楷模。正是在这种情况下,出现了"英国时代",19 世纪英国的强大,得到世界公认。

但到 20 世纪,英国失去了"引领"优势,英国的强国地位也就丢失了。在 20 世纪初,"领先"的地位已是强弩之末;到 20 世纪中叶,世界潮流已由别人来领导了。尽管英国在 20 世纪前半段尚能南征北战,维护大国的体统(从"争霸世界"的角度说它应能保住"霸权"),但它输掉的却是"引领潮流"的势头。这一输是根本的输,这以后它就开始"衰退"了,从世界强国的地位上退下来。英国的衰退其实与狭义的"争霸"没有直接关系,世界最强国必须有"引领世界"的能力,丧失这个能力,就丧失了最强国的地位。20 世纪的历史说得很清楚,英国确实不能引领潮流了:科学技术的潮流不在英国,思想文化的潮流不在英国,经济发展的潮流不在英国,价值取向的潮流不在英国——事实上都不在。英国现在又退回到"跟"别人的状态之中,比如说,它在外交上跟美国,在经济上被迫走进欧洲。它的科学技术能力明显衰退,它的意识形态话语权已丢失殆尽,几乎成了美国人的应声虫。即便在文学艺术方面,二战后英国也很少表现出独创性,而只是模仿美国的"流行"作品。

所以我们说,英国的"衰落"是在这个意义上的衰落,即它不再引领世界潮流,它只能跟在别人之后走,而且,跟别人还得费一番力。在这种情况下,它必然从世界强国的峰巅跌落下来,成为人们所说的"二流""三流"国家。英国的"衰落"是一个相对的概念,表明它不能以自己的样板来吸引别人。

在绝对的意义上,"衰落"是不存在的。从本书的陈述可以看出:几乎在每一个方面,20世纪的英国都没有落伍,不存在"倒退"的问题。在政治上,英国制度仍不断变化,以适应时代发展。在经济上,它仍是一个世界大国,20世纪末它的经济总量仍在世界上排名第四,只落于美国、日本、德国之后。社会方面的变化是巨大的,最大的变化是从两极对立的阶级结构向多层次、多方位的结构发展,展现出"后现代"的特征。英国的问题是发达国家所共有的,英国并不特殊;它需要解决的问题也是其他发达国家普遍的问题,英国并不突出。总体而言,20世纪的英国变得更复杂、更多元了,而面对这样一个陌生的社会,英国人变得更加恍惚,不知道向哪个方向发展。这是在19世纪所没有的,在那个时候,英国人信心百倍、意气十足。于是,在20世纪就出现对现代社会的叛逆,这种叛逆以多种形式表现出来,在社会风气、文化创作、商业道德等等方面都有所反映,许多新的社会运动和文化运动都是反现代的,有些表现剧烈,甚至有极端主义和恐怖主义色彩——当然,这些都不是英国的特有现象,很多发达国家都有;不过问题恰恰出在这里:英国没有特别的东西,它不能引领潮流了,只是顺流而动而已,并且越来越被动。但19世纪的情况却不是这样的,它当时意气风发,几乎在所有领域都开风气之先,比如男士的燕尾服和女士的鲸骨裙,这些都是工业资产阶级的标准服装,后来成为全世界公共场合的标准礼服。到20世纪,这种"领先"的能力到哪里去了? 难道时装的潮流不在巴黎或纽约,大众文化和大众消费的标志不是好莱坞或麦当劳?

可以说,"英国的时代"是工业的时代,当工业向"后工业"转变时,潮流就离开英国而去了。读者在本书中可以看到这种转变:一方面,英国仍在发展,仍在变化;另一方面,它失去了引领潮流的能力,于是只能在潮流中尽可能跟进。

20世纪的英国丢失了帝国,这也是潮流,不过有一点是它独特的:当其他帝国都烟消云散时,英帝国却留下一个影子,即英联邦。英联邦体现着英国的风格:一切变化都逐步进行,能分成两步走,决不走成一步。事实上人们发现,20世纪英国的一切变化都体现这个特色。

渐变是英国近代历史最大的特点,也是20世纪英国的特色。我们在总结20世纪的英国历史时尤其指出这两点:一是渐进的发展,二是失去引领的能力。20世纪的英国夕阳西下,但它还是在向前走,只是不能走在世界潮流的前面——作为一个小国,除非它有足够的能力"引领世界",否则它最佳的状态就是跟潮流。

20世纪的英国只能做到这一步了,但英国全部的历史,却给世界留下深刻的遗产。

本书曾在1997年由香港商务印书馆出版,现作为多卷本《英国通史》的第六卷再版。再版时增加和改写了许多内容,文字也有大量修订。作者全都是英国历史的专业研习者,经受过出色的专业训练。他们尽很大努力写出这本书,希望得到读者的认可。

本卷主持人　钱乘旦
2015年1月,于北京

第一篇
政　治

第一章 20世纪政治制度

20世纪开始的时候,欧洲仍保留着旧制度的痕迹,当时,除法国和瑞士外,几乎所有国家都是王国或帝国,君主制是各国通行的政治制度。到20世纪结束的时候,只有少数几个欧洲国家还保留着"王国"的称号了,而英国正是其中之一。

在20世纪,欧洲几乎所有的主要国家都遭受过革命或战争的直接洗礼,其政体乃至国体,都因此发生根本性变化。比如说,法国经历过三个共和国和两次革命危机;德国有过两个帝国和两个共和国;奥匈帝国和奥斯曼帝国崩溃了;俄国经历了社会主义革命,但1991年苏联也瓦解了。就连意大利、西班牙、葡萄牙、波兰这些重要性略低的国家,在20世纪也经历了严重的政治动荡,无一保留20世纪初的政治面貌。但是,英国却在20世纪结束的时候,几乎和开始的时候一样,维持着它那古老而连续不断的政治制度,至少在表面上并无变化。

然而,变化是悄悄进行的,许多无声无息的事件已经使英国的政治结构及其运行方式发生了质的变异。今天的英国政治制度,尽管看起来几乎和20世纪之初差不了多少,但细究其内里,其变化之大,竟可让任何人都大吃一惊。

产生这种现象的重要原因之一,是英国没有"宪法",严格地说,是没有写成文字的宪法。

英国"宪政"建筑在传统基础之上,因此比"成文的"宪法更牢固。但另一方面,修改英国"宪政"也并不费事,它不需要繁琐复杂的程序,下院多数的同意和习俗的变化,都会导致英国"宪政"发生变动。

英国"宪政"是由许多先例、律令和司法案例组成的不定型体,其中"习惯"起决定的作用。英国宪法有些部分写成文字(如历年的案例),有些部分则不成文,而仅仅是以前发生过的事。先例在英国政治制度中起很重要的作用,时至今日,英国政府的权力、上下院的职能、首相产生的办法、政府更替的规则,等等,所有这些在国家政治生活中至关重要的方面,都是由"习惯"确定其原则的,并没有写成文字。英国的"君主立宪制"主要就建立在传统所规定的约定俗成之上,似乎并不需要一部成文的"宪法"。

先例不一定非是"古"的不可,现代的先例也一样有效。1975 年,工党的威尔逊(Harold Wilson)首相为解决在加入欧洲共同市场问题上出现的党内和国内的分歧,决定进行一次全民公决。这在英国历史上是一次前所未有的创举。自此以后,全民公决就成了决定国家大事、特别是有争议的大事的一种可供选择的方法。

在 20 世纪,新的先例可以说层出不穷。比如在 1895—1902 年间,担任英国首相的还是贵族,但后来情况就改变了,经过几十年由"平民"担任首相,人们现在一般认为只有下议员("平民")才有资格当首相。因此 1963 年霍姆勋爵(Lord Alec Douglas-Home)接任首相时,他就非放弃其贵族的称号不可。但无论是下议员担任首相还是贵族在放弃爵位后担任首相,都只是习惯而已,并没有任何成文的规定,并且,两种习惯都是 20 世纪才出现的,比起更古老的习惯来,它们当然自愧不如。因此,今后哪一天若再出现一位有爵位的贵族当首相,而他又不愿意放弃头衔,那也不必大惊小怪,因为那种做法有更古老的先例可循。

这样就提出一个很重要的问题,即以先例和习惯为基础的宪法,在执行上会有许多不规定性,操作时会有各种理解,也会产生许多争议。1707 年安妮女王(Queen Anne,1702—1714 年在位)最后一次行使国王否决权,否决了议会通过的一项法律。这以后,国王再也没有行使过这种权力。然而,并没有哪一条成文的法律规定国王不可以行使否决权(当然也没有规定国王可以行使否决权),因此行使和不行使都可以看作符合先例,也就是符合英国"宪政",那么到底应该行使还是不行使呢?1910—1914年,英国政界在上院改革和爱尔兰自治问题上产生严重对立,有人建议国王乔治五世(George V,1910—1936年在位)在必要时行使否决权。首相阿斯奎斯(Herbert Henry Asquith)则说:国王的否决权早就和安妮女王一样作古了;从那以后,"君主从未企图对一项得到议会批准的法案表示不同意"①。在这场争议中,双方都有先例可以援引,同时又都没有成文的宪法作为依据。

英国不存在像美国那样有权解释宪法的"最高法院",因此当出现宪法争议时,没有一个可以做出最终裁决的机构。在这种情况下,民意就成为最高的判决者了,哪一种做法能够取得多数民众的认可,它就取得了宪法的合理性。英国政治制度中这种现象是很奇怪的,18世纪末,保守主义大师埃德蒙·伯克(Edmund Burke)和激进主义大师托马斯·潘恩(Thomas Paine)曾为要不要"法先人"的问题激烈地争论过,英国"宪政"仰赖先例,实际上是遵循了伯克的路线;但哪一种"先例"应该仰赖,却要由当时活着的人来判断,在这一点上潘恩的原则又体现出来了。

英国"宪法"中也有一些见诸文字的东西,主要是历朝历代制定的法律、条令等。有一些律令虽经几百年沉浮沧桑,至今却仍然有根本性的影响,它们就成为英国宪法的组成部分,如1215年的《大宪章》(Magna Carta)、1628年的《权利请愿书》(Petition of Right)、1689年的《权利法案》(Bill of Rights)、1701年的《王位继承法》(The Act of Settlement)等等。和先例一样,宪法的这个组成部分也是随时代的发展而不断充实的,19世纪曾经对选举制度进行过一系列改革,由此产生的许多法律也

---

① Asquith to George V, September 1913, in David C. Douglas, gen. ed., *English Historical Documents*, vol. xii(Ⅱ), Cambridge University Press, 1977, p. 49.

就融进了英国的"宪法"。到 20 世纪,这一过程仍在继续:1911 和 1949
年分别通过的两个《议会法》(Parliament Acts);1918、1948 和 1969 年通
过的三个《人民代表权法》(Representation of the People Acts);1944 和
1958 年的《下院议席重新分配法》(Redistribution of Seats Acts);1958
年的《终身贵族法》(Life Peerage Act)等等都属于这一类情况。关于这
些法律,在下文适当的地方将分别作进一步说明。

另外,一些司法案例也是宪法的一个组成部分,比如 1884 年的"布
雷德洛对戈塞特审判案"(Bradlaugh vs Gossett)确定了这样一种原则,
即在有关议会内部的事务上,议会的权力高于法庭。

英国既然没有一部统一的成文"宪法",那么也就毋须去修改"宪法"
了;但英国的宪政又是随时可以修正或者补充的,做起来比有成文宪法的
国家都要简单。在 20 世纪的英国,一项关系到国家政治制度的立法,哪怕
关系到国家的根本政体,在实践上也只需要下议院的简单多数即可通过并
最终生效。举例来说,两个《议会法》对上院的权力狠狠地加以削减,使权
力完全集中在下院手中。这明显是 20 世纪英国政治制度的重大变动,但
这个过程就是靠下院的简单多数完成的。从理论上说,每一个政府都掌握
着下院最起码的简单多数,否则这个政府就无法存在。因此,这意味着任
何一个政府都可以随意对英国政体的任何部分进行修改,包括彻底改变英
国政体,比如取消君主制或取消上院等等。由此看来,不成文的宪法具有
最大的不稳定性,政治动荡随时都可能出现。但激烈的变动在英国始终没
有出现过,这是因为按照英国的传统,创新也要以"先例"为依据,得不到传
统支持的创新很难为多数人所接受。"英国政治文化的特点是:在人民方
面有合作信任,在政府方面有温和节制。由此产生这样一种情况:政府
有几乎不受限制的合法权力,却以节制的精神行使这种权力……如此便
有必要强调那种真正的牵制力量,它是由传统通过对温和、得人心、讲道
理的政府的承诺而施加于政府的行为之上的。"①

---

① R. M. Punnett, *British Government and Politics*, Norton, New York, 1968, p. 185.

有人把英国宪法叫做"柔性宪法",这种宪法的特点是无定型、易变、多变。"一个具有柔性宪法的国家,可以通过正常的法律程序,改变它的宪法"①,例如,通过或废除一道法律,就可能对宪法的某一部分做出或大或小的变动;长期地保持某种习惯或抛弃某种习惯,也可能改变宪法。然而,对于英国政治家来说,要操心的主要是现实问题,宪法有没有受到触动,这似乎并不重要。当他们为解决某个现实的政治问题而制定出某项法律时,他们很可能就改动了宪法中的某个部分;但他们从来就不是蓄意要改变宪法,他们只考虑现实的需要。即使像《权利法案》《王位继承法》这样一些最接近于"根本大法"的法律文件,在其制定时,也只是为应付当时紧迫的政治需要。英国政治家从来没有想过要去制定一部"宪法",英国"宪法"是在长期的历史发展中自然形成的,而且永远都在形成与变动的过程中。这就使英国宪法既有一种在长时期中缓慢变化的特点——永远也不是同一个模样;同时,它又有很强的连续性,要在很长的时间里才能看出它的变动幅度和变化方向;在一个相对短的时间里,它似乎就是静止不动的——至少在表面上看起来是如此。

20世纪的英国"宪政"就是这种情况。现在我们深入一步,看看在政治制度的每一个方面承继与变异的情况。

自古以来,英国政体就由三部分组成:国王、上院和下院。按英国官方的说法,"这三个部分集合在一起,就组成立法机关;作为宪政的单个方面,它们则发挥不同的作用,享有不同的权利与特权"②。

在英国历史上,这三个部分曾先后成为权力的重心,比如在专制时期,国王是权力的重心;专制制度消灭后,上院成为权力重心;19世纪开始,重心明显向下院转移,到20世纪,只有下院才是真正的权力机构,其他两个部分已经沦为陪衬了。然而从形式上看,这三个部分却始终存在着,而且似乎保留着它们传统的作用。

---

① F. Randall, *British Government and Politics*, Plymouth, Britain, third edtion, 1984, p. 42.
② Central Office of Information, *The British Parliament*, HMSO (Her Majesty's Stationary Office), 1965, p. 2.

　　国王是个很奇怪的部分,按理说它和民主制度是很难相容的。但英国君主制不仅保存了下来,而且与英国宪政似乎不可分。原因在哪里?詹姆斯·凯布尔(James Cable)说,"英国君主制的尊严之增长,恰与其实在的政治权力之下跌相对应"[1];庞尼特(R. M. Punnett)说得更清楚,他说,"几百年来,君主制发展的本质特征就在于它对变化中的政权形式的适应性,尤其是近三百年来,它演变成了立宪君主制"[2]。也就是说,君主制在英国能延续到今天,关键在于它改变了自己。

　　现代君主制的关键是立宪。君主制在20世纪的英国能安然无恙,其原因就在于国王已绝对地放弃了一切实权。1913年,一位廷臣对乔治五世国王说:"君主只要按在下院多数支持下的政府大臣的建议行事,他就不会做违宪之事。政府负责制是君主制的保护伞,失去它,王位就不能在政治冲突和激烈的暴风骤雨中维持长久。"[3]

　　那一年,乔治五世不赞成实行爱尔兰自治,曾考虑使用国王的特权否决议会决定。首相阿斯奎斯给国王写了一份备忘录,告诫他不要行使否决权。其中说:"我们现在有一个牢固确立了两百年的传统,即归根到底,王位的占有者接受其大臣的建议并据此行事。君主可能已经失去了一些个人的权力与权威,但王位却由此而避开党派政治沉浮的风暴。君主制扎根于一个坚实的基础上,支撑这个基础的是悠久的传统和普遍的信念,即:君主的个人地位对延续我们民族的生存起着不可估量的保障作用。"[4]所以,国王并没有使用否决权。

　　君主服从内阁是18世纪就形成的传统,但20世纪的特点是:国王在一切公务问题上都越来越放弃主动性,不采取任何主动行动,甚至不主动对政治问题发表个人的见解。国王只是在私下向政府表达他对解

---

① James Cable, *Political Institutions and Issues in Britain*, London, 1987, p. 35.

② R. M. Punnett, *British Government and Politics*, Norton, New York, 1968, p. 253.

③ J. Harvey and L. Bather, *The British Constitution*, Macmillan, London, 1963, p. 194.

④ David C. Douglas, gen. ed., *English Historical Documents*, vol. xii(Ⅱ), Cambridge University Press, 1977, p. 49.

决某个问题的看法,这种看法纯粹是私人的建议,政府可以接受,也可以不接受。这样一来,国王就绝对地超然于政治纷争之上了,而只有这样,君主制才能永久存在下去。

那么,当代君主在国务活动中起哪些作用呢?首先,他是国家元首,起礼仪方面的作用,不仅在对外交往上英王代表英国,而且一次纯国内性质的活动,国王或王室成员的出场就表明这次活动的重要性。其次,英王作为国家的人格化,为英国人提供了效忠的对象,是英国民族团结的纽带。国王既超脱于党派斗争之上,他的存在就使英国人可以反对政府但不反对国家,从而成为国家稳定的一个重要因素。第三,在日常政治活动中,国王以其丰富的阅历及长期的经验,为历届政府提供咨询意见,为政府解决政治难题出谋划策。正如 1867 年沃尔特·白芝浩(Walter Bagehot)在《英国宪政》一书中所说:"立宪君主有三项权利:被咨询权、支持权与警告权。"[1]最后,作为英联邦的首脑,英王还起着联邦纽带的作用,英联邦至今犹存,与英王的存在不无关系。

国王还有一个很含糊的权力,即遴选首相。首相如何产生,并没有成文的规定,只是按习惯办事。近几百年来形成的习惯是:首相由议会多数党领袖担任,国王加以认可。但如果大选没有产生多数党(如 1924 年)或有多数党但没有产生明确的党领袖(如 1957 年)时,国王就要发挥比较大的作用了。1924 年,乔治五世任命了一个少数党政府即第一届工党政府;1957 年,伊丽莎白女王二世(Elizabeth Ⅱ,1952 年继位至今)任命麦克米伦(Harold Macmillan)为首相。两次任命都是相当出人意料的——当然,国王是在广泛地征询了意见、特别是政界元老的意见之后才做出决定的。1931 年,乔治五世做了一个 20 世纪最引人争议的决定:当时,工党首相麦克唐纳(James Ramsay MacDonald)辞职,按惯例应召唤反对党(保守党)领袖组阁,但乔治五世听从了自由党领袖塞缪尔

---

[1] L. W. White and W. D. Hussey, *Goverment in Great Britain*, *the Empire and the Commonwealth*, Cambridge University Press, 1965, p. 25.

(Herbert Samuel)的建议，组织了一个多党联合政府，由麦克唐纳继续任首相。难以确定首相的情况主要出现在保守党执政时，20世纪70年代，保守党制定出选举领袖的明确程序，这以后国王挑选首相的灵活性就减少了，因为保守党和工党一样，不会再出现没有领袖的情况了。

反对君主制的人指出：君主制实际作用很小，代价却很大；国家每年要拨出大笔款项作为王室经费。20世纪初，维多利亚女王（Queen Victoria）的最后一笔经费是47万镑；1952年伊丽莎白二世获得47.5万镑的经费，其夫爱丁堡公爵（Duke of Edinburgh）也获得4万英镑年金。此后，王室经费逐年增加，到1979年已达260多万镑。除此以外，国王还从其私人产业（如庄园、城堡、园林、艺术收藏品等）上获得大量收益，王室是英国最富有的家族。不过，王室开支仍然入不敷出，国家每年都要以各种名义给王室以种种补贴。

尽管如此，作为上千年古老传统的延续，英国王室在普通老百姓眼里还是有一种神圣、庄严的色彩。在20世纪内，多数英王都以其出色的表率作用赢得英国人的尊敬，乔治五世和乔治六世（George Ⅵ）在两次战争中的勇敢表现，女王伊丽莎白二世几近半个世纪的仁和形象，都对提高君主制的威望起了相当大的作用。1952年伊丽莎白登基典礼曾引起全国人民的狂欢庆祝；1981年查尔斯王子（Prince Charles）婚庆大典再次形成尊王的热潮，戴安娜王妃（Princess Diana Spencer）的服装发式曾成为千百万英国少女模仿的榜样。英国人对王室的尊崇，间杂着对古老传统的崇拜及对个人魅力的信服。但近几年王室成员连续曝光的爱情危机，使王室的形象大受损害，查尔斯王子与戴安娜王妃的分居及离婚、安妮公主（Princess Anne）的离异、安德鲁王子（Prince Andrew）的风流艳事等，都使人对君主制的道德基础产生了疑问。显然，君主制的未来，不仅取决于它在英国政体中的作用，也取决于王室成员特别是君主个人的表现。

如果说国王的权力至少在名义上保留下来，国王在决策过程中仍还有一些发言的机会的话，那么上院在20世纪就实权丢尽，连名义上的权力都几乎没有了。上院即贵族院,全体贵族都是上议员,实行世袭制。世袭的原则当然不符合现代民主精神,因此改造上院是迟早的事。但迄今为止英国人处理上院的方式很特别,他们只是在事实上剥夺上院曾经有过的大部分权力,同时在形式上又尽量不去触动它,让它保留原来的尊严。

直至 20 世纪初,上院和下院还有大体上平等的立法权,两院都可以提出法案,都可以否决对方已通过的立法。按照惯例,上院不可以否决下院提出的财政预算,除此之外,下院的法案如遭上院否决,该项法案也就寿终正寝,这不可避免地会在上、下两院间造成冲突。上院是世袭的,下院是民选的,下院意见应占上风,这在民主制度下本当不成问题。但从社会成分上说,上院代表较富有的阶层,下院则声称代表普通民众。从党派属性上说,上院基本上为保守党所控制,比如 1979 年保守党约占上议员的三分之一,另有二分之一无明确的党派属性;下院由哪个党控制,则由选举结果而定。因此,人们抱怨上院是特殊利益集团的代表,且每当其他党派在下院占多数时,就会与保守党占多数的上院发生冲突。保守党往往利用上院否决其他党执政时提出的重要法案,使其政纲无法实行。

1911 年,执政的自由党打算一劳永逸地解决这个问题。下院通过《议会法》,规定:一项“非财政法案”如连续三次被下院通过而又连续三次被上院否决,那么,只要在下院第一次通过和最后一次通过之间已经有两年的时间,则“尽管上院未同意该法,该法案也将……呈送国王陛下在取得陛下批准后成为法律”①。这意味着:上院最多只能将一项法案延置两年,两年后法律就自动生效,上院的否决权由此受到极大的削弱。1949 年,工党政府通过第二个《议会法》,将上院的延置权减为一年。在实际操作中,一项法案从下院通过到被上院否决至少也要好几个月时

---

① Parliament Act 1911, in David C. Douglas, gen. ed., *English Historical Documents*, vol. xii(Ⅱ), Cambridge University Press, 1977, pp. 157 – 159.

间,因此,上院事实上能拖延的时间也只是半年多一点而已。《议会法》是一次静悄悄的革命,它实际上把上院的权力几乎全部削尽了。上院从此以后不能再和下院平起平坐,上院的存在与否都成了一件无所谓的事。一项法案只要通过下院就可以成为法律,上院阻挡不住,国王则非批准不可。于是,权力的重心完全倒向了下院,一个从 17 世纪革命就开始的过程到这时可以说完成了。

那么现在的英国上院还起哪些作用呢? 首先,上院仍然有创议权,即提出法案的权利。许多政府都很乐意利用这块阵地,把一些两党都同意的法案交给上院去处理,以便让下院能集中精力去解决分歧严重、难度很高的重大问题。上院特别适于处理琐碎、庞杂的事务,1948 年的《公司法》就是一例。这个法案有许多过细的条文,相对清闲的上院有充足的时间去讨论它。

其次,上院虽不能否决一项立法,却可对它进行拖延及修改。由于上议员党派观念相对淡薄,因此有时可以"派性"较少,看问题比较客观,提出的修改意见往往很有参考价值,政府乐意加以接受。上院的延置权也可起政治缓冲器的作用,一项政策若引起极大的争议,执政党在激烈的辩论中情绪激动、强行通过的法案,也许会失之偏颇。经上院拖延一段时期,斗争双方头脑都会冷静下来,也许能考虑得更周到一点。

第三,上院是一个充分发表意见的理想场所。下院负担太重,有些次要问题得不到充分讨论,于是就转移到上院去辩论,各党都可在那里阐述观点。

第四,上院是政府大臣的方便的储存所,这表现在两个方面。首先,20 世纪以立法的形式,如 1937 和 1964 年的《王国政府大臣法》(the Ministers of the Crown Act),认可了各届政府都必须有一部分上议员任大臣的惯例,因此历届政府都必须从上院挑选一部分大臣。其次,如果出现某个政界要人落选下议员而政府又一定要他担任大臣,或某个专门人才不愿涉足党派之争而政府又希望他主管政府某个部门的情况,政府就可以通过册封该人为贵族的方法,使他成为上议员,从而将其延揽入阁,从上院入阁是大臣规避竞选的一种办法。

最后,上院是英国的最高上诉法庭,行使最高司法权,这一职能由若干"上诉司法贵族"(Lords of Appeal)执行。上院最特别的一个职务是大法官(Lord Chancellor),大法官是上院议长,又是内阁主管司法的最高行政长官,同时还是国家的最高法官,集立法、司法与行政三个职能于一身。但他与内阁共进退,并不是终身职。不过上院的这个功能到 21 世纪开始时被取消了,上诉司法贵族从上院分解出来,建立英国最高法院,执行终审判决职能。相应地,大法官的职能也有所变化。

在上院权力被削减的同时,上院的构成也发生变化,这主要集中在改造上院的世袭性质上。1958 年通过的《终身贵族法》规定可以册封"终身贵族",也就是不可以世袭的贵族。用这种方法来解决世袭问题是很古怪的,因为世袭的贵族在很长一段时间里仍会占多数,不世袭的贵族只是"掺沙子",因此到 80 年代末,上院总共约 1 200 名贵族中,只有四分之一是终身贵族。不过再过 10 年,到 1999 年 11 月,上院有世袭贵族759 人,约占总数的 58.8%(其中公爵 29 人,侯爵 34 人,伯爵 173 人,子爵 103 人,男爵 420 人);终身贵族则增加到 478 人,占总数的 37%,可见终身贵族的比例增加得很快。①

尽管如此,世袭的问题并没有解决,况且并没有法律规定以后不可以再册封世袭贵族,事实上,在 80 年代又开始册封世袭贵族了,撒切尔(Margaret Thatcher)时期册封了 4 人,布莱尔(Tony Blair)时期册封了1 人,尽管数量很少,却确确实实进行了册封。②

为彻底解决世袭的问题,20 世纪有过许多议论。其中有三次努力最为认真。第一次是 1917 年任命的下院委员会即"布赖斯委员会",在第二年提出该委员会报告(Bryce Report),其中建议:上议员四分之三应由

---

① 以上数字见 David & Gareth Butter, *Twentyth Century British Political Facts 1900 - 2000*, Macmillan Press, London, eighth edition, 2000, p. 224.

② David & Gareth Butter, *Twentieth Century British Political Facts 1900 - 2000*, Macmillan Press, London, eighth edition, 2000, p. 224.

下院按地区原则选举,另外四分之一是贵族和主教,由上下两院一个联合委员会共同选出。第二次是 1948 年的各党会议,确定上院多数不应始终控制在一党手中、世袭权不应自动成为上议员资格的原则。会议提议任命"议会贵族"(hereditary peers)组成上院,未当选"议会贵族"的贵族可以竞选下议员。第三次是 1968 年由工党政府提出的一份白皮书,其中提出以下建议:(1)上议员分为两类,一类有表决权,另一类没有表决权;(2)有表决权的贵族领取薪金;(3)世袭贵族将不再自动取得上院席位;(4)上院延置权减为半年。以上三次努力最后都是不了了之。虽说保守党和工党都承认上院有改造的必要,1981 年保守党政府甚至还提出一项《上院(选举)法》,也未获成功。上院始终未能被彻底改造的原因是很奇怪的,按庞尼特的说法,人们害怕"一个经过改造因此得到加强的上院将成为下院的严重对手"。20 世纪,权力重心已完全转移到下院,如果真的把上院改造得"合理"起来并重新发挥重大作用,那么英国的权力结构就会立即失去平衡。①

不过在 20 世纪最后一年终于出现了变化,1997 年大选时工党作出竞选承诺,表示胜选后会对上院进行改革。工党上台后即开始制订改革计划,但它仍然采取极为保守的做法,不是将上院改造成可以与下院竞争、通过选举产生的"第二院",而是基本沿用 1968 年工党的方案进行改革。1997 年工党政府提出《贵族院法》(House of Lords Act),1999 年获议会通过,其中规定世袭贵族自己选出 92 人参加上院投票,其余贵族虽保留贵族头衔并且如果自己愿意仍可出席上院的会议,但没有表决权。这样一来,到 1999 年 12 月,有表决权的上院贵族减少到 670 人,除世袭贵族 92 人外,终身贵族 525 人,其余是司法贵族和宗教贵族即主教、大主教。②

尽管如此,世袭问题并没有解决,至少到目前为止也没有人想真正

---

① R. M. Punnett, *British Government and Politics*, Norton, New York, 1968, p. 267.

② David & Gareth Butter, *Twentieth Century British Political Facts 1900－2000*, Macmillan Press, London, eighth edition, 2000, p. 224.

解决;此外,终身贵族是由政府提名的,因此党派利益掺杂其中,上院不是一个经选举而形成的"第二院"。到1999年上院改革前,上议员有近1 200人,但积极参与其事的只有300人左右,这些人往往受政党纪律的约束,是"党派上议员"。一个党执政后,往往会提名本党人士进入上院,以此来控制上院的表决,让法案在上院获得通过。撒切尔在任11年,册封4位世袭贵族、193位终身贵族;梅杰(John Major)在位7年,虽没有册封世袭贵族,却册封了161位终身贵族。保守党的大肆册封引起工党反弹,布莱尔1997年上任后,两年内就册封了149位终身贵族再加上1位世袭贵族。[1]

如此规模的册封在英国历史上是前所未有的,英国上院从来就控制在保守党手中,而布莱尔居然把这个局面扭转过来了,工党第一次在上院占据多数。不过这也导致"金钱换爵位"的丑闻:2005年有媒体曝出工党用爵位换金钱,警察介入调查,内阁成员全都被警方传讯,甚至被内定为犯罪嫌疑人;布莱尔也没有逃脱干系,他曾三次被警方"约谈"。所谓"金钱换爵位"(cash for honour),是指大选获胜的政党在上台后为酬谢在选举时提供大量竞选经费(可达上百万甚至数百万英镑)的巨富大亨,授予其贵族称号,使之成为上院议员。这种做法在英国政界一向是"潜规则",谁都心照不宣。况且在提供政治献金时顺便提一提爵位问题,对方也只是"点点头,眨眨眼",这些都不算犯罪。问题是工党自己制定了新的法律——《政党、选举与全民公决法》(Parties, Elections and Referendums Act)以制止这种做法,布莱尔又保证他的政府要"纯而又纯",结果就变成了引火烧身。此案侦讯了两年之久,最终不了了之,但给布莱尔政府以沉重的打击,也是造成布莱尔辞职的一个原因。[2]

终身贵族的组成,其中许多是资深或卸职的政治家,经多年的政治

---

[1] David & Gareth Butter, *Twentieth Century British Political Facts 1900-2000*, Macmillan Press, London, eighth edition, 2000, p. 225.

[2] Adam Boulton, *Tony's Ten Years*, *Memories of the Blair Administration*, Simon & Schuster, London, 2008, pp. 307-315.

活动之后,进入上院有一个归宿,并且仍能为自己的党派服务。前首相往往被延揽进上院,工党和保守党都一样。此外,对国家做出突出贡献的文学家、艺术家、教育家、外交家、军事指挥官等,也会被册封为贵族,进入上院,算是对他们贡献的表彰。

1963年议会曾通过《贵族法》(Peerage Act),规定世袭贵族可以放弃贵族头衔。第一个这样做的是第二代斯坦斯盖特子爵(即安东尼·韦奇伍德·本,Viscount Stansgate,Antony Wedgwood Benn),他放弃爵位,然后参加竞选,成为下议员,属于工党激进派。那一年,霍姆勋爵也放弃爵位,成为亚历克·道格拉斯-霍姆爵士(Sir Alec Douglas-Home),随即进入下院,担任首相。至1979年,有15个贵族放弃了自己的头衔。

上院在20世纪人数剧增,1901年只有591个贵族,1999年改革前达到了1 291个。[1] 人数的剧增恰恰是上院权力迅速消退的表现,在一定程度上,贵族称号变成了对杰出贡献的奖励。总之,20世纪是以上院的权力削减为标志的,英国的上院今后将如何,人们将拭目以待。

在上院职权削减的同时,下院权势却急剧增长。20世纪的下院是英国权力的真正重心,它由选民的普遍直接选举产生出来,宣称自己代表英国全体人民。由此,它获得了理论上充分合法的地位,具有最高的权威性,拥有最大的权力。按照惯例,下院多数票在英国政治制度中具有无与伦比的威力,没有这个多数,政府就不能存在,法律就无法制定,一切政治机构都要瘫痪。有了下院多数,就可以在英国政坛上做出任何想做的事——制定法律、废除法律,下达行政命令,等等。如果它高兴,还可以改换政体,废除君主制。在20世纪,"议会"实际上就是指一个保持着稳定多数的下院。

20世纪的下院与以前几个世纪有什么不同? 从选举权上看,20世纪已完全实现了民主原则。19世纪末已基本实现成年男子普选权,20

[1] David & Gareth Butter, *Twentieth Century British Political Facts 1900 - 2000*, Macmillan Press, London, eighth edition, 2000, p. 224.

世纪主要是使妇女取得选举权。1918年,《人民代表权法》规定30岁以上"有财产"的女子可以进入选民行列,十年后另一个《人民代表权法》使全体妇女获得选举权。1948年起又实行彻底的"一人一票"制,取消所有的复投票权;1969年第三个《人民代表权法》把选民年龄资格从21岁降为18岁。现在,凡年满18岁的英国公民都可以参加选举,用不记名投票的方式直接选举议员。

从被选举人方面看,除公务人员、神职人员、贵族等少数情况外,凡年满21岁的英国公民都可当选为下议员。下议员领取薪金,20世纪初的年薪是400镑,1988年已近2万镑,1999年达到4.5万镑,此外还有近5万镑的业务费。[①] 议员领取薪金,使社会下层人士(如劳工)也可以出任议员,但同时又使议员成为一种"职业",使他有可能从他的"职业"利益出发来考虑问题。

从议席分配情况看,到1983年,下院有650个席位,其中英格兰(England)523个,威尔士(Wales)38个,苏格兰(Scotland)72个,北爱尔兰(Northern Ireland)17个。以后几年中略有微调,到1996年议席总数达到659个。[②] 20世纪实行单选区制,即每个选区选出一名议员。从理论上说,各选区的选民数目应基本相等,但在一个流动性很大、经济地理状况又很不相同的国家,这几乎是不可能的。因此最大的选区可以有21万选民,最小的只有1.1万,但多数选区在3.5万—10万之间,"平等选区"的原则多少还是存在的,这与19世纪不同。

从1883年起,议员竞选费用受到法律严格限制,以求杜绝贿选现象。1974年的规定是:候选人最高费用为2 700镑,外加选民追加数(城市每一选民追加2.3便士,乡村3.1便士)。在实际操作中,选举费用差

---

① David & Gareth Butter, *Twentieth Century British Political Facts 1900–2000*, Macmillan Press, London, eighth edition, 2000, p.222.

② David & Gareth Butter, *Twentieth Century British Political Facts 1900–2000*, Macmillan Press, London, eighth edition, 2000, p.259. 20世纪下院议席数目多次发生变化,最多时是707,最少时为615。

别很大,比如全选区只有一个候选人时,费用可不超过 200 镑,选举人一多情况就很难说了。1974 年 10 月大选中,全国用于竞选的总金额达 216 万镑,平均每个候选人是 963 镑。但后来这个规定被突破了,因为影响选举费用的因素很多,其中最重要的是通货膨胀,于是就采用枢密院令(Orders in Council)的方式来规定选举费用,在 1997 年大选中全国竞选总开支接近 1 300 万镑,平均每位候选人花费 3 471 镑。① 可见选举费用增长得非常快,绝不是寻常人可以想象的。单凭这个理由,多数候选人也要依靠某个政党,"独立"候选人到 20 世纪已经很少了(当然更重要的原因是他没有政党的支持就无法当选,1922—1924 年丘吉尔两次以"独立候选人"资格竞选都失败了)。

因此从各方面看,英国的选举制度到 20 世纪,从理论上说几乎是合理的,民主的原则确实体现在制度中。问题是,它如何产生一个议会的多数? 这个"多数"究竟是什么含义? 这是理解 20 世纪英国政治制度的核心所在。

按照规定,选举采用"领先者获胜"(first past the post)的原则,即谁得票最多,谁就当选。得票最多并不意味着一定过半数,一个选区有几个候选人参加竞选,票数就可能很分散,谁也过不了半数。在这种情况下,领先者获胜,尽管他得票的比例事实上很低(比如 40% 或 30%)。这种做法的优点是手续简化,避免一轮又一轮的反复投票,而且很容易在议会产生一个稳定的多数,为英国两党制提供了制度上的保证。但它有一个很大的缺陷,即当选议员不一定体现本选区多数选民的意志,即不是由多数选民选出来的。假如一次大选,全国有许多选区出现这种情况,那么整个下院就不一定代表全国选民的多数,由此产生的"多数党"实际上并不由"多数"选出。1945 年以来,没有一个政党在大选中得到过 50% 以上的选票(包括 1979 年撒切尔当选和 1997 年布莱尔当选),1974

---

① David & Gareth Butter, *Twentieth Century British Political Facts 1900 - 2000*, Macmillan Press, London, eighth edition, 2000, pp. 259 - 260.

年两次大选中产生的"多数党",其得票率甚至不到40%。这样,前面说过的下院多数的权威性基础就动摇了——"多数党"既不能代表真正的多数,如何能以多数的名义实行统治呢?更有甚者,"领先者获胜"的原则还可能使得票多的党反而得到较少的议席,成为"少数党",比如在1974年2月大选中,保守党得到37.9%的选票,比工党多0.8%,但得到议席却比工党少4个。出现这种情况的原因是:保守党选票分散在太多的选区里,结果在多数选区并没有领先。工党得票虽少,但选票集中在一批选区,从而赢得了更多的席位。

还有一个因素也影响到"多数"的真实性,这就是实际参加投票的选民数。20世纪参加投票的选民比例最高是86.6%(1910年1月),最低的只有58.9%(1918年),一般保持在70%多。用这样一个百分比乘上"多数党"所得到的得票率,"议会多数"所代表的"人民"就从来只是一个少数。1979年撒切尔政府上台时,保守党得到43.9%的选票,当年投票率是76%,比例并不算低。但计算下来,这届议会中保守党的"多数"实际上只是由33.3%(即三分之一)的选民产生的,而这个议会"多数",如前所说,可以做它想做的任何事!

选举的"多数"既然如此,议会表决的"多数"又如何呢?

"责任政府"意味着政府对议会负责。按惯例,在正常情况下,政府必须由议会多数派组成,这个多数派可以是一个党,也可以是几个党的联盟。首相由多数党领袖担任,各部大臣都必须是议员(或为下议员,或为上议员),政府集体对议会负责。下院多数的支持才能维持一个政府,如果下院多数对政府投不信任票,或在一项重大表决中击败政府,则政府要么辞职,要么建议国王解散议会,举行新的大选。政府的一切决定都必须经下院同意,政府要接受下院的质询,回答下院的任何问题,为自己的行为辩护。由此可知,只有控制着议会多数,一个政府才能维持下去;由微弱多数组成的政府是摇摇欲坠的,少数派政府则随时可能倒台。因此,保持下院多数成了任何政府的生死攸关的大事。但是,政府如何来控制"多数"呢?

18世纪,政府靠政治贿赂、封官许愿控制下院多数,腐败是政府运作的润滑剂。19世纪中期议会步入"黄金时代",当时议员有相当大的自主性,政府必须靠小心翼翼的政治技巧才能维持微妙的多数。此后,政府越来越依靠政党来保证下院多数,到20世纪,政治成了典型的"政党政治"。

政党的作用在选区就体现出来。和19世纪不同,20世纪的政党都有完善的地方组织系统,专门负责竞选工作。按一般的做法,地方党组织负责推选本党在本地区的候选人;若得不到某个政党的支持,几乎任何候选人都不可能当选:他无法承担沉重的竞选费用,也无力在一个流动、多变的庞杂社会中从事宣传、鼓动和组织工作,这些工作都是由地方党组织的专职人员来做的,候选人在很大程度上依赖他们。但候选人必须支持党的纲领,如果和党的地方组织有分歧,他就得不到支持。例如,1956年,保守党议员尼科尔森(Nigel Nicolson)因赞成废除死刑并在苏伊士运河事件中投弃权票,结果在保守党地方组织的信任表决中失利,他于是不得不表示下次不再竞选连任。同年工党议员埃文斯(Stanley Evans)也在苏伊士问题上投弃权票,结果工党地方党组织要求他辞职,他服从了。由这些例子可以看出,地方党组织在决定本党候选人方面,几乎起决定性的作用,但这就使英国议会的"多数"原则受到进一步伤害,因为所有议员加在一起,也不过是由一小批党的专职工作者挑选出来的,根本谈不上"多数"。这种情况与19世纪有很大不同,当时由于没有党的地方组织,选民保留着较大的自由选择余地。

一旦进入议会,议员就受到本党议会党团的纪律约束。英国政党对普通党员没有纪律要求,也无法控制他们如何投票。唯一能够约束的是议员,而且控制了议员也就控制了本党在政治上的实力。因此,各大政党在下议院都设党监(whip),以及协助他工作的若干名助理党监。他们的任务是负责督促本党议员在议会服从党的纪律,与本党的正式立场保持一致。更重要的是:在重大问题付诸表决时,党监会要求本党议员全体出席议会,有时候表决结果仅取决于一两票之差,因此在这种场合下不到会表决,就会受到严厉的惩罚。最有效的惩罚手段,当然是在下次选举时不提名他为党的候选人。有时,议会党团还会开除其出党。

政党对议员为什么要严加约束?因为下院表决决定一个党的命运。执政党必须保证在一切重大问题上获多数支持,否则就要下台。反对党要争取在关键时刻击败政府,从而迫使政府辞职,或提前举行大选。当然危机出现在两党有严重分歧的问题上,即两党皆视为原则的问题,比如从 1948 年起,钢铁部门国有化问题成为两党分歧的焦点,工党执政时将其国营化,保守党上台则恢复民营。所以在接连几届议会中,每逢把这个问题交付表决时,各党议员都接到训示要保证出席,生怕稍有闪失就出大问题。

议员在这种约束下是很难有独立性的。他必须按照党的指示投票,否则就失去本党支持,断送政治前程。于是我们看到:议会表决的"多数"实际上控制在党的领袖手里,在多数场合下控制在政府(执政党)手里。政府通过政党而掌握议会多数,由此,不是政府听命于议会,倒是议会要听命于政府了。这种理论与实践的倒置,是 20 世纪英国政治结构的最大的特点。

议员若不同意本党政策,他可以投奔另一党,在这种情况下,他在众目睽睽之下从下院的一边穿过中间过道走到另一边,加入另一阵营,丘吉尔(Winston Churchill)在 1905 年就是这样做的。不同意见也可以另一种形式表达出来,即"后座议员"(本党普通议员)造反。1922 年保守党后座议员反对本党继续奉行支持自由党首相劳合·乔治(David Lloyd George)的政策,结果导致联合政府垮台,党的领导更替。1994 年梅杰首相也遇到后座议员造反,反对他在"欧盟"内让步。议员叛党和后座议员造反都可能使执政党失去议会多数,进而导致政府更迭。这些情况使党的纪律更为重要,党必须牢牢地控制自己的议员。

政党在 20 世纪政治中既然发挥如此大的作用,那么政党的组织建设就具有头等重要性。1832 年之前,政党既无固定组织,也无正式领导,辉格党(Whigs)和托利党(Tories)都是这种情况。1832 年以后,中等阶级进入政治领域,对新选民的组织工作提上议事日程,一些地区于是出现了政党的地方组织。1867 年以后,工人阶级的一大部分取得选举权,政党的组织作用更加重要。第二年保守党就成立了"全国保守党同盟"(National Union of Conservative Associations),1870 年成立中央办公厅(Conservative Central Office),由党监们负责掌管。保守党在 1874 年的大选胜利,迫使自由党也建立全国性机构,于是很快就出现了"全国自由党联合会"(National Liberal Federation)。与此同时,两党地方组织也普遍建立,形成了从全国到地方的完善组织系统。

　　工党(Labour Party)的崛起是 20 世纪英国政治史上的大事。1884 年全体工人阶级获选举权,工人选民的政治组织工作迫在眉睫。1893 年在布雷德福召开的一次代表会议上成立了一个"独立工党"(Independent Labour Party)。1900 年,工会代表大会(Trades Union Congress)在伦敦召集会议,社会主义团体(费边社 Fabian Society、社会民主同盟 Social Democratic Federation 等)派代表出席,会上成立了"劳工代表权委员会"(Labour Representation Committee),专门负责选举工人议员事务。1906 年,委员会改称"工党"。工党成立后很快就取代了自由党,在不到 20 年时间里它成了英国的两大党之一。

　　工党取代自由党的重要原因,是它夺走了自由党(Liberal Party)的选民,使自由党成为无本之木。19 世纪末,保守党(Conservative Party)已逐渐侵占自由党的地盘,争取到许多中等阶级选民。自由党日益依靠新获得选举权的工人阶级选民,但在经济利益上,它又不能代表工人阶级。工党成立后,工人选民很快就被工党吸引去。英国的政治传统一直是两极化的,英国的选举制度也保证两党制。自由党被挤到中间的地位之后,"中间立场站不住",自由党于是很快就衰退为无足轻重的配角。

　　"中间立场站不住",多年来的实践证明了这一点。在 20 世纪,还有一次对两党政治构成严重挑战的事件,那就是 1981 年成立"社会民主党"(Social Democratic Party)。但社民党一开始就站在工党和保守党之间,并且与残存的自由党结成同盟,企图建立一个强大的中间力量。但这种企图最终还是失败了,中间立场的确站不住。①

在其他英国小党中,有一些是极端的政治派别,如 20 世纪 30 年代出现的"法西斯同盟"(British Union of Fascists)。但多数小党是民族主义政党,如爱尔兰的新芬党(Sinn Fein),苏格兰的民族党(Scottish National Party),威尔士的民族主义党(Plaid Cymru)等,它们都多多少少地起过或正在起某些实质性的作用。1993—1994 年,新芬党与英国政府的会谈又一次引起人们对爱尔兰问题的关注。英国共产党(Communist Party of Great Britain)成立于 1920 年,曾有一批左翼知识分子加入其中,它在历史上曾产生过 5 名议员,1990 年约有 9 000 名党员,1991 年受苏东变局影响改名为"民主左翼"(Democratic Left)。

保守党和工党有哪些不同? 在组织方面,保守党由三条交叉线组成,第一条是议会党团,第二条是全国同盟和地方党组织,第三条是中央办公厅。议会党团是真正的"党",它是党的领袖和中心实体;全国和地方党组织是党的"运动",它为"党"提供民众支持;办公室是办事机构,为"党"的实际活动服务。全国同盟每年召开年会,讨论党的纲领。但年会对"党"没有约束力,"党"实际上是由领袖控制的,政策也由领袖们制定。议会党团中有一个后座议员的自发组织叫"1922 年委员会"(1922 Committee),虽然是非官方性质,无权参与政策制定,但执政的保守党领袖却经常应召参加其会议,回答后座议员的问题,听取他们的意见。迟至 1975 年,保守党才制定出由议会党团选举党的领袖的程序,在此之前,党的领袖是由党内元老向各方征求意见后推荐出来的,往往采取由国王任命为首相的方式正式产生。

工党的基础是工会(trade unions),1918 年以前它只吸收集体党员。所有加入工党的工会和社会主义团体的成员从理论上说都是党员。1918 年以后它开始吸收个人党员,隶属于地方党组织。工党有一个全国

---

① see Stephen Ingle,*The British Party System*,Oxford Univesity Press, second edtion, 1989, chapter 8.

执行委员会,由每年召开一次的党代表大会选出并执行其决议。执委会对工党议会党团(Parliamentary Labour Party)有很大影响力,而工党议会党团在政策制定中又起很大作用。工党领袖和副领袖都由选举产生,起先由议会党团选举,1981年调整选举办法,使工会获40%的权重,选区工党组织和议会党团各得30%,因此工会对工党的发言权增大了。但约翰·史密斯担任工党领袖后于1993年修改选举办法,将工会、选区工党组织和议会党团的选举权重都设为1/3,并规定前二者在选举时按党员个人计票而不是按地区组织计票,通过这一改变,压低了工会在工党中的影响力。①

工党议会党团产生一个12人委员会,称"议会委员会",这12人加上党的正副领袖、上下院工党领袖和上下院工党党监等6人,形成党的真正的领导集团,是工党的前排议员。

在党的领导层的社会构成方面,20世纪两党差别逐渐缩小。20世纪初,保守党议员主要有两部分人,专业人员(律师、医生等)占52%,经营管理人员占32%。工党议员中工人占72%,使其"工党"的性质显得非常突出。但从40年代起,情况就发生了很大变化。保守党基本维持原样,工党工人出身的议员则逐步降到40%、30%,甚至20%,专业人员的比例则上升到30%—40%、甚至近50%。现在,两党议员中最大的职业集团都是"专业人员"了。两党议员在文化程度方面的差距也迅速缩小,1906年(工党成立的那一年),保守党议员中有57%受过高等教育,工党则无一人。1979年,保守党为73%,工党为57%,两党议员的社会经历和心理素质实际上都在接近。②

这种接近反映在政治立场上。工党刚出现时,曾被当时的两大党(保守党和自由党)共同视为危险的敌人,特别是1918年工党发表"以生

---

① David & Gareth Butter, *Twentieth Century British Political Facts 1900－2000*, Macmillan Press, London, eighth edition, 2000, p. 148.

② David Butler and Anne Sloman, *British Political Facts 1900－1979*, St Martin's Press, New York, fifth edition, 1980, p. 168.

产资料公有制为基础的"正式纲领后情况更是如此。①但在 1924 年和 1929—1931 年,接连两届工党政府表明,工党只不过是现存体制内的一支力量,这以后,工党就以两大党之一的面貌出现了。它的"公有制"纲领虽然保留到布莱尔出任党领袖,但从未全面执行过。第二次世界大战以后大约 30 年的时间里,两党在许多方面并没有太大差别,包括福利主义和部分工业部门的国有化政策。《泰晤士报》一篇文章谈起在撒切尔夫人上台前的保守党时说:

> 那些人(指保守党)相信:像他们自己这样的人舒舒服服地坐在顶层,有责任关照处于底层的人,就如军官照料他们的军队、地主照料他们的佃户那样。由于他们的私人财产缩减了,他们就把国家当作行此善事的施主,于是福利国家被接受了,保守党几乎变成另一个工党。②

这 30 年是 20 世纪的"共识"时期,此后两党间又拉开距离,以撒切尔上台为标志。

两党的社会基础曾经有过相当大的差别,但 70 年代开始又迅速缩小。1967 年还有学者说:"阶级是英国政党政治的基础,其他都是摆设、是小事。"③但 20 年之后情况就大不相同了。总的来说,工党的社会基础主要是体力劳动者及其家属,保守党的社会基础主要是非体力劳动者。这在 70 年代以前表现得十分明显,1966 年,变化发生前最后一次大选,工党得票中 81% 来自体力劳动者,保守党得票中 60% 来自非体力劳动者。1963 年一项调查表明:在公开表示支持两大党中某一党的选民中,72% 的体力劳动者支持工党,75% 的非体力劳动者支持保守党。1966 年以后情况发生变化,工党支持者中体力劳动者减少了,非体力劳动者增加了,保守党支持者则发生波动性变化,两党的社会基础正在缩小差别。

① 参见 W. N. 梅德利科特著《英国现代史》,张毓文译,商务印书馆,1990 年,第 109 页。
② Anthony Seldon, *UK Political Parties Since 1945*, New York & London, 1990, p. 18.
③ P. Pulzer, *Political Representation and Elections in Britain*, London, 1967, p. 98.

下面这张图是 1959—1979 年七次大选中两党获社会阶层支持的情况，它表明，工党在更大程度上依靠单一社会阶层的支持①，这种情况导致工党在 70—80 年代大选中表现不佳，因为只要这个阶层与工党产生不和，工党就得不到选票。保守党社会基础则较宽阔，因此在大选中活动的余地比较大。

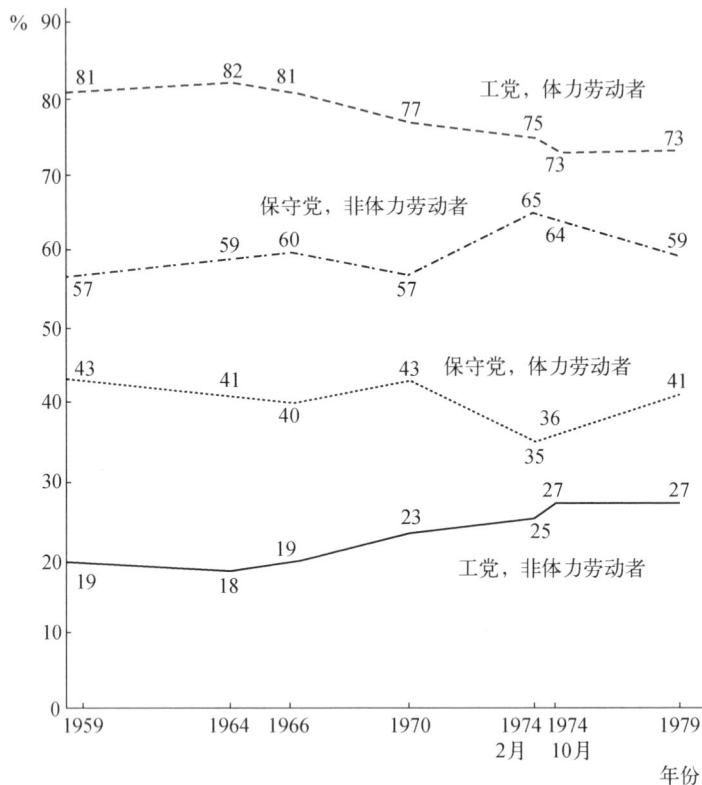

%　90

工党，体力劳动者
81　　　82　　81
　　　　　　　　　　77
　　　　　　　　　　　　75　　　　73
80　　　　　　　　　　　　　73

保守党，非体力劳动者
　　　　　　　　　　　　　65
　　　59　　60　　　　　　64　　　59
57　　　　　　　57

保守党，体力劳动者
43　　　41　　　43　　　　　　　　41
　　　　40　　　　　　　36
　　　　　　　　　　35

27　　　27
23　　　25
19　　　19
18
工党，非体力劳动者

1959　1964 1966　1970　1974 1974　1979
　　　　　　　　　　　2月 10月
　　　　　　　　　　　　　　　　　年份

从图中可以看出，两党虽然都有基本的社会基础，但都从对方基础中控制到相当大一个比例的支持者。在 20 世纪，体力劳动者占选民总数的大部分，因此保守党必须在体力劳动者中寻求支持，否则它就永远不能掌权，这样，保守党纲领中必须有一些吸引体力劳动者的东西，这就

---

① Michael Moran, *Politics and Society in Britain*, London, second edition, 1989, p. 65.

是它认可福利制度的根本原因。另一方面,工党能够吸引的体力劳动者逐渐减少,这使它必须到非体力劳动者中去争取选票。可是这样一来党内政策就发生分歧:到底对"中等阶级"作多少让步才好呢?工党的内部政策分歧一直比保守党大得多,这影响了它在多次大选中的表现。

从 1979 年起,工党在四次大选中连续失利,这迫使它认识到:要想在选举中取得胜利,就必须扩大党的社会基础。工党从建党之初起就依赖工会支持,工会在党的政策制定中一向有很大影响。但这也使工党摆脱不了"阶级党"的形象,似乎它只代表一个阶级,甚至只代表一个"压力集团",即工会。这在 20 世纪上半叶体力劳动者占据社会多数时未必不是好事,但二战后,"中等阶级"和"白领阶层"越来越膨胀,社会结构已发生重大变化,工党的"阶级党"色彩就严重妨碍了党的发展,工党在大选中连连失利,其基本原因就在于此。为摆脱颓势,工党必须脱下"阶级党"的外衣,争取更广泛选民的支持。在组织上这要求工党改变党员的社会阶级成分,并尽可能削弱工会在党内的影响,为此,工党领导层采取了许多措施。

根据 1981 年关于选举党的领袖的规定,工会曾取得 40% 的发言权,选区党组织和工党议会党团各取得 30%。这一规定大大加强了工会在党内的地位,而且由于选举是以集团计票的,因此最终决定权实际上操纵在工会领袖和地方党组织领导人手里,普通党员并没有发言权。1992年约翰·史密斯(John Smith)接任工党领袖后对这一规定作了修改,根据后来通过的决议,工党选举领袖将实行一人一票制,即所有党员包括工会内的集体党员都以个人为基础进行投票,最终结果由参加投票的党员过半数来决定。从形式上看,这是加强了个人在党内的权利,实质却是削弱工会和地方党组织的影响,在把权力分散到个人的过程中,强化党的领导层的决定权。史密斯还把工会、地方党组织和议会党团在领袖选举中的权重比例修改为各占 1/3,由此工会在党内的影响进一步削减。1994 年托尼·布莱尔继任工党领袖,他进一步改变党的社会基础,在修改党章的同时大力发展个人党员,在不到两年时间里将其人数从 25 万发展到大约 40 万(保守党大约有 50 万党员)。这些人中多数是年轻、有专业技术特长的"中等阶级",反映了工党在改变党员成分方面的认真尝试。通过这些努力,工党现在的社会基础发生了巨大的变化。现在,工党已彻底抛弃"阶级党"的外衣,而努力塑造"全民党"的形象。近 20 年的党内变革使工党在建党原则与社会基础方面与保守党已相差无几,这为它取得较广泛的社会支持并在 90 年代末重掌政权打下了基础。

我们已经考察了英国政治制度中的许多方面,最后来考察政府的情况。政府实际上是当代英国真正的权力聚焦点,有些学者说它是"内阁独裁"或"行政专制"。撇开各种理论上的推论,如今英国政治制度的真正运作情况是:政党通过竞选,产生一个选举出来的议会"多数","多数"组成政府,由多数党领袖担任首脑。政府组成之后,再通过政党控制议会,使英国的政治机构在"多数"的原则上得以运行。

从理论上说,议会通过立法指导政府工作,政府服从议会指导,这叫做"议会制责任政府",然而在实践上,立法草案绝大多数出自政府之手,政府依靠政党来约束本党议员,使他们在表决时与政府保持一致。在 20 世纪,议会和政府的关系是颠倒的:不是议会控制政府,而是政府控制议会。关于这一点,担任过工党大法官的埃尔温-琼斯勋爵(Lord Elwyn-Jones)1984 年就曾在上院说:"政府正对议会做出巨大的伤害……人们越来越担心下院和上院正在变成符号,而政治权力已完全落入行政之手。"①甚至早在 1950 年 5 月 17 日,上院就曾辩论过一项决议,其中说:"内阁正在增长的权力对国家的民主宪政是一个威胁。"②在整个 20 世纪,只发生过一次当权政府丢掉对议会多数控制的情况,即 1979 年卡拉汉(James Callaghan)政府,其他所有政府都成功地保持着议会多数,行政的权力是相当稳固的。

人们还进一步这样说:政府作为一个整体也失去其权威了,实权落

---

① Lord Longford, *A History of the House of Lords*, London, 1988, p. 185.

② Alfred F. Havighurst, *Britain in Transition*, Chicago University Press, fourth edition, 1985, p. 627.

到首相手里。1964—1970 年在工党政府中连任数职的克罗斯曼（R. Crossman）曾抱怨说，他任职期间从未对政策的制定发生过影响，政策都出自首相一人。丘吉尔担任首相时说过："我所需要的一切，就是在适当的讨论之后听从我的意见。"①霍姆勋爵在担任外交大臣时则说："每个阁员在某种意义上都是首相的代理人——是他的助手……内阁是首相的，首相是为内阁的所作所为直接对女王负责的人。"②因此有人说，英国政府起初是"国王陛下的政府"，然后是"内阁政府"，现在则是"首相的政府"。

20 世纪的首相确实权势很大，1936 年爱德华八世国王（Edward Ⅷ，1936 年 1—12 月在位）的退位，几乎是由首相鲍德温（Stanley Baldwin）逼退的。第二次世界大战中，丘吉尔的权威无与伦比，这当然和战争有关。1962 年 7 月，麦克米伦一下就解除了 7 个内阁大臣（占内阁总数三分之一）和 9 个非内阁级大臣的职务，这件事被称作"长刀之夜"，表明首相的地位远远超出于大臣之上。撒切尔夫人更是以其领导作风强硬而著名，如学者所说："与多数首相不同，她不仅主持内阁讨论，还积极参与其中，通常出现的情况是：她支配他们。"③

许多人认为英国首相的权力实际上比美国总统还大——美国总统还必须随时当心国会惹麻烦，英国首相则在绝大多数场合控制着议会；美国总统必须为他所任命的每一个政府部长争取国会的批准，英国首相则愿意指定谁就可以指定谁，愿意解雇谁就可以解雇谁；美国的立法权完全控制在国会手上，英国的法律草案则基本上出自政府，而首相是政府这条船的船长。

我们可以用这样一个比喻来描述英国政治制度以及它在几百年中的变化情况：英国政治制度仿佛是一架大机器，它依靠传统的惯例在运

① Bernard Crick, *The Reform of Parliament*, London，1966，p. 18.
② Ibid., p. 36.
③ Anthony King ed., *The British Prime Minister*, Macmillan Press, London, second edition, 1986，p. 117.

转。在运转的过程中,一会这个部位显露出来,一会那个部位显露出来,于是我们看到权力的重心从国王转到上院,再从上院转到下院,首相和政党都在这部机器中起作用,只不过它们彼此间的相对位置不同而已。不过从整体上看,这部机器从来都没有被改装过,因此从表面看起来,它似乎一点变化都没有。

20 世纪的英国政治制度,只不过是这样一个连续过程的延续而已。

第二章 新的世纪

1901年1月22日,82岁的维多利亚女王去世了。当灵车穿过伦敦时,大街两旁站满了沉默的人群,悲痛笼罩全国。4年前,刚为维多利亚女王举行了60周年登基大庆,当时,朴次茅斯港口排列着30英里长的船只兵舰,一列六行浩浩荡荡地接受检阅。那时,大英帝国(British Empire)占有全世界陆地面积的四分之一,人口总数的五分之一,英国的强盛已达到极点。女王的逝世标志着那个时代的结束,它恰好发生在世纪交替之时。

1901年,英国正在遥远的南非打着一场战争。这是英国打的第一场现代化战争,其影响之深刻、场面之惨烈,预示着今后的两次世界大战的惨烈。

1901年,在英国执政的是保守党。这是一个维持传统与制衡变革的党,在19世纪末,它是"猎场与牲口市场的联盟","是'农业利益'的党,即那些耕种土地的人的党"[1]。1867年议会改革之前,保守党取得农业方面议席的67%,1867年以后这个数字更上升到77%。1874年大选中

---

[1] H. J. Hanham, *Elections and Party Management: Politics in the Time of Disraeli and Gladstone*, London, 1959, p.32.

产生的保守党议员,只有 17.5% 来自 5 万人口以上的大城市,60% 来自农村、集市。14% 的保守党议员是酿酒商,73% 是地主。那一年组成的保守党政府,除一人外,其他都是贵族、乡绅,包括一个公爵、一个侯爵、三个伯爵和一个男爵。保守党又是国教徒的党,是国教(Church of England, Anglicanism)的大本营。到 19 世纪末,越来越多的中等阶级转入保守党阵营,他们原来是支持自由党的,但从保护财产的角度出发,他们与保守党找到了更多的共同点。由于迪斯雷利(Benjamin Disraeli)①大力推行"新托利主义"(New Torism),主张"当茅屋不舒服时,宫殿是不安全的",因此它也吸引了一些工人阶级选民,在屠宰工、烟囱清扫工、酿酒工等等中特别强大。在 20 世纪开始的时候,保守党是一个正在转化的党,它的社会基础正在扩大。

1901 年,反对党是自由党。自由党几乎主宰了整个 19 世纪,19 世纪就是自由主义的世纪。自由党把"自由放任"(*laissez-faire*)抬高为英国的国策,使自由资本主义度过了它的黄金时代。在政治上,自由党以改革的旗手自居,在历次议会改革中扮演了主角。1830—1886 年,除了几次短暂的间歇,自由党一直掌权。正因为掌权,自由党延误了自身的改造,党的领导权长期把持在两伙人手中,一是原辉格党贵族,二是原来追随罗伯特·皮尔(Robert Peel)②的保守党人。在 1860 年,自由党议员中还有 49% 是地主,中等阶级还只是初露头角。不过后来就发生了很大的变化,到 1914 年,地主出身的议员只有 6%。在格拉斯顿(William E. Gladstone)③时期,它的中等阶级性质已十分明显,然而同时,它的危机也出现了:成年男子普选权的基本实现,迫使自由党越来越依靠工人阶级选民,格拉斯顿于是推行与劳工的合作(称"自由-劳工联盟",Lib-

① 本杰明·迪斯雷利(1804—1881),英国政治家,保守党领袖,1867—1868、1874—1880 年两次出任首相。
② 罗伯特·皮尔(1788—1850),英国政治家,保守党领袖,1834—1835、1841—1846 年两次出任首相。1846 年他的政府取消了谷物法,标志着自由贸易政策完全胜利。
③ 威廉·格拉斯顿(1809—1898),英国政治家,自由党领袖,1868—1874、1880—1885、1886、1892—1894 年四次出任首相。

Lab);另一方面,中等阶级要求保卫财产,开始大批转向保守党,因此到20世纪开始的时候,自由党的社会基础已经动摇。

两党在19世纪末都陷入深刻的思想分歧。自由党的思想基础是"自由放任",但在19世纪末,以约瑟夫·张伯伦(Joseph Chamberlain,1836—1914年)为首的"激进派"则反对"自由放任",要求进行国家干预,用行政的力量调节生产与分配。约瑟夫·张伯伦原是伯明翰一个富裕的螺丝制造商,后来当选伯明翰市长。任职期间,将私营的自来水公司、煤气公司等赎买为市政府所有,开创了市政府经营城市公共事业的先例。他还组织大规模的城市建设工程,修筑街道,铲除贫民窟,取得很大成功。他成为自由党全国性领导人之后,声称要把"为伯明翰做的事拿到全国来做"①,他制定的"激进"纲领包括:土地改革、重新分配土地;累进税率制,用富人的税收举办社会公益,以图消灭贫困;普及初等教育,由国家支付教育经费;取消英国圣公会的国教地位,所有教派一律平等。他的这些主张使国王、教会和保守党都大为惊恐,自由党内的辉格派也恐惧万分,生怕自由党会变成反对有产者的社会民主党。

但张伯伦却在另一个问题上使自由党永久地分裂了:1885年,自由党在大选中比保守党得票多,但这些席位刚好被爱尔兰自治党抵消了。自治党不满自由党在爱尔兰自治问题上的拖延政策,便一反常态,与保守党组成联合政府,导致自由党下台。这使格拉斯顿下决心实行爱尔兰自治。1886年他重新执政后,立即提出爱尔兰自治法,结果张伯伦带领93名自由党议员投了反对票,使自由党政府垮台。不久后,张伯伦正式投奔主张维护帝国统一的保守党,成了"统一自由党人"(Liberal Unionists)。自此以后自由党的优势便丧失了,在接着的十年中由保守党执掌政权。

但保守党内部也分歧重重。保守党虽然把张伯伦及其一伙拉进自

---

① Alfred F. Havighurst, *Britain in Transition*, Chicago University Press, fourth edition, 1985, p. 15.

己的阵营,但张伯伦的另一个主张后来却分裂了保守党。1902年5月,索尔兹伯里(Marquis Salisbury)①政府为填补布尔战争(Boer War)的巨额亏空而开征一种新税,即小麦与面粉的进口关税。征税额虽然很小,但意义十分重大,它标志着保守党开始背离自由贸易传统。1903年,新上台的贝尔福(Arthur James Balfour)②政府迫于党内压力废弃这种新税,但立即引起张伯伦的反弹。张伯伦声称自由贸易政策早已过时,必须建立关税壁垒,以抵御大陆国家对英国的贸易侵害,同时实行帝国内部的特惠政策,以维护帝国的统一,保证英国在20世纪持续强大。张伯伦的主张使保守党内出现两个对立的集团,即支持张伯伦的"关税改革同盟"(Tariff Reform League)和反对张伯伦的"自由食品同盟"(Free Food League),后一个集团中包括张伯伦从自由党带过来的54个统一自由党人。10月,张伯伦在格拉斯哥发表演说,正式开始了关税改革运动。他不仅要求对进口粮食征收进口税,而且要求对一切工业品征10%的进口税。关税问题成了20世纪初最敏感的政治问题之一,自由党抓住这个问题重新整合队伍,在1906年大选中获胜,以后十年又重新主掌英国政权。

因此,在20世纪最初十年,英国政坛面临着三大分歧:关税问题、国家干预问题、爱尔兰问题。它们分别涉及19世纪的三大原则:自由贸易原则、"自由放任"原则和帝国统一的原则。这些问题在20世纪逐一展开,有些至今还没有完全解决。在1902年,还有另一个引起分歧的问题:贝尔福政府颁布一项教育法,本意是拯救英国的教育,想不到却触发了由来已久的宗教争端。

1870年格拉斯顿政府曾通过一个教育法,结果却造成各类学校相互竞争,管理混乱。到20世纪初,有四种学校同时并存,即传统的贵族"公学";由国教会创办并得到国家补助的"志愿学校";由地方税支持、接受

---

① 索尔兹伯里侯爵(1830—1903),保守党领袖,1885—1886、1886—1892、1895—1902年三次出任首相。

② 阿瑟·J. 贝尔福(1848—1930),保守党领袖,1902—1905年任首相。

各地民选委员会指导、实际上是在非国教教派控制下的"公立学校";以及在郡参事会指导之下新涌现的职业技术学校。1902 年教育法(Education Act 1902)企图解决管理混乱、经费不足的问题,它解散了 2 000多个地方委员会,代之以 300 多个地方教育局,由教育局统一管理各类学校,并从地方税开支各类学校的教育经费。在宗教问题上,"公立学校"将不开设具有教派色彩的宗教课;"志愿学校"虽可继续开设原有的宗教课,但学生家长可决定让孩子听或不听这些课。这个教育法统一了全国的教育体制,保证了教育经费,制定了培养师资的办法,促进了英国的初、中等教育发展,因此在英国教育史上是一个重要的里程碑。

然而在法律通过的当时,却受到非国教徒的强烈反对。首先,解散地方委员会,在政治上是对非国教徒的一次打击,使他们在地方上减少了发言权。其次,国教主导的"志愿学校"现在可以得到地方税的拨款,非国教徒则不愿将自己的纳税用在支持国教学校上。第三,在只有一个学校的地区,非国教徒将不得不把孩子送到国教学校去,这是他们所不愿做的。非国教徒发动了声势浩大的反对运动,声称将不交纳地方教育税。自由党利用这个机会弥合内部的分裂,张伯伦也在保守党-统一自由党内部发难,一时间教育问题成了世人瞩目的问题。

在两大党内部分歧重重、分化组合的同时,第三支力量却悄悄登上政治舞台,这就是工人政党。

1884 年的第三次议会改革,基本上实行了成年男子普选权,这以后,工人选票成了决定选举结果的重要因素。保守党用保护关税政策和帝国政策来吸引工人,自由党则允诺工人便宜的面包,保证要把正统的自由主义改造成"新自由"集体主义。[①] 1886 年格拉斯顿组阁时,任命一个工人出身的工会领导人参加政府,担任内政部次官,这在英国历史上是

---

① E. H. Hunt, *British Labour History 1815 - 1914*, Humanities Press, New Jersey, 1981, p. 272.

第一次。在那一年大选中,有 11 个"自由-劳工党人"当选为议员,当然他们是在自由党的旗帜下参加竞选。1891 年,格拉斯顿在一次自由党大会上,敦促各地方党组织推举更多的劳工候选人,但除了在工会力量强大的矿区之外,一般由中等阶级占优势的选区都不大愿意这样做。后来成为工党创始人的基尔·哈第(Keir Hardie)①、拉姆赛·麦克唐纳(Ramsay MacDonald)②、阿瑟·亨德森(Arthur Henderson)③等,都曾被中等阶级选区领导人拒于门外,这使他们深感寄人篱下之苦。

工人与自由党虽然长期合作,但在许多问题上其实分歧很大,举例来说,工人要求 8 小时工作制,这与工厂主的切身利益直接冲突,很受中等阶级反感。自由党受"自由放任"传统的影响,很不愿意扩大政府职能,这又和工人希望扩大国家功能以保护工人利益的要求相抵触。"自由-劳工联盟"其实是很难维持的,但在当时的情况下,不依附某一大党,劳工候选人根本就无法参加竞选;即使侥幸当选,也因为议员没有工资而无法维持生活,因此没有办法出席议会。同时,工会代表大会又不愿支持独立的劳工候选人,所以独立劳工候选人只能在工会之外进行活动。所有这些因素都促使工人政治活动家开始筹建自己的"党",第三支政治力量就这样逐步形成。

在创建工人独立政党的过程中,基尔·哈第发挥了很大作用。哈第是一个苏格兰矿工,10 岁起就开始干活。1888 年他与自由党分手,致力于独立的工人政治活动。1889 年,哈第创建苏格兰工人党(Scottish Labour Party),纲领是选出独立的工人议员。1892 年,苏格兰工人党选出 3 名议员,这对独立的工人政治运动是极大的鼓舞。第二年,以哈第为首成立了英国独立工党,这是一个全国性的政治组织,目标是"确保一切生产、分配与交换手段的集体所有",保障工人阶级"独立的代表权",

---

① 基尔·哈第(1856—1915),英国工党创始人,工人运动领导人。
② 拉姆塞·麦克唐纳(1866—1937),工会领导人,工党领袖,1924、1929—1931、1931—1935 年三次出任首相。
③ 阿瑟·亨德森(1863—1935),工党领袖,工会领导人,担任过工党政府外交大臣。

认为这是"实现工人经济解放的最佳方法"①。党在最初讨论的时候曾打算用"社会主义工党"这个名称,但后来把"社会主义"改为"独立",尽管在其纲领中保留了一些"社会主义"内容。

1895 年大选中独立工党提出了 28 名候选人,但全部落选,"自由-劳工党"人士也只有 9 人当选。这对于整个运动都是一次打击,独立工党认为:失败的主要原因是工党未得到工会支持,工会的广大群众未能接受党的社会主义纲领。为此,有必要与工会结成广泛的统一战线,共同争取工人阶级在议会中独立的代表权。1899 年,工会代表大会终于同意进行独立的政治活动,它通过一项决议,号召"一切合作社、社会主义团体、工会以及其他工人阶级组织"携手合作,"在下一届议会中增加工人议员数目"②。

1900 年 2 月 27 日,129 名代表在伦敦法林顿街纪念会堂开会,成立了一个独立的工人政治组织:"劳工代表权委员会"。合作社组织没有派人参加。到会的主要是工会代表,再加上三个社会主义团体——独立工党、社会民主同盟和费边社的代表。所有这些组织共有成员 57 万,还不到有组织的工人总数的三分之一。与会者在几乎一切问题上都有许多分歧,因此很难制定共同的纲领。社会主义者与工会主义者在目标、手段、基本政策等方面都难以统一,所以最后就在 1899 年工会代表大会决议的基础上找到了共同点,即:推进工人议员的产生,争取更多的"工人代表权"。

独立工党在会上占主导地位。根据哈第的提议,劳工代表权委员会应建立一个"明确的议会工人党团",应该有自己的党监,服从其政策③,这就为劳工代表权委员会是一个"党"而不是一个松散的"论坛"奠定了

① *The Times*, January 14, 1893, in David C. Douglas, gen. ed., *English Historical Documents*, vol. xii(Ⅱ), Cambridge University Press, 1977, p. 667.
② B. C. Roberts, *The Trades Union Congress 1868 - 1921*, Harvard University Press, 1958, p. 166.
③ F. Bealey & H. Pelling, *Labour and Politics 1900 - 1906*, Macmillan, London, 1958, p. 28.

基础。由于独立工党的坚持,劳工代表权委员会设立一个12人执行委员会,其中工会推派7人,各社会主义团体共推派5人(独立工党和社会民主同盟各2人,费边社1人)。执委会的存在使劳工代表权委员会事实上可以不受工会的控制,而成为一个独立的政治实体。为加强这一点,决议让各地行业协会也可以申请加入,而行业协会一般不在工会的控制之下。独立工党还在组织上取得优势,它的代表拉姆塞·麦克唐纳当选为劳工代表权委员会的书记,使独立工党事实上成为这个新政党的核心。劳工代表权委员会从一开始就不是一个小小的宗派,它以工会为社会基础,以费边主义为指导思想。它在组建之初谨慎地避开意识形态方面可能出现的分歧,而把选举工人议员作为全体一致的行动纲领。1900年大选中,它提出15名候选人,其中2名当选,包括哈第在内。

劳工代表权委员会成立后,立即使英国政治格局发生微妙变化。1901年,东北拉纳克选区的劳工候选人参加补缺竞选,分散了原属于自由党的选票,结果使保守党人当选。1903年,又有两个选区出现同样情况,引起自由党的高度警觉。1903年8月,自由党与劳工代表权委员会签订秘密协约,自由党答应把35个选区让给劳工代表权委员会去竞争,以此得到工人方面的允诺:他们将在其他选区支持自由党,并支持日后可能产生的自由党政府。显然,这是一个在新的层次上的"自由-劳工联盟"。

1906年,保守党因为关税问题分裂,张伯伦为首的关税改革主义者在其内部争夺领导权。首相贝尔福提前举行大选,希望自由党在爱尔兰问题上的分歧可以使保守党重新获胜,同时打击张伯伦的势力。但大选结果是自由党大获全胜,得到了400个席位。劳工代表权委员会有50人参加竞选,结果30人当选,是一次划时代的胜利。在这次选举中,还有24名工人站在自由党旗帜下竞选获胜,使工人议员总数达到54人。就在这次大选之后,劳工代表权委员会改名工党,在议会建立工党党团。不久以后,工党就将在20世纪发挥半壁江山的作用了。

1906年大选是一道分水岭,它标志着英国真正走进20世纪。"土地利益"长达几百年对议会的控制,至此算是真的结束了。当选议员中,有一半是新面孔、具有新的社会背景。随着工党在政治舞台上崭露头角,19 世纪下半叶取得选举权的工人选民,到这时才当真发挥作用了。决定大选结果的主要是一些社会问题,如生活水平问题,机会平等问题,限制经济方面的阶级特权,疾病、就业和老年保险,等等。法国历史学家哈勒维(Elie Halevy)说:1906 年大选并不是 19 世纪自由主义的胜利,而是 20 世纪社会民主主义的先声。自由党被迫把社会问题写到了自己的旗帜上,自由主义变成了"新"的自由主义。J. A. 霍布森(J. A. Hobson)写道:"自由主义现在正式执行一项任务,其中无疑包含着一种新的观念,它涉及国家与个人生活及私人产业的关系问题。"①老的"自由放任"原则被逐渐抛弃了,自由党越来越卷入国家干预社会生活的行动之中。

自由党政府组成之后,很快制定了一系列社会立法,包括《劳资争议法》(Trades Disputes Act)、《工会法》(Trade Unions Act)、《工人补偿法》(Workmen's Compensation Act)、《学校供餐法》(School Meals Act)等等。1908 年,首相坎贝尔-班纳曼(Sir Henry Campbell-Bannerman)②因身体欠佳而辞职,由赫伯特·阿斯奎斯③继任,社会立法的步伐更快。在劳合·乔治④和温斯顿·丘吉尔⑤的通力合作下,1908 年通过《养老金法》(Old Age Pension Act),这是英国的第一个社会福利法案。这以后,他们又再接再厉,打算建立一个范围广泛的社会保险体系。正是在这个问题上,触发了与上院的斗争。

早在 1906 年大选之前,贝尔福就说不论结果如何,"统一党"(即保

---

① D. Read, *Edwardian England*, London, 1972, p. 101.
② 坎贝尔-班纳曼(1846—1908),自由党领袖,1905—1908 年任首相。
③ 赫伯特·阿斯奎斯(1852—1928),自由党领袖,1908—1916 年任首相。
④ 劳合·乔治(1863—1945),英国政治家,自由党领袖,1916—1922 年任首相。
⑤ 温斯顿·丘吉尔(1874—1965),英国政治家,曾两次转党,后成为保守党领袖。1940—1945、1951—1955 年两次出任首相,领导英国取得第二次世界大战的胜利。文中叙述的这一时期,他在自由党内阁任职。

守党与张伯伦派)总是能控制国家的。自由党认为这是在暗指上院,因为在那个时候,经常出席上院会议的 602 个上议员中,属于自由党的只有 88 人,其余保守党 355 人,"统一自由党"124 人,35 个主教和王室成员算是无党派。在这种力量对比下,上院在 1906—1907 年间否决了自由党制定的一系列立法,其中包括《教育法案》(Education Bill)、一人多票法(Plural Voting Bill)、《卖酒执照法》(Licensing Bill)、《爱尔兰参事会法》等等;还对农地持有法、爱尔兰市镇租佃法等进行了重大修改,将其修改得面目全非。[①] 面对这种情况,自由党决定摊牌,一劳永逸地把上院这个建立在世袭原则基础上的机构排除出政治决策圈。

1909 年,财政大臣劳合·乔治代表政府提出一个刺激性很强的预算草案,其中规定:

(1) 大幅度增加遗产税,比如价值超过 100 万镑的庄园将征收 25% 的遗产税;

(2) 增加所得税,3 000 镑以上的收入提高税率,5 000 镑以上征收超额附加税;

(3) 征收土地税,出租的土地每次租期届满时对增值部分征收 10% 的税,地产转手时,对自然增值部分征收 20% 的税,对未开发的土地矿山征收闲置税;

(4) 提高烟酒税。

增加的税收用于实施养老金计划、建立劳动交易所、改造农村设施等。劳合·乔治说:他的目标是"筹集款项对贫穷与肮脏发动无情的战争"[②]。很明显,预算案是要把钱从富人的口袋里掏出来用于公共事业,实际上是对财产进行再分配。保守派报刊立即指责这个预算案是"革命的、社会主义的";自由党则称之为"人民预算"(People's Budget)。

预算提出后,全国上下一片哗然。议会从 6 月份开始辩论,整整辩

---

① Alfred F. Havighurst, *Britain in Transition*, Chicago University Press, fourth edition, 1985, pp. 87 - 91.
② Ibid., p. 96.

了 73 天,有时通宵不散,一直辩到第二天早晨。11 月 4 日,议会以 379∶149 票通过预算草案,但 11 月 30 日上院将其否决;两天后,下院的决议称上院的否决违反宪法,因为根据传统,财政立法是下院的特权,上院从来没有否决过。

上院宣布解散议会,于次年 1 月份举行大选。选举结果自由党获 274 席,保守党获 273 席,爱尔兰民族党 82 席,工党 40 席。这样,"人民预算"的命运就掌握在爱尔兰人手中了。自由党于是决定让爱尔兰取得自治,争取爱尔兰人的支持。3 月份,阿斯奎斯在下院提议:(1)财政法案在送交上院一个月后即自动成为法律;(2)其他法案经下院在连续三次会议上通过、而三次相隔的时间已超过两年的,无论其是否得到上院的批准,也自动成为法律;(3)议会任期从 7 年减为 5 年。4 月,阿斯奎斯的提议在下院获通过,正打算送上院审批时,爱德华七世国王(Edward Ⅶ)恰巧去世。两党于是同意休战,让新国王乔治五世有时间熟悉他的工作。

11 月风波再起。自由党这时得到工党和爱尔兰民族党的支持,控制着下院多数,因此不怕保守党推翻政府。自由党决心把斗争进行到底,因此强迫乔治五世答应:在必要时册封足够数量的新贵族,以迫使上院在表决时与下院保持一致。11 月 16 日乔治五世作出了这一承诺。12 月,举行本年度中的第二次大选,结果与前一次大选几乎完全一样(272∶271)。次年 2 月,自由党根据阿斯奎斯的三点建议制定《议会法》,于 5 月 15 日在下院通过。上院在辩论中提出了政府所不能接受的修正意见,阿斯奎斯立即要求国王履行诺言,册封新贵族,并开列了一份大约 250 人的册封名单。8 月,上院经过激烈辩论,终于决定让步,于 9 月以 131∶114 票通过《议会法》。

《议会法》是对英国上院进行的一次重大改革,上院的血统原则虽未受触动,但它的权力大大被削减了。从此以后,上院只能使下院通过的法律延迟两年执行,除此以外就发挥不了更大的作用了。在上院与下院的斗争中,下院取得最终胜利。

为兑现它对工人作出的许诺,自由党在 1911 年提出《国民保险法》
(National Insurance Act),让 1 400 万人得到病残保险或失业保险,保险
基金由国家、雇主和工人三个方面按比例分担。这是继养老金法之后,
英国在社会保险方面迈出的又一步。虽说在本质上它并没有脱离互助
的性质,其实施与管理都由所谓的"授权团体"(如工会)进行,但国家终
究站在法律的背后起监督人作用,因此它是自由党向国家干预迈出的一
大步。1911 年《国民保险法》并没有实行福利制度,不过它与福利制度毕
竟靠得更近了。

为兑现它对爱尔兰民族主义作出的许诺,自由党于 1912 年 4 月提
出第三次《爱尔兰自治法》(Home Rule Act,前两次分别在 1886 和
1893 年提出),爱尔兰问题再度烫手。北爱尔兰的新教徒反对自治,组
成厄尔斯特志愿军,天主教徒则组成爱尔兰志愿军,内战一触即发。
英国的保守党站在新教徒一边,甚至暗中支持新教徒的武装。在这样
一种激动的气氛中,自由党运用手中的多数票通过了自治法,不过,
那时已是 1914 年 9 月了。由于战争爆发,法律延期至战争结束后
执行。

战争开始以前,妇女选举权也成了社会争执的问题。从 1860 年代
起,妇女就发起议会选举权运动,不过起初参加进来的是中等阶级妇
女,运动也很温和,她们的政治组织是 1897 年成立的"全国妇女选举
权协会联合会"(National Union of Women's Suffrage Societies)。进入
20 世纪,妇女的政治地位有很大提高,1907 年一项法律允许妇女入选
郡、市参事会,有些妇女还担任公职,比如地方教育委员、济贫委员乃
至郡、市政府官员等,但议会选举权的问题一直没有解决。许多中下
层妇女对这种状况失去耐心,1903 年,埃米琳·潘克赫斯特夫人
(Emmeline Pankhurst)在她的两个女儿的协助下建立了"妇女社会政治
同盟"(Women's Social and Political Union)。这个组织的成员用比较激
烈的方式表达妇女的愿望,比如冲击议会、围攻议员、放火烧教堂、打
碎商店的玻璃,等等。1913 年一位叫埃米莉·戴维森(Emily Davison)

的姑娘突然冲进赛马场,冲到属于乔治五世的赛马前面,结果马惊踏人,戴维森致死,引起社会很大震动。这些妇女积极分子后来被称作"战斗的妇女参政运动者",由于她们的活动,妇女选举权问题得到全社会的关注。

第三章　从战争到战争

第一次世界大战在 1914 年 7 月爆发,这使 20 世纪初的事件发展大多数都中断了,比如爱尔兰问题和妇女选举权问题就是这样。不过,从长远来看,历史发展的总趋势并没有改变,20 世纪初所提出的那些问题,比如国家的作用问题、社会保障问题、帝国问题、新政治力量崛起的问题等等,依然按照各自的逻辑向前发展。

战争中自由党的原则几乎都被破坏了。起初人们对战争抱着近乎浪漫的情调,许多人觉得英雄主义时代降临了,因此满怀激情走上战场,准备为"自由"打一场漂亮的短兵战。但战争却无限期地拖延下去,前线的艰苦与牺牲震惊了全国,人们突然意识到:全国都面临着严峻的考验,人民必须不遗余力,作出牺牲,才能打赢这一场史无前例的现代恶战。

于是,几个世纪人们所珍惜的价值不得不暂时弃置,一切为了战争,一切为了胜利。为打赢战争,政府获得越来越广泛的权力,统制全国的财力物力,调动一切力量投入战争。1914—1915 年,议会连续通过三个《国土保卫法》,授权政府颁布战时条例,控制军火生产和其他生产。不久,政府就对铁路、军工和煤炭实行控制,委派了政府管理人员;然后又征用商船,调节农业生产,强行开发荒地,限制粮食价格,规定食用品的质量标准,等等。1918 年初,当战争进入最后同时也是最艰苦的阶段时,政府不得不对食品实行定量供应，这在英国历史上是前所未有的。所有这些措施都与自由党的"经济自由"信念背道而驰，但执政的自由党人却不得不服从战争的需要，一步步远离自己前辈们所尊崇的金科玉律，走向某种形式的国家管制经济，甚至某种程度的"国营经济"（如铁路和军工等）。1915 年政府设立军工部，直接管理大约 200 个工矿企业；1916年又成立劳工部，统筹调配全国人力。这两项措施都是绝对违反自由主义信条的，因为他们把国家的职能不仅扩大到管理"物"，而且扩大到支配"人"。

1916 年，自由党政府采取了另一项背离自由主义传统的措施，宣布实行征兵法。这种做法虽然在普鲁士这样的国家算不得什么，但在英国，却被看作是专制主义的象征，强迫人民屈服于政府的淫威。政府还不得不征收 33% 的奢侈品进口税，这就把自由贸易这道防线也冲垮了。到战争结束时，自由党的原则其实已所剩无几。

1915 年，英军在达达尼尔海峡作战受挫，海军大臣丘吉尔与第一海事大臣费舍勋爵（John Fisher）在战略问题上发生严重分歧，导致费舍勋爵挂冠而去。保守党领袖博纳·劳（Bonar Law）[1]通知阿斯奎斯说：保守党应参与领导战争，否则它将扮演积极的反对派角色，反对政府的战争努力。自由党于是不得不同意组织联合政府，新内阁包括 12 名自由党人，10 名保守党人，1 名工党人。这届政府维持了大约一年半时间，由于战争情况越来越糟，国内充满了失望的情绪，人们都认为在现存政府的领导下不可能打赢战争。阿斯奎斯迫于党内外强大的压力，于 1916年 12 月辞去首相职位，由学徒出身的威尔士人劳合·乔治继任首相。这次政府更迭本不涉及党派分歧，不过，以阿斯奎斯下台为标志，自由党在英国政界两分天下的局面也就永远结束了！

劳合·乔治的联合政府主要由保守党组成，21 个内阁成员中除 8 个自由党人、2 个工党人之外，其余都是保守党人，而且占据主要位置。劳

---

[1] 博纳·劳（1858—1923），保守党领袖，1922—1923 年任首相。

合・乔治还建立了一个大权独揽的"战争指导委员会",可说是内阁中的内阁,其中保守党 3 人,工党 1 人,自由党只有劳合・乔治自己。战争中英国政府的这两次更迭都是政党间协商的结果,并没有经过通常的宪法程序,更没有由议会选举来决定政府去留。虽说这可以看作是战争时期的非常措施,但它却体现了 20 世纪的总体趋势,即政府控制了议会,政党是 20 世纪英国政治的灵魂。

新政府在工作作风上也背离了传统。"战争指导委员会"起核心的作用,主要决定都是在这个委员会做出的。内阁虽然很勤奋,几乎每天都开会,但它的主导作用已经被战争指导委员会取代了,次要一点的部长只在问题涉及其各自主管的部门时,才应邀参加内阁会议,他们更像是政策的执行者,而不是制定者。在各部以及整个内阁之上,有一个像美国总统那样的首相,各个部都向他负责,而不是向内阁负责,更不向议会负责。这种做法明显背离了英国传统,却和 20 世纪首相权力扩大的趋势相吻合。不管怎么说,劳合・乔治用新方法新体制打赢了战争,政府的效率提高了,敷衍塞责、拖延推诿的现象大为减少。

战争结束的时候,劳合・乔治成了英雄,人们都说他可以担任终身首相。但仅仅 4 年之后,大家又指责他政治品质恶劣,追求个人权势,背弃英国政治传统中的集体主义价值取向,似乎他是英国政界的一个流氓。后来在 80 年代成为工党领袖的迈克尔・富特(Michael Foot)出身在一个传统的自由党家庭,他说他从小就听父辈们说劳合・乔治毁灭了自由党,"为得意洋洋、幸灾乐祸的托利主义打开了大门"①。1918 年 5 月,军令总监弗里德里克・莫里斯(Friedrich Morris)被解除职务,他于是指责劳合・乔治向公众谎报英国在法国的军情。阿斯奎斯以此发难,要求议会组织调查。他的动议虽被否决,却获得 98 个自由党议员的支持。这以后,自由党就正式一分为二。著名历史学家泰勒(A. J. P.

---

① Michael Foot, *Loyalists and Loners*, London, 1986, p. 142.

Taylor)称这是"有悠久历史的自由党实行自杀"①。

到 1918 年,议会已经有 8 年多没有举行选举了,因此战争一结束,劳合·乔治就决定立刻大选。他想维持战时的联合政府,实际上是依靠保守党继续执政。自由党在大选中分成两派,一派支持劳合·乔治与保守党联合的政策,一派追随阿斯奎斯,反对联合。由于联合派候选人在竞选中都得到一张两党签发的"联票"证明,因此这次大选被称为"联票选举"。选举结果,联合派大胜,但事实上是保守党大胜,因为保守党得到 335 个席位,劳合·乔治派只有 133 席。阿斯奎斯派自由党输得很惨,只得到 28 席,连阿斯奎斯自己都落选了。自由党的崩溃不仅仅表现在阿斯奎斯派的失败上,就连劳合·乔治派的胜利也是虚假的。劳合·乔治派主要在工人选区得票,而工人选区随时可以被工党夺走。只因为劳合·乔治打赢了战争,工人才投了他的票。根据"联票"协议,保守党不向这些选区推派候选人,因此劳合·乔治派实际上是在没有竞争的情况下当选的。但这种情况在下一次大选中不会再现,到下一次大选的时候,自由党的衰落就暴露得一清二楚了。对此,老格拉斯顿的儿子、自由党总部督导赫伯特·格拉斯顿(Herbert Gladstone)看得很明白,他后来说:"1918 年的结果粉碎了党,不仅在下院,而且在全国。党的地方协会消失了,或名存实亡。我们最好的党员大批投奔工党,其他人倒向保守党或变成独立派。"②1918 年大选实际上是自由党的死亡宣告书。

不过,劳合·乔治仍然在他个人威望的顶峰。他刚刚打赢一场战争,紧接着便要去凡尔赛,在那里主导和会,创建国联,成为世界级政治领袖。自由党的劳合·乔治领导着一个保守党的政府,不过在内政方面,他继续执行战前政策。政府提高了养老金标准、扩大了享受失业保险的范围、增加了教师工资、拨款补助住房建筑,等等,可见尽管保守党

① Alfred F. Havighurst, *Britain in Transition*, Chicago University Press, fourth edition, 1985, p. 137.
② Chris Cook, *A Short History of the Liberal Party*, *1900 - 1976*, St Martin's Press, New York, 1976, p. 81.

占优势,它对战前自由党的政策却已经能认同了。这对自由党来说其实是一种更深刻的威胁,因为自由党的旗帜现在也可由保守党扛起来。与此同时,保守党还以财产的保卫者自居,它一方面接过自由党的社会政策,一方面又反对"财产共有",反对"社会主义"。这在俄国发生布尔什维克革命、英国工党的"社会主义"倾向日益明显的时候,对中等阶级选民尤有吸引力。弗朗斯·科齐(Frans Coetzee)说:"反社会主义最终将使保守党能够重组、保存下来,并在两党制的合适形式中大获其益。"①

　　1922 年,保守党已经强大到不需要一个自由党首相来充当它的保护伞了。这一年的 10 月 19 日,275 名保守党议员在卡尔顿俱乐部开会讨论保守党今后的前途。多数保守党人要求摆脱劳合·乔治,因此对党的老资格领袖如奥斯汀·张伯伦(Austen Chamberlain,约瑟夫·张伯伦的儿子)、贝尔福等人要求维持联合政府的呼吁反应冷淡。博纳·劳和斯坦利·鲍德温②在这次会议上大出风头,鲍德温入阁才一年多,在党内是一个相当嫩的新手。他在辩论中突然站起来对劳合·乔治进行猛烈攻击,说继续与他合作将加深党的分裂,直至"古老的保守党被碾成碎片消失在废墟中"③。表决结果,185 个保守党议员反对与劳合·乔治合作,只有 88 人主张继续维持联合。这天下午 5 时,劳合·乔治就辞职了,一个打赢了战争的英雄这时却陷入了四面楚歌之中。

　　1922 年大选,保守党以 345 票获胜,工党位居第二,得 142 票,博纳·劳出任首相。1923 年,博纳·劳因病辞职,由鲍德温接任保守党领袖,他立刻提出了关税改革问题,即建立约瑟夫·张伯伦在 20 年前倡导的关税壁垒。但选民在这个问题上仍不愿放弃自由主义传统,因此在新的大选(1923 年)中,保守党失去多数,三个党谁也没有超过半数。博

---

① Frans Coetzee, *For Party or Country: Nationalism and the Dilemmas of Popular Conservatism in Edwardian England*, Oxford University Press, 1990, p. 162.

② 斯坦利·鲍德温(1867—1947),保守党领袖,1923—1924、1924—1929、1935—1937 年三次出任首相。

③ John Ramsden, *The Age of Balfour and Baldwin, 1902 - 1940*, London & New York, 1978, p. 166.

纳·劳不愿与劳合·乔治合作建立联合政府,而阿斯奎斯又不愿和保守党合作。劳合·乔治于是暗中活动,支持工党组成少数派政府。1924年,在工人代表权委员会建立24年、工党建立18年之后,这个党居然在英国掌权了!

工党的"社会主义"性质此时已公开表露。俄国革命在英国形成巨大冲击,1917年8月,联合政府中唯一的工党代表亨德森去苏俄访问,为此他辞去内阁职务,并且在访俄回国后立即开展工党独立的竞选活动。但他对布尔什维主义并不欣赏,他在回国后写道:"就我所能见到的而言,假如那种试验付诸尝试,其结果只会对整个事情造成灾难。"[1]他认为要想抑制布尔什维主义,工党就必须成为强大的议会党,而且公布自己的社会主义宗旨,把工人吸引到自己周围。

1917年9—10月间,亨德森与工会领导人、费边社领导人频繁接触,为工党制定出一部章程。在此之前工党始终没有党章,而1918年党章一出现,就带有强烈的社会主义色彩,这集中表现在章程第四款上,即关于"生产资料公有制"的条款。条款中的提法不是亨德森的,而是韦伯(Sidney Webb)[2]的,韦伯认为这种提法主要不是为吸引工人(工人无论如何总要跟工党走的),而是为了吸引已经认识到社会主义不可避免的那一部分先进的中等阶级。尽管党章中明确写进了社会主义内容,但当年党的代表大会对此似乎并无所谓。会上讨论的主要是组织问题,亨德森的发言主要谈工党如何才能组织政府,而不是工党的政府应该做些什么。

因此当工党在1924年执政后,并不当真去实行"社会主义"。工党从来没有执政的经历,突然处于掌权地位,便事事生疏,手足无措,对那台庞大的英国政治机器不知该如何操纵。担任首相的麦克唐纳说:

---

[1] Ross McKibbin, *The Evolution of the Labour Party*, *1910 - 1924*, Oxford University, 1986, p. 92.

[2] 西德尼·韦伯(1859—1947),费边社领袖,政论家,历史学家,对英国工党有很大的思想影响。

"……我的前任有现成的秘书和运转的机器，而我却什么也没有，我必须白手起家。"①这是工党刚上台时一派窘境的真实表露。工党还讲究"体面"，处处模仿上流社会，比如它的阁员在第一次觐见国王前，就要找老师专门教习宫廷礼仪，生怕稍有疏忽，便做出什么"贻笑大方"的事。因此工党这 10 个月的掌权，就仿佛是初上台面的学徒，做了 10 个月的见习生。它做的最大一件事是制定一项"住房法"（Housing Act），对工人阶级住房给予建筑补贴。麦克唐纳主要对外交事务感兴趣，他自己兼任外交大臣，参与德国赔款问题的国际谈判，还打算与苏联签订条约。但在后面这个问题上工党政府栽了跟头，保守党和自由党都怀疑工党企图与布尔什维克勾结，于是就联合起来，把工党政府推翻了。

在新的大选中，发生了季诺维也夫信件（Zinoviev letter）事件。10 月 25 日，选举前 4 天，《泰晤士报》（The Times）突然发表一封据说是由共产国际执行主席季诺维也夫签署、寄给英国共产党中央委员会的信件抄本，信中要求英共动员英国工人阶级支持英苏两国正在谈判的条约，因为这将"有助于国际及英国无产阶级革命化"，"使我们能够在英国及其殖民地扩大与发展列宁主义的思想宣传"。信件还要求在军队中加强鼓动，做好军工生产部门工人的工作。② 这封信暗含的意思是工党的政策有助于布尔什维克的颠覆活动。信件发表后，苏联代办处和季诺维也夫本人立即加以否认，英国外交部则背着麦克唐纳提出抗议。信件对选举结果产生很大影响，保守党大胜，获 419 席，工党只得到 151 席，比上次少了 40 席；而自由党则大败，劳合·乔治和阿斯奎斯两派加在一起才 40 席。在过去两年中，自由党先是捧工党上台，使反对社会主义的选民投了保守党的票，然后又赶工党下台，使倾向社会主义的选民投了工党的票。自此以后，新的两党政治就形成了，三足鼎立的混乱状态结束，自由

---

① Henry Pelling, *A Short History of the Labour Party*, London, second edition, 1965, p. 53.
② Malcolm Pearce & Geoffrey Stewart, *British Political History，1867 - 1990*, Routledge, London & New York, 1992, pp. 260 - 261.

党被排挤出英国政治的主流。

鲍德温出任首相,他其实是一个能力很有限的人。1923年他以财政大臣(Chancellor of the Exchequer)的身份出访美国,谈判战时债务问题,结果草草率率就签了一个协议,条件比法、意等国得到的都差。1923年他第一次出任首相,英国朝野上下都感到意外。不过,他的第二届政府却很稳固,一直延续到1929年。鲍德温做事懒散,不受刺激就提不起精神。但他和气亲切,平易近人,把分歧重重的保守党团结起来了。他认为工党不是搞颠覆破坏的党,而是现存政治体制中一支负责的力量,保守党如果不像工党一样找到吸引"社会下层"的方法,"我们就是一只手绑在背后进行战斗"①。鲍德温正确地估计到工党今后是保守党的主要对手,因此为保守党提出了一条"新保守主义"路线。

为吸引"社会下层",鲍德温政府进行了一系列社会改革,主要由约瑟夫·张伯伦的另一个儿子内维尔·张伯伦(Neville Chamberlain)执行。张伯伦在鲍德温内阁任卫生部长职,工作做得很有成就。他在4年多的时间里就制定了21个法律,多数是关于住房、卫生、城市建设、休息场地与度假设施的。他还制定了一个《地方政府法》(Local Government Act),规定由郡、市政府承担济贫职责(原来由教区承担),这是向国家解决贫穷问题迈出的一大步。在他任职期间,全国新建100万所住房,国民卫生状况改进了,1928年婴儿死亡率降到4.5%,也开办了许多产科医院和儿童诊所。他的多数立法都既长又复杂,比如《地方政府法》包括12项115款,花两个半小时才通读一遍。这个法案虽然对解决社会问题很有价值,但提出来的时机却不对。它要求增加地方税以作济贫之用,而新的征税率恰巧在1929年大选之前送到许多选民手里,因此使许多选民感到不快。

1926年政府面临严重危机,起源是煤炭工业的劳资冲突。1913年,

---

① John Ramsden, *The Age of Balfour and Baldwin*, *1902 - 1940*, London & New York, 1978, p. 190.

英国最强大的三个工会签订协定表示在斗争中将互相支持,由此形成"三角同盟"。三角同盟的参加者是煤矿、铁路和运输工会,当时分别有80万、27万和25万会员。这三个工会掌握着国民经济的命脉,因此三角同盟的存在,对资方和政府都是巨大威胁。

煤炭业在20世纪弊病丛生。英国采煤业起步很早,但始终规模小,技术落后,采掘无规划,开采水平很低。在20世纪科学技术突飞猛进的情况下,竟长期得不到改造,结果成本高而利润低,工人劳动强度大,工资却很低,1926年与1913年相比,工资只增加20%,生活指数却增长100%,此外还加上很高的失业率。长期以来,煤矿开采靠政府补贴,补贴一旦停止,工资就将更低,危机会立刻爆发。1921年煤矿工人要求增加工资,但罢工失败,罢工失败的那天(4月15日)被称为"黑色星期五"。1925年冲突再起,政府有惮于三角同盟的实力,不敢贸然摊牌,便宣布延长补贴9个月,这一天(7月31日)被称为"红色星期五"。9个月延长期快到时,双方都意识到摊牌不可避免,于是都在做决战的准备。

1926年3月,关于煤炭问题的皇家委员会(royal commission)公布调查报告,报告对工人的处境表示同情,建议对煤炭业实行改组,包括国有化、合并小矿井、改造工作环境、建立全国工资统一标准,等等。但报告也宣称国家对煤矿开采的补贴应该停止,为弥补其间的差额,矿工要么降低工资,要么延长工时。

矿工十分愤怒,他们提出"工资不减一分,工时不加一分"的口号。工会要求:在煤炭业进行改组之前,首先应谈妥工资问题;矿主则坚持:井下工作日恢复到8小时,工资则回归到1921年水平。双方谈判破裂。4月30日,9个月的延长补贴期届满,现存的工资标准作废,矿主宣布同盟歇业。5月1日,各行各业的工会代表828人投票宣布将采取"联合行动"声援矿工,并授权工会代表大会总委员会解决争端。5月3日午夜,全国总罢工(General Strike of 1926)开始。

工会一再宣称这是一次产业冲突,不含政治目的。政府则声称罢工企图推翻政府,改变政治制度。罢工气氛总的来说是平静的,很少发生暴力冲突,但平静中蕴含着紧张,因为英国从来没有发生过真正意义上的"总罢工"。直接参加罢工的有 300 万工人,领导总罢工的是工会代表大会,它拥有 430 万有组织的产业工人。卷入罢工的行业包括煤炭、运输、码头、印刷、钢铁、化工、电力、建筑等。罢工的影响超越国界,引起全世界的密切关注。鲍德温政府对罢工采取了谨慎的态度,一方面它宣布罢工"违宪",一方面又呼吁重开谈判,停止罢工。它组织了大批中等阶级市民参加维护交通、分发食品等工作,结果使正常的社会生活勉强维持下来,未发生崩溃,罢工的威力因而也就减轻了。5 月 12 日,工会代表大会总委员会宣布停止罢工。当天下午,鲍德温在下院受到欢呼,他说这是"常识的胜利……是联合王国全体最优秀人民的胜利。现在我们又能够以合作的精神来恢复我们的工作,把怨愤与仇恨都丢到脑子后面去了。"①

尽管鲍德温做出和解的姿态,似乎对罢工已全然忘记,但 1927 年,政府制定新的《劳资争议法》,宣布总罢工和同情性罢工为非法;工会若征收政治性捐款,必须事先得到各有关会员的书面同意;而在过去,是每一个工会会员都必须交纳政治捐款的,除非他公开声明不愿这样做。总罢工的失败和随之制定的《劳资争议法》极大地削弱了工会的力量,工会人数剧减,1920 年工会会员占全国劳动力总数的 45.2%,1933 年只剩下22.6% 了。罢工次数在以后的 13 年中降为原先的十分之一甚至二十分之一,工会运动也变得更温和了,工会领导人采纳了一种更加合作的策略。

尽管如此,工党反而因总罢工受益。它没有直接卷入罢工斗争,因而在政治舞台上丝毫不受影响。相反,它指责 1927 年《劳资争议法》是"阶级立法",说它是为有产者服务的,因此在工人中提高了声望。1929年大选,工人选民下决心对总罢工失败和《劳资争议法》实行报复,工党

---

① Ross McKibbin, *The Evolution of the Labour Party*, *1910 - 1924*, Oxford University, 1986, p. 198.

在那一年第一次成为议会最大的党,由麦克唐纳出面组成第二届工党政府。那一年,自由党在劳合·乔治领导下做最后一次努力,企图恢复它原有的地位。它提出一个与工党纲领几乎无异的竞选纲领,完全放弃了自由主义原则。但在工党与自由党之间,工人选民当然选择工党。

工党第二次入主政坛,已经摆出一副当仁不让的架势。麦克唐纳虽然出身卑微,是苏格兰一个女仆的儿子,但他一副绅士派头,似乎是"人群中的一个王子"。他出入于克里斯蒂拍卖行,搜集古玩与名画;他到棋盘山庄(the Chequers)①去度周末,与伦敦德里侯爵(Marquess of Londonderry)等保守党贵族来往甚笃。他的财政大臣斯诺登(Philip Snowden)信奉传统的金融政策,周旋于银行家之间,被授予伦敦城自由市民称号。亨德森是真正献身于工党事业的,但他担任外交大臣,在这方面颇觉生疏。这些人也许想在第二次执政期间有所成就,但他们掌权不是时候,就在工党政府成立后不久,世界性的经济危机就开始爆发了。

危机中英国受到很大打击,产业萧条造成失业大增,1929年5月工党执政时失业人数120万,到1931年7月已达到280万,占投保工人总数的23%。但斯诺登企图以传统的自由主义来解除危机,他采用提高间接税、削减政府开支的方法,结果却反而增加了失业,对贫苦阶层造成更大的压力。一个下院调查委员会认为,必须从1931年的政府预算中削减1.2亿英镑,其中6 700万英镑应减自社会救济。麦克唐纳等人同意削减7 800万英镑,但当内阁进行讨论时,多数成员只同意削减5 600万英镑,而且不许从社会救济方面削减。1931年8月24日清晨,内阁就此进行表决,11票支持麦克唐纳,9票反对。面对强大的反对力量,麦克唐纳宣布他将辞职,说罢他便前往白金汉宫,觐见乔治五世国王。中午,原来的工党大臣却惊讶地听说:乔治五世国王没有按惯例授权保守党领袖鲍德温组织新政府,而是让麦克唐纳继续留任,组织了一个"国民政府"(National Government)。

---

① 棋盘山庄,英国首相的乡村别墅。

这件事前因后果究竟如何，到现在人们也不大搞得清楚。大家现在知道的是，乔治五世接受了自由党领袖塞缪尔的建议，要求麦克唐纳继续任职，而麦克唐纳当场就接受了邀请。人们现在不知道的是：究竟麦克唐纳早就有盘算，故意促成工党政府的分裂，为"国民政府"铺平了道路呢，还是他随机应变，临时接受了国王的授权，以"拯救"英国于危难之中？无论如何，工党认为麦克唐纳背叛了本党：他在接受新的任命时居然不和本党商量，就与反对党结成联合政府！工党政府的枢密院长帕穆尔勋爵(Lord Parmoor)后来在回忆录中很好地表达了这种情绪，他说：他一向相信内阁是英国政府的核心，"但如果说内阁确实占有这个地位，那么在1931年首相对待内阁时却不是这样"①。8月26日，工党与工会代表大会举行联席会议，决定不支持麦克唐纳政府；两天后，工党议会党团选举亨德森为新的领袖；9月28日，工党全国执行委员会正式开除麦克唐纳及其支持者出党。

然而新政府却成功地渡过了危机。世界经济危机此时已基本缓解，各国财政状况开始好转。斯诺登从美法两国得到8 000万英镑贷款，足以解救近火之急。随后，英国放弃金本位，英镑也贬值30%。1932年议会通过《进口关税法》，正式放弃了自由贸易的原则，而约瑟夫·张伯伦在30年前倡导的关税保护主义，现在竟成了国策。19世纪时英国人争取自由贸易，20世纪却又争取保护主义，这大概就是历史的逻辑！1932年，在加拿大首都渥太华召开帝国经济会议，建立了帝国特惠制，从此以后，帝国对英国来说，具有了新的经济意义。

1931年大选，"国民政府派"（包括保守党、麦克唐纳工党和自由党）获554席，工党只得到52席，是1910年以来输得最惨的一次。但经济的复苏非常缓慢，"饥饿的30年代"在许多地方尤其是北方的单一产品工业区造成很大苦难。1935年工党终于恢复过来，这一年它得到一位新领

① John P. Mackintosh, *The British Cabinet*, London, third edition, 1977, p. 482, note 54.

袖——克莱门特·艾德礼(Clement Attlee)①,并且在新的大选中获 154 席。这是第二次世界大战前最后一次选举。

30 年代政治主要围绕军备与和平问题。1933 年希特勒(Adolf Hitler)在德国掌权,战争的乌云开始聚集,面对纳粹德国(Nazi Germany)的喧嚣,英国应采取什么对策? 这是个长期困扰着英国政治家的问题。30 年代初,大多数英国人不愿再卷入另一场战争,第一次世界大战的悲惨经历给他们留下了太深的印象,因此战后和平主义始终抬头。许多人幻想国联和裁军可以给欧洲带来永久的和平,因此当德国的民族复仇战鼓咚咚敲响的时候,英国人却在从上到下地大唱和平经。

在这个问题上,三党领导人其实没有什么不同,他们都主张真心实意地裁军,真心实意地依赖国联。1931 年 7 月,三党领导人同时出现在一次盛大的群众集会上,共同保证为即将召开的世界裁军会议取得成功而不遗余力。希特勒上台后,许多人同情纳粹的立场,认为德国在 1919 年受到了不公正的待遇,因此它重建民族尊严的努力是无可非议的。许多人宁可要希特勒而不要斯大林(Joseph Stalin),认为与德国的对抗就意味着怂恿苏联。1933 年 2 月,就在希特勒刚刚上台的时候,牛津大学学生会经投票通过一项决议,声称他们在任何情况下"都不为国王和国家而战"②。这项决议在社会上形成巨大冲击波,报章与广播都广为报道。

1932 年,英国甚至出现了一个法西斯党——英国法西斯同盟,其领导人奥斯瓦德·莫斯利(Oswald Mosley)曾担任过工党政府大臣。虽然这个组织成员最多时也未超过 2 万人,社会影响也很小,但在 1934—1936 年间它也曾掀起过小小的波澜,是世界性法西斯逆流的一个组成部分。1940 年战争打起来后,它被政府取缔。

在 30 年代,和平主义是主要思潮。1934 年下半年,狄克·谢泼德牧

---

① 克莱门特·艾德礼(1883—1967),英国政治家,工党领袖,1945—1951 年任首相。
② Malcolm Pearce & Geoffrey Stewart, *British Political History*, *1867 – 1990*, Routledge, London & New York, 1992, p. 310.

师(Rev. Dick Sheppard)组建"和平宣誓同盟"(Peace Pledge Union),到1935年底,已征集到10万人签名。同盟组织"全民和平表决"(National Peace Ballot),结果有1 150万人参加,占全体选民的40%。投票结果显示:90%—95%的人赞成裁军,支持国联,同时主张国联对侵略者进行经济制裁。针对问卷第五款提问:在必要时,各国是否应联合行动,用军事手段制止侵略?有60%的人作肯定回答,20%否定,20%弃权。① 因此"表决"的结果是很奇怪的,人们一方面支持裁军,反对使用武力;一方面又希望对侵略者实行集体制裁(甚至动用武力)。如何理解表决的结果?也许正确的解释是:英国人希望在国联的庇护下,以裁军和制裁为威胁来避免一场战争。如果问卷的问题是:是否赞成英国卷入一场战争?那么回答大概会是99%的反对了。无怪乎政府要说问卷的出题是一种误导。

工党在某种程度上比保守党更倾向和平主义。1935年5月工党新领袖艾德礼就说:"我们反对把使用武力作为一种政策手段,我们主张裁减军备和集体安全保障……我们的政策不是通过重整军备来寻求安全,而是通过裁军来寻求安全。"②他主张彻底销毁一切军备,在国联领导下建立一支国际警察部队——这大概可以看作是为"和平表决"的结果所作的注解。

在政府方面,它一面执行绥靖主义(appeasement)政策,不惜一切代价保住和平;一面又迫于国际形势的压力不得不放弃裁军政策,于1936年开始重整军备。这一年,军费开支比前一年增加36%,达到1.86亿英镑。1937年达到2.65亿英镑,1938年为4亿英镑,1939年激增到7亿英镑,当然这时战争已经打起来了。空军的力量增长最快,1935年空军预算仅2 750万英镑,到1939年已达到2.48亿英镑,翻了9倍。"国民

---

① Alfred F. Havighurst, *Britain in Transition*, Chicago University Press, fourth edition, 1985, pp. 244 - 245.

② Robert Rhodes James, *The British Revolution*, *British Politics 1880 -1939*, London, 1978, p. 536.

政府"重整军备虽说是半心半意的,但终究使英国在战争爆发时并不是赤手空拳,因此算"亡羊补牢,犹未为晚"。优先发展空军的政策也是富于远见的,如果不是空军的作战能力在战前最后几年急速提高,英国将无法在战争的最初阶段顶住德军的轰炸,阻挡德国的入侵。但工党当时对这种半心半意的重整军备也大加反对,1935 年在辩论是否要重整军备的时候,艾德礼说:要用"全世界舆论"的力量来阻止侵略。

　　真正反对绥靖、清醒地估计到纳粹侵略危险的政治家是温斯顿·丘吉尔。丘吉尔出身名门,其先祖是英国历史上有名的马尔博罗公爵(Duke of Marlborough)。[①] 丘吉尔年轻时在印度、南非等地服役,以战地记者的身份参加过多次远征行动。26 岁时他当选为议员,此后一直是英国政坛的宿将。他先参加保守党,后来投奔自由党,然后又回到保守党,在两党历届政府中担任过许多要职。但在政治上如此飘忽摆动,是英国政界很难见容的,因此他的名声相当不好。保守党不信任他,从1929 年起,就把他排斥在决策层之外,当作一个惹是生非的野心家。工党讨厌他,视之为仇敌,因为他坚定地反对"共产主义"。然而正是在这个时候,他真正的历史使命才刚刚开始。就在绥靖主义思潮弥漫全国的时候,丘吉尔单枪匹马地预言战争的梦魇,喋喋不休地主张扩军备战。还在 1936 年年底他就在议会声称:纳粹德国将很快在"经济财政崩溃和内乱,或者发动战争这二者之间作出选择"。1938 年慕尼黑的"和平"刚刚取得,他又在议会大唱反调,说"不要以为这件事会从此结束。这不过是算账的第一步……"[②]在当时,这种论调听起来就像是升平歌舞中突然冒出来的尖声怪调。在 30 年代,丘吉尔是最不得人心的政治家。

　　1935 年英国举行大选。虽说选民们关心的主要是国内问题,政治家却都在谈论安全与军备。5 月,国民政府已经改组,由保守党领袖鲍德温接替麦克唐纳任首相,三分之二的内阁大臣也由保守党人来担任。国内

① 第一代马尔博罗公爵(1650—1722),即约翰·丘吉尔,英国军事家、政治家,在西班牙继承战争中统帅反法联军。
② 丘吉尔:《第二次世界大战回忆录》第一卷,商务印书馆,1974 年,第二册,第 310、486 页。

的形势对国民政府很有利,失业人口已从 1933 年初的近 300 万降到不满 200 万,生产总值比 1929 年提高了 10%。多数英国人相信国民政府能解决遗留的经济问题,而不必依靠"新政"或其他更极端的手段;工党那种带有"社会主义"色彩的纲领这时还得不到较多人的支持。在关税问题上,保护主义已成定局,反对它的人已经是少数。

但是在和平与安全问题上,许多人情绪却很激动,保守党打算实行有限制的重整军备,工党与许多选民却仍然坚持和平主义立场。竞选中,鲍德温采取两面手法,他既"支持重整军备从而使保守党能够与国际联盟(League of Nations)协调关系",又"支持国际联盟盟约,从而使和平主义者能够与重整军备协调好"①。由于采纳了这样一种双重立场,11月选举结果出来,保守党获 432 席,工党无论是国民政府派还是反国民政府派,其领袖人物全都落选,其中包括麦克唐纳、亨德森等。但工党的政治力量却恢复了,它取得 154 个席位。自由党只剩下 20 个席位。输得最惨的是麦克唐纳派,它在保守党内无法立足,在工党内则为人所痛绝,至此便消失了。

新政府刚刚组成,就面临着爱德华八世的退位危机。1936 年 1 月,乔治五世去世,他是个颇得人心的国王,曾经在第一次世界大战和战后的年代里发挥着立宪君主的作用。乔治五世的继承人是爱德华八世,1934 年,他邂逅一个已婚美国妇女辛普森夫人(Mrs. W. Simpson),并开始与她相爱。辛普森夫人已经离过一次婚,如果与爱德华八世结婚,就必须再离一次婚。许多传统的英国人对此难以接受,况且辛普森夫人的第二个丈夫虽说是美国出生,却已加入英籍,因此是一个普通的英国公民——英国国王如何能娶一个普通国民的前妻为妻呢?鲍德温正代表着这种传统的看法。因此当 1936 年 10 月辛普森夫人取得第二次离婚判决书、爱德华八世就要与她结婚时,危机来临了。鲍德温向国王强

---

① John Ramsden, *The Age of Balfour and Baldwin*, *1902 - 1940*, London & New York, 1978, pp. 343 - 344.

硬地表示：要么放弃辛普森夫人，要么放弃王位："在选择王后的问题上必须听听人民的意见。"①爱德华八世请求沿用"贵人娶贱女"的古老做法②，不让辛普森夫人获得王后头衔，但也被鲍德温拒绝了。在这种情况下，爱德华八世在退位诏书上签了字，带着辛普森夫人悻悻离开英国，从此浪迹天涯。第二次世界大战结束很久以后，到 20 世纪末，有人说当时逼迫爱德华八世退位的最主要原因是他的亲德立场，人们担心一旦战争爆发，一个亲德的国王会把英国置于非常尴尬的地位上。

鲍德温由于这件事而大得人心，丘吉尔却因为支持了国王而名声更坏。事后不久，鲍德温认为已经到激流勇退的时候了，于是在 1937 年 5 月新国王乔治六世（爱德华八世的弟弟）加冕之后，立即辞去首相职务，由内维尔·张伯伦接任。③

内维尔·张伯伦是约瑟夫·张伯伦的次子，担任卫生大臣期间因解决住房问题而出了名，以后又担任财政大臣。他接任首相后，把绥靖政策推行到极点，最后亲自到慕尼黑去与希特勒签订了肢解捷克斯洛伐克的协议。在张伯伦任内，战争的火药味已经很浓了，而张伯伦的政策是不惜一切代价保住和平。这个政策受到丘吉尔的猛烈抨击，随着希特勒的野心日益昭显，接受丘吉尔观点的人也越来越多。

1938 年 2 月，外交大臣艾登（Anthony Eden）④因不同意张伯伦的绥靖政策而辞职。慕尼黑协议（Munich Agreement）签订后，有 30 位保守党议员拒绝出席批准该协议的议会表决，其中包括张伯伦的一些亲密同事，如后来的首相哈罗德·麦克米伦⑤和海军大臣达夫·库珀（Duff Cooper）等。到年底，张伯伦自己也开始动摇了。次年 3 月，纳粹德国进军布拉格，占领了捷克斯洛伐克全境。在严峻的事实面前，张伯伦终于

---

① W. E. Lunt, *History of England*, Harper & Brothers, New York & London, 1946, p. 805.

② 欧洲中世纪的一种习俗，丈夫身份高，出身卑贱的妻子得不到相应的名分与地位。

③ 内维尔·张伯伦(1869—1940)，保守党领袖，1937—1940 年任首相。

④ 安东尼·艾登(1897—1977)，外交家，保守党领袖，1955—1957 年任首相。

⑤ 哈罗德·麦克米伦(1894—1986)，保守党领袖，1957—1963 年任首相。

意识到战争不可避免,于是开始认真地做战争准备,并且对波兰做出了安全保证。不过他始终存有一种幻想,希望德国军方有理智的人会发动一场政变,阻止希特勒的侵略政策,因此直到战争打起来,张伯伦仍然是犹犹豫豫。

工党直到 1935 年竞选时,还指责国民政府重整军备的决定是对"世界和平和本国安全的威胁"①。但 1936 年西班牙内战爆发后,其内部出现政策分歧,以欧内斯特·贝文(Ernest Bevin)②和休·多尔顿(Hugh Dalton)为首的一批人开始认识到重整军备的重要性。1937 年工党议会党团对军费预算投了赞成票;同年,工党代表大会正式同意重整军备。1939 年春,工党代表大会以 167 万票反对、28 万票赞成的悬殊比例,否决了党内和平派要求不与政府合作的动议。9 月 2 日晚,即德军入侵波兰后的第二天晚上,工党发言人在议会敦促政府立即采取行动,"不再拖延已经被拖得太久的事"。次日凌晨,当外交大臣哈里法克斯(Viscount Halifax)把宣战的决定告诉多尔顿时,久等在内阁会议室外的多尔顿如释重负,舒了一口气说:"感谢上帝!"③

希特勒得寸进尺,终于把全体英国人从绥靖主义的泥淖中拉了出来。

---

① K. Middlemas & J. Barnes, *Baldwin*, London, 1969, p. 866.

② 欧内斯特·贝文(1881—1951),英国工会领导人,英国政治家,曾任工会代表大会总委员会主席,在战时内阁及战后工党政府中发挥过重要作用。

③ Ben Pimlott, *Labour and the Left in the 1930s*, London, 1986, pp. 184, 185.

第四章　第二次世界大战与战后重建

　　第二次世界大战中,战争虽说是主旋律,但在"国内战线"即英国的内部事务方面,20 世纪的几大主题仍然在展开。尽管因战争状态它们表面上退居次要地位,但战争促进了问题的解决,为社会创造了解决问题的环境。20 世纪初提出的那些问题,大多是在第二次世界大战中酝酿成熟、而到战争结束后逐一解决的。从这个意义上说,战争开创了一个"新社会"。

　　当然,战争是当时的主旋律。

　　1939 年 9 月 3 日英国对德宣战后,第二次世界大战全面展开。但战争在半年的时间里却是"西线无战事",以至张伯伦始终暗藏希望,幻想德国将不战自乱,或者它也许不会在西线进攻,而直接把祸水指向东方。1940 年 1 月,经济战争部发表的第一个情况通报十分乐观,它说德国已面临严重的经济困难,其程度如第一次世界大战爆发两年之后,因此可指望用经济的手段打赢战争。这无异于是说德国将不战自败,既然如此,何必要大动干戈呢? 于是,就形成了丘吉尔所说的"灰暗的战争"。多数英国人此时精神麻痹,已疏散的人口又返回家中,舞厅和电影院通宵营业。3 月复活节假日,旅游胜地挤满了度假的人群,战争仿佛与英国无关。

转折点发生在挪威战役爆发后。4月初,就在该战役爆发的前夕,张伯伦还对战局持轻松看法,他公开宣称希特勒"错过了班车",没有在"我们有时间弥补不足前"压倒盟国。① 但随着挪威战局的失利,国内不满情绪越来越强烈。5月2日,张伯伦宣布英军已撤离挪威,不满的情绪立刻上升到极点。5月7—8日,议会辩论战争问题,最尖锐的批评意见来自保守党内部。张伯伦的老朋友、老同事艾默里(L. S. Amery)用当年克伦威尔解散残余议会时的话对张伯伦说:"你在这儿坐得太久,对你没有好处。走吧,我说……以上帝的名义,走!"②他的话受到热烈的欢呼。工党提出不信任投票,张伯伦虽然以281∶200之多数渡过了这一关,但大约有40名保守党议员投反对票,另有约60名弃权。9—10日的民意测验显示,只有22%的人支持张伯伦。5月10日,工党通知张伯伦将不参加他所领导的联合政府,而建立一个联合政府对于战争的胜利是至关重要的。那天下午,张伯伦知趣地辞去首相职,并提议由丘吉尔接任,国王立刻批准了对丘吉尔的任命。那天晚上,丘吉尔就寝时,强烈地感到自己如释重负,他觉得"好像是正在和命运一同前进",他"以往的全部生活,不过是为了这个时刻,为承担这种考验而进行的一种准备罢了"③。

但丘吉尔接过的是一个烂摊子。就在这一天,德军越过荷、比边界,发动对西线的全面进攻。三个星期后,英军已被全部赶出欧洲大陆,完成了"敦刻尔克大撤退"。再过三个星期,法国已经投降了,英国成了唯一还在与纳粹德国作战的国家。这是自拿破仑战争以来英国所面临的最大危险,战争爆发时,它的军力远不如德国。与1914年相比,其陆军数量很少,仓促组织起来,缺乏有效的训练。英军的装甲部队远落后于德国,而这个兵种在以后的地面战争中将发挥决定性作用。英国海军虽然强大,但舰只陈旧、装备落后,而且航空母舰不如日本多,装备不如日

---

① Alfred F. Havighurst, *Britain in Transition*, Chicago University Press, fourth edition, 1985, p. 296.

② Ibid., p. 297.

③ 丘吉尔:《第二次世界大战回忆录》第一卷,商务印书馆,1974年,第四册,第1017页。

本先进。如果英国同时与德、意、日三国开战，它的海上力量将穷于应付，四处挨打。英国空军在那几年发展得很快，装备也不错，但其数量仍比不过德国，并且德国的地空配合作战显然在战术上占了上风。

最糟的是英国经济实力已大不如以前，1914年英国工业生产能力占全世界的13.6%，当时还不到10%。英国出口量减少，致使其支付能力弱，据估算若战争长期进行，英国将在1941年破产。法国投降后，英国就是孤军作战了，1914年还有东线和南线，当时只剩下一个不列颠孤岛。

但英国的士气却开始高昂。丘吉尔接任后第三天，他在议会发表著名的就职演说，他说："我没有别的，我只有热血、辛劳、眼泪和汗水。你们问：我们的政策是什么？我说：我们的政策……就是进行战争；同一个在邪恶悲惨的人类罪恶史上还从来没有见过的穷凶极恶的暴政进行战争……你们问：我们的目的是什么？我可以用一个词来答复：胜利——不惜一切代价去争取胜利，无论多么恐怖也要去争取胜利；无论道路多么遥远和艰难，也要去争取胜利，因为没有胜利，就不能生存。"①

这些话改变了政府软弱无力的形象，表达了新政府战斗到底的决心。由于丘吉尔组阁，人民恢复了信心，法国沦陷后曾出现一幅著名的漫画，上面画着一个英国兵，面对英吉利海峡自豪地说："孤立无援么，很好！"民意测验显示，只有3%的人认为会输掉战争。丘吉尔在《第二次世界大战回忆录》中说："一股不可抗拒的熊熊烈火燃遍了我们这个岛屿的每个角落。"②

丘吉尔组成的联合政府由三党领导人共同参加：艾德礼任掌玺大臣（Lord Privy Seal），掌管下院；后又兼丘吉尔的副首相（Deputy Prime Minister）、接任枢密院长；贝文出任劳工大臣，负责政府与工会的沟通，保证向战争提供人力；哈利法克斯留任外交大臣（Foreign Secretary），但很快被艾登取代，由艾登领导战时外交；自由党领袖辛克莱（Archibald

---

① 丘吉尔：《第二次世界大战回忆录》第二卷，商务印书馆，1975年，第一册，第37页。
② 同上书，第一册，第144页。

Sinclair)担任无关紧要的航空大臣,从而象征性地保证了三党联合;报业大王比弗布鲁克(Lord Beaverbrook)出任飞机生产大臣,他在这个岗位上做出了卓越的贡献,为"不列颠之战"(Battle of Britain)的胜利提供了物质基础。张伯伦留任,担任枢密院议长(Lord President of the Council),直到11月份他去世为止。丘吉尔自己兼任国防大臣(Minister of Defence),负担指导战争的全部重任,并以他为中心成立一个核心内阁(战时内阁),协助首相指导战争。

联合政府在战争中经受了两次考验,一次是1942年初,当时,日本在东南亚发动攻势,夺取了中国香港,攻进新加坡和马来西亚,并准备入侵澳洲;在北非,德军则开始了新的一轮进攻。议会于是出现骚动,甚至有谣言说丘吉尔准备下台。1月27日,丘吉尔要求议会举行信任投票,他号召所有议员公开表态,"在投票时谁都不必胆小如鼠"[1]。议员们进行了激烈的辩论,结果以460:1的票数投了政府的信任票。

第二次发生在1942年夏天。德军在北非取得重大进展,他们突破英军防线,攻占了托卜鲁克,正在继续向阿拉曼(el Alamein)迅速推进。英军则一溃千里,尼罗河三角洲危在旦夕,英帝国似乎要从非洲被赶出去了。丘吉尔刚从华盛顿回到伦敦,立即面临一次不信任投票,提出动议的是保守党财政委员会主席沃德洛-米尔恩(Sir John Wardlaw-Milne),他得到海军元帅罗杰·凯斯(Sir Roger Keyes)和前陆军大臣(Secretary for War)霍尔-贝利沙(Hore-Belisha)的支持。这些人对"皇家军队的英勇气概和坚忍精神表示敬意",但是对"中央有关战争的指挥工作却不予信任"。丘吉尔立即予以反击,他要求下院"必须成为国家中的持续稳定的因素,而不要成为新闻界中那些心怀不满的一部分人……的工具",他说这几天的辩论"已在国外造成有害影响……我们的敌人就会对此大加利用"。他要求全体议员投票支持政府,让英国人正在与之

---

① 丘吉尔:《第二次世界大战回忆录》第四卷,商务印书馆,1975年,第一册第94页。

做殊死斗争的"暴君的耳边响起失望的丧钟"①。投票结果,支持米尔恩提案的只有 25 人,弃权的约 30 人,476 人投反对票,联合政府成功地渡过了战时最大的一次危机。

在战争中,政府的职能迅速扩大,以前认为政府不应该管的事,现在则必须管起来,这样就触及 20 世纪的一大主题,即国家的作用问题。在战争的压力下,政府的规模大为扩展,成立了许多新的部,比如物资供应部、经济战争部、新闻部、粮食部、海运部、国内安全部,乃至飞机生产部、民航部、城乡规划部、燃料动力部、厂房建筑部,等等。在第二次世界大战之前,中央政府的规模相当小,自由主义的传统从来都把政府看作"不可避免的祸害",因此要尽量限制它,使它不能危害个人的自由。但要想打赢像第二次世界大战这样一场"总体战争",没有政府在一切方面发挥作用是不行的,于是人们认可一个无所不在的"大政府",让越来越多的"官僚部门"建立起来。这些新增加的部在战后大多都保留下来,从而为国家干预整个社会奠定了基础。

战争还导致权力集中,丘吉尔也许是 20 世纪权力最大的首相。他直接指导战争,直接领导外交行动,直接与罗斯福(Franklin D. Roosevelt)、斯大林等人通信往来,并直接与各战地指挥官保持热线联系,指挥战斗。他成立内阁国防委员会和三军参谋长委员会,亲任其主席;枢密院长委员会是一个内阁外的"内阁",负责协调各方面关系。他还成立了其他各种委员会如生产委员会、本土防卫委员会、经济政策委员会、粮食政策委员会等等,负责制定各种政策,它们在很大程度上对首相本人负责,其所制定的政策要求各部执行。丘吉尔还有一班私人顾问,其中最重要的是伊斯梅将军(General Ismay)和林德曼博士(T. A. Lindemann),前者在许多场合充当首相的私人代表,为协调文武关系做出了重大贡献;后者是首相的科学顾问,他能把科学界的最新研究成果用浅显的语言向首相介绍,从而保证这些成果能迅速而准确地运用于

---

① 丘吉尔:《第二次世界大战回忆录》第四卷,商务印书馆,1975 年,第二册第 596、600 页。

战争。

战争需要对人力进行最大的动员。战争刚爆发,征兵制就开始了。接着,一系列议会立法授权劳工大臣对全国人力进行统筹支配,包括必要时向某些紧缺的生产部门指派劳动力。1940年起在全国范围内进行国民登记,18—50岁的男女必须以某种形式为国家服务(服兵役或参加本土保卫、维护治安或在政府指定的部门工作,等等),19—22岁的妇女必须全日工作,其他妇女则至少要半天工作。1941年夏,已经有800万男女组织在军队、国土防卫队或军工生产部门中,到年底,14—64岁的男子有94%被国家征用。这种规模和形式的动员在英国历史上是从来没有的。

战争期间甚至暂时停止了某些公民权利,几百年来形成的言论出版自由、罢工自由等等都受到一定的限制,劳资双方还实行"休战"。1939和1940年的《紧急权力法》(Emergency Power Act)授予政府广泛的权力,甚至可以在"有利于公共安全和国土保卫"的前提下任意拘捕任何人。[1] 但总的来说,英国对公民的控制相对于其他交战国来说还是宽松得多:英国始终没有实行劳动力调拨制,工作变动基本上是自愿的;它还最大可能地维护个人权利,限制行政部门"越权"。1944年下院组织了一个"审查委员会",对各部发布的每一项命令进行审查,看它们是否侵犯了公民权利。但不管怎么说,战争扩大了政府的权力,也改变了人们对公民与国家关系的看法。

战争使工党地位迅速上升,从而完成了从20世纪初就开始的新政治力量崛起的过程。1931年工党政府垮台后,该党曾陷入严重的内部纷争,左右两派在经济政策、外交政策和社会改革的幅度方面分歧都很大,因此大大地削弱了党的战斗力。1935年,党在大选中虽然成果辉煌,但党的领袖全部落选,结果只好挑一个不知名的生手担任议会党团领袖,而在此后约四年中,他似乎只是个背景人物,在前台的还有像贝文、多尔

---

① David Thomson, *England in the 20th Century*, Penguin Books, Great Britain, 1965, p. 205.

顿这样的人。

工党的社会主义纲领特别是党章第四款是工党执政的重大障碍,不仅有产者对此充满敌意,而且一般百姓也对"社会主义"是否符合英国的国情心存疑虑。人们不知道工党的"社会主义"到底是什么,而要知道它是什么,又非得工党先掌握政权、将它付诸实行才行。因此在整个30年代,工党就陷在这样一种尴尬的局面中:反对它的人不支持它,应该支持它的人也不准备支持它。

战争改变了这种局面。首先,战争需要工党的支持,一个为党派纷争所困扰的国家不可能全力以赴进行战争,第一次世界大战的经历说明了这一点,因此作为最大反对党的工党此时必须进入政府,参与政府决策。张伯伦辞职的重要原因之一是他不能延揽工党入阁,这说明了工党的重要性。

其次,战争需要工党发挥作用,工党与工会的关系使它处在一个特殊的位置上。在战争中,正是因为工党与工会的特殊关系,才使英国顺利地调动了全国人力,充分地利用了它本来是十分贫乏的人力资源。

第三也是最重要的一点:作为一场"人民战争",第二次世界大战激发了人民对未来的期望,而工党正为人民提供了这种期望。在战争中,人们发现:战争是人民打赢的,因此人民应得到充足的补偿。人们还发现:战争中政府涉足于一切领域,它不仅组织了战争,而且组织了整个社会生活。比如说,战争刚开始时,政府就组织城市儿童疏散,几十万城市儿童被转移到乡村,其有条不紊、组织之精良,竟使许多人深感吃惊。战争中,政府负责劳动力分配,使人突然想到由政府来安排就业也许可以消灭失业!政府制定物价与工资,结果物价稳定,工资水平却不断上升,贫困问题似乎可以解决。政府实行食品定量,结果战争的艰苦岁月不仅没有造成饥饿,反而依平均水平估算,人民的营养程度比过去更好。所有这些都说明经济上的自由放任主义并不见得好,凯恩斯(John Maynard Keynes)的国家干预理论则大可行得通。

工党的"社会主义",如果指的是依靠国家的调节,使财富的分配变得更合理,那么这不仅在实践中可行,而且正是千百万在战争中做出了牺牲的普通人所一心向往的。人们对工党的疑虑消失了,工党成了可以引导英国走向战后"新社会"的一个可能的选择。关于战后要建设一个"新社会"的议论,早就在平民百姓中盛行,媒体乃至教会中人士都津津乐道。1942 年 9 月由工业基督教徒协会发起的一次群众集会上,坎特伯雷大主教(Archbishop of Canterbury)宣称应该对土地与货币实行公共管理,约克大主教(Archbishop of York)则强调国家制订住房计划的重要性。1940—1942 年,连续三个议会调查委员会发表报告,强烈主张政府在战后应该对工业及人口的分布、土地的开发利用、市镇的重建等等进行规划指导。

在这种氛围中,解决 20 世纪另一个主题的时机开始成熟了。1942 年 12 月 1 日,贝弗里奇(William Beveridge)向全国公布了他著名的"报告"。贝弗里奇是经济学家,曾担任伦敦经济学院(London School of Economics)院长,1941 年底他受政府委托主持一项调查,对社会保障问题提出建议。参加调查的有十几个部的代表,但只有贝弗里奇一个人不具有官方身份,因此由他签署了"报告"。根据这份"报告",国家在战后应当建立一个包罗万象的社会保障制度,保证每个人不再受贫困的袭扰。贝弗里奇"报告"实际上勾画了一个战后"新社会"的蓝图,因此立即形成巨大的冲击波。伦敦各报以显著版面刊登"报告"摘要并发表评论,《泰晤士报》说,"报告"把"希望变成了明确现实的计划",它应该成为"政府行动的基础";《经济学家》(Economist)说它是"迄今所起草的最令人瞩目的政府文件之一",无论战争的结果如何,"社会保障和经济发展应同步进行"①。一年中,"报告"全文售出 25 万多份,摘要本售出近 37 万份,另在美国还售出 4 万份。许多人排长队购买一本两先令的"贝弗里奇小册子"。"报告"是有史以来销售量最大的一份官方文件,12 月中旬的民意调查表明:有 95% 的人知道贝弗里奇"报告"。

---

① *The Times*, 2 December 1942; *Economist*, 5 December, 1942.

"报告"显然为战争中的英国人提供了一个美好的憧憬——这是一个"新国家",许多人把它叫作"福利国家",但贝弗里奇认为"社会服务国家"更合适。在这个国家中,"贫穷"将永久消失,人人都将有生存的保障。丘吉尔虽说富于远见,但这一次他对民众的情绪掉以轻心。他在给政府大臣的备忘录中说要警惕"危险的乐观主义","不要产生虚假的希望"①。工党领袖为了维护联合政府的一致性,也认为应集中精力打仗,暂不要对战后问题讨论过多。1943年2月,两党后座议员不顾各自领袖的阻挠,强行在议会开展辩论;政府对"报告"反应冷淡,丘吉尔甚至不参加讨论。工党后座议员提出一项动议,要求支持并执行贝弗里奇"报告",结果以119∶335票失败。无官职在身的工党议员中,除一人外全都支持动议:这是战时政府遭受的最大一次打击。领袖们的态度使许多人感到失望,1944年新闻部一项报告说,"许多人尤其是工人一方面支持这项计划,一方面又担心它不会像现在这个样子成为法律",有些人甚至说政府会"向孩子们提供家庭补助金,然后再通过削减儿童享受的所得税扣除的办法,把补助金重新拿走"②。

对"新社会"的期望和对政府的失望交织在一起,就导致在战争尚未完全结束但胜局已定时举行的那次大选中,选民把一位领导他们走向胜利的英雄赶下了台,这在英国历史上虽不是没有先例,但仍然使全世界大吃一惊。贝弗里奇"报告"发表后举行的几次议会补缺选举中,其结果就显示选民的情绪正普遍左倾。政府失去的16个席位,主要是丢在保守党方面,而工党的声望则开始增长。1943年6月到1945年6月所作的一系列选举预测表明:假如举行一次新的大选,工党将比保守党领先7—18个百分点。

工党对战后政局的关注要比保守党认真得多,也许正因为丘吉尔享有崇高的个人声望,保守党才在选举问题上似乎并不担心。丘吉尔自己

① 亨利·佩林:《丘吉尔传》,沈永兴等译,东方出版社,1988年,第529页。
② Pat Thane, *The Foundations of the Welfare State*, Longman, London & New York, 1993, p. 253.

从来就没有考虑过大选失败的可能性,他希望联合政府能继续执政,在自己领导下完成战后的重建工作。但工党在 1944 年底的代表大会上明确表示:它只希望联合政府存在到战争胜利的那一刻为止。1945 年 5 月18 日,德国投降后仅 10 天,丘吉尔写信给艾德礼,要求把联合政府维持到日本战败。艾德礼本人是支持这个建议的,而且他和丘吉尔共同起草了这封信,但工党全国委员会第二天就开会拒绝了这个建议,结果丘吉尔于 5 月 23 日正式辞职,定在 7 月 5 日举行大选,在此期间,由丘吉尔担任看守政府首脑,工党则全部退出内阁。

工党为大选作了充分的准备,在它颁布的竞选宣言——《让我们面对未来》中,它作出三项许诺:1. 充分利用国家资源,提高生产能力;2.通过工资、社会服务和保险,将购买力提高到一个新的水平;3. 对关键性的工业部门及医院、学校等实行计划投资,政府指导新工厂的设立。在宣言的结论中工党声称:"工党是一个社会主义党,并为此而自豪。工党的最终目标是:在国内建立一个社会主义的大不列颠共同体——它自由、民主、有效、进步、富有公益心,它的物质资源将组织起来服务于英国人民。"①大选的结果完全出乎丘吉尔意料之外:工党取得压倒性胜利,保守党只获 213 个席位,工党则获 393 席。当天(7 月 25 日)晚 7 时,丘吉尔觐见国王,提出辞呈。艾德礼随后应召入宫,组织工党的第三届政府,也是它第一次掌握议会多数的工党政府。

工党掌权后,就要来解决战争中酝酿成熟的许多问题了。这届工党政府打算实行两个目标,一是国有化(nationalization),二是建立"福利国家"(welfare state)。两个目标虽不相同,却又有内在的联系。

新的议会开幕时,政府就通过国王之口提出扩大工业中公有制成分的政策;此后两年里,政府制定一系列议会法案,实行国有化:首先是英格兰银行(Bank of England)国有化,接着是煤矿国有化,再接下来,民航、铁路、公路、运输、煤气、钢铁、电力等部门也都实行国有化,

---

① Kevin Jefferys, *The Attlee Government 1945-1951*, London & New York, 1992, p. 66.

由国家建立相应的经济实体（如国家煤炭局等）作为财产所有权的体现者。这些"公共法人团体"以政府代理人的身份负责经营，而政府自己却不直接插手，只由相关各部作出政策性指导。企业的实际管理权在多数场合下仍掌握在原有的经营人员手中，这样，原有的私人企业结构并没有发生很大变化，工人仍然是劳动力的提供者，他们仍然与"资方"讨价还价，举行工资与工作条件的谈判。他们还可以发动罢工，用罢工这个最有力的武器来达到自己的目的。由于政府不直接经营企业，因此在出现"劳资冲突"时，政府仍可以仲裁者的身份出现，调解双方分歧。这当然是一种巧妙的安排，但这样一来，"国有化"的实质就在于政府接过企业的"所有权"（一般给予原"所有人"巨额赔偿），而让管理权保留在原来那些人手里，因此并没有改变企业中原有的产业关系。

工党的思路在 1934 年党的纲领《为了社会主义与和平》中就已形成，战争只是使实施这些纲领的条件成熟而已。保守党多数已经对"国家干预"习以为常，因此只对工党的方案作一些修修补补，并不当真反对其原则。丘吉尔一面大喊"社会主义"将毁灭英国，一面又支持英格兰银行国有化。他在向保守党 1922 年委员会作政策说明时，只说他"不想用更广泛的改革计划和工党抢先争腔"[1]，而并没有反对已经出台的国有化措施。1947 年保守党研究部抛出了一部《工业宪章》，实际上是保守党的政策调整宣言。其中认可了英格兰银行和煤炭等行业的国有化，但对拟议中的钢铁国有化表示反对。到这个时候，两党在国有化问题上的争执更多的只是一种竞选策略，而不是真正的政策分歧了。

但两党在钢铁国有化问题上，还是着着实实地较量了一番，并且触发了第二次上院改革。

1949 年工党政府提出钢铁国有化法案，这时离下一次大选只剩下一年多时间。政府意识到保守党会把钢铁国有化作为竞选的一个重要话

---

① 亨利・佩林：《丘吉尔传》，沈永兴等译，东方出版社，1988 年，第 596 页。

题,并可能利用它所控制的上院行使延置权。假如果真如此,那么在法案被延置两年之后,万一工党竞选失败不再掌权,钢铁国有化方案当然也就夭折了。考虑到这一点,工党政府决心对上院再开一次"刀",它依靠下院多数通过一个新的《议会法》,将上院延置权缩短为一年。后来上院果然否决了钢铁国有化法案,但一年后它就自动生效了。以后,保守党上台就将该法废除,工党上台又将其恢复,如此两起两落,经过四个回合,其间并不存在实质分歧,只是两党借钢铁国有化问题检验自己的实力而已。

国有化对英国的冲击并没有事先想象的那么大。到 1948 年国有化基本告一段落时,80％的劳动力仍然在私营企业工作,"以后十年,国有企业更只是私营企业彻底的奴仆而不是它的主人"①。国有化不是"公有化",它没有威胁到私有制的存在,也没有威胁到以私有制为基础的资本主义制度。国有企业中的工人并没有"参与"企业管理,他们不是"合伙人",更没有"所有权"。热情支持国有化和激烈反对国有化的人事实上都错了,国有化的结局是双方都不满意。中等阶级本来就对国有化心存疑虑,随着 1947 年经济危机的到来,大批选民离工党而去,在这种压力下,工党修改政策,国有化到此基本结束。但强烈主张"社会主义"的人又对工党的"背叛"表示不满,因此到下一次(1950 年)大选时,双方的不满都发泄出来,工党只得到 5 票多数。

如果说国有化政策半途而废,那么"福利国家"却取得了成功。"福利国家"主要体现在 1946 年的《国民保险法》和《国民医疗服务法》(National Health Service Act)中,其他一些立法比如有关住房、教育、社会救济、家庭补贴等等的法案,则可看作辅助性措施。所有这些措施实行之后,英国人便处在"从摇篮到坟墓"的社会保障体系下,国家仿佛是一把张开的大伞,把所有国民都置于它的保护下。资金是从雇主、雇员和国库三个方面征集的,全国每一个人在生病、失业、工伤、老

---

① David Thomson, *England in the 20th Century*, Penguin Books, Great Britain, 1965, p. 221.

年的时候,都可以享受社会津贴。这以后,贫穷问题不再是英国的社
会问题,没有基本生活保障的现象不再存在了。工党领导人对"福利
国家"的成果自视甚高,负责制定《国民医疗服务法》的工党卫生大臣
比万(Aneurin Bevan)就把医疗保险制度说成是"社会主义的试
金石"①。

　　1950年大选,工党以微弱多数获胜。这时摆在工党面前的问题是:
下一步怎么走?国有化告一段落了,"福利国家"也基本形成,保守党在
这两个问题上都没有作原则反对,而是自我调整政策,转变成所谓的"新
保守主义"。尽管两党在竞选中论战激烈,但给人的印象是大政方针基
本一致,不存在根本分歧。一个只拥有5席多数的政府其实什么也不能
做。选举后仅半个月,保守党就在钢铁国有化问题上发难,结果工党险
胜而政府幸存。此后工党内部因朝鲜战争问题发生了严重分歧,艾德
礼、贝文等主张增加军费,支持联合国在朝鲜的军事行动;比万等人则反
对介入朝鲜战争,说应该把省下来的钱用于更多的社会福利。1951年4
月,比万派退出内阁,工党内部分裂,政府的多数保不住了。在这种情况
下,新的大选已不可避免,10月举行的大选中工党得票总数虽然比保守
党多,但保守党取得的席位却比工党多,它以321席超过半数获胜,组成
新政府。

　　五年之后,工党新领袖盖茨克尔(Hugh T. N. Gaitskell)总结工党
失利的教训时说:"繁荣使太多的工人投了托利党票。"②工党其实是陷
进了一个难以自拔的困境:它建立了庞大的社会保障体系,但这个体
系要靠沉重的赋税来支撑;它实行了国有化,但国有企业要以降低生
产效率为代价。生产率的降低和税率的提高都会引起人们的不满,但
如何才能使不断上升的社会福利开支在生产力不能同步发展的情况下

---

① David Dutton, *British Politics Since 1945*, *the Rise and Fall of Consensus*, Basil Blackwell,
　　Cambridge, 1991, p. 31.
② Keith Middlemas, *Britain in Search of Balance 1940 - 1961*, Stanford University, 1986,
　　p. 209.

得到必要的财政基础呢？如何才能在人们对物质需求的过高期望与为获得社会保障所必须付出的沉重代价之间找到出路呢？——这似乎是一道永远也得不出结果的数学方程式，在此后 30 年中将困扰每一届英国政府。

第五章 "共识政治"与"撒切尔革命"

这以后约 30 年,被许多历史学家称为"共识政治"(concensus)时期。在这个时期,"分歧不是绝对的,而只有'多''少'之分,简言之,在国内问题上,大家都同意由政府保证范围广泛的福利制度;都同意以政府作为可被接受的执行者,维持高额稳定的就业率;都同意继续保持混合经济。在对外问题上,它包括承诺对西方的集体防卫义务,与美国结成伙伴关系,反对苏联,同时保持英国作为世界大国的独立地位,并逐渐将依附性的帝国演变成自愿结合的英联邦"①。达顿(David Dutton)这段话很好地概括了"共识政治"的特征。两党在这个时期内外政策几乎一致,如果有分歧,那也只是程度与方法上的争论,而不涉及原则。两党在这个时期的价值取向已相当融洽:工党以实现福利国家为满足,不再追求更长远的"社会主义"目标;保守党认可福利制度,接受有限的国有化方案,承认某种程度的"计划经济"。在这相似的价值取向背后,其实有两个共同的思想根源:一是凯恩斯的国家干预理论,二是贝弗里奇的"报告"。

"混合经济"是两党一致的经济方针,在这种体制下国有企业和私有

---

① David Dutton, *British Politics Since 1945*, *the Rise and Fall of Consensus*, Basil Blackwell, Cambridge, 1991, p. 7.

企业共存，"计划经济"和自由竞争并立。政府不直接从事经济活动，但它下达"计划"，进行"指导"，用行政的力量调节经济发展的方向，并用税收等手段进行社会财富再分配，力求"分配公正"。从战后到 1970 年左右，这种政策颇有成功之处，工业成长率在这个时期维持在平均每年 3％左右，1948—1970 年每 12 个月的平均失业率也没有超过 3％，基本上做到了全员就业。

"共识政治"最明显的标志是一个新创造出来的词"Butskellism"，它的词根是两个人的姓，他们分别在 50 年代担任过两党的财政大臣，其中一个是保守党的巴特勒（R. A. Butler），另一个是工党的盖茨克尔。把这两个姓拼在一起，就创造出一个"巴特茨克尔主义"。1954 年 2 月《经济学家》曾不无讽刺地说："巴特茨克尔先生已经是威斯敏斯特和白厅餐桌谈话中的一个著名人物了，现在应该把他介绍给更多的人。"[①]巴特勒和盖茨克尔任职时执行几乎相同的经济政策，而"巴特茨克尔主义"这个词的出现就表明英国公众对这种现象的认同。

尽管如此，工党内部的政策分歧却仍旧很大，有人说工党内部的分歧比它与保守党的分歧还要大。比万等人继续要求推进"社会主义"，主张进一步国有化，进一步扩大社会福利。在 50 年代末，他们大概有 57 名议员，是一股可观的势力。多数工党议员以盖茨克尔为首，他们主张适应变化的形势，为了争取中等阶级选民，应该修改党章第四条（即"社会主义"条款）。盖茨克尔 1955 年起担任工党领袖，至 1963 年他突然病故为止。

工党的分裂及两党在政策上的一致，使保守党能够持续执政，并且从执政期间的经济繁荣中捞取政治资本。工人对"社会主义"已失去兴趣，国有化没有改变他们在生产中的地位，而"福利国家"又已经有了，下一步应该是什么？工党没有告诉他们，他们也不指望工党拿出新的东西。1959 年民意测验表明，38％的人认为两党无甚差别，而在 1950 年，

---

① *Economist*，13 February，1954.

这个数字只有 20％。工党长期在野的重要原因是工人政治热情消退,而党制定不出新的政策又是原因中的原因。

这样,保守党在连续三次大选中获胜,1951—1964 年一直执政。起初丘吉尔担任首相,到 1955 年 4 月引退(但留任议员直到 1964 年他逝世前的几个月),由艾登继任首相。1956 年英国在苏伊士运河事件(Suez Canal Crisis)中失败,这使保守党地位受到损害。但工党未能抓住机会推翻政府,它内部分歧太大,无法组织起有效的反对,结果保守党很快稳住阵脚,继续执政。但艾登却一蹶不振了,1957 年 1 月他辞去首相职,由麦克米伦接任。

麦克米伦在最初几年威信很高,但后来他的经济政策、殖民政策(特别是有关罗得西亚的政策)和共同市场政策,在党内引致分歧,最终结束了保守党的连续统治。1961—1962 年经济形势恶化,保守党政府应对失策,结果声誉大降。为重新塑造保守党形象,麦克米伦于 1962 年 7 月 13 日一下解除了 7 名内阁大臣(占三分之一)和 9 名非内阁大臣的职务,这就是所谓的“长刀之夜”(Night of the Long Knives),麦克米伦也因此得到“长刀麦克”的称号。就在这时,几宗间谍丑闻案曝光,保守党的地位更加不稳了。

第一宗是政府一个叫瓦萨尔(William Vassall)的职员,据说与一个低级大臣搞同性恋,同时又向俄国人提供情报。尽管调查表明这个故事中有许多不实之处,但瓦萨尔于 1962 年 10 月被判刑,那位低级大臣也因此辞职。1963 年 1 月,军事情报局苏联科主任菲尔比逃往苏联,这是第二宗丑闻,也是战后最严重的一宗间谍案。但接下来发生的普罗富莫事件,使政府受到更大的打击。普罗富莫(John Profumo)是麦克米伦政府的国防大臣,他与一个名叫基勒(C. Keeler)的妓女有染,而基勒又和苏联驻英国使馆武官伊万诺夫(Ivanov)同床共寝。事发后,人们担心英国的国防机密被泄漏出去,后来尽管查明并无此事,但对麦克米伦政府的打击却是决定性的。10 月份,麦克米伦因为一个小病做了手术,他以此为借口决定提前下台,并提议由霍姆勋爵继任首相。霍姆为此放弃爵位,成为亚历克·道格拉斯-霍姆爵士。①

　　麦克米伦说他这样做是表达那些"比其他人更可信赖的人的意见"②,但党内很多人对霍姆继任很不高兴,有两个重要人物麦克劳德(Iain Macleod)和鲍威尔(Enoch Powell)甚至不肯入阁。保守党的不和终于给工党一个很好的机会,在下次大选中(1964 年 10 月)工党以 4 票多数获胜。保守党在这次失败后很快更换了领袖,由爱德华·希思(Edward Heath)③接掌舵盘,开始了新一代的领导体制。希思是第一个由议会党团选举出来的保守党领袖,在此之前,党的领袖都是党内元老"协商"的结果。霍姆继任时充分暴露了这种做法的危害性,因此由霍姆建议,制定了选举领袖的正式程序。

　　工党这时的领袖是威尔逊。④ 原领袖盖茨克尔于 1963 年病逝,许多人认为盖茨克尔是个很有能力的人,如果不是过早地去世,他会干得很出色。威尔逊以前属于工党左派,曾和比万一起退出艾德礼内阁,造成工党分裂。但他执政后执行的政策却很温和,完全是传统的中派政策。

　　从威尔逊执政起,"共识政治"就进入一个新时期,战后对英国问题的解决办法此时受到严重考验。福利制度从一开始就开支庞大,随着福利范围的扩大,这笔开支越来越沉重。1959—1964 年,公共开支达到国内生产总值的三分之一,1970 年更上升为 38%。1960 年,政府已出现 2.4 亿英镑的收支赤字,靠国际货币基金组织的 7 亿多英镑贷款才渡过了这一次难关。工党政府上台时,又出现 3.5 亿英镑的赤字,以后直到撒切尔政府上台前的 15 年中,有 8 年出现赤字,1974 年甚至出现 35 亿英镑的赤字。

　　与此同时,经济增长率下降,1965—1970 年工业增长率只维持在年平均 2.5%左右;进入 70 年代,工业发展阻滞,有时甚至出现负增长。在

① 亚历克·道格拉斯-霍姆(1903—　　),保守党领袖,1963—1964 年任首相。
② Robert Blake, *The Conservative Party from Peel to Thatcher*, London, 1985, p. 292.
③ 爱德华·希思(1916—2005),保守党领袖,1970—1974 年任首相。
④ 哈罗德·威尔逊(1916—1995),工党领袖,1964—1970、1974—1976 年任首相。

经济成长率下降的同时,物价指数却直线上升,以 1963 年指数为 100,在此之前 17 年零售价指数才翻了一倍,此后 7 年则又翻一倍;从 1974 年起,物价飞涨,该年零售价指数是 201,第二年就是 250,第三年是 291,到 1978 年,已经是 365 了。失业人数在 70 年代也突飞猛进,1971 年达到 86 万,1972 年突破 90 万,1975 年突破 100 万,1978 年 8 月达到 160 万。[①] 这样,在英国出现了"滞胀现象",一方面生产停滞,失业率居高不下;另一方面物价飞涨,通货膨胀严重。这种现象,是凯恩斯的经济理论无论如何也解释不了的,如何理解这个难以解释的怪现象,医治举世瞩目的"英国病"呢? 这成了从威尔逊开始的历届英国政府的头号难题。

政府面临工会的强大压力:为平稳物价,抑制通货膨胀,历届政府都希望减缓工资的增长幅度,紧缩公共开支,这就与工会的目标发生冲突。威尔逊政府在 1965 年制订一个"国民计划",其中要求对工资与物价的上涨作"自愿调控"。工会领导接受了这个建议,但工会会员作表决时,有 37% 的人投了反对票。1966 年夏天,海员工会举行一个半月的大罢工,据说是 1926 年以来最严重的劳资冲突,结果提高工资 10%,"自愿调控"就此夭折。海员罢工结束后,政府不得不以议会立法的形式强行冻结工资与物价 6 个月,然后再实行 6 个月的严格管制。这个做法后来也被保守党政府沿用,因此在医治"英国病"方面,两党仍然"共识政治"。但严格的工资物价政策引起更多的工人罢工,从 60 年代末开始,罢工浪潮此起彼伏,在最严重的 1972 年,因罢工而损失的工作日近 2 400 万个,大概是 40 年以来的最高记录。

罢工造成持续性危机。罢工的目标是提高工资,工资的提高又带动物价上升,物价上升则刺激进一步提高工资的要求,因而引发更多的罢工。政府不敢与工会对抗,于是往往满足罢工要求,在一场声势浩大的罢工之后,卷入这次罢工的部门工资得以大幅度提高,但这又刺激其他

[①] 本章数字见 David Butler and Anne Sloman, *British Political Facts 1900–1979*, St Martin's Press, New York, fifth edition, 1980, pp. 341, 349, 351, 353 &. c.

部门发动相同性质的罢工,提出同样的工资要求;而且,为了增加讨价还价的筹码,工会方面往往一开始就把要求提得很高,可以达到吓人的程度。但在生产不能相应地发展的情况下,过高的工资涨幅是很危险的,这只能造成严重的通货膨胀。1970年就业与生产大臣提供的数据表明,该年上半年工资增长12%,物价上涨6%,生产只增加2%还不到。60年代开始,英国在西欧10个发达国家中工业成长率最低,其原因之一,就是劳动力价格过高,加大了生产成本。生产成本太大可能会引起许多不良后果,比如加速资本向工资较低的国外流动,削弱英国产品在国际市场上的竞争力等等。过高的通货膨胀率还会造成政府开支紧缺,于是就要增加税收,扩大债务,减省教育与福利经费,从而加剧了社会不满。正因为如此,解决工资涨幅太大的问题似乎成了英国经济的关键所在,历届政府都无可回避。

但工资问题涉及政府与工会的关系。1966年工党在大选中大获全胜,觉得自己地位比较稳固,就想对工资问题采取措施。1969年,威尔逊政府企图制定一个工业关系法,对罢工实行某种限制,特别是限制非官方罢工(即未经工会正式批准的罢工)。威尔逊曾说这项法案"对本届政府持续执政至关重要"[1],但惮于与工会的特殊关系会受到破坏,他最终还是放弃了这个打算。

1970年大选,保守党获胜,希思组成政府。当年12月政府就抛出一个工业关系法,要工会对非官方罢工承担责任,并规定提高工资要经过法律程序认可,建立一个"国家工业关系法庭"来裁决工业争端。这项法案在第二年8月成为法律,预定在1972年2月全面执行。但工会方面强烈反对这项法律,工会代表大会甚至威胁要开除依该项法律进行登记的附属工会。结果,1972年成了1926年以来罢工活动最频繁的一年,矿工、铁路工人、码头工人先后罢工,从1月份一直延续到8

---

[1] Keith Robbins, *The Eclipse of a Great Power*, *Modern Britain 1870 – 1975*, Longman, London & New York, fourth edition, 1990, p. 294.

月份。铁路工人提出增加工资 16％的要求,煤矿工人则提出增加 47％。经过谈判,矿工得到 20％的额外工资,铁路工人也得到相当程度的满足,政府却大大地丢了脸。该年上半年,国民生产总值仅增长 1％,失业人数达到 90 万,是 30 年代以来最严重的一年;零售物价指数增长 11％,工资增长甚至更快;对外贸易出现巨大逆差,英镑第一次实行"浮动"汇率,其市场汇率立即从 2.61 美元下降到 2.42 美元,英国面临着严重的经济危机。

在这种情况下,希思政府宣布三阶段经济复苏方案,第一阶段冻结工资和物价 90 天,第二阶段取消冻结但限制其上涨幅度并禁止罢工,第三阶段视经济扭转情况逐步提高上涨幅度。但就在第三阶段预备付诸实行时,中东战争爆发了(1973 年 10 月),英国受到更严重的打击。为了减轻能源危机的影响,政府实行严厉的节约能源措施,包括减少照明用电、夜间关闭娱乐场所等等。就在这时,1974 年 2 月,矿工又宣布大罢工,政府终于顶不住了,于两天后宣布举行大选。希思政府在严重的经济混乱中度过了四年,英国进入战后最困难的时期。

在大选中,工党仅得 37.1％的选票但获得 301 席,保守党虽获 37.9％的选票却仅得 297 席,两党均未获议会半数。希思试图组阁但没有成功,于是威尔逊组成少数派政府。新政府向矿工大幅度让步,废除了希思的工业关系法,停止实施保守党的工资政策,想用这些方法寻找出路。但在 6 个月中,物价又上涨 8％,工资增加 16％,通货膨胀更加不可收拾,股市则直线下跌,其幅度比 1929 年世界经济危机时还要大。5 月份铁路工人罢工,7 月份医务人员罢工,工党的少数派政府岌岌可危。10 月份举行了新的大选,工党以 319 席勉强过半数。但新的工党政府面临更严重的经济问题,1975 年通货膨胀率达 27％,零售物价上扬 24.2％,工资上涨 25.4％,消费价是 20 年前的三倍,出口量大大减少,生产连续萎缩,1974 年下半年到 1975 年下半年国内生产总值下跌 3％,工业生产总值则下跌 7％,股票指数跌到 160 点以下,而在 1972 年 5 月则是 530 点;失业人数在 1975 年超过 100 万,1978 年 8 月达 160 万。

在 1976 年 4 月,威尔逊辞职,换了一个工人出身的卡拉汉①出任首相。尽管有的历史学家说他是"自麦克米伦第一个任期以来最有效率的首相"②,他却仍然不能使英国摆脱困境。他上台的那一年,英镑贬值19％,通货膨胀率仍达 17％,向国际货币基金组织借贷 39 亿英镑才勉强维持经济运转。迫于严峻的经济形势,政府提出三项对策:限制工资、削减公共开支、承认失业不可避免,而这三条都与工党的信条相背离。1978 年,政府准备对工资问题采取强硬措施,规定年增长率不可超过5％。但工会提出警告,工党代表大会也表示反对。第二年新年伊始,卡车司机就要求增加工资 25％,油罐车司机则要求增加 14％;1 月 22 日,150 万公用事业职工(自来水工人、下水道工人、清洁工人等)举行为期 6 周的大罢工,使人民的日常生活受到很大影响。政府出于无奈,只好同意把他们的工资提高 9％,另加每星期 1 英镑补贴。5％的限制被突破了,政府颜面丢尽。

没有几天,3 月 28 日,保守党就提出不信任议案,以 311∶310 的一票多数获议会通过。卡拉汉只得宣布立即举行大选,保守党在大选中获绝对多数,玛格丽特·撒切尔③出任首相。历史学家摩根(Kenneth O. Morgan)在讲述这段历史时不无辛辣地写道:"在泛滥成灾的垃圾箱、关闭的学校和未及掘成的墓穴中,工会任着性子摧毁了一个对他们来说是再好不过的政府……"④这句话的确表达了许多当代英国人对 60 年代中期以来英国问题症结所在的看法,即工会的行动太不负责任。

撒切尔上台标志着"共识政治"的结束。在大选中,工党继续许诺减少失业、降低物价、控制工资、节俭开支,保证降低个人所得税,却同时扩

---

① 詹姆斯·卡拉汉(1912—2005),工党领导人,1976—1979 年任首相。

② Kenneth O. Morgan, *The People's Peace*, *British History 1945 - 1990*, Oxford University Press,1992, p. 398.

③ 玛格丽特·撒切尔(1925—2013),英国政治家,保守党领袖,1979—1990 年连续三次出任首相。

④ Kenneth O. Morgan, *Labour People*, *Leaders and Lieutenants: Hardie to Kinnock*, Oxford University Press, 1987, p. 273.

大社会服务——这样一些矛盾的许诺,在经济如此糟糕的情况下如何可以兑现?保守党则提出:在更多的分配之前必须有更多的生产,控制通货膨胀只能由控制货币供应来实现。两党的纲领实际上反映了两个不同的经济理论,表达了两种不同的价值取舍。工党仍然以凯恩斯主义为指导,认为扩大消费就能解决经济危机。保守党则接受了货币供应学派的观点,认为通货膨胀产生于公共开支过大而不得不发行过量的钞票。

在两种理论的背后,实际上有两种对立的意识形态:一方要加强政府的干预,用增加开支的办法来消灭失业、扩大消费,从而刺激生产;一方则要努力缩小政府干预,让经济"自由"地发展,提高利润,增加投资,强化竞争,加强市场调节作用,靠刺激人们赚钱的动机来发展生产。在具体做法上,前者着眼于消费,因而主张最大限度地提高工资,最大限度地保证就业;后者着眼于利润,因而认为只有尽可能限制工资增长,并为此不惜维持一支"劳动后备军"(即失业人口),才能保证最高的利润率,从而带动生产发展。由此可以看出:前者将受到工会的欢迎,后者则受到雇主的欢迎。自战后以来,两党第一次产生如此深刻的思想分歧,"共识政治"的思想基础已经被保守党抛弃了,它现在决心甩掉战后一贯的做法,尝试一下新的"自由市场经济"。

从历史发展的观点来看,这是个很奇怪的现象,因为保守党现在要做的,似乎是一百多年前自由党曾经做的,而保守党在当时曾竭力反对这样做。但新的"自由市场经济"不会是老的自由放任经济,国家已经在每一个社会领域深深地扎下了根,要想完全退出是不可能的。"福利国家"已成为现实,要想否定它更不可能。在这种情况下保守党如何让经济"自由"地发展,的确是一个让人拭目以待的问题。

保守党内意见不一,多数人虽想做一些尝试,但对于完全脱离30年来两党共同执行的一致政策,却显得不那么坚定,这些人是党内的"湿派"——黏黏糊糊的一派。撒切尔及其支持者是"干派"——干干脆脆的一派,他们执行强硬路线,而不管其后果如何。

撒切尔担任首相后在下院第一次演讲时就说:"人民面临的选择是:

继续在阶级合作主义的全能国家的道路上走下去,还是恢复有利于个人的那种平衡?工党赞成前者,我们提出后者……"①此后她大刀阔斧地执行货币主义政策,包括大幅度削减高收入阶层的所得税(意在增加他们的收入,提高他们的投资积极性),紧缩银根,大规模提高贷款利率(以控制货币总量),削减公共部门借款需要,猛砍公共开支(包括行政经费、教育经费、住房补贴、医疗保险费、英国广播公司事业费等),以及变卖国有财产。

英国在这样一副"猛药"的捶打下,经历了自 1931 年以来最大的经济萧条,国民生产总值下降 3%,失业率最高达 13%,总人数超过 300 万。由于大批工人失业,工资上涨的要求得到抑制,通货膨胀是降下来了,但代价极大。很多中小企业倒闭,社会冲突也加剧,许多人说:这副药对英国的损害比"英国病"还要大。364 名经济学家在《泰晤士报》上联名发表文章,反对货币主义经济政策(但不久又有几乎同样多的经济学家撰文表示支持这个政策)。撒切尔夫人面对日益严峻的经济形势却毫不动摇地说:这正是她所预料之中的——她真不愧那"铁娘子"的光荣称号。

撒切尔夫人的措施主要有四:一是私有化,二是控制货币,三是削减社会福利,四是打击工会。

在私有化方面,撒切尔政府把大批国有企业转为私有,到 1987 年,国有企业 40%实行私有化,总资产达 200 亿英镑,涉及职工 60 万人,其中包括英国电讯公司(British Telecom)、英国航空公司(British Airways)和英国钢铁公司(British Steel)等巨型企业。国有企业私有化的方式是把国有企业的股票上市出售给私人。到 1989 年,持股人从 300万增加到 1 100 万,占全国人口的 20%,这似乎加强了"全民资本主义"这样一种印象,而企业的生产也因此提高 50%左右。

撒切尔政府执行严厉的货币政策,1980—1988 年间,通货膨胀率从

---

① Alfred F. Havighurst, *Britain in Transition*, Chicago University Press, fourth edition, 1985, p. 590.

19.7%下降到4.9%,价格运动也趋向平稳。

在削减社会福利方面,撒切尔政府力图减少社会福利开支,对养老金、家庭补贴、产假补贴、失业补贴等等做出严格的限制,并企图对医疗保险制度进行改革。不过,社会福利是英国工人经过长期斗争取得的成果,在这方面做出的任何变动,都可能引发重大的社会冲突,因此撒切尔政府在这方面虽然喊得多,实际能做的却并不多。"福利国家"已是一个既定的事实,任何人想改变它都是极其困难的。

但在打击工会力量方面,撒切尔政府却取得成功。长久以来,保守党理论家就把"英国病"(British Disease)的病根归结为工会力量太大,他们认为工会也是一种"垄断力量",垄断了劳动力市场,使之不能按市场规律运行。工会以罢工为武器,人为抬高工资,结果引发物价的全面上涨。因此,要控制通货膨胀,就必须削弱工会的力量,特别是磨掉工会最锐利的武器即罢工。

出于这种理论,1980—1984年,撒切尔政府制定了两个《就业法》(Employment Act)、一个《工会法》(Trade Union Act),对工会的权利和责任做出严格的限制,特别是对罢工及与罢工有关的活动(如设置纠察线等)做出严厉的规定。1984年,撒切尔政府向力量最强的工会之一煤矿工会摊牌,政府做好了充分的准备,包括改建发电厂,使之既可烧煤又可烧石油;大量储备煤炭,在1984年达到5 700万吨等等。1984年3月5日,罢工开始,一直延续362天,到1985年3月3日才宣告结束,期间政府出动大批警察,并且每星期要因为燃烧石油而贴补2 000万英镑。工会最后坚持不住,终于无条件复工。南威尔士矿工工会的领导人说:"矿工的失败打掉了工会运动的勇气"[1],政府还查封该工会全部800万英镑财产,直至1986年工会向法庭认错才归还。这次摊牌以政府的全胜告终,英国工会的力量由此受到极大削弱。

---

[1] Malcolm Pearce & Geoffrey Stewart, *British Political History, 1867 - 1990*, Routledge, London & New York, 1992, p. 534.

撒切尔路线从 1983 年起开始奏效,到 1988 年,英国经济已全面好转。6 年中经济不断增长,超过了美国和欧洲共同体的平均增长水平,通货膨胀率下降,失业率也下降,财政收支出现盈余,劳动生产率逐年提高,人均年收入稳步成长,按撒切尔的说法,英国"出现了经济奇迹"①。

在保守党取得重大成就的同时,工党却分歧不断,危机重重。1981年卡拉汉引咎辞职,在选举新领袖时左右两派势均力敌,出现严重对峙,结果左派富特当选。工党改变了由议会党团选举领袖的做法,改由工会、地方选区组织和议会党团共同选举领袖,而且工会取得最大的发言权(40%)。这种事态发展促使右派脱离工党,另组社会民主党。

社会民主党(Social Democratic Party)的创始人是三位男议员和一位女议员,于是被戏称为"四人帮"。社会民主党站在工党和保守党中间,企图建立一支强大的中间力量。它与自由党谈判合作,形成社民-自由联盟,在民意调查中取得近 30% 的支持率,对英国的两党政治构成巨大的威胁。一时间,社会舆论纷纷猜测英国是否会出现三分天下的局面,或是否再出现一次当年工党取代自由党的剧变。但这种情况终于没有出现。在英国,两党政治根深蒂固,而且"中间立场站不住"。当年,自由党被工党挤到了中间的位置上,结果越来越衰落;现在,社会民主党自觉地站在中间立场上,因此注定成不了大事。1983 年大选,社民-自由联盟虽然获得 25.4% 的选票,但只得到 23 个席位;工党获得 27.6% 的选票,却得到 209 个席位。出现这种现象的原因是"领先者当选"的原则,社民-自由联盟的选票极其分散,因此虽然支持它的人很多,能当选议员的却很少。自此以后,社会民主党和自由党一直把按比例分配议席列为它们的奋斗目标。

此时,撒切尔夫人已处在她声望的顶峰。经济已越过最困难的关口出现转机,福克兰群岛之战(Falklands War)又似乎重振了帝国雄风,使许多人重温着帝国旧梦。保守党在大选中大获全胜,取得 397 个席位。

① 王振华主编:《撒切尔主义》,中国社会科学出版社,1992 年,第 31 页。

工党经过这次失败,分裂得更加厉害了,许多人说工党提出的那个竞选纲领是"历史上最长的自杀备忘录"①,该纲领把各派观点塞在一起,结果成了个大杂烩。但两党分歧却在各自纲领中表现得很明显:在国内政策方面,工党继续要求增加公共开支,进一步实行国有化;保守党则力陈在货币主义政策指导下取得的成就,保证进一步非国有化。

大选后工党开始了一个漫长的调整政策的过程,富特辞职,由金诺克(Neil Kinnock)接任。金诺克虽属左派,却灵活地执行了中派路线;右派的哈特斯利(Roy Hattersley)任副领袖。1987年,英国经济已出现"奇迹",撒切尔再次提前举行大选,结果以超出其他政党102席的多数第三次获胜,成为20世纪任职时间最长的首相,也是自1827年以来唯一能够在连续三次大选中获胜而连任的首相。

工党在第三次惨败后开始全面调整政策,放弃全盘国有化政策,同意降低高收入人士的税率,主张充分就业但并不提出实行之期限。金诺克在党代会上公开说:在"社会主义"到来之前,"我们面临的是市场经济问题……我们必须把它管理得比托利更好"。党的竞选负责人古尔德(Bryan Gould)也说:"对市场进行研究可以告诉我们人民需要什么,然后我们就应该证明我们这个党能够满足这些需要。"②可见在选举的压力下,工党将越来越背离其"社会主义"立场,日益向"市场经济"靠拢。

---

① Hilary Wainwright, *Labour, a Tale of Two Parties*, London, 1987, p. 61.
② Malcolm Pearce & Geoffrey Stewart, *British Political History, 1867 - 1990*, Routledge, London & New York, 1992, p. 539.

第六章　撒切尔之后与工党执政

　　1990年11月22日,撒切尔夫人一改其"决战到底"的立场,突然宣布她打算辞职。保守党选出在经济上执行撒切尔路线、但在社会问题上持温和态度的约翰·梅杰①任党的领袖,继撒切尔夫人之后出任首相。从表面上看,"撒切尔时代"突然结束,是因为保守党在对待欧共体问题上分歧严重,但除此之外,它还有更深层的原因。

　　撒切尔夫人对欧共体一直持怀疑态度,她反对与欧共体联系太紧,认为拟议中的欧洲联盟会损害英国主权。秋天在党代会上,撒切尔夫人勉强同意英国加入欧洲汇率体制,但对参加欧洲货币同盟的建议坚决反对。11月,担任过财政大臣的保守党下院领袖杰弗里·豪(Geoffrey Howe)突然宣布辞职,对撒切尔夫人的外交路线提出严厉批评。许多报刊说,这是自1940年艾默里对张伯伦进行猛烈攻击后,一个政府成员对首相做出的最无情指责。豪实际上是在发泄对撒切尔夫人领导作风的极度不满,作为一个名不虚传的"铁娘子",撒切尔夫人个性太强,常常使同事们难以忍受,甚至在和外国领导人打交道时,她也会不时让他们感到难堪。

　　1985年,政府决定征收"社区费",这是一种按人口征收的税赋,被许

---

① 约翰·梅杰(1943—),保守党领袖,1990—1997年任首相。

多人看作"人头税"。撒切尔夫人说征税决定是在内阁会议上做出的,但实际上并没有在全体内阁会议上讨论这件事。次年1月,国防大臣黑塞尔廷(Michael Heseltine)借此辞职,对首相的工作作风大加挞伐。但在这表面分歧之后又有其他原因:黑塞尔廷是"亲欧派",主张把一家英国直升飞机公司(威斯特兰集团)出售给欧洲财团;撒切尔夫人则是"亲美派",主张由美国资本控制的财团收购这家公司。因此,领导作风问题和英欧关系问题在1986年的"威斯特兰危机"(Westland crisis)中交织到一起。而1990年豪宣布辞职时,相同情况又一次出现。黑塞尔廷乘豪起事之机插上一脚,很快宣布他要和撒切尔夫人争夺党领袖地位,同时意味着他要争当首相。在这种情况下,保守党议会党团进行表决,撒切尔夫人在第一轮投票中领先,但以4票之差(204票)未能获胜,于是就需要第二轮投票。撒切尔夫人起先表示要"决战到底",但在内阁成员的一致劝说下,她在两天后宣布了辞职的愿望,主动结束了"撒切尔时代"。

撒切尔夫人辞职是有深刻背景的。英国的"经济奇迹"到1988年达到顶峰,1989年却出现回落。几年中,经济的相对高速发展,使工资和物价都重新上涨,生产成本高又使英国产品丧失在国际市场上的竞争力。贸易逆差比1988年高40%,通货膨胀回升到10.9%。"英国病"似乎又要发作了,而削减福利开支则早已使许多人不满。"人头税"正式开征,恰好给不满火上加油。

在英国历史上,"人头税"(poll)曾引发1381年的农民起义,因此它与"英国的自由"联系在一起。1990年3月,伦敦街头出现了反"人头税"的街头动乱。到秋天,民意调查表明工党已领先20%,撒切尔夫人的声望已降到极低。在这种情况下,内阁一致劝说撒切尔夫人辞职,而撒切尔夫人终于也同意主动下台,就很容易理解了。看来,"撒切尔主义"并不是万能膏药。1985年撒切尔夫人曾说"我已经改变了一切"[1],若果真如此,那么在

---

① Kenneth O. Morgan, *The People's Peace*, *British History 1945 - 1990*, Oxford University Press, 1992, p. 438.

此之后,还能做什么呢?有一点是不能变的,即福利国家的框架不能变。无论撒切尔夫人如何强调个人的主动性,强调国家不能包办一切,但福利国家的原则她却动都不能动,这就使她在 1985 年以后,实际上已经不再能做什么了。如果"英国病"还是治不好,撒切尔夫人也就回春无术了。

撒切尔夫人下台后,民意测验表明保守党的支持率大幅度回升。在新的大选中,保守党第四次获胜,这又是 20 世纪的一项纪录。工党大失所望,说保守党"猎走了我们的狐狸"①。梅杰以"机遇的社会"为口号,企图把平等与竞争在"机遇"的概念中结合起来。1990 年 12 月,他在党代会上说:"我要把 90 年代变成机遇的十年。"②但仅仅两年多时间,梅杰就被看成是英国历史上最没有作为的首相之一:他温文尔雅,风度翩翩,看起来很有教养,但没有魄力,没有新思维,他在多数问题上继续执行撒切尔政策,似乎是撒切尔的一个影子,"撒切尔时代"似乎仍然没有结束。从 1993 年起,保守党在民意测验中得分就每况愈下;1994 年夏天,梅杰为表现保守党的"中兴",更改它在选民中的形象,一次解除了一大批政府大臣的职务,但这并没有使保守党得益,保守党反而更加显得无能为力。在即将到来的大选中,保守党将面临重大挑战。

为迎接这次挑战,梅杰决定背水一战。他必须首先明确他在党内的领导地位,充分肯定他是保守党领袖。1995 年 6 月 22 日,他突然宣布辞去保守党领袖职务,并定于 7 月 4 日选举新领袖。此时保守党在民意测验中频频失利,选民中的支持率只有 20%,落后工党近 40 个百分点。保守党内部对欧洲联盟的态度不一,相当多的人反对向欧盟进一步靠拢,尤其反对实行欧洲单一货币。但党内不满情绪虽然浓厚,却无人有足够的威望团结反对派,因此梅杰仍然以三分之二的多数再次当选。尽管如此,保守党内部的分歧却明朗化了,有三分之一保守党议员不支持其领

---

① Kenneth O. Morgan, *The People's Peace*, *British History 1945 - 1990*, Oxford University Press, 1992, p. 506.

② Robert Shepherd, *The Power Brokers*, *the Tory Party and Its Leaders*, Hutchinson, London, 1991, p. 215.

袖,保守党在下一次议会大选中前途不妙。

与此同时,保守党又受到政治丑闻的困扰。1994 年 7 月《星期日泰晤士报》(Sunday Times)揭发:两位保守党议员里迪克(Riddick)和特里迪尼克(Tredinnick)落入该报记者的圈套,愿意接受 1 000 英镑酬款,代表送款人在议会辩论时按事先的约定提出质询,影响辩论结果。这种做法被称为"金钱换提问"(cash for questions),事实上是一种权钱交易。从理论上说,议员代表选民的意愿,由他们在议会表达选民的愿望,提出问题,进行讨论,决定国家的大政方针。可是通过"金钱换提问",送款人在议会找到了代理人,议员们不再是选民的代表,而是送款人的代表,代表某个公司或特定的利益团体,为金钱活动。如此一来,议会制度的初衷就完全走样了,金钱成为决定性因素。早在 80 年代末,人们就开始怀疑议会中有这种做法,可是凭据不足,现在终于被《星期日泰晤士报》拿到了证据。尽管里迪克和特里迪尼克很快就意识到上了当,因此抽身而出,但冰山似乎被砸开了一角,人们意识到问题的严重性。人们发现有许多议员收取金钱,在议会为金钱的利益服务;政治家对此并非不知道,只是他们睁一只眼闭一只眼。

10 月份爆发出更大的丑闻:政府一位低级部长消费与法人事务大臣(Minister for Consumer and Corporate)尼尔·汉密尔顿(Neil Hamilton)被爆出从 80 年代开始就从哈罗德百货商店(Harrods)接受财物,为该公司在议会及政府中说话。梅杰立即成立一个"公共生活规范委员会"(Committee on Standards in Public Life)调查此事,并尝试建立更加完备的政治道德标准。在委员会成立的当天,汉密尔顿宣布辞职。

这些丑闻对保守党的打击很大,梅杰后来在回忆录中说:"布莱尔试图充分利用这件事,他说我领导的政府已'病入膏肓'……"梅杰不否认事情的严重性,但他认为:这种现象在政治生活中已成为潜规则,"它们可能揭示出在我们的政治文化中,有一些东西需要纠正"①。梅杰的判断

---

① Malcolm Pearce & Geoffrey Stewart, *British Political History*, *1867 – 2001*, Routledge, London & New York, third edition, 2002, pp. 602 – 603.

没有出错,英国政治生活中存在着制度性问题。布莱尔幸灾乐祸地嘲笑梅杰,可是等他自己组阁后,"病入膏肓"甚至更严重。不过在这个时候,保守党的政治丑闻显然影响了下一次大选,因此尽管梅杰试图以改组政府、重建道德标准来挽回影响,其效果却不佳。

另一方面,到 90 年代为止,工党已经连续四次在大选中失败了,这给党的生存蒙上了阴影。工党连续失败有许多原因,包括党内政策分歧、组织涣散,等等。但最主要的原因是工党正在失去社会基础,这是很可怕的,因为在 20 世纪初,自由党正是因为这个原因而丢掉了它的大党地位。二战后英国社会变化很大,以"有产"和"无产"为标志的两极社会结构已变得模糊,新技术发展将许多体力劳动者转变为"白领",脑力劳动和体力劳动的差距正在缩小。社会下层的经济和社会地位都在提高,劳动者子女受教育的机会大大增加,为他们进入"中等阶级"创造了条件。中等阶级的壮大把英国社会转变成一个多层次、多元性的社会,在这个社会中,上层和下层都是小块,"中间阶层"最大。更为令人瞩目的是,"工人阶级"的含义也变得模糊了,大批有专业技能的人受雇于人,是"工薪阶层",但从社会、经济地位来看,他们却属于"中等阶级"。真正从事社会低下工作的人有许多是外籍劳工、少数种族或妇女,这些人对政治问题又最不关心。因此工党如果继续以"工人党"自居,那它注定要找不到社会基础。因此摆在工党面前的选择是严峻的:它继续以"阶级党"自居,还是力图成为"全民党"? 工党选择了后者。

这个过程从 50 年代末就开始了,问题的症结在党纲中的公有制条款即"第四条"。1959 年,盖茨克尔第一次提出修改党章第四条,并要求对社会主义、国有化问题等进行重新认识。盖茨克尔的动议遭党内左翼和多数工会代表的否决,这是对党的性质进行讨论的第一次尝试。威尔逊执政时慑于党内左派力量的强大而停止了辩论,但是在实践中也停止了国有化步伐。70 年代以后,党内左派势力日益高涨,其高潮是 1983 年大选中工党提出的竞选纲领《英国的新希望》。这个纲领不仅表现出强烈的意识形态色彩,而且提出大幅度扩大公共开支(从而意味着大幅度提高税收)，加快国有化步伐，以及退出欧共体、单方面实行裁军，等等。强烈的意识形态色彩使工党在大选中惨败，这终于使工党领导层大为震动。这以后，一个所谓的"工党现代化"运动在党内展开了，新任党领袖金诺克虽然出自左派，却认识到变革党的迫切性。他在理论上开始承认市场的积极意义，主张在国家指导下发挥市场作用。在实践上他企图悄悄取消党章第四条(Clause IV)即公有制条款，印发了一批不包含第四款条文的党证。但此举又遭左翼斥责，他只好收回了这批党证。1992年约翰·史密斯继任党领袖，开始加快"现代化"进程。他明确表示，工党只有在放弃公有制纲领之后才有可能重新执政，他认为工党应抛弃"非此即彼"即若非"国有"便是"私有"这种两极化的思维定势，寻找一个中间的解决办法，这就是"混合经济"。史密斯路线显然为后来的布莱尔开拓了方向，他的"中间解决办法"，其实是布莱尔"第三条道路"的前身。

　　1994年上半年，深孚众望的史密斯因心脏病突发猝然去世，工党将"现代派"主将之一的布莱尔推上领袖地位。布莱尔当时仅41岁，是工党历来最年轻的领袖。他继任后，立即打出"新工党、新英国"的旗号，着手对工党进行根治手术。他认为"新工党"(New Labour)最基本的含义便是完全抛弃"阶级党"的承诺，把工党转变成"全民党"。为此他认为必须尽快放弃"公有制"纲领，把"第四条"从党纲中彻底清除。他说："我们的衰落原因很简单，那就是不接地气，社会变了，我们却没有变；我们的结构已经过时。"[1]于是上任不久他就在10月召开的工党年会上提议废除"第四条"。虽说这次动议没有成功，但半年后党的特别代表大会却同意修改党章，把原本"第四条"中这样的表述：

　　　　在生产、分配和交换手段公有制的基础上，保障体力劳动和脑力劳动者辛勤劳动的充分成果，及这些成果尽可能的平等分配……

---

[1] Malcolm Pearce & Geoffrey Stewart, *British Political History，1867 - 2001*, Routledge, London & New York，third edition，2002，p. 568.

改写成：

> （工党致力于）一个充满活力的经济体，为公众利益服务，其中
> 市场进取精神和竞争活力、与伙伴和合作力量相结合，生产国家所
> 需要的财富，为所有人提供工作与成功的机会；在这个经济体中，既
> 有繁荣的私人部门，也有高质量的公共服务，其中对共同利益至关
> 重要的事业，若非由公众所有、就是要对其负责。[①]

如此修改过的党章虽说开宗明义宣称工党是"民主社会主义的政党"
（a democratic socialist party），但公有制已经没有了，"社会主义"意味着
合作伙伴关系及人人享有的机会。

这就是著名的修改党章第四条。通过修改党章，工党从"阶级党"变
成了"全民党"，目的是扩大它的社会基础，争取中等阶级对它的支持。
为了吸引更多的选民，布莱尔大力宣传"第三条道路"，竭力让选民们相
信：一种新的理论已经问世，它将给英国带来崭新的前途。什么是"第三
条道路"？ 在它刚刚问世的时候曾引起理论界广泛的好奇：是社会主义
和资本主义之间的"第三条"，还是私有制和公有制之间的"道路"？ 其
实，对于布莱尔来说，"第三条道路"的意思是：既不是撒切尔夫人，也不
是艾德礼。布莱尔曾经把 20 世纪分解成三段：第一阶段是 20 世纪初到
二战结束，那是集体主义成长的时期，福利国家是其结果；第二阶段是撒
切尔主义张扬的时期，个人的作用被夸大，社会的不公正不断扩大；第三
阶段就要靠布莱尔的"第三条道路"来完成，按布莱尔的说法："我这一代
人站在新与旧的交接点上。"[②]显然，"第三条道路"要把个人主义与集体
主义调和起来，个人奋斗与社会关怀结合起来。这种说法起听来新鲜，
其实只是工党向保守党靠拢的一个说辞，"新工党"也要走个人主义道
路，只是不会像撒切尔夫人走得那么远。

[①] Malcolm Pearce & Geoffrey Stewart, *British Political History*, *1867 - 2001*, Routledge,
London & New York, third edition, 2002, p. 569.

[②] Ibid., p. 570.

在废除"公有制"条款的同时,布莱尔决心把工党与工会拉开,彻底改变"阶级党"的形象。几乎在他担任领袖伊始,就公开宣布"工会将不再在工党内部占据特别或有特权的位置",今后工党与工会关系的基础是"公平而不是偏爱"①。他认为工党与工会保持特殊关系的时代已经过去了,今后双方应互相尊重,各自找到正确的位置。工会应该做工人的发言人而不是工党的发言人;工会可以就工党的政策提出意见,但不能支配工党。在他出任工党领袖之前,史密斯已经改变了工党领袖产生的办法,将工会在领袖选举中的权重从40%压低到1/3,并且实行"一人一票"(One Member One Vote, OMOV)的选举方法。以前,工会代表大会中的每一个工会都以本会会员的名义投出一票,因此领袖其实是由工会领导干部们选出来的;史密斯的新选举办法就把工会的集体力量打碎了,选举权分散到数百上千万工会会员手里,工会在工党事务中完全被边缘化。

布莱尔就是按这种办法产生出来的第一位工党领袖,还在他担任工党领袖的前夕他就说:"要使工党变成一个开放的党,一个成员包括私营主和无产业者、小商人和他们的顾客、经营者和工人、有房产者和住公房者、熟练的工程师以及高明的医生和教师的党。"在另一个场合他说:"工党是一个工商党……那种认为保守党是工商党,而工党是工会党的看法完全过时了。"②由此,工党不再是工人的党,而是各种人的党,中等阶级不必害怕它了。

以此为背景,工党投入到1997年大选中。此时,保守党已执政18年,气势消沉,内部闹分裂。工党于是大获全胜,在全部659个议席中获取419席,几乎是总数的2/3。这是工党在建党后取得的最大胜利;然而,那一年只有71.5%的选民出来投票,是1935年以来最低的,工党得

① *The Times*, July 23, 1994.
② 转引自王凤鸣《英国工党的新思维》,载《当代世界社会主义问题》,1997年第2期,第16页。

到其中43.2%选票,因此工党只得到全体选民总数中大约30%的支持。① 相比之下,1979年撒切尔夫人上台时还得到33.3%的选民支持。

布莱尔于是踌躇满志,时隔18年工党重新执政。不过,这时执政的是一个抛弃了工党纲领的"新工党",英国进入第二次"共识政治"。工党在竞选中曾作出5项承诺:教育方面,增加教师和教育经费,缩小小学低年级的班级规模;治安方面,加快对青少年惯犯的司法处理,改善治安环境;医疗方面,缩短预约就医的等候时间,提供更好的医疗服务;就业方面,为25万25岁以下的青年提供工作机会,不再领取救济金;税收方面,不增加所得税,降低通胀与利税。② 这些问题都是当时英国人特别关心的具体问题,工党于是从这些问题起步,开始了它的13年执政。

但解决这些问题并非轻而易举。二战后英国政府的一个特大难题是庞大的福利开支,布莱尔执政前,这笔开支已达到900亿英镑,是英国政府最沉重的负担。巨大的福利开支迫使政府实行重税政策,而这样做就必然阻碍经济活力,造成通货膨胀,从而形成"滞胀"。福利制度造成的副作用还包括:纳税人负担加重,不满情绪增加;一部分可以工作的人宁愿享受福利待遇,而不愿工作。为解决这些问题,撒切尔夫人曾实行激烈的货币主义政策,将政府的关注点从刺激消费转向刺激生产。她采取减税、削减福利开支和文化教育经费等措施,这些措施曾缓解了"英国病",但同时又造成两极分化、贫富差距拉大、社会对抗加剧等弊病。

布莱尔政府一方面接受撒切尔夫人对福利政策的基本态度,采取措施控制福利开支(比如削减给单身母亲的福利津贴,迫使其外出工作);另一方面则试图寻找新的方案,既能保留福利框架,又能解决根本问题。它认为政府与其把钱花在直接的福利项目上让人消费,还不如用在人力、智力和基础设施的投资上,从生产角度解决问题,因此是撒切尔思路

① David & Gareth Butter, *Twentieth Century British Political Facts 1900-2000*, Macmillan Press, London, eighth edition, 2000, p. 239.
② Adam Boulton, *Tony's Ten Years*, *Memories of the Blair Administration*, Simon & Schuster, London, 2008, p. 76.

的另一个版本。出于此种思路,它鼓励公私企业共同向基础部门投资,尤其扶持中小企业,用创造就业来代替救济。它提倡对教育事业加大投资,通过发展人力资源来提高劳动生产率,保障经济发展。政府还向英格兰银行下放权力,让它独立于政府,自行决定汇率。在医疗保健方面,它一面承诺大幅度增加政府拨款,一面又在具体执行时小心翼翼,精打细算,节省每一笔开支。在劳工政策方面,它一方面批准了欧盟马斯特里赫特条约所规定的"社会宪章"(Social Charter),限制劳动时间,提高最低工资标准,保障职工参加工会的权利;另一方面又有意识地疏远工会,将工会的作用边缘化。

总体而言,首届布莱尔政府在平衡经济发展与福利开支方面还算比较成功。1999年,政府自称它在竞选宣言中提出的177项任务中的多数已经完成或正在执行。英国经济平稳发展,实现了低通胀、低利率、低失业。布莱尔顶住了参加欧元区的压力,兑现了"反对建立欧洲联邦"的承诺,在2000年欧盟尼斯峰会上,他继续采取英国那种若即若离的立场,为实行欧洲统一的税收与社会保险政策保留了否决权。在如此有利的政治环境中,布莱尔政府提前解散议会,于2001年6月举行新的大选。工党在大选中再次全胜,获413个席位,只比上次少了6席。保守党再次落败,只比上次多出1席,获166席。但是选民投票率只有59.1%,比上次大选还要低得多。

这次大选后,工党的锐气就开始消退,"第三条道路"也日渐消声,人们不大谈论它了。这条"道路"的始作俑者吉登斯在大选之前就注意到这一点。费边社书记马丁·雅各布斯(Martin Jacobs)则说道:

> 新工党悄然离世,却不意味着要回到旧工党……回去不是选择。……假如第二届(工党)政府想要完成它的历史承诺,工党就必须找一个适合于新时代的故事出来。[1]

---

[1] Malcolm Pearce & Geoffrey Stewart, *British Political History*, 1867-2001, Routledge, London & New York, third edition, 2002, p.584.

显然，他们知道"第三条道路"只是讲"故事"。现在回过头去看，它当时只是一种选举策略、一个选举的口号。每一次大选都需要一个选举口号，哪一个党的口号动听，哪一个党的胜算就大。等到第二届工党政府组建之后，"第三条道路"也就慢慢偃旗息鼓了。如同雷声大雨点小，一场闹哄哄的理论展示也匆匆收场。人们曾经把"第三条道路"看作是一个理论的创新，但其实它不是。

布莱尔第一届政府还做了以下两件事：

一、1998 年提出上院改革法案，取消世袭贵族在上院的表决权，这是工党在竞选时作出的承诺。不过也是雷声大雨点小，最终的结果是：保留了 92 位世袭贵族的表决权，其中 2 人为职守上议员，其他由党派产生。[1] 1999 年 11 月，《贵族院法》（House of Lords Act）正式获通过，工党的上院改革承诺就算执行了。

二、1997 年履行另一项竞选承诺：在苏格兰和威尔士进行分权公投，两项公投都获多数通过。根据公投结果，1999 年两地都选出分权议会。工党这样做并非没有党派利益考虑：它在两地都有选举优势，分权后可以控制两地的议会；它认为这样会加强它在伦敦议会中的地位，达到长期掌握全国政权的目的。但事实证明这种想法十分短视：苏格兰民族党很快就在苏格兰的分权议会中掌握控制权，不久又在全国大选中拿下了几乎所有的苏格兰议席。它乘胜追击，提出了苏格兰独立的主张，并迫使后来的卡梅伦政府同意举行独立公投。分权有可能导致国家解体，工党似乎没有意识到这一点。不过，那是属于 21 世纪的故事了，到 20 世纪结束时，布莱尔政府如日中天。

---

[1] David & Gareth Butter, *Twentieth Century British Political Facts 1900－2000*, Macmillan Press, London, eighth edition, 2000, p. 231.

第二篇

经　济

第一章　20世纪经济理论

　　一定的经济政策总是以一定的经济理论为基础的。在一定时期,一般有多种经济理论存在,但被政府接受为指导思想的理论往往只有一种。随着时间的推移,这种占支配地位的经济理论也许会逐渐不符合本国的实际,在这样的情况下,政府往往采用它们认为更符合本国实际的经济理论,并以此为基础,制定出相应的经济政策。因此,从这个意义上来说,作为经济政策依据的经济理论非常重要。不了解一定时期的经济理论,就无法理解各个国家在一定时期内为何采取这种经济政策,而不是那种经济政策。在20世纪曾经对英国政府产生过重大影响的是以下一些经济理论。

一、局部均衡论

　　19世纪70年代后,由于发展的不平衡性,美国和德国工业发展迅速,至19世纪末20世纪初,美国在工业产值和主要工业品的生产方面超过了英国,德国也直逼英国;但英国从殖民地和国外投资场所攫取的利润远远超过了美国和德国,它的经济实力仍是最雄厚的,伦敦仍是世界金融中心,英镑仍是世界上最坚挺的硬通货,英国船队仍然给英国带来巨大的利润,英国银行家仍然能向外国政府和企业界提供最大数额的信贷。尽管如此,绝对优势毕竟丧失了。

在绝对优势已经丧失、相对优势仍然存在的情况下,英国是继续实行以往的自由贸易政策,还是像美国和德国那样,实现保护贸易政策?对经济是放任自由,还是加以干预?凡此种种,都需要从理论上加以阐述。1890年,马歇尔发表《经济学原理》,对这些问题作了回答。

艾尔弗雷德·马歇尔(Alfred Marshall,1842—1924)是英国剑桥学派的创始人。在《经济学原理》,尤其是在第五篇《需求、供给与价值的一般关系》中,马歇尔充分表述了作为剑桥学派核心的局部均衡论。马歇尔在《经济学原理》中表述的一个主要概念是"均衡"。所谓均衡,是相反的两种力量所形成的均势,它"和一条弹线所系的一块石子或一个盆中彼此相依的许多小球所保持的机械均衡大体上一致"[1]。马歇尔通过增量分析,把均衡理论进一步运用到供求关系上,把供求关系归结为相反力量相互作用、相互制约形成的。市场的一方是需求,另一方是供给。如果在某一供给条件下,市场的需求价格高于供给价格,卖者就趋向于增加供给量,而供给量的增加又趋于压低需求价格,提高供给价格,缩小二者的差距以趋于一致;相反,如果在某一供给条件下,市场的需求价格低于供给价格,卖者就趋于减少供给量,而供给量的减少又趋于提高需求价格,压低供给价格,使二者趋于一致,在两者之间达到稳定的均衡。当供求处于稳定的均衡时,如有任何意外之事使得生产规模离开它的均衡位置,则将有某些力量立即发生作用,使它恢复均衡,"正如同一条线所悬着的一块石子如果离开了它的位置,地心引力将立即有使它恢复均衡位置的趋势一样,生产数量围绕着它的均衡位置发生的种种动荡,具有相同的性质。"[2]

马歇尔的局部均衡论成了第一次世界大战以前二十多年中英语国

---

[1] 马歇尔:《经济学原理》下卷,陈良璧译,商务印书馆,1965年,第17页。
[2] 同上书,第37页。

家经济理论的基础,并且直到 20 世纪 30 年代,仍被经济学家奉为圭臬。英国在这一时期经济政策上的自由放任思想,即由此推导而来。既然经济中的供求两种力量能自行调节产量和价格,使之趋于均衡,有什么必要依靠政府来进行调节呢? 既然英国的相对优势还存在,能源源不断地从海外投资和海外贸易中获得巨额的收入,有什么必要限制市场机制的作用呢? 无论在国内市场,还是在国际市场,供求两种力量都会自行发挥作用,即使有可能造成供求的不相适应,但最终仍然会停留在某个均衡点上。

由于经济均衡总是自行确定的,政府完全可以采取自由放任的经济政策。政府在经济方面只要执行自由贸易和平衡预算政策,实行金本位制,并听任市场力量的自由活动去建立均衡,那么事事都会遂从人愿,进入理想境界。同样,根据马歇尔的局部均衡学说,以及由此推导出来的自由放任思想,对经济危机应主要依靠资本主义自身内部的力量,通过市场的自动调节来解决。经济危机是局部或偶然失调导致的均衡破坏,是从均衡破坏到恢复之间的过渡性衰退。因此,经济危机(economic crises)既不会十分严重,也不会持续很长时间,政府无须加以干涉。如果加以干涉,不仅徒劳无益,而且必然有损于均衡的正常恢复。由于经济危机是局部的、暂时的、偶然的过渡性失调,因此,失业(unemployment)人数不会太多,并且在性质上是摩擦性失业或自愿失业,只要通过市场机制,特别是工资的调节,失业问题即可以得到解决。

总的说来,马歇尔的局部均衡学说,是建立在第一次世界大战前英国"极盛时期"的基础之上,它与英国当时还拥有的经济优势和实力是相适应的,同时也是英国对自身经济力量和经济前景的乐观展望的反映,是英国竭力想维持现状,而且自以为能够维持现状的信念的一种必然表露。由于有这样的思想基础,英国在 20 世纪初到第一次世界大战爆发时,始终主张自由贸易、平衡财政和实行金本位制(gold standard),就是不难理解的事。

二、凯恩斯理论

20 世纪 30 年代经济危机的爆发,使马歇尔的局部均衡学说遭到了致命的打击,尤其是通过市场的充分调节而充分就业的学说,未能经受住 30 年代市场经济完全崩溃的考验。在危机面前,正统派再也站不起来了,凯恩斯主义经济学应运而生。

凯恩斯生于 1883 年 6 月 5 日,曾在剑桥大学受教育。1908 年应马歇尔的邀请,在剑桥任经济学讲师,讲授马歇尔的《经济学原理》。在讲坛上,凯恩斯一遍遍地重复马歇尔的局部均衡理论,赞美自由经济的完美和谐。他于 1919 年底发表《凡尔赛和约的经济后果》,一举成为国际知名人物。1923 年,凯恩斯在其重要著作《货币改革论》中,第一次大胆地触及了传统的自由放任原则,国家干预和调节经济的思想在这本书中初露端倪。1926 年,凯恩斯发表《自由放任的终结》,提出改进资本主义的口号。但迄至 30 年代危机,凯恩斯总是把经济方面的弊病归结为货币的不稳定性,总是在稳定货币、稳定物价上做文章。当危机波及英国时,凯恩斯更多的是充当教育家和劝导者的角色,他认为政治家"有耳无眼",因此,他收集一切有关信息,并使这些信息传到政治家的耳朵里。他把自己视作经济机器自动装置失灵时被召来修理机器的机械师。

当劳合·乔治为兴办公共工程而四处游说时,凯恩斯与赫伯特·亨德森(Herbert Henderson)合写《劳合·乔治能做到吗?》,支持劳合·乔治的主张,首次隐约提到乘数论以及储蓄与投资的关系。当时纳粹德国为提高就业机会也在兴办公共工程。有笑话说,德国纳粹分子计划把弯曲的湖泊搞直,把黑森林刷白,在波兰走廊铺设亚麻油毡,这种传说似乎也增加了英国对就业问题的重视。1930 年,凯恩斯在谈到失业问题时说:"如果我们无所作为,半年以至一年内还将有 100 万以上的人失业,因此我认为,尽管有些冒险,一些激进的政策还是值得试一试的。"①凯恩斯积极鼓励投资:"如果你没有任何门路去花钱,那就雇人挖地洞,然后再把地洞填起来。"②1931 年,他在一次有关失业问题的讲话中推断说:"要是你节约 5 先令,就会使一个人失业一天,反过来,要是你购买商品,你就会增加就业。按这一比例,1.2 亿英镑的财政赤字就可以解决英国的失业问题。"③

然而,凯恩斯在论述这一时期的经济危机以及失业问题时,只是零打碎敲。失业的进一步增加,传统理论和政策的失灵以及政府在危机面前的无能为力,促使凯恩斯对以往的经济学重新加以审视和思考:大英帝国为何会出现由盛转衰、江河日下的危殆局势? 英国经济长期萧条的症结何在? 如何才能使英国走上繁荣的道路? 为了救治资本主义病症,凯恩斯开出了一个个药方,同时也一步步背离了正统的理论。1936 年,凯恩斯发表了他对经济危机思索的成果——《就业、利息和货币通论》(以下简称《通论》)。

从《通论》一书的标题可以看出,凯恩斯强调的是"一般"这个词,他的就业理论是关于一切就业水平的,而不是像一般经济学那样只涉及充分就业这种特殊情况。局部均衡论认为市场的供求能起自动的调节作用,具有达到充分就业的倾向。凯恩斯认为,这种以充分就业为假定前提的理论,它的前提本身就有问题。他认为,在资本主义经济中,通常的情况是经济活动处于不稳定状态,从充分就业到普遍失业,交替出现各种就业水平,而典型的就业水平是就业不足。《通论》集中考察的就是资本主义经济中通常情况下存在的就业不足问题。

凯恩斯把解决失业问题,从而达到并保证充分就业作为写《通论》的目的。在凯恩斯之前,传统的经济学要么否认具有普遍意义的失业问题,要么将失业说成是"摩擦失业"和"自愿失业"。凯恩斯在继续袭用这

① 伊丽莎白·约翰逊:《凯恩斯是科学家还是政治家?》,载琼·罗宾逊编《凯恩斯以后》,商务印书馆,1985 年,第 17 页。
② 参见商务印书馆编辑部编《现代国外经济学论文选》第一辑,商务印书馆,1979 年,第 27 页。
③ T. O. Lloyd, *Empire to Welfare State*, Oxford University Press, 1986, p. 168.

两个传统的失业范畴的同时,提出第三种失业范畴——非自愿失业,即失业工人愿意接受比当前实际工资低的工资,但仍然找不到工作。

凯恩斯在承认存在大量"非自愿失业"的前提下,以这种失业为出发点,探索和分析失业的原因,并拟定救治的对策。凯恩斯认为造成"非自愿失业"的根本原因是有效需求不足。所谓有效需求,是针对市场上有支付能力和购买能力的需求而言的,只有既有欲望、又有购买能力的那种需求,才算是真正的"有效"需求,才具有经济学上的意义。凯恩斯认为,社会就业量取决于有效需求的大小,有效需求包括消费需求和投资需求,这两者又受到边际消费倾向递减、资本边际效率递减和流动偏好三个基本心理定律的制约。边际消费倾向递减引起消费需求不足,资本边际效率递减和由于流动偏好引起的利息率偏高造成投资需求不足。由于有效需求(包括消费需求和投资需求)不足,商品滞销,存货充斥市场,引起生产缩减,这样势必造成解雇工人,使社会就业量不能达到充分就业的水平,于是,非自愿失业的出现不可避免。由于上述三个基本心理定律的作用,资本主义经济中的有效需求不足是必然存在的。要消除危机和失业,就要消除有效需求不足。如何消除呢? 凯恩斯提出必须依靠政府调节经济。具体办法是加强国家对经济的干预,运用财政政策和货币政策来刺激消费,增加投资,尤其是增加公共开支,降低利率,以弥补消费和投资需求的不足。

《通论》出版后,凯恩斯的经济学说在西方各国逐渐趋于兴盛。一些信徒对凯恩斯歌颂备至。有人把凯恩斯的《通论》同斯密的《国富论》、马克思的《资本论》一起列为政治经济学家写过的三本"确实伟大"的著作。[①] 有的信徒甚至把凯恩斯的理论对古典学派的"革命"比作哥白尼在天文学、达尔文在生物学、爱因斯坦在物理学方面的革命。[②]

尽管凯恩斯的基本思想很快被英国许多经济学家接受,尽管人们对

---

① 华尔特・艾尔提斯:《凯恩斯传统教义的失败》,载《现代国外经济学论文选》第一辑,第51页。
② 参见杨雪章《凯恩斯主义》,商务印书馆,1964年,第7页。

经济危机的性质的认识愈来愈深入,但凯恩斯主义似乎并没有对两战期间的英国经济政策产生任何显著的影响,英国政府的实际政策在整个30年代一直停留在传统的水平上。直到1939年,凯恩斯对经济管理体制的影响仍很有限。人们只是听他的,他的建议却很少成为政策的依据。

1939年9月,第二次世界大战爆发。这次大战等于给英国人上了一堂凯恩斯主义理论课。1944年,英国政府公布关于就业政策的白皮书,表明政府开始承担就业水平的责任,凯恩斯的需求管理思想被官方接受。战后,英国在经济恢复以后,便开始将凯恩斯理论付诸实践。

三、货币主义

英国在结束战时控制以后,从1951年开始至1973年实行以凯恩斯的需求管理为主要手段、以实现充分就业为主要目标的经济政策,并取得了一定的成功。然而,从60年代末开始,英国经济出现了历史上少有的现象:一方面,经济停滞(包括危机期间的生产下降和非危机期间的经济缓慢增长和波动),以及由此引起的经常性的大量失业;另一方面,长期严重的通货膨胀,以及由此引起的物价持续上涨。这两方面互相融合,交织并发,西方经济学家称这种现象为"滞胀"(stagflation)。

失业和通货膨胀这种双头怪物的出现,使凯恩斯主义的需求管理理论遭到破产。这种理论既不能否认这只双头怪物的存在,又无法解释其出现的原因,同时更无法找到摆脱这种现象的途径。而政府的政策由于受凯恩斯主义的影响,直接或间接地助长了这两个过程:它既想用膨胀性的政策来克服失业,又想用紧缩政策来治理通货膨胀。反失业需要刺激生产,这样会把通货膨胀率推向新的危险的水平,而反通货膨胀会使有效需求减少,使失业现象持续下去或更加恶化。对通货膨胀与失业并发的现象,一些新凯恩斯主义者指望通过其他手段加以解决,如辅之以收入政策等。然而卡拉汉政府时期以限制工资增长为主要内容的收入政策,不仅没有解决通货膨胀问题,反而成为引逗通货膨胀这条公牛的红布。

　　凯恩斯理论对 60 年代末、70 年代初出现的实际问题所表现出的混乱和无奈，为货币主义的产生开辟了道路。货币主义（monetarism）这个词是美国经济学家布伦纳（K. Brunner）在 1968 年 7 月发表的一篇题为《货币和货币政策的作用》的论文中首先提出的。但早在 1956 年，美国芝加哥大学经济学教授米尔顿·弗里德曼（Milton Friedman）就发表了《货币数量论——一种重新表述》，提出了现代货币数量说，奠定了现代货币主义的理论基础。60 年代，弗里德曼相继发表了一系列论文，如《经济理论：一个假定的题目》《1867—1960 年美国货币史》《通货膨胀：原因与后果》《货币最优数量与其他论文》《货币分析的理论结构》等，货币主义逐渐发展为一个完整的体系。70 年代，货币主义作为一个重要的经济学派，开始与凯恩斯主义分庭抗礼，成为"第一个意义重大的对抗革命的革命"[①]。

　　货币主义以费雪（Irving Fisher）的货币数量论为理论基础；但与费雪不同，货币主义认为，货币数量的变动既影响物质水平的变动，也影响商品与劳务总量或国民收入量的变动。由于货币流通速度（V）是比较稳定的，货币流通量、物价、总产量三个变量之间有一定的自行调整、走向新的均衡的趋势。市场经济会根据货币数量的变化而在价格上作出反应，而价格上的调整又会相应地反映于生产，使生产很快作出调整。因此，只要货币供给量能按稳定的比率增加，价格就不会发生突然的波动，而生产所受的冲击也不会很大。通货膨胀（inflation）之所以产生，是因为货币数量的增长快于生产量的增长，具体原因是政府开支过多，而政府收入却远远不能弥补支出，由此造成的财政赤字使市场上的货币流通量过大，过多的货币引起了通货膨胀。要制止通货膨胀，唯一有效的办法是限制货币供应量的增长率，使货币供应量的增长同国民经济中产量

---

① 参见哈里·G. 约翰逊《凯恩斯的革命与对抗革命的货币主义者》，载《现代国外经济学论文选》第一辑，第 91—110 页。

的增长相适应。

货币主义认为,菲利普斯曲线(Phillips curve)关系①在长期内是不存在的。一旦工人了解到通货膨胀的存在引起实际工资率下降时,工人就会要求增加名义工资,以维持原来的实际工资水平,而只要工人的实际工资率不变,那么,通货膨胀就不可能使失业率下降。在任何时候,经济中都存在着与实际工资率相适应的一种均衡的失业率,即"自然失业率"。因此,不管生产率如何增长,都无法使一切想工作的人都能就业,这种失业既可以同通货膨胀并存,也可以出现于没有通货膨胀的情况下。提高通货膨胀率,不可能消灭这种"自然失业"。

货币主义由此推论,凯恩斯主义者的财政赤字政策不仅不能医治通货膨胀和失业,而且还会使正常的经济活动受到损害。凯恩斯主义者以调整利息率为主要内容的货币政策不可能产生积极的效果,因为影响利息率变动的因素很多,其中许多因素不是中央银行能控制的,而且调整利息率要较长的时间才能对货币供应量发生作用。有效的办法只能是采取有计划的、稳定的增加货币供应的做法,即按照经济增长率的一定比例来稳定货币供应量增长率,以收到逐渐使经济趋于稳定的效果。此外,由于自由市场经济本身趋向于稳定,国家对经济的调节,特别是财政调节是有弊无利的,国家应尽量减少干预。另一方面,由于经济中存在"自然失业率",失业是不可避免的,靠扩大政府开支来消灭失业是办不到的。只有保证自由市场经济机制的作用,让经济从国家干预造成的破坏中恢复起来,经济本身才能产生自动吸收就业的力量,久而久之,除那些实在没有就业能力的人外,一部分失业者总会找到工作。

这一时期,供应学派(supply-side economics)也对凯恩斯主义只重

---

① 这一曲线因新西兰经济学家菲利普斯的统计研究而得名。他在对英国1861—1957年间工资与失业率关系的研究中,发现两者存在着一种负数相关,可以由一条向下倾斜的曲线来表达,即失业率较低时,货币工资上升较快;失业率较高时,则货币工资上升较慢,甚至可能由上升变为下降。参见 A. W. Phillips, "The Relation Between Unemployment and the Rate of Change of Money Wage Rates in the United Kingdom, 1861 - 1957", in *Economica*, 1958, pp. 283 - 299.

经济的需求方而忽视供应方提出了批评。这一学派的基本观点是:生产的增长始终取决于劳动和资本等生产要素的供给和有效利用,而生产要素的供应和利用取决于自由市场的调节。该派特别强调应重视萨伊定律(Say's Law),即"供给自行创造需求",政府不应刺激需求,而应把供给放在首位。凯恩斯主义采取的大幅度扩张和紧缩货币流通量的做法,只能使市场受到更大的冲击,难以发挥正常的调节经济的机能,从而使通货膨胀和失业更加难以控制,因此,国家对经济的干预完全没有必要。在具体政策上,供应学派主张发挥市场经济的作用,稳定货币供应量,尤其是通过大规模减税来刺激供给。

货币主义虽然产生于大西洋的彼岸——美国,但在大西洋的这一边——英国却有着良好的土壤。1968年,英国财政部官员和国际货币基金组织的经济学家们召开了一次联席会议,从这次会议开始,货币主义主张在英国逐渐盛行。但直到1976年,官方的思想还没有发生重大变化,政府对经济形势判断的方式以及它所采用的措施,与以前没有太大区别。人们只是对政府干预不抱幻想,承认这种干预不会达到假定的目标,从而更多地倾向于市场力量罢了。

对英国的货币主义来说,1976年是一个重要的年代。卡拉汉在这一年指出:"我们总是想,只要采用减税和增加开支的办法就可以走出衰退和增加就业,我坦率地告诉你们,这种选择已不再存在了,而且即使当它存在时它也是起了对经济注入通货膨胀的作用,而每当这种情况发生时,平均失业水平就增长,随着更高通货膨胀而来的是更高的失业,这是过去30年的历史……对通货膨胀条件下实行需求管理的难度是人们普遍承认的,需求管理的基础是对供给自行创造需求这一主张的否定,而70年代以来发生的情况又否定了相反的主张,即需求自行创造供给。"①是年工党政府确定了货币目标。货币目标的确立,表明就业政策受到贬低。不过,在1974—1979年,工党政府没有明确放弃就业政策,只是没

---

① T. O. Lloyd, *Empire to Welfare State*, Oxford University Press, 1986, p.465.

有采取减少失业的强力措施,并且确定的货币目标是年度目标而不是长期目标。撒切尔夫人上台执政后,货币主义和供应学派才成为英国经济政策的理论基础。

从 20 世纪英国经济政策的演变来看,钟摆不断地摆动:从自由放任到国家干预再到减少干预,从平衡预算到赤字财政再到平衡预算,从货币政策到财政政策再到货币政策,所有这些变化都是不同理论指导下的不同政策选择,从中可以看出经济理论对经济政策的指导作用。

第二章　落日余晖

就英国的经济发展而言,1900—1914 年,在某种意义上属于 19 世纪而不是 20 世纪。时序的变换和女王的去世似乎并没有给英国的经济带来太大的变化。这一时期,英国挟工业革命的余威,其经济仍以一定的增长速度向前发展。英国仍然是世界经济强国,世界最大的债权国,最大的贸易国,首都伦敦仍然是世界金融的中心,英镑仍是世界上最坚挺的货币之一,它的国际储备仍然令其他国家难以望其项背,它的工业品仍然充斥整个世界市场,它的船只仍然在世界各大海洋和江河游弋。但另一方面,19 世纪英国经济发展中的一些制约因素,在这一时期变得更加明显,英国的经济霸权地位日益受到美国和德国的挑战,英国在世界经济中的绝对地位削弱了。

作为第一个实现工业化的国家,英国的工业具有独特的结构,形成了棉纺、煤炭、钢铁、造船等传统产业。这些产业不仅在英国工业产值中占有绝对的比例,使用大量的劳动力,而且还是英国的主要出口行业。英国经济的发展,英国在世界经济中的地位,英国伦敦之成为世界金融的中心,在很大的程度上都与这些产业的发展密不可分。在第一次世界大战爆发前的十余年里,这些行业都经历了一定的增长(见表 1 和表 2)。

表1　英国工业生产的增长率①

1880—1890 年	17.4%
1890—1900 年	17.9%
1895/1904—1905/1914	18.0%

表2　英国各工业部门产量②　　　　　　　单位:万吨

年　代	A	B	C	D	E	F
1885—1894	69.2	19.4	759.3	302.5	17 560	52.5
1895—1904	74.8	21.6	877.8	468.5	21 780	66.5
1905—1913	86.9	23.3	982.4	651.0	26 780	75.9

A:英国年均生棉消耗量
B:英国年均生羊毛产量加生羊毛进口量
C:英国年均生铁产量
D:英国年均钢产量
E:英国年均煤产量
F:英国每年为本国公民和公司建造的船只吨位

　　在英国的四个传统产业中,棉纺业的历史最短,在工业革命中才起步,19世纪才成为英国出口的主要支柱。1911年,这一行业的工人达64.6万人。进入20世纪后,棉纺工业开始从19世纪90年代的萧条中恢复过来。1905—1908年,英国新建棉纺工厂约120个,拥有纱锭1 000万至1 200万枚,这个数字超过了当时德国纺织工业拥有的纱锭的总数,英国纺织工业史上还从来没有这样高的增长率。单是1905—1907年就建立了95个新工厂,增加纱锭850万枚,增加生产能力近1/5。由于新市场的开拓以及欧洲对纱线的需求增加,这一时期,纺织业尤其是纺纱业的产量有所提高。1913年,棉纺品仍然占英国出口的1/4。据1907年的估计,制造业部门的工业产值中,1/3是由纺织品和成衣创造的。市

---

① Phyllis Deane and W. A. Cole, *British Economic Growth : 1688 - 1959*, Cambridge University Press, 1967, p. 297.

② C. H. Lee, *The British Economy Since 1700*, Cambridge University Press, 1986, p. 72.

场的繁荣使得纺织业在这一时期相对稳定。1905—1909 年,在 2 500 个左右的棉纺企业中,每年大约只有 11 个企业破产,而同期金属工业每年有 390 个企业破产。

钢铁工业是英国的古老工业。在 1880 年前,英国的钢铁工业完成了从中世纪的作坊到大规模现代工业的转变。但到这时,只有不到 1/4 的生铁炼成钢。此后钢的生产增快,到 19 世纪末,钢成为这一行业的主要产品。进入 20 世纪以后,英国的钢铁工业仍有一定的发展,产量有所增加。以 1890 年的钢铁产量同 1913 年的钢铁产量相比,其指数从 71.3 增至 100。

英国的煤炭工业不如钢铁工业的历史悠久。在 19 世纪,煤炭主要是为炼铁业提供焦炭,为蒸汽机、铁路及轮船提供燃料。到 1880 年,煤炭工业已成为英国最大的工业,主要集中在南威尔士、苏格兰低地、诺森伯兰、德勒姆、兰开夏郡南部以及约克、德比和诺丁汉。19 世纪 80 年代,英国的煤产量为 1.53 亿吨,90 年代为 2 亿吨,1913 年达到 2.87 亿吨。在第一次世界大战前夕,中部地区、南威尔士、诺丁汉和德勒姆所生产的煤即占全国煤产量的 3/4。由于矿权属私人所有,英国的煤炭工业大多由小型企业组成。第一次世界大战以前,全国有 3 289 个矿井,分属 1 589 个企业。由于规模小,不利于新技术的运用。尽管煤炭是机器生产的基础,但煤炭业是英国各工业中使用机器最少的。直至第一次世界大战爆发,仍是"使用铁镐和铁锨的工业"[1],煤主要靠人力开采和拖曳。

造船工业是这一时期英国仍保持较大优势、没有受到其他国家实际挑战的工业。英国制造的船只,一方面供直接出口,另一方面用于装备英国各船运公司。由于这一时期世界航运量增加,英国造船业相对繁荣。1905—1907 年,英国每年都有 100 万吨位的船只下水。直至 1910—1914 年,英国制造的船只吨位仍占世界船只总吨位的 61%。从

---

[1] R. S. Sayers, *A History of Economic Change in England 1880 - 1939*, Oxford University Press, 1978, p. 87.

19世纪下半叶开始,由于将蒸汽机和钢用于造船,帆船逐渐被淘汰,蒸汽船发展起来。1900年,在英国建造的144.2万吨位的船中,帆船只有28条,总吨位9 871吨。此后,其数字更小,几乎不值一提。随着蒸汽船数量的增加,蒸汽船的吨位也增加了。1914年,在英国登记注册的蒸汽船占世界蒸汽船总吨位的42%,如加上在海外登记注册的,将达到45%。

这一时期,英国的农业日益受到外部的竞争。同前一时期相比,其生产的结构和规模都发生了变化。随着工业革命的进程,城市和工业部门对食物的需求增加,农产品市场进一步扩大,生产技术得到改进,资本投资增加。19世纪中叶,英国的农业一度非常繁荣,但自19世纪70、80年代开始,随着运输条件和冷冻技术的发展,随着美国和加拿大中西部、河套地区以及俄国西伯利亚草原地带的开发,这些地区廉价的小麦和其他农产品,对英国农业形成巨大的竞争压力。由于英国习惯上以种小麦为主,成本高,又缺乏关税保护,欧洲以及上述新的粮食生产区的小麦开始涌进英国市场。面对外部竞争,在没有保护的情况下,英国农业被迫进行结构调整:减少谷物的耕种面积,增加牲畜和牛奶制品的生产;减少低质肉类的生产,增加高质肉类的生产;农业更多地转向果品和商品蔬菜的生产。

进入20世纪以后的十余年,尽管投资减少,获利率下降,但英国农业结构基本上处于稳定状态。这一时期受竞争影响最大的是小麦,小麦的进口量日益增加。19世纪80年代初,英国每年从海外进口的小麦已达到300万—400万吨,仅从美国进口的小麦数即达到英国国内的小麦生产数。90年代,阿根廷成为英国的第二小麦进口国。1900年以后,从加拿大和澳大利亚进口的小麦数量增加最快。1914年前的十余年,英国每年从海外进口的粮食达500万吨,三倍于国内的生产数,也就是说,英国农民只生产国内粮食市场需求的1/4。[1]

与谷类生产的情况相反,这一时期的畜牧业和商品蔬菜的生产得到

---

[1] R. S. Sayers, *A History of Economic Change in England 1880 - 1939*, Oxford University Press, 1978, p. 87.

进一步发展,无论是土地面积还是劳动力都有增加。1890 年,英国用于
生产谷物的土地为 803.2 万英亩,1900 年下降到 733.5 万英亩,而用于
畜牧业的土地由 1 601.8 万英亩增至 1 672.9 万英亩。根据 1911 年的统
计,这一年英国的农业工人比 1881 年减少 25％,但从事商品蔬菜生产的
工人却增加了 77％。从混合型耕种向单一品种的专业化生产发展,有利
于农业抵御外部的竞争。这一时期,农业产品除谷物外,还有土豆、胡萝
卜、卷心菜、豌豆、蚕豆、球芽甘蓝,畜牧业主要是生产奶制品。据 1908
年的统计,英国农业总产值中,只有 1/3 的产值来自谷物和园艺,来自奶
制品的产值占 1/5,其余的产值主要来自畜牧业和家禽业。

对外贸易在英国的经济发展中一直占有重要的地位。世界经济在经
历了 19 世纪 80 和 90 年代的萧条以后,在 20 世纪初出现繁荣,1905—1907
年再度繁荣,1910—1913 年极度繁荣。外部世界经济的发展有利于英国的
对外贸易。这一时期,英国的贸易量增加。1895 年,英国出口总值为 2.86
亿英镑,1912 年达到 5.99 亿英镑;与此同时,进口量也有较大增加:1890
年,英国进口总值为 4.21 亿英镑,1913 年达到 7.69 亿英镑。

直到 1914 年,英国的出口集中在纺织、煤炭、钢铁等传统出口工业上,
以工业品和半制成品为主。表 3 大致反映了这一时期的出口结构。

表 3　英国出口的商品构成①

单位:百万英镑,以现价计算

年　份	纺织品		棉　布		钢　铁		机　器		煤　炭		车　辆	
	数量	百分比	数量	百分比	数量	百分比	数量	百分比	数量	百分比	数量	百分比
1880—1889	114.1	49	73.3	32	35.3	15	11.8	5	10.5	5	—	—
1890—1899	104.3	44	67.2	28	32.5	14	16.1	7	17.5	7	1.1	0
1900—1909	126.2	38	86.4	26	45.7	14	23.8	7	32.9	10	8.4	3

① P. Mathias, *The First Industrial Nation*, London, 1969, p. 463. 原书表中第一栏的百分数
　有误,超过百分之百。

　　这一时期,英国出口的地理方向也有了变化。英国的出口依赖于外部经济的发展,但外部经济的发展可能有利于英国出口增长,也可能会对英国的出口形成压力。这两种力量对比不断变化,必然导致英国出口的地理方向发生变化。1914 年前,英国贸易最明显的特征是对西欧和中欧的出口额继续上升,对北美出口的比例下降,对南美的出口,1911—1913 年保持在 11.7% 的水平。

　　这一时期,英国进口以粮食和生产资料为主。粮食和生产资料的进口在英国由来已久。在食品方面,英国的主要进口物是谷物、糖、酒、咖啡、肉类、黄油以及奶制品。19 世纪下半叶起,随着冷冻技术的发展,食品进口呈多样化,但这种基本的进口结构,直至第一次世界大战,没有太大的变化。在生产资料方面,英国主要的进口物是棉纺所需要的原料,如丝、亚麻、黄麻、羊毛、棉花。在第一次世界大战前夕,食物进口占英国总进口的 30%,棉纺生产资料的进口占 20%(其中生棉的进口仍占这一时期总进口的 9.2%),制造品(绝大多数是钢铁和机器)和燃料的进口占5%。英国的进口传统上主要来自西欧、北欧、地中海地区、西印度群岛、北美和爱尔兰。随着生棉进口的增加,从美国南部进口的比重增加,到1913 年,从美国的进口数占进口总额的 18.4%,其次是西欧,占 13.6%,亚洲占 12.1%。

　　这一时期,由于进口倾向重,英国的进口额仍大大超过出口额,有形贸易出现逆差。但这一时期英国在无形贸易方面的收入大大增加,无形贸易方面的顺差足以抵消有形贸易的逆差。无形贸易方面的收入主要来自两个部分:一是来自为其他国家提供的服务而获得的收入,以船运的收入为主;二是来自对外投资的收入。1855 年,英国在海外投资总额为 6.25 亿英镑,1914 年达到 40.8 亿英镑。1900 年后,英国海外投资进入高潮,1905—1913 年每年平均达 1.61 亿英镑,1913 年更是高达2.24亿英镑。海外投资的收益比国内投资的收益大。据埃德尔斯坦(M. Edelstein)对 566 种债券的抽样研究表明,1870—1913 年国内投资的年回报率为 4.6%,而海外投资的年回报率为 5.7%,在生产因素自由流动的时候,资本倾向于投放到收益高的地方。[1] 这样,英国成为世界上最大的债权国,其在海外投资数占国际投资总数的 41%,而海外投资数占世界第二位的法国则不到英国的一半。

英国的海外投资主要集中在欧洲以外地区,这是英国海外投资的重要特点。1913 年,德国在欧洲外的投资只有 6.63 亿英镑,而英国则达到 38.67 亿英镑。1913 年,英国拥有海外资产 40 亿英镑,而法国、德国、比利时、荷兰、美国加在一起不到 55 亿英镑。英国在海外拥有巨大利益,这在为英国带来巨大收益的同时,也限制了英国国内经济的发展,另一方面也使英国以不同于其他各国的眼光看待世界的发展。

这一时期,英国仍处于多边国际支付体系的中心,伦敦仍是世界金融的中心。这与英国在国际经济中的作用密不可分。1890 年后,随着多边贸易结算模式的确定,世界贸易已与国际经济一体化。随着欧洲、美国以及日本的工业化,它们对其他各国(包括英帝国)原料的需求大大增加。尽管这些工业化国家也卖工业品给原料生产国,但在同印度、澳大利亚,某种程度上还有锡兰(Ceylon,现名斯里兰卡)、马来亚和英属西非(British West Africa)这些地方的商品贸易方面出现赤字。欧洲大陆各国利用同英国有形贸易方面的剩余以及同美国在无形贸易方面的剩余,抵消其有形贸易方面总的赤字;而美国则利用其与英国和加拿大的支付剩余,抵补它同欧洲和印度贸易的赤字。对英国而言,这些商业关系的净结果是:英国同美国和欧洲大陆各国以及同加拿大、新西兰、南非、东非、锡兰和马来亚等国的有形贸易方面的赤字,被英国同西非、澳大利亚、尤其是同印度的支付剩余抵消。

总的来说,这一时期英国的经济具有两个明显特征:

第一,英国经济形成以棉纺、煤炭、钢铁和造船为主的产业结构,这些产业构成英国经济发展的基础。英国经济发展首先要倚赖这些行业

---

[1] M. Edelstein, "Realized Rates of Return on UK Home and Overseas Portfolio Investment in the Age of High Imperialism", in *Exploration in Economic History*, vol. 13, July 1976, pp. 283 - 329.

的发展。在第一次世界大战以前,这四个产业仍占有举足轻重的地位。但与此同时,这种产业结构对经济发展的制约性也变得越来越明显。随着生产力的发展,尤其是在第二次科技革命的推动下,新的工业部门陆续出现,由于其产品销路广、利润高,能满足社会大众的需要,因而能吸引大量的投资。新资本的流入加快了这些新兴工业部门的增长速度。在这样的情况下,英国的正确选择应是一方面保持传统工业的优势,另一方面又不固守于这些传统的工业部门,及时迅速地发展新兴产业,尤其是技术含量比较高的产业。但实际上这一点很难做到。英国的工业部门建立时间长,各工业部门中旧企业比重大,资本大量集中在这些部门和企业,建立新兴工业部门在国内存在压力。

当国外竞争者如德国和美国在新兴产业方面已先走一步,拥有某种独占优势时,英国大资本家不愿放弃在传统工业方面的利益。截至第一次世界大战爆发,英国仅仅为军事目的建立了为数不多的新兴工业部门和企业。这一时期,英国经济增长主要是依靠对传统工业投资的增加、劳动力的扩大以及产量的提高来实现的,缺少技术变革,有人称这种增长模式为"哈罗德-多马式增长"①。这种独特的工业结构影响了英国未来经济的发展,使英国经济发展对他国经济发展,尤其是德、美经济发展的绝对优势,正在减少甚至消失。

第二,英国经济对外倚赖程度高。工业革命后,英国建立了庞大的殖民帝国,英国利用这一庞大的体系,一方面向海外输出主要工业部门的产品,如棉纺品、钢轨、铁路、车辆、机器等;另一方面,从海外输进原料和食品。这使得英国的经济发展既取决于国内传统工业的发展,同时很大程度上也取决于其他国家的经济发展。

英国经济对外依赖程度高表现在:一、英国对外投资超过对国内工业的投资。英国将对外投资的收入投入到国内工业中,再将国内工业生产的产品销往海外,这使得英国国内经济发展倚赖于海外投资的收益。

---

① 转引自罗志如、厉以宁《20世纪的英国:"英国病"的研究》,人民出版社,1982年,第77页。

二、英国的进口比例比较高。

英国经济对外依赖性高,制约了英国经济的发展。首先,它客观上要求将英国的国内经济发展置于国际经济发展的大背景下,国内经济围绕着国际经济运转,及时适应国际模式的变化;其次,要进一步发展出口工业,只有出口工业发展了,才能为英国赢得更多的外汇收入,才能缩小有形贸易方面的收支不平衡;再次,这种对外倚赖,使得其经济离不开其他一系列机制的共同作用,如金本位制、自由贸易政策、平衡财政等,一旦某一条件改变了,经济发展就要受到很大的影响。一战爆发前的十余年,由于这些条件还存在,经济发展出现了增长热潮。但是,这是战前最后一次增长热潮,是后来延续多年的停滞和衰落前夕的"回光返照",是英国"极盛时期的尾声"。

第三章 "馅饼"与"餐刀"

1914—1945 年,英国经济进入了转型时期。一方面,维多利亚时期自由放任的原则受到侵蚀,比如金本位制停止实行,自由贸易被放弃,平衡预算遭到破坏;另一方面,尽管这一时期国家对经济的干预活动增加了,但还未发展到第二次世界大战以后那种"混合"经济或"管理"经济。

这一时期,国际经济结构发生了深刻变化,英国在国际经济中的地位削弱了,英国不再是世界上经济实力最强的国家和最大的债权国,伦敦不再是世界上独一无二、无可替代的国际金融中心,英镑的地位不再稳固,英国的船运业开始走下坡路,英国的传统出口工业由于市场萎缩、低效率、低增长率和缺乏竞争力,变得越来越不景气。用贝恩斯(Dudley Baines)的话来说,这一时期,不仅国际贸易这块馅饼变得越来越小,而且英国赖以分割馅饼的传统出口工业这把餐刀也变得越来越小。①

国际经济以及国际贸易模式的变化,客观上要求英国作出相应的调整,于是英国对工业结构进行了调整:对传统出口工业进行消肿,加大对技术含量比较高的新兴工业的投入;与此同时,英国从致力于发展外贸

---

① Dudley Baines, "The Onset of Depression", in Paul Johnson ed., *20th Century Britain: Economic, Social and Cultural Change*, London and New York, 1994, p. 173.

导向型的国际经济,转向发展国内经济。但总的来说,这一时期的调整还比较缓慢,新兴工业虽发展较快,但还不能取代传统出口工业的地位。旧的优势失去了,新的优势还没有建立。

1914年8月4日,第一次世界大战爆发时,英国上下普遍缺乏长期作战的思想准备。因此,在战争刚开始的几个月时间里,英国政府除了采取一些应急措施外,很少干预经济生活。战争初期,英国报纸上最流行的一句话是:"生意如旧。"①只是随着战争的拖延和深入,英国政府才改变策略,将和平经济转为战时经济。

战时经济最大的特征,是国家对经济采取直接控制和干预的措施,努力将资源集中在自己手中,以保证战争的供应;经济的发展围绕着战争目的来进行,经济发展的最终目标是保证战争的最后胜利。

政府利用《国土保卫法》所赋予的权力,控制了弹药生产的各个方面,包括征用生产资料、制成品。为了保证战争工业的正常运转,劳合·乔治劝说工会领导人同意不进行罢工。根据《战时军需法》,建立大量的国家工厂,加快弹药、武器和其他战争物资的生产。为协调和管理军需产品的生产,1915年5月设立以劳合·乔治为首的军需部。该部接管了各种经济和社会权力,负责制定军需产品的产量、价格和利润水平,干预劳资关系,甚至管理卫生、住宅、道德乃至酒的消耗量。在军需部的集中控制下,英国形成了独特的战争供应和生产模式。不仅在国家工厂和"受控企业",而且在此以外,国家也通过对生产资料的垄断性控制施加巨大的影响。例如,政府垄断皮革、生皮、羊毛、石油、油脂以及肉类、食糖、谷物、奶酪和黄油等,通过对这些物资的发放,解决军需生产与民用生产的矛盾。工厂的产量直接由政府部门控制,或间接地通过与商人或制造商的谈判加以确定,国内生产所需的生产资料由政府集中购买,然后分配给制造商去从事生产。在一些与战争关系比较密切的企业里,甚

---

① Arthur Marwick, *The Deluge: British Society and the First World War*, Macmillan, London, 1965, p. 39.

至工人变换工种,事先都要有雇主出示的证明。为了保证有足够的粮食供应,政府一方面强制购买土地或强制将牧场改为农田以生产粮食,另一方面对小麦价格进行补贴。到 1917 年底,主要粮食范畴都实行了价格控制,进口的粮食 85％由军需部购进。由于大量的劳动力被征用从事军需生产,或被征募入伍,英国的劳动力结构发生了很大的变化。到 1916 年 10 月,近一半的工业劳动力受雇从事各种与战争有关的工作,到 1918 年 7 月,甚至达到 61％。以上措施最终建立起以中央高度集权、全面控制为核心的战时经济体系。到 1917 和 1918 年,英国经济已不再是依靠市场力量起作用的经济了。

1918 年 11 月,第一次世界大战结束。英国面临的首要任务是迅速解除国家对经济的控制,终止战时生产,实行战后复原,恢复正常的经济运转,重建遭到战争破坏的经济。经过两年多的努力,到 1921 年,英国经济基本上回到了 1914 年前的状况。

1919 年 4 月至 1920 年 5 月,英国经济出现了战后的第一次"繁荣"。这次"繁荣"是战时被压抑的需求在战后膨胀的结果。战时的定量供应、物价管制和其他形式的控制被取消以后,需求上升,居民消费增加。这次"繁荣"也是实际工资迅速上升所产生的通货膨胀压力的结果。"繁荣"期间,许多公司和企业增加投资,更新设备。几乎任何种类、任何价格的商品在国内外都有迫切的需求。棉纺业老板通过贷款或利用棉纺工人的存款,大量投资新机器,建立新工厂,尤其是建立合股公司。1919 年,原始股份资本仅为 267 万英镑的 62 个棉纺企业出售价达 1 531 万英镑。1920 年,英国制造品生产总值比 1919 年增加 4.79 亿英镑,其中20％是由棉纺工业创造的。钢铁工业在这一时期发展迅速。战争期间,英国新建 22 个高炉,有的高炉到战争结束时尚未建成。1920—1926 年又建成 36 个高炉,其中许多建于"繁荣"时期。由于这一时期建造的高炉容量比较大,加上旧有的高炉未拆除,生铁的生产能力从 1913 年的1 100 万吨增至 1927 年的 1 200 万吨,炼钢能力则从 800 万吨增至 1 200万吨。造船主也疯狂进行投资,仅在 1919 年的一个月里就有 30 家造船公司开张,总投资达 400 万英镑。1920 年,英国的造船产量达到 200 万吨位的高峰。

然而,这次"繁荣"是不可能长久的。一旦商店的存货补满,设备得到替换,薄弱环节得到加强,需求压力就迅速消失,"取消订单"成为商业报告中出现频率最高的词汇。在需求得到满足以后,经济崩溃不可避免,经济史学家托尼(R. H. Tawney)说:"1920 年 4 月一切都很好,1921 年 4 月一切都很糟。"[①]

尽管这次"繁荣"只有一年时间,但对英国的经济结构产生了极其不幸的影响,在两次大战期间的经济史上留下了痕迹。"繁荣"期间,国内外对传统工业产品重新进货的需求,鼓励将劳动力吸引到战前已得到很大扩展、在战时为满足战争需求又进一步扩展的传统工业。由于将过多的资源集中在煤矿、钢铁厂、船坞和棉纺厂这些市场长期前景并不景气的领域,短暂的"繁荣"使原先即已存在的问题更显复杂,造成英国的传统工业不能随传统市场的瓦解而迅速减员。

在经历了短期"繁荣"之后,英国经济出现了历史上最迅速的瓦解,在 20 年代一直处于不景气之中。

在战前经济发展的基础已经丧失、传统工业由于战争及随后"繁荣"造成的生产能力与市场萎缩的矛盾日益加剧的情况下,正确的做法是及时进行结构调整,同时将经济发展的重心由围绕国际经济转向国内经济。然而,战后"繁荣"给英国造成了心理影响。"繁荣"期间,英国经济仿佛恢复了战前状况:外国人纷纷购买英国货,这使英国重建经济的理想被普遍的怀旧情绪所代替,相信市场的自由运转将带来更有利的后果。战前是"正常"时期,回复"正常"成为普遍的取向。战争和随后的"繁荣"使英国选择了"向后看"的道路,这对英国经济的发展极为不利。

"向后看"主要体现在 1925 年以战前平价恢复金本位制。恢复金本

---

① 转引自卡洛·M. 奇波拉主编《欧洲经济史》,第 6 卷(上册),徐璇等译,商务印书馆,1991 年,第 103 页。

位制是 20 年代英国经济政策的基石,它的基本出发点是:只有金本位制才能复兴遭到战争破坏的国际经济,保障国际经济的稳定,从而为英国传统出口工业的复兴创造条件。从 1919 年起,英国即朝这一目标迈进,但到 1925 年才付诸实施。这一方面是因为战时债务和战争赔款仍威胁着市场稳定,造成外汇兑换的混乱和物价水平的剧烈变动;另一方面也是因为战后初期英国的国际支付能力和资本地位恶化。因此,在 1925年前,英国没有恢复金本位制,只是在为恢复金本位制创造条件。1925年春,当英国和美国的物价水平关系与战前的汇率大体一致时,英国才恢复了金本位制,英镑与美元的比率恢复到战前的 1:4.86 的水平。这使英镑的定值比实际价值要高 10%。

20 年代以恢复金本位制为主体的经济政策,对英国经济的发展是不利的,存在着方向上的错误。在外部条件发生变化的情况下,英国仍固守战前的政策,必然导致经济结构牢固不变,出口乏力,国内需求被压低,经济得不到恢复。20 年代,法国、比利时、意大利等实行扩张性金融和财政政策的国家,其经济增长都比较快。英国是 20 年代欧洲各大国中唯一经济停滞的国家。只是在经济危机的打击下,英国才被迫实行大的转变。

1929 年至 1933 年,资本主义国家普遍爆发经济危机。尽管当危机到来时,英国经济活动的起点比较低,但危机仍然给英国经济造成了很大的冲击。危机期间,英国投资减少,生产下降,失业人数迅速增加,商品出口几乎下跌 1/3,有形贸易赤字增加,无形贸易收入急剧减少。更重要的是,这次危机最终动摇了维多利亚时代的三大基石。首先,美国爆发金融危机后,德国和奥地利也相继爆发金融危机,英国向这两个国家提供的短期贷款被冻结,导致外国纷纷挤兑留在英国伦敦的短期资金结余部分,到 1931 年 9 月,英国黄金储备实际上枯竭;其次,危机期间,其他国家一方面利用英国的自由贸易政策,向英国倾销原料和食品,另一方面,在国内纷纷采取关税壁垒,致使英国有形贸易的赤字增加,自由贸易的基础丧失;再次,危机期间,由于失业率上升,政府用于救济的开支增加。到 1930 年,政府预支保险金达 1 亿英镑,财政赤字达 4 000 万英镑。国家开支委员会在 1931 年 7 月 31 日报告,预计到 1932 年 4 月财政年度结束时,财政赤字将达 1.2 亿英镑,这已严重背离了平衡财政的正统原则。

在危机的打击下,英国的金本位制已形同虚设,自由贸易也实行不下去了。现实迫使英国政府对政策进行调整。长期以来,英国政府一直不肯正视自己的现实地位,这次危机终于强迫英国调整认识。从这一意义上来说,这次危机对英国未必不是一件好事。危机期间,英国进行了重大调整,开始将经济的重心由国外转向国内。

第一,放弃金本位制,实行浮动汇率。1931 年 9 月 21 日,英国政府宣布脱离金本位制,禁止英镑出口,英镑对美元的比率从 1∶4.86 下降到 1∶3.4。金本位制被放弃后,"犹如一块堵在溪流中的巨砾被搬掉,能量被解放出来,并流向新的渠道,环流于新的方向"[1]。英国国内政策不再受高利率和压低物价需要的限制,这为新的货币政策以及国民经济的发展提供了可能性。1931 年 9 月后,"当局事实上第一次面临着有意识的和积极的货币政策"[2]。它表明英国在试图先重建国际秩序后复兴本身经济的尝试失败后,终于意识到了必须先解决自身的问题。

第二,放弃自由贸易政策。近百年来,自由贸易一直是英国的传统政策。战时,英国财政大臣麦肯纳(Reginald McKenna)对奢侈品征税,税额占商品总值的 1/3。1921 年,对奢侈品征税的范围进一步扩大。尽管如此,到危机时仍然有 80% 以上的进口商品免税。危机期间,一些国家利用英国的自由贸易政策,千方百计向英国国内市场倾销商品,使英国经济更加恶化。金本位制放弃后,英国不再以世界经济的恢复与增长作为本国经济发展、因而也作为国际贸易发展的前提,在危机期间各国

---

[1] 转引自卡洛·M. 奇波拉主编《欧洲经济史》,第 6 卷(上册),徐璇等译,商务印书馆,1991 年,第 108 页。

[2] J. Tomlinson, *Problems of British Economic Policy 1870 – 1945*, London and New York, 1981, p. 124.

普遍实行关税壁垒的情况下,继续实行自由贸易(free trade)政策不仅没有必要,而且也不现实。1932 年,英国颁布《非常规进口法》,迈出走向保护贸易的第一步。但背离自由贸易的关键一步是 1932 年 2 月 4 日通过的《进口税法案》。该法案规定,除已课税的商品以及小麦、肉类和其他一些关系国计民生的进口商品外,一律征 10% 的进口税。为了保证英国进出口有稳定的渠道和出路,1931 年召开了渥太华会议,开始了英帝国成员国之间的谈判。1932 年英国最终采取帝国商品特惠制(imperial preference):在英帝国市场上,各成员国给英国工业品优惠条件;而在英国市场上,英国则给各成员国的食品和原料以相应的优惠条件。

通过以上的政策调整,英国经济复苏比较明显,30 年代所取得的经济成就远远超过 20 年代。在各大国中,英国是第一个在工业生产方面超过 1929 年水平的国家。工业生产指数以 1924 年为 100,1929 年第四季度为 114,1934 年第四季度则达到 116。[1] 这一事实可从两方面去理解:一是英国 20 年代经济发展的起点低,二是政策调整对英国经济产生了效果。

与经济发展的重心由国外转向国内相适应,英国从 30 年代开始加速工业结构的调整,这就是对一些传统的出口工业进行消肿,进一步发展技术含量较高的新兴工业。实际上,工业结构的调整在 20 年代即已开始,只不过由于国际贸易的低速发展以及维持高利率,结构调整困难重重。30 年代初的政策调整给工业结构的调整提供了机会,结构调整的步伐才开始加快。

两战期间英国工业结构的调整,更大程度上体现在对传统工业的消肿上,这主要是通过生产的合理化来实现的。对煤炭工业的消肿,主要采取计划控制。工党政府在上台时就通过了一些法律。1930 年的煤矿法,将全国划成几个区域,规定生产限额和价格控制计划,在计划范围内

---

[1] J. H. Jones, G. Cardwright and P. H. Guenhault, *The Coal Mining Industry*, London, 1939, p. 64.

规定最低价,对不执行者进行惩罚。通过这一办法,"阻止了不必要的竞争,改进了该工业的财政地位,使该工业有时间引入自愿重组计划,以保证煤矿业有更大的效率和竞争力"[1]。在此基础上,1938 年,英国设立煤矿重组委员会,负责煤矿业的合并工作。该委员会利用生产定额和价格控制,关闭效率低的矿井,使煤炭生产集中在低成本的大矿井。

20 年代,棉纺工业面对生产能力增加与市场萎缩的矛盾,通过缩短劳动时间、破产的办法,消除了一些过剩的生产能力,但到危机发生时,棉纺业所面临的问题仍然非常严重。1936 年,英国颁布《工业重组法》,对纱锭征重建税,收购和废弃过剩的生产能力,同时英格兰银行给这一行业提供大量低息贷款。到 1939 年,纺纱能力减少一半,10 年中减少了 2 100 万枚。织机在 1924—1938 年减少了 30 万台。1936—1937 年,棉纺工业一度繁荣,生产成本下降。1932 年,棉纺工业的失业率为28.5%,1937 年只有 11.5%。但 30 年代末该工业的生产效率仍远远落后于美国。同英国相比,美国的棉纺业在纺纱方面有 61%—72% 的优势,在织布方面有 150%—160% 的优势,全面生产水平比英国高一倍。[2]

钢铁业主要依靠关税保护进行合理化。与其他传统工业不同,钢铁业尤其是生产钢的企业在 20 年代即在银行的支持下,根据自愿的原则,组成大型公司,以增加竞争力。但仅此还不够,因为危机使钢铁工业困难重重,其他与钢铁工业相关联的工业的不景气也加剧了这一行业的困难。这需要政府的干预。1932 年春,政府对钢的进口征约 33.33% 的进口税。1934 年,英国成立钢铁联合会,规定钢铁生产的最高数量,控制销售价格。这一联合会也试图对钢铁业进行重组,但它更关心调控功能,通过对生产效率较高的企业的征税对效率比较低的企业提供资助,因而未能关闭成本高的企业,未能对钢铁生产进行集中和整合,只是在企业

---

[1] A. J. Youngson, *The British Economy 1920 - 1959*, Harvard University Press, 1960, p. 100.

[2] J. H. Porter, "Cotton and Wool Textile", in D. H. Alderoft and N. K. Buxon eds., *British Industry between the Wars*, London, p. 37.

间达成协议,进行零星的合理化。由于关税保护,钢铁业较快从不景气中恢复过来。随着国内需求的增加,钢铁业在 30 年代出现温和的繁荣。尽管如此,钢铁工业仍然存在生产能力过剩、设备落后、以小企业为主、各企业之间竞争激烈等诸多问题。

造船业主要通过自我消肿实现合理化。危机期间,随着竞争的加剧,生产能力过剩与市场萎缩之间的矛盾更加突出。造船业的不景气导致该工业自愿减少生产能力。1930 年,在银行家工业发展公司的支持下,造船业形成全国船主保险公司。该公司购进一些船坞并加以拆毁,对其余船坞生产的船只征 1% 的销售税,用以支付收购和关闭生产不景气的船坞的费用;到 1937 年,英国造船业共减少了 100 万吨位的生产能力,相当于造船工业总生产能力的 40%。在拆除船坞方面,政府也给予一定的资助。1934 年,政府贷给造船工业 950 万英镑,用于发展造船业。1935 年,政府对不定期船运给予资助,旨在通过限制竞争提高运费。政府的资助对旧船坞和旧船的拆毁工作不利,使拆毁工作放慢下来。同时,消肿也没有发展到合并或对剩下的船坞更新设备的地步,致使 30 年代英国造船工业逐步丧失其固有的优势。

与传统工业的消肿相反,两战期间,英国以新技术为基础的新兴工业,包括汽车、电机、化学工业等发展较快。这些工业或得到国家政策上的支持,如关税保护,或得到国家的直接资助。特别是 30 年代,随着国家的政策调整和经济发展方向的改变,新兴工业的发展进入了"狂飙猛进"时期。

汽车工业的发展尤为明显,英国早在 1895 年就生产出第一辆"兰切斯特"牌汽车,1896 年成立专门生产汽车的戴姆勒公司,但到 1913 年,英国汽车工业的总产量只有 3.4 万辆,而同年仅美国福特汽车公司就生产 19.9 万辆 T 型汽车。到 1913 年为止,英国汽车的进口一直超过出口。1915 年,英国征麦肯纳税,对汽车工业进行保护,即使如此,汽车工业的规模仍然不大。进入 20 年代以后,汽车工业的发展速度加快。整个 20 年代,汽车产量增加了 3 倍。1929 年英国汽车产量达 18.2 万辆,占世界汽车生产总数的 3.5%,欧洲的 32%。在这 10 年,不仅汽车工业的从业人数增加,而且技术也有较大的进步。技术进步使汽车生产成本降低。1922 年,奥斯汀牌汽车的成本为 450—490 英镑,1928 年,尽管同样牌号的汽车更快、更舒适、更精致,但它的成本却只需 325—335 英镑。30 年代,汽车工业的发展更快。1930 年,英国生产的私家车和商用车共 23.7 万辆,1935 年为 40.4 万辆,1937 年达到 50.8 万辆,1928—1938 年,汽车行业(包括摩托车和飞机制造)的就业人口从 24.5 万增至 41 万人。30 年代,汽车工业的出口量也以相同的比例上升,它在世界汽车出口中所占的份额比 20 年代大得多,其出口量仅次于美国。

电机工业在 20 年代得到一定的发展。这一部门中的重电机部分,如发电机、马达、开关、齿轮、变压器、互感器等,增长速度比较缓慢。增长较快的是轻电机部分,如电线、电缆、电池、电话机等,但由于产品竞争优势不大,出口量小。30 年代,电机工业发展较快,就业人数从 1930 年的 19.2 万增加到 1935 年的 24.8 万。该工业的各部门,尤其是电子管、收音机、留声机和重电子设备,都有一定的发展。铁路系统的现代化和电气化,住宅的建设,消费者对电灯、雪柜和无线电需求的增加,都刺激了电机工业的发展。与此相关,电力工业在这一时期也有长足的发展。1926 年,英国成立中央电力委员会,负责建造电力网和大发电站。1933 年,英国建立国家电力网,电的生产集中在数量较少、地理位置比较优越的发电站。到 30 年代中期,这一行业基本上实现了中央控制。1935 年,英国已拥有 4 000 英里的输电线。1929 年,英国电力用户为 300 万家,10 年后增加了 3 倍。30 年代,英国人均电拥有量赶上了法、德、意,与美国不相上下。

化学工业也是这一时期发展较快的部门。该行业包括炸药、油漆、炼油、药品、染料和化学肥料等。20 年代,英国吸取化学工业在第一次世界大战中不能满足战争需要的教训,将诺贝尔化学公司等合并成帝国化学公司。该企业资本达 5 400 万英镑,股份资本达 5 700 万英镑,无论从就业人数、地理分布、资本投入,还是从产品多样化方面来看,帝国化学公司在当时世界上都是首屈一指的。这一公司不仅可以达到规模效益,跨国经营,而且还可以同美国的杜邦化学公司和德国的法本化学公司进行竞争。30 年代,政府加强对化学工业的关税保护。1931 年,整个化学工业的关税约 33.33%。出于战略方面的考虑,政府力图使化学工业满足本国的需求,重化学如染料、药品和石油的生产,在 30 年代增长比较迅速。1930—1935 年,这一部门的人数只增加 18%,但生产增加了一倍。

两战期间,传统的出口工业部门日益萎缩,其生产能力通过合理化而被有意识地削减;与此同时,新兴工业部门在这一时期增长迅速,其重要性日益增加。英国在危机的打击下,终于能够正视现实,将经济发展由国际轨道转向国内轨道,由依附传统出口工业转向注意发展新兴工业,这就使英国经济发展尤其是工业的发展具有更大的灵活性。如果没有这两个转变,英国在二次大战后的衰落将更快。遗憾的是,就产值、就业人数和重要性而言,新兴工业部门相对于传统工业部门都是微不足道的。即使在 1932—1934 年经济恢复的关键年月,新兴工业仍只占就业人数的 7% 和总净投资的 3%。[①]

农业在这一时期得到政府较多的重视。与工业不同,这一时期的农业没有强烈的外部竞争。政府在农业方面主要不是通过关税保护,而是利用定额、工业组织的市场计划来维持高价,或者直接给农业以补贴。1931 年,英国通过《农业市场法》,该法律规定,生产者必须准备市场计划,一旦计划得到政府批准或者得到大多数农民的同意,就必须强制实施。但真正从这一法律中受惠的只有蛇麻草的生产。蛇麻草产量减少,生产垄断化,价格提高。1933 年,英国再次通过《农业市场法》,重申了 1931 年的法律,同时增加了限制有关农产品进口的条款,规定了土豆、生猪和牛奶的计划。其中以土豆的生产和销售计划最为成功。土豆的进口实行许可证制度,规定超过最高进口额者予以罚款。生猪的计划旨在稳定价格,增加产量。1933 年,英国实行生猪进口配额制,但由于涉及面比较广,该计划至 1937 年破产。牛奶业在 30 年代占农业生产总值的

① Cf. H. W. Richardson, *Economic Recovery in Britain 1932-1939*, London, 1967.

25%多,而且这一时期牛奶的消耗量也在增加,因此,这一部门在农业发展中具有独特的地位。

尽管以上有关农业的各项计划是一种政策拼凑,并且不协调,但仍取得了一定的积极后果。1930/1931—1936/1937年,农业总产量增长20%,就业人数在20年代的基础上继续下降,从帝国外进口的粮食下降。但这一时期由帝国市场进口的粮食数量增加。消费者比在自由市场上付出的更多。一些农产品如牛肉和咸肉的质量也不如外国产品。如果将1934—1938年给农民的补贴的一半给海军,能建4艘航空母舰。①

两战期间,英国的对外贸易困难重重。这一时期,国际经济关系比较混乱,凡尔赛和约产生的欧洲新国家为了保护国内工业和市场,在20年代组成复杂的高关税体系,这不利于国际贸易;战债和赔款对国际贸易起了阻碍作用;价格和汇率的波动也不利于对外贸易。更主要的是,由于英镑估价过高、技术处于劣势以及成本刚性,英国出口产品缺乏竞争力。由于得不到大量的订单,传统出口工业过剩的生产能力找不到出路。1929年,煤、棉纺以及羊毛的出口水平还不如1913年。汽车、化学制品生产的增长,不足以抵消传统出口工业的急剧下降。1929年,世界出口总值比1925年高7.6%,但英国却比1925年下降10%。1925年,英国的出口和再出口总值为9.274亿英镑,1930年为5.233亿英镑。30年代,国际贸易环境更加恶劣。澳大利亚、巴西、中国等国家发展自己的民族工业,以替代进口,它们排斥外国商品,尤其是排斥英国传统出口工业的产品;原先主要从英国进口商品的国家由于受到1929—1933年危机的影响减少了进口。另一方面,也是更重要的,传统工业的生产下降。1929—1937年,英国的钢铁、棉纺品和煤炭出口量下降1/3。由于这些原因,英国在世界出口总额中的比例,从20年代末的11%下降到30年代末的10%。在出口方向上也发生了变化,向英帝国、中东等地区的出口增加,

① M. M. Postan, *British War Production*, London, 1952, pp. 63 - 64.

向西欧、俄国、远东、北美和中南美洲的出口下降。

与出口下降相反,进口呈上升趋势。表4表明,1910年,英国进口总值为6.783亿英镑,1925年达到13.2亿英镑,1930年仍有9.195亿英镑。20年代末,英国进口量占世界进口总额的15.5%,30年代末上升到17.5%,实际进口量上升。30年代,随着电机、化学、造纸和其他工业的发展,对有色金属、石油、橡胶、纸浆、料布和茅草的需求增加,因此,生产原料以及半制成品的进口增加,粮食的进口减少。此外,由于30年代住宅建筑的发展,木材进口增加。

进口的地理方向也发生了变化:从英帝国、东欧等地的进口增加,从西欧、俄国等地的进口减少。英帝国在英国总进口中的份额从17%上升到26%。不过出口量下降,而进口量以相似的水平上升,这意味着一定量的出口现在能换回更多的进口商品,说明贸易条件改善了。导致贸易条件改善的主要原因是价格变化的差异。20年代,生产原料如小麦、水果、橡胶、锡、钒土和石油的价格下跌,大陆与大陆间运输费用减少,有利于贸易条件的改善。30年代,贸易条件在20年代基础上继续改善。以1913年的贸易条件指数为100,1921—1929年为120,1931—1938年为133。有利的贸易条件既可使英国增加进口量,使英国国民生活得更好,又对改善经济结构有利。英国可以利用这种进口商品比较廉价的优势,将资源从出口行业转向非出口行业。但遗憾的是,英国未能将因贸易条件改善而节省的资源用于其他方面,进行更大的结构调整,相反继续生产国内外市场已饱和的棉纺品和煤,因而错过了良机。

两战期间,无形贸易也不景气。战后,各国加强对本国船运业的资助或成立本国的商业船队,英国航运业面临激烈的竞争,从这一渠道获得的收入在国民收入中的比例不如战前。从金融和其他服务行业获得的收入更少,1891—1913年,英国从以上两个途径获得的收入占国民生产总值的4.3%,1921—1929年只有2.2%。在海外投资方面,战前每年平均获得1.5亿至2亿英镑的收入。战争期间,由于海外资产的出售和交战国不履行债务,英国失去8.5亿至10亿英镑的海外投资,损失数为海外投资总数的 20％至 25％,因此,海外投资的收入在 20 年代初令人失望。

表 4　1910、1925 和 1930 年英国贸易量和贸易方向①单位:百万英镑

地　区	1910		1925		1930	
	进口	出口	进口	出口	进口	出口
英帝国/英联邦	144.8 (21.3％)	136.8 (26.2％)	27.2％	30.6％	292.8 (31.8％)	226.6 (41.8％)
西　欧	299.7 (33.9％)	185.2 (35.5％)	27.5％	31.0％	223.9 (24.3％)	146.8 (27.6％)
东　欧	3.3 (0.5％)	2.6 (0.5％)	1.4％	1.4％	25.7 (2.8％)	14.1 (2.6％)
俄　国	43.6 (6.4％)	21.2 (4.1％)	2.5％	2.4％	29.2 (3.2％)	22.6 (4.2％)
中　东	21.5 (3.2％)	9.6 (1.8％)	3.2％	2.1％	25.4 (2.8％)	17.7 (3.3％)
远　东	15.0 (2.2％)	24.6 (4.7％)	2.7％	4.9％	23.5 (2.6％)	12.0 (2.3)％
北美与中美洲	151.7 (22.4％)	93.0 (17.8％)	25.8％	13.7％	196.9 (21.4％)	57.3 (10.8％)
南美洲	59.7 (8.8％)	48.2 (9.2％)	8.2％	6.7％	66.2 (7.2％)	31.9 (6.0％)
其他地区	(1.3％)	(0.2％)	1.5％	7.2％	(3.9％)	(8.6％)
总　计	678.3 (100％)	522.0 (100％)	100％	100％	919.5 (100％)	523.3 (100％)

　　注:出口额包括再出口,在每一栏中,上边为贸易量,下边为百分比,1925 年只有百分比。

---

① 根据 T. O. Lloyd, *Empire to Welfare State* (Oxford University Press, 1986)附表 6 与 Keith Robbins, *The Eclipse of a Great Power* (Longman, 1983), pp. 370 - 371 的附表综合而成。

英国海外净投资在 1929 年后实际上已结束,为防止资本大规模外流而致英镑地位的削弱,英国在短期内曾禁止对外投资。即使在不禁止时,由于 1931 年以后外国大量违约拖欠债务,外汇管制使世界几个地区的资本和利息支付日益困难,再加上欧洲各国政治上的不宁和远东战争阴影的影响,因此,英国的投资者宁愿将资本投向帝国内和国内。

1939 年 9 月 1 日,第二次世界大战爆发,英国经济再次转为战时经济。这种经济最大的特征,是由中央管理的经济替代两次大战间以市场为导向的经济,也就是说,由国家分配最重要的资源,决定生产什么,支付多少。就这一点而言,与第一次世界大战时没有太大差别。关于这次战争对英国经济的影响,学术界争议较大。50 年代和 60 年代的传统观点认为,这次战争对英国有两方面的影响:第一,战争大大改变了政府的影响和作用,政府在战时采用了凯恩斯的某些政策,战时征税及相关政策致使社会趋向更平等;第二,战争证实了英国工业和经济的实力。[1] 这些观点在 80 年代受到一些学者的批评。这些学者同意战争导致公共部门的增长这一看法,并认为这是一种位移作用,因为尽管战后没有维持战时高水平的政府开支,却也没有回到战前的水平。但他们认为采用凯恩斯政策是战争结束后几年的事,因为战争期间是对物质资源而非财政资源的计划管理。同时,他们也不认为战争使社会更平等,而是分化更大,中产阶级从中受益最大。关于第二点,一些学者指出,第二次世界大战的胜利,是以美国和英联邦的支持为基础的,这一胜利掩盖了英国出口方面的潜在弱点,使英国在战后大量建造住宅,建立福利国家,而不是投资新工厂、新机器、研究与开发,改变技术教育和训练方面的缺陷。关于这种争论,我们不予置评。但需要指出的是,这次战争后,英国的普遍情绪是"再不回到战前去",正是这种情绪,为战后实行凯恩斯主义政策营造了适宜的氛围。

---

[1] Peter Howlett, "The War Economy", in Paul Johnson ed., *20th Century Britain : Economic, Social and Cultural Change*, London and New York, 1994, p. 297.

第四章 走向干预

　　战争往往会对一个国家的经济发展和经济政策的连续性产生巨大影响,第二次世界大战后,英国选择了一条向前看的道路。在经过短暂的战后恢复以后,从 1951 年至 1973 年,英国实行以需求管理为主要手段、以充分就业为主要目标的经济政策。经济平均以 2.2% 的增长率向前发展,失业率维持在贝弗里奇提出的 3% 的目标以下。这一时期,尤其是 50、60 年代,是英国历史上前所未有的经济增长时期。经济的发展带来了国民收入的增长,生活水平的提高,以至于有人感叹:"日子从来没有如此好过。"①但与此同时,这一时期英国经济发展远远落后于其他工业国家。到这一时期结束时,英国已沦为二流国家中的穷国。因此,这一时期也是英国自工业革命(industrial revolution)以来经济相对衰落最快的时期。

　　这一时期,英国历届政府根据凯恩斯的主张,运用宏观经济政策,加强调控。按照政策目标的不同,宏观经济政策可分为扩张性政策(即政

---

① 1957 年 7 月,新任首相哈罗德·麦克米伦说:"我们的绝大多数人民从未生活得如此好过。到全国各地,到工业城镇、农场走走,你会发现繁荣的景象,这不仅是我的生活时代所没有的,甚至在这个国家的历史上也从未有过。"转引自 D. Childs, *Britain Since 1945: A Political History*, London, 1979, p. 106.

策目标是刺激经济增长,提高就业水平)和紧缩性政策(即政策目标是为了降低通货膨胀率),而宏观调控的手段主要是财政政策(调整税率)和货币政策(通过银行利率的变化直接控制信贷)。由于政策目标的相互制约,这一时期的宏观政策按"逆向调节"的原则去实施,即通货膨胀时采取紧缩政策,而失业率太高时采取扩张政策,因此,偏重于"微调"为主。

在 1951 年前,需求管理没有成为英国宏观经济政策的中心。工党政府上台后最初两年的经济政策与战时的经济政策没有二致。1947—1949 年,工党政府采取通货紧缩的财政策略,但这不是凯恩斯的通货紧缩,随后实行的廉价货币政策,主要也是为了减轻政府在战争中积累起来的借款和国债的利率负担,同时也是出于对战后世界不景气的担心,而不是刺激需求。在工党政府执政的 6 年里,为稳定经济这一目的而实行的需求管理还没有出现。

1951 年保守党政府上台后,开始采取积极的货币政策,调控需求以应付当时最迫切的经济问题,即国际收支不平衡。首先是调整利率,将 1932 年以来(除 1939 年的几个星期以外)一直维持的 2% 的银行利率提高到 2.5%,短期和长期贷款的利率也随之提高;其次,压缩和限制进口,对进口实行许可证制度;再次,削减公共开支,增加直接税和间接税。由于这些措施,国际收支不平衡状况有所改善,供求关系也日趋平衡。1952—1954 年底,保守党政府开始采取一些措施,以刺激经济,包括放松对生产资料进口和消费品配给的控制,减少收入税,取消对分期付款购物的限制,扩大海外投资。这些措施是成功的。1954 年 6 月,英国《经济学家》杂志报告说,英国经济奇迹发生了:充分就业而又没有通货膨胀。以至于 1953 年伊丽莎白加冕为王时,许多人称英国"开始了伊丽莎白时代"①。当时的财政大臣巴特勒也于 1954 年乐观地提出,英国人的生活

---

① R. K. Webb, *Modern England*, London, 1986, p. 591.

水平可望在以后 25 年内提高一倍。①

从 1951 年保守党上台执政到 60 年代初,占支配地位的政策手段是货币政策,财政政策起辅助作用。1951—1964 年,银行利率变动 24 次。从政策效果来看,这一时期经济大体保持平稳的缓慢增长,失业率维持在贝弗里奇提出的 3% 的政策目标下,国民收入增长较快,通货膨胀率适度,国际收支在保守党的前两个任期相对趋于平衡,个别年份略有剩余,1956 和 1958 年,英国的有形贸易在 20 世纪第一次出现剩余。但经济发展常常出现波动,尤其是从 50 年代中期以来,出现了"停停走走"的局面。这一时期,任何通过增加需求从而刺激经济迅速发展的企图,都会因为造成国际收支的危机而作罢。1952、1955、1957 和 1961 年都发生过这样的危机。为解决危机,政策常常发生逆转,在每一个经济扩张阶段后都进入紧缩阶段。由于紧缩,国内经济增长的目标被牺牲。

50 年代末,人们对"停停走走"的发展模式,尤其是对政府选择的干预时机提出各种批评。与此同时,有关其他国家经济运行状况的数字和文章第一次得以公布和出版。这些数字和文章表明,无论是 GDP 的增长率,GNP 的增长率,工业生产的增长率,劳动生产率,还是在世界制造品贸易中的份额,英国在发达国家中都是相对落后的。对"停停走走"发展模式的批评以及同其他发达国家经济运行状况的比较,促使保守党政府对政策手段进行调整。1959 年"拉德克利夫报告"(Radcliff Report)②发表后,货币政策降到次要地位,财政政策变得更为重要。与此同时,政府开始从注意短期问题即国际收支问题转向注意长远问题即经济增长问题。1962 年,英国首次成立了国家经济发展委员会(NEDC),制订了1962—1966 年第一个经济发展 5 年计划,但未及实施,保守党就下台了。

---

① Keith Robbins, *The Eclipse of a Great Power*, Longman, London and New York, 1983, p. 208.
② "拉德克利夫报告"是 1959 年由拉德克利夫委员会提出的一个报告,该报告认为,利率对需求管理不是一个正确的工具,政府应更多地注意流动性概念以及银行信贷对消费者和实业的影响。参见货币体制运行委员会(拉德克利夫委员会)《报告》(Committee on the Working of the Monetary System, Report)Cmd, 827,伦敦,皇家统计署,1959 年出版。

1964年10月,工党借经济增长的诺言上台执政。工党政府上台后进一步扩大"国家计划",其中以1965年12月编制的"全国经济计划"最为著名,它的目标是在充分就业的前提下,实现和维持收入的实际增加。但由于受这一时期国际收支不平衡以及汇率不稳定的影响,工党政府被迫采取紧缩政策,结果,经济计划被束之高阁。英国的计划化只是需求管理的一种补充和扩张,无非是政府对经济发展前景的一种预测和控制的数字,是对经济增长的一种设想罢了。工党政府采取的另一个促使经济增长的措施是"价格和收入政策"。经济增长依赖于包括工资收入在内的各种因素的作用,长期以来,英国工业生产的高成本一直对经济增长起制约作用,高成本的一个重要原因是英国工人的工资收入比较高,经济要得到增长,必须限制工资收入的增长。为此,1965年,工党政府成立价格和收入委员会,首要目标是劝说资方和工会接受该委员会提出的控制价格和收入增长的主张。1966年在国际收支恶化的情况下,工党政府规定在以后的12个月内禁止红利的增长,在接着的6个月内不准涨工资,限制物价上涨。但到1966年,收入和价格政策连同计划化一同宣告结束。

综观工党政府执政的6年,经济增长的目标并未达到。到60年代末,失业人口已增至55.5万,此后呈上升趋势;另一方面,从1967年起,通货膨胀率上升,到60年代末,通货膨胀率已达到8%。工党政府未能使经济获得持久和稳定的增长,导致1970年下台。

希思政府上台后,发誓"不折不扣地改变本国的历史方向"①。具体做法是改革税收结构,将收入税以及对高收入者征收的超额累进所得税合为一个收入税;减少直接税以及对利息、租金和红利征收的特别投资附加税;废除选择性就业税,代之以增值税;削减公共开支,使私人部门有更多的资源可以利用;引入"竞争和信贷控制",让银行面向市场;解散

---

① 彼得·詹金斯:《撒切尔夫人的革命》,陈云飞等译,新华出版社,1990年,第12页。

工业重组公司,拒绝为"跛脚鸭"工业①提供支持。但这些措施的实施有很大的难度。1971 年起失业率进一步上升,失业人数自 1945 年以来首次突破百万大关。为治理失业问题,政府被迫转向经济扩张,实行财政刺激,减税 10 亿英镑,同时辅以货币政策,以促进经济增长。但在失业问题日益严重的同时,通货膨胀也日益恶化。通货膨胀与失业并存,说明通货膨胀的性质发生了变化,物价上涨的原因必须从供给方去寻找,反通货膨胀的重点应放在降低成本上,尤其是放在控制工资增长上。因此,1972 年 11 月,政府正式实行收入政策:冻结工资增长 3 个月,每周最高只能增长 1 英镑加现有工资的 4%。1973 年,由于中东石油危机,从小麦、钢铁、食糖到黄金等基本生产原料价格上升。价格上升威胁生活标准。政府再次制订了 1973—1974 年阶段的收入政策,规定工资增长的限额为 7%略多一点。如果生活费上升幅度超过 7%,就被认为超过了临界线。物价每增加 1%,工资可增加 40 便士。这种收入政策的目的是将价格增长限制在 7%以下,并以挣工资者现有的生活费用为固定点,力求不低于此限。但实行收入政策的时机不利,到 1974 年 3 月,收入政策被迫告一段落。

保守党政府在治理经济问题方面的软弱无力,导致其在 1974 年大选中失败。工党政府上台后,开始对危机采取综合治理。最主要的办法是实行"社会契约"(Social Contract):工会领导人允诺一年中只提出增加工资二次,工资增长与生活费用增长一致,最高工资增长率为 6%。与此同时,加强对工业的干预,控制私人企业,增加公共所有权,由国家"购买"关键的制造业,提高工业效率,加强国际竞争,为高失业地区提供就业机会。但无论是"社会契约"还是干预工业的政策都未取得预想的效果,不仅通货膨胀问题未解决,而且失业问题更趋恶化,公共开支和信贷失去控制,英镑疲软,导致 1976 年英镑再度贬值。

---

① "跛脚鸭"语出贸易和工业大臣约翰·戴维斯。所谓"跛脚鸭"指没有政府资助就不能生存的工业。

　　早在 1974 年 9 月,保守党的智囊基思・约瑟夫(Keith Joseph)即在普雷斯顿发表著名的演说,把通货膨胀问题的产生归于以往各届政府在发行货币方面犯了错误。[①] 工党政府上台后,面对日益增长的通货膨胀问题不得不重新审视自己以往的经济政策,从而趋向货币主义政策。1975 年,工党政府实行"现金限制"政策,同时对纳税人征收较高的收入税,而这两者正是货币主义者所赞成的控制通货膨胀的方式。1976 年,经济危机达到顶点,被迫向国际货币基金组织告贷。该组织提出以英国实行货币主义政策为条件。为此,1976 年 7 月,英国削减公共开支。1976 年 9 月 28 日,工党政府首相卡拉汉在工党年会上发表著名的演说,标志着英国与凯恩斯主义决裂,宣布了凯恩斯主义时代的结束。

　　尽管卡拉汉的工党政府迈向货币主义是出于"不可抗拒的力量"[②],但其效果是明显的。危机很快过去,国际收支很快恢复盈余,失业人数虽然上升到 150 万,但实际生活水平同样再次提高。到 1978 年,通货膨胀率又下降到一位数。但随着 1977 年底紧缩货币政策的终止,宏观政策再度趋于扩张,英镑 M3 的供应量超过了预定计划,这对政府正在实行的紧缩性的收入政策造成压力。由于不满政府的一系列政策,1979 年冬,各地发生了一系列的罢工和暴力冲突,被称为"愤懑的冬天"。"愤懑的冬天"是战后经济问题的总爆发,它表明英国的经济问题到了非整治不可的地步了。

　　这一时期的英国经济有两大明显特征:第一,从经济成分而言,由于对一些重要的工业实行国有化,战后的经济不再是单一的私营经济,而是一种"混合经济";第二,由于维多利亚时期工业结构弱点的影响以及需求管理本身的问题,这一时期工业增长尤其是制造业的增长相对于其他发达国家比较缓慢,衰落的速度加快。

　　还在两次大战期间,英国就建立了一些国营企业,如中央电力委员

---

① 肯尼斯・哈里斯:《撒切尔首相传》,冯义华等译,职工教育出版社,1989 年,第 22—26 页。
② 同上书,第 83 页。

会(CEB,1926年)、英国广播公司(BBC,1922年)和伦敦客运委员会(LPTB,1932年)。这些国营企业为战后的国有化提供了现成的组织和管理模式,但并不意味着政府实行了国有化政策。由韦伯夫妇奠定的国有化的基本原则到1945年以后才得到发展,这一年工党上台后即开始组织实施国有化。1945—1951年,国有化主要在六个重要部门进行:英格兰银行、煤炭工业、电力工业、煤气工业、铁路工业、钢铁工业。这一时期的国有化主要集中在两个部门:一是公用事业和燃料部门,二是制造业部门。在国有化过程中,国家给予的补偿达26.39亿英镑。

1951—1964年保守党执政期间,除争议较大的钢铁工业以及公路运输回到私人部门外,国有工业的地位基本上没有变化。60年代,工党执政期间除了对钢铁工业重新国有化外,也没有采取进一步的国有化行动。70年代,工党政府对工业采取更加干预主义的立场,对航空工业和造船工业实行国有化,建立了国家企业局,并通过财政救济活动,将几个面临破产的主要私人公司如英国莱兰公司(British Lailand)、罗尔斯·罗伊斯(Rolls-Royce Ltd)公司收为国有。到1979年,英国政府控制了主要的基础工业部门,在煤炭、造船、电力、煤气、铁路、邮政和电讯等部门,国有企业的比重达到100%,在钢铁和航空部门达到75%,在汽车制造和石油工业部门也分别达到50%和25%。国有企业产值占国内生产总值的10.5%,就业人数达200余万,占全部就业总人数的8.1%,固定资产达56.4亿英镑,占全国固定资产总额的15.3%。

在国有化的动因方面,尽管政治愿望、道德愿望、技术目标和经济目标交织在一起,但经济效率和现代化是国有化最主要的目标,国有化不过是提高经济效率的一个途径,因此,国有化工业运行状况的好坏首先要从这一方面来加以判断。总的来说,英国国有工业的运行状况没有国有化初期想象的那么好。表5全面反映了国有工业在英国经济中的地位,包括国有工业在GDP中的比重、就业人数以及固定资本构成。表6则提供了主要国有工业的生产率、总要素生产率和劳动生产率数据。

表 5　国有工业与国民经济①

总产值(10 亿英镑)	1948	1951	1961	1971	1977	1978	1979
国有工业 GDP	0.8	1.2	2.4	4.9	14.5	16.5	18.1
国民总产值	10.3	12.6	24.2	49.4	129.0	148.1	172.1
国有工业占国民总产值的比例(%)	7.4	9.5	9.8	10.0	11.3	11.1	10.5
就业人数(万人)		1956	1961	1971	1977	1978	1979
国有工业就业人数 总就业人数		208.4 2 450.9	219.6 2 505.7	200.9 2 439.8	208.9 2 486.5	206.1 2 504.4	206.5 2 539.3
总产值(10 亿英镑)	1948	1951	1961	1971	1977	1978	1979
国有工业占总就业人数的比例(%)		8.5	8.8	8.2	8.4	8.2	8.1
资产(亿英镑)	1948	1951	1961	1971	1977	1978	1979
国有工业的资产	1.8	3.58	8.98	18.62	17.79	49.44	56.41
总资产	14.52	19.13	45.77	105.15	270.36	310.6	369.25
国有工业资产占总资产的比例(%)	12.4	18.7	19.6	17.7	15.9	15.3	16.0

---

① N. F. R. Crafts & N. W. C. Woodward, eds., *The British Economy Since 1945*, Oxford, 1991, p. 405.

表6　国有工业年均生产率①

	1945—1953	1953—1958	1958—1963	1963—1968	1968—1973	1973—1978	1968—1978
英国铁路公司	1.2	−1.3	0.5	4.2	—	2.4	—
英国钢铁公司	—	—	—	3.0	0.6	−4.8	−2.5
英国电讯公司	—	—	—	5.1	5.1	10.7	7.8
英国煤炭公司	1.4	−0.6	3.0	3.2	−0.8	−2.7	−1.8
英国电力公司	3.0	4.3	5.1	1.2	0.8	1.4	−0.7
英国煤气公司	1.2	0.1	2.5	5.0	—	1.2	
英国公共汽车公司	—	—	—	—	0.8	−2.7	−1.4
英国航空公司	14.7	1.4	8.3	8.0	8.0	11.3	9.6
英国制造业	1.6	1.4	2.3	2.5	3.4	3.0	1.7

　　从表中可以看出,这一时期除了航空和电讯工业由于市场的扩展和技术变革而获得新的发展机会外,其他部门经济运行状况普遍不好。1976年,英国经济发展署首次公布了有关1960—1975年国有工业状况的全面报告,国有工业总产量年均增长率为1.1%,低于整个制造业的年均2.7%,一些国有工业,如煤炭、钢铁、公共运输的增长率在这一时期不断下降。② 普莱克通过对1968—1978年国有工业人均产量的研究,也得出相似的结论。该研究还指出国有工业所面临的普遍性问题是它的管理和控制系统不足以促使成本降低,因此,国有工业价格上升的速度快于整个工业,而盈利则低于整个工业的平均水平。③

　　这一时期英国经济发展的另一个特征是:尽管这一时期是英国经济增长最快的时期,但同时也是英国衰落最快的时期。原因多种多样,但最主要的原因是英国在经过工业结构调整后,旧优势失去,新优势并未真正建立起来。

---

① 1948—1968年的数字见 R. Pryke, *Public Enterprise in Reality*, London, 1971, p. 104; 1968—1978年的数字见 R. Pryke, *Nationalized Industries*, Oxford, 1981, p. 238.

② 英国经济发展署(NEDO): *A Study of UK Nationalized Industries*, 1976.

③ Cf. R. Pryke, *Nationalized Industries*, Oxford, 1981.

这一时期,煤产量下降,甚至在 50 年代初高峰时也未达到 1939 年时的水平,煤炭出口 1939 年为 4 600 万吨,战后从未达到 2 000 万吨,60 年代初只有约 500 万吨。棉纺工业在这一时期基本上未实现现代化,面对日益增加的外部竞争,棉纺工业日益转向政府保护。但由于结构不合理,设备老化,技术陈旧等诸多原因,战后英国棉纺织业仍迅速削弱。1914 年,英国纱锭数为 6 000 万枚,1961 年下降为 900 万枚,织机数从 1914 年的 80.5 万台下降至 1961 年的 2.2 万台。60 年代,英国的棉纺业在失去海外市场后,国内市场又受到亚洲廉价纺织品和欧洲高质量纺织品的渗透,导致这一工业最后瓦解。造船业在这一时期也日益衰落,在 1950 年,英国造船吨位仍然占世界造船吨位的 1/3 以上,产量为 139.8 万吨位,到 1981 年只有 21.3万吨位,其产量已被法国、丹麦、联邦德国、意大利、挪威、瑞典、西班牙以及美国、巴西、韩国和日本赶上或超过。造成英国造船工业衰落的主要原因是技术落后,成本高,在国际市场上缺乏竞争力。由于不肯采用新的技术,英国建造的船只的成本 60 年代普遍比国外同类船只高 10%—40%,致使英国造船业不仅失去海外市场,而且也威胁到其对国内市场的垄断。钢铁工业也不景气。战后钢铁工业最大的问题是未形成规模效益,导致钢铁产量下降迅速,1960 年,世界钢产量为 3.36 亿吨,1982 年增至 70.8 亿吨,而同一时期,英国钢产量则从 2 470 万吨下降到 1 380 万吨。

这一时期,不仅煤炭、纺织、造船和钢铁等传统工业衰落迅速,而且新兴工业也未获得大的发展。英国的汽车工业集中反映了英国制造业的结构弱点:企业小、仅在国内市场进行竞争、产品种类太多。1952 年,英国的两个主要汽车制造企业奥斯汀和莫里斯组成英国汽车工业公司。但新公司不仅继续生产众多牌号,而且保留原先的工厂和组织结构。这种合并没有达到合理化,也未增加投资以增加效率。到 1977 年,尽管英国汽车的生产主要集中在莱兰公司,但仍低于最低有效规模。由于未能形成规模效益,从 50 年代起,英国汽车工业的增长落后于其他汽车主要生产国,在 70年代末的总衰退中,比其他汽车主要生产国的衰退速度快。60 年代英国汽车公司人均每年生产汽车 9 辆,而美国福特汽车公司和沃克斯霍尔汽车公司则达到12辆。60年代末,英国汽车工业的资本回报率为3.5%,德国为12.4%,法国为6.8%。英国汽车工业的国外市场主要是西欧,1975年,莱兰公司在这些国家只卖出7 204辆,而这里的市场销售总数达359万辆。相比较而言,英国汽车在国内市场占较大份额,但随着英国加入欧共体后进口关税的减少,以及国产汽车成本比较高,国内市场受到国外竞争者的侵蚀。60年代,进口汽车在英国市场只占6%,70年代达到40%。英国汽车工业的衰落对其他制造业有广泛的影响。这一行业是投资和就业大户,60年代和70年代初占工业产量的11%,与此相关联的工业占工业总产量的27%。它的衰落造成原先英国最繁荣的中西部地区近乎萧条。[①]

照理说,战后世界的长期繁荣,贸易的自由化趋势,铁路、道路、港口、集装箱化等条件的改善所带来的国与国之间的商品交换和转移的费用的减少,电讯的发展造成国与国之间联系的更加方便,所有这些都有利于对外贸易的发展,但恰恰相反,国内经济发展却未对英国的对外贸易产生积极的影响,因此这一时期英国的贸易状况普遍不佳,对经济发展起制约作用。

这一时期英国的出口有较大的增长。1956—1963年,英国的出口量增长25%,1963年至1970年增长40%,但其他发达国家出口增长更快,结果,英国在世界出口总额中所占的比例下降。1950年,英国出口占世界制造品出口的25%,1960年下降到16.5%,1975年下降到不足10%。这一方面是因为英国出口主要是到平均增长率比较低或正采取进口替代的国家,另一方面,也是因为英国的出口商品缺乏价格竞争优势。此外,70年代,新兴工业化国家如巴西、亚洲"四小龙"的出口增长也对英国的出口造成压力。

这一时期,出口的商品构成发生变化,转向以技术相对发达、增长相对迅速的部门的产品为主(见表7)。

---

① P. G. S. Dunett, *The Decline of the British Motor Industry*, London, 1981, pp. 12 - 13, 23, 125; K. Williams, J. Williams & D. Thomas, *Why Are the British Bad at Manufacturing?* London, 1983, pp. 57,221.

表 7　1935—1983 年英国商品出口百分比（部分出口产品）①

	1935—1938	1948	1953	1963	1973	1983
纺织品	23.0	11.2	12.6	6.2	4.7	2.1
非电机器	9.0	14.0	15.4	21.0	19.4	17.0
运输设备	6.8	14.2	14.4	15.4	12.5	9.0
钢铁	6.5	4.1	5.3	5.0	3.5	2.2
化学制品	6.3	6.8	6.9	9.0	10.4	11.4
电子机械	3.7	6.6	6.7	7.8	6.5	5.4
科学仪器	0.6	1.0	1.0	1.8	2.8	2.4
矿物燃料和润滑剂	9.0	3.3	5.7	4.0	3.0	21.7
制造品在总出口中的比例	74.4	85.2	81.3	82.5	83.9	65.9
商品出口占 GNP 的比例	9.8	15.1	17.2	15.4	19.1	23.2

随着出口商品构成的变化，出口的地理方向发生转移。第二次世界大战前，英国出口主要到英帝国，50 年代同英镑区的贸易仍然比较多。50 年代以后的一段时间，出口增长幅度较大的是西欧。1971 年，英国 28.6％的出口进入欧共体（European Economic Community）成员国，15.9％进入西欧各国的附属国，出口到生产资料生产国的不到 25％。1973 年，英国加入欧共体，这种出口方向进一步加强。到 70 年代末，英国商品 57.7％出口到西欧，74.6％出口到发达工业国家。②

这一时期，随着 50 年代末英国对进口和往来存款账目控制的解除，以及世界贸易的普遍自由化，进口迅速增加。1950 年，进出口大致保持平衡，但到 1970 年，英国出口相当于 GDP 的 10％，而进口相当于 GDP 的 18％。在经济扩张年月，出口增长率平均为 4.9％，进口增长率为 7.9％。

---

① N. F. R. Crafts & N. W. C. Woodward, eds., *The British Economy Since 1945*, Oxford, 1991, p. 405.

② C. H. Lee, *The Brtish Economy Since 1700*, Cambridge, 1986, p. 221.

这一时期,由于生产结构和贸易结构的变化,英国进口的商品构成发生了变化(见表8)。粮食和生产资料的份额下降,制造品的比重上升。1951 年,制造品在所有进口商品中所占的比重为 19.7%,80 年代初达到62.5%。进口的制造品主要包括机器、办公设备、通讯设备、消费品、汽车、纺织、服装、钢铁和船只。

表 8　1935—1983 年英国进口百分比①

	1935—1938（平均）	1948	1953	1963	1973	1983
饮料、食品和土豆	43.4	41.2	38.6	34.8	19.5	6.4
基本生产资料	24.4	29.2	29.9	20.5	12.4	2.3
矿物、燃料和润滑油	4.6	7.5	9.3	11.7	10.9	10.7
制造品	19.8	17.4	18.5	32.5	56.2	68.0
(其中制成品)		(6.1)	(13.5)	(29.2)	—	—
进口在 GNP 中的比例	18.6	19.8	22.5	17.7	25.0	25.3

进入 60 年代后,英国进口的地理方向也发生了变化。1961 年英联邦仍供应美国进口商品的 1/3,但此后的 20 年进口逐渐从发达国家,尤其是欧共体国家获得。到 1981 年,英国 42.2% 的进口来自欧共体国家,另有 15.2% 来自西欧的其他国家,14.8% 来自北美。到 80 年代初,发达国家提供英国进口的 79.6%。这完全改变了二次大战以前长达两个世纪的贸易模式。

无形贸易也进一步恶化。1960 年,英国的商业船队一共有 2 950 艘500 吨位以上的船只,70 年代船只数字大减,只是由于这些船只的平均吨位上升,在 1975 年前商业船队的总吨位没有减少。这一时期,民用航空发展较快,但不足以抵消 70 年代以来海上运输的赤字。海外旅游到70 年代也出现赤字,财政和其他服务则有所增长。

① B. R. Mitchell, *British Historical Statistics*, Cambridge University Press, 1988.

这一时期,从海外投资获得的收益在 GDP 中的比重下降。1913 年,从海外投资获得的收益占 GDP 的 9.6%,1972 年下降为 3.1%。造成海外投资收益减少有两个原因:一是由于两次世界大战后海外资产的丧失,第一次世界大战前夕,英国拥有的海外资产达 41.8 亿英镑,两次世界大战分别使英国失去海外总资产的 15% 和 28%。二是国际财政模式的变化以及由此造成的伦敦国际财政中心地位的下降。

由于战后出口贸易不景气,进口倾向高,有形贸易出现逆差是必然的事。这一点与二次大战前没有太大的不同。所不同的是,在二次大战前,由于无形收入的大量剩余,英国收支平衡并未出现赤字,反而有剩余。但二次大战后,随着无形贸易收入的减少,国际收支问题变得比较突出。

总的来说,这一时期是英国历史上经济发展比较迅速的时期(见表9),但同时也是英国相对地位下降最快的时期(见表10)。1880 年,英国工业生产在世界工业生产中所占比例为 22.9%,到一个世纪后,也就是我们所论述的这一时期结束时,只有 4.1%。[①] 对这一点只能从"需求管理"和英国工业尤其是制造业的发展中去寻找原因。

战后,英国实行以需求管理为手段、以充分就业为目标的经济政策,这必然导致经济增长被放在次要地位。英国战后经济发展需要同时旋转四个球,这就是充分就业、经济发展、物价稳定、英镑坚挺。需求管理必须同时兼顾这四个政策目标,任何一个政策目标没有实现,都意味着需求管理的失败。但这些政策目标之间不完全是和谐的关系,有时甚至是冲突的关系,要在四个政策目标之间保持长期协调是不容易的。

[①] P. Bairoch, "International Industralisation Levels from 1750 to 1980", in *Journal of European Economic History*, No. 11, 1982, p. 275.

表 9　1700 年以来英国经济增长率(年均百分比)①

年　代	国民生产总值	人均国民生产总值	劳　工	资　本	全员生产率
1700—1760	0.7	0.3	0.4	0.7	0.2
1760—1780	0.7	0.0	0.7	0.8	0.1
1780—1801	1.3	0.4	1.0	1.2	0.4
1801—1831	2.0	0.5	1.4	1.5	0.7
1831—1860	2.5	1.1	1.4	2.0	0.8
1860—1873	2.2	1.4	0.0	1.7	1.5
1873—1913	1.8	0.9	0.9	1.8	0.6
1913—1924	−0.1	−0.6	−2.3	0.2	1.3
1924—1937	2.2	1.8	1.5	2.0	0.6
1937—1951	1.8	1.3	0.1	1.3	1.4
1951—1973	2.8	2.3	−0.5	3.9	2.2
1973—1979	1.3	1.3	−0.1	3.5	0.5

表 10　1950—1973 年各主要工业国家年平均增长率(百分比)②

国家	国民生产总值	人均国民生产总值	国家	国民生产总值	人均国民生产总值
澳大利亚	4.7	2.7	意大利	5.5	5.5
奥地利	5.4	5.9	日本	9.7	7.6
比利时	4.1	4.4	荷兰	4.8	4.3
加拿大	5.2	2.9	挪威	4.0	4.3
丹麦	4.0	4.1	瑞典	3.8	4.4
芬兰	4.9	5.2	瑞士	4.5	3.3
法国	5.1	5.0	美国	3.7	2.4
德国	6.0	6.0	英国	3.0	3.2

---

① C. H. Lee, *The British Economy Since 1700*, Cambridge University Press, 1986, p. 5.

② Cf. A. Maddison, *Phases of Capitalist Development*, Cambridge University Press, 1982; also the same author, *The World Economy in the Twentieth Century*, Paris, 1989.

制造业运行状况对一个国家的经济发展至关重要。由于制造业的重要性,学者们在探讨这一时期英国相对地位下降的原因时,都注意到了制造业本身的问题。卡尔多认为制造业与英国地位的升降有对应关系,制造业的增长率一般高于服务业的增长率,经济转向服务部门减少了生产率的增长。[1] 康沃尔认为制造业的增长会从其他非生产部门吸引劳力,当这种吸引力减弱,制造业就业增长率下降,就会发生去工业化(De-industrialization)。[2] 培根和埃尔提斯则提出,60 年代甚至更早时期非生产部门增长过快牺牲了生产部门。由于生产部门创造整个经济的财富,生产所有的出口产品,占用大量的投资和提供绝大部分私人消费,这一部门被挤压引起经济发展的困难,尤其是非生产部门的增长会使资源转移,国家在教育、卫生、社会保险和国防方面的投入,挤压了出口部门和制造业的劳工和资本。[3] 有的学者则提出出口引导型增长理论:出口增长会产生人均产量的持久增长,导致生产率的提高和竞争的改善。一般来说,出口主要集中在具有高生产潜能的部门,国内市场主要提供低生产率部门产品的出路,如服务和公共设施,未能获得出口市场,需求有限,导致生产率增长缓慢,低投资,就业和产量增长缓慢。这样,出口引导型刺激的机能失常,英国集中生产世界需求未能随之增长的商品,限制了有效需求,导致出口不佳和经济增长情况不好。[4]

---

[1] Cf. N. Kaldor, *Causes of the Slow Rate of Economic Growth in the United Kingdom*, Cambridge, 1965; also the same author, "Economic Growth and Verdoorn Law", in *Economic Journal*, No. 85.

[2] J. Cornwall, *Modern Capitalism: Its Growth and Transformation*, London, 1977, pp. 154 –155, 196 – 198.

[3] Cf. R. Bacon and W. Eltis, *Britain's Economic Problem: Too Few Producers*, London, 1978; also the same authors, "The Measurement of the Growth of Non-Marked Sector and Its Influence: A Reply to Hadjima and Skouras", in *Economic Journal*, No. 89.

[4] Cf. A. Lamfalusy, *Investment and Growth in Mature Economies*, London, 1961; W. Beckerman, *Slow Growth in Britain: Causes and Consequences*, Cambridge, 1979.

第五章　改弦更张

　　1979 年,以撒切尔夫人为首的保守党政府上台执政,此后一直连任至 1990 年。撒切尔夫人当政期间,英国的经济政策发生了根本性的转变。她一改战后长期实行的经济政策,在宏观政策上以货币主义理论为指导,以治理通货膨胀为主要政策目标,以控制货币发行量,减少公共部门借款需求为主要政策手段;在微观政策上以供应学派的理论为指南,从更多地强调经济的需求方转向强调经济的供应方,从更多地强调市场转向强调减少产品成本,从更多地强调社会的平等转向强调效率,具体政策手段是私有化、减税、工会改革以及其他的工业政策。这一时期,无论是国民生产总值、人均国民生产总值,还是就业工人年均国民生产总值和全员生产率都明显好于 70 年代。工业结构发生较大的变化,变得"更瘦但更健康"①。尽管这一时期仍保持低速增长的趋势,但暂时的经济复苏和短期的繁荣未能改变长期衰落的局面,尤其是这一时期失业人数居高不下,商品贸易连年逆差,国际收支恶化,英国产品在国际市场上日益失去竞争力。

---

① M. J. Artis ed., *The UK Economy: A Manual of Applied Economics*, London, 1989, p. 286.

　　治理通货膨胀之所以成为撒切尔政府经济政策的首要目标,是基于对 70 年代英国通货膨胀和失业并存这一现实的反思,以及对通货膨胀危害性的认识。撒切尔主义认为通货膨胀是造成英国 70 年代经济运行不佳,尤其是低增长率和高失业率的主要原因,它掩盖了相对价格运动,降低了市场经济的效率,引起低投资,使英国产品在国际市场上失去价格优势。造成通货膨胀的主要原因是过分的货币增长,要减少通货膨胀,必须减少货币供应,尤其是减少公共部门借款需求。与以往各届政府不同,撒切尔政府在宏观政策上只致力于治理通货膨胀问题,而将失业问题留给微观政策去治理,因为在他们看来,失业主要是由微观条件造成的。

　　撒切尔政府治理通货膨胀大致可分四个阶段:

　　第一阶段从 1979 年到 1981 年,这是货币主义的试验时期,也是撒切尔政府反通货膨胀政策的确定时期。撒切尔政府上台后,在 1979 年 11 月和 1980 年 3 月的预算中都未提到维持和增加就业水平问题,而把重点放在控制政府开支和货币供应增长率上,具体措施是提高利率,减少对银行信贷的需求;同时实行严厉的财政政策,尤其是减少公共部门的借款需求。1980 年,英国制定中期金融战略。由于财政紧缩,直接后果是经济衰退,失业增加,国内生产总值下降 3.3%,失业人数在 1981 年突破 200 万大关。更重要的是,货币目标也未实现。1980—1981 年度英镑 M3 的增幅高达 19.5%,远远超过计划的 7%—11%。中期金融战略的实施以及由此造成的后果在国内引起普遍的反对。1981 年 3 月 30 日,在剑桥大学经济学家弗兰克・汉恩和罗伯特・尼尔德的组织下,英国 364 名经济学家联合在《泰晤士报》上发表公开信,对撒切尔政府的政策加以指责。

　　第二阶段是 1982 年到 1985 年 11 月。这一时期撒切尔政府对中期金融战略进行调整,使之具有更大的伸缩性,同时放弃单一的货币控制目标,引入了狭义货币 M1 和宽泛的货币 PSL2 作为货币控制目标。1984 年又增设最狭义的货币目标 M0。由于政策更灵活,更实际,通货膨胀率已开始下降,紧缩政策停止实行,货币目标基本实现,金融形势好转。伴随汇率的下降,经济开始回升。1985年10月,英格兰银行宣称英镑M3的供应量已不再是主要的调控目标,这标志着英国正式放弃了货币主义的主张。

第三阶段从1985年11月到1988年夏。这一时期撒切尔政府宏观政策的重心从货币政策转向汇率政策,宏观政策开始放松,汇率已取代货币增长目标成为政府反通货膨胀的最主要的工具。这一变化与1985年秋的"市场协定"和1987年春的"卢浮协定"有关。美日德三国在汇率政策上的协调一致,推动英国提出自己的汇率目标,一方面将英镑同坚挺的德国马克挂钩,汇率在1英镑兑换3马克上下浮动;另一方面,为抵御美元和马克上扬对英镑的压力,英格兰银行大量吃进外汇,并通过降低利率阻止外资涌入。到1987年4月,英国官方外汇储备已达250亿英镑,基础利率从1986年11月的11%逐步调低到1988年5月的7.5%。

第四阶段从1988年到1990年。由于前一时期利率调低,经济出现过热的现象,消费支出迅速扩大,1985—1988年平均增长率为6.2%,1986—1987年,房地产价格平均上升16%,到1988年上升了38%,通货膨胀率开始上升,1986年第三季度为2.6%,1988年底高达6.5%。面对经济过热的情况,宏观政策趋紧,政府开始处理经济过热现象。但这一阶段政府政策目标混乱,缺乏明确的指导思想,既不相信控制货币总量的作用,也不依靠汇率工具,只是一味实行货币紧缩政策,被动地等待通货膨胀率的下降。

总的来说,撒切尔政府治理通货膨胀的效果是好的。1980年,英国通货膨胀率为18%,1983—1987年平均在5%以下,这是60年代末以来所没有的。这一通货膨胀率与其他工业国家大体一致。从1988年开始,通货膨胀率降而复升,1989年为7.8%,1990年达到9.5%。造成通货膨胀死灰复燃的原因很多,主要与总开支增长过速、1987年以后工资开始增长、政府推行一系列金融市场自由化的政策等有关,不能断定货币主义政策完全失效。

在微观政策方面,撒切尔政府以供应学派的理论为指导。供应学派理论的实质是减少收入税和公司税,以此作为改善经济运行状况、包括减少通货膨胀的诱因。[①] 但撒切尔政府并没有以此作为策略的中心,而是逐渐发展了基础更为广泛的改进供应方的策略,如私有化、改革劳资关系、更积极的竞争政策、支持中小企业等。

私有化(privatization)政策是撒切尔政府改善供应方管理的重要政策,被称为撒切尔舰队的旗舰。私有化的出发点一方面在于国有企业亏损严重,给政府造成的财政负担越来越重,另一方面也是减少公共部门借款需求的需要。关于私有化,没有明确的定义,从后来的具体实践看,主要有三种:第一种是出售政府拥有的资产,这些资产大多为政府最近通过国有化获得的,并且常常是通过政府的挽救企业计划获得的,但也包括较早被国有化的企业的资产。第二种是承包,即将原先由公共机构如政府部门、国有企业、公立医院和学校生产的商品和提供的服务承包给私人企业去生产和服务。第三种为自由化或非调控化,即放松对企业活动的限制,将竞争机制引入企业。英国的私有化主要集中在第一种即国有资产的出售方面。

撒切尔政府上台后,首先出售了英国石油公司(British National Oil Corporation)的一部分股份,从而开始了有计划、有步骤地推行私有化的进程。不过,直到 1983 年大选前,私有化进程一直比较缓慢,筹资规模比较小。1983 年,撒切尔夫人在大选中连胜并在政治上巩固了自己的地位,此后,私有化步伐进一步加快。撒切尔政府以英国电讯公司的出售为先声,先后对英国煤气公司(British Gas Corporation)、英国航空公司(British Airways)、英国钢铁公司(British Steel Corporation)、英国机场管理局(British Airports Authority)等大型公共垄断企业实行私有化。1989 年下半年,政府又将私有化扩展到电力、供水等公共服务部门。1990 年以后,政府拟订了进一步私有化的计划。从 1979 年至 1989 年,撒切尔政府将 40％的国有企业出售给了私营部门,如果算上 1990/1991

年度自来水公司和电力公司的私有化,比重则上升到80％。截至1987年底,国有企业的产值、就业人数和固定资产在整个经济中的比重分别下降到6％、3.8％和6.5％。[1] 到1990年11月撒切尔夫人辞职时,除英国铁路公司(British Railways)、英国煤炭公司(British Coal)和皇家邮政(Royal Post Office)三个部门外,国有工业全部实现了私有化。

通过出售国有企业,政府获得了大量收入(见表11)。

表11 1979/1980—1989/1990年英国出售国有资产收益[2]

年　　度	收益(百万英镑)	年　　度	收益(百万英镑)
1979/1980	377	1985/1986	2 707
1980/1981	405	1986/1987	4 460
1981/1982	494	1987/1988	5 139
1982/1983	488	1988/1989	6 100
1983/1984	1 139	1989/1990	5 500
1984/1985	2 171		

税制改革是撒切尔政府当政期间为改善英国经济的供应方状况而推行的另一项重要政策。长期以来,英国税收体系的特征是高直接税、低间接税。这种税制使收入最高和最低的两个阶层在边际效率中得不到任何刺激,这是英国高层管理人才和各种专业人才大量外流的重要原因。80年代以来,由于政府采取从紧的宏观政策,相应地要求财政支出占国民生产总值的比重有所下降,这为税制改革提供了前提。撒切尔夫人上台后的第一个预算就将个人所得税的基础税率从33％降至30％,最高税率由83％调为60％,以后在1985、1986和1988年三次下浮,基础税率降至25％,最高税率降至40％。同时,个人所得税的起征点由原来的8 000英镑提高到1万英镑。据估计,仅1979年预算案的减税额就达

---

[1] N. F. R. Crafts & N. W. C. Woodward, eds., *The British Economy Since 1945*, Oxford, 1991, p. 405.

[2] P. Riddell, *The Thatcher Era and Its Legacy*, London, 1991, p. 92, table 5-1.

45 亿英镑,免税将近 130 万人。① 同时,投资收入税的起征点从 1 700 英镑提高到 6 250 英镑,公司税从 1974 年以来的 52％降至 35％。另一方面,撒切尔夫人提高间接税,增值税由原来的 8％—12％提高到 15％,汽油、烟酒、汽车以及其他高档消费品的附加税也相应提高。撒切尔政府税制改革的主要目的是激发人们从事生产经营活动的积极性,降低直接税税率可以使企业家的个人努力得到较好的报酬,保护企业家的主动精神;提高间接税可以发挥中小企业的积极性,刺激投资,发展生产。但税制改革使英国的贫富差距扩大。1979—1987 年间,收入为全国平均水平一半的阶层,其承担的税率由 13.9％上升到 16.1％,而 5 倍于平均水平的阶层承担的税率从 51.5％下降到 43.1％,1992 年更下降到 35％。②

改革劳资关系,削弱工会的权力和作用,也是撒切尔政府为改善经济的供应方而采取的一项重要政策。由于战后各届政府采取工团主义政策,英国各工会逐步享有各种法律和制度化的权力,成为一支举足轻重的力量。它不仅间接地导致了 1970 年威尔逊政府的失败和 1979 年初"愤懑的冬天",而且对政府推行的收入政策和反通货膨胀政策形成制约。因此,从 60 年代开始,工会权力问题一直是政治论争的焦点和中心。撒切尔政府上台后,克服阻力,通过五项重要工会立法,即 1980、1982、1988 和 1990 年的就业法以及 1984 年的工会法,取消了工会作为一个整体所享有的普遍的法律豁免权,缩小排外性雇佣制企业(Closed Shop)③的合法性范围,取消声援性纠察线的合法性,并且加强了工会会员对工会官员的选择权和罢工的决定权,同时,拒绝采用收入政策,以此作为削弱工会权力的一个重要途径。面对政府的进攻,在失业率上升的情况下,工会的抵抗往往显得软弱无力。由于以上措施,工会成员从 1979 年占总劳动力的 53％下降到 90 年代初的 40％以下。尽管 80 年代

① K. Harris, *Thatcher*, London, 1988, p. 90.
② K. Hoggwood, *Trends of Public Policy in Britain*, London, 1993, pp. 97, 105.
③ 排外性雇佣制企业(Closed Shop),即只雇用某一特定工会成员的企业。70 年代末排外性雇佣制企业雇用人数达 520 万人,占就业人数的 25％。

英国公共部门仍发生一系列罢工,但总的趋势是罢工次数减少,持续时间缩短,工作日损失减少,尤其是 1987—1991 年五年间,全国罢工次数比前五年减少 70%,远远低于西欧其他国家。

总的来说,这一时期英国的经济运行状况普遍比 70 年代好。人均实际产量增长率超过美国、德国和法国;其全员生产率超过经济合作与发展组织成员国的平均水平,仅次于日本和法国;其每小时人均国内生产总值增长率在 16 个发达国家中名列第六位。英国与其在欧洲的主要竞争对手德国的差距大大缩小,1977 年,德国制造业的生产率比英国高 49%,到 1989 年只比英国高 15%。但作为经济政策的一种代价,在英美法德日五国中,英国的失业人数在总就业人口中的比例是最高的,1979—1989 年年均 9.1%。

我们在论述这一时期英国经济的运行状况时,不能不提到国有工业,这不仅因为国有工业在国民经济中占有重要的地位,而且还因为国有工业是撒切尔政府经济政策的一个焦点。国有工业的发展状况不仅直接影响到英国经济的发展,而且还是撒切尔政府经济改革成败的一个关键。撒切尔政府对国有工业主要采取两方面的变革:一是减少公共部门(public sectors),这主要通过私有化来实现;二是改进剩下的公共部门的效率,具体办法是增加财政压力,迫使其削减成本。因此,我们对国有工业的分析也集中在这两个部门。

由于私有化,国有工业部门的比重减少,1987 年,国有工业只占国民生产总值的 5.5%,就业人口约 80 万人。1980 年以后,垄断和合并委员会每年对公共机构进行效率方面的调查,包括成本、生产率、服务质量、价格和投资政策的调查。这些调查表明,直到 1987 年底仍由公共占有的企业,其生产率在 1979/1980 至 1986/1987 年年均为 4.7%,比制造业的年均生产率高一个百分点。[1]

私有化后的企业的运行状况则普遍不如仍然留在公共部门中的企业。一些大型企业,如英国电讯公司、英国机场管理局、英国煤气公司等

---

[1] M. J. Artis ed., *The UK Economy: A Manual of Applied Economics*, London, 1989, p. 274.

被私有化以后,其全员生产率并没有明显增长。毕肖普(M. Bishop)与凯伊(J. Kay)的研究表明:"英国煤炭公司和英国钢铁公司(这两个企业直到目前仍看不到私有化的可能)以及电力供应部门的全员生产率的增长超过了英国煤气公司,而自 1983 年以来运行最差的企业是私有化的旗舰——英国电讯公司。"[①] 米尔沃德(R. Millward)和帕克(D. M. Parker)对公有企业和私有企业进行比较后指出,没有迹象表明私有企业的效率比公有企业更高。[②] 弗格森(P. Ferguson)总结了对公有企业和私有企业效率所作的 15 个比较,其中 8 个研究涉及英国的电力工业。他的结论是:有两个研究表明两者之间没有任何差别,有三个研究表明公共企业的效率比私营企业高,一个研究表明私有企业的效率比公有企业高,一个研究表明公有企业和私有企业的成本都比竞争水平高 2.5%,还有一个研究表明,私有企业以高于公有企业的价格卖电,以低于公有企业的价格买电。其他 7 个有关自来水、铁路和航空的公有企业和私有企业效率的比较研究所得出的结论也大致相同。[③] 拉罗(G. Rarrow)则得出结论:"在有关企业面临更强的竞争,而其他形式的生产和要素的市场失败相对不重要时,私营企业更有效些……而在生产和要素的市场失败显得至关重要的地方,两者的运行状况的差异不大。事实上,在电力供应方面,公有企业的运行状况更好。"[④]总之,私有化并没有像撒切尔政府所希望的那样提高经济效益。

这一时期,英国的经济结构也发生了较大变化,"去工业化"变得更为明显。就一个国家的经济结构而言,可分为三个部分。第一部分是基础产业,即从事生产资料生产的行业,包括农业(agriculture)、林业、渔业以及矿物和石油的开采;第二部分是我们常说的工业(industry),即加工

① M. Bishop and J. Kay, *Privatisation: An Economic Analysis*, London, 1988, pp. 46 - 47.

② Cf. R. Millward and D. M. Parker, "Public and Private Enterprise: Comparative Behaviour and Relative Efficiency", in the authors ed., *Public Sector Economics*, Longman, London, 1983.

③ Cf. P. Ferguson, *Industrial Economics: Issues and Perspectives*, Macmillan, London, 1988.

④ M. J. Artis ed., *The UK Economy: A Manual of Applied Economics*, London, 1989, p. 270.

生产资料的行业,包括制造业、建筑业和能源生产(如煤气和电),有关工业生产的数据主要是这些部门加上采矿业(建筑业不包括在内)的产量;第三部分是服务业(service),包括产品的分配和服务的提供。

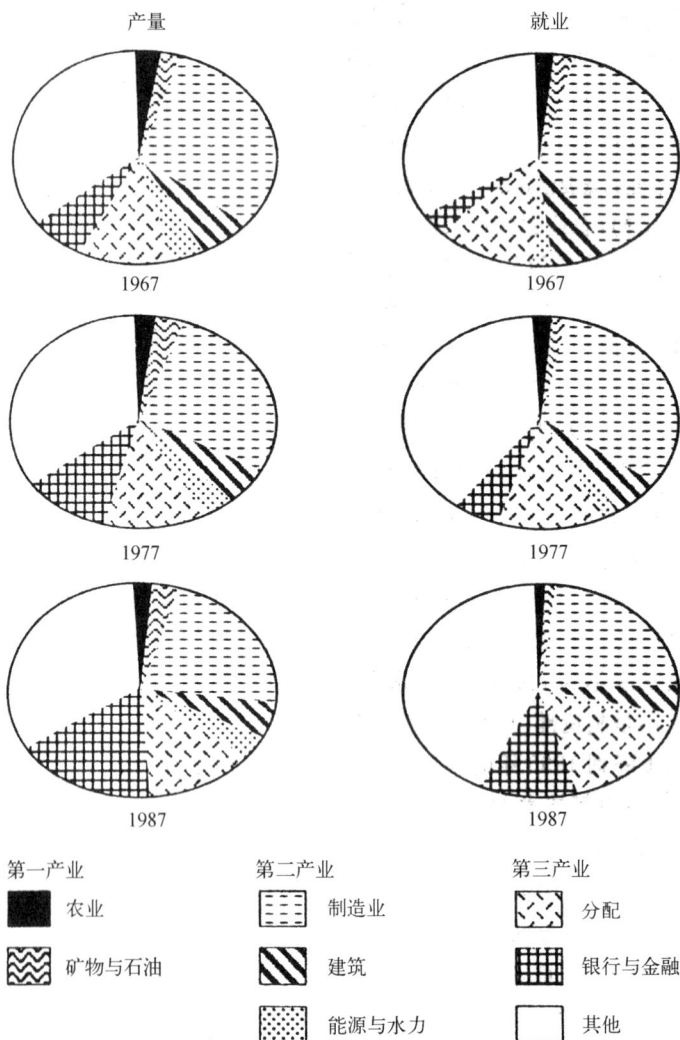

产量　　　　　　　　　　　　就业

1967　　　　　　　　　　　　　1967

1977　　　　　　　　　　　　　1977

1987　　　　　　　　　　　　　1987

第一产业
■　农业
▧　矿物与石油

第二产业
▤　制造业
◩　建筑
▦　能源与水力

第三产业
▨　分配
▩　银行与金融
□　其他

图 1　1967、1977 和 1987 年各部门产量和就业情况①

① M. J. Artis ed., *The UK Economy: A Manual of Applied Economics*, London, 1989, p. 229.

图 1 展示了不同时期英国三大部门的产量和就业的变化。从图中可以看出,这一时期的发展趋势是服务业在国民经济中的地位上升,无论是从产值还是从就业人数而言,其重要性都明显增加,服务业既是就业人口的主要提供者,也是产值的主要贡献者。1979—1988 年,服务部门新增加了 240 万个职位,单是银行、金融和保险部门在这 9 年内就增加了 100 万个职位,增加了 50%。服务业的就业人数在总就业人数中的比例从 1971 年的 53.2%增至 1988 年的 68.1%。1987 年,服务业的产值占国民生产总值的 63.5%。增长最快的是金融服务业。1951 年,金融服务业的就业人数只占总就业人数的 2%,1988 年上升到 15.3%,90 年代初大致相同。

农业的重要性在这一时期继续下降。这种下降是一个漫长的过程。20 世纪初,农业的就业人数约占总就业人数的 9%,80 年代下降到 2%左右,其产值从 1967 年占总产值的 3.2%下降为 1987 年的 1.6%。相比较而言,这一时期在就业人数和产量方面下降最快的是工业,尤其是制造业。制造业的就业人数在总就业人口中所占的比例在 1966 年达到 36%的顶峰,此后逐渐下降,1979 年为 31%,1983 年为 27%,1988 年为 23%。制造业的产量也呈相同的发展趋势,1973 年后,制造业的产量再未出现上升的趋势。1973—1986 年,英国制造业净产量平均增长率为 -0.6%,而同期经济合作与发展组织国家为 2.3%。

由于这一时期制造业的去工业化,作为生产率增长潜能所在的制造业现在变得核心太小。1979 年—1989 年,制造业年均产量的增长率不到 1%,80 年代末几乎所有的投资增长都出自服务部门而不是制造部门,制造业在国内生产总值中的比重从 1979 年的 26%下降到 1990 年的 20%。在高新技术中,英国保住了自己的地位,但在中等技术方面,如汽车和家用电器等消费品方面,英国与其他国家有较大差距,外国的产品完全控制了英国市场。由于在整个工业装备方面的潜在投资不足,以及在劳动力技巧、开发与研究这些无形资产方面的潜在投资不足,制造业难以维持长期增长。

英国经济是高度“开放”的经济。1987 年,英国的商品和服务出口(按市场价计算)占国民生产总值的 25.5%,商品和服务进口占国民生产总值的 26.5％。高度开放意味着英国的生产和就业结构易于受国际专业化的影响，对外贸易在国民经济中占有重要地位，但由于这一时期英国去工业化趋势越来越明显，对外贸易状况并不景气，商品贸易连年出现逆差，影响了支付平衡乃至整个经济的发展。

　　这一时期英国对外贸易的模式发生了深刻的变化，其商品构成和地理方向都明显不同于前一时期。表 12 全面反映了这一时期英国对外贸易商品构成的变化。从表中可以看出，这一时期英国在出口方面增长较快的是制造品，下降幅度较大的是燃料、润滑油和基本生产资料。在商品进口方面，增长最快的也是制造品，也就是说，这一时期英国的对外贸易更多的是用制造品交换制造品。商品构成发生变化有许多原因，北海石油的发现和开采，去工业化和技术的发展，英国加入欧共体后英国制造品竞争地位相对软弱，都在其中发挥了作用。

　　随着商品构成的变化，英国对外贸易的地理方向也发生了变化，最大的变化是英国商品的进口和出口日益趋向西欧。这一时期对西欧的出口比例上升，从 1980 年的占出口总额的 57.6％上升到 1987 年的58.9％，其中以出口到欧共体国家的比重增长最快。1980 年，英国对欧共体的商品输出占总出口的 43.4％，1987 年达到 49.4％。除西欧外，美国和日本在英国对外贸易中的比重也有所增加。与此相反，英国出口到石油输出国和其他发展中国家的比例下降，分别从 1980 年的 10.1％和12.4％下降为 6.5％和 10.7％。在进口方面，从西欧的进口增长最快，1980 年，从西欧的进口占英国进口总额的 55.9％，1987 年为 66.4％，而在西欧中，又以从欧共体各国的进口增长最快，从 1980 年占进口总额的41.3％增至 1987 年的 52.7％。这一时期，美国、石油输出国和其他发展中国家在英国进口中所占的份额有所下降。总之，西欧尤其是欧共体国家在这一时期英国对外贸易地理方向中变得更加重要。

　　从以上分析可以看出，英国对外贸易转向用制造品交换其他发达国家尤其是西欧的制造品，这种结构变革意味着英国工业在国内外市场上经受着更大的竞争。

表 12　1955—1987 年英国对外贸易的商品构成①

	1955	1970	1980	1985	1987
商品	出口(离岸价格:在商品总出口中的百分比)				
食物、饮料、烟草	5.8	6.4	6.9	6.3	7.0
燃料、润滑油	4.8	2.6	13.6	21.4	11.0
基本生产资料	3.9	3.4	3.1	2.7	2.7
半制成品	38.9	34.3	29.6	25.3	28.0
制成品	43.5	49.9	43.9	41.7	48.4
未分类商品	3.0	3.4	3.0	2.5	2.8
商品总计	**100.0**	**100.0**	**100.0**	**100.0**	**100.0**
私人服务					
运输与旅游	22.4	25.8	19.0	15.0	16.1
金融及相关服务	11.6	15.0	13.7	16.0	18.4
商品	进口(到岸价格:在商品总进口中的百分比)				
食物、饮料、烟草	36.2	22.6	12.4	10.4	10.8
燃料、润滑油	10.4	10.4	13.8	12.4	6.5
基本生产资料	28.7	15.1	8.1	6.3	6.0
半制成品	19.2	27.7	27.1	25.0	26.9
制成品	5.2	22.9	35.6	43.7	48.6
未分类商品	0.3	1.3	3.0	1.6	1.2
商品总计	**100.0**	**100.0**	**100.0**	**100.0**	**100.0**
私人服务					
运输与旅游	19.0	23.1	16.6	14.4	16.5
金融及相关服务	4.8	5.7	4.8	5.5	5.2

　　由于出口不佳而进口倾向较重以及国外对英国的进口渗透增加,这一时期有形贸易逆差严重。1979 年,英国在有形贸易方面的逆差为

---

① M. J. Artis ed., *The UK Economy: A Manual of Applied Economics*, London, 1989, p. 183.

33.98亿英镑。1980—1982年间,由于石油的出口,商品出口大于进口,有形贸易出现顺差。但从1983年开始,商品进口日益超过出口,商品贸易逆差持续增加,1988年高达205.57亿英镑,创历史最高纪录。

与有形贸易的情形相反,无形贸易则连年出现顺差。1973—1979年,无形贸易的顺差年均22.86亿英镑,1980—1985年为41.69亿英镑,1986—1987年更是达到80.88亿英镑。在这一时期的无形贸易方面,服务业的收入维持在30亿—50亿英镑之间,转移支付的收益波动较大,除个别年份(1980年)外,其他年份均为黑字(正数),维持在10亿至60亿英镑之间。

利息收入和红利方面一直红字(负数)。由于这一时期的服务贸易和转移支付方面状况较好,无形贸易的顺差大为增加,超过战后任何一个时期。无形贸易连续出现顺差表明英国服务业在国际上具有较强的竞争地位,正是因为无形收入增加,才使英国在这一时期绝大多数年份的经常账户出现剩余。

1990年11月,梅杰取代撒切尔夫人任首相。梅杰政府上台执政后,继续遵循撒切尔夫人的货币主义政策,以抑制通货膨胀作为宏观经济政策的主要目标,力求实现低通胀的经济适度增长。在追求经济政策总目标的过程中,一方面将财政政策目标同公共部门借款需求联系在一起,以削减公共部门开支,平衡预算,缓解财政借贷对货币供应量的压力,另一方面将货币政策目标与具体的货币供应增长指标挂钩。

梅杰政府任内,其具体政策可分为四个阶段:

第一阶段:从1990年11月至1992年第3季度。从1990年起,英国经济与西欧其他国家的经济一样,开始了战后持续时间最长的滞胀性衰退,1990年,英国通货膨胀率高达9.5%,这使梅杰政府被迫实施财政和货币双紧政策,以抑制通货膨胀为经济目标首务,以平衡预算和高利率作为反通货膨胀的主要政策工具。到这一阶段结束时,通货膨胀率降至2%。

第二阶段:从1992年第3季度到1994年4月。第一阶段的政策实施在降低通货膨胀的同时,也带来平衡预算的努力落空,公共借款需求增长迅速。这迫使梅杰政府从强硬的货币主义政策后退,退出欧洲汇率机制,采取松紧搭配以松为主的政策。基础利率不断被调低,同时将财政政策维持在"中性"位置上,任由财政系统的"内在稳定器"发生作用。这一政策把英国相对于欧洲其他国家较早从滞胀衰退中拉了出来。1993 年,英国国民生产总值增长 2.3%,1994 年则达到 3.8%。

第三阶段:从 1994 年 4 月至 1996 年第 2 季度。前一阶段政策实施的另一面是货币供应量超标,同时通货膨胀预期升高,为此,梅杰政府采取财政政策持紧的立场。从 1994 年起,梅杰政府放弃大选时不加税的许诺,将增值税扩大到家用燃料、电力;将国民保险税由 9% 提高到 10%;调低已婚家庭所得税起征点;减少对抵押贷款利息税的减免度。在货币政策方面则以通货膨胀预期为转移,时紧时松,其中 1994 年第 2 季度至 1995 年 5 月,货币政策适度从紧,此后为刺激经济,又倾向于适度放松。这一阶段英国经济实现了低通胀代价的增长,1995 年,国民生产总值增长 2.8%,通货膨胀率为 2.9%。

第四阶段:从 1996 年第 2 季度至 1997 年初。尽管第三阶段经济增长情况良好,但由于增税,结果英国人均税负担超过 1979 年保守党上台前水平,对保守党的支持率下降。为改变形势,应付即将到来的大选,1996 年 4 月起,梅杰政府的宏观政策立场再一次调整,改为宽松的财政政策加松紧灵活的货币政策,一方面减税,另一方面增加卫生与教育开支。这一阶段,全英人均可支配收入总数增长 31 亿镑。

总的来说,梅杰政府时期,尽管其经济政策在不同阶段侧重点不同,但未逃脱撒切尔夫人经济政策的轨迹,只不过旧瓶装新酒。由于政策适应经济形势的变化,英国在经历 1990—1992 年衰退后,从 1993 年起经济出现了强劲复苏与稳步增长。随着经济复苏,英国的失业人口从 1993 年的 290 万(失业率为 10.4%)持续下降到 1995 年的 213 万(失业率为 7.8%);政府预算赤字从 1993 年的 481.52 亿镑,占国民生产总值的 8.8%,下降到 1995 年的 234 亿镑,占国内生产总值的 3.3% 左右。英国国债几年来始终保持在国内生产总值的 58% 左右。这是长期推行货币主义以及把对付通货膨胀作为主要目标的结果。当然,90 年代英国经济增长较为迅速还有其他原因。首先,在经济结构方面,英国与其他发达国家有很大差别,金融、股票、证券等无形资产在经济中所占的比例较大,因而在海外投资方面不断扩大,保持着世界第二大输出国的地位,特别是对东亚、南亚和东南亚投资意向明显加强;其次,英国的经济增长与它同欧盟的特殊地位有关。英国是欧盟(European Union)的成员国,但又不参加货币联盟和欧洲宪章,这使英国受欧盟的制约少,而其他国家则为了达到欧盟的趋同目标而采取紧缩的政策,限制了经济的发展;再次,英国是出口带动型国家,在英镑退出货币机制后,英镑贬值和出口增长有利于经济的发展和就业;最后,外国资本的投入对经济回升起推动作用,推动了产业的技术革新。此外,这一时期英国还重视基础性研究向应用性研究的转变,加强和鼓励学术界与企业界的联系,激发企业的竞争,减轻了政府在研究与开发方面的负担。

　　但与此同时,撒切尔夫人执政时期的许多弊端在梅杰任内开始显现,或者说梅杰政府为撒切尔夫人的经济政策付出了代价。货币主义政策下的高利率使英国的经济增长缓慢,海外投资与国内投资比重失衡,迅速增加的进口抵消了海外投资及出口的利润,私有化政策对提高效率不明显,而且还带来许多问题;特别是在梅杰政府后期,改革势头减弱,内阁中官僚腐败现象严重;在社会财富的分配上存在严重问题,许多公众特别是中等阶级感到并没有从经济增长中得到好处;保守党政府对欧盟政策不明朗、不稳定,影响了工商界人士的选择。凡此种种,导致保守党政府下台。1997年5月,以布莱尔为首的工党在连续18年在野后上台执政,开启了20世纪英国经济史的最后一个篇章。

第六章　复兴与危机

　　从 1997 年布莱尔在大选中胜出起,工党开始了长达 13 年的执政。在野期间,工党对自身进行了反思和改革,如对工党党章第四条有关公有制的条款进行了修改;改变了对工会的态度;调整了工党的组织结构,在政策上进一步淡化意识形态,宣称在自由市场(free market)经济与国家干预(state interference)主义之间寻求某种"第三条道路"(Third Way)。布莱尔努力确立"新工党"形象:首先,在所有制方面,他主张在政府与工商业间建立新型的伙伴关系,避免在自由市场经济与计划经济之间进行非此即彼的选择。他认为公有制只是获得自由、平等的手段之一,他主张放弃国有化目标,减少国家干预,以"参与制社会"或"人人所有的社会所有制"取代国有制以及保守党推行的私有制,让每个人都参与决策,每个人都成为股东,在市场经济的框架内进行经济活动。其次,在经济政策方面,他注重经济稳定和价格稳定,重视市场的自我矫正作用,视之为中立的、特定商品分配的有效手段。再次,在实现充分就业与经济增长方面,他主张发挥市场的主导作用,将国家作用局限于为市场实现投资、生产和就业的最大化提供必要的货币和财政条件,使国家成为经济发动机中的润滑剂。最后,在公共开支方面,他主张降低税收,对公共开支进行严格控制。布莱尔政府上台执政后,以"经济增长、扩大就业、鼓励长期投资与更好的财政平衡"①为政策目标,把利率的日常变更权交给英格兰银行,使决策更符合市场经济规律,在财政政策方面适度从紧,减少政府开支,避免增加税收。

布莱尔上台后在经济路线方面保持着与保守党政府的延续性,有人因此认为工党拿走了保守党的衣裤,新"共识政治"由此开始。不过这一次是以工党向保守党靠拢为特征的,正因为如此,有人称布莱尔的思想是"布莱切尔主义",称布莱尔为"托利·布莱尔"②。

在布莱尔的两个任期内,戈登·布朗(Gordon Brown)任财政大臣,两人的经济理念和观点在多数情况下都能保持一致。布莱尔执政时期的经济政策可归结为四个方面:

一、保持经济稳定,控制通货膨胀。维持宏观经济稳定是工党政府经济政策的重要内容。实际上这不仅具有经济意义,还有不言而喻的政治含义,经济稳定将为下一次大选赢得更高的支持率。保持稳定的目标通过控制通货膨胀来实现,其措施是将通胀率锁定在年均2.5%,而且要求波动平缓,上下偏差不超过一个百分点。对此,布朗最令人瞩目的改革就是赋予英格兰银行(Bank of England)相当的自主权,由该行的货币政策委员会(Monetary Policy Committee)来决定利率。该委员会有九名成员,包括英格兰银行的总裁和两名副总裁、两名银行的其他职员、四名行外成员。③ 由于利息率将对投资和消费需求产生直接作用,故而会影响经济增长和通胀率。委员会用投票的方式来决定利率,当通胀率波动超出目标值上下一个百分点范围时,英格兰银行总裁要以公开信的方式向财政大臣说明情况。利率调整由更专业的人士来决定,使之更能适应市场的变化,并且还使调整金融市场的责任不再成为政府的负担。从

---

① *Independence*, 12 May, 1997.

② "布莱切尔"将"布莱尔"与"撒切尔"写在一起,意为两者一脉相承;"托利·布莱尔"是"托尼·布莱尔"(即布莱尔全名)的戏称,意指布莱尔在执行托利党(即保守党)的政策。

③ Anthony Seldon ed. , *Blair's Britain*, 1997 - 2007, Cambridge University Press, 2007, p. 196.

统计数据来看,1997—2000 年确实保持了平稳的低通胀,通胀率最高的 1998 年为 3.4%,最低的 1999 年为 1.6%,与 1974—1992 年通胀势态相比,的确取得明显成效。[1] 2003 年通胀目标值调整为 2%[2]。2004—2007 年通胀压力增大,对此,英格兰银行在 2006 年中期到 2007 年 7 月曾 5 次提高利率,将政策利率提至 5.75%。[3]

二、调整税收结构,稳定财政收支。执政之初,政府保证不提高收入税标准,控制开支,为此,1998 年削减了公司税(corporation tax),1999 年削减了所得税(income tax),1999 年预算废除了多种减税项目,如夫妇津贴、抵押税减免等。但同时为了应付支出,财政部又不得不开发新的税收来源,如在 1997 年 7 月的首次预算中,一次性对私营公共事业征收利润税,预计筹集 5.2 万亿英镑。2000 年 4 月,拍卖第三代移动电话许可证,筹集 225 亿英镑,按人口平均为每人 380 英镑。2001 年大选获胜后,政府在税收方面变得大胆起来,2002 年布朗宣布对高税率的纳税人和雇主提高国民保险的缴付比率,用以支持健康和教育开支。高收入税税率将提高到 41%。[4] 国民保险税提高 1%,单此一项就将每年从雇主处额外筹集 35 亿英镑,从自主就业者处增收 4.5 亿英镑。通过冻结个人税收津贴,从个人身上增税 7 亿英镑。[5] 增税无疑招致了一些不满。

政府长期坚持两项财政收支原则:一是黄金法则,即政府仅能以借款的方式投资,而不能将当前开支转为长期债务。二是可持续投资法则,将公共部门净债务占 GDP 的比例稳定在一定水平,不可超过 GDP 的 40%。净公共债务在 1997 年时占 GDP 的 44%,2002 年早期降到约

[1] David Cobham, *The Making of Monetary Policy in the UK*, *1975 - 2000*, John Wiley & Sons, 2002, p. 12.

[2] Anthony Seldon and Dennis Kavanagh eds., *The Blair Effect 2001 - 2005*, Cambridge University Press, 2005, p. 167.

[3] *OECD Economic Surveys : United Kingdom 2007*, p. 20.

[4] Steve Ludlam and Martin J. Smith ed., *Governing as New Labour : Policy Politics under Blair*, Palgrave Macmillan, 2004, p. 148.

[5] Anthony Seldon and Dennis Kavanagh eds., *The Blair Effect 2001 - 2005*, Cambridge University Press, 2005, p. 172.

30％,其后又逐渐上升,2007 年 4 月占到 37％。① 2002 年以后的上升与政府财政政策的调整有直接关系,第二次大选获胜后,工党政府在财政方面不再像以往那样谨慎,2002 年,布朗宣布增加 2002—2003 年的公共借贷,数额从 110 亿英镑增加到 200 亿英镑。②

三、促进经济增长。1997 年布莱尔上台后即承诺,要通过提高投资比率、生产率和技术水平来弥补与其他经合组织国家的发展差距。实施措施从促进生产率增长的"五项驱动力"体现出来,即,投资、技能、创新、竞争和事业,具体措施为:增加公共资本支出,增加公共教育支出,对研究与发展项目予以减税,进行法律改革以促进竞争,改革公司税,鼓励创业。③ 政府希望通过上述措施改变过去投资不足的状况,提高劳动者的教育和技术素质,鼓励科技研发,以达到促进生产率增长和经济发展的目的。2002 年政府提交了一项五年滚动计划,到 2008 年将教育支出提高到每年 690 亿英镑,健康支出提高到 1 060 亿英镑,相比之下,1979 年这两项支出只是 360 亿和 410 亿。④

四、促进就业。关注就业是布莱尔政府的重要内容,并制定了所谓"就业新政"。这个项目于 1998 年 4 月首次引进,总投入 36 亿英镑,旨在实行"从福利到工作"(welfare-to-work),以达到降低失业率的目标。工党执政的前七年中,政府不断调整、扩展该政策,使之适用于各个群体。其中,18—24 岁的长期无业青年是优先考虑对象。政府声称,1998—2004 年间帮助了约 120 万人获得工作,包括 53.5 万年轻人和 20 万成年人。1997 年在劳动适龄人口中就业的比率为 70.8％,2004 年末增长到

---

① *OECD Economic Surveys : United Kingdom 2007*, pp. 23, 25.

② Anthony Seldon and Dennis Kavanagh ed., *The Blair Effect 2001 - 2005*, Cambridge University Press, 2005, pp. 172 - 173.

③ Anthony Seldon ed., *Blair's Britain, 1997 - 2007*, Cambridge University Press, 2007, p. 277.

④ Steve Ludlam and Martin J. Smith eds., *Governing as New Labour : Policy Politics under Blair*, Palgrave Macmillan, 2004, pp. 148 - 149.

74.7%，人数从 2 570 万增长到 2 740 万。① 但也有批评认为政府公布的数字并不可靠，由此获利的人数远没有这么多。也有人估计，到 2004 年末通过政府项目获得真正就业的只有 13 万人。②

在加入欧洲货币联盟（EMU）的问题上，自 1997 年到 2003 年初布莱尔政府采取了"备而后决"（prepare and decide）的态度，实际上与以前的保守党政府一样犹豫不决。国内关于此问题一直争论不休，赞同的理由大致为：加入单一货币能刺激与欧元国之间的贸易，消除汇率的不确定性，提高英国的长期经济增长率，等等；反对者则认为：英国的通胀趋势可能与其他国家不同，单一货币迫使各国采用统一的对策，这对任何国家可能都不适合，单一货币可能使英国失去单独决定其利率和干预汇率的能力，等等。可见，争论的焦点是单一货币对英国的经济是否有利。总体来说，20 世纪 90 年代以来，多数民众反对加入单一货币体系，摩利公司（MORI）在 2000 年 10 月的民意调查显示，有 71% 的人反对加入，而支持的只有 18%。反对意见在女性、低收入者和支持保守党的人中更为流行。2001 年的大选中，保守党还将反对加入单一货币作为重要政治纲领。布莱尔希望能够加入货币联盟，但在此问题上和财政大臣布朗的意见相左。最终，在 2003 年 6 月，英国宣布不加入欧洲货币联盟。③

2007 年大选后，布朗接替布莱尔成为首相，在他执政的前几周，就宣布住房是其政府的优先考虑目标。他承诺到 2020 年建 300 万套住所，费用由私人和财政共同承担。他还许诺要减少贫困儿童数量，并声称他担任财政大臣期间已经有 60 万儿童脱贫，到 2010 年应将剩下的数字减

① Anthony Seldon and Dennis Kavanagh eds., *The Blair Effect 2001 - 2005*, Cambridge University Press, 2005, pp. 197, 196.
② David Smith, "The Treasury and Economic Policy", in Anthony Seldon and Dennis Kavanagh eds., *The Blair Effect 2001 - 2005*, Cambridge University Press, 2005, p. 197.
③ Anthony Seldon ed., *Blair's Britain*, 1997 - 2007, Cambridge University Press, 2007, pp. 190 - 193.

少一半,到 2020 年消灭儿童贫困现象。[1] 但布朗政府显然时运不佳,上台伊始便遭遇了 20 世纪大萧条以来最大的金融危机,摆脱危机也成了这届政府面对的挑战。在稳定经济方面,布朗延续了一些以往的做法,仍由英格兰银行货币委员会控制利率进而控制通胀。危机初期,英格兰银行副总裁约翰·吉夫(John Gieve)曾这样说:"国内金融政策……决定中期联合王国的通胀线路。……我向你们保证,为了将通胀拉回到中期的设定目标,我们会做任何事。"[2]危机对英国的打击很大,一直到布朗政府下台,英国仍未摆脱危机。

布莱尔上台以后,英国经济整体发展有如下特点:一是产业结构继续变迁,"去工业化"特征更为明显;二是经济增长稳定,绩效突出。

20 世纪下半叶,英国产业结构变化的特征是工业的重要性不断下降,农业则缩减到更加微小的比例上。从 20 世纪 60 年代起,英国经济已表现出"去工业化"的特征,服务业的重要性超过工业,并在就业和产值方面持续扩大,工业领域不断缩小。1997—2010 年的 13 年间,产业结构延续了这个趋势,工业劳动力就业比重从 1997 年的 26.7% 下降到 2009 年的 19.6%,产值则由 30.2% 下降为 22.0%;与此同时,服务业就业比重由 71.4% 上升到 79.3%,产值从 68.4% 上升到 77.1%;本来已无足轻重的农业则仅余下约 1% 的份额(参见表 13)。2005 年的《经济展望》上一篇文章曾经预言:"未来,带动经济增长的部门将是通讯、金融和商业服务。"[3]此语道出了这一时期英国经济发展的结构性特征。这个趋势与其他发达国家是相似的,到 2009 年,美国的服务业就业率占总数的80.9%,德国是 68.4%,法国是 77.4%。

---

[1] Alan Allport, *Gordon Brown*, Chelsea House Publishers,2009, pp. 70 - 80.

[2] "The Financial Cycle and the UK Economy", *Bank of England Quarterly Bulletin*, 2008 3rd Quarter, Vol. 48 Issue 3, p. 325.

[3] "The Changing Structure of the UK Economy: Implications for the Current Account", *Economic Outlook*, Apr. 2005, 29 Issue 2, p. 10.

表 13　英国产业结构　1997—2009 年① 　　　　　　　单位：%

	农　业		工　业		服务业	
	就业	产值	就业	产值	就业	产值
1997 年	1.9	1.4	26.7	30.2	71.4	68.4
2003 年	1.3	0.9	23.3	25.2	75.4	73.9
2009 年	1.1	0.9	19.6	22.0	79.3	77.1

资料来源：*Labour Force Statistics 2010*，OECD Publishing，pp. 36 - 39；OECD，*National Accounts of OECD Countries：Main Aggregates 1992 - 2003*，p. 295；OECD，*National Accounts of OECD Countries：Main Aggregates 2002 - 2009*，p. 163.

1997—2008 年，按当前价格计算的 GDP 呈持续增长势态，1997 年为 8 300 亿英镑，2008 年为 1.43 万亿英镑，平均年增长率为 5.1%（同期，按环比量计量的 GDP 年均增长率为 2.8%）②。2008 年国际金融危机到来之前，工党政府任期内的英国经济实现了十余年的低通胀和稳定增长。而且，与其他发达国家相比进步也颇令人鼓舞，2007 年的《经合组织调查》称：其"宏观经济绩效也非常突出。人均 GDP 水平目前名列 G7 国家的第三位（在美国、加拿大之后），与此相比，10 年前则处于垫底的位置。特别从 2000 年开始，联合王国已经领先于欧元区"③。

在经济增长态势良好的宏观环境中，房价自 90 年代中期开始快速上升，1996 年第一季度房产平均售价为 5.13 万英镑，1999 年同期为 6.75万英镑，2003 年为 11.99 万英镑，2007 年是 17.55 万英镑。1997—2004 年间房价增长最快，年增长率常在 10% 以上，有时甚至超过 25%。④ 房产价格快速持续上涨的原因是多方面的，首先，多年的强劲经济增长大大鼓舞了购买者的信心；再有，金融竞争使银行抵押贷款条件更为优惠，从而刺激了更多的需求；最后，受现有资源的限制，房地产供

---

① *Labour Force Statistics 2010*，OECD Publishing，pp. 36 - 39.

② Office for National Statistics，*United Kingdom National Accounts：The Blue Book 2011*.

③ *OECD Economic Surveys：United Kingdom 2007*，p. 18.

④ *UK House Prices since 1952*，www. nationwide. uk

给增长难以满足需要。

但在整体经济的增长中,工业部门总比其他部门来得慢。2001—2008 年全部制造业按当前基础价格计算的总附加值增长停滞,2001 年为 1 290 亿英镑,2008 年为 1 500 亿英镑。劳动力就业从 425.7 万人下降到 301.4 万人,也就是说,八年间制造业失去了 123.8 万个工作岗位。同期,服务业实现了持续且快速的增长,2001 年按当前基础价格计算的总附加值为 6 610 亿英镑,2008 年为 9 960 亿英镑,所提供的就业岗位也持续增加。其中,金融业的增长尤其引人注目,2001 年为 480 亿英镑,2008 年为 1 170 亿英镑。① 这意味着,经济增长愈来愈依赖于服务业,而不是制造业,增长过程中"去工业化"的特征在产值和就业方面都日益突出。从某种意义上说,制造业大国的地位已经不再,替代的是金融和信息。

2007 年《经合组织调查》称:"过去十年中联合王国感受到了生产率的强劲增长,由于其相对自由的产品和劳动市场,这个国家已经居于从全球化的机遇中获利的良好位置。"② 从 1995 年到 2005 年,英国的生产率增长在欧洲国家中是相当突出的,优于德、法两国。不过,这十年的后期,增长速度已经放缓,与美国相比存在着距离。造成这种距离的原因,主要是英国在批发及零售贸易、商业服务等方面的生产率落后于美国(参见表 14)。生产率的增长是英国经济绩效的重要体现,这很大程度上得益于它积极参与了贸易全球化。首先,开放国际贸易有利于促进竞争,迫使缺乏竞争力的企业退出市场;第二,外商的直接投资和国外跨国企业的进入有利于新技术转移,提升本国企业竞争力;第三,信息和通讯技术的发展拓展了国际贸易商品的范围;第四,国外加工有助于提升生产率。在这种情况下,英国企业有能力将资源更集中于产品的核心部件生产,创造更多的高附加值,并将低附加值、低技术的生产转给低成本的国外厂商。

---

① Office for National Statistics, *United Kingdom National Accounts : The Blue Book 2010*, pp. 104 – 106.

② OECD, *OECD Economic Surveys : United Kingdom 2007*, p. 114.

表 14　英国及其他发达国家每小时劳动生产率增长①　1995—2005 年

单位:%

	英国	法国	德国	美国
1995—2000	2.3	2.1	2.0	2.2
2000—2005	1.9	1.5	1.3	2.5

资料来源:OECD,*OECD Economic Surveys:United Kingdom* 2007，p.115.

这些年中英国的对外贸易呈现出两个特征。首先,外贸逆差不断扩大,外贸条件长期处于恶化之中。1999—2009 年出口商品值在波动中有所增长,1999 年为 1 660 亿英镑,2008 年为 2 520 亿英镑。相比之下,进口却持续、快速地增长,1999 年为 1 950 亿英镑,2008 年为 3 450 亿英镑。入超迅速扩大,1999 年为 290 亿英镑,2008 年为 930 亿英镑。受金融危机影响,2009 年进出口都明显下降,以 2005 年为 100,贸易条件指数 1999 年为 97,2002 年为 97.1,2009 年为 99.3②,贸易条件总体处于恶化之中。

其次,进出口商品结构和地区分布都有所调整。出口产品中石油等燃料和化工产品、金属和纺织等制造品、机械、交通设备四大类在 2000 年占总出口额的 81.1%,2008 年占 79.9%。其中,机械和交通设备为出口额中最大的一类,但在 2000—2009 年却体现出明显下降的趋势,从 2000 年的 46.7%降到 2004 年 41.1%,2008 年的 35.4%。金属和纺织等制造品占出口额的比率相对比较稳定,除 2009 年下滑到 10.8%外,多数年份都保持在 12%左右。化工类产品的比例从 2000 年开始几乎是持续上升的,从 13.3%增长到 2009 年的 20.7%。服装、靴鞋等制造品出口大致在 11%上下波动,出口值有所增长。化工产品中的医药类产品是所有次级产品类目中价值和比率增长最突出的,2000 年的出口额为 72.17 亿英镑,到 2009 年几乎一路增长为 204 亿英镑,所占比例也由同期的

---

① OECD，*OECD Economic Surveys:United Kingdom 2007*，p.36.
② Office for National Statistics，*Annual Abstract of Statistics*，Palgrave Macmillan，2010，p.312.

3.8％升为9％。机械和交通设备类的份额下降主要由其中的电器类产品的下降所致,此类产品2000年出口额还在426.8亿英镑,此后除2006年大幅上升到553.4亿英镑外,其余年份基本上呈下降趋势,2009年为242亿英镑,比例也从2000年的22.7％减少到2009年的10.6％。[①]从比例看,出口商品结构的最大变化,是这些年中机械、交通产品的部分份额由医药类产品取代,相关状况可参见图2。

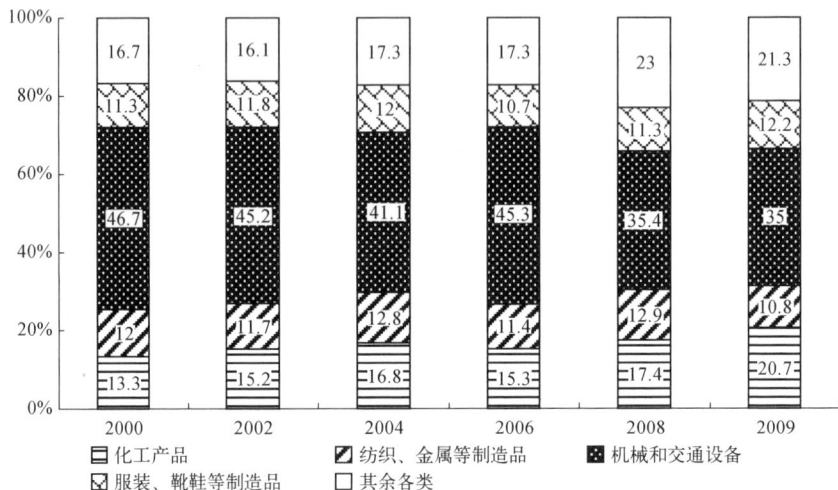

图2　联合王国出口结构　2000—2009年　单位％

资料来源:Office National Statistics, *Annual Abstract of Statistics*, London: Palgrave Macmillan, 2010, p. 315.

从出口商品的流向看,2000—2008年超过70％的份额分布在欧盟和北美国家,2000年欧盟国家占其中的60.9％,北美占17.9％;2008年欧盟占56.2％,北美15.7％。这些年中出口到欧盟和北美的商品价值虽在增长,但所占比例却在下降,更多的出口比例转移到了石油输出国和发展中国家。对中国的出口增长相当显著,2000年出口额为14.7亿英镑,2009

[①] Office for National Statistics, *Annual Abstract of Statistics*, Palgrave Macmillan, 2010, p. 315.

年增长到 54 亿英镑,同期所占比例由 0.78% 上升到 2.15%。[①]

进口商品中的最大份额同样是机械和交通设备类,2000—2006 年约41%—46% 属于此类,但 2008、2009 年比例则明显下降。2000—2009 年化工产品进口价值呈持续增长态势,所占比例也有所提高。纺织、金属等制造品进口价值总体呈上升趋势,但比例基本维持在 12% 左右。到 2009 年之前,服装、靴鞋类制造品进口值是逐年递增的,而比例基本保持在 15% 上下。同样,进口燃料类商品自 2004 年起无论从价值还是从比例上都呈快速上升趋势,2000 年的比例是 4.5%,2004 年就占了 7%,2009 年则上升到 11.4%。[②] 从比例上看,进口结构的最大变化是 2004—2009 年间燃料替代了机械、交通产品的部分份额。相关状况可参见图 3。

从进口商品的来源看,2000—2008 年进口商品价值的 60% 以上来自欧盟和北美国家,其中 2000 年欧盟占 53.3%,北美占 15.1%;2008 年

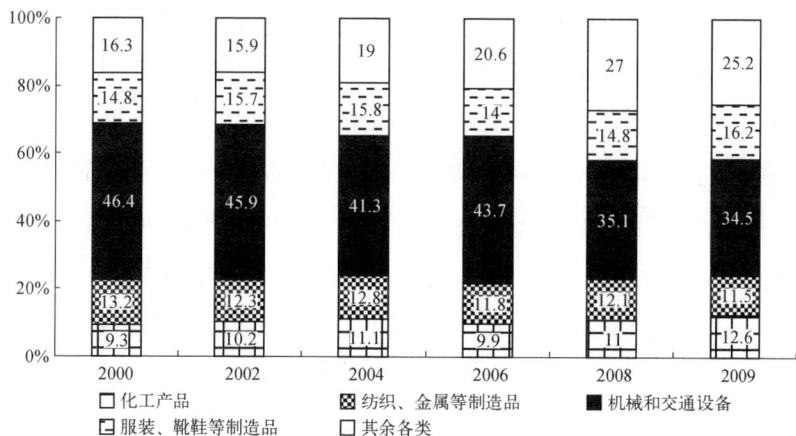

图 3 联合王国进口进构 2000—2009 年 单位:%

资料来源:Office National Statistics,*Annual Abstract of Statistics*,London:Palgrave Macmillan,2010,p. 316.

[①] Office for National Statistics,*Annual Abstract of Statistics*,Palgrave Macmillan,2010,pp. 312,317.

[②] Office for National Statistics,*Annual Abstract of Statistics*,Palgrave Macmillan,2010,p. 316.

欧盟占 52.4％,北美占 9.5％。从北美进口的商品值,在这些年中略有下降,比例上则明显减少;从石油输出国和发展中国家进口的比例都在增加,来自中国的进口增长一直很迅速,2000 年进口额为 48 亿英镑,2009 年为 243 亿英镑,所占比例则从 2.18％上升至 7.85％。① 2007 年的《经合组织调查》就指出:"来自中国的进口正变得日益重要,1995 年占全部进口的 1％,2005 年上升到 3.7％。"②

就业状况,至少到金融危机来临之前都渐行好转,且形势相当乐观。1997 年失业率为 7.1％,2003 年为 4.9％,2008 年为 5.3％,就业状况不仅优于法、德等欧盟国家,而且比美国还要好一些(见表 15)。在失业人口中,失业时间超过 1 年的长期失业者比例,1997 年为 38.6％,2003 年为 21.5％,2008 年为 24.1％,其比例明显降低。相比之下,法国的长期失业比例一直波动在 40％左右,德国在 50％上下,并未表现好转迹象。失业人口中时间为 6 个月至 1 年的比例,英国在欧盟国家中同样是比较低的。③ 低失业率和失业持续时间短成为这些年中英国就业状况的特征,也是相对优势所在。乐观的就业形势在很大程度上归功于自主就业的人数增加④,工党政府的就业政策是这种结果的部分原因,但其他因素也不可忽视。就业形势的好转自 90 年代初就已经开始了,1993 年失业率达到 10.3％的高峰,以后就持续下降,1996 年为 8.1％。⑤ 这个时期其他发达国家的经济形势也相对较好,因此《英格兰银行季度公报》认为:"全球影响的结果可能构成了联合王国失业率好转的部分解释。"⑥

---

① Office for National Statistics, *Annual Abstract of Statistics*, Palgrave Macmillan, 2010, pp. 312,318.

② *OECD Economic Surveys: United Kingdom 2007*, p. 30.

③ OECD, *Labour Force Statistics 2010*, OECD Publishing, pp. 50 – 55.

④ David Blanchflower, "Recent Developments in the UK Economy", *Bank of England Quarterly Bulletin*, 2007 2nd Quarter, Vol. 47 Issue 2, pp. 320 – 326.

⑤ OECD, *Labour Force Statistics 2010*, OECD Publishing, p. 342.

⑥ David Blanchflower, "Recent Developments in the UK Economy", *Bank of England Quarterly Bulletin*, 2007 2nd Quarter, Vol. 47 Issue 2, p. 318.

表 15　英国及其他发达国家失业率　1997—2009 年　　　单位:%

	英国	法国	德国	美国
1997	7.1	10.9	9.9	4.9
2003	4.9	8.4	9.3	6.0
2008	5.3	7.4	7.6	5.8
2009	7.7	9.2	7.8	9.3

资料来源:OECD, *Labour Force Statistics 2010*, OECD Publishing, pp. 48 - 49.

自 1997 年以来雇员的收入持续增长,1997 年平均每周 321 英镑,2007 年每周 457 英镑,2010 年每周则达到 499 英镑,且 13 年间的增长率一般都高于通货膨胀率(零售物价指数)。同时,平均工作时间则略有降低,1997 年为每周 40 小时,2010 年为 39.2 小时。[1] 另据经济合作与发展组织的统计数据,1998—2005 年英国实际工资年均中值增长率为 2.07%,高于同期的法国(0.79%)和美国(1.28%)。[2] 各产业部门中,收入最高的为采矿业,其次是信息与通讯、金融、专业与科技等,农业和餐饮服务属收入最低的行业。从收入差距角度看,2010 年全职员工中最底层 10% 的平均收入是每周 276 英镑,10% 的最高收入群体是 984 英镑,差距比例近 3.6 倍。收入差距与 1997 年相比基本稳定,当时是 3.5 倍。[3] 此间,男女雇员的收入差距有显著降低,2010 年性别差距为 19.8%,而 1997 年则为 27.5%。[4]

1995—2009 年,按家庭原始收入计算的基尼系数为 0.52,保持了 14

[1] Office for National Statistics, *Patterns of Pay : Results of the Annual Survey of Hours and Earning 1997 - 2007*; Office for National Statistics, *Patterns of Pay : Results of the Annual Survey of Hours and Earning 1997 - 2010*, pp. 15, 16, 24.

[2] OECD, *OECD Economic Surveys : United Kingdom* 2007, p. 87.

[3] Office for National Statistics, *Annual Survey of Hours and Earnings : An Analysis of Historical Data 1998 - 2003*; Office for National Statistics, *Patterns of Pay : Results of the Annual Survey of Hours and Earning 1997 - 2010*, pp. 22 - 25.

[4] Office for National Statistics, *Patterns of Pay : Results of the Annual Survey of Hours and Earning 1997 - 2010*, p. 20.

年的稳定不变。当然,这意味着收入的高度不均等,收入最高的 20%家庭是最低 20%家庭的 17 或 15 倍。但通过税收和福利制度的调整,家庭最终收入的差距明显缩小,基尼系数调整为 0.37 或 0.38(见表 16)。值得注意的是,贫富差距在这些年中稍有增长,这应该和十余年的经济快速增长有关,也和政策导向有关。累进税和家庭福利津贴是缩小贫富差距的主要手段,政府通过各类福利津贴的发放实现了高收入家庭向低收入家庭的转移支付,为此,1995—1996 年以现金和实物形式发放的津贴总共为 1 670 亿英镑,占政府总支出的 55%;2003—2004 年是 2 470 亿英镑和 55%,2008—2009 年则为 3 420 亿英镑和 52%。[1]

表 16 联合王国收入分配变化 1995—2009 年

	收入最高的 20%家庭	收入最低的 20%家庭	差距倍数	基尼系数
按平均原始年收入				
1995—1996	41 260 英镑	2 430 英镑	17	0.52
2003—2004	63 150 英镑	3 750 英镑	17	0.52
2008—2009	73 800 英镑	5 000 英镑	15	0.52
按平均最终年收入				
1995—1996	32 670 英镑	5 650 英镑	3.5	0.37
2003—2004	44 990 英镑	11 750 英镑	3.8	0.38
2008—2009	53 900 英镑	13 600 英镑	4.0	0.38

资料来源:Office for National Statistics,*The Effects of Taxes and Benefits on Household Income*,*1995 - 1996*,www. ons. gov. uk;Office for National Statistics,*The Effects of Taxes and Benefits on Household Income*,*2003 - 2004*,www. ons. gov. uk;Office for National Statistics,*The Effects of Taxes and Benefits on Household Income*,*2008/2009*,July 2010.

---

[1] Office for National Statistics,*The Effects of Taxes and Benefits on Household Income*,*1995 -1996*,p. 40,www. ons. gov. uk;Office for National Statistics,*The Effects of Taxes and Benefits on Household Income*,*2003 - 2004*,p. 3,www. ons. gov. uk;Office for National Statistics,*The Effects of Taxes and Benefits on Household Income*,*2008/09*,July 2010,pp. 1 - 3.

1997—2008 年家庭消费结构变化主要表现为如下几点：首先，住房支出额度和比例持续提高，1997 年用于住房的家庭开支平均为每周51.5英镑，占全部支出的 16％，而 2008 年已上升为 94 英镑和 20％。这个情况与房价的快速上涨有关，人们需要在住房方面花更多的钱。其次，用于休闲的比例上升，从 12％变为 14％，休闲娱乐受到更多的重视。第三，酒类、烟草的开支从 6％降低到 4％，这说明人们的一些生活习惯正变得更为健康。① 吸烟早已不是英国的绅士行为，街头巷尾越来越少见到男士在吸烟，相反倒是常常见到女士们吸烟。

总之，从 1997 年至 2007 年，英国经历了超过 10 年的连续繁荣，直至卷入到 2008 年的全球性金融危机中。危机起源于 2007 年夏的美国房贷违约，其直接诱因是房地产价格下跌和银行利率上升。危机通过金融体系向外扩散，触发了全球货币市场的动荡。2008 年 9 月美国莱曼兄弟公司(Lehmann Brothers)申请破产保护，危机进一步深化，英国作为国际金融体系的重要组成部分也被卷入其中，布雷德福与宾利(Bradford and Bingley)公司是英国一家以吸纳零储和贷款为主的金融公司，从 2007 年起就出现了流动性问题，到 2008 年再度陷入困境且难以摆脱。2008 年 9 月 27 日英国金融服务管理局(Financial Services Authority)宣布其无法履行金融义务，两天后该公司依照《2008 年银行业法》被国家接管。从此开始，金融局势渐为明朗，金融机构纷纷降低了向个人和商业机构提供贷款的意愿。

金融危机最终扩展为更加广泛的经济危机，到 2009 年第一季度，英国经历了连续 4 个月的经济衰退，该季度与 2008 年同期相比 GDP 下降了 4.9％②，而持续十几年快速上涨的房产价值也明显回落，2007 年第四季度的均值是 18.4 万英镑，2009 年第一季度降为 15 万英镑。③ 从全年

① Office for National Statistics, *Annual Abstract of Statistics*, Palgrave Macmillan, 2010, p. 123.
② Graeme Chamberlin, "Economic Review, July 2009", *Economic & Labour Market Review*, Vol. 3, No. 7, July 2009, pp. 6-7.
③ *UK House Prices Since 1952*, www. nationwide. com. uk

经济生产产值看,2009 年与 2008 年相比有明显下滑,工业生产总附加值下降了 11.2%,其中采矿业下降 32.6%,电器等下降 23.6%,制造业下降 12.9%,建筑业下降 16.8%;服务业的总附加值下降很少,仅为 1.1%,其中最大的下降来自住宿和食品服务,为 5.7%。但也有些行业依然繁荣,如艺术、娱乐与休闲业的总附加值与 2008 年相比上升了 9.4%,健康和社会工作类上升了 8.3%。①

金融危机初期,英国政府开始采取干预措施,努力确保金融市场稳定。2008 年 10 月 8 日,布朗政府宣布了一整套对金融系统的支持方案,包括四个方面:一、英格兰银行特别流动性扩展计划,创设 1 000 亿英镑的财政部证券(treasury bills),用于执行该计划,到 2009 年 1 月 30 日共有 1 850 亿英镑的财政部证券按该计划贷出,参与的银行和建筑协会共 32 家。二、信用担保计划,为银行和建筑协会的贷款提供不超过 2 500 亿英镑的担保,目的是激活银行之间的同业借贷。三、政府向金融机构提供贷款。四、资本结构调整计划,为金融机构注入净资产。2009 年 1 月 19 日,政府再次推出金融系统干预措施,共有三项:一、资产保护计划,允许银行对不确定价值资产予以保护;二、英格兰银行资产收购措施,利用英格兰银行的一个子公司收购公司资产和政府证券;三、为金融机构的资产支持证券提供担保。②

2010 年春保守党在大选中获胜,工党下野,此时危机尚未解除,前景仍不明朗,房产价值从 2009 年第二季度开始回升,2010 年第二季度最高曾达到 16.9 万英镑,这一迹象似乎给人一些鼓舞。但此后房产价值再度下滑,2010 年第四季度为 16.3 万英镑③;就业状况也持续不乐观,至 2010 年 11 月为止的 3 个月,失业率为 7.9%,失业人数 250 万,比 8 月份

---

① Office for National Statistics, *Annual Business Survey* 2009 *Revised Results*, pp. 1 - 2, www. ons. gov. uk
② Office for National Statistics, *Public Sector Interventions in the Financial Crisis*, pp. 80 - 81, 59 - 60, 113, www. ons. gov. uk
③ *UK House Prices Since 1952*, www. nationwide. com. uk

的统计数字又升高 0.2 个百分点,同比上一年上升 0.1 个百分点。①
2010 年结束时,英国离走出低谷还有多远,依然是不能确定的。

　　总结本篇内容可以看到,当刚迈入 20 世纪的门槛时,英国是世界上
经济最强大的国家,当这个世纪快结束时,英国已沦为二流国家。从英
国的经济发展来看,其中衰落速度最快的时期是二战以后的几十年。英
国的衰落固然有许多原因,但两次世界大战期间结构调整的失败是最主
要原因:英国经济在失去原有优势的同时,未能建立新的优势。

---

① Office for National Statistics, *Statistical Bulletin : Labour Market Statistics , January 2011*,
p. 5, www. ons. gov. uk

第三篇
社　会

第一章　人、职业和阶级

　　1901 年英国全国人口大约是 4 150 万(包括英格兰、威尔士、苏格兰和全部爱尔兰)。在此之前,英国经历了 150 年的人口快速增长,19 世纪一百年中人口翻了 4 倍。但从 1870 年开始,人口增长率就逐渐下降,到 20 世纪,人口只呈现缓慢增长的趋势,在 1911 年,人口是 4 520 万,1921 年达到 4 710 万,1931 年 4 600万(由于爱尔兰南部独立,人口减少,此后数字不包括南爱尔兰),1941 年是 4 820 万,1951 年 5 020 万,1961 年 5 271万,1971 年 5 550 万。[①] 在这 70 年中,英国人口只增长了大约三分之一,比起其他一些国家来说,增长率是比较小的。[②] 有趣的是,在 70 年代下半叶,人口绝对数字也开始下降,从 1974 年的 5 592 万下降到 1978 年的 5 582万,在有人口记载的历史上这还是第一次。此后人口回升,到 1990 年英国

[①] David Butler and Anne Sloman, *British Political Facts 1900 – 1979*, St Martin's Press, New York, fifth edition, 1980, p. 293.

[②] 大约在相同时间中,葡萄牙人口增加 88.7%,俄国人口增加 84.3%,西班牙人口增加 77%,意大利人口增加 62.6%,土耳其人口增加 37.9%,德国人口增加 37%,法国人口增加 30.4%。参见 C. E. 布莱克和 E. C. 赫尔姆赖克合著《二十世纪欧洲史》,人民出版社,1984 年,"附录一"。

的人口大约是 5 740 万,1998 年大约是 5 924 万。[1]

20 世纪人口增长速度减缓甚至成负数的原因很多,但主要原因是出生率下降。1900 年人口出生率曾高达 28.2‰,1950 年降为 16.2‰,1977 年只有 11.8‰,刚好比死亡率(11.7‰)高一点点。[2] 过去曾认为,出生率下降主要是由妇女婚龄提高造成的,但最近的研究表明:避孕措施普及是出生率下降的最主要原因。

从人口性别结构来看,女性一直超过男性,据统计,在 1851 年,英格兰和威尔士每 1 000 个女子只对应 960 个男子,到 1911 年下降为 936 个,1951 年更降为 924 个,但 1981 年又回升到 948 个。值得注意的是,从 60 年代起,性别的比例开始出现逆转,据 1971 年人口统计,15—29 岁及 30—44 岁两个重要年龄段上的男子都超过女子。而在 1988 年,16—35 岁年龄段上的男子比女子多出 21.2 万人。特别在婚姻高峰期的 20—24 岁年龄段上,男子比女子多 5.9 万人。专家们说,性别比例逆转是由男孩的存活率提高造成的,从生育统计数字看,男婴的出生数从来就比女婴高。[3]

在年龄结构上,20 世纪的变化情况如表 17。

表 17　20 世纪人口年龄结构变化[4]　　　　　　　单位:%

年龄段	1901	1911	1921	1931	1939	1951	1960	1971	1991
10 岁以下	22.2	21.0	18.2	16.1	14.1	16.0	15.1	16.6	13.0
10—19 岁	20.3	19.1	19.0	16.8	16.3	12.9	14.9	14.6	12.6
20—59 岁	50.0	51.7	53.4	55.6	56.0	55.4	53.1	50.1	53.3
60 岁以上	7.5	8.2	9.4	11.5	13.6	15.7	16.9	18.7	21.1

[1] David & Gareth Butter, *Twentieth Century British Political Facts 1900 - 2000*, Macmillan Press, London, eighth edition, 2000, p. 347.

[2] David Butler and Anne Sloman, *British Political Facts 1900 - 1979*, St Martin's Press, fifth edition, 1980, p. 294.

[3] Edward Royle, *Modern Britain, a Social History 1750 - 1985*, Arnold, London, 1987, p. 51; Arthur Marwick, *British Society since 1945*, Penguin Books, 1990, p. 362.

[4] David & Gareth Butter, *Twentieth Century British Political Facts 1900 - 2000*, Macmillan Press, London, eighth edition, 2000, p. 349.

从表中可看出,青壮年人口比例在 20 世纪呈拱形变化,世纪初比例相对小,30—50 年代上升至高峰,然后又下跌。未成年者比例基本呈下滑状,反映了出生率方面的微妙变化。老年人比例稳步上升,到 80 年代已经超过 20%(1991 年的统计数字是 21.1%),几乎是 100 年前的 3 倍。由此可见平均年龄上升是 20 世纪人口结构变化的一个重要特点,老龄化则是不可避免的趋势,而这就意味着:社会必须拨出更多的资源,来供养更多的老年人。

在人口的分布与流动方面,19 世纪的趋势是:人口大量向工业区流动,农业区人口骤减,大城市人口膨胀,伦敦作为金融、商业与服务中心,集中了全国的大量人口。除伦敦外又形成六大城市工业带,这六个工业带基本上是在北部、西部和中西部地区,所以如果把国家分成西北、东南两个区,那么西北部是工业区,东南部是农业区(伦敦除外),而人口在西北部增长快,在东南部增长慢,并且从农业区向工业区流动。这是一种典型的工业化人口分布:工业区与农业区差异明显,工业区繁荣,农业区凋敝。这种趋势一直持续到第二次世界大战,当时,全国 8 成的人口居住在城市,其中一半集中在伦敦与六大工业带。

但从 20 世纪初开始,情况便趋向复杂,尽管 19 世纪的那种模式仍在继续,一些老的工业中心却开始衰落,人口从这些地区流出,向新的经济中心流动,而这些新中心则不一定是工业区,比如从二三十年代起,兰开夏郡、约克郡西区、诺丁汉、德比这些工业革命的老中心就在丢失人口,新出现的休闲、度假中心则明显得到发展,这些中心过去曾经是边远冷僻的地区。同时,随着交通工具的改进,越来越多的人逃离喧闹的大城市,向城市边缘地带转移,第二次世界大战后,更是远离城市地区,住进了僻静偏远的小城镇或纯粹的农村地区。大城市越来越不受欢迎,仅 1974—1984 十年间伦敦就流失 50 万人口。

新的社会状况导致 20 世纪下半叶出现两个明显的趋势,一是人口由北向南移动,二是由城市向农村移动。如果我们仍然以原来的东南与西北划线,那么在 1971—1974 年间,东南地区每 1 000 人口每年净增 3

人,西北地区只增加 1 人;到 1984—1987 年间,东南地区每 1 000 人口平均净增 5.8 人,西北地区则流失 0.4 人,呈负增长。同时,在 1971—1981 年间,伦敦及其他大都市人口减少 8%,次大城市减少 1%,中等城市人口反而增加 2%,小城镇增加 6%,农村地区则增加 9%,人口"倒流"的趋势是显著的。① 从这一点上说,工业化的人口分布模式正在发生变化,出现了"后工业化"迹象。

20 世纪人口变化还有一个很值得注意的方面,即非白种人口数量大增。非白种人口主要是从原英国殖民地迁徙来的入籍移民,他们中包括西印度群岛人、南亚次大陆人、非洲亚裔人以及非洲人等等。1951 年,非白种人口只有 20 万,20 年后就已经翻了 6 倍,而 80 年代中期更达到 240 万。许多年来,非白种人口的增加是英国总人口增加的主要因素,1971—1986 年,非白种人口增长 120 万,同时期英国总人口只增长 67.2 万,这表明白种人口事实上还减少了 50 多万。非白种人口中三分之二以上是由三大种族集团组成的,他们是印度人、西印度群岛人和巴基斯坦人,在 80 年代中期分别有 76 万、53.4 万和 39.7 万。② 非白种少数民族的大量增加在英国引起许多社会问题,这在 20 世纪甚至第二次世界大战以前都是不可能发生的。

在人口的职业分布方面,19 世纪的变化比较小,多数变动都是在同一个职业等级内部进行的,比如说,一个技术工种衰落、人数减少,另一个地位相当的技术工种则兴旺、人数增加。不同职业等级之间的流动相当少,所以在整个世纪,职业分布状况基本稳定,没有发生重大变化。

20 世纪的变化则相当大,总的趋势是:非技术职业比例缩小,技术职业比例扩大;体力劳动人数减少,非体力劳动人数增加。见表 18。

---

① A. G. Champion & A. R. Townsend, *Contemporary Britain*, *a Geographical Perspective*, London & New York, 1990, tables 4. 2 & 4. 3, pp. 51—52.

② A. G. Champion & A. R. Townsend, *Contemporary Britain*, *a Geographical Perspective*, London & New York, 1990, p. 46.

表 18　20 岁以上男子职业分布表(1881—1961)①　　　单位:％

	1881	1911	1951	1961
1. 专门职业	2.1	2.7	3.2	4.5
2. 半专门职业	14.6	15.3	14.3	16.4
3. 技术职业	39.8	43.1	53.4	53.5
4. 半技术职业	30.5	29.2	16.2	13.4
5. 非技术职业	13.1	9.7	12.9	12.1

1971 年开始,"技术职业"分为两栏,一栏是非体力劳动的技术职业,另一栏是体力劳动的技术职业。根据这样的划分,职业分布情况见表 19。

表 19　15 岁以上男子职业分布表(1971—1981)②　　　单位:％

	1971	1981
1. 专门职业	5.3	4.6
2. 半专门职业	18.0	18.7
3. 非体力劳动技术职业	11.9	12.6
4. 体力劳动技术职业	38.1	37.0
5. 半技术职业	17.1	17.2
6. 非技术职业	7.2	7.5
7. 其他	2.8	2.4

很明显,非技术和半技术职业人员在一个世纪的时间里减少了很多,这些都是原先从事重体力劳动、完全靠出卖体力为生的人;技术职业在 20 世纪增长很快,而且在后三分之一世纪中出现很明显的增长趋向,同时非体力劳动性质的职业大幅度增加——七八十年代已超过职业总量的三分之一。这种情况反映了 20 世纪技术与社会的重大变化,在 20

---

① Edward Royle, *Modern Britain*, *a Social History 1750 – 1985*, Arnold, London, 1987, p. 88.
② Ibid., p. 89.

世纪,以机械、动力为中心的传统工业结构逐渐过时了,以信息与服务为支柱的新的经济结构逐步形成。表现在职业上,就是大量非技术职业消失,越来越多的人进入非体力劳动部门,换句话说,社会对"脑"的依赖大大超出了对"手"的依赖,这是 20 世纪社会的重大变化之一。

按生产部门分类的职业分布同样也显示着社会经济的重大变化,见图 4。

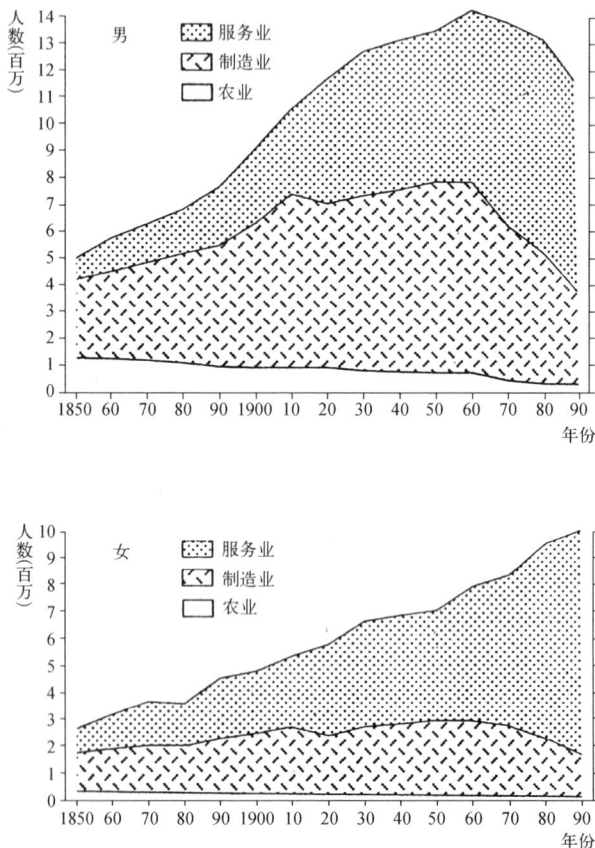

图 4　按部门分类的职业结构图(1850—1988)[①]

① A. G. Champion & A. R. Townsend, *Contemporary Britain, a Geographical Perspective*, London & New York, 1990, p. 32.

图 4 清楚地表明:20 世纪在服务部门(第三产业)工作的人员总数急剧增加,从 60 年代起就达到 2 200 万人左右(男女总数);农业部门就业人员继续减少;工业部门工作人员在上半世纪虽说比例减少,但总数仍维持在一个高峰上(大约 1 000 万人),到下半世纪,其绝对数字也开始剧减,呈现"后工业化"特征。据统计,1911 年在第一产业(农业)就业的人员占全国就业总量的 9%,第二产业(工业)占 55%,第三产业(服务)占 36%;到 1931 年变化已经很明显,当时在这三个产业就业的人员比例分别是 6%、45%和 49%。这样一种比例基本上维持到 60 年代(1961 年是 4%、48%和 48%),这以后发生重大变化,到 1987 年,农业部门只占就业总量的 2.4%,工业部门占 29.8%,服务部门却占了 67.8%①,超过了就业总量的三分之二,这表明:"消费社会"正在英国形成。

按职业分布,可以把社会分成三层,即上、中、下三个层次。这种分法,不仅可以大略地表现出体力劳动和非体力劳动的区别,到 20 世纪中期为止,还可以大体上把工人阶级和社会其他阶级分开:凡从事体力劳动的人,基本上都属于"工人阶级"(working class);不从事体力劳动的,则分属中等阶级(middle class,middle classes)和上等阶级(upper class)。这三个阶级由于其从事经济活动的方式不同,其收入及收入的来源也不同,在生产中所处的地位不同,社会身份也不同。

按职业性质划分,表 18 中 3、4、5 三个职业集团大体上属于工人阶级,并且还把工人阶级分成了上、中、下三个阶层。以职业集团作为划分的标准可以看出,一直到 20 世纪中期,社会的阶级结构并没有发生太大的变化,上、中阶级的整体比例略有增加,但增加的幅度很小,80%的人属于体力劳动阶层,他们是社会的绝大多数。较大的变化发生在工人阶级内部,技术与非技术职业的界线日益模糊,技术工人职业所占的比重日益增加,这反映了 20 世纪快速发展的技术水平,也反映了工人阶级内

---

① A. G. Champion & A. R. Townsend, *Contemporary Britain*, *a Geographical Perspective*, London & New York, 1990, tables 3.2 & 3.3, pp. 33 - 34.

部的结构变化:以技术为生的工人职业集团逐渐扩大,工人阶级的整体收入也随之得到改善。

20世纪下半叶,整个社会的阶级结构开始出现微妙的变化,反映在职业分布上(见表19),就是把"技术职业"划分成"体力劳动"和"非体力劳动"两块。"体力劳动技术职业"属于工人阶级,这在英国人看来应该是确定无疑的,但"非体力劳动技术职业"到底属于哪一个阶级——是属于"工人阶级"还是属于"中等阶级"? 这一点却不那么明确了。从收入来说,他们已很接近"中等阶级"甚至在个别场合还高出中等阶级下层。但在工作方式、劳动性质和社会地位上他们又和其他工人阶级有更大的相似性,因此这是个介于"中等阶级"和"工人阶级"之间的集团,它形成从"工人阶级"到"中等阶级"之间的过渡。

中等阶级和上等阶级之间的界线也日趋模糊。在18世纪和19世纪,贵族(aristocracy)一直是占优势的阶级,他们是社会的上层,不仅在政治上垄断权力,而且在经济上也最有实力,他们占有大量地产,是全国最富裕的人。这种情况到19世纪最后三分之一才开始改变,而到20世纪初,变化则相当激烈。1909年的"人民预算"已对贵族地主形成重大打击,它规定对增值的地产征收20%的转手税,又对收入最高的人征收高额所得税。第一次世界大战对贵族地主的打击更大,在战争中,贵族与乡绅(gentry)子弟大批上前线,担任各级指挥官,结果在英国社会各阶层中,他们的伤亡率最大。这种情况造成大量地产失去继承人,许多庄园因无人继承不得不出售,据估计到1921年年底为止,英格兰有25%的土地转手,仅在1918—1921年就出售600万—800万英亩土地,是诺曼征服(Norman conquest)①以来规模最大的一次土地转手运动。买进土地的大多是社会中层,比如在1914年,只有11%的农用土地由土地所有者自己经营;到1927年,这个数字已增加到36%,说明中等富裕的农场主大大增加了土地控制量。

---

① 1066年诺曼底公爵威廉率军征服英格兰的事件。

第一次世界大战沉重地打击了传统的社会上层，它使乡绅贵族衰落，同时使中等阶级上升。随着时间的推移，两者间的界线越来越模糊了，挤入上层圈子的不仅有工商业巨头，还有越来越多的专业人员，如高等律师，资深法律顾问，企业高级经理，银行高级主管，科学、学术权威，文化、艺术名流等等，由政界或高级文武官员途径进入上层的则更是俯拾皆是。

20 世纪的社会变动使人们很难像 19 世纪那样以谋取财富的手段来区分上、中阶层——在 19 世纪，大土地所有者可说都属于上层，工商业则大多数属于中层。20 世纪的变化则很大，收入的方式和社会经济地位发生分离，"上层"这个概念与土地乃至资本都不一定有直接联系；收入最高的人中，可以有体育与艺术界的超级明星——当然他们不一定因为收入高就一定跻身于"上层"之中。

在一个阶级界线日益模糊的社会里，要清楚地勾画出阶级的结构是相当困难的。1984 年，社会学家戴维·罗斯(David Rose)和卡罗琳·沃格勒(Carolyn Vogler)做了一次问卷调查，有 1 000 多个被询问者对自己的阶级属性作了回答①，其中，

说自己属于上层阶级的占　　　　0.2%　 ——上等阶级 0.2%

说自己属于上层中等阶级的占　　3.0%

说自己属于中等阶级的占　　　　23.7%　——中等阶级共 38.5%

说自己属于下层中等阶级的占　　11.8%

说自己属于上层工人阶级的占　　11.1%

说自己属于工人阶级的占　　　　37.6%　——工人阶级共 52.9%

说自己属于下层工人阶级的占　　4.2%

拒绝答卷的占　　　　　　　　　2.8%　 ——其他 8.4%

不知道自己属于哪个阶级的占　　5.6%

历史学家阿瑟·马威克(Arthur Marwick)对这些数字做了技术上的处理，然后他认为：在 80 年代，英国大约有 58% 的人属于工人阶级，39% 的人属于中等阶级，3% 的人属于上等阶级；而在 40 年前(1945 年)，

---

① David Rose & Carolyn Vogler, *Social Class in Britain Today*, London, 1988, p. 144.

工人阶级大概占 60％多,中等阶级大概占 30％多,上等阶级大约是 2％。① 根据史蒂文森(John Stevenson)提供的数字,在 20 世纪初,工人阶级占人口的 75％,上层和中层合在一起占 25％②,上层当然不会超过 2％。如果这些数字可靠,那么在 20 世纪,阶级结构变化的总趋势是:工人阶级逐渐缩小,中等阶级正在扩大,上等阶级也有所增加,但增加的幅度十分小。如果我们把这个结论和财富分配的变化相对照,就会发现它们几乎是吻合的。

如果我们用文字来描述各阶级的特征,那么,作为"工人阶级",体力劳动是他最本质的特点。他受雇于其他人,靠劳动为生,在劳动中听命于他人,不能有自己的独创性。他会读书写字,但只限于普通的运用,他很早就离开学校,受教育不多。他个头矮小,看起来挺结实,但实际上却不那么健康,工人的婴儿死亡率和平均寿命都不如其他阶级。最能表现他的阶级属性的外部标志是他的穿着和语言,他可以有相当不错的衣服,但他的日常装束却总是和其他阶级不同,工作时必须穿工装,如果穿衬衣打领带,那就表明他已爬进了更高的社会阶层。20 世纪中期以后,由于出现了"蓝领"和"白领"之分,工人阶级上层和中等阶级下层之间的界线变得更加模糊了,但多数工人对自己的地位还是很清楚的。1972 年做的一次社会调查中,大约有 70％的体力劳动者说自己属于"工人阶级",其他 10％说自己是"下层阶级"或"穷人",只有 19.3％的人说自己已经是"中等阶级"了③,而工人阶级上层和中等阶级下层之间的模糊界线,却正反映在这个 19.3％上。

除体力劳动之外,语言是另一个明显的标志。工人阶级说话总带有很浓的乡土口音,语汇也比较粗鲁;受过教育的人从小就讲"牛津英语",这使他们长大了能从语音中找到自己的同类。在英国,说话的口音很能

① Arthur Marwick, *British Society since 1945*, Penguin Books, London, 1990, pp. 329, 36 – 37.

② John Stevenson, *British Society 1914 – 1945*, Penguin Books, London, 1990, p. 37.

③ Arthur Marwick, *British Society since 1945*, Penguin Books, London, 1990, p. 208.

表现一个人的社会地位,一个新上任的部门主管第一次召集自己的下属说话,只要他一开口,就能让人知道他的阶级背景:他出身于哪一个阶级,接受过什么教育,几乎都可从口音中听出来。

对中等阶级来说,工资、职位、家庭摆设、文化趣味等等都是社会地位的表现。20 世纪初,拥有家庭女仆是中等阶级的显著标志,一个中等阶级家庭可能不如一个有手艺的技术工人收入高,但他不可以从事体力劳动,不可以没有女仆。据一位中等阶级家庭主妇回忆:直到 30 年代,女孩子还"根据各自家庭所拥有的女仆数字来判别贫富,有时候……还故意多说一个女仆来加深同伴们的印象"①。

第二次世界大战前夕,家用电器开始取代女仆成了中等阶级家庭的标志,但这也同样表明中等阶级不必动手做家务劳动。60 年代开始,工人阶级的生活水平普遍提高,各种家庭用具也进入普通工人家庭,因此从消费角度看,工人与大多数"中等阶级"的差距已经不大了,但一个中等阶级成员仍可以把自己和工人区分得很清楚。70 年代有一位伦敦中等阶级妇女曾这样说:"人总是不一样的,即使有同样的房子、同样的钱,还是不一样。我们的心灵要比工人阶级充实,因为我们读书。"而早在 1949 年,一位政府女职员就这样说:"收入有一点关系,但现在已不是决定性因素,因为很多工人阶级成员比中等阶级下层工资还要高,而很多上层阶级的'新穷人'拿的钱还不如他们。"但她说中等阶级有这样一些特点:在一个小型私立学校念过书,有一个"中等阶级职业","住在中等阶级街区",由于有这些特点,中等阶级和工人阶级的区别就很明显。②应该强调,接受良好的教育是中等阶级的一个重要特征,60 年代,一位刚刚爬进中等阶级行列的年轻化学家曾这样说,"我知道我要干什么",假如"我能够再往上爬几级,我就能把孩子们送进寄宿学校了"。③

① John Stevenson, *British Society 1914 - 1945*, Penguin Books, London, 1990, p. 345.
② Arthur Marwick, *British Society since 1945*, Penguin Books, London, 1990, pp. 207, 41 - 42.
③ Ibid., p. 156.

还在 1949 年,一位自称属"中等阶级下层"的工厂管理人员的妻子把她和工人阶级做了清楚的划分。尽管她的话长了一点,但内容却十分精彩,充分表达了当代英国人对阶级属性的看法,因此转录如下,以便读者能更好地理解当代英国"阶级"的内涵。她说:

> ……我们的教育水平比大多数工人阶级要高,这造成与工人阶级群众不同的音乐、艺术与文学鉴赏水平。……在这个地区,我们的语言和工人阶级的多数不同,我们有特别的语调,有一个大得多的词汇量。我们的朋友圈子中主要是和我们自己一样的人,只有两三个例外,他们和工人阶级的熟人不大合得来。别以为我是势利眼,我很能和工人群众混在一起,在教堂或家长联谊会的活动中尤能如此。但要交朋友,我就觉得他们不理想,而且在谈话的时候双方缺乏共同话题。[1]

在"中等阶级"与"工人阶级"之间就这样存在着一道无形的沟壑。

"上等阶级"在 20 世纪初就已经不完全是指土地贵族,一些靠工商业起家的人也开始挤进"上层"的行列。1886—1914 年取得贵族头衔的 200 人中,超过三分之一来自"新富",即工业革命所创造的财富;三分之一来自他们对国家所作的贡献,如高级文官、高级军官、殖民地官员、高等法官等等;只有不到四分之一的人出身于古老的贵族世家。[2] 随着时间的推移,更多的人靠个人奋斗挤进"上层"的圈子,土地不再是财富的主要来源,爵号也不再是"上层"的唯一标志。有人说:上等阶级现在分为三层:"首先是公认的贵族,之所以如此,是因为他们占有土地、财富、头衔和地位;其次是较小的地主,即'乡绅',他们有时与贵族联姻;第三是上等阶级的下层,其组成者……由适当的教育、对国家的服务或婚姻而升进了上等阶级的行列。"[3]有人给上等阶级下过这样一个定义:上等

① Arthur Marwick, *British Society since 1945*, Penguin Books, London, 1990, p. 42.
② John Stevenson, *British Society 1914–1945*, Penguin Books, London, 1990, p. 30.
③ Arthur Marwick, *British Society since 1945*, Penguin Books, London, 1990, pp. 206–207.

阶级控制和消耗"国家资源的精华——它的资金、它的职位、它的津贴、它的血气,它只要张口打一个呵欠,就能保证全国上下洗耳恭听"①。上等阶级在 20 世纪有广泛的社会来源,就连工会活动都能把一个普通工人从社会底层推进"上层"的行列,其典型的例子有第一次世界大战以后的麦克唐纳、第二次世界大战以后的贝文等。

　　上层还有一个普遍的特点,就是多数毕业于私立学校,特别是几所最好的公学(public school),如伊顿(Eton)、哈罗(Harrow)、拉格比(Rugby)等。举例来说,1920—1940 年间,保守党议员中至少有 68％的人毕业于私立学校,而伊顿一个学校就占 27.5％。根据第二次世界大战开始时所做的统计,内政部所属年收入在 1 000 英镑以上的 271 名高级文官中,三分之二以上(190 人)毕业于私立学校,其中 43 人毕业于伊顿等 5 所最好的学校。1929 年通过公开考试进入高级文官队伍的人,有四分之一毕业于 12 所著名的私立学校;10 年后,其比例仍为五分之一,此外还有大约七分之一的人毕业于其他各种公学。② 私立学校毕业生的背景在国教高级教士、高等法官、高级军官甚至大企业家、大银行家、高级记者、社会名流等等的队伍中都相当明显,英国上流社会是通过"公学"这种特殊的教育机构结成一张社会精英之网的,幼年的同学到成年后分布在社会各界,尽管其出身、经历可以不尽相同,但共同的教育和共同的志趣,却保证国家永远掌握在少数具有共同理想和共同价值观念的人手中,这就是英国的"上等阶级"。

　　总之,在 20 世纪,人们对阶级的意识仍旧非常强,但阶级间的界线却日渐模糊,财产和收入的方式都不再是阶级的明显标志,人们越来越强调一些非经济的因素。阶级在英国社会中仍起着很大的作用,但阶级(以及阶层)以什么为划分标准,则是不同英国人争执不休的问题。

---

① Arthur Marwick, *British Society since 1945*, Penguin Books, London, 1990, p. 155.
② John Stevenson, *British Society 1914-1945*, Penguin Books, London, 1990, pp. 350-351.

第二章　财富、贫穷和福利制度

1905年，自由党议员莫尼(L. C. Money)出版了一本书，名叫《富与贫》。他在考察英国当时贫富不均的情况时说："国家全部收入的将近一半是由人口的九分之一享有的，我们还应该加上另一个更为惊人的事实，即：联合王国(United Kingdom)全部收入的三分之一以上由国民的不到三十分之一享有。"①确实，在20世纪刚开始的时候，贫与富的差距非常之大。

这时，土地仍然是最坚实的财产，新富和老富都以土地为归宿，将土地看作财富和身份的最终标志。1873年进行的一次土地调查表明：全国80%的土地掌握在7 000个私人手里，其中最主要的是一批贵族，这种情况一直持续到1914年。如果一个外国人在19世纪中期游历过英格兰，那么他在20世纪初旧地重游时，就会发现农村旧景如故，"殿堂、公馆、别墅、圈围的园林散布于全英格兰，与皇家的宅邸争奇斗艳"②。

20世纪初，第十七代德比伯爵(Earl of Derby)拥有好几个大庄园，7万英亩土地，从矿井、房租和地租中每年收入30万英镑。军火商威

---

① K. O. Morgan, *The Age of Lloyd George*, London, 1978, p. 132.
② Asa Briggs, *A Social History of England*, Penguin Books, Middlesex, 1985, p. 225.

廉·阿姆斯特朗爵士(Sir William Armstrong)靠军火生意发财,但他在1900年去世时已经有两个庄园,1.6万英亩土地,曾经花125万英镑改造他的第二个庄园。第一代威斯敏斯特公爵(Duke of Westminster)在1899年去世时,留下1 400万英镑财产,他的金融帝国分布在四大洲,而伦敦市中心则有他的300英亩土地(这是一笔巨大的财富,因伦敦市中心地价极贵)。1896年,一个美国富豪的女儿嫁给第九代马尔博罗公爵(Duke of Marlborough,温斯顿·丘吉尔的堂兄),带来了价值200万镑的嫁妆,给这个古老的家族注入了新的血液。

在贵族与金融巨头之下,是中等阶级的行列。那时,一个成功的大律师年收入可达2.8万英镑,一个高等法院法官固定的年薪应该是5 000英镑。1 000英镑以上的收入就可以维持很舒适的生活了,而500镑收入则可能随时感到捉襟见肘。另一方面,一个已经有四年教龄的私立学校教师每年只有200镑的薪水,即使教满十年书达到教师的最高薪金,他每年也只有300英镑。小学教员每年的收入不到100镑,一个乡村小教区的牧师每年薪水也差不多,他们跻身于"中等阶级",主要是由于地位和职业而不是收入。中等阶级的生活水平千差万别,从接近一个奢华的贵族到几乎就是个普通的工人。

中等阶级可以外出旅游,从旅游欧洲到巡游英伦三岛,视其财力而定。伦敦开往海滨的专线列车在19世纪末就开通了,为中等阶级甚至工人阶级上层提供了方便的交通工具。自行车的普及扩大了人力所能及的活动范围,星期天远足成了殷实家庭青年男女时髦的游乐。私人汽车在20世纪初还只限于上层阶级,但中等阶级上层也开始加以追求。中等阶级居住在特定的街区,最富有的住宅四周有草坪环绕,灌木丛把它与其他房屋分开。但多数中等阶级居住在沿街修筑的成排住宅里,室内高大而宽敞,摆设讲究。

离开有产者的行列,进入社会的另一极,我们看到在20世纪初,工人阶级的平均工资是每周27先令,亦即年薪70英镑出头。技术工人与非技术工人的差别很大,技术工人可达到每周40先令,非技术工人则只有这个数字的一半多一点,依靠这笔收入,一个四口之家是很难维持像样的生活的。1913 年有人估计,全国有 200 万男子或总共 800 万人口在每周 25 先令以下的收入水平下生活,而工资越低,失业的可能性越大,因此低工资家庭的实际收入要比人们所能估算的更低。1904 年对 2 000 个工人家庭所作的调查表明:每周收入在 25 先令以下的家庭要把收入的 67％用于伙食,而且只能以面包、土豆、茶和罐装牛奶为主。工人们住在肮脏、狭小的住房里,卫生设备很差,每个城市都有大片大片的工人住宅区,这种住宅低矮、阴暗,两排住房背贴着背,隔着一道墙,各自面对一条狭窄的街,街上满是污泥浊水。工人阶级街区供水、排水都很成问题。根据 1911 年的统计,全国有 10％的人居住在过度拥挤的房屋里(即每间房超过两个人),在伦敦,这个数字是 16.7％,在桑德兰则是 32.6％。

许多偏远乡村似乎还没有受到工业化的影响,整个生活方式都是传统的,一切生活品全都在农场自行生产,许多人从来没有离开过出生地。据估计,农业工人的平均收入只有每星期 17 先令半,其中不仅包括以货币形式支付的工资,而且包括一切实物形式的收入,如免费的住房、牛奶、土豆等。

1899 年西博姆·朗特里(Seebohm Rowntree)在约克市进行了一次社会调查,他发现有 10％的人生活在贫困线以下,另有 18％接近于贫困线。他所测定的贫困线是指家庭收入只够"单纯维持体力",这意味着一家人"决不花一个子儿去坐火车或坐汽车,不到乡下去,除非走着去;不花半个子儿买报纸,不花一个子儿买通俗音乐会的门票;他们买不起邮票,所以决不给在外地的孩子写一封信;他们不给教堂募捐,不给邻居提供花钱的帮助,他们不能储蓄,也不能参加医疗互助会或工会,因为交不起会费";孩子不能买玩具,父亲不能抽烟喝酒,母亲不能买新衣服,"除了维持体力所需要的东西外,他们不能买任何东西,而要买东西就必须是最简陋最省钱的品种"[1]。1913 年朗特里又发表对农村的考察,其中

---

[1] Seebohm Rowntree, "Poverty, a Study of Town Life", in W. H. B. Court, *British Economic History 1870 - 1914*, *Commentary and Documents*, Cambridge University Press, 1965, pp. 302 - 303.

认为除五个郡之外,英格兰和威尔士所有地区的农业工人平均收入都在
"单纯维持体力"的贫困线以下。①

　　第一次世界大战之前的各种调查表明:大约有三分之一的人生活在
贫困之中,其中又有相当数量生活在赤贫中。社会学家们发现:贫困的
原因依次是:(1)老年;(2)家庭因疾病或死亡而丧失主要劳动力;(3)失
业;(4)低工资和无固定工资;(5)家中人口过多。由此可见,解决老年、
疾病和失业问题是解决贫穷问题的关键。

　　贫穷影响到国民身体质素。布尔战争期间,报名参军的人中有将近
40%体检不合格,像利兹、设菲尔德这样的工业大城市,不合格的比例高
达60%。政府组织一个专门委员会来调查这个问题,结果发现贫穷、居
住条件差、工作环境恶劣、酗酒和营养不良是体检不合格的主要原因。
1910年,体检不合格的仍有52.2%,到第一次世界大战实行征兵制之
后,体检不合格的情况仍然很严重。此外,在1900年,新生婴儿的死亡
率达到152‰,如此高的比例可以与19世纪"饥饿的40年代"相比。

　　总之,贫穷以及与贫穷有关的诸多问题已经成了社会的显患,不解
决贫穷问题,社会便不能和谐地发展。贫富之间的沟壑使解决贫穷问题
具有特别的紧迫性,19世纪最后十年爆发的激烈的劳资冲突,充分显示
了问题潜在的爆炸性。

　　于是,从1906年开始,新上台的自由党着手解决贫穷问题,由此开
始了20世纪大规模的社会立法进程。1906年《工伤赔偿法》
(Workmen's Compensation Act)将工伤赔偿的范围扩大,使600万工人
能够适用于工伤补偿。同一年的《学校供餐法》授权地方当局向家贫的
学童提供免费午餐,尽管到1914年只有一半地方当局执行了这项法律,
却有3.1万名穷人的孩子从中受益。1907年一项法律规定对儿童进行
体检并允许做治疗,到1914年有75%的地方当局加以执行。1908年的

---

① Seebohm Rowntree & May Kendall, "How the Labourer Lives", in W. H. B. Court,
　British Economic History 1870-1914, *Commentary and Documents*, Cambridge University
　Press, 1965, p. 314.

《养老金法》规定向 70 岁以上、每年收入不到 26 英镑的老人发放每周 1 先令的养老金,这是国家用行政手段向穷人提供生活补助的第一个举措,是用社会的力量认真地清除贫穷的第一次尝试。

1909 年,自由党政府提出一份前所未有的预算法案,把矛头指向了富裕阶层,由此而得到"人民预算"的美名。根据这项预算,政府将对年收入 3 000 镑以上的人征收较高的所得税,对年收入 5 000 镑以上的人则征收超额所得税;同时,对低收入家庭发放儿童补助金,从而在实际上减轻了穷人的负担。需要交纳超额所得税的在全国只有 1.2 万人,但这种把对富人的征税用来补贴穷人的做法却带有革命性。与此同时,"人民预算"还对土地增值部分征收 20% 的转手税,对未开发的土地、矿山加收每英镑半便士的附加税,对租约期满的土地征收增值部分的 10% 的回归税。尽管这些税收总共只给国库增加了 50 万英镑收入,但它们都是向传统的统治阶级开刀的,因此具有特别的意义。这些钱,将用来修筑公路、开办全国性的劳工交易所、改进农村生活条件等。"人民预算"引起富裕阶层尤其是土地阶级的强烈抵抗,结果引发了一场旷日持久的宪法危机,而且导致上院的改造。[①]

1911 年,自由党政府又挟初胜之勇,在议会提出了《国民保险法》。这项法律分两个部分,第一部分涉及医疗保险,第二部分涉及失业保险。在医疗保险方面,法律规定在强制交纳保险金的基础上,为 16—70 岁的体力劳动者,及年收入低于 160 镑的其他工资收入者(如低级文职人员)提供保障。职工在生病的头 13 个星期,男性可领取每星期 10 先令的生活补助,女性 7 先令 6 便士;在随后的 13 个星期中,无论男女都领取 5 先令。在伤残情况下,基本保障是每星期 5 先令;当投保人的妻子生产时,她可领取 30 先令津贴。为取得受保资格,男工每星期须交纳 4 便士,女工交纳 3 便士,雇主为每个雇员交纳 3 便士,国家补贴 2 便士,由此组成全国性的医疗保险基金,法律委托所谓的"授权团体"如工会、互助会等

---

① 详见本书第 40—42 页。

负责具体执行。

在失业保险方面,法律规定职工和雇主每星期各交 2.5 便士,国家补贴全国总金额的三分之一,从这笔资金中,工人失业时可每星期领取 7 先令生活补贴,但每交纳 5 个星期才可以领到 1 星期补助,而且每年最多领 15 个星期。尽管如此,这项法律却第一次为低收入者提供了全面、广泛的社会保险,使他们在很大程度上摆脱了贫病交加的威胁。但法律适用范围很小,只适用于某些特定行业的工资劳动者,已参加其他保险项目(如私人保险公司)的不在其列,不受雇于他人的人(如独立劳动者)也不在适用范围内,职工家属和以前一样不受保护。法律刚生效时,只有 225 万人受益,后来,法律经过两次修改(1920 年、1942 年),降低了标准,扩大了范围,到 1938 年,大约有 2 000 万人受到这项法律的保护。

第一次世界大战时,物价上涨,工资也上涨,而且涨得比物价快,于是工人的生活水平大为改观。比如说,在技术工人方面,1914 年 7 月一个泥水匠的每周工资是 42 先令 10 便士,到 1919 年 7 月已达到 79 先令 2 便士;1914 年 7 月造船厂铆钉工的每周工资是 37 先令 9 便士,1919 年 7 月是 74 先令 9 便士。在非技术工人方面,泥水匠帮手的工资从 29 先令 1 便士提高到 65 先令 2 便士,机械工帮手的工资从 22 先令 10 便士提高到 58 先令 3 便士。据推算,如果以 1930 年的数字为 100%,那么 1913 年的工资指数是 52.4%,1920 年是 143.7%;扣除通货膨胀因素,1913 年的实际工资是 82.8%,1920 年的实际工资是 91.2%。因此,战争结束时工人的日子比战前好过了,而且越是收入低的阶层获益越大,以至 1918 年伦敦负责学生保健工作的官员说:"营养不良的孩子比例已不足 1913 年的一半。"[1]

战后各阶级生活水平普遍提高,首先表现在收入方面。比如,高级律师在 1913 年收入为 478 英镑,到 1937 年达到 1090 英镑。开业医生在 1913 年收入 395 英镑,1937 年 1094 英镑。银行职员 1911 年收入 142 英

---

[1] Asa Briggs, *A Social History of England*, Penguin Books, Middlesex, 1985, p. 263.

镑,1935 年 368 英镑。政府职员 1911 年收入 116 英镑,1935 年 260 英镑。火车司机 1906 年收入 119 英镑,1935 年 258 英镑。排字工人 1906年收入 91 英镑,1935 年 218 英镑。就连农业工人的工资也从 1906 年的48 英镑提高到 1935 年的 89 英镑。① 收入虽是成倍增长,物价在 1913和 1935 年间却几乎没有什么变化,比如说,1913 年的批发价指数是 26,零售价指数是 21;1935 年的指数则分别是 27 和 30,可见,到 1935 年,各阶级的实际收入都比第一次世界大战爆发前高出许多,因此消费水平和生活水平都大为提高。有人统计说:1910—1914 年间,食品消费增长了30%—35%,其中水果消费增加 88%,蔬菜消费增加 64%,黄油消费增加 50%,鸡蛋消费增加 46%。

随着营养增加、品种增多,国民健康状况也明显改善。两次大战期间,人口死亡率降低,平均寿命延长,青少年体重增加,身高增长。1936年约翰·奥尔爵士(Sir John Orr)对营养结构的改进作了充分肯定,他说,"具有高度生物学价值的食品增加……说明人们摄入了更多重要的维生素和矿物盐",因而"随饮食改进而来的,是国民健康的相应改善"②。

收入的增加还改变了消费结构:1914 年工人阶级家庭要把 60%的收入用于食品,另外 16%用于房租和纳税;到 1935 年,用在这两方面的比例已下降到 35%和 9%,剩下的收入可用来购买更多的衣服、家具、消费品和书报,还可以用于文化娱乐活动。1932 年就有人说过这样的话:"年轻的女工们以前只在特殊场合才梳妆打扮,现在则总是穿得干干净净,注意她们的头发、牙齿和指甲。"1944 年约翰·希尔顿(John Hilton)也写了一本《富与贫》,其中说:工人阶级增加的收入不仅用于更好的吃、更好的穿,而且用于"打赌、烫发、下酒馆、抽香烟、看电影、打球、游泳、上公园球场、看赛马、玩乐器,以及其他各种一两个便士的玩意儿"③。

---

① J. Burnett, *A History of the Cost of Living*, Penguin Books, London, 1969, pp. 298 - 301.

② Stephen Constantine, *Social Conditions in Britain*, *1918 - 1939*, London & New York, 1983, p. 37.

③ John Stevenson, *British Society 1914 - 1945*, Penguin Books, London, 1990, p. 127.

　　财富的分配也比过去合理了。1913 年,人口中 74.1% 的人从事体力劳动,1938 年只剩下 71.4%,但他们在国民收入总数中所占的比例却几乎没有变,这说明体力劳动者的总体收入提高了。1945 年进行的一项研究表明:通过税收及《国民保险法》的渠道由富裕阶层流向贫困阶层的财富,在 1937 年达到 2 亿—2.5 亿英镑,其中多数以生活补贴的形式支付给年收入低于 125 英镑的阶层。如此造成的结果是:工人阶级的总体收入提高了 8%—14%,上层和中层的收入则减少了 10%—18%。

　　尽管如此,贫富之间的差距仍然很大:1938 年,人口中 88% 的人年收入在 250 英镑以下,即每星期不到 5 英镑,其中 31% 每周工资不足 2.5 英镑。假如把家产变换为货币,那么有 75% 的家庭其财产值不超过 100 英镑。另一方面,大约有 50 万人每年收入超过 685 英镑,其中约 2 000 人收入在 2 万英镑以上,其纳税前的平均收入是 4.35 万英镑,他们是英国真正的富翁。在 1937 年,1% 的人拥有国家财富的 55%,5% 的人拥有国家财富的 79%。由此可见,在两次大战之间,一方面是生活水平的普遍提高,另一方面却是贫富差距继续扩大。

　　前面提到的约翰·奥尔爵士在充分肯定了营养结构方面的进步之后,也指出贫富之间在食品消费方面有明显差别。家庭越贫穷,用于伙食的消耗就越少,蔬菜蛋奶鲜肉等必不可少的食品消费量也越小,因此营养结构就越不合理,蛋白质、脂肪、维生素等各种成分越不平衡。他的结论是:要想"达到现代健康水准所要求的饮食规定,只有那些收入超出人口半数以上水平的人才能做到"[1]。

　　1936 年,朗特里对约克市进行了第二次社会调查。他使用的判断标准与 1899 年基本相同,但最低贫困线有所提高。结果,他发现大约 18% 的人(占工人阶级的 31%)处于新的贫困线之下,其中约一半属于赤贫。他还发现,贫穷的三大原因依次是:(1) 低工资(32.8%);(2) 失业

[1] Stephen Constantine, *Social Conditions in Britain*, *1918 - 1939*, London & New York, 1983, p. 39.

(28.6%);(3) 老年(14.7%),这和 1899 年已有所不同。在指出贫穷依然存在的同时,他认为与 1899 年相比,工人阶级的总体生活水平提高了大约三分之一,因此在两次世界大战之间,工人阶级的生活水平一方面提高了,一方面又未能消除贫穷。

失业是贫穷的重要原因,失业问题在两次世界大战之间特别严重。1921—1940 年,失业人数从来没有少于 100 万,1921—1922、1931—1935 年甚至超出了 200 万。四大支柱产业受失业的打击最大,表 20 说明了这种情况。

表 20　30 年代各支柱产业失业人数百分比[①]　　　　单位:%

	1929	1932	1936	1938
煤　矿	18.2	41.2	25.0	22.0
棉　纺	14.5	31.1	15.1	27.7
造　船	23.2	59.5	30.6	21.4
钢　铁	19.9	48.5	29.5	24.8
全国各行业的平均失业率	9.9	22.9	12.5	13.3

1936 年,威尔士每 1 000 个工人中有 322 个人失业,英格兰东北部有 212 个人失业,英格兰西北部有 186 个,中部地区有 101 个,西南部有 89 个,伦敦地区 76 个,东南部是 62 个。许多人失业时间超过一年,据"朝圣者基金会"1936 年夏天的统计,当时每 1 000 个工人中持续失业时间已超出一年的,在煤炭业中有 123 人,在造船业中有 95 人,在棉纺业中有 67 人,在水手中有 59 人,在钢铁业中有 57 人。全国各行业长期失业者平均比例为每 1 000 个工人 41 人,而四大支柱产业占了其中的40%。[②] 失业给工人的心灵蒙上一层阴影,纽卡斯尔(Newcastle)一个工人回忆说:在大萧条时期,"碰到熟人……问候时不是说'嗨,你好'或'家

---

① John Stevenson, *British Society 1914-1945*, Penguin Books, London, 1990, pp. 270, 273.

② Stephen Constantine, *Unemployment in Britain between the Wars*, Essex, England, 1992, appendix.

里都好吗',而是说'你还有工作吗'"。一个已失业两年,曾参加过第一次世界大战的工人说他感到"孤独无望";他说在打仗的时候人们对他说"国王和国家需要你",但现在怎么不说"国王和国家不需要你"呢?①

　　贫困的另一原因是老年。1934 年出版的《伦敦生活与劳动新考》中说:"任何年龄在 65 岁以上者,若其单独生活,除养老金外又无其他生活来源,在 1929 年就一定要落于贫困线以下。"多子女是贫困的再一个原因,在贫困线以下生活的人中,16 岁以下是很大的一批人。贫穷意味着生活条件恶劣,1943 年"妇女关心公共福利小组"曾说:"伙食差、睡眠不足、空气不好、没有健康的运动和娱乐,这些都影响人们的心身。"第二次世界大战刚爆发时,几十万儿童撤离伦敦疏散到全国,结果接待家庭往往发现穷人的孩子"不仅装备不全,而且根本没有替换的衣服……给他们洗衣服时主人家必须让孩子们躺在床上不起来"②。

　　虽然说,1911 年的《国民保险法》为缓和贫困付出了很大努力,比如从 1921 年夏天起,一个失业工人可以每星期领取 15 先令生活补助金,他的妻子可以领到 5 先令,每个孩子也领到 1 先令,但领取补助金并不是无限期的,超过一定期限就会丧失资格,因此长期失业者前景非常不妙。此外,许多行业被排除在保险范围以外,其中最大的群体一是农业工人,二是家庭仆佣,三是小手工艺者。这些人一旦失去工作,就只能靠古老的济贫制度即教区征收济贫税的制度勉强过活。20 年代末开始失业人口激增,国民保险制度承受很大压力,政府为应急,便允许预支以后有可能得到的生活补助金,待今后经济形势好转时再偿还。1931 年,经济衰退更趋严重,失业人口更多,为减少开支,政府引进了"家产检查"制度,即派员去申请者家里检查其家庭的整体经济状况。检查官要求被检查者出示一切家产,包括家具、家用设备、存款、儿女的收入等等,根据这些情况决定是否补助及补助多少。检查官还会提出一些"建议",比如卖

---

① J. P. C. Harrison, *The Common People*, Flemingo, London, 1984, pp. 369 - 370.
② John Stevenson, *British Society 1914 -1945*, Penguin Books, London, 1990, pp. 140 - 141.

掉某些家具,节省某些开支等。"家产检查"使大批工人失去受补助的资格,据称在兰开郡,只有16％的申请者能够领到全额补助,有三分之一的人则被完全拒之于外。"家产检查"还使工人感到人格上大受侮辱,他们不明白:凭什么政府官员可以强行检查他们的每一便士财产?

总之,到30年代,国民保险制度已充分暴露其不足之处,无论从其覆盖面之小,其资金额之不足,还是从它不得已而实行的"家产检查"制度来看,它都跟不上形势的需要了:1911年的《国民保险法》只着眼于缓和某些职业集团的贫穷,而不认为国家应该承担责任,彻底清除贫穷现象。

于是到第二次世界大战中,由国家来承担责任的想法就形成了。1941年6月,政府组成一个有12个部参加的委员会,"调查现存的国民社会保险方案及其有关的服务措施……并提出建议"[1]。委员会主席是威廉•贝弗里奇爵士,他曾经担任过劳工交易所的主任和伦敦经济学院的院长。1942年12月,委员会提出正式报告,对战后的社会发展方向设定了一系列原则。报告认为:社会保险是社会进步的一个重要表现,它只有在个人与国家的合作下才能完成。报告建议在全国建立统一的社会保障制度,不分阶级,不分贫富,适用于一切人,按统一标准收费、管理并分发补助费。它主张制定全国最低收入标准,标准的制定以生活需要为依据;一个人即使丧失工作能力,也应该得到最低的生活保障。对一些特殊的需要,如婚姻、生育、死亡等等,应该给予特别的补助。通过这些措施,委员会指望以后可以彻底消除贫困,将社会推进到一个新的发展高度。

"报告"发表后引起强烈的社会反响,在战争中做出了巨大牺牲的人憧憬着"报告"所勾勒的蓝图,对"报告"寄予无限的期望。迫于强大的舆论压力,政府于1943年发表白皮书,基本上接受了"报告"的原则。白皮

---

[1] Alfred F. Havighurst, *Britain in Transition*, Chicago University Press, fourth edition, 1985, p. 330.

书分四卷,第一卷提出社会保险的方案,其内容与"贝弗里奇报告"大体一致;第二卷讨论工伤事故的赔偿;第三卷关于儿童津贴;第四卷是就业与医疗卫生方面的内容。1945年工党政府开始兑现白皮书的内容,于当年通过《家庭补助法》(Family Allowances Act),法律规定对各家庭从第二个孩子起每个子女每周提供5先令生活补贴,以解决因多子女而引起的贫穷问题。1968年,这项补贴已增加到第二个孩子每周15先令,以后的孩子每人每周1英镑。

1946年,工党政府连续通过两项最重要的法律,从而为"福利国家"奠定了关键性的基石。根据新的《国民保险法》,一切有收入的英国人都定期向"国民保险基金"交纳同等数目的投保金,任何人失业,都可以从这笔基金中领取12个月的失业津贴。1948年法律生效时,失业津贴的数额是每周26先令,外加妻儿补贴;1979年已提高到每周18镑50便士,外加妻儿补贴。失业者恢复工作13个星期以后,他重新获得受保资格。为保证由于种种原因未被此项法律所覆盖的人也能过上温饱不愁的生活(比如残疾人从来没有工作、失业时间过长丧失受保险资格等等),1948年又通过《国民救助法》(National Assistance Act),使这些人的生活也有了保障。

根据《国民医疗服务法》(National Health Service Act),全国几乎所有医院都收归国有,由卫生部及所属地区医院理事会、地方执行委员会等机构管理。全国实行免费医疗,医疗费用由国家支付。医生可以根据病人的要求实行收费服务,而某些"教学医院"则可保留独立的经费来源。全国按地区建立中心医院,为国民提供最高水平的综合医疗服务。《国民医疗服务法》最终解决了贫穷阶层的医药问题,使英国人不再为疾病而担忧。后来,由于费用负担沉重,《国民医疗服务法》屡经修改,规定某些医疗项目实行收费服务,不过基本的医护费用仍然由国家负担,这个原则并没有改变。

国民保险制度经历过两次重大修改。1959年的《国民保险法》允许投保人交纳比别人多的老年保险金,作为交换,他在退休后也将领到比别人多的养老金。1966年,工党政府将失业投保与收入联系起来,按收入比例交纳投保金,在失业后的一定时期内,投保人也将按原有的工资比例领取失业津贴,这就是说,原有的收入越高,失业后的津贴也越高。与此同时,政府还通过《社会保险部法》(Social Security Ministry Act),将维持最低的生活水平作为一项权利确定下来,凡是其收入达不到法律所规定的生活标准的,将补足到该标准,而不论其交纳投保费的情况如何。总之,从战后直到70年代末,历届政府都不断制定各种法律,完善和改进社会福利体系。各种立法涉及伤残、老年、产妇、孤儿、精神病患者、鳏寡、儿童等等。由于这一系列立法,福利制度确立起来,英国成为"福利国家"①。

福利制度使贫穷问题得到比较彻底的解决。自16世纪以来,英国一直靠济贫制度(Poor Law System)解决贫穷问题,在济贫制度下,救济是一种施舍,是"有"对"无"的恩赐,虽说它在很大程度上避免了贫穷的最坏恶果,但其最终目的是维护社会稳定,避免出现"茅屋没有面包,宫廷就没有和平"的局面。况且,济贫税(poor rate)是按人头分担的,与财产多寡无关,所以它实际上是把一部分穷人的面包拿给另一部分穷人,富人逃避了很大的责任,结果在济贫制度实行的三百年中,贫穷却愈演愈烈,终至成为社会的恶瘤。福利制度建立后,济贫制度就终止了,福利制度把基本的生存保障作为"权利"确立起来,一切人都应该有基本的生活水平,贫穷问题消失了,剩下的只是生活水平的差距。

在这种情况下,朗特里于1950年对约克市进行第三次调查。他发现只有2.8%的工人(占居民总数的1.7%)仍生活在贫穷中,贫穷的主要原因第一是老年(68.1%),第二是疾病(21.3%)。根据其调查结果,朗特里宣布:贫穷——作为人们所熟知的18、19世纪式的贫穷,到20世纪下半叶已经消失了。但他为贫穷划了一条新标准线——《国民救助

---

① 关于福利国家,可参见 Pat Thane, *The Foundations of the Welfare State*, chapter 7, "The Second World War and After", second editon, Longman, London & New York, 1996.

法》所规定的领取救助线,在这条线下,仍有 5.8％的居民(占工人阶级的 9.7％)需要补助。

无论如何,繁荣已成为战后英国的现实,一个全民富裕的社会可以说已经到来了。据统计,在 1986—1987 年,已经有 47％的家庭拥有录像机,17％的家庭拥有家用电脑,23％的家庭拥有微波炉,83％的家庭拥有电话,72％的家庭拥有冰箱和冰柜,62％的家庭拥有至少一辆汽车,20％的家庭拥有两辆以上的汽车,现代化的家庭设备已经是基本的生活条件了,进入 90 年代,这些数字还在增加。

住房是衡量生活水平的一项重要标准。20 世纪初,多数人口的居住条件还相当差,许多人住在拥挤的小屋里,空间狭小,环境恶劣,没有厨房,也没有卫生设备。为解决这个问题,历届政府都把建筑住房作为大事来抓,而且视之为判断政府业绩的主要依据之一。由此在英国掀起规模宏大的建房热潮,其建筑数量如表 21。

表 21 英格兰与威尔士房屋建造情况 1920—1978① 单位:万幢

| 1920—1929 | 147.7 | 1940—1949 | 63.1 | 1960—1969 | 317.9 |
| 1930—1939 | 271.7 | 1950—1959 | 245.3 | 1970—1978 | 249.6 |

在这种持续不断的建筑热潮冲击下,住房问题已基本解决了,生活空间已不再拥挤。据 1977 年统计,有 54％的住房为居住者自己所有,到 1987 年底,由于政府鼓励住房私有化,这个数字已增加到 64％。按现在英国的标准,平均每间房住两个人就算拥挤住房。

国民健康状况也有了很大改进。1850 年,有 15％的初生婴儿在出生后一年内死亡,1970 年这个比例下降为 1.5％。1900 年,只有 5％的人活到 65 岁以上,1991 年有 21％的人活过这个年龄。1890—1970 年,男性的平均寿命从 44.1 岁增加到 69.6 岁,女性的平均寿命从 47.8 岁增

① David Butler and Anne Sloman, *British Political Facts 1900 -1979* , St Martin's Press, fifth edition,1980, pp. 303 - 304.

加到 75.8 岁;1997 年,男性增加到 74 岁,女性增加到 80 岁。一个 15 岁
的男孩在 19 世纪末可指望活到 60.2 岁,女孩可指望活到 62.6 岁;到
1970 年代,男孩可指望活到 71.2 岁,女孩可指望活到 77.1 岁。一个 70
岁的男人在 19 世纪末可指望再活 5.3 年,女人 6.3 年;到 1970 年代则可
指望再活 7.4 和 11.4 年。19 世纪末最致人死命的疾病是传染病;1980
年代则是心脏病、循环系统病和癌症。1983 年全英国只有 923 个人死于
19 世纪末的致命传染病,但是有 7 189 人死于车祸。

　　财富的不平均已大为缩小。1911 年,最富裕的 1% 人口拥有国家财
富的 69%,1946 年已减少到 50%,1951 年这个数字再减少到 42%,1977
年只剩下 24%。1938 年,10 万收入最高的人得到国民收入总数的
11.7%,到 1955 年只得到 5.3%;1938 年,100 万收入最高的人其收入总
数占国民总收入的 21.5%,到 1955 年只剩下 12.3%。1938 年,2 200 万
在职人员中,1 200 万收入最低的人其收入在 123 英镑以下,1955 年已提
高到 510 英镑,尽管当时的币值大约只有 1938 年的一半。他们在国民
总收入中所占的比例虽说没有提高,但 1949—1955 年,他们的实际收入
却增加了 24%,而收入在他们之上的另外那 1 000 万人,其实际收入只
增加了 14%。1953—1973 年,最贫穷的 5% 及 10% 的人其实际收入都提
高了 75%;而在 1953 年最底层的 20% 人口所过的那种生活,到 1973 年
只剩下 2.5% 的人仍停留在那个水平上。

　　不过从 1979 年撒切尔夫人执政起,收入两极分化的趋势又开始了,
到 90 年代初,只有富人的实际收入事实上增长了,而占人口 5% 的社会
底层人士的实际收入减少了,若算进住房,有 16% 的国民收入减少;1979
年以后,只有富人的生活变好了,中等阶级则向两极分化。[1]

　　生活水平的差距仍然很大,从 1970—1972 年 45—64 岁各职业类型
人口死亡率的统计中,可以清楚地看出这一点。比如说,工厂经理和专

_____

[1] Edward Royle, *Modern Britain, a Social History 1750 - 1997*, Arnold, London, second
　　edition, 1997, p.176.

业技术人员每 10 万男性人口平均死亡数字为 559 人和 512 人,非体力劳动的低级职员和体力劳动的技术工人则达到 832 人和 784 人,半技术工人的死亡数字是 828 人,提供私人服务的工人和非技术工人则更高达 1 069 人和 1 079 人。[①] 死亡率依职业地位下降而急剧上升的情况,表现了收入差距对生活水平和健康状况有决定性影响。

同时,福利基金的迅速增长也产生了新的问题,见表 22。

资金的大量投入虽然使社会发展水平达到一个全新的高度,但也使财政开支的承受能力抵于极限。70 年代后期,失业人口剧烈增加,失业津贴直线上升,人们的期待值又越来越高,福利制度面临严峻的考验。撒切尔夫人上台后,以"鼓励私人创造性"为名节制福利开支,绝对价值虽仍旧增加,但占国民生产总值的比例却持续下降,比如用于医疗服务的开支从 1983 年的 6.29% 降为 1985 年的 6.02%,再降为 1987 年的 5.2%,比她 1980 年上台时的 5.98% 还要低。1986 年撒切尔政府还制定了一个《社会保障法》,对 60 年代以来名目繁多的各种补助加以削减,

表 22　社会服务及住房开支费用　1965—1987[②]　单位:百万英镑

项　　目	1965—1966	1971—1972	1974—1975	1978—1979	1980—1981	1986—1987
教　　育	1 636	3 140	5 528	9 123	12 857	19 042
国民医疗服务	1 319	2 362	4 095	7 835	11 946	18 651
个人服务项目	109	324	768	1 579	2 443	3 413
福利食品	—	17	9	27	31	120
社会保险津贴	2 499	4 578	7 171	16 458	23 529	46 867
住　　房	953	1 354	4 480	5 396	7 019	3 868
总开支	6 516	11 775	22 051	40 418	57 825	91 961

[①] Cf. Tony Cutler, Karel Williams & John Williams, *Keynes*, *Beveridge and Beyond*, London & New York, 1986, p. 57.

[②] 资料来源:1965/1966—1980/1981 年数字见《统计摘要年鉴》(*Annual Abstract of Statistics*)第 112 卷(1975 年)、119 卷(1983 年);1986—1987 年数字见中央统计局(Central Statistical Office)公报,1987 年。

申请补助者要经过严格的财产审核,失业津贴只向确有能力工作者发放。一视同仁的原则被取消了,福利补助只适用于在一定财产以下的人。

总之,福利制度在英国解决了不少问题,但也有许多问题仍未解决,而同时又产生了不少新问题。这个制度将来如何发展,无疑将成为今后英国社会的一大重要课题。

第三章　工会、劳工运动和劳工立法

20世纪工会运动的基础是19世纪下半叶的劳工立法。1867年,蒸汽机制造工协会(Steam Engine Makers Society)向法庭起诉该会的书记侵吞公款,被法庭驳回,理由是工会不受法律保护,因此不能通过法律手段追回赃款。法庭进一步声称:工会虽然不是犯罪的团伙,但由于它"有碍行业",因此其实是非法的。

这一判决把工会运动推进到一个新的阶段,工会必须为自己的生存而斗争。当时,工会是按行业原则组织起来的,不同企业的相同行业组织在一起,但同一个企业中不同的行业则组织在不同的工会中。这种按行业组织的工会叫"混合工会"(amalgamated trade unions),几个最大的混合工会在伦敦设有总部,有专职干部处理日常会务。伦敦各总部间常就共同关心的事相互磋商,于是形成非正式的"Junta"(西班牙语,意为"协商会议")。在一些大的工业城市,地方工会也形成类似的协商机构,称"各行业委员会"(trades councils)。蒸汽机制造工协会的案件发生后,工会感到有必要进一步联合起来,协同一致采取行动。于是,在1868年,由曼彻斯特各行业委员会发起,在该市召开了第一次工会代表大会,这以后,工会代表大会每年召开,最终发展成工会运动的最高权力机构。

　　本来,工会对政治活动并不感兴趣,而只关心眼前的实际利益。蒸汽机制造工协会案件发生后,工会发现再这样下去不行了,连生存的权利都受到威胁,于是就打算卷入政治,用政治手段解决问题。恰巧在这时,政府任命了一个皇家委员会,调查设菲尔德发生的一起工潮。工会方面抓住这个机会,提出工会合法存在的问题。工会进行了广泛的社会动员,做了大量的组织、宣传工作,向委员会提供了大量证词,终于使两党开始注意劳工立法问题。1871 年,议会通过《工会法》,其中承认了工会的合法地位,并规定不得以"有碍行业"为罪名否认它的合法性。但同一年的《刑法修正案》(Criminal Law Amendment)仍把罢工时工会设置纠察线确认为非法,因此实际上使罢工活动很难生效,从而剥夺了工会与资方斗争时最有力的行动武器。在工会的强大压力下,《刑法修正案》于 1875 年被废除,代之以一个《密谋与财产保护法》(Conspiracy and Protection of Property Act),该法宣称设置罢工纠察线是工会的合法权利,并规定凡由一个人所为不算犯罪的,在工会集体所为时也不算犯罪。同一年的《雇主与工人法》(Employers and Workmen Act)规定劳资双方在劳动契约方面的同等地位,这个法律将过去的《主仆法》(Master and Servant Act)废除并取而代之,名称的变更本身就体现了新的平等精神。所以 20 世纪开始的时候,工会已受到全面的法律保护,它作为工人群众公认的代言人,已全面融入了社会主体结构。①

　　这时,工会的组织结构是这样的:在全国有工会代表大会,下属各工会,重大问题在代表大会上讨论决定,做出的决定要求各工会服从。各工会有参加代表大会和退出代表大会的自由,代表大会也有接收或开除下属工会的权利。代表大会的重大决策往往交给各工会的所有会员去投票表决,投票结果决定工会运动的最终方向。伦敦的"Junta"消失了,它的作用让位给工会代表大会;地方性的各行业委员会仍保存

---

① 有关 19 世纪的劳工立法,可参见 G. D. H. Cole, *A Short History of the British Working-Class Movement*, London, 1952, Part Ⅱ, Chapters 5 & 6.

下来,它们成为与工会代表大会平行的机构,但只关心与地方有关的事务。

19世纪90年代,工会运动出现新格局。在此之前工会运动经历过两个阶段。19世纪30年代欧文(Robert Owen)领导的全国大团结工会(Grand National Consolidated Trades Union),企图把所有的工人组织在一个庞大的工会中。运动失败后,在50年代出现"混合工会",这是技术工人的工会组织。80年代末,由于社会主义思想的传播,非技术工人也开始组织起来,工会总人数从1888年以前的不足75万增加到1892年的150万以上。新出现的工会战斗性很强,随时准备与资方开展决战,在新工会咄咄逼人的攻势下,老工会也被迫改变尽量避免与资方决战的策略,而改用新工会的斗争手段。不久,工会代表大会的领导权也落入新工会之手。

在新工会运动(New Unionism)的鼓舞下,工会运动大为发展。1900年,英国共有1 325个工会,会员总数191万人,其中184个工会参加了工会代表大会,下属会员125万人,有组织的工人总数虽然只占全国劳动力的12.6%,但这却是英国历史上前所未有的事。

在整个20世纪,工会人数总的来说呈上升趋势,但1926年大罢工使工会力量遭受重大挫折。工会成员占劳动力总数的比例如表23,它反映着20世纪工会力量的消长:

表23 工会会员占全国劳动力总数比例表① 单位:%

1901	12.6	1933	22.6	1961	43.1
1911	17.7	1938	29.5	1970	47.7
1920	45.2	1951	44.1	1961	43.1
1970	47.7	1981	43.7	1991	34.3

---

① David & Gareth Butter, *Twentieth Century British Political Facts 1900-2000*, Macmillan Press, London, eighth edition, 2000, p. 396.

表 24 工会统计数字①

年份	工会数	工会会员数（千人）	属于工会代表大会的工会数	属于工会代表大会的工会会员数（千人）
1911	1 269	2 565	202(1912 年)	1 662(1912 年)
1921	1 384	8 348	213	6 418
1925	1 194	5 544	205	4 351
1931	1 121	4 842	210	3 719
1941	1 004	6 613	223	5 079
1951	732	9 289	186	7 828
1961	646	9 897	183	8 299
1971	523	11 128	142	10 002
1981	438	12 947	108	11 601
1991	287	9 947	74	8 193
1996	238	8 089	73	6 790

撒切尔政府上台后对工会力量进行压制,工会数逐年减少,会员比例也降到 40% 以下,1991 年下降到 34.3%。

从会员人数方面看情况也如此,可参见表 24。

从工会活动方面说,20 世纪刚开始工会就受到一次沉重打击,这次事件不仅导致新的劳工立法,而且奠定了英国政治舞台新格局的基础。

1900 年,南威尔士塔夫谷铁路公司的职工发动罢工,罢工前没有得到工会组织的正式同意,但罢工开始后,铁路员工混合工会派总干事前往塔夫谷支持罢工。1901 年,铁路公司对混合工会提起诉讼,指责它侵犯财产。法庭判铁路公司胜诉,一方面禁止工会干部对罢工采取支持行动,另一方面以财产损害罪判工会罚款 5 万英镑,其中 23 000 英镑赔偿铁路公司。②

---

① David & Gareth Butter, *Twentieth Century British Political Facts 1900 - 2000*, Macmillan Press, London, eighth edition, 2000, pp. 400 - 401.

② 关于塔夫谷事件可参见 G. D. H. Cole, *A Short History of the British Working-Class Movement*, London, 1952, Part Ⅲ, Chapter 2.

塔夫谷判决(Taff Vale case)使工会受到巨大威胁,因为如果仅因罢工就可以对工会进行起诉并判定罪名,那么一切工会都无法对资方进行有效的斗争,一切罢工都可以被认定是"损害财产",而19世纪70年代的劳工立法便成为一张废纸。在这种情况之下,工会运动必须采取果断行动,为塔夫谷判决翻案。工会代表大会采取的策略是:用政治手段解决问题,争取新的劳工立法。于是,工会代表大会决定支持劳工代表权委员会的活动,力图在议会选举中选出独立的工人代表。

劳工代表权委员会于1900年成立后,当时前景并不乐观,以前也有过类似的政治团体出现,但后来都因为没有经费而无所作为。现在,工会代表大会突然倾全力支持劳工代表权委员会,使委员会立刻获得新的活力。1902年一些工会开始向会员征收政治捐款,劳工代表权委员会受到启发,便着手制定全面征收政治捐款的方案。1903年,工会代表大会接受了政治捐款的原则,这一年,以自愿为原则,向每个会员征收每年一便士的政治捐款。同一年工会代表大会还做出决定:凡接受工会资助的议会候选人,都只能以劳工代表权委员会候选人的身份参加竞选,而不得与其他政党合作。工会代表大会号召工会会员在新的选举中支持劳工代表权委员会,这就承认了劳工代表权委员会是工会运动的政治代表。1904年,工会代表大会将政治捐款定为会员的义务,从此,工会的政治捐款就成为劳工代表权委员会——后来是工党——活动经费的主要来源,从而为英国政治舞台上一支新生力量——工党的崛起创造了经济条件。

在工会参与工党政治方面,费边社发挥了重大作用。费边社一向看重工会的力量,认为在向"社会主义"和平"长进"的过程中,工会的地位无可取代。按韦伯夫妇的说法,工会是一所大学校,工人阶级在这所学校中演习了民主的程序,当他们把工会的原则运用到国家政治中去时,便能产生以工人阶级为主体的民主国家,因此,工会是从"工业民主"向"政治民主"过渡的最好桥梁。① 出于这种理论,费边社竭力促成工会与

---

① Cf. Sydney and Beatrice Webb, *Industrial Democracy*, first published in 1897.

工党的结合,从而为英国工会运动参与政治作出重大贡献。

工党既接受工会的资助,它与工会的特殊关系便得以形成。在整个 20 世纪,工党的政策都必须得到工会代表大会的支持,否则便很难行得通。工党一般要出席工会代表大会的年会,向大会通报党的政策和党的活动。工党产生党的领袖,一般要和工会方面商量,到后来,工会还直接参与工党领袖的选举,对工党事务保有很大的发言权。工党依靠工会取得党的群众基础,工会则通过工党参与国家政治决策过程。但是,工党和工会在组织上却从来没有隶属关系,早在 1904 年,工会代表大会就确立了一项原则:劳工代表权委员会是一个"外部组织",工会代表大会对它不行使职权。①

劳工代表权委员会力量迅速扩大,在 1906 年大选中有 29 名候选人当选。为笼络工党,执政的自由党政府通过了 1906 年《劳资争议法》,这项法律给工会以完全的行动自由:它使和平设置罢工纠察线合法化,即使其结果是阻止他人履行劳动合同也罢;它给工会以充分的豁免权,使它们不会因罢工等工会活动而受到法律起诉;它使工会会员受到充分的法律保护,在劳资争议的过程中,他不会因为卷入了集体抗争活动而受到与个人所为的行动不同的惩罚。《劳资争议法》否决了塔夫谷判决案的结果,工会的权利得到充分的保护。

这以后,英国工会开始摆脱行业工会的传统,向产业工会的方向转变。1910 年,汤姆・曼(Tom Mann)和本・蒂利特(Ben Tillett)组建了全国运输工人联合会(National Transport Workers' Federation);1912 年,南威尔士矿工散发一份文件,要求全国矿工联合起来,"在完全独立并敌对于资产阶级政党的基础上,开展地方和全国性的政治活动"②。1913 年,铁路员工混合工会等三个铁路工人工会组成全国铁路工会

---

① G. D. H. Cole, *A Short History of the British Working-Class Movement*, London, 1952, p. 299.

② Pauline Gregg, *Modern Britain, a Social and Economic History since 1760*, Pegasus, New York, 1965, p. 410.

(National Union of Railwaymen)，成为按产业原则组织起来的一个典型工会。第一次世界大战暂停了工会改组的过程，但战后改组工作又继续进行。1922 年，由码头、港口及河港搬运工工会(Dock, Wharf and Riverside Labourers' Union)等合并而成的运输及通用工人工会成立(Transport and General Workers' Union)，以欧内斯特·贝文为总干事，后来在 20 世纪劳工史上发挥过重要作用；1924 年，煤气工及通用工人工会(Gas Workers' and General Labourers Union)等也合并成全国通用工人及市政工人工会，成为另一个大工会。1915 年，早在 19 世纪就成立的矿工工会(Miners' Unions)与全国铁路工会及全国运输工人联合会签订协约，组成著名的"三角同盟"，三方答应在罢工时彼此支持，形成声势浩大的工会联盟。

在工会按产业原则改组的同时，罢工次数也骤然增加。1910 年发生棉纺织业和造船工业的罢工，矿工和铁路工人也出现骚动。1911 年，水手和消防队员发动罢工，伦敦的码头工人表示声援，接着，各地码头工人、搬运工人、水上运输工人都卷入罢工。这一年，利物浦铁路工人的罢工引发了全国铁路工人的大罢工，在政府的坚持下，铁路公司第一次面对面地与工会进行谈判，制定了对工人有利的工资方案。1912 年，码头工人再次发动全国性罢工，而春天发生的全国煤矿工人大罢工则几乎引起工业生产的全面停顿。罢工延续一个半月之久，直到首相阿斯奎斯亲自干预后才得到解决。

这些年中，多数罢工都以资方的让步结束，这样，工会的威望提高了，从而吸引了更多的工人参加工会。1910 年，因罢工而损失的工作日达 986 万多个，1911 年达到 1 015 万多个，1912 年竟高达 4 089 万个；1913 和 1914 年罢工浪潮略有平息，但仍维持在 1910 年的水平。此后，由于战争爆发，劳资"休战"，工潮才趋平静下去。[1]

---

[1] 关于第一次世界大战前的罢工运动，可参见 Walter Kendall, "Labour Unrest before First World War", in David Rubinstein ed., *People for the People*, London & New York, 1973.

战后工潮再起,1919 年因罢工造成的损失达 3 497 万个工作日,1920 年又损失 2 657 万个,1921 年达到战后罢工的最高潮,共损失 8 587 万个工作日。①

1919 年,劳资争议主要围绕工时问题展开。在战争中,有些行业得到政府的保证,说战后可以缩减工时,按每周 48 小时计算。1919 年,克莱德河(River Clyde)沿岸地区(格拉斯哥周围)和贝尔法斯特(Belfast)地区的地方工会分别提出 40 小时和 44 小时周工时制,但没有得到全国工会组织的支持。两个地区的工会遂发动同盟总罢工,结果发生一些骚乱。政府以维护治安为名派军队弹压,仅在格拉斯哥一地,就派出 1 200 名士兵,还有 6 辆坦克车。由于持续不断的冲突,克莱德地区得到"红色克莱德"的美名。

战后,一些新的意识形态在工人中传播,其中"土生土长"的学说是"基尔特社会主义"(Guild Socialism)。基尔特社会主义从中世纪的行业公会,即"基尔特"中得到灵感,它主张以全行业的工会为基础,组成行业联合体,其中不仅包括工人,也包括行业中的"脑力劳动者"即资方与管理人员,由联合体取得对本行业生产过程的集体控制。当全国各行业都实现基尔特的控制之后,一个"国民基尔特"的国家便建立起来。② 基尔特社会主义理论最早由奥拉治(A. R. Orage)和霍布森(S. G. Hobson)提出,费边社第二代领导人中最杰出的代表柯尔(G. D. H. Cole)曾经是它热烈的鼓吹者。1915 年出现了一个"全国基尔特联盟";1920 年建筑业按基尔特社会主义的原则改组,建立了资方和劳方(由工会做代表)合作管理的机制。但运动在 1922 年失败,基尔特社会主义也失去群众性影响。

"外来的"新学说主要来自苏俄。十月革命后,列宁主义(Leninism)

---

① David Butler and Anne Sloman, *British Political Facts 1900–1979*, St Martin's Press, New York, fifth edition, 1980, p. 340.

② Cf. Richard Clements, "Guild Socialism", in David Rubinstein ed., *People for the People*, London & New York, 1973.

传入英国,接着在 1920 年成立了英国共产党,其早期领导人是英克平(A. Inkpin)和波利特(Harry Pollitt)。英国共产党主要在萧条严重的地区有一些影响,它领导了 20 年代的全国工会少数派运动和全国失业工人委员会。失业工人委员会在 20 年代曾发动过大规模的群众性抗议活动,组织失业工人向伦敦发动"饥饿进军",在伦敦市中心的特拉法加广场(Trafalgar Square)召开大规模抗议集会,和警察发生严重冲突,一时引起国内外的密切关注。[①] 但英国共产党在英国始终没有广泛的群众基础,由于工联主义与费边主义影响深厚,英国共产党其实一直是游离在英国工人运动的主流之外。

　　尽管有以上这些非主流的思想与活动,战后英国工人运动还是表现出充分的组织性与向心性,这与战前自发分散的情况有很大不同。20 年代的劳资冲突多数是大工会有组织的行动,其中以煤矿工人的活动尤为突出。英国的煤矿效率很低,设备陈旧,经营分散,很难实行现代化改造。矿主为了谋取利润,便把工资压得很低,工作条件维持在很差的水平上,因此煤矿问题迟早要爆发,而煤矿工人工会又是力量特别强大的工会。战争中,政府接管煤矿,情况有所好转。战争结束后,矿工立即要求提高工资、缩短工作时间、实行煤矿永久性国有化,政府于是任命一个皇家委员会调查煤矿问题,并答应按委员会提出的方案办。委员会提出一个有利于矿工的方案,但政府拒绝执行。矿工要求工会代表大会支持他们的立场,但代表大会否决了罢工的动议。1921 年,政府把经营权交还给矿主,矿主立即削减工资。矿工于是发动罢工,但"三角同盟"中其他两个工会未能作出反应,于是矿工的斗争失败。复工的那一天是星期五,被称作"黑色星期五"。

　　继矿工失利后,其他许多行业的罢工斗争也在以后几年中相继失败,工人害怕资方取得全面胜利,因此到 1925 年矿工的斗争再起时,出

---

① 失业工人的抗议活动和"饥饿进军"可参见 Wal Hannington,*Unemployed Struggles*，*1919 - 1936*，first published in 1936。该书作者曾是斗争的参加者。

现了各行业工人团结一致的局面。这一年,煤矿主再度削减工资,并声称要恢复原来的八小时轮班制。矿工立即要求工会代表大会给予支持;工会代表大会这一次答应了矿工的要求,保证在必要时发动全国总罢工。这个保证迫使政府介入煤矿业的劳资冲突,于是政府一方面给煤矿提供补贴,以维持矿工的工资不变;一方面又指定一个新的调查委员会,提出解决问题的方案。新的调查委员会在 1926 年提出报告,尽管其内容多数偏袒资方,但还是被矿主否决了。矿工也表示不接受方案,于是在政府补贴期满时,摊牌便不可避免,引发了 12 天的全国总罢工(详见本书第 52—53 页)。①

　　罢工失败后,工会力量受到很大削弱。1926 年矿工联合会有 80 万会员,到 1927 年减为 72.5 万,1928 年只剩下 60 万,30 年代更减为 50 万人了。全国工会总人数也从 1926 年的 550 万骤减到 1930 年的 485 万,到第二次世界大战爆发前夕才恢复到原有的水平。罢工也骤然停止,1925 年全国损失 795 万个工作日,1927 年只损失 117 万个。1927 年,政府通过《劳资争议与工会法》(Trades Disputes and Trade Unions Act),其中宣布声援性罢工为非法,实际上使总罢工在今后不可能再出现。它还否定了 1913 年《工会法》的原则,即工会会员若不愿交纳政治捐款,必须公开签署声明表示不愿这样做。1927 年的法律规定工会不可以征收政治捐款,除非会员公开签署声明表示愿意这样做。法律的初衷是切断工会与工党的联系,但结果却适得其反:1929 年大选中,工人们为报复 1926 年的失败和 1927 年的《劳资争议与工会法》,反而大批投了工党的票,使工党得以第二次掌权。

　　30 年代,工会的力量始终未能恢复,加上矿工领袖麦克唐纳等背叛工党,致使工党政府解体,所以整个劳工运动陷入深刻的分歧中,一直很不景气。第二次世界大战爆发后,劳资再度"休战",贝文等工会领导人

---

① 20 世纪 20 年代煤矿业的劳资冲突,可参见 Pauline Gregg, *Modern Britain, a Social and Economic History since 1760*, Pegasus, New York, 1965, Chapter 20 (b): "Labour between the Wars".

参加政府,工党和工会的力量才逐渐恢复。1945 年工党在大选中取得胜利,新的工党政府在 1946 年废除了 1927 年的工会立法,煤矿也和其他部门一起实行国有化。大罢工的失败使英国劳工运动经历了近 20 年的低谷期,到第二次世界大战后才恢复过来。

50 年代,英国进入"富裕时代"(Age of Affluence),工人的生活水平大幅度提高,失业率几乎等于零(1951 年 1 月为不到 1%),福利制度建立起来,贫穷的威胁也不再存在,工党与保守党轮流掌权,两党在政治上实行"共识政治",执行相近的社会政策。在这种情况下,战后大约 25 年时间中,英国的劳工运动一直比较平静,例如在 1965—1969 年间,按平均每年计算,罢工次数只有 2 380 次,参加人数 120.8 万人次,损失工作日 395 万个,而在此之前的 20 年中,情况就更加平和。多数罢工都是在工会官方不知情的情况下自发地发生的,等工会领导知道时,罢工已经结束了。但是从 1968 年起,由大工会发动的正式罢工越来越多,到 70 年代出现了第一次世界大战以来最活跃的工潮期,1970 年罢工 3 906 次,卷入工人 179.3 万人次,损失工作日 1 098 万个;1972 年是罢工极厉害的一年,尽管罢工次数(2 497 次)和卷入人数(172.2 万人次)都比 1970 年少,但损失工作日却达到 2 391 万个。① 此后罢工数字忽高忽低,但在 1979 年损失的工作日突破了 1926 年以后的最高数字,达到了 2 947 万个,是 20 世纪第五个最高年份(前四个分别是 1926 年、1921 年、1912 年和 1919 年),参加工会的人员总数达到 1 329 万,创下历史最高纪录。②

工潮在 70 年代骤然高涨,是因为英国的滞胀现象已很严重,一方面经济萧条,失业率大增,另一方面通货膨胀率又居高不下。工会用罢工的手段追求工资大幅度增长,以求抵消通货膨胀,但劳动生产率跟不上工资增长,而只会带动物价增长,物价增长进一步推动通货膨胀,通货膨

---

① David Butler and Anne Sloman, *British Political Facts 1900–1979*, St Martin's Press, New York, fifth edition, 1980, p. 341.

② T. O. Lloyd, *Empire to Welfare State*, *English History 1906–1985*, Oxford University Press, third edition, 1991, appendix 5.

胀又成为新的一轮工资增长的充足理由,于是就带来了新的劳资冲突——这就是英国在70年代发生的事。

撒切尔夫人上台后,决心对工会力量进行限制,认为工资太高是英国经济不景气的根本原因。1980年,政府通过第一个《就业法》(Employment Act),对"续发性纠察行动"(即已经罢工的工人到尚未罢工的工厂设置纠察线,强迫该厂罢工)和其他"续发性行动"(如声援性罢工、罢工者宣布"关闭"尚未罢工的工厂等等)加以禁止。1982年通过第二个《就业法》,规定罢工若未严格按法律之许可条件进行,则罢工的工会将承担法律责任,对所造成的经济损失进行赔偿。1984年撒切尔政府又通过《工会法》,规定在选举工会干部和发动罢工斗争时,都必须由全体会员进行无记名投票。

1984年,政府的这些法律受到严重挑战,挑战者恰恰又是煤矿工会。英国的煤矿开采问题始终很大,到70年代,由于北海(North Sea)发现石油,更出现了煤炭积压、供大于求的问题。政府打算把煤炭生产置于市场的调节之下,这意味着减少政府补贴,从而使矿工的收入大受影响。1984年3月,约克郡一个煤矿被国家煤炭委员会下令关闭,引发了各地矿工的大罢工。罢工工人向不参与罢工的矿区派出纠察队,于是与政府的新法律直接对抗。政府动员大批警力保护仍在开工的矿区,暴力活动逐步加剧,3月14日还在混乱中挤死1人。5月份,冲突集中到设菲尔德市郊的一座炼焦厂。5月29日,矿工工会总干事斯卡吉尔(Arthur Scargill)亲临指挥,冲突升级。第二天,政府指责斯卡吉尔图谋不轨,企图推翻政府,下令逮捕了斯卡吉尔。6月18日在炼焦厂出现了一万人的纠察线,都属于"续发性纠察"。矿工本想用围困炼焦厂的方法来掐断炼钢厂的焦炭供应,从而迫使钢铁业停工,但由于政府手段高明,未能成功。入秋,罢工渐渐平息下去,其间又发生一起出租汽车司机送一矿工去复工途中被人用水泥板砸死的事件。但12月以后事态渐趋平静。1985年3月,矿工特别代表会议做出决定下令复工,罢工在一无所获的情况下结束了,参与罢工的人甚至没有从工会方面领到罢工津贴。

这次罢工给整个工会运动以沉重的打击。罢工失败后,工会人数日减,会员比例从 1979 年的 50% 以上下降到 1989 年的不到 40%,撒切尔夫人再次向世人显示了她的"铁娘子"作风。尽管这次罢工可以与 1925—1926 年的煤矿罢工相比,但奇怪的是,舆论却倾向于政府,对工会十分不利。如今,工会发动罢工已经不那么容易了,在罢工前必须经全体会员投票表决,然后报一仲裁法庭加以裁决,如仲裁法庭许可,则由全体会员再复议一次,然后方可开始罢工。总之,由于撒切尔夫人的强硬态度,工会在八九十年代已不像 70 年代那样无所拘束了,它的活动已经受到许多限制。

但罢工仍旧不时发生,许多罢工发生在基层,即"非官方"罢工。从第一次世界大战时起,劳工运动中就出现一种"车间代表"机制,他们由各工作场地的工人直接选举产生,一般不属于任何一个特定的工会。"非官方"罢工往往是由"车间代表"发动的,他们提出纯粹是本企业的一些问题与厂方交涉,而以罢工为威慑手段。这种罢工规模一般都很小,涉及人员不会多,但它有一个特点,即打破不同工会的门户之见,分属不同工会的工人这时在基层的层次上联合起来,共同争取某个目标。英国工会运动门户之见一向很深,从来就没有真正团结过,但恰恰在"非官方"罢工中工人阶级的团结精神显示出来了,这是英国劳工运动的一个特点。

工会领袖与工人群众间有很深隔阂,大工会领导人权势很大,其一言一行都有全国影响,会影响到国家政治。有 200 万会员的运输与通用工人工会的总干事杰克·琼斯(Jack Jones),在其自传中就对自己的权势十分自信:他提出的意见会变成法律,政府会拉拢他,要他当大臣或晋封爵位,达官贵人对他侧目而视,女王及各国元首都会与他谈笑风生。①工会领导人一般都主张与政府合作,比如在 70 年代都支持政府的工资

---

① A. J. Davies, *To Build a New Jerusalem*, *the Labour Movement from the 1880s to the 1990s*, Michael Joseph, London, 1992, pp. 245, 247.

政策,赞成对工资增长有所限制。但这些主张与基层的看法会分歧很大,这是存在大量"非官方"罢工的重要原因。

第二次世界大战后工人阶级的构成发生变化,"白领"工人大量出现,于是在工会运动中,"白领"工会也相继出现,白领工人占了很大的比重。根据统计,1948—1974 年,从事体力劳动的工会会员下降了 6.8%,而白领会员却增长了 104.7%,这时白领工会已达到 300 个,会员总数350 万。1964 年,"科技与管理职工会"(Association of Scientific, Technical and Managerial Staffs)只有 6 万名会员,到 1988 年已达 65万,改名为"制造、科学与财政职工会"(Association of Manufacturing, Science,Finance)。许多从来没有工会组织的行业现在也有了工会,比如警察、护士、秘书、大学教师等。

有组织的劳工运动现在面临新的挑战,随着"后工业化"趋向出现,越来越多的人成为独立经营者,许多人在家中工作,体力劳动色彩也逐渐消退。工会本来就建筑在体力劳动者集体力量的基础上,现在,工作的分散化和脑力劳动化在根本上改变着劳动大军的性质,以体力劳动有组织的大生产为基础的工联主义运动,在变化的社会条件下将如何发展呢? 这显然是 21 世纪的一个命题。

第四章　家庭、妇女、两性关系

20 世纪是妇女摆脱家庭束缚、取得独立人格的一个世纪,妇女的地位在 20 世纪有很大提高。最先突破的是政治领域,20 世纪初,妇女取得了平等的政治权。

19 世纪下半叶,中等阶级妇女已萌发妇女解放意识,她们组成政治团体,要求取得选举权。1897 年成立的"全国妇女选举权协会联合会"是妇女政治组织的全国性联合团体,妇女参政运动者(suffragists)做了许多工作,还召开过群众大会,组织过街头游行。这些活动在那个绅士风度的"维多利亚时代"都引起过不小的震动——窈窕淑女上大街游行,在当时简直是不可思议。

但她们的活动并没有取得很大成果,在绅士风度的英国社会中,女性虽然有"Lady first"的典雅特权,但妇女在社会和家庭中却都依附于男子,社会的主导思想是把妇女看作摆设品。

于是在 20 世纪初,出现了"战斗的妇女参政运动者"(suffragettes),她们对温柔的妇女运动感到不满,主张用激烈的手段争取妇女权利。1903 年,潘克赫斯特夫人和她的两个女儿领头成立了"妇女社会政治同盟",标志着妇女运动进入一个新阶段。这些新上阵的女权主义者摆出战斗的姿态,让社会立即感觉到她们咄咄逼人的风格。战斗的妇女运动者们不仅使用集会、游行、出版等常规手段,而且还在各种公共场合围攻政府大臣或者议员,甚至对他们动手动脚,使那些派头十足的高雅绅士们脸面丢尽,狼狈不堪。战斗妇女们还冲击议会,阻碍交通,砸毁商店橱窗,切断电话线,放火烧毁教堂,做出种种招惹社会注意的行动,目的是提请公众重视她们的要求。60年后,当历史学家们评论当时的情景时,珍妮·布莱克曼(Janet Blackman)说:妇女们采取这些狂暴的行动,"也许是出于失落,反映了她们没有其他办法与权力部门接触"①。

妇女的活动终于改变了社会的态度。从1907年起妇女可以当选为市、郡参议员,到1914年,全国已经有48个妇女当选,1920年则达到320个。这一年,有2 039个妇女在担任地方济贫法督察,有几百个妇女在地方教育委员会任职,进入区一级参议会的妇女则更多。各政党都已经意识到妇女是一支重要的力量,尽管各党在正式场合还是反对妇女取得选举权,但每一个党都成立了妇女组织,为本党在大选中拉选票,竞选时还派出妇女演说员等等。②

突破点出现在第一次世界大战中。战争爆发后,英国军力迅速扩充,在战争的头14个月里就有225万人走上前线。1916年实行义务征兵制,到1918年战争结束,英军总兵力已达到536万人,占全国男子总数的22%。如此多的男子走上前线,妇女便承担起他们的工作。1914年,在机械及军工部门工作的妇女仅21万人,到1918年已接近100万。农村妇女承担了绝大部分农业劳动,从而保证了战时的粮食供应。10万妇女在运输、文秘、商业及政府部门工作,还有15万妇女直接参加战争,在诸如医疗、通讯、运输等部队服役。妇女在各条战线上的出色表现,使许多人意识到,没有妇女参与,战争是打不赢的,于是先前反对妇女选举权的人现在也改变了态度,著名记者加文(J. L. Garvin)在1917年写道:"过去我

---

① Janet Blackman,"The First Women's Liberation Movement", David Rubinstein, ed., *People for the People*, London & New York, 1973, p.181.
② Pat Thane;"The Social, Economic and Political Status of Women", Paul Johnson, ed., *20th Century Britain: Economic ,Cultural and Social Change*, Longman, London & New York, 1994, pp.102-103.

认为是男人单独支撑了国家,现在我知道,现代国家对男人和女人必须同样依赖。"就在这一年,曾坚决反对妇女选举权运动的前首相阿斯奎斯在议会提出一项动议,要求尽早"讨论妇女选举权的方法"①。

1918 年,议会通过《人民代表权法》,让 30 岁以上有一定财产的妇女取得选举权。1928 年《平等选举权法》(Equal Franchise Act)使 21 岁以上的女子和男子有平等的选举资格,妇女的政治权利现在得到保障了,但经济与社会权利却仍需继续争取。

妇女的社会经济权利在第一次世界大战后开始进展。1919 年,议会通过一项意义深远的法律《性别失衡法》(Sex Disqualification Act),规定不能因性别或婚姻的原因使任何人丧失担任公职的权利。法律颁布后,尽管执行起来仍有许多障碍,但至少在法理上,妇女取得了平等的工作权利:一切公职现在都必须向妇女开放了,妇女也可以在所有领域参加工作。这项法律可以说是一个划时代的法律,它为 20 世纪妇女的社会、经济解放设定了方向。

第一次世界大战后,妇女的地位继续提高。尽管多数妇女现在又回到家中,让前线复员的士兵重新走上工作岗位,但就业妇女在 1921 年还是比 1911 年多出 25 万。许多妇女离开环境恶劣的"血汗行业"(sweating trades,sweat-shops),女仆的人数也大幅度减少。女工的工资比战前增加了一倍,有些女孩的工资之高在战前是难以想象的,已婚妇女在家庭经济中的作用也越来越重要。此后,妇女的社会经济地位持续提高,据 1924—1978 年的统计,从事体力劳动的男工的平均工资按货币面值算增加了 27.8 倍,女工的工资则增加 34.2 倍。1959—1978 年,从事非体力劳动的男工的工资增长 4.6 倍,女工的工资则增长 5.1 倍。妇女的收入增长显然比男子快,尽管从绝对数字上看,妇女的收入仍不如男子。1970 年,议会制定《同工同酬法》(Equal Pay Act),规定做同等工作的人必须领取同等报酬,雇佣的条件及环境也不得因性别不同而有所区别。

---

① Asa Briggs, *A Social History of England*, Penguin Books, Middlesex, 1985, p. 262.

1975 年议会又制定《性别歧视法》(Sex Discrimination Act)，对妇女的平等就业与受教育权利做出更明确的保障。这一年还通过一项《就业保护法》(Employment Protection Act)，规定不许因怀孕或生育而解雇妇女。

表 25 中是 20 世纪妇女参加工作的统计数字。从表中可以看出：一直到第二次世界大战爆发，妇女劳动力一直维持在总劳动力的 30% 以下。第二次世界大战中，妇女再次被动员起来大量参加工作，接替由男子腾空的工作岗位，根据 1943 年 6 月的统计，有 775 万妇女受雇于各个部门，还有许多妇女从事独立的工作。战后，受雇妇女人数再一次下降，低至 600 万上下，但以后重新掀起妇女参加工作的热潮，这和女权主义(feminism)运动兴起恰成对应。1961 年，受雇妇女人数已达到 840 万，1977 年更上升到 900 万以上。妇女在劳动力总数中所占的比例也逐步上升，到 80 年代达到 40%。

表 25　妇女劳动力变化情况① 单位：千人

年份	总劳动力	妇女劳动力	妇女劳动力所占比重(%)
1901	16 312	4 763	29.2
1911	18 354	5 424	29.6
1921	19 357	5 701	29.5
1931	21 055	6 265	29.8
1939	19 750	5 094	25.8
1951	24 600	9 661	39.3
1960	24 436	8 197	33.5
1970	24 721	8 743	35.4
1980	26 198	10 561	40.3
1990	28 189	12 158	43.1
1998	28 423	12 628	44.4

---

① David & Gareth Butter, *Twentieth Century British Political Facts 1900－2000*, Macmillan Press, London, eighth edition, 2000, p. 384.

表 26　妇女劳动力变化情况　1951—1981①

	1951	1961	1971	1981
占劳动力总数的(%)	31	33	37	40
占 20—64 岁妇女总数的(%)	36	42	52	61
其中非全天工作者占妇女劳动力总数的(%)	12	26	35	42

从表 26 里可以看出:到 80 年代,参加工作的妇女比例已经相当高了,尽管有很多妇女只是部分时间参加工作。

60 年代以后妇女大量参加工作,第一是因为当时兴起全球性的女权运动,妇女的独立意识再起高潮;第二与当时的产业结构发生变化有关,传统经济部门相对衰落,第三产业勃然兴起,妇女就业恰巧适应了这种变化,衰落的经济部门正是男子占优势的部门,而第三产业中有许多适合妇女从事的工作。但这种情况也给妇女就业带来问题,20 世纪上半叶妇女占优势的两个行业是教师和护士,20 世纪下半叶又加上两个——文书和售货员。妇女在这些行业中任职,虽然使行业的形象变得亲切、温柔,很适合行业自身的要求,但所有这些行业都是低技能、低要求的,不需要复杂的专业训练,工作时间上的要求也不很严格。这虽然很适合妇女的特点,但工资也相对低,做出成就的可能性也相对小。所以尽管到 20 世纪末妇女就业已取得很大进步,但她们在就业选择方面仍处于不利地位。

另一方面,由于妇女的经济地位日益提高,她们的财产权利也得到保障。19 世纪末,已婚妇女获得一定的财产权,但男子仍保留相当大的支配权。1926 年议会制定《新财产法》(New English Law of Property),让妇女取得与男子一样的财产权。1935 年的《司法改革法》(Law Reform Act)使已婚妇女与未婚妇女一样可以立遗嘱处置自己的财产。

① Pat Thane,"Women Since 1945", Paul Johnson, ed., *20th Century Britain: Economic, Cultural and Social Change*, Longman, London & New York, 1994, p. 393.

1970 年的《婚姻诉讼与财产法》(Matrimonial Proceedings and Property Act)是一项重要的法律,它用法律手段规定夫妻双方都对另一方及家庭子女承担赡养义务,而且妇女的家务劳动也应该算在双方的共同收入之内,因此她取得对家庭收入的共同所有权。这项法律使"妇女劳动"的含义大大地扩大了,家庭妇女也取得完全独立的经济地位,她不再被看作是由丈夫所赡养的人。

妇女既然在经济上取得独立,家庭的功能便发生变化。18 世纪时,家庭是基本的生产单位,父母子女在一起,从事某个过程的完整的生产。工业革命改变了这种情况,劳动与生活分开,家庭逐渐成为单纯生活的场所,是建立感情和养育子女的地方。20 世纪家庭的功能再次变化,由于妇女取得独立的经济地位,家庭作为一个基本的经济单位的功能便逐渐消失了,1971 年一项法律(《财政法》[Finance Act])甚至允许夫妻双方分别纳税,这说明社会已不再把家庭当作整体的经济单位。在这种情况下,性爱便是家庭唯一的基础了,而性爱的结束便意味着家庭的破裂。

但在 20 世纪上半叶,妇女对家庭的依赖仍然很强,"贤妻良母"仍然是女性的标准形象,即使她外出工作,她的基本位置仍然在家庭。萨福德一个工人阶级妇女在回答社会工作者的调查时曾经说:"假如你是个好母亲,你就要照管好孩子,其他事你别管,只要孩子们好就行了。"一直到 1948 年,当有人问一个曼彻斯特的小伙子他的姐姐是否参加任何俱乐部的活动时,那小伙子还回答说:"不,她要么出去谈情说爱,要么呆在厨房里,那地方是归她的。"[1]

根本变化发生在下半世纪,第二次世界大战再一次证明了妇女的重要性,福利制度则使每一个人的生存得到保障,不再要家庭作生存的依托。妇女在福利制度下取得独立地位,洗衣机、雪柜等家用电器的普及更使妇女从家务劳动的束缚中解脱出来。生育的减少使她们减轻了那

---

① Andrew Davis, *Leisure*, *Gender and Poverty*, *Working-Class Culture in Salford and Manchester*, *1900 - 1939*, Open University, 1992, pp. 55, 57.

项永久的生活负担——妇女这时不必为养儿育女付出终生的代价了,她们可以享受生活,家对她来说越来越成为感情寄托的场所。于是,妇女真的从家中"解放"出来了,她成了完全独立的"人"。

但接着离婚率也提高了,妇女不需要依附于男子,也就不必忍气吞声地接受男子的颐指气使。家庭的经济功能既已消失,结婚和离婚也就可以不从经济的角度来权衡利弊。社会对离婚的看法也改变了:既然感情已经破裂,婚姻再维持下去也就有害无益。最后,法律的变化也使离婚变得更加容易,20 世纪曾通过许多关于离婚的法律,都是让妇女取得像男子一样平等的离婚权。1969 年的《离婚改革法》(Divorce Reform Act)将感情破裂作为离婚的充足理由,任何一方都可以随时提出申诉。夫妻双方若已分居 5 年,则毋须申诉也自动解除婚约。所有这些因素加在一起,就使 20 世纪的离婚率不断上升,1910 年全国只有 801 起离婚案,到 1940 年已经有 8 396 起,1970 年达到 6.201 万起,1977 年翻倍,达到 13.425 2 万起。① 1984 年一项法律使离婚变得更加容易了,导致离婚率在 1985 年就创纪录,1990 年是 16.565 8 万起,1995 年是 16.774 8 万起。② 离婚率高使家庭变得极不稳定,从而导致一系列社会问题,如单亲家庭、子女成长和教育等。

结婚率在 20 世纪经历一个驼峰形变化,1900 年每 1 000 人口中只结成 15.1 对婚姻,此后时有升降,到 1940 年达到每 1 000 人口 22.2 对,此为 20 世纪的峰巅,这以后驼峰又有升降,1960 年就退回到世纪初的水平,降到每 1 000 人口 15 对。70 年代以后,尽管人们大谈婚姻和家庭的重要性,但结婚率仍不断下降,到 1997 年只剩下 11.6 对。③ 于是,一方面是结婚率下降,另一方面是离婚率上升,结果在 20 世纪末造成一个很

---

① David Butler and Anne Sloman, *British Political Facts 1900 -1979*, St Martin's Press, New York, fifth edition, 1980, p. 296.
② David & Gareth Butter, *Twentieth Century British Political Facts 1900 -2000*, Macmillan Press, London, eighth edition, 2000, p. 351.
③ Ibid., p. 348.

显著的现象，即单亲家庭增加，1988 年达到家庭总数的 8%。

家庭规模在 20 世纪持续缩小，20 世纪以前，英格兰和威尔士家庭平均人口维持在 4.6—4.75 人之间①，1911 年降为 4.4 人，1931 年降为 3.7 人，1951 年降为 3.2 人，1971 年降为 2.91 人，1981 年降为 2.70 人。这个趋势在 20 世纪下半叶特别明显，比如 1971—1988 年间，由一个人组成的家庭从 17% 上升到 26%，6 个人以上的家庭则从 6% 下降到 2%。家庭人口减少，家庭总数却增加了，1911—1931 年，家庭总数增加 25%，从 800 万户增加到 1 000 万户；1971—1988 年，增加幅度也达到 20%。②

出现这些变化的原因，第一是"大家庭"消失，"核心家庭"兴起，即父亲母亲携未成年子女组成的家庭成为家庭主要形式，祖孙多代同堂的情况越来越少。子女结婚后就另组家庭，不与父母同住，留下老夫妻甚至老父、老母一个人单独过日子，两口人（小夫妻或老夫妻）和一口人（老父老母一个人或夫妻离异）的家庭大量增加。

第二是生育减少，晚育少育成为风气。这与社会对生育的看法发生变化有关。基督教文化一贯认为：生育是上帝安排的，人不可以强行。现代社会改变了这种观念，生育成了可以控制的事，减少生育不仅可以减轻家庭的经济负担，而且可以提高妇女的地位，让她们减轻哺育儿女的重负。20 世纪初有一个叫汉娜·米切尔（Hannah Mitchell）的妇女写过一本自传，其中说："尽管计划生育可能不是解决社会问题的完善办法，但现在对穷人来说，却是首要而最简单的自我帮助办法；对于妇女来说，它还是取得某种程度自由的最可靠的方法。"③对中等阶级来说，节育

---

① 可参见 P. Laslett & R. Wall, *Household and Family in Past Time*, Cambridge, 1972. 不同阶层的家庭规模并不相同，彼得·拉斯莱特（Peter Laslett）在研究工业革命以前的家庭人口时，发现绅士家庭平均每户 6.63 人，农夫家庭平均每户 5.09 人，农业工人家庭平均每户 4.51 人。

② John Stevenson, *British Society 1914 - 1945*, Penguin Books, London, 1990, p. 163；A. G. Champion & A. R. Townsend, *Contemporary Britain, a Geographical Perspective*, London & New York, 1990, p. 48.

③ John Stevenson, *British Society 1914 - 1945*, Penguin Books, London, 1990, p. 161.

意味着生活更舒适,时光更悠闲。随着消费型社会的形成和教育经费急剧增长,计划生育还成了给子女提供较好教育机会的保障。同时,婴儿死亡率的下降也使多生成了没有必要的事。因此在 20 世纪,避孕成为社会的普遍现象,人们在公开场合谈论避孕,各种避孕器具也是公开出售。社会本来是反对避孕的,但教会在 30 年代开始软化立场,政府则允许传播避孕知识。60 年代,面对汹涌澎湃的女权运动,1967 年终于通过一项法律,使堕胎行为合法化。节育的结果,是出生率大大下降,1900 年出生率是 28.2‰,1930 年就下降到 16.8‰,以后一直到 1970 年都维持在 14‰—18‰之间,1977 年则下降到 11.8‰[①],1980 年的数字回升到 13.2‰,1990 年是 13.9‰,1997 年又下降到 12.3‰。[②] 出生率下降,使家庭人口减少,过去一家六七个子女是司空见惯,现在两个孩子就已经不少了。

随着家庭规模的缩小,家庭功能的变化,家庭关系也改变了。夫妻间关系变得比较平等,男性不能再以养家糊口者自居,以男性为中心的家长制权威开始动摇。除极少数上层家庭之外,仆役已从一般家庭中绝迹,男子也要分担家务,特别是在妻子也参加工作的家庭中更加如此。家庭变小了,空闲时间增加了,成员间的关系变得更亲密,家庭作为一个整体共同享受假日的乐趣,夫妻子女一同出门旅游,一同看电影,一同观看艺术表演。长辈与晚辈间的关系变得平等,父母更多地不是以家长的姿态出现,而是以朋友的身份出现,子女从小就养成独立的人格,在走进大学之门后就事实上脱离了家庭。当然同时,亲戚之间的关系越来越疏远,亲情日益变得淡薄。

20 世纪一个重大的变化是人们对性的态度的变化。19 世纪,在所谓"维多利亚遗风"的约束下,人们的性道德十分拘谨,至少从表面上看

---

① David Butler and Anne Sloman, *British Political Facts 1900 –1979*, St Martin's Press, New York, fifth edition, 1980, p. 294.

② David & Gareth Butter, *Twentieth Century British Political Facts 1900 – 2000*, Macmillan Press, London, eighth edition, 2000, p. 348.

是如此。婚姻被视为神圣的事,婚外性行为被社会拒绝,性是社会的一个禁忌,它只存在于隐私之中,在公开场合是不可抛头露面的。妇女尤其被看作是性道德的守护神,性对于妇女来说,只不过是生活中必须接受的一个事实,而不是她们的本能需要。在这种情况下,实际上有两种道德标准,一种针对男子,一种针对女子。

第一次世界大战后,人们对性的看法开始改变了,人们开始谈论妇女的性快乐与性享受,学者开始研究人类的性活动,作家开始写作性与健康的关系。1930 年荷兰作家费尔德(Theodore van de Velde)的《理想婚姻》被翻译成英文,其中强调夫妻双方的性满足对美满婚姻的重要性,并且介绍了性活动的各种技巧。1932 年一本基督教的《婚姻入门》专门为已经订婚的青年人出版,其中教授如何才能使双方达到性高潮。妇女杂志也开始谈论性问题,在妇女中当然影响更大。作为结果,婚前性行为增加了,1904 年以前出生的妇女中,只有 19％的人有过婚前性经历,1904—1914 年间出生的就有 36％有这种经历,1914—1924 年出生的人则有 39％有过这种情况,在 1918—1945 年间,以处女身份结婚的比例已从 80％降为 60％。①

与此同时,妇女的衣着向短、轻、露的方向发展。19 世纪的鲸骨长裙已经没有了,轻便的衣裙取而代之,裙边日益上移,已经移到膝盖以上。厚重的内衣内裙逐渐被淘汰,兴起的是各种人造纤维的轻巧胸衣和内裤。毛袜被丝袜取代,泳装不再有袖子和裙子,而成了"露背"的式样。在两次大战之间,妇女的衣着表现着变化的时代价值。

第二次世界大战后,人们对性的态度更开放了。杰弗里·戈勒(Geoffrey Gorer)在 1951 年做的一项调查表明:在接受调查的人中,只有刚过半数的男子和不到三分之二的女子不赞成婚前发生性行为,43％的人承认有过婚前或婚外性关系,47％的人明白无误地予以否认。1969 年他又做了一次调查,这次调查表明:只有 26％的男人和 63％的女人在

---

① John Stevenson, *British Society 1914 - 1945*, Penguin Books, London, 1990, p. 179.

结婚时尚未与人发生关系,另有 20％的男人和 26％的女人是先有关系再结婚的。这时,67％的女人和 65％的男人声称他们把性关系看作婚姻中非常重要的部分,舍此便不成其为婚姻;而在 1951 年的调查中,持这种观点的男人比例不变,也是 65％,女人比例只有 51％,可见在这十几年中,妇女作为整体,对性的态度有了很大变化——这恰恰就是 60 年代性解放的结果。①

1960 年,法庭大张旗鼓地对企鹅出版社进行审判,原因是它出版了《查泰莱夫人的情人》,这本书中有许多章节露骨地描写性行为,因此自 20 年代写成以来,就一直不能在英国出版。审判以原告方败诉为终结,结果对所谓的"黄色书报"的禁令被突破,性的描写及性的暴露可以在书刊上大胆地表现。1978 年出版的莫利·帕金(Molly Parkin)的小说《玩具铁路》中就有一段这样的描写:"鲍珞姗(原文为 Blossom Tree——引注)睁开两眼,天还没亮,但她被粗暴地搞醒了,她丈夫那坚挺的东西正在她两片温暖的屁股间剧烈地颤抖,像果敢的鱼雷那样搜索进门的通道。"这一类描写在当代文学作品中已算得上是很含蓄的了,而像《太阳报》这样的通俗报纸则几乎每天都刊登裸女的照片。一些妇女杂志曾尝试刊登裸体男子像,但心理学家发现女子对男子的身体兴趣并不大,相反倒喜欢看裸体女像,所以这些杂志未能成功。不过,性解放的思潮还是不时反映出来,表现为一些女子俱乐部组织观看男子脱衣舞等。在衣着方面,则表现为超短裙和比基尼泳装,甚至天体主义。

1980 年,《十九岁》杂志作了一次问卷调查,受调查的一共有一万名少女,其中,在 17 岁年龄层上,只有 43％说她们没有性经历,18 岁年龄层上没有性经历的则降为 22％,19 岁年龄层的降为 17％,20—21 岁降为 12％,22 岁以上的只有 8％仍然是处女。所有女孩加在一起,有 26％说她们在 16 岁之前就有性关系了,而在所有曾有过性经历且尚未结婚

---

① Arthur Marwick, *British Society since 1945*, Penguin Books, London, 1990, pp. 66, 169.

的女孩中,有72%说她们有过两个以上的性伙伴。[1] 性行为的放松主要表现在女子这一方,因为男子的性行为从来就不是很严格。然而到80年代末,由于艾滋病出现,人们在性方面又出现回归现象,越来越多的人对性采取比较谨慎的态度,性行为也比世纪中期有所节制。同性恋本已被社会容忍,但根据统计,说同性恋不好的人已从1972年的62%上升至1987年的74%。两性关系也趋向严肃,1983—1987年,虽说反对婚前性关系的人从28%降为25%,但反对婚外性关系的则从83%升为88%。

20世纪两性的关系越来越随便,家庭关系也越来越淡薄,许多人不结婚而生孩子,不组织家庭而同居。反映在统计数字上,就是结婚率降低,家庭不稳定,1971年单亲家庭占家庭总数的7%,1995年已占到10%;20%的儿童生活在单亲家庭中,其中多数是与母亲一同生活。在一个人组成的家庭中,增长速度最快的是由一个65岁以下男人构成的家庭,从1971年的3%增加到1996年的9%,据预估到2016年会增长到13%,将超过由一个65岁以上的女人(一般是丈夫去世之后)所构成的家庭比例,这显示男人不受婚姻约束的倾向正在加强。同时,夫妻共同组成的家庭在1961年占家庭总数的74%,涉及人口总量的82%;到1995年,这两个数字已下降到58%和74%了。[2] 虽说到这个时候为止大多数英国家庭仍然是"传统家庭",但很明显,婚姻和家庭正在发生剧烈的变化,对英国社会而言,这些已经是非常不确定的因素,到21世纪会出现什么新的情况? 这是非常值得注意的事。

---

[1] Arthur Marwick, *British Society since 1945*, Penguin Books, London, 1990, p. 249.

[2] Edward Royle, *Modern Britain, a Social History 1750 - 1997*, Arnold, London, second edition, 1997, p. 58.

第五章　宗教与教育

在英国历史上,宗教曾经是一个重要的因素,许多政治斗争都是围绕这个主题展开的。16 世纪中叶,亨利八世(Henry Ⅷ)发动宗教改革,创立英国国教,脱离了罗马天主教会(Catholic Church)。17 世纪,国教内部又出现分歧,形成"清教"(Puritanism)。17 世纪英国革命失败后,"清教"消失了,融于一个含义广泛的"非国教"范畴,包括许多教派。

从 18 世纪起,世俗主义在政治领域渐渐占上风,宗教因素才慢慢从政治斗争中剥离出来,国家也变得越来越世俗化(secularization)了,1829 年通过《天主教解放法》(Catholic Emancipation Act),让天主教徒获得了平等的公民权,这表明宗教分歧已不再对国家的安全构成威胁,政治和宗教终于分开。但在"维多利亚时代",人们的宗教感情仍然非常虔诚,因此无论国教还是非国教,都有很大的精神权威,宗教的社会势力仍旧非常大。

20 世纪宗教方面的发展趋势是:不仅政治世俗化,而且社会也世俗化。这种趋向当然在 19 世纪中期就已经开始,从 1836 年起,婚礼可以不在教堂举行,而在此之前是绝对不可以的(苏格兰除外)。但这时非宗教婚礼仍是特例,每 1 000 个婚礼中有 974 个按各种宗教仪式举行,只有 26 个是所谓的"世俗婚姻"。1904 年世俗婚姻的比重已增加到 179 个,

表 27 每 1 000 婚礼中宗教婚姻和世俗婚姻的比重①

	1901	1911	1919	1934	1952	1962	1967	1974
宗教婚姻	842	791	769	716	694	704	659	535
世俗婚姻	158	209	231	284	306	296	341	465

70 年后的 1974 年发展到 465 个,具体数字见表 27。

可见世俗化的趋向多么明显。由于婚礼是一个人生命中自己能够做出安排的唯一一次重大庆典(其他两次是洗礼和葬礼),因此婚礼的世俗化最能反映人们的宗教情绪。

另外一个数字也反映这种情绪变化,那就是星期天参加教堂礼拜的人数。朗特里在约克市作社会调查时,曾对这个数字作过记载。据他对三个不同年份某个特定的星期天所作的抽样调查表明,在 50 年时间里,上教堂做礼拜的人显然持续减少,见表 28。

表 28 约克市教堂星期天做礼拜人数统计②

	1901	1935	1948
国教教堂	7 453	5 395	3 384
各非国教教堂	6 447	3 883	3 514
罗马天主教教堂	2 360	2 989	3 073
救世军	800	503	249

在这三次调查中,约克市人口已经从 48 000 人增加到 72 248 人再增加到 78 500 人,因此做礼拜的人所占比例要比实际的人数下降还要厉害。按比例统计,1901 年是 35.5%,1935 年是 17.7%,1948 年只有 13.0%——在 1948 年那次统计中,出席礼拜的人已经以妇女和老人为主了。这种情况决不只发生在约克市一地,1933 年普里斯特利(J. B. Priestley)叙述伯明翰一个非国教教堂的情况时说:参加礼拜的几乎就是

① David Butler and Anne Sloman, *British Political Facts 1900 - 1979*, St Martin's Press, New York, fifth edition, 1980, p. 474.

② John Stevenson, *British Society 1914 - 1945*, Penguin Books, London, 1990, p. 361.

30 年前那同一批人,"教徒中主要的不同在于年轻人少了,特别是男青年更少。我怀疑在整个教堂里 35 岁以下的男人是否有半打——如果说还有男孩,那一定是逃过了我的眼睛。有几个小女孩,有一些星星点点散坐着的大女孩和年轻妇女,其他所有的教徒和合唱队员就都是中年人了。我估计在我以前上教堂的时候,参加礼拜的人其实有两倍这么多"①。

各教会成员数的变化也同样说明宗教情绪的变化。在英国,英格兰国教(Anglicanism, Church of England)、苏格兰长老会(Presbyterianism, Presbyterianist Church)和卫斯理宗(Wesleyanism, Methodist Church)是新教最大的三个派别,它们在 20 世纪人数的变化如表 29。

表 29   20 世纪新教三派人数变化情况②   单位:百万

	英格兰国教	苏格兰长老会	卫斯理宗
1900	2.90(8.9)	1.15(25.7)	0.77(2.1)
1924	3.54(9.3)	1.30(26.6)	0.83(1.9)
1939	3.39(8.2)	1.29(26.2)	0.80(1.7)
1950	2.96(6.7)	1.27(24.9)	0.74(1.5)
1960	2.86(6.2)	1.30(25.1)	0.73(1.4)
1970	2.56(5.6)	1.15(22.0)	0.62(1.1)
1980	1.82(3.7)	0.96(18.7)	0.49(0.9)

注:括号中数字表示占人口的百分比,其中第一栏括号中数字表示占英格兰和威尔士人口比例,第二栏括号中数字表示占苏格兰人口比例,第三栏括号中数字表示占大不列颠总人口比例。

从表中数字可以看出,尽管在两次世界大战刚结束的时候有过轻微

① John Stevenson, *British Society 1914-1945*, Penguin Books, London, 1990, p.367.
② John Wolffe, "Religion and 'Secularization'", in Paul Johnson ed., *20th Century Britain: Economic, Cultural and Social Change*, London and New York, 1994, p.428.

的回升,20世纪总的趋势是教会人数下跌,占人口的比例则下降更快。英格兰国教(即通常所说的英国国教)的情形尤为典型,几个世纪中它曾经是英格兰国家的宗教,从理论上说绝大多数居民都应该是它的成员,然而在20世纪,它的正式成员越来越少了,从表30就可以看出来,越是成年、越是有自己主见的人群中,教会正式成员数量就越少,比例也十分低。

表30 坎特伯雷大主教区与约克大主教区国教成员人数变化表(共43个主教区)①

单位:百万

	估计受洗礼成员数	估计行坚信礼成员数	教区选举人名册中成员数
1921	22.0(62.2)	8.1(30.1)	3.54(14.0)
1931	23.8(63.4)	9.0(30.2)	3.69(14.5)
1941	24.9(63.6)	9.2(29.4)	3.42(12.0)
1951	25.8(62.4)	9.4(28.4)	2.92(9.5)
1960	27.3(63.1)	9.8(28.1)	2.86(8.9)
1970	27.7(59.7)	9.5(20.5)	2.56(7.3)
1976	27.2(58.3)	9.1(19.5)	2.04(5.9)

注:括号中数字表示占人口的百分比,其中第一栏括号中数字表示占两大主教区总人口数百分比,第二栏括号中数字表示占13岁以上人口百分比,第三栏括号中数字表示占相应年龄段人口百分比。

较小的新教派别人数也经历同样过程,比如浸礼会(Baptism,Baptist Church)成员在1900年约有36.6万人,经过30年的发展到1930年达到40.6万人,此后人数持续下降,到1975年只剩下25.6万人。公理会成员在1900年为43.6万人,1930年为49.0万人,1971年为16.5万人。英格兰长老会1900年有7.6万人,1930年有8.4万人,1971年只剩下5.7万人。公理会(Congregationalism, Congregational Church)和英格兰长老会在1972年10月合并为联合革新教会(United

---

① David Butler and Anne Sloman, *British Political Facts 1900 - 1979*, St Martin's Press, New York, fifth edition, 1980, p.468.

Reformed Church)，但其人数却从 1973 年的 19.2 万人下降到 1977 年的 17.5 万人。[1]

相比之下，天主教会在 20 世纪大部分时间却表现出强劲的增长势头，这是它在宗教改革后受压制、19 世纪初被"解放"以来恢复生命力的高度表现。1900 年，英国（不包括北爱尔兰）大约有 200 万天主教徒，1940 年达到 300 万，1957 年达到 400 万，1990 年则达到创纪录的 560 万。但这以后天主教会的人数也开始下降，到 90 年代中期下降到 480 万左右。天主教人数剧增的原因在很大程度上是由于爱尔兰移民大量涌入，他们保留了原有的信仰。另外，与其他教派相比，天主教徒更能把自己的子女培养成天主教徒。第三个原因是教会越保守、仪式越庄重，就越容易保留住自己的成员，这不仅体现在天主教方面，在新教方面，也是越"自由"、越不讲究仪式的教派就越容易衰落，公理会与浸礼会的对照就是如此。

然而不做礼拜、不参加教会，并不意味着完全失去基督教意识，更不意味着对基督教（Christianism）信仰持完全否定的态度。二战结束后不久，一个从事社会研究的民间团体"群众观察"曾对伦敦人的宗教状态做过调查，其结论是："十个人中最多只有一个人……真正和某个教会组织有密切来往，大约三分之二的人从来或事实上不去教堂。然而，多数人——五分之四的妇女和三分之二的男子——至少在口头上是承认上帝存在的可能性的，其他多数人则只提出疑问而不加以否认。绝不相信上帝的大约只占二十分之一。"[2]1941 年，另一位作者也曾这样写道："我们至少可以满有把握地说：我们人民中大多数确实是相信上帝的——即使是朦朦胧胧地相信也罢，而且他们还不打算用其他信仰来取代其'国

---

[1] David Butler and Anne Sloman, *British Political Facts 1900 - 1979*, St Martin's Press, New York, fifth edition, 1980, pp. 470 - 471.

[2] John Wolffe, "Religion and 'Secularization'", in Paul Johnson ed., *20th Century Britain: Economic, Cultural and Social Change*, London and New York, 1994, p. 427.

家教会'所拥护的基督教。"①

实际的情况应该是这样——在 20 世纪,尤其到第二次世界大战以后,人们对宗教的虔信大概是消退了,但多数人仍认为自己是基督徒——不论属于哪个教派,总之都是基督徒。不过这更多地是一种文化上的认同,即认同基督教的文化传统,而不是真正在宗教信念上的认同,即对神学的无条件的接受。艾德礼的传记作者曾写过这样一段话,他说艾德礼"相信基督教的伦理,而不能相信黑非洲的魔神"。他曾问艾德礼对神学是否持不可知论,艾德礼说:"我不知道。"再问他是否相信死后世界,艾德礼说:"大概吧。"②艾德礼是个知识分子,又是"社会主义"政党的领袖,他对神学的态度如此,是带有典型意义的。

根据各种调查,20 世纪人们对神学问题的看法如表 31。

表 31　宗教信仰调查③　　　　　　　单位:%

	相信上帝存在	相信耶稣是上帝之子	相信死后世界
1947	84	—	49
1957	78	71	54
1963	71	60	53
1973	74	—	37
1982	73	43	40

可见,对上帝的信念始终是大多数人的信念,而对基督教某些教义的认同则明显呈下降趋势,其下降速率明显比前者快得多。对这种情况宗教界是知之甚深的,1945 年,由坎特伯雷大主教坦普尔(William Temple)创建的"福音委员会"(Evangelist Committee)曾发表一份报告,其中说:"英国这个国家看起来似乎最接近于理想的基督教国家,其国王

① Peter Hennessy, *Never Again*, *Britain 1945 - 1951*, Vintage, London, 1992, p. 439.
② Ibid., p. 436.
③ John Wolffe, "Religion and 'Secularization'", in Paul Johnson ed., *20th Century Britain: Economic, Cultural and Social Change*, London and New York, 1994, p. 430.

在登位时的加冕仪式,议会在开幕时的例行祈祷,伦敦市长的专职牧师,军队与国家机关在宗教问题上的规定,大众刊物上的宗教文章,英国广播公司的宗教节目,以及其他许多类似的情况,都说明国家的精神仍然是基督教的……然而在表象之后却呈现出一种不那么吉祥的预兆。"①

为了挽留人们的宗教感情,20世纪的教会做了许多努力,其中最大的努力就是改变自己的形象,尽量不以说教面目出现,并且努力追赶时代潮流,尽早用教会之口说出千百万普通民众的迫切心愿,这里最典型的例子就是英国教会对"福利国家"的态度。

20世纪上半叶,彻底解决贫穷问题成了千百万劳苦大众的共同心声,特别是在第二次世界大战中,人民为"人民的战争"做出了巨大的牺牲,因此对未来的展望尤为热切。在这种背景下,国教会迅速做出反应。1941年,坎特伯雷大主教坦普尔发表言论说:"国家不仅也不应该只局限于维持秩序,实际上当秩序相对稳定时,'秩序'这个概念也在扩展。起初,维持秩序的含义似乎只是防止骚乱和暴力,然而当人们的身体可以有保证不受别人的攻击时,接下来出现的问题就是:掐人脖子的竞争和掐人脖子的抢劫是否属于同一性质呢?"1948年,英国国教会发表兰伯思会议(Lambeth Conference)公报,其中说:"国家处于上帝的道德法律之下,由上帝的意志成为人类福利的工具,我们因而欢迎现代国家对其公民的日益关心,并号召教会成员承担他们的政治责任,与国家及其工作人员协同努力。"②教会支持福利国家的创建,无疑为自己争得了不少民心。

教会自身也做了不少改革,使自己变得更接近民众,更加民主化。第一次世界大战中出现一个以士兵为对象的宗教俱乐部"Toc H","Toc H"是信号兵对"塔尔博特之家"(Talbot Home)的缩写拼音,塔尔博特是一位在战争中牺牲的年轻士兵。俱乐部的用意在于为普通兵士提供一

---

① Peter Hennessy, *Never Again*, *Britain 1945–1951*, Vintage, London, 1992, p. 438.
② Ibid., p. 437.

个放松情绪的场所,抚慰一下他们在战争中受了伤害的心灵。后来,"Toc H"发展到全国各地,1922年还得到国王的特许状,成为一个著名的慈善团体。

第一次世界大战中,坎特伯雷大主教和约克大主教还发起组织"全国忏悔与期待传教团",意在为民众解除心灵创伤贡献力量。一战后,他们又先后组织了五个委员会讨论社会问题,其中第五个委员会的报告"基督教与工业问题"尤其切中许多人关心的话题,带有明显的基督教社会主义(Christian Socialism)色彩。1923年,国教会还成立一个永久性的常设机构"国教大会社会与工业委员会",专门研究社会问题,像坦普尔这些后来走上领导岗位的开明宗教界人士,都是在这个委员会中崭露头角的。

20世纪上半叶还出现消除教派成见、结成基督教大一统组织的尝试,这主要表现为国教承认非国教的平等地位,以及非国教小教派的合并趋势。1918年,作为英国国教最高首脑的英王携其王后参加了非国教各派组织的一次感恩典礼,这是自英国发生宗教改革以来在位的君主第一次出席非国教一次重大的庆典活动。卫斯理宗三派在1932年的合并、苏格兰新教各派在1928年与长老会(苏格兰的国教)合并等等也都体现着这种基督教共同精神的取向。当然,教派的完全融合是很困难的,这里边不仅有教义的分歧,而且有传统的差异。但是在20世纪,宗派差别并不涉及政治、经济、社会等各方面的不平等,"国教"也不能以"正宗"自居,宗教不同只表明信仰不同,而信仰则纯粹是个人的事,这正是世俗社会的一个基本前提。

由于有这个前提,20世纪英国的宗教已经出现多样化趋势,新教各派相安并存,天主教也可以自由发展,到1980年达到553.9万人,相比之下,当年获确认的英格兰国教徒只是870万人。非基督教的各种宗教也在20世纪大为发展,据估计,在1990年,英国大约有50万伊斯兰教徒,32.6万犹太教徒,25万锡克教徒,14万印度教徒,此外还有其他各种各样的宗教信仰,比如佛教、巴哈教、琐罗亚斯德教等,其信徒总数相加应超过 130 万人,而当年在各教区登记的英格兰国教徒大约是 154 万。①
非基督教宗教主要在外来移民中流行,比如伊斯兰教在南亚次大陆和中
东移民中流行,印度教和锡克教在印度移民中流行等等,这也在相当程
度上反映了 20 世纪英国人口构成的变化。

宗教的多元发展一方面体现了信仰自由的原则得到确认,但另一方
面也给英国带来新的社会问题,即基督教与非基督教之间的差异逐渐凸
显,最后有可能发展成某种程度的宗教冲突,到世纪之末,这种冲突越来
越在基督教和伊斯兰教之间的关系方面微妙地表现出来。宗教的差异
经常和种族差异、贫富差异纠结在一起,从而使问题变得更加复杂。

英国的教育制度问题一直很多,相对于其他先进国家而言,它的教
育发展显得相当缓慢。在英国,教育一向由私人负责,国家不插手教育
事业。在很长时间中,学校主要是由教会开办的,不同教派都有自己的
学校,为本教派子弟提供受教育的机会。国家不存在教育政策,也不制
定教学要求,各校水平因此参差不齐,没有统一的标准,这种情况在工业
革命以后更趋严重,当时出现了许多草率开办的学校,往往是一批家长
雇一个老师,随便找一个地方就开班上课,而这个老师自己有没有受过
像样的教育都很成问题。1833 年政府开始给教育拨款,并以拨款为手段
调控教学水平,但拨款是通过教会下达的,这就引起各教派之间的争夺,
从而成为政治上一个长期争论的问题。尽管如此,到 19 世纪下半叶,英
国仍不存在统一的地方教育制度,据 1868 年统计,英格兰和威尔士 6—
12 岁的学龄儿童总共有 253.1 万,其中 95 万在国家补贴的(因此是教学
质量受到监督的)学校上学,69.7 万在非补贴学校上学,83.9 万(占总数
的 33%)根本不上学。据 1866 年统计,苏格兰的 49 万在校学童中有 20
万在质量没有保障的学校上学,另有 9 万(占 18%)的儿童不上学。②

---

① Cf. David & Gareth Butter, *Twentieth Century British Political Facts 1900 - 2000*,
Macmillan Press, London, eighth edition, 2000, pp. 558 - 564.

② Edward Royle, *Modern Britain*, *a Social History 1750 - 1985*, Arnold, London, 1987,
pp. 353 - 354.

　　这种情况引起了社会的关注,于是从 1870 年起就开始了建立国家教育制度的努力。1870 年教育法规定,在英格兰和威尔士范围内学校缺乏的地区,可以成立地方性的学校董事会(Board of Education),负责开办"董事会学校"(board school)。相应的法案在 1872 年为苏格兰地区制定,这项法案规定在苏格兰建立校董会,由它们接管所有的现存学校,形成全苏格兰单一的教育体系,并实行全体学龄儿童的强制教育。1880 年,英格兰也实行强制教育,5—13 岁的儿童必须上学。1902 年(苏格兰是 1901 年),英国在建立国家的教育制度方面向前迈进了一大步,该年《教育法》(Education Act)规定取消校董会,建立统一的教育委员会(Education Committees),由民选的郡、市镇参事会委派工作人员,并可征收地方税支付教育经费。[1] 这样,经过 30 多年的努力,教育终于被置于地方政府的管理之下,一个全国统一的教育体系初见端倪,不过这仅仅停留在初等教育的层面上。

　　尽管有这些进展,英国教育体系仍呈现出混乱状况,并且表现出强烈的阶级色彩。最早落入国家管辖之下的学校,无论是教会或私人团体办的慈善学校,还是校董会创建的新学校,基本上是面对较贫穷人家的子弟,他们在接受最基本的教育之后就离开学校开始工作。家庭经济状况好的家长宁可把孩子送往收费高的学校,让他们接受更多的教育——在英国,教育一直是重要的进身之路,并且是身份和地位的象征。收费高的学校是私立学校,在英文中称为"公学"(public school),这也是一种"语法学校"(grammar school)。

　　语法学校是一种很古老的学校形式,它们往往有很长的历史,在创建之初一般都带有一笔财产(例如土地或股票),由开办人捐赠给学校,作为办学的经费。语法学校教授拉丁文和其他古典课程,兼备初等教育和中等教育的功能,它主要为男孩子上大学做准备,同时也是乡绅或商

---

① Pauline Gregg, *Modern Britain*, *a Social and Economic History since 1760*, Pegasus, New York,1965,chapter 24,"Education".

人子弟培植必备的文化素质的机构。早期语法学校由于有附带的财产，所以有可能实行一定程度的免费教育，有些有天分的穷人孩子也可能进入其中学习。但到 18 世纪，多数语法学校已陷入财政危机，于是它们中有许多转变成收费的私立学校(private school)，其他则变成慈善学校或者倒闭。① 1869 年，议会通过《受捐赠学校法》(Endowed Schools Act)，正式认可了收费的原则，其课程则要求古典和现代兼备。这个时候，英格兰有 1448 所语法学校，威尔士有 31 所，多数是中等阶级子弟受教育的地方，少数是贵族的特权学校。② 贵族学校中有 9 所特别出名，1861 年克拉伦登勋爵(Lord Clarendon)领导的皇家委员会曾对这 9 所学校的地位加以确认，因此被叫做"克拉伦登九"(Clarendon Nine)。9 所学校中有 5 所地位又特别显著，它们是伊顿公学、哈罗公学、什鲁斯伯里(Shrewsbury)公学、温彻斯特(Winchester)公学和拉格比公学。20 世纪初，国家最高职务中约有一半是由这 5 所学校的毕业生担任的，他们是英国真正的精英。

大多数语法学校为中等阶级子弟服务，但它们相对于国家补助的"初级学校"而言，也已经有天壤之别了。一位在 20 世纪由于"莫名其妙地交上好运"而进入里士满语法学校的学童，在他成为教授之后曾回忆说他似乎"走进了一个不同的世界"，因为孩子们都穿着漂亮的校服，学校装备着完善的设施。③ 像他这样"交上好运"的人是少而又少的，因为从一所寒碜的乡村"初级学校"获奖学金而跨进语法学校的大门，其比率在 19 世纪末是 270∶1。贫苦的孩子一般在读完初级学校后就辍学了，离校的年龄是 13 岁(1918 年以后是 14 岁)。

20 世纪初，许多语法学校财政状况不佳，入不敷出，政府于是在

---

① 关于语法学校的演变过程，可参见 Henry Hamilton, *History of the Homeland*, George Allen & Unwin Ltd., London, 1965, 第 21 章,"教育",尤见第 515—517, 529 页。

② Edward Royle, *Modern Britain, a Social History 1750－1985*, Arnold, London, 1987, p. 365.

③ John Stevenson, *British Society 1914－1945*, Penguin Books, London, 1990, p. 255.

1902 年教育法中规定语法学校可以向刚刚成立不久的教育部申请经费,也可以要求地方政府补助,条件是接纳一定数量的初级学校优秀生入学。1907 年政府增加拨款,但规定 25％的名额要保留给初级学校的毕业生,他们在通过激烈的考试竞争后可以免费进入语法学校,这是把中等教育纳入国家体系的重大步骤。今后新建语法学校,将实行男女合校,这样,继 19 世纪下半叶许多语法学校开办女生部以后,在发展女子教育方面又向前迈进了一步。第一次世界大战爆发的时候,英格兰和威尔士有 1 000 多所由国家补助的中等学校,将近 19 万学生。但这时中等教育仍是一种社会特权,每 1 000 个适龄孩子中,只有 56 个初级学校学生最终进入语法学校。苏格兰的情况要好一点,1901 年苏格兰教育法规定年满 12 岁的孩子只要智力合格都可以进入中学,苏格兰在中等教育方面再次走在前面。[①]

1918 年,政府要求领取国家补贴的中等学校做出决定,是申请教育部经费还是要求地方政府补贴,二者不可兼得。多数学校选择了后者,但仍有 230 多所学校选择前者。由于不受地方政府直接管辖,它们的地位便接近了完全不受国家补贴的私立学校。20 年代又开始出现一些不以上大学为唯一目标的普通中等学校,一般由地方当局主办,常被称作"现代学校"(modern school)。在这些学校里,学术性课程和实用性课程兼而有之,各种类型的学生都可以入学。总之,在第二次世界大战爆发时,英国已形成全国性的初等教育网,中等教育网也已经初具规模。

第二次世界大战期间,随着人们对战后的期待愈加迫切,对福利国家的憧憬日趋热烈,人们对教育问题的关注也日益加强了,把它看作是人人都应该享有的一种社会权利。在这种背景下,出现了 1944 年教育法,其基本出发点是普及中等教育。

这项法律有两条原则,一是向所有 5—15 岁的儿童提供免费义务教

---

① Edward Royle, *Modern Britain, a Social History 1750 - 1985*, Arnold, London, 1987, p. 366.

育,从而满足了一切人享有受教育权利的要求;二是建立统一的教育体制,取消过去那种"初级教育"和"继续教育"两级分段制,将教育过程分为初等、中等和高等三个阶段。在中等教育阶段上,所有中学分为三种类型:语法学校为上大学做准备,技术学校进行特殊技能的职业教育,现代学校教授一般性课程,其学生包括学童中的最大多数。所有学生在初等教育结束即 11 岁时参加分级考试,成绩最好的进入语法学校,其他则视各人志趣及能力等等分别进入现代学校或技术学校。这样一种在 11 岁时经考试而分流的制度叫"11 岁向上"(eleven-plus)制,在法案实行后,大约只有 20% 的学生可以进入语法学校,5% 的学生进技术学校,其他都进现代学校。1944 年教育法还把教育部由非内阁级升为内阁级,其职责不像以前那样仅仅是"监督有关教育事宜",而是"促进人民的教育事业",向各地区提供"普遍而多样的优越教育服务"①。

1944 年教育法终于在英国建立起完整统一的国家教育制度,因此在这方面它的功绩不可低估。但另一方面,这项法律也有许多不足之处,主要是语法学校地位很特殊,显然是一种精英学校,因此尽管法律的初衷是创造平等的受教育机会,但事实上却造成不平等的教育机制。人们还指出:11 岁时仅凭一场考试就决定终身命运,这对孩子们来说太早也太不公平。因此从 50 年代起,许多人开始提倡"综合学校"(comprehensive school),一切孩子都在 11—15 岁(1973 年后改为 16岁)期间到这种学校接受中等教育,毕业后再考虑未来的发展。1965 年工党政府指令各地方政府制定实施"综合学校"的方案,到 1970 年已有三分之一的适龄学生在综合学校就学。这一年,新上任的保守党政府改变政策,恢复"11 岁向上"制。但 1976 年工党政府再次指令实行综合学校方案,这一年的教育法取消了中央政府对中小学校的直接拨款,结果有一部分以前接受直接拨款的学校转而寻求地方政府的资助,但多数则

---

① Pauline Gregg, *Modern Britain*, *a Social and Economic History since 1760*, Pegasus, New York, 1965, p. 528.

转轨为私立学校,所以私立学校的阵容反而扩大了,英国传统的那种公立私立两种教育制度并存的现象更加明显了。

1988 年产生了另一部影响深远的教育法即《教育改革法》(Education Reform Act),这项法律扩大了中央对教育的管辖权,学校经费与招生人数挂钩,家长可以在一定区域内选择上哪一所学校,这样就使教育纳入了某种形式的"市场经济",因此是撒切尔政府改造英国福利制度的一个重要内容。教育部授权制定统一的中小学课程,规定数学、英语和科学为主干课,历史、地理、外语、劳技、音乐、体育和美术为基础课。所有学生在 7、11、14 和 16 岁进行四次水平测试,测试成绩是学生升学的参考因素。这次改革的目的是改进中小学教学质量,因为许多人认为:英国的教育质量已经下降,而教育质量下降又是经济景况下滑的一个重要原因。①

以后几年中,撒切尔政府又连续制定了几个教育立法,给中小学校以更大的自主权,可以"跳出"(opt out)地方教育行政机构的管理体系,而成为"依靠赞助"的学校(grant maintained school)。这其实是鼓励学校的私有化,让筹资充足的学校有更好的教师与教学资源,从而拉开教育质量距离,事实上成为从 1902 年开始的教育改革方向上开倒车。②

目前,中小学教育的最大问题仍然是公立和私立的对立,私立学校培养社会精英,是阶级差异的明显表现。显然,如何处理公共教育和私立教育两种制度间的对立,是 21 世纪英国教育问题中最大的课题。

然而在高等教育方面,20 世纪明显表现出平等化趋势。英国最古老的大学是牛津和剑桥,但一直到 19 世纪中叶,它们都具有太强烈的宗教色彩,与教会关系太密切。宗教改革后,这两所大学依附英国国教,结果使大量非国教徒(dissents,从社会阶级来说大多是中下阶层)避而远之,不愿把子弟送来接受国教教育。从教学内容上说,课程以古典和宗教为

---

① Arthur Marwick, *British Society since 1945*, Penguin Books, London, 1990, pp. 360 – 361.
② Edward Royle, *Modern Britain*, *a Social History 1750 – 1997*, Arnold, London, second edition, 1997, p. 373.

主,实用性科学性课程很少,这种情况也使大学教育与社会的发展远远脱节。高等教育的目标一是培养神职人员,二是培养政治精英,所以学生的家庭背景大多是贵族和乡绅,连中等出身的人都不多。

19世纪中叶以后牛津和剑桥经历世俗化过程,50年代取消获取学位的宗教考试,70年代非国教徒可以获得学位,也可以受聘任教或担任行政工作。课程设置也开始变化,学术水平得到强调,不再像过去那样把"道德"放在学校工作的首位。学生入学及教师的选聘都以公开考试为基础,同时,一些非国教派的学院也在校园内建立起来,为非国教徒提供了生活和学习的环境。但学生的阶级基础却并没有因此而改变,大学仍旧是精英阶级的世袭领地。

在苏格兰,高等教育也和普通教育一样比英格兰平民化、普遍化。苏格兰人口比英格兰少,但它有5所大学,而且学费相对低廉。学校实行课程收费制,任何人只要愿意交纳低廉的学费,就可以去听课,不一定像英格兰大学那样非要住校不可。这样,接受高等教育的社会阶层比英格兰广泛得多。在18世纪末,格拉斯哥大学有一半学生出身于工商家庭,其中又有一半其实是家境相当贫寒的。但苏格兰大学专业程度较低,学术水平比英格兰的大学要矮一个层次,按19世纪上半叶一个皇家委员会的说法,"学位在爱丁堡和格拉斯哥不再是争取的目标"①,受教育本身就是一种目的。

苏格兰的模式影响到英格兰,于是在19世纪初出现伦敦大学(London University)。伦敦大学的创始人中有许多是著名的政治家(如布鲁厄姆 Henry Brougham 和休谟 Joseph Hume)、哲学家(如边沁 Jeremy Bentham 和密尔 James Mill)②,因此它一创建就是世俗的和功利的,开设实用性和科学性课程,受教育对象主要来自中等阶级。伦敦

---

① Henry Hamilton, *History of the Homeland*, George Allen & Unwin Ltd., London, 1965, p. 539.
② 布鲁厄姆(1778—1868),辉格党政治家;休谟(1777—1855),激进主义政治家;边沁(1748—1832),功利主义哲学家;密尔(1773—1836),功利主义哲学家。

大学向所属学院的学生颁授统一的大学学位,到 1851 年,它已经有 29 个普通学院和 60 个医学院,其中有些学院还设在外地,甚至设在海外殖民地,如印度、加拿大等。① 伦敦大学的创立给英格兰的高等教育注入了新的活力,预示着 20 世纪的新潮流。19 世纪还出现了设在北方的杜伦大学(Durham University,1837 年)和设在曼彻斯特的欧文学院(Owens' College,1851 年),前者是教会学校,后者是中等阶级的世俗学校。

19 世纪中叶,女子高等教育也开始起步,1866 年开办的贝德福德学院(Bedford College)成为第一所以女生攻读学位为目标的高等学校,以后又相继出现其他学院。1878 年伦敦大学开始向女生授学位,但牛津和剑桥大学直到 20 世纪 20 年代才迈出这一步,尤其是剑桥大学,直到 1948 年才让女生取得完全平等的学位资格。20 世纪上半叶,尽管所有大学都已向女生开放,但妇女进入高等院校的比例却很小,迟至 1961 年,牛津和剑桥还一共只有 593 名本科女生,占在校人数的 13%。

在 20 世纪,一直到 50 年代末,英国的高等教育都发展得很慢。1900 年,全国(不包括爱尔兰)只有大学生 2 万人,到 1955 年也只达到 8.2 万人;师范院校在校生 1900 年大约是 5 000 人,1955 年达到 2.8 万人。除此以外,还有 1.2 万人接受研究生教育。② 这个时候,高等学校在校生占人口比例非常小,当时的人口大约是 5 000 万,每 100 个英国青年中只有 4 个进入大学,而在美国则有 20 个,瑞典有 10 个,比利时有 11 个,荷兰有 8 个,法国有 7 个,英国高等教育跟不上形势由此可见其一斑。

第一次世界大战前,曼彻斯特、伯明翰、布里斯托尔、利物浦、利兹和设菲尔德这些大工业中心建立了市立大学,但人数都很有限,最大的曼

① Edward Royle, *Modern Britain, a Social History 1750 - 1985*, Arnold, London, 1987, p. 375.
② David Butler and Anne Sloman, *British Political Facts 1900 -1979*, St Martin's Press, New York, fifth edition, 1980, p. 313.

彻斯特大学到 1963 年只有 8 000 学生。1893 年成立威尔士大学,到 1963 年有 5 个学院,共 8 000 人。雷丁、诺丁汉、南安普敦、埃克塞特、莱斯特和赫尔在一战前后建立大学学院(university colleges),二战以后转化为独立的大学。1954—1955 年,各大学总经费 3 390 万镑,而 1919—1920 年只有 440 万镑,其中来自政府的拨款分别占当时的 65% 和 22%。政府资助高等教育在英格兰开始得很晚,1889 年才第一次拨款,当年拨款只有 1.5 万镑。

60 年代初高等教育开始迅猛发展,1961—1965 年间在坎特伯雷、约克等地新建 8 所大学,从一开始就是文理并重的综合性大学。1963 年议会罗宾斯委员会(Robbins Committee)关于高等教育的研究报告正式发表,这成为大规模发展高等教育的基点。按照报告的建议,在伦敦、巴斯、卡迪夫、格拉斯哥等地又新建 12 所大学,使全国大学总数超过了 40 所。除此以外,以原有的技术专科学校为基础建立了一批理工学院(polytechnics),但这些学院始终被认为低人一等,从来达不到综合性大学的水平。政府对高等教育的拨款也急速增加,1964—1965 年达到 8 920 万镑,1975—1976 年达到 5.57 亿镑,其中还不包括牛津和剑桥两所大学。1964—1965 年,政府拨款占大学开支总数的 72%,1975—1976 年占 78%。①

在校学生数也大幅度增长,表 32 说明了这一情况。

80 年代初在校学生数已达到 50 万,90 年代则超过 100 万,而这时的人口数是 5 700 多万。学生中女生的比例大幅度增长,从 60 年代的大约 25% 增长到 1990 年新生总数的 45%。成人在校生的人数也明显增加,他们是工作一段时间以后重新回到学校的成年人,包括相当多的中老年妇女,在孩子成人之后重新走进学堂。

---

① David Butler and Anne Sloman, *British Political Facts 1900 - 1979*, St Martin's Press, New York, fifth edition, 1980, p. 313.

表 32　20 世纪全日制高等学校在校学生数①　　　　单位:万

	大学生	师范生	本科以上学生
1900—1901	2.0	0.5	—
1924—1925	4.2	1.6	0.3
1938—1939	5.0	1.3	0.6
1954—1955	8.2	2.8	1.2
1962—1963	11.8	5.5	4.3
1970—1971	23.5	12.4	9.8
1980—1981	30.7	22.8	
1990—1991	37.0	37.8	
1996—1997	119.5	86.0	

注:1980 年以后数字包括北爱尔兰;1996—1997 年数字的猛增,很大程度上是因为此前几年将许多理工学院和其他形式的高等教育机构都升格为"大学"所致。

　　1969 年,根据罗宾斯委员会的建议,创建了一个向全体公民公开开放的"开放大学",这个大学通过电视、广播等方式向全国公开授课,并在许多地方设立地区性的辅导站。达到该大学考试标准的学生可以申请学位,这就为所有英国公民接受高等教育创造了条件。1970—1995 年,开放大学授予了 14 万个初级学位,1996 年它有 10 万名在校生,其中许多是妇女。②

　　高等教育中的阶级特征曾经非常明显,迟至 50 年代末,适龄青年进入大学学习的,在较高社会阶层出身的人中有三分之一,而在半技术或非技术工人家庭出身的人中只有 1%。这种情况引起社会的广泛重视,1962 年,政府终于制定一项政策,要求各地方教育主管部门向交不起学费的录取新生提供资助。由于这种政策再加上 60 年代高等教育的快速

① David & Gareth Butter, *Twentieth Century British Political Facts 1900 - 2000*, Macmillan Press, London, eighth edition, 2000, p. 366.

② Edward Royle, *Modern Britain*, *a Social History 1750 - 1997*, Arnold, London, second edition, 1997, p. 389.

发展及生活水平的大幅度提高等等因素,阶级差别从 70 年代起明显缩小,许多工人阶级子弟从大学毕业,从而改变了知识分子的阶级构成。

80 年代,撒切尔政府实行紧缩政策,高等教育成为紧缩的主要目标。1988 年的《教育改革法》取消了大学拨款委员会(University Grants Committee),而代之以大学基金理事会(Universities Funding Council),其基本政策是用一种商业精神来分配资金。撒切尔政府时期,大学经费缩减了,教师编制减少了,学生助学金也被大大削减,政府还引进一种美国式的贷款制度,以借贷取代助学金。撒切尔政府的政策对英国教育事业造成很大危害,但这恰恰是一个两难的局面:教育发展需要大量资金,而教育不发展又影响 21 世纪的社会经济发展。英国教育一直是重人文轻理工,重理论轻应用,最优秀的中学毕业生都愿意选择人文学科以图将来进入文官队伍。这种结构上的缺陷已经使社会经济发展受到负面影响,而理工方面大量出色的研究成果又往往不能在英国被运用,从而对英国经济发展更为不利。因此,21 世纪的英国教育其实形势是很严峻的,如何应对面临的挑战,显然关系到 21 世纪英国的国计民生。

第六章　社会冲突、治安与犯罪

　　在社会冲突方面,阶级冲突与劳资冲突已经在前面谈过[1],本章主要谈民族问题和种族问题。

　　英国存在四个主要民族,即英格兰人、苏格兰人、威尔士人和爱尔兰人,1990 年分别占人口总数的 83.3％、8.93％、5.01％和 2.77％。[2] 在历史上,这四个民族都曾形成过自己的国家,有自己的文化和传统。但威尔士在 13 世纪末就被英格兰吞并,以后一直处在英王的直接统治下。1707 年苏格兰和英格兰合并,1801 年爱尔兰也合并进来,最终使四个地区结合为一个国家,成为"联合王国"。在这个国家中,英格兰人是主体民族,英语则是通用的和官方的语言。但是,在几百年时间中,苏格兰人、爱尔兰人和威尔士人仍保留着自己的民族特性,其语言和民族意识始终没有消失。20 世纪,当英帝国风雨飘摇最终解体时,英国国内的民族问题也不断发生,成为 20 世纪社会冲突的一个重要方面。

　　爱尔兰问题始终是"联合王国"的一大忧患。英国一直把爱尔兰视为殖民地,早在 17 世纪的斯图亚特王朝(House of Stuart)时期,英国向

---

① 见本书第三篇第一章、第三章。

② 杨振武主编《各国概况·欧洲部分》,世界知识出版社,1991 年,第 302 页。

爱尔兰的移民过程就开始了。当时英国已信奉新教,爱尔兰则信奉天主教,因此民族的差异和信仰的不同交织在一起,使爱尔兰问题一开始就相当复杂。英国革命时期,爱尔兰人支持王朝反对革命,克伦威尔(Oliver Cromwell)奉命率议会军进行讨伐。他的军队依靠残暴的杀戮镇压了反抗,同时,又没收大量爱尔兰土地,分给大批涌入的英格兰新教徒。从这时开始,英国人就成了地主,爱尔兰人反而变成佃农。这样,土地问题又纠缠到本来就很复杂的民族和宗教问题中去,使英、爱两族人民难以沟通。爱尔兰与英国合并后,大量没有土地的爱尔兰人涌入英国本土寻找工作,主要成为大工业城市中的廉价劳动力。他们在政治上低人一等(因为是天主教徒),经济上又饱尝剥削(因为是受雇佣者),民族情绪和阶级意识彼此交织,从而使爱尔兰问题变得加倍复杂。[①] 在 19 世纪,爱尔兰人总是最穷的,无论在爱尔兰的农村还是在英格兰的城市,情况都是如此。

19 世纪 70 年代,爱尔兰兴起自治运动(Home Rule),目的是"通过建立一个民族的议会,为爱尔兰争得自治的权利"[②]。运动初起时,新教徒和天主教徒并肩战斗,争取爱尔兰的自治权利。自治运动并且和农村佃农的土地运动结合起来,调动社会的各个阶层,形成声势浩大的全民总动员。80 年代,爱尔兰自治党和英国自由党结成同盟,开始在议会提出自治法案(Home Rule Bills)。到 1912 年,自治法案获得通过,眼看自治就要成为现实,爱尔兰自身却陷入了激烈的对抗之中。

原因是北爱尔兰(即厄尔斯特,Ulster)不愿实行自治。在北方,新教徒占人口多数,而且经济也比较发达。新教徒认为:爱尔兰的自治将使他们变成整个人口中的少数,落在天主教徒的统治下,并且落后的南方将统治先进的北方,为此,他们宁愿留在一个统一的英国议会中,而不愿看到在爱尔兰出现一个"民族议会"。北方新教徒组织起武装的"厄尔斯

---

① Cf. E. J. Hobsbawm, *Industry and Empire*, Penguin Books, 1979, pp. 309 - 312.

② Bulletin of the Irish Home Rule Government Association, 26 June 1871, in Arthur Mitchell & Padraig Osnodaigh eds., *Irish Political Documents*, Dublin, 1989, p. 20.

特志愿军"(Ulster Volunteers),声称要用武力来保卫自己的权利。南方的天主教徒针锋相对,他们在民族主义分子鼓动下坚决要求全爱尔兰的自治,并组建"爱尔兰志愿军"(Irish Volunteers),准备与北方决一死战。正在这时,第一次世界大战爆发了,南北内战才得以幸免。

大战中,新教徒和天主教徒并肩走上前线,在英国的国旗下忠诚地战斗。全体爱尔兰人都认为战争会给他们带来自由,战争结束后爱尔兰会获得平等地位。但英国的政策使平等的愿望终成泡影,战争中,北方新教徒可以组成独立的厄尔斯特师,南方的天主教徒则必须分散到各团队去,受他们英国战友的监视。南方的爱尔兰人突然意识到:在英国人的统治下他们永远得不到平等。

接下来的事态发展使民族对立的情绪更加严重。1916年4月23日,复活节,爱尔兰共和兄弟会(Irish Republican Brotherhood)的一批激进领袖在都柏林(Dublin)发动武装起义,宣布成立"爱尔兰共和国"(Irish Republic)。共和兄弟会是1907年成立的极端民族主义组织,主张用暴力推翻英国的统治。他们明知起义不能获胜,然而用一位起义领导者的话来说:他们指望用"战地上的红色酒浆"来温暖"爱尔兰的胸膛"[1],希望用鲜血来唤醒爱尔兰人民,建立独立自主的爱尔兰国家。但在当时,起义并没有得到人民的支持,许多人认为起义者是上了德国人的当,才干出这种蠢事来。但英国政府更加愚蠢,起义被残酷镇压后,接着实行恐怖统治,不仅进行军法管制,逮捕了许多无辜群众,而且不顾公众舆论的强烈呼吁,处死了15名起义首领。果然,古老大地的胸膛被红色血浆温暖了,爱尔兰人突然转变了他们对起义的态度,牺牲者成了民族烈士,复活节起义(Easter Rising)成了爱尔兰民族历史上最悲壮的事件之一。爱尔兰籍著名作家萧伯纳(George Bernard Shaw)对此大惑不

---

[1] 起义领导人之一 Patrick Pearse 语,见 J. C. Beckett, *The Making of Modern Ireland*, *1603－1923*, London & Boston, second edition, 1981, p. 437.

解,他讥讽说:"英国人正在把他们的囚犯捧为圣徒。"①

就在这时,英国政府干了一件更大的蠢事:它在爱尔兰强制征兵,以求解决战争中兵力枯竭的问题。然而对爱尔兰人来说,自愿参军是他们的选择,强制征兵则意味着他们受人奴役,因此爱尔兰民族情绪大为高涨。尽管由于战争突然结束,强制征兵并没有当真执行,但这也足以使大多数爱尔兰人坚定他们要独立的立场了。战争结束后举行的大选中,主张独立的新芬党(意为"我们自己的党")在爱尔兰大获全胜,由其新领袖德·瓦列拉(Eamon de Varela)——复活节起义中唯一幸存的领导人——开始执行把爱尔兰引向独立的政策。

1919 年,爱尔兰志愿军改组为爱尔兰共和军(Irish Republican Army),这个组织在 20 世纪给英国造成最大的困扰。暴力活动随之而起,1919 年有 17 个警察被共和军杀死,1920 年则有 165 个被杀,251 个受伤,另有 89 个平民丧生。政府在多数地区实行军管,并依靠退伍军人组成的"褐衣黑带队"(Black and Tans)与共和军对抗。双方都采用极端残忍的恐怖手段,结果使爱尔兰全境布满杀机,很不安宁。

1921 年 12 月,英国政府和爱尔兰民族主义者达成协议,在爱尔兰成立"自由邦"(Irish Free State),取得类似加拿大那样的帝国内自治领的地位;北爱尔兰六郡可以不参加"自由邦",继续保留在英国统治下。德·瓦列拉和他的战友要求建立完全主权的共和国,因此对条约不加承认,并继续进行暴力活动。新成立的自由邦政府用强力镇压了暴力活动,到 1923 年终于恢复秩序。② 这一年春天,北方六郡脱离爱尔兰,仍留在"联合王国"内。英国在失去南部爱尔兰之后改国名为"大不列颠及北爱尔兰联合王国"。在英、爱合并 120 年之后,英国和爱尔兰终于开始分家了。

----

① Malcolm Pearce & Geoffrey Stewart, *British Political History*, *1867 - 1990*, Routledge, London & New York, 1992, p. 130.

② 关于爱尔兰自由邦的建立及英、爱协议的详情,可参见 David Thomson, *England in the Twentieth Century*, Penguin Books, 1970, pp. 70 - 74.

迄今为止的英、爱关系史说明什么？说明一个较大的民族对一个较小的民族采用欺压手段是行不通的。英国一向把爱尔兰当作被征服地区，视爱尔兰民族低人一等，这是英、爱双方始终不和好的根本原因。等英国人意识到这一点，愿意用比较平等的态度来对待爱尔兰时，历史的积怨已经把两个民族分得很开，复杂的局面不是由一厢情愿解决得了的。

从 20 世纪 20 年代开始，英国用比较平等的态度对待爱尔兰，企图对爱尔兰问题有一个根本的解决。但爱尔兰问题的复杂性使它到世纪之末都看不到解决的曙光，其症结所在是北爱尔兰的地位：它保留在"联合王国"内，还是回归爱尔兰？

20 年代中叶，德·瓦列拉放弃暴力，组织了合法政党芬尼亚党（Fianna Fail，意为"命运斗士"，是现在共和党的前身）。芬尼亚党在 1932 年大选中获胜，德·瓦列拉执政。他领导爱尔兰政府与英国政府重开谈判，并且从 1933 年开始修改宪法。1938 年，英爱两国签订新的协议，爱尔兰取得了更大的自主权。在第二次世界大战时，爱尔兰保持中立，不参加英国对轴心国的战争。1948 年爱尔兰宣布完全独立，成为爱尔兰共和国（the Republic of Ireland）。[①]

但英、爱两个民族的冲突并未到此结束，北爱尔兰归属问题立刻提了出来。1926 年德·瓦列拉成立芬尼亚党时，新芬党多数人追随他，少数人却坚持下来。此后，他们和爱尔兰共和军互为犄角，一个从事合法政治斗争，另一个进行非法暴力活动，两个组织都把注意力转向北爱尔兰，发誓要实行爱尔兰的重新统一。为达到此目的，共和军在第二次世界大战期间开始把活动范围扩展到英格兰，制造了好几起爆炸事件。但他们在英格兰受围捕，在爱尔兰也受到本国政府的压制，处境很不好。50 年代末 60 年代初，共和军又在爱尔兰南北两地掀起暴力活动的高潮，

---

① David Thomson, *England in the Twentieth Century*, Penguin Books, 1970, pp. 148 - 149, 171 - 172, 180, 234 - 235.

但它在北方得不到公众的支持,在南方又得不到政府的承认,共和军内部渐发生分裂,看起来是很难维持下去了。

正在这时,处于英国统治下的北方天主教徒掀起争取平等权利的群众运动,这个运动受到当时美国黑人运动的鼓舞,同时也得到全欧洲正在开展的人权运动的声援。天主教徒在北爱尔兰处于少数地位,政治和经济上一直备受歧视。60 年代中叶,他们成立了北爱尔兰人权协会(Northern Ireland Civil Rights Association),要求得到平等的权利。1968 年 10 月,伦敦德里的人权协会组织一次和平示威活动,结果被警察驱散。北爱尔兰行政当局未能妥善处理这一事件,英国在爱尔兰问题上再一次犯了粗暴高压的错误。次年春夏之间,一系列暴力事件发生了,北爱尔兰陷于一片混乱之中,许多建筑物被烧毁,政府机关受到袭击,人员伤亡,财物毁坏。1969 年 8 月 14 日,在一次冲突中有 6 人丧生,两天后英国军队奉命开进北爱尔兰,从此开始了对这个地区长达 20 多年的占领。

英军占领使共和军获得了新的生机,现在它又可以爱尔兰民族主义维护者的姿态出现了。它开始把暴力活动指向英军,1971 年 2 月它杀死第一个英国士兵,这一年一共有 175 名英军士兵被杀,第二年又有 400 多名丧生。一场城市游击战在爱尔兰开展起来,20 多年中,暗杀事件层出不穷,成千英国士兵死在北爱尔兰。同时,要求脱离英国的天主教徒和反对脱离英国的新教徒之间的冲突也不断升级,双方武装人员都在杀害对方人员。在天主教方面,除共和军之外,又出现更加极端的"爱尔兰民族解放军"(Irish National Liberation Army);在新教方面,则有"厄尔斯特防卫队"(Ulster Defence Force)和更极端的"厄尔斯特自由战士"(Ulster Freedom Fighters)。从那时一直到现在,残杀行动几乎不断,比如 1994 年夏天,英国报章就报道一位爱尔兰妇女失踪后遭到杀害,原因是有人怀疑她给英国政府做眼线。接着,新教方面也采取相应的报复行动,亲共和军的几个人也相继遭到杀害。

20 多年的暴力冲突中,有这样一些事曾引起全英国震动:1971 年 12

月,麦格克酒吧(McGurk Bar)发生爆炸,15个天主教徒被炸死。1972年
1月30日,人权协会不顾政府禁令组织游行,13人被军队开枪打死,造
成所谓的"流血星期天"。为报复此事,共和军在英国伞兵团营地引爆炸
弹,造成重大伤亡。1973年7月31日,共和军在贝尔法斯特同时引爆20
枚炸弹,炸死11人,伤120人,这是所谓的"流血星期五"。70年代末,共
和军越来越把英国本土作为暴力活动的场所:1979年3月,共和军刺杀
了撒切尔夫人的政治盟友艾雷·尼夫(Airey Neave);这一年8月,它又
杀害了第二次世界大战的著名将领、王室成员蒙巴顿勋爵(Lord
Mountbatten)。蒙巴顿的死在全世界引起强烈反响,共和军的作为也越
来越失去人们的同情。

撒切尔夫人上台后,对共和军采取了强硬的态度,1981年关押在梅
茨监狱的共和军犯人进行绝食,从3月持续到8月,导致世界各地都向
伦敦发出求情的呼吁。但撒切尔夫人铁石心肠,不予理睬,最终有11名
犯人在狱中绝食而死。从1982年起,共和军对英国本土发动激烈的报
复袭击,它不仅在伦敦市中心海德公园里制造了爆炸事件,而且在1984
年10月保守党正在海滨胜地布赖顿召开全国代表大会时,引爆了会议
驻地宾馆的炸弹,其目标明显是对准撒切尔夫人的。[1] 英国政府立即加
强反恐怖措施,授权保安部队随时可拘留任何潜在的嫌疑犯,还有报道
说政府暗中指令军队执行"即杀"政策,即可对嫌疑分子现场击毙。1988
年8月30日,英军一个特别行动队在北爱尔兰开枪打死三个人,原因是
他们"和共和军有很大牵连",此事甚至引起统治集团内部人士的质问。
尽管政府方面予以否认,但实际上英军在北爱尔兰的确变得更强硬了,
两个民族似乎就处在交战之中。[2]

[1] Malcolm Pearce & Geoffrey Stewart, *British Political History*, *1867 - 1990*, Routledge, London & New York, 1992, pp. 504 - 506.
[2] Victor Kiernan, "The British Isles: Celt and Saxon", in Mikulas Teieh & Roy Porter eds., *The National Question in Europe in Historical Context*, Cambridge University Press, 1993, p. 20.

　　历届英国政府都在寻求政治解决的办法,但始终没有能够成功。政府的谈判努力反而使主张维持英国统治的新教徒起了疑心,他们怀疑政府打算抛弃他们,与天主教徒暗中交易。于是一些极端新教分子在 1986 年开始暗杀皇家骑警队,使局势变得更加复杂。在共和军方面,他们丝毫不愿放弃暴力活动,1990 年夏天他们刺杀了保守党议员伊恩·高(Ian Gaw)。1991 年 2 月,他们居然可以向地处伦敦市中心的首相官邸唐宁街 10 号发射几枚杀伤火箭,当时新上任的首相梅杰和他的内阁成员正在那里开会!

　　爱尔兰问题深深震撼了英国社会。70 年代开始,英国面临持续的经济衰退,各种问题成堆:劳资冲突不断发生,失业率居高不下,犯罪问题日趋严重,在国际社会的形象与地位也不断受到动摇。在这种情况下,爱尔兰问题更像是时时发作的痉挛,让整个英国不时地感到它的震颤。正如历史学家肯尼思·摩根(Kenneth Morgan)所说:爱尔兰问题的"暴烈影响威胁到英国本土的生命与财产"[①]。另一位历史学家基尔南(Victor Kiernan)说:"时至今日,英国每一个人……都会公开或私下里对(英国)撤军感到高兴",但他同时也说:反对撤军的人能够轻而易举地指出:英军撤离将在北爱尔兰造成血腥的后果,"如同 1921—1923 年野蛮的内战那样"[②]。

　　英国在爱尔兰已面临进退两难的局面:它很想快快丢掉这个包袱,但它所欠下的一笔历史的债却使它不能就此撒手不管。然而继续拖延下去,它又无法解决复杂的爱尔兰问题——无法使爱尔兰双方同时感到满意,因此它提不出真正的解决办法。平心而论,近几十年中,英国历届政府都想找出一个能使大家都基本满意的方案,但恰恰在这一点上,它

[①] Kenneth Morgan, *The People's Peace*, *British History 1945 - 1989*, Oxford University Press, 1992, p. 455.

[②] Victor Kiernan, "The British Isles: Celt and Saxon", in Mikulas Teieh & Roy Porter eds., *The National Question in Europe in Historical Context*, Cambridge University Press, 1993, p. 20.

几乎永远也做不到。

梅杰感到撒切尔夫人的强硬政策无济于事,于是就想改换策略,致力于政治解决爱尔兰问题。他和共和军的政治组织新芬党接触,要新芬党说服共和军放下武器,走上谈判桌。1994 年 8 月,共和军宣布"停火",和平进程于是开始。同一年,新芬党领袖亚当斯(Jerry Adams)访问美国,受到克林顿(Bill Clinton)总统的接见,标志着美国卷入了爱尔兰问题的政治解决过程。1995 年,英国政府与爱尔兰政府达成协议,认同了北爱尔兰回归爱尔兰的可能性。英国政府并且和新芬党进行谈判,答应从北爱尔兰撤出英军,条件是共和军交出武器。尽管双方对许多原则问题达成了共识,但在先撤军还是先交出武器的问题上却争执不下,共和军不肯先交出武器,认为那样做无异于宣布投降。和平进程于是就拖延下来,在很长时间里毫无进展。

1996 年 1 月,梅杰政府提出在北爱尔兰举行选举,让选出的代表进行和平谈判,决定北爱尔兰的前途,但这个方案被新芬党否决。1996 年 2 月 9 日,共和军宣布中断"停火",同一天晚上,伦敦西区发生大爆炸,100 多人在爆炸中受伤,两人丧生。① 以后几天中又连续发生暴力事件,看来一轮新的暴力浪潮正在兴起,和平解决爱尔兰问题的前景似乎又变得黯淡了。

但爱尔兰的公众却不希望暴力的浪潮卷土重来。就在共和军宣布中止"停火"后不久,北爱尔兰发生大规模的示威游行,参加游行的人手举"还给我们和平"的标语牌,表达了追求和平的强烈愿望。国际舆论也希望和平进程能继续下去,美国政府还特别发出了强烈的呼吁。由于美国是除爱尔兰之外爱尔兰人最集中居住的国家,所以美国的态度对爱尔兰问题就有相当重的分量。这些情况显然对共和军造成相当大的压力,因此在以后的一两个月中,暴力活动并没有迅速蔓延,以至让梅杰政府有时间与爱尔兰政府达成一项共识,认同了梅杰的通过选举代表进行和

---

① 有关详情可见 1996 年 2 月 10 日《泰晤士报》及英国其他各大报报道。

平谈判的方案。6月份北爱尔兰多党和平谈判正式开始,但由于共和军不肯"停火",其政治组织新芬党就被排除在和谈之外,因此谈判很难取得实质性进展。

1997年5月工党上台执政,和平进程出现了新的曙光。工党决心在爱尔兰问题上有所突破,因此从一开始就坚定地推行和谈政策。工党此时的地位极为有利,首先它控制着议会的绝对多数,可以不受任何约束地制定一项可行的解决方案。其次是工党在野多年,与爱尔兰冲突各方都没有夙怨,可以比较客观地解决问题。第三是布莱尔与克林顿关系密切,可以借美国力量进行调解。爱尔兰人对无止境的暴力冲突已经厌倦了,这是解决北爱尔兰问题的民心基础。工党抓住这个契机,上台后立即与新芬党接触,说服它在7月份劝导共和军再次宣布停火。9月,新芬党签署了放弃暴力活动的宣言,工党政府则立即宣布让新芬党参加多党谈判。布莱尔在10月和12月还两次与亚当斯正式会晤,让亚当斯成为20多年来第一位进入唐宁街10号的新芬党领袖。与此同时,英国和爱尔兰两国政府就北爱尔兰地位问题达成一致立场,即:北爱尔兰地位的任何改变都必须以该地区人民的普遍赞同为基础。据此,爱尔兰将放弃宪法中对北爱尔兰的领土要求,英国则接受今后南北爱尔兰统一的可能性。在这种前提下,经过近7个月的艰苦谈判,多党和平会议终于在1998年4月10日制定出一个历史性的协议,为结束长达近30年的流血冲突并最终解决爱尔兰问题开辟了可能性。这一天是星期五,协议因此被称为"好周五协议"(Good Friday Agreement)或"复活节和平交易"(Easter Peace Deal)。

协议包括以下内容:(1)在北爱尔兰成立一个地方议会,其中新教徒和天主教徒享有平等的权力,议会任何法案都必须经两派议员各自的多数同意才能生效。议会组成后,将建立行政部门,负责北爱尔兰地方事务。(2)建立南北委员会和东西委员会,南北委员会由爱尔兰政府代表与北爱尔兰议会代表组成,负责协调南北关系;东西委员会由爱尔兰政府、北爱尔兰议会和英国政府及苏格兰、威尔士的地方议会代表组成,负责协调爱尔兰岛与不列颠岛本土之间的多边关系。（3）爱尔兰共和国修改宪法，放弃对北爱尔兰的领土要求，宣布只有在北爱尔兰多数人民同意的情况下，南北爱尔兰才能统一。（4）北爱尔兰敌对派别解除武装，英爱政府分别释放两派政治犯。（5）英国从北爱尔兰撤出部分军队与警察，结束直接统治，恢复正常治安。由此可见，协议是各方都做出重大让步的结果，但北爱尔兰的归属问题实际上并没有解决，而是被搁置了。不过协议确立了这样一个原则，即北爱尔兰归属问题应由当地人民通过和平的、宪政的手段加以解决，各方都不得使用暴力。

尽管如此，爱尔兰的前途究竟如何，在协议签订时仍然不得而知，新教和天主教的极端派都指责协议背弃了自己的立场，许多地方也发生零星的暴力事件，使协议变得更加脆弱。不过，人民中的多数已对暴力残杀感到厌恶，5 月，爱尔兰南北两方分别举行公民投票，北方以 81％的投票率和 71％的支持率、南方以 56％的投票率和 94％的支持率，对协议投了赞成票，这样，就使协议得到了民意基础。6 月份，由新教和天主教按比例选举选出一个北爱尔兰议会（Northern Ireland Assembly），随即又产生由两派共同组成的北爱尔兰地方政府。尽管这个议会和这个政府曾两次流产又两次重建，但最终它还是生存下来了。1998 年 8 月 15 日，奥马（Omagh）发生大爆炸，29 人丧生，200 多人受伤。这次事件和其他一些较小的事件都没能阻挡和平的进程。1999 年 12 月，新芬党正式宣布"以完全和平与民主的方式追求我们的目标"，代表新教方面的厄尔斯特统一党（Ulster Unionist Party）则立即表态：它承认爱尔兰民族主义者"以完全和平与民主的方法追求爱尔兰统一的政治目标，是合法的"[①]。作为回应，爱尔兰共和国也按照"好周五协议"的要求修改了它的宪法，在法理上放弃对北爱尔兰的领土要求，和平进程看起来正蹒跚前行。

然而 2001 年北爱尔兰议会大选却让双方的极端派都占了上风，温

---

① Malcolm Pearce & Geoffrey Stewart, *British Political History*, *1867 - 2001*, Routledge, London & New York, third edition, 2002, p. 599.

和派反而失利了,看起来,北爱尔兰的前途仍然未卜。不过从"好周五协议"到现在,北爱尔兰的局势基本上是可控的,两个势不两立的政治力量平等分权的方案应该是可行的。对英国来说,爱尔兰问题一直是个死结,正如历史学家罗宾斯(Keith Robbins)所说:"回头路是没有的,但向前走的路又不可能在爱尔兰内部产生。"①他所希望的是:在欧洲一体化的进程中西欧各国的差异将逐步缩小,在一个联合起来的欧洲中,英国和爱尔兰都将成为它的平等的组成部分,使用共同的旗帜,实行共同的政策,到那时,北爱尔兰到底属于英国还是属于爱尔兰就变得不那么重要了——这,也许真的是爱尔兰问题的最终解决出路? 然而,欧盟的归属也不确定,因此这样美好的愿望仍只是期待。

如果说爱尔兰问题体现的是两个民族的公开对抗,那么苏格兰问题则体现着对民族特性的顽强保护,而这又主要表现在文化方面。英国电视记者约翰·奥斯蒙德(John Osmond)说得很精彩,他曾说:"读一读苏格兰过去250年的历史,就显示出其心理基础上一种人所共知的双重民族性——苏格兰人和英国人——这是由深层的人格分裂所揭示出来的。"②苏格兰人在民族认同感上表现出一种"人格分裂",这正是20世纪苏格兰问题的症结所在。

苏格兰内部也有差异,从地理上说,苏格兰分为南北两部,北部高地居住着比较古老的苏格兰部落,有一些至今还保留着十分古老的传统,流行古老的盖尔语。③ 南部低地居民从种族上说与英格兰人区别不大,他们中有许多人是在历史的不同时期从英格兰迁徙到苏格兰来的,说一种口音很重的英语方言。经历过历史的长期洗礼,苏格兰中上阶层特别是城市中等阶级已经高度"英国化",能说十分标准的英语,但在下层劳动者阶层中,苏格兰方言则是流行的语言。因此在苏格兰,高地和低地

① Keith Robbins, *The Eclipse of a Great Power*, *Modern Britain 1870－1975*, London & New York, 1983, p. 282.

② John Osmond, *The Divided Kingdom*, Constable, London, 1988, p. 76.

③ 盖尔语(Gaelic)是古克尔特语(Celtic)的一个分支。

其实是不同的,中上层和下层也有明显的区别。

苏格兰(Scotland)在很长的历史时间中一直是一个独立的王国,13—14世纪的苏格兰独立战争(Scottish Wars of Independence)打退了英国的入侵,使苏格兰保住了独立的地位。17世纪初,苏格兰的斯图亚特王朝入主英格兰,成为两个国家共同的君主,但直到1707年苏格兰才和英格兰合并,两国联合成"大不列颠联合王国"。合并的条件十分优惠:苏格兰得到和英格兰一样的平等地位,英格兰让它分享海外商业和殖民利益,两国间的经济屏障也完全拆除。① 苏格兰很快从合并中得到好处,它的经济经历了和英格兰一样快速的增长,在工业革命中迅速实现了工业化。20世纪,苏格兰经济再上一个新台阶,新的工业部门在苏格兰建立起来,尤其是70年代以后,北海油田得到开发,苏格兰高地最北端、曾经是最封闭最落后也是部族传统最深厚的地区成了英国石油工业的基地,但苏格兰的独特传统也因此而丢失得更多。总之,苏格兰在合并中有得有失,但得到的多,失去的少,正是这种情况使苏格兰人在民族认同方面产生了"人格的分裂",即他具有双重民族认同:既是苏格兰人,又是"英国人"。不过应该严格地指出:苏格兰人可以接受他是"英国人"(British——不列颠人),但决不会容忍说他是"英格兰人"(English),这一点在他的民族认同中是绝对清楚的。

苏格兰人努力保持自己的特性,语言就是个很好的例子。许多苏格兰人,包括大学教师,故意不讲标准英语,而讲那种口音很重的苏格兰方言。苏格兰人碰到一起,哪怕双方本来都在用很标准的英语交谈,但很快就会改用方言,本能地体现出民族亲和力。20世纪下半叶,有一些作家故意用苏格兰方言写作,结果他们所写出来的书完全是另一种单词拼法,不懂苏格兰方言的人就看不懂。苏格兰剧作家用方言写戏,用方言演戏,爱丁堡艺术节成了展示苏格兰文化的极好场所,许多苏格兰艺术家利用这个机会表达他们的苏格兰人格。苏格兰特性在其他许多方面

---

① Cf. K. B. Smellie, *Great Britain Since 1688*, Michigan University Press, 1962, pp. 23 - 24.

被精心地保留着,比如说,遍布苏格兰各地的历史古迹受到很好的保护,抗击英军侵略的古战场尤其受到格外青睐。苏格兰出生的作家、哲学家、科学家、艺术家处处被人推崇,尽管在外人看来,他们会属于一个更大范围的概念——"英国人"(British)。苏格兰人精心地保护着他们民族精神的文化标志:他们喝闻名世界的苏格兰威士忌,男人穿独一无二的苏格兰男裙(kilt),乐队吹奏苏格兰管风笛,英国武装力量中的苏格兰团队也保持着浓厚的苏格兰风情,至今他们的军礼服和军乐队仍旧是独特无双的。

60 年代,苏格兰民族主义开始在政治上强烈地表达。1928 年苏格兰民族党(Scottish National Party)成立,但在几十年时间中,除 1945 年曾短暂地争取到一个议席(为时 3 个月)外,政治上一无进展。1962 年它在一份宣言中说:"苏格兰民族党主张建立一个独立而现代的苏格兰,它相信:在没有独立之前,它不可能成为现代的国家。"①这以后,它在政治上进展很快,这一年,它的一位候选人在议会补差选举中击败保守党,名列选区第二;受到这件事鼓舞,党在 1964 年推出 15 位候选人,而 1959 年它只提出 5 位。1967 年,它选出第一位在英国议会长期站住脚的议员,以后又在 1970 年和 1973 年各选出一位。支持它的选民比例急速增长,1970 年,该党推出 65 位候选人,得到苏格兰 11.4% 的选票。1974 年 2 月它提出 70 名候选人,得到 21.9% 的选票;1974 年 10 月它提出 71 名候选人,支持它的选民比例达到 30.0%——几乎三分之一的苏格兰选民支持它。同时,该党当选议员也从 1974 年 2 月的 7 人增加到 10 月的 11 人,它俨然成了苏格兰政坛上的一支重要力量。所有苏格兰人都在谈论民族党的政治要求:在苏格兰建立独立的苏格兰议会。一时间,苏格兰民族党大有成功的希望,在和英格兰合并 270 年后,苏格兰似乎正在向与英格兰分手的方向发展。

在这种情况下,英国政府正视现实,在 1978 年通过《苏格兰法》

---

① Arthur Marwick, *British Society since 1945*, Penguin Books, London, 1990, p. 166.

(Scotland Act),答应在苏格兰建立分权的议会,但必须有 40％的公民支持这样做。1979 年 3 月,苏格兰举行全民公决,32.9％的人支持分权(devolution),30.8％的人反对分权,36.3％的人不参加投票,法案失败了。这以后,苏格兰民族党的势力迅速削弱,在不久后举行的大选中,它只得到 17.3％的选票,选出 2 名议员。① 看来在 20 世纪,苏格兰还难以和英格兰分离。但是在 1997 年,新的工党政府一成立就立即兑现它在竞选中作出的保证:让苏格兰进行第二次全民公决。这一次,有 74.3％的选民赞成建立苏格兰议会,63.5％的选民并同意使这个议会取得有限的征税权力。这意味着在苏格兰将出现一个分权的议会,虽然它还将派代表参加伦敦议会,但苏格兰议会将在很大程度上决定苏格兰的地方事务。第二天,即 9 月 12 日,新任工党首相布莱尔在苏格兰首府爱丁堡对欢呼的人群发表演说,称全民公决对苏格兰、对不列颠、对联合王国都是"很好的一天";但新任保守党领袖黑格却发表相反的意见,说在苏格兰和威尔士实行分权"可能导致联合王国的解体"②。1999 年 5 月在苏格兰举行了第一次分权议会的选举,工党获胜,同年 7 月组建起第一个苏格兰分权政府。但是在 21 世纪,关于苏格兰和威尔士地位的问题仍将继续争论下去,苏格兰是否成为独立的国家,也是英国面临的麻烦问题。

威尔士的民族主义比苏格兰更温和,更带文化倾向性。威尔士与英格兰的融合已经有几百年时间,人们在习惯上已经把它和英格兰连在一起。英国的王位继承人叫"威尔士亲王"(Prince of Wales),实际上是在不断重申英国的主权。但威尔士人、特别是威尔士北部山地,其人种起源却可追溯到远古时期的克尔特人(Celts),这和英格兰甚至苏格兰南部的盎格鲁-撒克逊(Anglo-Saxon)种源都截然不同。在这些地区,保留着古老的克尔特语,现在的威尔士语就是这种古克尔特语的延展。威尔士在几百年时间里其实是和英格兰同步发展的,英国历史上最强大的王朝

① David Butler and Anne Sloman, *British Political Facts 1900-1979*, St Martin's Press, New York, fifth edition, 1980, pp. 162, 386.
② *The Christian Science Monitor*, 15 September, 1997.

都铎王朝（House of Tudor）起源于威尔士，其祖先曾经为威尔士最强悍的联盟君主做宫内大臣。20 世纪，威尔士又出了一个领导全英国的著名人物，即第一次世界大战中领导英国取得胜利的首相劳合·乔治。正因为如此，奥斯蒙德认为"威尔士人很容易生活在把英国看成是扩大了的威尔士的神话中"①，这意味着威尔士人很容易使自己与"英国"认同。

工业革命以后，威尔士成为英国的煤炭基地和钢铁基地，是产业工人大规模集中的地方，工人运动十分发达。阶级的认同性使社会下层也逐渐丢弃民族的特征，19 世纪，威尔士工会运动不再使用威尔士语，而把英语作为工作语言。到 20 世纪，讲威尔士语的人进一步减少，1921 年还有 37％的人能讲威尔士语，到 1981 年就只有 19％。这种情况引起许多人的忧虑，因为在威尔士，威尔士语似乎是唯一能使人们回想起威尔士民族认同感的东西。有一位著作家曾写道："威尔士的（民族）认同在几百年时间中不是政治和制度的认同，而是语言和文字的认同……"②语言问题就这样在威尔士的民族主义中成了重要因素，1925 年成立的基姆鲁党（Plaid Cymru，即"威尔士民族主义党"）的纲领就是：从英国分离出来，保护威尔士的文化、语言和经济。这个党直到 1966 年才取得第一个议席。当苏格兰民族主义在 70 年代初达到高峰时，威尔士党也进入峰巅期，1970 年它得到威尔士 11.5％的选票，1974 年两次大选中分别获得 10.7％和 10.0％。1978 年，英国议会也同样通过一个《威尔士法》（Wales Act），允许在威尔士建立一个分权的议会。1979 年 3 月举行全民公决，结果只有 11.9％的威尔士人投赞成票，却有 46.9％的人投反对票，另有 41.2％的人不参加投票，《威尔士法》同样也被否决③，把威尔士从联合王国中分离出来其实是不大可能的。民族主义的唯一成果是1967 年通过的《威尔士语言法》，它规定在威尔士使用两种正式语言，即

① John Osmond, *The Divided Kingdom*, Constable, London, 1988, p. 76.

② Ned Thomas, *The Welsh Extremist*, Lolfa, Britain, 1973, p. 31.

③ David Butler and Anne Sloman, *British Political Facts 1900 - 1979*, St Martin's Press, New York, fifth edition, 1980, pp. 161, 387.

英语和威尔士语。现在,在威尔士,所有政府行文和司法程序都需要用两种语言进行,商标路牌也同样使用两种文字。威尔士的民族主义在这一点上得到满足;但反对这样做的人却说:无论行政部门议事还是大学的讲坛开讲座,都需要花费双倍的时间,让两种语言轮流表达同样的思想。

1997年工党上台后,也在威尔士进行一次全民公决,决定是否建立分权的议会,结果有50.3%的人同意这样做。1999年5月威尔士也举行分权议会的选举,结果也是工党获胜,随后组建分权政府。不过威尔士的分权权力要比苏格兰小,威尔士与英格兰的联系无论如何都紧密得多。

与苏格兰、威尔士温和的民族主义相比,种族问题越来越成为英国社会中一个尖锐问题。英国外来移民中,早期主要是爱尔兰人和犹太人,他们在英国都造成程度不同的社会矛盾。爱尔兰问题在前面已经说过,仅有一点需要补充,即居住在英国本土的爱尔兰裔人始终不会忘记他们是爱尔兰人,因此英国政府在处理爱尔兰问题时,不得不考虑在英国的爱尔兰裔人的情绪。

犹太问题相对简单。犹太人(Jews)大量涌入英国是1870年以后的事,犹太人有完全不同的宗教信仰,生活方式和风俗习惯也十分不同。犹太社会组织得很好,他们往往形成相对封闭的小圈子,竭力维护自己的文化传统。大量犹太人的涌入使许多英国人心存疑虑,导致政府在1905年制定一项《外国侨民法》(Aliens Act),限制犹太人流入英国。第二次世界大战前,许多犹太难民从德国、奥地利等中欧国家迁入,英国虽然接纳了他们,但在英国公众中却又激起不大不小的反犹情绪。所幸的是,犹太社会一般都能够积极地帮助和妥善地安置新来的移民,犹太人经济实力比较强,富人有许多置身金融、贸易业,穷人多数从事成衣工作,贫苦的犹太人一般也能自立谋生,所以并没有给英国社会带来很多不安定因素。1980年,全英国大约有11.1万犹太人。[1]

---

[1] Edward Royle, *Modern Britain*, *a Social History 1750 - 1985*, Arnold, London, 1987, pp. 73 - 76.

　　给英国社会带来新问题的是有色人种移民。18 世纪有色人种开始进入英国,这是当时英国大规模殖民扩张的副产品,最早的有色人种来自印度、西印度群岛和美洲国家,他们主要是跟随发了财的殖民主人回到英国,给这些殖民老爷做仆人。18 世纪有色人种不多,大约只有 1 万人,能够被上流社会接纳为童仆,以此作为时尚。19 世纪有色人种的来源是军队和水手,外籍士兵和殖民地水手在英国定居后很难找到合适的工作,而且备受歧视。第一次世界大战中,英军在殖民地大量招募士兵,本国劳动力缺乏也需要许多殖民地人来补充,这样,有色人种就开始多起来,而种族间的冲突也日趋明显。1919 年夏天,伦敦、利物浦、格拉斯哥、纽波特、卡迪夫等地相继发生种族骚动,白人袭击西印度群岛来的海员,攻击其人身,捣毁其居地,3 个人在卡迪夫冲突中死亡,利物浦也有一人丧生。这是在英国发生的最早一次全国性种族冲突高潮,它预示着 20世纪一个新的社会问题正在形成。

　　第二次世界大战后,更多的有色人种进入英国。1948 年《国籍法》(Nationality Act)明确阐明帝国内的臣民都具有英国国籍,于是大批西印度群岛移民蜂拥而至,到"祖国"来寻找更好的发展机会。1948 年第一艘移民船从牙买加带来 492 个移民,50 年代中叶,每年进入英国的西印度群岛移民超过 2 万,到 1958 年,已经有 12.5 万西印度群岛人在英国定居下来。与此同时,印、巴分权造成的社会动荡使大量印、巴籍移民进入英国,很快在英国形成一个庞大的南亚次大陆族群。1956 年一年,印、巴两国就移民7 700 人,第二年超过 1 万,1962 年,两国移民总共达 47 000 人。4 年以后,东非殖民地肯尼亚和乌干达先后发生种族骚乱,于是大批持英国护照的"亚裔人"(主要是南亚次大陆后裔)又潮水般涌进英国。到 1971 年,大约有 129.4 万"英联邦人"居住在英国,其中来自西印度群岛的 30.3 万,南亚次大陆的 46.2 万,澳大利亚的 3.2 万,其他地区的 49.6 万。①

----

① David Butler and Anne Sloman, *British Political Facts 1900 - 1979*, St Martin's Press, New York, fifth edition, 1980, pp. 298 - 299.

　　从 50 年代末起,移入的人口就已超出移出的人口,出入相抵每年净入 5 万人,1961 年净入数达到 10 万,这明显给英国社会带来了新的压力。到 80 年代,移民占英国人口总数的 7%,其中有 200 万有色人种。这时候移民中有许多已经是英国出生的了,比如西印度群岛人中的 49%、非洲人中的 35%、巴基斯坦人中的 39% 和印度人中的 33% 是出生在英国。

　　移民大量增加给英国造成巨大压力,尤其从 60 年代下半叶起英国经济不景气以后情况更加如此。新移民、主要是非白种移民进入英国后面临种种困难,他们往往很难融入英国社会,在生活、就业、文化、教育方面都很容易感到受排挤。许多英国人、尤其是社会下层对移民抱不欢迎甚至敌视态度,认为移民夺走了他们的饭碗,使他们的生计面临威胁。这样,一方面是有色人种感到受压抑,另一方面是英国白人感到受威胁,种族间的对立情绪就很容易发生,从而给社会造成不稳定因素。

　　政府对这种情况当然很清楚,政府的对策是:一方面加强对移民的限制,另一方面禁止种族歧视。就第一方面而言,议会在 1962 年通过《英联邦移民法》(the Commonwealth Immigrants Act)规定,除得到英国用人单位的聘用证书,联邦范围内的各国公民都不再有权在英国定居。1968 年《移民法》(Immigration Act)规定,联邦公民除非本人或父母、祖父母中有人在英国出生,否则不可自由出入英国。1971 年《移民法》将联邦公民自由出入英国的权利仅限制在本人出生在英国的人中,而非联邦国家出生的人(主要是白人),其父母或祖父母中有出生在英国的,反倒可以自由出入,因此很明显这条法律主要是针对有色人种的。1981 年,新的《国籍法》彻底堵住了联邦公民自动进入英国的大门,根据这一法律,出生在英国的人并不自动取得英国国籍。实际上,为了不让更多的有色人种定居英国,英国人把自己孩子的天生国籍权都剥夺了!

　　但同时英国政府也制定一系列反种族歧视法,保护已定居在英国的有色人种权利,具体来说体现为 1965、1968 和 1976 年的《种族关系法》(Race Relations Act),前两个法律设立专门的机构监督和调解种族关系,后一个法律将任何形式的种族歧视规定为非法。

尽管如此,种族间的紧张关系仍然存在。1978 年美国社会学家科特尔(T. J. Cottle)写了一本书叫《黑人证词》,其中说:

> 在英国,人们对种族问题很少提及,日常谈话中过多地回避这个话题。听有些人说,英国没有种族问题;在另一些人口中,它似乎又是个很容易解决、只不过故意让人难堪、被夸大或很微妙的小问题。但情况并非如此,任何人假如和居住在英国的西印度群岛人、巴基斯坦人、印度人或毛里求斯人家庭谈过话,都不会把他们的境况说成是微不足道、被夸张或微妙的小问题。①

有色人种聚居在大城市,许多人、特别是黑人很穷,只能住在城市特别衰败的街区,生活条件差,失业率高,受教育机会少,出头的希望几乎等于零。1986 年,一份关于伦敦哈克尼地区的报告曾经说:"有些人一天只能吃一顿饭,他们住在没有暖气的潮湿屋子里或无家可归,穿着大拍卖时买来的别人不要的衣服,许多人把收入的 40%—60%用于住房和燃料,而家庭日常开销只有 20%……"②这种情况在许多大城市有色人种聚居区都有报道,因此历史学家马威克(Arthur Marwick)问道:"现在,是否种族问题成了分裂英国社会的最大因素,以至使阶级的潜在能量都黯然失色了?"③

1982 年,政策研究所的一份报告说西印度群岛人和亚裔人的失业比例特别高,如果有工作,一般也是低收入的工作:"平均而言,白人挣的钱比黑人多得多。"在住房方面,有色人种也处于不利地位,"黑人更多地住在公寓里,而住公寓的又更多地住在较高的楼层,有房子的人又很少有单独或半单独的地产……"正是这种情况使调查种族冲突的斯卡曼勋爵(Lord Scarman)在 1986 年说:"种族低劣地位是当前英国生活中的一个

---

① Arthur Marwick, *British Society since 1945*, Penguin Books, London, 1990, p. 216.

② John Osmond, *The Divided Kingdom*, Constable, London, 1988, p. 208.

③ Arthur Marwick, *British Society since 1945*, Penguin Books, London, 1990, p. 216.

现实,我同时还认为:这是导致布里克斯顿骚乱的一个重要因素。"①

1985 年 9—10 月,伦敦、伯明翰、布里克斯顿、利物浦相继发生严重的种族骚乱,这些都是有色人种高度聚居区,经济状况又相当不好。1985 年 9 月,伯明翰的汉兹沃思区有 36％的劳动力失业,24 岁以下的失业率达 50％,失业者中有色人种占多数。7 月,汉兹沃思区已发生过两起骚乱事件,都是青年人(主要是黑人青年)与警察的冲突。9 月 9 日,一个黑人青年为违章停车事与警察争吵,随即许多人围观,警察也渐渐增多。据后来报道,围观人群中有一个黑人妇女被打,两小时后骚乱就开始了,40 多幢房屋起火燃烧,两个亚裔青年在大火中窒息致死,30 多人(主要是警察)受伤,财产损失达 1 000 多万镑。9 月 28—29 日,布里克斯顿也发生骚乱,起因是警察到一个姓格罗斯的黑人妇女家中搜捕其儿子,冲突中警官开枪误伤格罗斯太太(Cherry Groce),当天晚上就发生了骚乱,警署受到汽油弹攻击,商店被抢,房屋被烧,43 个平民和 10 个警官受伤,230 人被捕,财产损失 300 多万镑。布里克斯顿骚乱刚平息,利物浦骚乱又起,4 个黑人青年因斗殴受审要求保释未获法庭准许,引起 300多名青年与警察开展巷战,许多汽车在冲突中被烧。10 月 6 日,伦敦的托登南姆区发生更严重的骚乱,一名警官被人刺死,255 名警官和 20 名平民受伤,冲突中有人向警察开了枪,警察则配备了催泪弹和橡皮子弹,但最终没有当真使用。

1985 年骚乱是种族冲突的最公开的表露,其实,大大小小的冲突是经常发生的。1958 年 8 月伦敦就发生过西印度群岛移民和当地白人暴力冲突的事件。1994 年夏天,伦敦一位亚裔学童被人打死,原因仅因为他是南亚次大陆人。汉兹沃思事件发生后,西中部地区都市郡一个小组委员会提交一份报告,称英国是一个"种族主义国家",因为权力和资源都掌握在白人手里,黑人只是"二等公民"②。小组委员会完全由黑人组

① John Osmond, *The Divided Kingdom*, Constable, London, 1988, p. 209.
② *Listener*, March 6, 1986.

成,其结论难免有偏颇之处,但英国存在着种族矛盾与种族冲突,这又是不可讳言的社会现实,其严重程度从小组委员会站在黑人的立场上做出的这个结论中就可以看出来。

在 20 世纪,除了民族与种族冲突,社会秩序面临的最大挑战就是犯罪。20 世纪,一直到 40 年代初,犯罪率相对来说都比较稳定,但 1930—1950 年开始加速增长,此后的增长速度就非常快,以每年 10% 的增长率递增。试见表 33。

表 33 每 10 万人口犯罪率 1901—1951①(英格兰和威尔士)

	总犯罪率	指数:1901=100		总犯罪率	指数:1901=10
1901	249	100	1931	399	162
1911	269	108	1951	1 299	482
1921	273	110			

就犯罪类型而言,轻度犯罪的比例增长缓慢,重度犯罪的比例增长很快,比如说,1900—1963 年,必须起诉的罪行从犯罪总数的 6.5% 增加到 46.5%,破屋行窃罪和伪造罪分别增长 40 倍和 20 倍,而传统的扒窃罪只增加 46%。1970—1980 年,轻罪增长了 16.6%,重罪则增长 47%(英格兰和威尔士)。相比之下,杀人罪几乎未增长或者减少,这反映了犯罪的动机主要是财产方面的:在一个富裕的社会里,人们的贪欲却更加膨胀。表 34 就表现了各种犯罪类型变化的情况,从表中可以看出针对财产的犯罪是多么严重,而且增长速度是多么快!

同时,少年犯罪也越来越成为社会问题,1910 年由各即审法庭审理的少年犯罪案件只有 1.2 万多宗,其中 1 万件多一点被判有罪,1938 年数字分别是 2.9 万多宗和 2.7 万多宗,1960 年达到 5.8 万多宗和 5.6 万多宗,70 年代中期则已经接近 10 万宗和 9 万宗,这些数字还不包括毋须

① John Stevenson, *British Society 1914-1945*, Penguin Books, London, 1990, p.373.

表 34 各种类型犯罪率增长指数 1921—1963①(英格兰和威尔士)

(1901—1905 年平均数＝100)

犯罪类型	1921	1938	1948	1961	1963
1. 高增长率类型(指数＞1 700)					
故意伤害罪	56	174	386	1 520	1 779
同性性犯罪	178	572	1 405	2 513	2 437
盗窃商店罪	206	556	1 464	1 990	2 568
企图盗窃商店罪	218	1 088	2 392	3 213	4 186
住宅行窃罪	140	767	2 428	3 068	3 903
伪造罪	138	396	1 449	1 688	2 106
2. 中高增长率类型(指数 1 300—1 700)					
破门入室罪	141	377	710	1 051	1 427
收受贿赂罪	160	295	777	1 184	1 527
故意毁坏财产罪	108	113	737	1 110	1 373
3. 中等增长类型(指数 900—1 300)					
异性性犯罪	155	282	588	1 218	1 248
抢劫罪	86	117	449	959	1 013
小规模盗窃罪	115	335	557	879	1 053
欺诈罪	187	420	506	1 042	1 204
4. 中低增长类型(指数 500—900)					
	无	无	无	无	无
5. 低增长类型(指数＜500)或递减类型					
杀人罪	88	74	110	94	98
严重伤害罪	84	127	194	440	450
雇员行窃或挪用公款罪	90	141	281	331	360
扒窃罪	46	61	121	136	146
应起诉的罪行总数	118	323	597	921	1 117

---

① David Butler and Anne Sloman, *British Political Facts 1900 - 1979*, St Martin's Press, New York, fifth edition, 1980, p. 291.

向法庭起诉的犯罪和交通违章事件。①

70年代重大犯罪总数曾一度减少,受起诉的人也相应减少,但暴力侵犯人身的事件以及青少年犯罪的比例却增加了,强奸罪也成为社会关注的重点,政府官员腐败事件则不断曝光。青少年的吸毒、酗酒现象越来越严重,据估计,高校学生中大约有三分之一服用大麻,同龄的其他青年中有六分之一,连中小学生中都有十分之一。服用海洛因的人大大增加,海洛因是一种强毒品,往往使服用者卷入暴力犯罪,70年代英国形成很大的海洛因市场,1973年警方缴获的海洛因仅3公斤出头,1978年缴获量达60公斤——而这仅仅是被警方查获的数字!

80年代犯罪率显著增长,1981—1987年间,英格兰和威尔士的犯罪率以每年5.5%的速率增长,1986—1987年一年之中,侵犯人身的犯罪就增长12%。1988年,暴力犯罪和性犯罪再度大量发生。受害者集中为三种人,一是老人,二是妇女,三是儿童。在大城市的某些街区,老人成为暴力犯罪的对象,呆在家中也感到不安全。有些地方妇女晚上不敢出门,如果出门,则可能随身带着剪子、小刀之类防身的武器。针对儿童的犯罪活动在80年代也引起社会严重关注,儿童越来越成为性犯罪和暴力犯罪的对象。②

犯罪活动增加可能有多种原因:城市管理不善,市区中衰败街区的存在,少数民族的经济状况,英国经济的整体衰落等等都会有影响。传统道德的松弛及人们对某些现象的容忍态度也是其中很重要的因素,比如说性观念的改变,社会对性问题的开放,对吸毒问题的相对宽容等等,都会助长某些类型犯罪的增加。直到70年代初,吸大麻者初次被捕还有可能被送进监狱,这以后则往往是罚款了事。媒体与书刊影视的负面效应也不应忽视,色情与暴力描写会刺激少年犯罪的比例。在20世纪,犯罪增加与财富增长同步进行,这不能不说是对"后工业社会"的一大警告!

---

① David Butler and Anne Sloman, *British Political Facts 1900 -1979*, St Martin's Press, New York, fifth edition, 1980, p. 290.

② Arthur Marwick, *British Society since 1945*, Penguin Books, London, 1990, pp. 366 - 367.

另一个统计也说明同样的情况：

表35 有记录的犯罪 1900—1990①

	凶杀	人身伤害	暴力抢劫	盗窃	强奸	偷窃
1900	312	1 212	256	3 812	231	63 604
1920	313	791	235	6 863	130	77 417
1930	300	1 443	217	1 116	89	110 159
1950	315	5 177	1 021	29 834	314	334 222
1970	393	38 735	6 273	190 597	884	952 666
1980	620	95 044	15 006	294 375	1 225	1 463 469
1990	664	178 684	36 200	529 200	3 400	2 374 400

从表中可以看出：20世纪的治安情况连续恶化，犯罪记录不断攀升，但转折性的变化发生在70年代以后，恶性案件（杀人、人身伤害、暴力抢劫、强奸等）成倍甚至数十倍增长，维多利亚时代的翩翩风度已荡然无存。这恰恰发生在西方社会大肆张扬"个性解放"的时刻，时至今日，情况不是变好，而是更坏。

与此同时恐怖主义活动也渗透到英国，除前面已叙述过的爱尔兰共和军的活动、洛克比空难事件等等之外，阿以冲突的幽灵也悄悄爬上英伦三岛。1994年夏天，一个阿拉伯妇女在伦敦使馆区引爆炸弹，炸毁以色列驻英国使馆，使整个世界都为之震惊。2003年英国追随美国参加伊拉克战争，更把"文明的冲突"引进英国，此后，英国发生过好几次重大的恐怖主义活动，比如2004年图谋袭击希思罗机场，事发前败露。2005年伦敦地铁大爆炸，造成数十人死亡等等。

总之，从80年代下半叶起英国就变得不那么安宁了，一个谦谦君子的国度越来越被暴力和恶性事故所缠扰。英国警察原本是在繁华大街上漫步巡逻的绅士，现在却和美国警察一样不得不配备武器，随时准备

① David & Gareth Butter, *Twentieth Century British Political Facts 1900 - 2000*, Macmillan Press, London, eighth edition, 2000, p. 343.

和银行抢劫犯枪战。伦敦原本是宁静美丽的花园都市,现在却使人感到有一点生活在纽约的味道,似乎到处都飘忽着一种不安全感。90 年代,人们接连被一些令人发指的血腥罪行所震惊:兄弟两人枪杀父母,伪造现场,为的是继承有钱父母的遗产;年轻妇女将汽车坠入海底,淹死在车上的两个亲生女儿,目的是清除障碍,和一个相好的男子结婚;海滨胜地的女招待被强奸再被杀死,几星期后凶手被追捕得穷途末路而上吊自杀⋯⋯最令人发指的是"死亡之屋"案件:一对貌似憨厚的夫妻竟是一对杀人不眨眼的魔王,在若干年时间里,他们把十多个(甚至更多的)青年妇女诱骗到家中,加以强奸,然后杀害,再埋在自家房屋的地板下或花园里。在这些残暴的罪行中,妻子为丈夫帮凶,不仅帮他蹂躏妇女,而且帮他杀人灭尸,被害人中竟包括她自己的女儿、养女、朋友和亲戚!

看来,"现代病"在英国已经愈演愈烈了,犯罪与治安问题将是 21 世纪的严峻挑战。

第四篇
帝国与联邦

第一章　巩固帝国的努力

19 世纪下半叶,英国逐渐丧失了工业霸主的地位,美国和德国等后起的工业强国迅速赶了上来。面对这一局势,英国国内对大英帝国的态度发生了引人注目的变化。19 世纪 40—60 年代时,许多人将殖民地视作英国的负担,主张与殖民地分离。而到了 70 年代,原先持这种立场的政治家,如自由党领袖威廉·格拉斯顿和保守党领袖本杰明·迪斯雷利,转而积极维护和增强帝国。著名的"维多利亚帝国热潮"在国内掀起,出现了两个主要趋势:其一是主张在英国与自治殖民地之间建立更密切的关系,确保帝国基础的稳固;其二是向尚未被西方列强征服的地区扩张,夺取新的领土,增强帝国的实力。1887 年,在庆祝维多利亚女王登基 50 周年之际,第一次殖民地会议召开,讨论帝国内部事务。英国和各自治领、自治殖民地的政府首脑参加了会议。此后殖民地会议又数度召开,到 1902 年共开了四次。1907 年,该会议改称"帝国会议"。在此期间,英国积极参与瓜分非洲,获得大片新殖民地,还在亚洲吞并缅甸、俾路支和塞浦路斯,扩大了势力范围。英国殖民地已遍及全球,成了名副其实的"日不落帝国"。

1899 年 10 月 11 日,南非的布尔人率先向不可一世的英国军队发起进攻,引发英布战争(1899—1902 年),使得英帝国的命运发生了戏剧性的变化。1902年5月,英国人最终赢得了这场战争,布尔人被迫在《弗里尼欣和约》(Treaty of Vereeniging)上签字,布尔人的两个共和国均变为英国的殖民地。但是,"对许多人来说,它似乎已耗尽了人民、甚至政府对于帝国的热情"①。英帝国的领土扩张阶段到此结束,英国对于帝国的政策亦转而以巩固帝国为核心。

在英国殖民地中,那些拥有一定自治权利的殖民地,其居民以英国及其他欧洲国家的移民占多数,因此又称为移民型殖民地,其中除1867年获自治领地位的加拿大之外,还有澳大利亚和新西兰。南非的种族成分不同,但统治制度与它们相似。英国政府在加强与自治领联系的前提下,对其扩大自治权的要求采取了宽容和支持的态度,其目的仍是维持帝国的存在,避免美国式的独立战争在这些殖民地重演。

从1788年英国在澳洲大陆建立第一个殖民地——新南威尔士之后,英国开始向这里运送大批流放犯人,不久自由移民也移居该地。随着居民的增加和开发的深入,其后又分化、产生了维多利亚、塔斯马尼亚、南澳大利亚、昆士兰和西澳大利亚殖民地。它们相对独立,互不隶属,19世纪中叶前后相继建立起各自的责任制政府。这些殖民地对维多利亚女王陛下忠心耿耿,丝毫未受1867年加拿大事件的影响,甚至在1871年英国军队撤出澳洲之后,局势也没有发生变化。

但从80年代初起,各殖民地要求建立统一的联邦制国家和获得更大自治权的呼声逐渐高涨。其原因在于:在防务方面,英国把重点放在非洲和欧洲,不愿在澳洲承担义务,以至于昆士兰于1883年兼并新几内亚岛的行动受挫,反而让德国人乘虚而入,于次年占据了该岛的东北部地区,对澳洲大陆形成威胁。在移民政策方面,澳洲各殖民地自19世纪中叶相继实施排斥有色种族的"白澳政策",但各殖民地政策不一,需要在更高的层次上加以协调。在经济方面,各殖民地经济模式相类似。以

---

① Bernard Porter, *The Lion's Share: A Short History of British Imperialism 1850—1983*, Longman, 1984, p. 178.

农牧矿业为主,尤其是 19 世纪 80 年代末经济衰退,给各殖民地带来巨大冲击,罢工行动也冲破各殖民地的边界限制,表明各殖民地具有相当多的共同经济联系。其他诸如关税、交通等问题也使各殖民地进一步联结在一起。特别是在经济衰退时期,英国投资人、债权人向澳洲讨债,激起了前所未有的反英情绪。要求建立联邦的运动正是在这样的背景下蓬勃展开。

1880 年,新南威尔士殖民地总理亨利·帕克斯(Henry Parks)提议设立一个联邦会议,他认为"某种联邦权力机构也许能比各殖民地更有效地处理"那些涉及殖民地之间事务的问题。[①] 该会议于 1885 年设立,次年在塔斯马尼亚首府霍巴特召开首届会议,其全称为澳大拉西亚联邦会议。由于该会议没有立法、行政方面的实权,新南威尔士没有加入,所以作用十分有限。

1889 年 10 月 2 日,帕克斯发表"滕特菲尔德演说",建议设立有实权的联邦机构来取代澳大拉西亚联邦会议,提出"一个民族、一个国家、一种命运"的口号。1891 年 3 月,各殖民地总理来到悉尼,出席第一届联邦大会,着手起草宪法。此后又召开两次联邦大会,审议宪法草案。1898 年 6 月,新南威尔士、维多利亚、塔斯马尼亚和南澳大利亚就宪法草案举行公民投票。除新南威尔士的赞成票未达到规定票数外,宪法草案在另外三个殖民地获批准。为了使澳洲所有殖民地部接受联邦宪法,各殖民地总理于 1899 年初在墨尔本再次修改宪法草案,同年举行第二次公民投票,新南威尔士、维多利亚、昆士兰、南澳大利亚和塔斯马尼亚均批准该草案。次年 7 月西澳大利亚也举行公民投票,批准联邦宪法草案。

英国议会甚至在西澳大利亚举行公民投票前就爽快地批准了澳大利亚联邦宪法草案,并于 1900 年 7 月由维多利亚女王正式签署。1901 年 1 月 1 日,澳大利亚联邦诞生,成为大英帝国内又一个自治领。

---

① Barry Cohen and David Black, *Australia: a Topical History*, Perth: Carroll's Pty. Ltd, 1973, p. 218.

新西兰也是英国的移民型殖民地:它与澳大利亚是近邻,英国政府曾将澳新两地作为一个整体进行统治,新西兰代表在 19 世纪下半叶也多次出席在澳大利亚举行的联邦会议。不过,新西兰殖民地的发展过程与澳洲其他殖民地并不一样。迟至 1840 年 1 月 29 日,英国驻新西兰第一位代理总督威廉·霍布森(William Hobson)才由悉尼来到新西兰上任,开始英国的殖民统治。1853 年,新西兰实施本殖民地的宪法;1856 年 5 月第一届责任制内阁建立。60 年代,英国移民与土著居民毛利人之间爆发了战争。毛利人被打败,所拥有的土地也被没收,人口急剧减少。1850 年前后毛利人仍有 8 万—10 万人,1896 年下降到 4 万余人。[1] 新西兰虽在 19 世纪下半叶参与了澳洲殖民地的联邦运动,但由于经济上相互依赖性很小,而且都争取在英国农牧产品市场上获取更大的份额,所以新西兰最终没有加入澳大利亚联邦,而是在 1907 年获得了独立的自治领地位。

南非的非白人居民人数一直多于白人移民人数,所以它不是移民型殖民地,而是二元型殖民地。但白人移民自建立殖民地后,一直控制着统治权。早在 1806 年,英国军队就攻占了隶属于法国的开普殖民地。1843 年又在东面的纳塔尔海口一带建立纳塔尔殖民地。原居住在这两个殖民地的荷兰裔居民(即布尔人)愤然北迁,建立起奥兰治自由邦和德兰士瓦共和国。其后英国人与布尔人之间的关系时好时坏。布尔战争后,布尔人的领地被英国人兼并。1908 年,负责起草南非联邦宪法的国民会议在德班举行。到次年 6 月,宪法草案获各殖民地议会的批准。9 月 20 日,英王批准成立南非联邦。1910 年南非联邦正式建立,成为英帝国中又一个自治领。

爱尔兰一直是英国的心头之患。英国势力在诺曼时期侵入这个邻岛。伊丽莎白一世首次向爱尔兰派驻大臣,开始确立英国的统治,并派

---

[1] J. D. Condliffe and W. T. G. Airey, *A Short History of New Zealand*, Auckland, 1968, p. 112.

军队镇压当地的反英暴动。1601 年,蒂龙伯爵(Tyrone,Earl of)率领的爱尔兰军队向英国投降。1649 年,克伦威尔率军征服、平定爱尔兰。英国实行严厉的惩罚制度,剥夺爱尔兰人拥有的土地,在政治经济上实施全面的压迫政策,导致民众的普遍不满。19 世纪初英国正式合并爱尔兰之后,爱尔兰人争取民族独立的运动此起彼伏,激烈程度达到空前。1860 年代起,芬尼亚运动发动武装反抗。帕内尔(Charles S. Parnell)则在 80 年代领导了议会中爱尔兰民族主义党团的斗争。英国首相格拉斯顿先后两次在议会提出《爱尔兰自治法案》(Irish Home Rule Bill),试图以授予爱尔兰某些自治权的方式来解决危机,但未能成功。直到 1913 年,第三个《爱尔兰自治法》才获得通过,成为法律。但是,北爱尔兰的新教徒反对爱尔兰自治,要求留在英国统治下,并组建准军事组织——厄尔斯特志愿军。南爱尔兰的天主教徒亦组建了自己的武装——爱尔兰志愿军,与之对抗。爱尔兰内战呈一触即发之势。但不久后第一次世界大战爆发,暂时缓解了紧张局势,爱尔兰自治进程被拖延。①

由于各自治殖民地相继以和平的方式成为自治领,自治领与英国的感情、文化纽带未受伤害,政治和经济联系依旧。在布尔战争中、加拿大、澳大利亚和新西兰均派兵参战,体现了它们与大英帝国共命运的立场。另一方面,殖民地会议(帝国会议)和一些帝国机构也对巩固帝国起了积极的作用。1902 年的殖民地会议是 20 世纪召开的第一次殖民地会议,也是殖民大臣、著名的帝国主义者约瑟夫·张伯伦所主持的最后一次殖民地会议。这次会议所取得的成果是历次会议所难以比拟的。

会上,张伯伦热情称赞各自治领在英布战争中的作用:"在整个这段期间,我们一直受到我们本血统和本民族人民的支持、加强、鼓励和帮助。自战斗开始的第一天起直到投降条件签订之日为止,我们一直获有英王的所有领地和附属地的同胞们的诚挚关注和赞许,我们一直获有他

① 罗伯特·基:《爱尔兰史》(Robert Kee, Ireland: A History),潘兴明译,东方出版中心,2010 年,第 158—175 页。

们的积极的帮助,我们一直获有他们道义上的支持。"①由于大英帝国正在发生种种变化,所以张伯伦希望这次会议能取得实质性的结果,为巩固帝国作出贡献。

张伯伦的要求得到积极的响应,会议决定将殖民地会议变成帝国的一个常设机构,每3年开一次会,讨论有关帝国的一切问题,并增强帝国内部的联系。会议还讨论了防务问题,英国建议各自治领和殖民地共同承担防务开支;大洋洲各殖民地同意将每年的海军捐款增加到20万英镑,开普殖民地和纳塔尔殖民地每年各拨出海军军费5万英镑和3.5万英镑,纽芬兰同意每年出3 000英镑。加拿大以损害其自治权为由拒绝承担军费,但同意考虑加强自身海上防务。在帝国与其他国家的关系方面,英国承诺在可能的范围内征求各有关自治领和殖民地的意见,使它们能够参与帝国外交政策的制定和执行。

不过,张伯伦提出的关税改革和帝国特惠制的主张,却遭到来自英国国内的反对。英国国内主张自由贸易的势力反对在帝国内外实行不同的关税,认为此举会造成物价上涨、出口减少,并对造船业和银行业产生不利影响。各自治领和殖民地意见不一,加拿大尤其不愿降低英国货的进口税。最后,与会各方同意向特惠制方向努力,暂时不作决定。不久,张伯伦因在帝国政策上与其他内阁成员意见不合而辞去殖民大臣的职务。

在埃及和印度这样的非移民型殖民地,鉴于当地社会结构比较稳固,土著统治者尚有一定的威信和权力,因此英国人在保持其最高统治权的前提下,进行一些改革,作出某些妥协,增加当地人的参政权利,在地方事务及一些次要事务方面与土著统治者及当地知识阶层进行合作,借助其力量进行统治。

1882年英国用武力占领埃及,尽管此时埃及在名义上仍隶属于奥斯曼帝国,其君主立宪制也得到保留,但它事实上已沦为英国的殖民地,英

---

① 马里欧特:《现代英国》,姚曾虞译,商务印书馆,1973年,第312—313页。

国驻埃及总领事伊夫林·巴林（Evelyn Baring，后被封为克罗默〔Cromer〕勋爵）成为埃及政府顾问，是埃及事实上的统治者。埃及本是种植多种农作物的国家，出产棉花和谷物。英国统治者发现当地产棉花质量好，便停止种粮，推行棉花单一种植制，引起当地人民的不满。进而，英国在两件事上严重伤害了埃及人的民族感情：1906年，敦沙韦的村民举行暴动，遭到英国当局残酷镇压，事件过程中英国统治者玩弄"分而治之"手段，偏袒科普特基督徒，打击穆斯林；1909年，英国提出将归还苏伊士运河的时间延长40年。埃及民族主义者感到无法容忍，决定采取行动以表达意向。克罗默勋爵反应迟钝，而另一个英国高级官员在1907年就发现：埃及的民族主义"十分活跃，危害极大"①。不过，克罗默在离任前还是采取了一些措施来分化民族主义者，对其中的温和派作了一些让步：他任命一名温和派成员担任教育部长，并号召温和派组建一个政党，希望这个党"可以用来对抗极端派"②。

克罗默的继任者是埃尔登·戈斯特（Eldon Gorst），他于1907年来到埃及后继续推行前任的政策。戈斯特一方面在地方政府官员中增加埃及人的比例，另一方面扶持埃及的原统治集团。然而，这些措施无法平息埃及民族主义者的不满，因此不久之后，英国统治者就改用镇压手段，宣布实行新闻检查，颁布《放逐法》，规定未经审判便可囚禁任何人。

1911年戈斯特因病离任，基钦涅勋爵（Lord Kitchener）继任，他仍运用"大棒加胡萝卜"手段来对付埃及人民。他加强埃及立法会议的权力，扩大埃及人在该机构中的比例，同时又加强镇压。埃及民族主义者通过立法会议陈述其主张，使英国统治者感到头痛。因此，英国那些主张加强和扩大英帝国的人士认为埃及是英国妥协政策失败的典型，在他们看

---

① Afaf Lutfi Sayyid-Marsot, *Egypt and Cromer: A Study in Anglo-Egyptian Relations*, London: John Murray, 1968, p. 179.

② Ibid., p. 177.

来:对当地人的让步只会降低"统治种族"的威望,给未来制造麻烦。[1]

印度是英国最大的殖民地,受英国统治的时间也比较长。在1899—1905年任印度总督的寇松勋爵(Lord Curzon)在谈到印度对英国的意义时说:"没有印度就没有大英帝国。"进入20世纪,英国对印度的投资有了较大的增长,同时从印度获得的各种工业原料和农产品也比以往多得多。寇松乐观地认为,英国在印度的统治将永远延续下去。

当寇松于1899年到任时,印度的局势较为平静,政治活动处于低潮。尽管他在发展印度教育、兴修水利和削减盐税方面有所作为,但他的高压统治却引起印度人民的强烈不满,尤其是分裂孟加拉的行为,使印度掀起又一个民族主义高潮。

1905年10月16日,寇松颁布分裂孟加拉省的法令,决定将该省分为东、西两省,其中东孟加拉的居民以穆斯林为主,西孟加拉则以印度教徒为主。印度各界对此反应强烈,认为这是一个分化瓦解印度的阴谋,于是纷纷起来表示抗议。国大党(Indian National Congress)对反英运动的方式有不同的主张,以戈克海尔(Gopal K. Gokhale)为首的温和派坚持采用和平请愿、示威的方式,而以提拉克(Bal G. Tilak)为首的激进派则倾向于走暴力反抗的道路。由于国大党是印度民族运动的领导者,这种意见分歧削弱和分化了运动本身。因此,寇松对印度民族主义运动不屑一顾,他说这场运动"仅仅是水面上的漂浮物,我毫不怀疑……下面流动的是深邃而平静的水流"[2]。

显然,寇松低估了这场运动的意义和巨大的潜能。在他心中,独立的印度民族是不容存在的,任何此类运动或思想均须查禁。同时,为保持英国对印度的永久统治,寇松主张在印度建立一个类似于清王朝统治下的中国的政体,用他本人的话来说,就是使印度成为"帝国的最伟大的

---

[1] See: P. Mansfield, *The British in Egypt*, London: Weidenfeld and Nicolson, 1971, ch. 15 - 18.

[2] D. Dilks, *Curzon in India*, London: Hart Davis, Vol. 1, 1969, p. 104.

伙伴"①,在此基础上形成一个新的民族——英印民族。为使他的这个主张深入人心,寇松大力保护和发扬印度的传统文化,1903 年在德里举行规模宏大的朝觐活动,以显示印度的"团结和爱国主义",并大力使印度在经济上减少对外界的依赖性。寇松对自己的政策充满信心,认为其政策已在印度大获成功,他得意洋洋地宣称:"我以为全印度人民……此刻比以往任何时候都更加忠诚可靠。"②

另外,寇松不顾英国政府在帝国政策上的调整,执意向中国西藏扩张。但是,他与新任英军驻印总司令基钦涅不和,最终于 1905 年辞去总督一职。

同年底接任印度总督一职的是明托勋爵(Lord Minto)。当时的印度局势与寇松的描述相去甚远,用戈帕尔(S. Gopal)的话来说,就是"印度的不满从未如此强烈和广泛"③。明托抱怨寇松"留下的强烈不满的遗产"④,明托夫人则说寇松"耗尽了他的臣民们的忍耐,达到了几乎令人难以忍受的程度"⑤。英国新任印度事务大臣约翰·莫莱(John Morley)迟至 1917 年还心有余悸地回忆:"部分由于表面的、部分由于本质的不同原因所造成的政治动荡缓慢地横扫印度的那副场景。"⑥

为了应付这一困难的局面,明托感到高压手段只是权宜之计,必须对英国的统治进行较大的改革才能实现较长期的稳定。通过对当时形势的分析,明托感到国大党的作用不可低估,应当尽力将其拉到英国统治者一边。为此,他专门去见莫莱,陈述自己的主张:

---

① D. Dilks, *Curzon in India*, Vol. 2, p. 133.

② S. A. Wolpert, *Morley and India 1906—1910*, Cambridge: Cambridge University Press, 1967, p. 23.

③ S. Gopel, *British Policy in India 1858—1905*, Cambridge: Cambridge University Press, 1965. p. 266.

④ S. E. Koss, *John Morley at the India Office 1905—1910*, New Haven: Yale University Press, 1969, p. 181.

⑤ M. Gilbert, ed., *Servant of India*, London: Longman, 1966, p. 23.

⑥ J. Morley, *Recollections*, New York: Macmillan, Vol. 2, 1917, p. 149.

国大党究竟会成为带来益处还是制造罪恶的力量,其关键主要
在于我们自己,而不论我们是否对该党抱有好感(从个人的角度说,
我不喜欢它)。也许,与国大党有联系的可疑者人数不少……因而,
我们更有理由在与他们打交道时避免采用粗暴和僵硬的手段。①

显然,明托试图用较温和的方式来笼络国大党。而要做到这一点,
一味的高压政策是不能奏效的,因而他改变策略,推出以改革为主导的
政策。此举与英国人在埃及的做法颇为相似。

国大党内部对明托的新政策产生分歧。以戈克海尔为首的温和派
将建立"大英帝国之内的自治政府"作为目标,主张与英国统治者合作。
而极端派坚持与英国当局进行斗争,尤其对明托维持孟加拉分裂局面的
做法感到愤怒。1907 年 4—5 月,东孟加拉、旁遮普等地人民举行游行示
威和罢工,在如何对待罢工示威的问题上,两派关系恶化。极端派主张
使用暴力驱逐英国统治者,温和派则认为暴力的道路十分危险,有损于
国大党本身的利益。结果,温和派在这一年的本党年会上将提拉克等极
端派驱逐出党。此后极端派在各地引爆炸弹、进行暗杀行动,招致英国
统治者的镇压。提拉克被捕入狱,公共集会被明令禁止。此外,英国人
还进行新闻检查,并镇压了 1908 年 7 月的孟买大罢工。

明托决心依靠国大党温和派和文官阶层的支持实行改革,在征得英
国政府的同意后,与莫莱一道推出了所谓"莫莱-明托改革",即 1909 年
英国议会通过的《印度立法会法案》(Indian Councils Act),规定在各级
立法、行政机构中增加印度人的比例,扩大印度人名义上的参政权。英
国政府任命一名印度人为总督行政委员会委员,任命另外两名印度人为
设在伦敦的印度委员会委员。全印立法会的印度议员比例得到提高,地
方立法会的民选印度议员比例也有较大增长,穆斯林须在各级立法会中
拥有数目固定的席位。各级立法会首次被授予辩论预算案、动议和通过

---

① S. R. Wasti, *Lord Minto and the Indian Nationalist Movement 1905—1910*, Clarendon Press, 1964, p. 23.

决议的权力。但实际上,上述措施均未能动摇英国的统治,莫莱曾在1908年对明托说,改革的目的不是削弱英国统治,而是促使印度人甘心接受这种统治,"使政府能够更好地了解被统治者的需求、利益和情感。另一方面,在机会到来时给予被统治者更好地理解政府立场的机会,以避免误传那些无知而具有恶意的见解"①。

经过这次改革,印度的局势逐渐恢复平静,民族主义运动陷于低潮。英国人在印度又恢复了信心,以至于新任总督哈丁勋爵(Lord Hardinge)到任不久就取消了分裂孟加拉的法令。此后几年的事态发展表明,莫莱-明托改革的确在手段上比寇松的大棒政策更有效,基本上收到了预期效果。

在刚占领不久的非洲殖民地,英国面临着全新的处境,因此只向这里派遣为数不多的官员、专业人员和军人,自愿移民人数很少。有一个被派往东非的英国殖民官员写道:

> 在非洲的这个中心地带,只有我们3个白人,外加20个黑人士兵和50个黑人警察,却要治理一个居住着50万装备良好的野蛮人的地区,并维持该地区的治安,离这里最近的医生和增援部队驻扎在68英里之外……②

在这种情况下,英国殖民者无论采用何种统治方式,均诉诸拉拢利诱和威吓屠杀的手段。在那些间接统治的地区,英国人给予土著统治者某些权力:在行政上,土著统治者负责维持社会秩序,征收赋税,传达和执行殖民当局的命令和政策,同时接受殖民官员的监督;在税款分配上,土著政权可保留一部分税款用于日常开支及土著官员薪俸;在司法上,土著统治者可按土著法对土著居民实行审判。以此为条件,英国殖民官

---

① S. R. Mehrotra, *India and the Commonwealth 1885 - 1929*, London: Allen & Unwin, 1965, p. 50.

② T. O. Ranger, "African Reaction to the Imposition of Colonial Rule in East and Central Africa", in L. H. Gann and Peter Duignan, eds., *Colonialism in Africa*, *1870 -1960: The History and Politics of Colonialism*, *1870 - 1914*, New York and London, Cambridge University Press, 1969, p. 295.

员在"合作"的旗帜下,将一些地区的土著统治者变为其统治工具,如北尼日利亚的酋长、乌干达的干达族贵族、苏丹的反马赫迪派,等等。

另一方面,英国殖民者严厉镇压反抗者,用武力手段维护其统治,连温斯顿·丘吉尔在得知英国人在肯尼亚的暴行时,亦感叹那"就像一场屠宰"[1]。据英国方面的资料,在1905—1908年中,共有1 700余名肯尼亚人被杀。1906年在尼日利亚西北部的索科托发生反抗殖民统治的起义,英军屠杀了2 000余名起义者才恢复了秩序。在1906—1908年的南非祖鲁人起义中,英军屠杀了3 500余名起义者,并囚禁了约7 000人。英国承认在大部分殖民地都有不同程度的反抗行为。

在20世纪开头的十余年中,无论保守党还是自由党,都在帝国及殖民地政策上以布尔战争为鉴,不再热衷于帝国扩张,而是将重点移到巩固帝国上来。这一政策调整除了英国实力地位的变化之外,最主要的原因是欧洲事务,如何应付德、奥、意威胁,牵制了英国政府的大部分精力。如果说保守党政府中还有约瑟夫·张伯伦这样的人希望建立更强大的帝国的计划,那么自由党政府则采取近乎"无为而治"的政策,除了维持现状,就再无"奢望"。

这样,到1914年第一次世界大战爆发前,作为第一殖民大国的大英帝国,其地位仍未受到根本性的挑战。除了爱尔兰等少数地区外,各殖民地给英国带来的是财富和荣耀,而不是烦恼和负担。按英国政府的想法,这种局面最好能长期维持下去,当然可以作一些调整和改革。不过,资本主义国家中后起的德国等却不甘心在殖民扩张中的落后地位,它们要用武力来改变这种局面。于是,在各种矛盾的综合作用下,以欧洲为主战场的第一次世界大战爆发了。

---

[1] G. H. Mungeam, *British Rule in Kenya 1895–1912*, Clarendon Press, 1966, p. 173.

第二章　第一次世界大战和帝国的衰落

　　早在大战爆发之前，一些主张巩固帝国的人就不断提醒对德国的野心保持警惕，但多数英国人仍对帝国的强大沾沾自喜，甚至当战火在巴尔干半岛燃起之际，英国的最初反应是此事与自己不甚相干。可以这样说，大英帝国在卷入这场世界大战时并未做好充分的准备。

　　然而，令英国人感到欣喜的是，一俟英国宣布参战，帝国所属各自治领和殖民地立即响应，这一方面是出于对母国的感情和作为帝国成员的责任，同时也是现实的需要：帝国的存在取决于英国的安危，倘若英国沦陷，帝国亦会崩溃，自治领和殖民地都会受到殃及。不过在身穿各式军服的自治领和殖民地士兵走向战场时，英国决策者并没有料到这场战争对帝国产生的消极作用会如此之大。诚然，大战所激起的民族感情最初使帝国向心力加强，但后来，这种感情又最终导致帝国解体。

　　一战的主战场在欧洲，决定性的大规模战役大都在法国领土上展开，人们因此会忽视那些发生在欧洲以外的、以争夺殖民地为目标的战事：在太平洋地区，澳大利亚、新西兰军队与日本一起，仅用 4 个月便夺取了德国在这里的所有殖民地；在东非和西南非，以南非军队为主的帝国军队用稍长一点的时间就摧毁了德国的势力。

　　战争给英国提供了机会，也使它对帝国的价值有了新的认识。首先,战争为英国的进一步扩张创造了条件,尽管本国及协约国的领土和殖民地处于不确定的状况,但是同盟国方面亦如此,尤其是德属殖民地和站在同盟国一方的奥斯曼帝国更如此。换言之,大英帝国有可能得到扩大。其次,大战使帝国对英国的重要性大大增加,帝国成为人力和物力的重要来源。各自治领、殖民地共派出 250 万人参战,另有更多的人为战争的后勤、医疗、武器弹药生产出力。从阵亡人数来看,印度为69 056 人、澳大利亚 59 330 人、加拿大 56 639 人、新西兰 16 711 人、南非7 121 人、东非约 2 000 人、纽芬兰 1 204 人、西非 850 人。澳大利亚阵亡人数超过了全国人口的 1%,是帝国中比例最高的。[1] 战争期间,英国进口额大增,由 1910—1914 年平均 7.14 亿英镑增加到 1915—1919 年平均11.61 亿英镑,其中从美国进口的数额最大,但从帝国内部进口的总额高出美国。

在这种情况下,英国主张巩固和加强帝国的呼声再起,帝国主义派又得到重用。帝国主义哲学家阿尔弗雷德·米尔纳(Alfred Milner)在1917 年宣称帝国具有"巨大的潜在力量",如果它能"紧密地联系在一起",它将"强大到足以击败所有进犯者",并使英国置身于"欧洲错综复杂的局面之外"[2]。这种观点在英国很有市场,而且随着战争的进行,自由党政府感到有必要动员一切力量为战争服务。那些在 19 世纪最后 10年兴起的"新帝国主义派"成了炙手可热的人物,寇松勋爵和亚瑟·贝尔福于 1915 年 5 月进入政府。1916 年 12 月,以劳合·乔治为首相的联合政府成立时,米尔纳也进入政府。

另一方面,英国对印度、埃及等殖民地大量许诺,以示安抚,并为在中东等地扩张作准备。大战爆发时各殖民地局势较为安定,但到 1916年,印度的民族主义者克服了分歧,国大党与穆斯林联盟于 12 月达成《勒克瑙条约》(Lucknow Pact),握手言和;国大党内温和派和极端派重

① C. E. Carrington, *The Cambridge History of the British Empire*, Cambridge University Press, Vol. Ⅲ, 1959, pp. 641-642.
② A. M. Gollin, *Proconsul in Politics*, Anthony Blond, 1964, p. 529.

新联合,获释后的提拉克在 1916 年年底恢复了国大党党籍。印度民族主义者积极活动,英国驻印度总督在 1917 年 3 月致函国内,称印度局势告急,任何敷衍搪塞都将造成"毁灭性"的后果。[①] 印度事务大臣埃德温·蒙塔古(Edwin S. Montague)随即发表宣言,承诺在印度政府各部门增加印度人的比例,并逐步推进自治制度。1918 年 8 月,"蒙塔古-切尔姆斯福德报告"(Montague-Chelmsford Report)公布于世,提议在各邦实行责任政府制,由邦政府主管教育、卫生和农业等事务,而英国总督则把持财政、司法、治安等大权,这就是所谓的"双重统治"。

英国早有侵占中东地区的企图,大战为实现其企图提供了机会。当 1914 年 10 月奥斯曼帝国宣布加入德奥同盟对协约国作战时,英国立即看出瓜分这个衰落帝国的时机来到了。于是,英国在同年 12 月将埃及变为保护国。为安抚埃及的民族主义者,英国又许诺在战后考虑建立埃及自治政府的问题。1915 年英军在加里波利战役中遭挫后,转而鼓励阿拉伯人反抗奥斯曼的统治,10 月英国驻埃及高级专员亨利·麦克马洪(Henry MacMahon)作出许诺:英国将"承认和支持阿拉伯人的独立"。在英国的军事和财政支持下,阿拉伯人的起义不断发生,客观上配合了英军的行动。到 1916 年 12 月,英军攻占耶路撒冷,次年又攻占巴勒斯坦、叙利亚和伊拉克部分地区。

然而,英国对阿拉伯人的许诺并无诚意,实际上是利用阿拉伯人来达到其瓜分奥斯曼帝国、称霸中东的目的。就在 1916 年 4 月,英法秘密达成《赛克斯-皮考特协定》(Sykes-Picot Agreement),具体确定了瓜分奥斯曼帝国的方案。按此条约,英国将得到巴勒斯坦、伊拉克的大部分地区和波斯湾,并将约旦至波斯湾一线划入英国的势力范围。

另一方面,为争取美国和俄国犹太人利益集团的支持和遏制阿拉伯人的势力,英国大力宣扬犹太复国主义,于 1917 年 11 月发表《贝尔福宣言》(Balfour Declaration),再次许诺:"为犹太人民在巴勒斯坦建立一个民族家

---

① S. R. Mehrotra, *India and Commonwealth 1885—1929*, Allen & Unwin, 1965, p. 102.

园。"贝尔福本人就直言不讳地说过:"俄国、美国以及全世界绝大多数犹太人此时都赞成犹太复国主义。如果我们能够发表一项赞成这个理想的宣言的话,我们将能在俄国和美国进行一场极为有用处的宣传。"①

英国所作的种种许诺都是为了其自身利益,因而自相矛盾。在英国人心目中,"独立"是在英国势力范围内的"独立","自决"也有其特定的含义,寇松解释道:他之所以接受"自决",是因为"我相信大部分人将作出有利于我们的决定"②。英国在战争期间所作的这些不负责任的许诺,为以后的种种矛盾和冲突留下了隐患。

协约国打赢第一次世界大战后,英国获得的第一批战果,就是从德国等战败国手中夺取大片殖民地,使英帝国的版图又有所扩大。寇松昔日之梦想——建立从印度到地中海的英国势力范围以及塞西尔·罗得斯(Cecil Rhodes)的"开普-开罗"计划,均得以实现。南太平洋的德属殖民地也由英帝国的自治领澳大利亚和新西兰接管。尽管这些新获得的土地在名义上是国际联盟授权的托管地,但在实际上与殖民地并无本质差别,利奥波德·艾默里称托管权"只不过是对国际联盟所承担的一种形式上的义务,即遵循已在我们的其他非洲殖民地推行的某些原则"③。

不过就在此时,这个貌似空前强大的英帝国却出现了分化的迹象,战争唤醒了帝国内自治领和殖民地的民族主义,自治领开始要求得到与英国平起平坐的地位,殖民地则寻求更多的自治权利,争取独立的趋势逐渐呈现。

当时的形势对这一趋势起到了推波助澜的作用。首先,欧洲大陆上的几大帝国相继崩溃,这个局面不能不对英帝国产生消极影响。其次,殖民地、自治领在大战中不仅在战场上作出了贡献,而且它们的工业也

---

① S. H. Zebel, *Balfour: A Political Biography*, Cambridge University Press, 1973, p. 247.

② Bernard Porter, *The Lion's Share: A Short History of British Imperialism 1850—1983*, p. 245.

③ L. S. Amery, *My Political Life*, Hutchinson, Vol. 2, 1954, p. 360.

有了较大的发展,经济实力加强,政治地位提高。凡尔赛和会接纳加拿大、澳大利亚、南非、新西兰和印度为国际联盟成员国,使它们在法理上获得了主权国家的地位,这种变化无疑对以宗主-附庸关系为本质的英帝国产生了极大的冲击。再次,英国政府在战时的许多承诺,到这时就需要兑现,更严重的是,殖民地的民族主义运动因此而迅速复活,再掀高潮,其中以甘地(Mohandas K. Gandhi)在印度发起的"不合作"运动和新芬党在爱尔兰发动的争取独立的斗争最引人注目。英国政府陷入一种两难境地:若兑现诺言,就会失去许多殖民地,动摇帝国的根基;若背弃诺言,又会使自己失信,并反过来激发民族主义运动。因此,英帝国此时比任何时候都更加动荡不安,它所面对的矛盾、冲突甚至武装斗争所达到的激烈程度也是前所未有的。

从帝国后院传来的阵阵枪声印证了它的不利处境。1919 年 3 月埃及发生民族主义的反英斗争,人们举行示威游行,从事破坏活动并刺杀英军军官。4 月,印度旁遮普邦发生一系列骚动事件,巴勒斯坦发生了阿拉伯人与犹太人之间的严重冲突。5 月,英国与阿富汗交战,与土耳其的战争似乎近在眼前。1920 年 7 月,伊拉克发生大规模暴动,英军在镇压中阵亡 400 余人,比在战时军事行动中阵亡于中东的人数还多。

而爱尔兰危机的爆发无疑是雪上加霜。1916 年复活节,爱尔兰首府都柏林发生暴动,主张独立的爱尔兰志愿军和爱尔兰市民军占据了市中心的邮政总局大楼,袭击英军巡逻队。英国派出援军,付出了 130 名官兵阵亡的代价才平定了这场暴乱。暴动发生在一战期间,英国军队被牵制了整整一个星期,其意义非同寻常。暴动领导人之一的汤姆·克拉克(Tom Clarke)在被处决的前夜告诉前往探视的妻子:自由正在到来,爱尔兰不会倒下,"在此刻和自由之间,爱尔兰还要冲破地狱的桎梏"①。

此后,英国政府调整了对爱政策,作出一些让步。1918 年大选中,劳合·乔治允诺实施爱尔兰自治,同时对东北部新教地区提出不同的解决

① 罗伯特·基:《爱尔兰史》,潘兴明译,2010 年,第 203 页。

方案。大选结果表明,爱尔兰除了北部 6 郡之外,主张独立的新芬党赢得全面胜利。新芬党议员在都柏林召开自己的议会,拒绝去伦敦出席英国议会。1920 年,新芬党的武装组织爱尔兰共和军开始进行武装斗争,劳合·乔治连忙在英国议会通过新的《爱尔兰自治法》,总的精神是扩大爱尔兰自治权,在南北爱尔兰各设议会和政府,并各派议员去伦敦出席英国议会。这项法案遭到新芬党的拒绝,爱尔兰再次爆发流血冲突。直到 1921 年 12 月 6 日,双方才签订《英爱条约》(Anglo-Irish Treaty),英国承认爱尔兰(不含东北 6 郡)为自治领,享有与加拿大相同的各项权利和权力,拥有自己的军队和警察,并命名为"爱尔兰自由邦"。就这样,曾经是英国一部分的爱尔兰获得自治权,之后又于 1937 年 12 月签订《英爱条约》,成为一个主权国家,1948 年改国名为"爱尔兰共和国"。

在印度,英国政府并不急于兑现在战争中许下的诺言,但为了有所交代,印度总督蒙塔古在 1919 年制定《印度政府法》(Government of India Act),中央政府仍控制在英国人手中,最重要的变革在省政府方面,9 个设有省长的省份建立二元制政府,即行政机关首脑负责警政、行政、司法、税务等事务,不对立法机关负责;立法机关则负责教育、卫生、农业、公共工程等事务。同年,为对付国大党人的抗议和暴动以及防范布尔什维克式的活动,英印政府颁布严厉的《罗拉特法案》(Rowlatt Act),允许在没有陪审团参与的情况下进行审判,规定各省总督有权下令逮捕嫌疑人犯。印度各地立刻举行大规模抗议示威,阿姆利则的英军将领雷金纳德·戴尔(Reginald Dyer)下令向民众开枪,打死 380 余人,打伤 1 200 人,制造了骇人听闻的"阿姆利则血案"。事后,英印当局和英国政府对戴尔百般祖护,英国《晨邮报》在一个月内为他筹集到 2.6 万英镑以示慰问。此举大大伤害了印度人民的感情,甘地于 1920 年发起非暴力"不合作运动"。当一些民族主义者袭击警察时,甘地感到当局会以此为借口进行镇压,便宣布停止"不合作运动"。英印当局立即以策动暴乱的罪名将甘地投入监狱,判刑 6 年。

第一次世界大战后英国遇到的麻烦并不都是战争造成的。爱尔兰、印度、埃及等在战前就潜伏着危机,战争其实还暂缓了危机的爆发,而中东等新扩张地区的动乱,与英国在战争中随意许诺、为了自己利益而忽视其他民族的利益的做法有很大的关系。战争一结束,帝国面临的共同敌人被打败了,于是内部矛盾便不可避免地接踵而至。而且,英国战时庞大的军队在战争结束后大批复员,到 1922 年仅剩 20 万人。[①] 英军总参谋长在 1920 年 5 月抱怨道:"我们这支规模不大的军队过于分散,在任何地方都不够强大,无论是在爱尔兰、英格兰、莱茵河地区、君士坦丁堡,还是在巴吐姆、埃及、巴勒斯坦、美索不达米亚、波斯、印度,都是如此。"[②]

在这种情况下,英国就显得心有余而力不足,到 1920 年,那种认为帝国是英国负担的看法在英国政界又占上风,于是,在对帝国主义派的一片指责声中,英国政府着手调整殖民地政策。在伊拉克,英国于 1921 年废除了"印度式"统治,允许伊拉克人建立一个"独立"的民族政府,但通过 1922 年 10 月的条约和随后达成的财政和军事协定,英国仍保持了"保护"该国的权力。英国还与约旦达成类似协定。在埃及,英国于 1922 年 2 月在高级专员艾伦比勋爵(Lord Allenby)的强烈要求下,宣布承认该国"独立",但英国保持对外交、军事以及外侨事务的支配权,并在苏伊士运河继续驻军。在一些较平静的地区,如塞浦路斯、波斯湾西岸等,英国统治不但形式未变,而且得到加强。贝尔福在这个问题上明确指出:英国所需要的是"行使经济和政治方面的最高控制……可采取与阿拉伯人进行友好和谦和的合作方式,但是,这是应采取的最后一种方式"[③]。

如果说以上这些变化还不足以使英国从"帝国梦"中清醒的话,发生在 1922 年的另一个本与英国并无多大关系的事件,却给英国政治家们造成很大的震动,使他们开始比较认真地考虑帝国的前途了。劳合·乔治为进一步削弱土耳其,积极鼓动希腊对土开战,占领土耳其在小亚细

[①] M. Howard, *The Continental Commitment*, Penguin Books, 1974, p. 78.

[②] C. E. Callwell, *Field Marshall Sir Henry Wilson*, Cassell, Vol. II, 1927, pp. 240-241.

[③] A. P. Thornton, *The Imperial Idea and Its Enemies*, Macmillan, 1959, p. 168.

亚及欧洲的部分领土。1919 年 5 月,希腊在英、法、美军舰支持下占领士麦那,此后又攻占一些城市和地区。但土耳其在 1922 年夏反攻,把希腊军队赶到小亚细亚沿海岛上,并对那些未能逃脱的希腊人大肆杀戮。英国本来是怂恿希腊人发难的,此刻却不打算伸手帮一把。紧接着,土军向英军驻扎的达达尼尔海峡南岸逼近,于 9 月中旬抵达英军驻地查那克附近,形成对峙的紧张局面。

面对突然降临的查那克危机,英国改变只与法国进行磋商的习惯做法,而直接向各自治领求援。9 月 16 日,英国请求各自治领派军队帮助应付这场危机,期待自治领能像在大战爆发时那样及时伸出援手。但自治领方面却反应冷淡,在所有 5 个自治领中,只有两个最弱的——新西兰和纽芬兰愿意提供援助,澳大利亚政府回复道:它"愿意会同大不列颠的英王陛下政府参加保卫海峡自由通航和加里波利半岛不可侵犯性的任何必要行动,并准备在必要的情况下,派遣一支澳大利亚部队",但同时暗示派兵问题需提交澳议会讨论批准。[①] 加拿大总理要求得到更多的情报,并称这个问题必须提交本国议会决定。南非以总理史末资(Jan C. Smuts)休假为由,不发一言。这场危机后来在驻君士坦丁堡的联军总司令查尔斯·哈林顿爵士(Sir Charles Harington)的努力下得到化解,但给英国造成的震撼是强烈的,迫使它以冷静而现实的目光重新审视大英帝国。

事实上,英国在第一次世界大战后更加虚弱了,它在帝国事务上面临的种种麻烦只是虚弱的一种表现。20 世纪 20 年代西方经济全面繁荣,而英国的发展却落后于其他竞争对手,从英国外贸在世界贸易中所占的比重来看,1860 年为 25％,1913 为 17％,到二战前的 1938 年再降为 14％。30 年代,在把无形贸易和对外投资收入都计算在内的情况下,英国国际收支仍在过去的一个多世纪中首次出现赤字。经济实力下降造成两种截然不同的趋势:一方面,它削弱了对自治领和殖民地的政治控

---

① 约·阿兰·马里欧特:《现代英国》,姚曾廙译,商务印书馆,1973 年,第 480 页。

制能力,加剧了帝国内部的离心倾向;另一方面,它使英国更加依赖帝国自身的市场、原料来源,从而力图扩张,加强帝国内部的经济纽带。

此时,自治领最令英国感到头痛。1914年英国带领它们向同盟国宣战,自治领并未表示异议,毫不迟疑地投入了战争。但战争使参战国的民族意识得以加强,自治领开始注重其自己的民族利益。大战结束后,自治领的离心趋势逐渐明显,在1921年的帝国会议上,各自治领不同意举行宪法会议进行修宪,打消了将帝国建成联邦制国家的幻想。11月,加拿大、澳大利亚、新西兰和印度派代表,与英国共同组成大英帝国代表团出席华盛顿会议,从而提高了自治领的国际声望。1923年3月2日,加拿大在没有征询英国意见的情况下与美国缔结《渔业权条约》,显然,加拿大已将自己视为一个主权国家。同年召开的帝国会议确认了加拿大的做法,并承认所有自治领均拥有与外国签订条约的权力。这次会议无疑是自治领的又一次胜利,"自治领的个性已达到极致"[1]。

这些事件和查那克危机中自治领的态度使英国感到不快,因此在1923年召开关于解决查那克问题的洛桑会议时,英国不再沿用巴黎和会与华盛顿会议的先例,未通知自治领与会。自治领、尤其是加拿大感到无法容忍,加总理麦肯齐·金(W. Mackenzie King)在议会下院表示,除加拿大自愿之外,将不对洛桑会议签订的条约承担任何义务。而且,他还告诉英国,不要指望加拿大签署和批准该条约。

同时,自治领在向其他国家派驻外交代表的问题上也造成突破,1924年爱尔兰向美国派驻外交代表。接着,加拿大援用此例,于1926年派出驻美公使,1928年派出驻法公使,1929年又派出驻日公使。南非亦紧紧跟上,于1930年派出驻美国、荷兰和意大利的公使。澳大利亚和新西兰对此不予认同,没有采取类似行动。

此时任英国殖民大臣的是利奥波德·艾默里,他一直热心于巩固和扩张帝国,是约瑟夫·张伯伦之后最热衷于帝国事业的殖民大臣。他在

---

[1] A. B. Keith, *The Constitutional Law of the British Dominions*, Macmillan, 1933, p. 51.

1924 年上任后确定三项主要工作,并按其重要程度依次列为:第一,将"白种人"自治领紧密地团结起来,成为一个整体;第二,从东非殖民地中划出新的"白种人"自治领,同时将巴勒斯坦列为考虑对象;第三,"发展"非白种人附属地。但在当时的情况下,任何团结自治领的努力都难以达到预期的效果。在帝国制度中,自治领与英国的关系是附庸与宗主的关系,其地位与它们的实力及在国际上所起的作用不相符合。而且,自治领在法理上不能充分行使全部权力,其外交、国防等权力仍由英国行使,这不仅与实际情况有出入,而且为自治领的民族自尊心所不容。因此,有关自治领的地位与权利问题不解决,将直接危及英国与自治领的关系。英国政府认识到这个问题的严重性,感到有必要在这方面采取积极的步骤来加以解决。

1926 年帝国会议是英帝国历史上的一个重大转折点,会上,爱尔兰和南非摆出一副不给予完全平等的地位就脱离帝国、实现独立的架势。加拿大从中调停,但实际与它们的立场相同。澳大利亚和新西兰反对对帝国关系作重大改变。最后会议指派一个以英国枢密院大臣贝尔福为首的帝国委员会,就此问题起草报告。报告提出:英国和自治领是"英帝国内的自治实体,地位平等,在对内和对外事务的任何方面彼此均不互相隶属,虽然以对英王室的共同效忠关系而联成一体,却是各自作为英联邦的成员而自由结合在一起"①。这样,有关自治领地位和权利的问题就有了结论,即自治领具有与英国完全平等的地位,而且拥有对内对外事务的全部权力。

此外,报告还确定了英国驻自治领总督的地位和权限:"英联邦各成员之间的现行平等的一个重要结果,就是各自治领的总督均为国王的代表;他在自治领的公共事务管理上所居的地位,在一切重要方面和国王陛下在英国所居的地位相同,而他并不是英国的英王陛下政府或该政府

---

① "Statute of Westminster", *Microsoft Encarta Encyclopedia 2004*, Microsoft Corporation, 2003.

的任何部门的代表或代理人。"根据以上陈述,总督将与英王一样,仅具有名义上的最高权力,统而不治。"贝尔福报告"在 1926 年帝国议会上获得通过,成为英联邦的奠基性文件。

为了探讨有关英国议会与自治领立法机关的立法权限问题,英国和各自治领的司法专家和官员于 1929 年 10 月 8 日至 12 月 4 日举行会议,会议就以下四个问题达成共识:

一、关于英王对自治领立法机构所通过的法令、法案的否决权,会议认为英王不得再行使该项权力。事实上,英王自 1873 年以来就没有行使过这个权力。

二、关于自治领的治外立法权,会议建议不作明确表示,但后来的《威斯敏斯特法》对此作了规定:"一个自治领的议会有充分的权力制定效力及于领土外的法律。"

三、关于自治领制定商航法的权力,会议认为自治领立法机关应享有这一权力。

四、关于 1865 年《殖民地法律效力法案》的地位,因该法案中含有英国议会可为殖民地制定法律的内容,所以会议建议废止该法案。

1931 年,英国议会根据"贝尔福报告"和 1929 年专家会议的建议,制定并通过了意义深远的《威斯敏斯特法》,以法律形式将以上两个文件的精神和原则肯定下来,即自治领和英国具有平等的地位,并享有完全独立的立法权,这是英联邦正式形成的标志。

英联邦创立之初,只包括英国及各自治领,即加拿大、澳大利亚、南非、新西亚、爱尔兰和纽芬兰。它当时不包括英国的其他殖民地和保护国,所以并未立即取代英帝国。

同时,英国又在其他一些方面努力加强帝国纽带,比如为了解决国内失业问题,英国在第一次世界大战后推行国家资助移民计划,议会亦于 1922 年制定《帝国定居法案》,规定由国家资助人民移居帝国自治领和殖民地的具体办法,到 20 世纪 30 年代初,共有 40 余万人受惠于此,英国政府为此支出约 600 万英镑。

在贸易方面,帝国的向心倾向表现得更加强烈。英国长期以来奉行自由贸易政策,直到第一次世界大战前,包括张伯伦的关税改革在内的贸易保护主义主张均未付诸实施。第一次世界大战中,迫于战争费用的压力,英国于1915年开始对某些奢侈进口货物征收三分之一的关税,标志着英国开始放弃自由贸易政策。但尽管从1917年以来历次帝国会议均呼吁实行帝国特惠制,即给予帝国内部产品以特别优惠的关税率及其他便利条件,但英国在20世纪20年代并未采取任何实质性行动,据统计,这一年英国的进口货物中有83%完全免税。[①]

1931—1932年,英国经济危机达到高潮,被迫完全放弃自由贸易政策。英国议会于1932年2月通过《进口税法案》,规定对大部分进口货物征收10%的关税,并注明在必要的情况下可给予增税或特惠。1932年7月,帝国经济会议在加拿大首都渥太华举行,这是20世纪在英国以外举行的首次帝国会议,英国及各自治领签订了一系列双边贸易互惠协定,建立起贸易保护主义的帝国特惠制。与此同时,完成了英镑区的组建工作,维护了英镑在国际金融中的中心地位。英联邦各国(加拿大除外)均加入了英镑区。

由于解决了英联邦所面临的大部分有关政治、经济和立法权等方面的问题,所以其领导人在1939年二战爆发之前只聚会一次。英国政府主要通过英联邦成员国之间互派高级专员的办法来互通信息,保持联系和协调。

另一方面,英国计划在非洲扩大白人居住地,"允许南罗得西亚和肯尼亚发展成为'白人国家'"[②]。其目的是想借此重振帝国威风,更有效地控制和攫取当地矿产和农业资源,并抗衡其他欧洲列强。

在肯尼亚,蒙巴萨-基苏木铁路于1901年通车,建立了从印度洋沿

---

① W. K. Hancock, *Survey of British Commonwealth Affairs*, Oxford University Press, Vol. Ⅱ, 1942, p. 94.

② Bernard Porter, *The Lion's Share: A Short History of British Imperialism 1850—1983*, p. 226.

岸到维多利亚湖畔的陆上交通线。为鼓励白人移民来肯尼亚定居,英王颁布土地敕令,强占大片土地,将铁路沿线的马萨伊人迁到偏僻的保留地内。1907年,殖民部指令英国驻肯尼亚总督成立一个立法会议,迈出了走向自治的第一步。1918年,立法会议员改由白人移民选举产生,同时有两名非官方移民代表进入行政会议。但在1920年,英国政府却宣布肯尼亚为"直辖殖民地",此后,肯尼亚在向"白人国家"过渡方面再无大的动作,终导致这项计划失败。究其原因,首先是在肯尼亚未能发现有价值的矿产资源,无法再现其他地方的淘金潮,因此阻碍了移民的进入。

其次,白人移民增长不快,总数过少,成不了气候。在1923年,肯尼亚的白人移民仅9 600余人,而非洲人口则多达250万,移民与当地人口数量太悬殊。

再次,肯尼亚不具备重要的战略位置,其他殖民强国要么在第一次世界大战中战败、退出非洲,要么与英国关系良好,暂时不会对英属殖民地形成威胁。

第四,在20世纪20年代初,英国国内的一些人道主义团体、传教士组织和政治家猛烈抨击白人移民在肯尼亚的剥削和压迫行为,白人移民中的开明人士和非洲人政治组织也遥相呼应,给英国政府造成不小的压力。

最后,肯尼亚还有数目较大的亚洲移民,据1921年的统计,其人数为23 000人,多数来自印度。他们的政治组织较为成熟,比非洲人的政治意识更强,而且还有来自印度方面的关注和支持。亚洲移民与非洲人一样不愿接受少数白人的统治。

除上述原因之外,还有一个鲜为人知的原因,即英国政府受亚洲殖民地人民反抗斗争的影响而在肯尼亚行动迟缓,错过了建立"白人国家"的时机。1919年印度爆发战后第一次大规模反英斗争,发生多次流血冲突,英国政府担心其波及肯尼亚,决定不扩大该地白人移民的政治权力,以免引起印度移民的不满,并于1923年发布一份《白皮书》,声明"这种至上的托管权将一如既往地……由帝国政府代表行使,不得僭越"①。结果,肯尼亚未能在这一年与罗得西亚一起获得自治权。

4 年之后,提出"白人国家"计划的艾默里已就任保守党政府的殖民大臣,他又发出一份与 1923 年《白皮书》内容相悖的新《白皮书》,规定白人移民有权分享托管权。② 针对东非各殖民地提出的建立一个由南罗得西亚占支配地位,包括肯尼亚、坦噶尼喀、乌干达、南北罗得西亚和尼亚萨兰在内的"更紧密的联邦",艾默里也表示支持。

但是,在英国国内,扩张帝国的热情已经消退,保守党政府不便直接批准这个构想,而是派出以爱德华·扬(Edward Young)爵士为首的皇家委员会调查此事。该委员会行动迟缓,直到 1929 年才提交报告,其内容令艾默里大失所望。首先,该报告称"更紧密的联邦"应只限于协调土著政策;第二,它认为土著政策的制定权交由白人定居者并非最佳选择,从而使"大白人自治领"的计划受挫。保守党政府于 1929 年 5 月辞职下台,接任的工党政府重申了 1923 年《白皮书》和"爱德华·扬报告"的立场。

但南罗得西亚则由于毗邻南非的独特地理位置而受到英国政府的关注,走上了不同的历史道路,最终变成中非③的一个"白人国家"。

南罗得西亚及北罗得西亚殖民地的名称源自其创建者——塞西尔·罗得斯。1888 年,罗得斯采取欺骗手段从马塔贝莱国王洛本古拉(Lobengula)手里得到"土地租让书",从而在大英帝国的版图上增加了一块新的土地。为使这块土地变成殖民地,罗得斯采取了三项措施,首先是大力移民,1890 年 9 月 12 日首批 200 名白人青年打着"拓荒队"的大旗从南非来到索尔兹伯里堡,升起英国国旗。至 1923 年,该殖民地已

---

① Bernard Porter, *The Lion's Share: A Short History of British Imperialism 1850—1983*, p. 275.

② Ibid.

③ 英国方面习惯上将南罗得西亚、北罗得西亚、尼亚萨兰殖民地统称为中非殖民地,以有别于南非殖民地。

有白人移民约 3.5 万人。其次是镇压当地非洲人的反抗,大肆掠夺和奴役他们,白人移民武装于 1893 和 1897 年先后两次镇压了非洲人起义,并将非洲人的土地掠为己有,驱使失去土地的本地人为白人开办的矿山和农场做工。第三是继续向北扩张,1890 年罗得斯故伎重演,诱使赞比西河北面的洛兹国王和隆达族酋长签约,将其土地纳入自己的势力范围。1895 年,罗得斯将上述两大片土地命名为"罗得西亚",以赞比西河为界分为南北两个部分。

由于南罗得西亚与南非为邻,其战略地位重要,加上世纪之交的英布战争,英国政府于是有意识地将南罗得西亚建成一个"白人国家"。在英国新任驻南非高级专员米尔纳的主持下,南罗得西亚成立了立法会议,其席位在英国南非公司和移民代表之间分配。1922 年,英国同意该地移民就殖民地前途问题举行公决,在同年 10 月 27 日的公决中,8 774 人投票赞成成立南罗得西亚责任政府,5 989 人投票主张该殖民地并入南非。根据这项公决结果,英国政府于 1923 年 10 月 1 日将统治权移交给南罗得西亚立法会议,给予南罗得西亚"自治殖民地"的地位,实际上拥有与其他白人自治领相当的权力和待遇。这样,南罗得西亚的"白人国家"初步形成。

如果说英国对自治领和由白人移民占支配地位的殖民地的自治要求采取了宽容乃至支持的态度的话,那么它对英帝国内另外两个战略经济地位重要、但属非移民型殖民地的自治和独立倾向,则在作出某些让步的同时,果断地予以阻止和遏制。

在埃及,英国的首要目标是保持对苏伊士运河的控制权,从而维系英国与东方各殖民地的联系通道。1922 年英国对埃及的保护关系期满时,一项"独立"宣言保留了英国对埃及的国防、苏伊士运河区和苏丹地区的控制权。埃及民族主义者对此深感不满,发动了反英运动,一些激进分子还采取暗杀之类的恐怖行动。1924 年,埃及军队中的英籍总司令李·斯塔克(Lee Stack)爵士被暗杀,英国政府作出强烈反应,派出数艘军舰前往亚历山大港外水域进行恫吓,并对埃及政府提出最后通牒。在强大的压力下,埃及政府被迫接受了英国的全部要求。为加强控制,英国政府于 1925 年派前首相劳合·乔治到埃及任高级专员。

进入 30 年代,英国对意大利在利比亚的存在和对埃塞俄比亚的入侵感到担忧,于是被迫调整对埃政策,以安抚埃及的民族主义者。英埃谈判延续了数年,终于在 1936 年达成协议。1936 年新条约规定:英国承认埃及为主权国,放弃在 1922 年宣言中保留的多项权力,但英国军队仍留驻运河区。由于英军的存在,埃及并未获得真正的独立。

软硬兼施的手法亦用于印度。到 20 年代末,印度民族主义运动再度高涨,由国大党人莫蒂拉尔·尼赫鲁(Motial P. Nehru)领导的各政党委员会于 1928 年 8 月草拟了一部宪法草案,旨在实现印度的独立,但穆斯林联盟不接受这部宪法草案,因为它未满足穆斯林单独进行选举的要求。英国驻印度总督欧文勋爵(Lord Owen)提议召开圆桌会议以解决问题,获首相麦克唐纳的批准。按照欧文的安排,出席会议的应该是英国和印度的各主要政党与团体,但国大党认为圆桌会议不讨论自治问题,因而拒绝出席。1930 年 3 月,甘地宣布发起第二次非暴力不合作运动,3 月 12 日,甘地率领 78 名信徒开始"食盐进军",以打破食盐专卖的方法掀起民众反英高潮。英印当局随即进行镇压,将 6 万名参加这场运动的人投入监狱,其中包括甘地和尼赫鲁等国大党领袖。5 月,英军还镇压了白沙瓦起义。

1932 年初,甘地又一次发动不合作运动,英国进行了更严厉的镇压,在 1 月份颁布了一系列紧急法令,甘地和其他国大党领袖均被捕入狱,国大党被宣布为非法组织。但同时,英国政府也意识到镇压只能在短时期内起作用,作出让步是不可避免的,于是就向议会提交一份关于解决印度问题的提案。议会经过长达 18 个月的审议和辩论后,于 1935 年通过了新的《印度政府法》,规定在各邦建立责任制政府并实行自治;在中央一级设立两院制议会,英国总督保留外交、国防以及保护少数民族和确定关税政策的权力,印籍官员掌管内政和地方事务。

1937 年,与地方政府相关的条例得以实施,国大党在 7 个邦获选举胜利,主持邦务,但关于中央政府的规定却未能实施。虽说该项法案标志着印度在自治的方向上又迈进了一步,但也受到多方面批评,英国工党领导人指责该法中"存在的种种限制",保守党人丘吉尔则说它意味着"我们在印度权力的确定无疑的衰落甚至消失"[1]。在印度,国大党和伊斯兰联盟都不满意其中的某些条款,国大党领导人钱德拉·鲍斯(S. Chandra Bose)指出:该法案"并不是为了建立自治政府,而是在印度王公和教派以及反动的、亲英组织的帮助下,在新的政治条件下维持英国的统治"[2]。

在印度之外,英国在帝国事务方面还推出两项重要举措,即推动英属赤道非洲殖民地的经济发展,加强英国在海外战略要地的军事防务能力,以获取更多的原料,保护英帝国的利益和安全。

艾默里于1925年在下院指出:"对我们来说,建立赤道帝国也许比我们在世界上任何其他地区作同样努力的经济可行性都要大。我们在那里拥有广阔的领土和富饶的自然资源。"[3]为解决资金短缺问题,工党政府于1929年主持通过了一项法案,旨在资助"大规模的殖民发展,这项发展接着便会给我国人民提供就业"[4]。艾默里的赤道殖民地发展规划集中在交通运输项目上,肯尼亚—乌干达铁路于1936年全线通车,尼日利亚的一些公路也建成完工,肯尼亚的基林迪尼和黄金海岸的塔科拉迪港口宣告竣工。艾默里还建立了一些专门机构以促进这个地区的医学和农业研究,如1927年建立的殖民地医学研究委员会和1928年建立的农业咨询委员会等。

不过受到殖民地应"自给自足"的观念的影响,政府中其他官员不愿在殖民地大量投资,因此艾默里手头的资金严重不足,尤其是从1929年英国陷入大萧条起,这方面的拨款更难。据统计,英国在前后十年里在

[1] *Parliamentary Debates*,276(1933),col. 1035.
[2] S. C. Bose, *The Indian Struggle 1920—1942*, Asia Publishing House, 1964, p. 324.
[3] *Parliamentary Debates*,187(1925),col. 84.
[4] *Parliamentary Debates*,230(1929),col. 2171.

这方面的投资总金额仅为100万英镑。由于投入资金有限,而且资金均用于交通运输业和研究上,所以产业部门并未受益。

英国和其他西方国家的大萧条也给殖民地带来消极影响,工业化国家生产停滞,导致对原材料需求的下降,受其影响,殖民地原材料和农副产品的生产和出口急剧下降,价格猛跌。如利物浦进口的可可豆价格在1920年为每英担81先令,1930年猛降至每英担37先令11便士,1939年再降到每英担23先令2.5便士。对此,工党议员乔赛亚·韦奇伍德指出:殖民地"突然发现它们只是一部巨大的贸易机器上的齿轮,这部机器突然崩塌,使它们本身、它们的产品和它们的谋生手段处于困境,毫无用处"①。因此,英国发展赤道地区殖民地经济的计划未能收到预期的效果。

英国在加强海外军事实力方面投入了更大的精力和财力。迟至20世纪30年代,英国仍将自己视为一个世界强国,而不仅仅是欧洲强国,这样,英国理应在世界上拥有强大的军事实力,以保卫帝国利益不受侵犯。为此,英国采取了以下三方面措施:一是在世界性会议上,如巴黎和会和华盛顿会议上,大力维护英国的一流军事强国地位。二是在具有重大战略意义的地方修建军事设施,比如从1921年起修建新加坡海军基地,历时十余年到1938年才完工,耗资6 000万英镑。三是将保卫帝国自治领和殖民地工作置于重要地位,为此不惜减少对欧洲的关注和介入,内维尔·张伯伦在1934年写道:"我们无力同时对付日本和德国的敌意行动。"②由于英国在远东和南太平洋有大片殖民地和自治领,因此它侧重于对付日本的威胁,另一方面对德国实行绥靖。此刻,英国并没有想到其世界大国的地位正在丢失,它的庞大的殖民帝国也将土崩瓦解。第二次世界大战竟使这一切成为事实,曾作为历史宠儿的英国,这一次受到了历史的嘲弄:它打赢了一场战争,却失去了一个帝国。

① Bernard Porter, *The Lion's Share: A Short History of British Imperialism 1850—1983*, p. 281.
② D. C. Watt, *Personalities and Politics*, Longman, 1965, p. 91.

第三章　第二次世界大战和帝国的解体

第二次世界大战突然爆发,使英国人大吃一惊,但对那些热衷于捍卫帝国事业的人来说却像是一剂高效兴奋剂,他们希望看到第一次世界大战中整个帝国同仇敌忾的局面再次出现,并以此为转机,重振大英帝国雄风。

果然,英国对德宣战后,英联邦各成员国(爱尔兰除外)和殖民地随即表示站在英国一边参战,不久后出任首相的温斯顿·丘吉尔颇带感情色彩地称赞这一壮举:"在那黑暗、恐慌同时也是光荣的时刻,我们得到了国王陛下的所有自治领的保证——无论其疆域大小、实力强弱:我们将同生死、共存亡。"[①]不但自治领看上去忠心耿耿,就连殖民地也态度积极,投身于战火之中。1940年,英国前殖民大臣马尔科姆·麦克唐纳(Malcolm MacDonald)对此感慨不已:"我想这是个不凡之举:这些6 000万芸芸之众散布于50余块土地上,他们还没有自治权,他们由我们统治,却本能地承认……我们是弱小民族自由和福祉的真正保护者。"[②]英帝国在战争到来时的一致行动使希特勒大失所望,他原认为英帝国会在

---

① Lord Elton, *Imperial Commonwealth*, Collins, 1945, p. 521.
② *Parliamentary Debates*, 361(1940), col. 42.

战争爆发后迅速瓦解。

在参战问题上,澳大利亚和新西兰的反应十分积极,毫不犹豫地宣布随英国参战。澳大利亚总理罗伯特·孟席斯(Robert G. Menzies)在1939年9月3日晚向他的国民宣布:"英国已经参战,因此澳大利亚也处于战争状态。"但加拿大受美国中立政策的影响,却倾向于保持中立,在拖延一个星期后,加拿大议会才决定参战。加拿大的法语区对英国并无好感,虽然法国已经宣战,却对战事热情不高,以至加拿大的英语区于1944年要求实行征兵制来解决这个问题。南非的反复更大,詹姆斯·赫尔佐格(James B. M. Hertzog)总理决定采取中立立场,亲英的史末资则在议会中提出参战修正案与之对抗,结果,该修正案以80票对67票获得通过。受挫的赫尔佐格要求解散议会,但遭到总督的拒绝。混乱之中,史末资受命组织政府,才解决了参战和政府危机这两个难题。

在爱尔兰,1937年上台执政的德·瓦列拉刻意要拉开爱尔兰与英国之间的距离,他认为爱尔兰虽是英联邦成员国,但这只是爱尔兰的一种"外部联系",因此在大战爆发后他宣布:只要爱尔兰还处于分裂状态,它就不参加英国的战争。爱尔兰于是保持中立。

埃及国王在作战问题上态度不积极,为防不测,英国迫使他退位让权。印度表现得更加不驯服,英国宣战后,英国驻印度总督事先未与印度任何党派联系,便宣布印度已进入战争状态。国大党对英国总督的霸道行为十分不满,该党在各邦的部长集体辞职,以示抗议。1940年10月,甘地又一次发起非暴力不合作运动。英印政府担心运动会演变为起义,便再次镇压,在此后的6个月里,共有1.4万名参加者被投入牢房。

尽管出现以上波折,英帝国各自治领和殖民地仍派出约500万人参战,这个数字远高于它们在一战期间派出的人数。[1] 帝国成员还在军火

---

[1] P. Mansergh, *The Commonwealth Experience*, Weidenfeld & Nicolson, 1969, p. 186.

生产方面作出贡献,以加拿大和澳大利亚为例,加拿大共提供飞机 15 957
架、坦克 5 678 辆、防空武器 4 286 件、轨道车辆 33 987 辆、机枪 251 925
挺;澳大利亚则提供飞机 3 181 架、坦克 57 辆、防空武器 768 件、轨道
车辆 5 501 辆、机枪 30 992 挺。在资金方面,英国也从帝国得到支援,
英国将印度和其他殖民地在英国的存款以政府借款的形式用于战争,
又以赊欠方式支付从殖民地进口的物资和劳务,到二战结束时,英国
向殖民地(不包括印度)的欠债由 1939 年的 1.5 亿英镑增加到 4.54 亿
英镑;而对印度的债务关系,则由印度欠英国 3.5 亿英镑,变为英国欠
印度 12 亿英镑。①这种情况标志着英国和殖民地之间的关系已发生微妙
的变化。

　　战时,英国在战场和外交两条战线上坚决维护英帝国的完整,不容
侵占和肢解帝国。在欧洲、东南亚和中东战场,英军与德国和日本军队
作战,保卫和恢复帝国;在谈判桌上,丘吉尔与美国和其他盟国激烈交
锋,坚持按英国的方式管理帝国,反对去殖民化。在德黑兰会议上丘吉
尔郑重表达了这一立场:"对于英国而言,英国决不谋求获取任何新的领
土或基地,但决心维护所拥有的一切。"他说:"除非使用战争手段,否则
别想从英国手中拿走任何东西。"②从实际效果来看,英国基本上达到了
以上目标,战后,英帝国在东南亚和中东的属地均被恢复,顶住了美国和
其他盟国的巨大压力,殖民地在战争期间没有给英国造成太大的麻烦,
英帝国似乎像战前一样稳固。在德国宣布投降后,丘吉尔虽然已经下
野,但他仍然踌躇满志地说:

　　　　在经历了一场生死存亡的搏斗之后,英联邦和帝国再次安然无
　　恙、团结一致。曾经威胁到我们生存的恶魔暴君们被彻底击败,我
　　们帝国的王冠在绚丽的光辉映照下比以往任何时候都更加耀

---

① L. James, *The Rise and Fall of the British Empire*, St. Martin's Press, 1994, p. 509.
② United States Department of State, *Foreign Relations of the United States: The Conference at Cairo and Tehran*, Washington: U. S. Government Printing Office, 1961, p. 554.

眼。……这是真正的荣耀,它将在很长的时间里照亮我们前进的道路。[1]

但事实证明,二战是英帝国瓦解的起点。首先,英帝国在战争中受到重创,动摇了英帝国的基础。日军在很短时间内连夺香港、马来亚,又于1942年2月15日攻克英国在远东的战略要地——新加坡,并击沉英国皇家海军的著名战舰——"威尔士亲王号"和"反击号"。不久日军又攻下英属缅甸,将战火烧到英帝国的心脏——印度的边境。这些失败不仅使英国失去了在东南亚的殖民地,而且丢失了自治领的信任,它们不再把英国视为可靠的、强大的保护者。二战开始时,澳大利亚宣布站在英国一方投入大战,但热情已比一战时下降。澳大利亚远征军于1940起在埃及和中东地区与英军和其他英帝国军队并肩作战,参加了一系列重要战役。日本发动太平洋战争后,澳、英分歧加剧,丘吉尔坚持要求澳军留在中东作战,抗击德意军队。但澳大利亚新任总理约翰·柯廷(John J. Curtin)执意从中东撤回澳军全部3个师。丘吉尔知道后十分失望,又试图将其中的两个师投入缅甸战场,再遭柯廷拒绝。帝国军队在战时不服英国调遣,这在英国战争史上还是第一次。[2]

印度的情况更糟。1942年8月的非暴力不合作运动在印度各地引起多次冲突,英印当局竟在镇压中打死900人,英印统治者与印度民族主义者及印度人民的关系趋向紧张。英印军队中的印度官兵军心动摇,许多人不愿屠杀自己同胞,于是开小差,其中约4.2万人没有跑回家去,而是投到了鲍斯的"印度国民军"旗下,反过来帮助日本人打英国人。印度国民军的部队与侵缅日军一起发动英帕尔战役,企图打开印度的东大门。好在英印军队在英帕尔战役中取胜,随后东南亚战局发生变化,盟军转入反攻,印度的危机才告结束,但它所造成的影响在战后却更明显

① Winston Churchill, "*The True Glory*"—*The Surrender of Japan*, 15 August 1945, in Winston Churchill, *Winston Churchill: His Complete Speeches*, Chelsea, R. R. James ed., 1974, Vol. Ⅶ, p. 7209.

② Barry Cohen and David Black, *Australia: a Topical History*, p. 333.

地展示出来。

其次，迫于战争压力，英国放松了对殖民地的控制，并对殖民地统治方式进行修改。1942 年 12 月，殖民部战后问题委员会主席海利勋爵(Lord Haley)在太平洋关系协会的会议上宣布，帝国的殖民地政策是培育和建立自治制度，主要措施为：(1) 建立地方自治体系；(2) 在政府机构中逐渐以当地人取代欧洲人；(3) 创建本地立法机构。[1] 1943 年，殖民部官员威廉斯拟就一份有关非洲殖民地宪政改革的备忘录，提议西非的宪政改革循序渐进地进行：首先在地方一级建立具有顾问性质的议会，然后推广自由选举，逐渐增加立法议会内非官方指定的非洲议员人数，最后走向自治。[2] 这份备忘录得到政府的重视，殖民部负责非洲事务的官员科恩(Andrew Cohen)制订了非洲自治计划，按此计划，非洲自治将分成四个阶段：(1) 非直接选举的非洲议员在立法议会中占多数，受过西方教育的非洲人进入文官系统；(2) 在英国总督治理下，非洲议员出任殖民地政府对内事务的部级主管；(3) 非洲议员担任除外交、国防、财政之外的所有部级主管；(4) 由非洲部长组建英国式的殖民地政府，完成自治。[3] 在当时战争的情况下，该项计划未能实行。不过，这些主张为战后的去殖民化设计了模式，也为英联邦全面取代英帝国作了准备。

第三，大战推动了殖民地民族意识的觉醒，直接为二战后的去殖民化作了准备。战争期间，盟国领导人为争取受纳粹侵略和威胁的国家和人民组成最广泛的联合阵线，曾多次强调民族自决原则，著名的《大西洋宪章》(Atlantic Charter)便是一个例子。这部在 1941 年 8 月 14 日发表的文献是关于对德战争的目的和战后秩序的宣言，宣布要"尊重各民族自由决定其所赖以生存之政府形式的权利"。显然，当丘吉尔和罗斯福

---

[1] Parliamentary Debates(Lords)，20 May 1942，C. 1095—1096.

[2] Colonial Office，554/132/33727(43).

[3] Ronald Robinson，"Andrew Cohen and the Transfer of Power in Tropical Africa，1940—1951，" in *Decolonization and After*，W. G. Morris-Jones and G. Fisher eds.，Frank Cass，1980，pp. 50 - 72.

制定这一原则时,他们是特指当时被德国占领的各欧洲民族,但其影响范围决不限于此,战后去殖民化过程中这项原则被广泛引用便是明证。因此,盟国领导人强调的民族自决原则在英帝国内的殖民地各民族中产生共鸣,这虽然不是英国领导人的初衷,但所造成的后果却毋庸置疑。

另外,大批黑人应征入伍走上战场与白人士兵并肩作战,击败白人敌军,使他们的文化素质、军事技能和英语水平得到提高。但最重要的是他们打破了原先对白人的神秘感和恐惧感,认识到所有的人都是平等的,而不论其肤色如何。南非的著名黑人领袖西托莱(Ndabaningi Sithole)就深有体会地说:黑人士兵发现"枪弹打在白人身上和打在黑人身上,效果是相同的。……经过 4 年追杀白人敌军之后,非洲人再也不把白人当作神看待了"[1]。这些士兵复员后便成了唤醒本地民族意识的生力军,两位曾在西非边防军中服役的英国保守党议员就指出:

> 我们将会看到大批非洲人在战后返回故乡,他们受训或部分受训成了有技能的人,守纪律,懂英语,有知识。这在很大程度上归功于他们在外面的阅历。现在他们返乡,返回到原先的生活环境中去,他们有些人的家在遥远的村庄和偏僻的地区,但他们将以完全不同的眼光去看待他们的生活。[2]

战争期间,英国加强了对殖民地的宣传工作,结果是既调动了帝国成员的参战积极性,又为殖民地和其他属地人民提供了有关民族意识的启蒙教育。二战开始后,英国政府设立了一个专门的部级机关——新闻部,负责政府的宣传工作。该部各司按地区设置,此外还设置了一个帝国司,负责计划、监督和实施对自治领、殖民地进行宣传。1940 年,该部在题为《关于大英帝国的宣传工作》的备忘录中规定了帝国宣传工作的指导原则:(1) 宣传应真实和客观;(2) 宣传应有选择;(3) 宣传应扩大覆

---

[1] Ndabaningi Sithole, *African Nationalism*, Oxford University Press , 1959, p. 20.
[2] *Parliamentary Debates*, 407(1940), col. 2168 - 2169.

盖面和可信度。① 在殖民部的配合下，新闻部拍摄和发行电影宣传片，建立无线和有线广播网，印发各种宣传品，等等。这些宣传总体来说相当成功，殖民地人民普遍相信纳粹是人类文明的破坏者，是罪恶之源。② 但另一方面，正如殖民部官员埃德迈特所预言：宣传"也许能赢得战争，但不能赢得和平"③。宣传开拓了殖民地人民的视野，在英国和其他欧洲国家用民族主义鼓舞本国人民的同时，殖民地人民有系统地经受了民族主义的教育。像《大西洋宪章》这样的文献在帝国内广泛传播，播下了去殖民化的火种。因此，在战争结束后，英国政府就感到难以应付来自帝国内要求民族独立的挑战，不得不顺应去殖民化的潮流。

第四，英国在二战中的主要盟友——美国和苏联都对英帝国不抱好感，因此当战争结束时，它们便着手拆毁英帝国这座摇摇欲坠的大厦。苏联对帝国主义的态度十分明确，列宁、斯大林对此作过大量阐述，坚定地反对帝国主义、反对宗主国对殖民地的奴役和剥削。为实行宗主国无产阶级、人民群众和殖民地的反帝力量与社会主义国家大联合，列宁指出必须确认殖民地人民的民族自决权。④ 至于美国，它原本是英国的殖民地，通过战争赢得独立，自然不会对英帝国抱有好感。并且，已成为世界强国的美国也希望看到英帝国垮台，从而为自己争夺更大的势力范围。对日战争爆发后出版的《生活》杂志直截了当地说："有一件事我们肯定不会为之而战，这就是维护英帝国的完整。"⑤有不少美国人甚至"把摧毁英帝国作为他们的战争目的之一"⑥。

二战结束后，联合国最初一批成员中，苏、美、拉美国家都对帝国持

① MOI Publicity Division：Planning Section，Memo 230，"Publicity in the British Empire"，CO 323/1664/6281/B.
② R. Smyth，"War Propaganda during the Second World War in Northern Rhodesia"，in *African Affairs*，83，332(1984)，p. 345-358.
③ Edmett，6 August 1941，CO 875/11/7358/A.
④ Jacques Arnault，*Proces du Colonialisme*，Éditions Sociales，1958，p. 153.
⑤ Rita Hinden，*Empire and After: Study of British Imperial Attitudes*，UK Essential Books，1949，p. 146.
⑥ W. K. Hancock，*Argument of Empire*，Penguin，1943，p. 7.

否定态度,《联合国宪章》亦将尊重各国人民的平等权利及自决原则作为宗旨之一。如果说一战使欧洲的几个帝国走向灭亡,那么二战就为大英帝国敲响了丧钟。昔日显赫一时的英国到这时已经耗尽国力了,它对战争中的盟友美、苏等国欠情太多,因此明知道它们在干不利于英帝国的事也不敢发作。这样,随着大战落幕,英帝国解体的序幕也就拉开了。

战争中,英国对殖民地政策作了一些调整。在经济方面,英国的传统政策是要自治领和殖民地自给自足,财政自立,不成为英国的负担。二战爆发后,殖民地对英国的政治、经济和安全价值日益显现,促使英国政府放弃原有的传统概念,正式提出要大规模向殖民地提供经济援助,以争取殖民地人民对英国战争行动的支持。早在 1938 年,殖民大臣麦克唐纳就曾提出过殖民地改革设想,包括经济和政治两个方面:经济上实现非自由化,不再强调自由放任政策,改为向殖民地提供经济援助;政治上推行非部族化,考虑将权力移交给受过西方教育的殖民地人。[①] 但张伯伦政府并不想实施该方案,所以改革并没有进行。战争开始后,丘吉尔政府主持通过了 1940 年《殖民地发展与福利法案》(Colonial Development and Welfare Act),其核心内容是将英国对殖民地的经济援助制度化,规定此后十年里每年提供 500 万英镑的经济援助,以后,英国议会又多次通过类似的法案。

在政治方面,英国加大了某些殖民地自我管理的权利,比如批准北罗得西亚建立地区议会;同意在黄金海岸颁布新宪法,允许当地非洲人在立法会议中占有多数;在历来由白人垄断的肯尼亚立法会议中,也接纳了第一位非洲人。在世界其他地区,英国于 1943 年准许锡兰成立自治政府并制定宪法,马耳他也获准建立自治政府,牙买加于 1944 年实行普选制,进行众议院的选举。在特立尼达和英属圭亚那,也都制定了新宪法。

[①] J. Flint, "Planned Decolonization and Its Failure in British Africa", *African Affairs*, 82 (1983), pp. 389 - 411.

但无论如何英国政府都坚持帝国（及英联邦）为英国的立国之本和战略核心。英国本土疆域有限，离开帝国就难以维持世界一流强国的地位，丘吉尔深知这一点，他在 1944 年为战后英国确定世界战略时，提出了以帝国为核心的"三大实体"构想，在此基础上他后来提出了著名的"三环外交"，成为战后历届英国政府的行为准则。

战争期间，丘吉尔亲自指导帝国事务，表现在以下三件事上：

一是克里普斯（Sir Richard Stafford Cripps）出使印度。印度是帝国的柱石，素有"帝国王冠上的宝石"之称，印度为英国的战争行动提供了大量人力物力，英国也为保卫印度竭尽全力，仅防卫费用就高达每天 100 万英镑。[①] 但 1942 年印度面临严峻的考验，英帝国军队在东南亚战场节节败退，战火已蔓延到印度边境，曾任国大党主席的鲍斯居然前往柏林和东京寻求支持，企图依靠轴心国力量推翻英国的殖民统治。他组建一支约 3 万人的"印度国民军"，协助日军作战，在军事上、心理上都引起印度的震动。

1942 年 2 月，蒋介石偕夫人访问印度，意在说服印度领导人行动起来抗击日本。印度民族主义领袖请蒋介石传递消息，要求英国同意印度成立责任制政府。丘吉尔对此十分警惕，他决不能接受蒋介石作为他与甘地、尼赫鲁之间的中间人，他于是致电蒋介石，敦促他不要插手印度事务："我冒昧地希望阁下，请不要迫使问题与总督和英王的意愿背道而驰……"[②]接着，丘吉尔采取了三个步骤：第一，致电驻印度总督林利思戈，明确政府的立场：可以考虑允许印度自治和成立印度自治政府，但该政府必须代表各个教派和种姓，不能由国大党一统天下。第二，成立战时内阁印度委员会，专门负责研究和处理印度问题。第三，就是派遣克里普斯前往印度，了解情况，代表英国政府作出承诺，安定人心，维护英国的殖民统治。

---

① Winston Churchill，*The Second World War*，Cassell，1971，vol. 4，p. 182.
② Ibid.，p. 183.

1942年3月22日,克里普斯抵达德里。他此行带去了英国政府关于印度问题的宣言草案,草案的最大特点是首次明确了印度自治的时间表,主要内容为:(1)大战结束后即采取措施建立印度联邦,给它自治领的地位。(2)成立邦和土邦的代表机关以制定新宪法。(3)不愿参加印度联邦的邦和土邦,可以保持与英国的原有关系,或者成立单独的自治领。(4)在战时,英国对印度的统治不作变更,印度各政党应帮助英印政府作战,全部防务责任由英国政府承担。①

克里普斯就宣言草案与各方进行了艰苦的谈判,穆斯林联盟接受其一般性原则,土邦表示听从英国的安排,国大党则坚决反对,不接受战时不成立责任政府的规定。最终,克里普斯的使命未能成功,但印度在此后的战争年代里相对稳定,宣言草案对战后印度的去殖民化进程具有积极的影响。

二是征调澳大利亚军队增援缅甸战场。二战爆发后,澳大利亚追随英国参战,将4个主力师派往海外作战。1942年初战场形势急转直下,2月15日新加坡陷落,澳大利亚失去了北方的防御屏障,澳军第8师也成了日军的俘虏。四天之后,日本飞机轰炸澳大利亚的北方重镇达尔文,这是澳大利亚领土首次遭受外敌袭击,243人被炸死,23架飞机被炸毁,8艘船只被炸沉,"发生了这个国家历史上最严重的危机"②,澳大利亚政府决定从中东北非战场急调两个师回国。

恰在此时,日军逼近缅甸的仰光,英军急需增援,而英国在东南亚已无军可派,正奉调回国的澳军恰恰在此时乘船驶经附近的印度洋。丘吉尔亲自出马,于2月20日急电澳大利亚总理柯廷,要求将澳军调往缅甸战场,投入仰光保卫战。他还下令运送澳军的船队调转航向,向缅甸方向行驶,试图迫使澳方就范。但柯廷总理拒绝了丘吉尔的要求,称:"我们感觉到首要的责任在于挽救澳大利亚,这不仅是为了它的本身,而且

---

① 《英王陛下政府的声明与宣言草案及其通讯和决议》,伦敦1942年。引自巴拉布舍维奇、季雅科夫主编《印度现代史》,三联书店,1975年,第651—652页。

② F. K. Crowley, ed., *A New History of Australia*, Heinemann, 1977, p. 465.

要保持它作为抗日战争的基地。在这种情势下,要推翻我们极度审慎地作出的并且一再重申的决议,是不可能的。"①由于澳方态度十分坚决,丘吉尔只得放弃他的要求,澳军返回本国设防。通过这件事英国方面认识到:在任何情况下,英国都不宜违背自治领的意向对其发号施令,否则只会动摇帝国内部的团结,危及英帝国的整体利益。

三是镇压伊拉克叛乱。伊拉克原属奥斯曼帝国,一战时被英国军队攻占,战后由英国实行委任统治。1921年英国挑选一位阿拉伯亲王费萨尔任国王,称费萨尔一世(Faisal Ⅰ)。根据1930年的英伊条约,1932年英国的委任统治应结束,伊拉克获得名义上的独立,但英国有权继续使用伊拉克的军事基地,提供军事保护,因此英国仍把持实际的控制权。②二战开始时,在位的费萨尔二世(Faisal II)年幼,由叔父阿卜杜尔-伊拉(Abd al-Ilah)任摄政,以王室为首的亲英派与以军方的拉希德·阿里(Rashid Ali)首相为首的亲德派发生冲突,1941年4月2日阿里发动叛乱,企图依靠轴心国来结束英国的殖民统治,阿卜杜尔-伊拉逃往约旦,亲英的巴士拉省长萨利赫·贾布尔也被捕。

面对帝国的又一次危机,丘吉尔迅速介入。4月8日他指示印度事务大臣艾默里从印度抽调军队增援伊拉克,此后又令总参谋长伊斯梅(Ismay)和中东战区总司令韦维尔(Archibald Wavell)向伊拉克派出援军。5月2日,英军与叛军在巴格达以西的英国空军基地哈巴尼亚发生激战,丘吉尔亲自致电战地指挥官斯马特少将,鼓励他顽强作战:"你的坚强而出色的行动已使局势大致恢复以往的状态,我们大家正注视着你所进行的辉煌战斗。"③德、意方面派出空军支援叛军,但英军的增援部队源源不断地开来,在力量对比上取得了优势。5月27日,英军扫除了巴

①　Prime Minister of Australia to Prime Minister, 23 February 1942, in Churchill, ibid., vol. 4, p. 144.
②　Michel Le Gall, *Iraq*, in World Book 2003, Deluxe Edition, World Book, Inc. Chicago 2002.
③　Prime Minister to Air Vice-Marshal Smart, 7 May 1941, in Churchill, ibid., vol. 3, p. 230.

格达的外围阵地,30日进入巴格达城区,平息叛乱。在总结这个事件时丘吉尔颇为得意,他批评韦维尔的消极态度:"由我主持的国内领导部门从白厅直接推翻了现场负责人的决策,我们从他手里把事情揽过来,自己负责下令驰援哈巴尼亚,并拒绝所有同拉希德·阿里进行谈判或接受曾经一度提起由土耳其出面调停的想法,结果迅速而圆满地获得成功。"①

在处理帝国事务的过程中,丘吉尔对英国在帝国内的地位、英国与帝国成员的关系以及帝国在战后的走向等有了新的认识,以至于自觉或不自觉地为战后英国的去殖民化作了必要的铺垫。

英国于1945年7月举行大选,工党获胜成为执政党。一贯以维护大英帝国为己任的丘吉尔此时却没有机会显露身手了,等他六年之后重任首相时,已无力改变帝国的命运。

从历史上看,工党对帝国的热情一直不高,大部分工党支持者对帝国不屑一顾。战后英国公众深受经济困难之苦,对帝国的命运漠不关心。据有关调查,1948年时四分之三的英国人不知道自治领与殖民地的区别,每两个英国人中就有一个说不出任何一个殖民地的名称。② 在这样的背景下,工党政府的殖民政策自然不如保守党那么积极主动,其基本原则是在不放弃帝国的前提下,改善殖民地的教育、医疗等民生事务,促进经济发展,同时从现实主义出发,对执意独立的殖民地不加以阻拦,但对其独立进程予以干预,力图保护英国的利益和英国的影响。

工党上台后百废待兴,重建英国经济是政府的主要任务,英国出现了放弃帝国的呼声。工党政府根据英国经济实力下降的现实,以及它对帝国问题的不同理解,提出了重新审议和调整帝国政策的设想。首相克莱门特·艾德礼和财政大臣休·多尔顿(Hugh Dalton)是持有这种观点的最引人注目的人物。

---

① Winston Churchill, The *Second World War*, Cassell, 1971, vol. 3, pp. 236 - 237.

② David Goldsworthy, *Colonial Issues in British Politics*, Clarendon Press, 1971, section 20.

艾德礼从战略的角度进行思考,他认为英国已无力承受帝国防务的重担,提出要撤出中东和地中海地区,理由是:第一,联合国比英帝国更适宜承担该地区的防务,按他的说法:"大英帝国只有依赖其联合国组织成员国的身份才能够得到捍卫……如果这个新的组织已经是新的现实存在的话,那么由谁来支配昔兰尼加或索马里或者由谁来控制苏伊士运河就无关紧要了。"①第二,英国国力下降,不须再承担不必要的防务责任,英国应将有限的资源用于保卫重点地区上,如东南亚。艾德礼认为帝国立场的鼓吹者主要是"基于过去的情感理由"捍卫帝国,而在现实中,"摆脱这种梦魇般的重担将会对我们有好处"②。第三,英国应改变与附属地的关系,建立一种新的模式。具体办法就是以安抚和援助取代武力和强制,同时顺应殖民地关于自治和独立的要求。在英国与埃及重开关于英军在苏伊士运河区军事存在的谈判时,艾德礼的立场十分明确,他认为英国不可能用武力来保有在埃及的军事基地,当英国的利益与当地人民的意愿相违背时就会受到损害。

财政大臣多尔顿关注的角度不同,他认为英国已不具备维持庞大帝国的经济能力,必须从中东和南亚等地区撤出,以减轻其无法承受的负担。因此,英国在依靠美国和加拿大的信贷维持经济体系运转的情况下,必须尽快采取以下的措施:大幅度削减军事预算和开支,收缩兵力部署和防御范围,大力提高出口额以减少赤字。他对政府中其他成员的掉以轻心感到担忧:"我的一些同事好像完全没有意识到未来几年的严峻前景,也没有考虑到必须采取的种种措施,而这些都是不可或缺的……至少能够使我国在避免发生最严重的经济和政治灾难的条件下渡过这几年的难关。"③他特别指出:如果英国的经济状况无法在短期内得到根

---

① Memorandum,"Future of the Italian Colonies", DO(45)144, Attlee to Cabinet, 1 September 1945. CAB 129/1(PRO).

② Memorandum,"Future of the Italian Colonies", DO(46)27, Attlee to Cabinet defence committee, 2 March 1946. CAB 131/2.

③ "Note on a Difference of Opinion", Dalton to Attlee, 20 January 1947. MS Attlee dep. 49, fol. 86 - 91.

本的改善,一旦来自美国和加拿大的信贷在 1949 年初告罄,那么英国就会陷入严重的经济困境,政府将不得不削减国民的配给额度,减少国外制成品和原料进口,进而引发失业率上升、人民生活水平下降。针对殖民地人民要求独立的呼声,多尔顿明白无误地宣称:英国应当放弃它承担的责任,殖民地在独立后能否自我管理,那与英国无关:"试图压制这些人的意愿,是在浪费英国的人力和物力","即使发生流血、腐败和无力治理 ……的情况",那也无关紧要。① "我们必须尽量不让美国人或我们自己误以为:我们能够做到那些我们实际上做不到的事;我们已经过分不堪重负了。"②

但工党政府中的另外一些重要大臣却多次强调不放弃帝国的决心,1945 年,殖民大臣阿瑟·琼斯(Arthur Jones)告诫工党内的社会主义者不要因其对帝国主义的反感或"对'解放'的感情倾向",而急于抛弃帝国,在他看来,"像这样抛弃殖民帝国将是对各族人民和我们责任的背叛"③。外交大臣欧内斯特·贝文也明确表示他"不准备牺牲英帝国",因为他知道,"如果英帝国垮台了……将意味着我们选民的生活标准迅速下降"④。贝文这番话表达了英国在经济上对帝国的依赖性,事实上,战后英国对帝国的依赖程度反而加强了:在二战之前,帝国占英国进口额的 39.5％和出口额的 49％,而在 1946—1949 年间,所占比例分别扩大到 48％和 57.5％。

为了保住帝国,工党政府继承了保守党政府的做法,增加对殖民地的财政援助。1945 年通过的《殖民地发展与福利法案》规定在未来 10 年中的援助额为 1.2 亿英镑,同时要求援助的实施必须有计划、有目的。援助的重任被委托给一些公共发展公司,援助项目包括修建道路、建设

① Dalton Papers, Dalton Diary, 20 December 1947. 1/34(LSE).

② Brief "British Overseas Obligations", E. Plowden to Clipps, 25 April 1950. T232/167 (DBPO ser. Ⅱ, vol. Ⅱ, no. 36).

③ Rita Hinden, ed., *Fabian Colonial Essays*, Allen & Unwin, 1945, p. 13.

④ M. Barratt Brown, *After Imperialism*, Heinemann, 1963, p. 294.

住宅和医院,开办大学,资助经济发展。英国议会还在1949年和1950年两度通过相同法案,追加援助。但这些计划附带有限制条款,比如那些没有资源可供开发的殖民地和想用援助冲抵赤字的殖民地均不在受援之列,结果是越穷的殖民地越得不到援助。有些大规模的开发项目考虑不周,比如耗资3700万英镑的坦噶尼喀花生种植项目就以完全失败而告终。

英国的援助政策虽对改善殖民地的基础设施和经济发展产生了一些积极作用,但在去殖民化运动蓬勃兴起之时,它已无法阻止殖民地走向独立。正是从40年代后半期起,英国殖民地的独立进程就开始了,首当其冲的是有"大英帝国基石"之称的印度。

根据战时的承诺,1945年底至1946年初在全印各地举行了选举,国大党赢得大多数印度教徒的支持,穆斯林联盟得到了全部的穆斯林选票。接着,英国派3名大臣到印度巡视,他们在报告中提出在印度建立松散型联邦制度的方案,其主要内容为:在邦政府与中央政府之间建立一个二级政府,其中在穆斯林占优势的地区由穆斯林组建该级政府,在其他地区由印度教徒组建该级政府。两个二级政府再联合组建成第三级政府即中央政府,决定有关国防、外交、交通与通讯政策。尼赫鲁指责这个方案有亲穆斯林的倾向,于7月予以拒绝。穆斯林方面则感到这项方案中未包括他们建立巴基斯坦国的计划,也表示不支持。

在印度两大党都拒绝之后,英国仍希望在印度建立某种联邦。1946年9月,英国驻印度总督韦维尔按照大选结果组建行政委员会,委员会由他本人主持,贾瓦哈拉尔·尼赫鲁(Jawaharlal Nehru)出任副主席。穆斯林联盟方面经过1个月的谈判后参加了该委员会,但是,他们与国大党的矛盾依旧。8月,从加尔各答开始的印度教徒与穆斯林之间的暴力冲突很快蔓延到孟加拉、比哈尔和其他地区,英印当局已无法控制局势,只好在无可奈何之中作最后一次努力。同年12月,总督韦维尔、国大党领袖尼赫鲁、穆斯林联盟主席穆罕默德·阿里·真纳(Muhammad Ali Jinnah)和其他印度领导人在伦敦聚会,商讨维持印度统一的可能性。但会议未取得任何成果。

此后,首相艾德礼听取了蒙巴顿勋爵的建议,为印度的独立确定了最终时间表,印度两党必须在此时间之前解决它们的矛盾,否则英国将不顾后果从印度撤出。艾德礼后来在解释这项方针时指出:"除非这些人面临时限的紧迫压力,否则将会是无休止的拖延。"①英国撤出的最后时限确定在 1948 年 6 月底,蒙巴顿也接替韦维尔出任印度总督。这项决定表明英国放弃了维护印度统一的努力,而一俟宣布英国将撤离,英国对印度的影响力也就大大削弱,在野的保守党沮丧地指出:这让英国丢掉了涉及印度问题的发言权,连讨价还价的余地都不存在了。②

时限方针产生巨大影响。其一,穆斯林联盟改用拖延策略,来实现其建立独立的巴基斯坦的目标。面对旁遮普和孟加拉的乱局,国大党人也明白自己无能为力。因此,两大政党终于形成共识,即实行分治。其二,时限宣布后,印度的无政府状态愈演愈烈,秩序混乱,行政系统失去效力。蒙巴顿的主要助手坎贝尔-约翰逊(A. Campbell-Johnson)回忆说:"印度在 1947 年 3 月就像是一艘位于大洋中央发生火灾的船,船上载有火药。"③蒙巴顿认为必须立即确定印度独立的日期,以防火药提前爆炸。最终,他把这个日子定在 1947 年 8 月 15 日,比艾德礼先前宣布的日期提前了 10 个月。

为维持英国对独立后的印度和巴基斯坦仍有影响,蒙巴顿插手了印度的独立与分治。他到印度后,并没有把精力放在调解两大党的矛盾上,而是一门心思地制定了关于印度独立的方案,即"蒙巴顿方案"。根据方案,独立后的国家分为印度和巴基斯坦,各自建立政府;各土邦均享有自主决定权,可以选择加入印度或巴基斯坦任何一国。方案公布后很快得到了印度两党的积极反应,穆斯林联盟和国大党先后于 6 月 9 日和

① C. R. Attlee, *As It Happened*, Heinemann, 1954, p. 214.

② H. V. Hodson, *The Great Divide*, Hutchinson, 1969, p. 200.

③ A. Campbell-Johnson, *Mission, with Mountbatten*, Robert Hale, 1951, p. 221.

16 日宣布接受该方案。

1947 年 8 月 15 日,印度和巴基斯坦如期宣布独立,尼赫鲁和真纳分别担任两国总理,蒙巴顿应邀留任印度总督。由于印度的独立十分仓促,印度教徒和穆斯林在长期的共同生活中杂居严重,两国之间按宗教划分的边界就不尽完善,被划入对方境内的印度教徒或穆斯林纷纷越界进入由本教派占优势的国家,霎时间,上千万人汇入两支方向相反的迁徙潮流中。双方的移民均遭到对方的武装袭击和屠杀,教派冲突加剧,据估计,被杀害的人数在 50 万以上,有人说超过 100 万。刚刚赢得独立的印巴两国,建国的洗礼居然是一场腥风血雨。①

两国间的麻烦并未就此了结,印度境内各土邦面临着紧迫的选择:要么并入印度,要么陷入纷争。到 1947 年底,大部分土邦都并入印度;海得拉巴土邦邦主尼扎姆七世(Nizam VII)不愿并入印度,印度军队于 1948 年 9 月开入该土邦,以“恢复秩序”为名占领了这个地域辽阔的土邦。海得拉巴位于印度境内,所以印度没费多大周折就兼并了它。但位于印巴边境的克什米尔就没有这么简单了。

克什米尔的全称是查谟和克什米尔,此时的统治者是哈里·辛格(Hari Singh),他本人信奉印度教,但居民中有大量穆斯林。在印巴两国独立时,辛格不想加入任何一方而打算维持独立,因此他用强制手段维持土邦的秩序,将当地的国大党和穆斯林领袖都关入监狱。1947 年 10 月,信奉伊斯兰教的帕坦部落军与“自由克什米尔”联手,向克什米尔首府斯利那加逼近。辛格于 10 月 24 日向印度求助,同意并入印度。巴基斯坦不能允许这种事态,印、巴军队遂先后开入克什米尔,战争爆发。后来在联合国的调停下双方于 1949 年初停火,并就停火线达成协议,克什米尔分为巴基斯坦控制区和印度控制区。②

---

① S. Wolpert, *Shameful Flight: The Last Years of the British Empire in India*, Oxford UP, 2006, pp. 153–182.

② "Jammu and Kashmir", *Microsoft Encarta Encyclopedia 2004*, Microsoft Corporation, 2003.

　　继印度和巴基斯坦独立之后,周边其他殖民地也相继独立。1948 年
1 月缅甸独立;同年 2 月,印度以南的锡兰岛也获得独立。

　　40 年代后半期英国又撤出了在中东的巴勒斯坦地区。巴勒斯坦
是英国的托管地,该地阿拉伯人与犹太移民的矛盾,加上美国的干预,
使英国遇到了很大麻烦。英国在一战后准许一定数量的犹太人移居巴
勒斯坦,到 30 年代时移入的犹太人大幅增加,引起巴勒斯坦人的不满,
经常发生暴力冲突。为此,英国在 1939 年打算在加利利一带划出一块
地区建立一个犹太国,但因巴勒斯坦人和犹太人都不满意而作罢。此
后,英国开始严格控制犹太人入境,每年接纳不超过 1 万人,并打算将
权力逐步移交给阿拉伯人。这样做又招致犹太人的强烈反弹,犹太武装
人员不仅以武力保护犹太居民,还与阿拉伯人发生对抗,甚至袭击英
国人。

　　二战结束后,美国大力扶持犹太复国主义,准备在巴勒斯坦建立犹
太人国家。1945 年夏,美国总统杜鲁门要求英国准许 10 万犹太移民进
入巴勒斯坦,遭到英国拒绝。于是,"哈加纳""伊尔贡"等犹太武装组织
进行恐怖活动,袭击英国军营、军火库、炼油厂、火车站等,并实施暗杀、
爆炸、绑架等活动,致使许多英国军警人员伤亡。1946 年 6 月底,英国当
局采取严厉措施予以镇压,查抄犹太人组织总部,逮捕 2 700 余名犹太领
导人和恐怖分子。7 月 22 日,"伊尔贡"进行报复,用汽车炸弹炸毁英军
总部,致使上百人伤亡。英国在受此重创后改变手法,于 9 月邀请巴、犹
双方领导人去伦敦会谈,但无法取得进展。至 1947 年 2 月英国已对巴
勒斯坦问题感到厌倦,决定一走了之,外交大臣贝文宣布将巴勒斯坦问
题交给联合国处理,而英国政府则表示将在 1948 年 5 月放弃对巴勒斯
坦的托管权。1947 年 11 月 29 日,第三届联合国大会通过了由联合国特
别委员会提出的解决方案,提出在巴勒斯坦建立阿拉伯和犹太两个独立
的国家。此后,犹太武装组织更是肆无忌惮,驱赶和屠杀阿拉伯人,抢占
地盘。1948 年 5 月 14 日英国正式放弃对该地的托管,以色列亦于同日
宣布立国。接着就爆发了第一次阿以战争,以色列占领了划分给阿拉伯

人的大部分地区。英国撤出巴勒斯坦之后,巴勒斯坦问题反而更加复杂化、尖锐化了,联合国决议中关于建立独立的阿拉伯人国家的条款并未得到实施。英国在巴勒斯坦采取了比在印度更快的撤离策略,背弃了工党政府的"可控去殖民化"(controlled decolonization)原则,没有向巴、以任何一方"移交权力"。此外,英国也没有兑现向巴勒斯坦人作出的安全保证,阿以战争爆发后完全未加干预。①

此时困扰工党政府的另一个问题是南非问题。南非在帝国体系中身份特殊,既不同于北美和澳洲的白人移民殖民地,又不同于亚洲、非洲的非移民型殖民地,结果就形成了多种文化、多种社会体系并立的状况,呈现出二元特征。1948年,主张"种族隔离"的国民党在大选中获胜,该党领袖丹尼尔·马兰(Daniel F. Malan)出任总理。南非的种族歧视由来已久,但国民党政府从法律上将种族歧视制度化,实施非人道的种族隔离。此举将英国推向十分尴尬的境地,出于利益和冷战的需要,英国力图将南非保留在英联邦之内,但英国一方面要面对国际社会的强大压力,尤其受到非洲民族主义的激烈反对,一方面又要消除南非白人对英国殖民政策的疑虑,同时还要限制南非向北面的扩张。② 权衡之后,工党政府的政策原则是在战略上与国民党政府联手,但在具体问题上却缺乏一致性。工党政府向南非提供军事物资,对南非兼并西南非洲(即纳米比亚)的行为听之任之。但英国又在南非北面建立"中非联邦",其主要动机是阻止南非北进。这些政策最终仍旧是失败的,南非问题仍然带来许多麻烦。

在1945—1951年工党政府执政期间,由于帝国内的殖民地、托管地脱离英国统治走向独立,大英帝国开始解体。英国的帝国政策也作出重大调整,它放弃了不惜代价捍卫帝国完整的政策原则,而代之以在殖民

---

① R. F. Holland, *The Pursuit of Greatness: Britain and the World Role*, 1900—1970, Fontana, 1991, p. 224.

② R. Hyam, ed., *British Documents on the End of Empire Series A*, vol. 2: *The Labour Government and the End of Empire 1945—1951*, HMSO, 1992, p. lxv.

地民族主义运动的压力下,同意南亚殖民地独立、撤离中东托管地,实际上开启了去殖民化的进程。但工党政府以为这一波去殖民化浪潮只是使那些英国控制不住的殖民地离开帝国,而历史的事实却证明,那只是刚刚开始。①

---

① Bernard Porter, *The Lion's Share: A Short History of British Imperialism 1850—1983* , p. 318.

第四章　从英帝国到英联邦

英联邦创建之初,英国只打算将它办成一个白人自治领的俱乐部,并不想接纳非白人殖民地,更不会想到用它来取代英帝国。但二战结束后,英国实力大大下降,殖民地民族独立运动日益高涨,在英帝国分崩离析之际,英国政府考虑以英联邦取代英帝国,以此维持英国对原来所辖地区的影响力。出于此种考虑,英国先将"英联邦"(The British Commonwealth of Nations)中的"英国"(British)一词去掉,以示各成员国平等,同时又将英联邦的范围扩大到帝国所有自治领和新独立国家。接着,英国力争新独立的国家都留在联邦内,即使这些国家不实行君主制也无妨,只要求它们承认英国君主是英联邦之首。[①] 印度是由此而进入英联邦的第一个共和制国家。随后,英国又对帝国的职能机构和组织体制进行改造,使之适应英联邦的需要。1947 年,英国的自治领事务部更名为联邦关系部,帝国特惠制改称联邦特惠制,英镑区予以保留,而原先的帝国会议已在 1944 年更名为英联邦总理会议。

1951 年大选保守党获胜,丘吉尔出任首相。与 11 年前第一次担任

---

① Krishnan Srinivasan, *The Rise, Decline and Future of the British Commonwealth*, Palgrave,2005, p. 108.

此职时相比,丘吉尔不再感到那么激动。10月31日,他在大选后首次向下院发表的演说中,以极为平淡的语气说:"本月26日夜,我接到国王要我组织政府的御旨。按照上届政府提出的计划,议会于今日,31日开幕。"①此时此刻,丘吉尔心中明白,他所面对的国内国际形势已发生重大变化,尤其是他在二战中竭力维护的大英帝国,在战后的去殖民化浪潮冲击下已面目全非,南亚各国已获独立,缅甸甚至不肯按英国的条件加入英联邦。在帝国其他殖民地,民族运动此起彼伏,势不可挡。尽管丘吉尔在口头上似乎要坚持原有的捍卫英帝国的立场,改变工党政府的去殖民化政策,但他实际上知道形势的变化,明白去殖民化政策的必要性,因此,保守党在帝国和联邦政策上并无选择余地,只能延续工党的去殖民化政策,当然在具体措施上会有所不同。

新任殖民大臣利特尔顿(Oliver Lyttelton)就任伊始,便接纳了助理政务次官、非洲司司长科恩的建议:"尽早发表一项声明,宣布联合政府和工党政府所制定的有关宪政演进的总体政策将延续下去。"②11月7日,利特尔顿向丘吉尔呈交一份备忘录,其中包括一项政策声明,声明说英国的殖民政策是超越政党界限的,两大党都会接受和执行。声明陈述了两项基本原则:"第一,我们的全部目标是帮助殖民地在英联邦的框架内获得自治。为此目的,当形势需要时,我们寻求尽快在每个地方都建立自治制度。第二,我们决心推动殖民地的经济和社会发展,从而与政治发展相同步。"③

但保守党的政策只是对工党政策的简单延续吗?答案是否定的。保守党对帝国一往情深,绝非像工党那样对帝国的衰亡无动于衷。在政策表层下面,保守党希望在对殖民地作出让步的前提下,尽量维护英帝国的统治,保持宗主国-殖民地的传统关系。它希望将内政权力移交给

---

① W. Churchill,"Election of Speaker Morrison", 31 October 1951, in *Winston Churchill: his complete speeches 1897—1963*, London, 1974, vol. 8, p. 8287.

② Minute by A. Coben to Sir T. Lloyd, 31 October 1951, CO 537/6696.

③ Minute by Mr. Lyttelton to Mr. Churchill, 7 November 1951, CO 538/6696, no. 12.

当地人,英国则继续控制外交和国防。[1] 保守党认为对地域较小、生存能力不足的殖民地(主要指非洲),英国尤其应当控制,不能轻易交权,原因是:一、防止殖民地独立之后成为敌对势力的同盟者;二、防止英联邦由于质量不好的成员大量涌入而发生蜕变,影响英国的国际地位。[2] 因此,丘吉尔政府在允许自治方面较为宽松,但对殖民地独立则严加限制,为此不惜动用武力。

作为这项政策的具体体现,英国在马来亚、肯尼亚和塞浦路斯打了三场战争,延缓了这些殖民地的独立进程。

马来亚共产党自 1848 年发动武装斗争,反抗英国的殖民统治,工党政府派重兵镇压,但直到 1951 年仍无明显收效。1951 年 10 月 6 日,英国驻马来亚高级专员亨利·格尼(Henry Gurney)在吉隆坡以北 110 公里处遭马共游击队伏击,当场被击毙。丘吉尔上台后极为关注马来亚局势,派出殖民大臣利特尔顿于 12 月急赴马来亚,宣布将对马来亚政策做重大调整。殖民部在不到一个月的时间里便提交了"马来亚局势"的备忘录,陈述和分析了这个殖民地的情况:首先,"敌方是马来亚共产党,几乎全由华人组成",其核心成员活跃在丛林中,只有数千之众,从散居在政府控制地区之外的 50 万华人那里获得支持。其次,旨在切断马共与其支持者的"布里格斯计划"的第一阶段行将结束,已有约 35 万人被迁居到政府指定的地区,但对他们的安置工作尚未完成,因此人心尚未安定。第三,马共武装仍很活跃,短时间内还无法将其制服,马共不仅得到华人的支持,也得到一些马来人的支持,因此要尽快切断对马共的支持。第四,战事使当地经济遭受不小的损失,"橡胶生产在过去的一年中大幅度下降,一些橡胶园因恐怖活动而未开工",锡的生产也大受影响。备忘录认为,争取华人的合作是当务之急,"他们的帮助不仅对于更快地结束

---

[1] Minute, by Ivor Thomas, 30 May 1947. CO 847/36/1/9.

[2] Memorandum, "The Colonial Territories and Commonwealth Membership" (C[53]122), Commonwealth Secretary to Cabinet, 8 April 1953. CAB 129/60(PRO).

战事是必不可少的,而且对于避免严重的社会动乱也是至关重要的"[1]。

英国防务协调委员会(远东地区)亦于 1951 年 11 月 15 日发回专电,指出"尽管布里格斯计划基本上是个不错的计划,并取得了一定的成功,但是共产党对马来亚的控制如果不比以往更稳固的话,至少没有减弱"。该委员会提出的对策是:重组和加强警察部队,争取华人对英国的信任,扩大华人的迁居行动,对华人的参政权作出某些让步,提高英国在马来亚的军事能力,充实军官队伍。[2] 当时,英国在马来亚的兵力达 12 万人,1951 年用于马来亚的军事开支为 5 690 万英镑,其中正常开支 4 850 万英镑,其余 840 万英镑为额外开支。[3]

1952 年初英国政府推出两大举措:第一,对马来亚殖民官员进行调整,任命杰拉德·坦普尔(Gerald Templer)将军为驻马来亚高级专员,统掌军政大权;约翰·尼科尔(John F. Nicoll)调往新加坡任总督。坦普尔在继续进行军事围剿的同时,推行与华人缓解的措施,他的目标很明确:在军事上消灭马共,同时确保马来亚向英联邦内的自治领过渡。第二,实施新的两手抓政策,首先是增派军队,把兵力对比进一步拉开,到 5 月份,英方有 25 万名正规军、15 万名警察和 17 万名保安队,而游击队只有 1 万人。英国控制下的马来亚联邦立法会(Federal Legislative Council)还在 7 月 3 日通过一部新的《征兵法》,征召所有 18—55 岁的男子入伍,组建马来亚国民军(National Army)。同时,强制推行隔离游击队的"重新安置计划"(resettlement program),在 1951 年,约有 42.5 万名华人被迁入 410 个由村警守卫的新村。其次是采取怀柔政策,试图在政策上笼络人心,其主要做法是:(1) 扩大马来亚公民权范围,将其扩大到部分华人和印度人,由此有 100 万以上的华人(约占总数的 50%)和 18 万印度人(约占总数的 30%)获得马来亚公民权。(2) 资助橡胶树种植,对 10

---

[1] The Situation in Malaya: CO Memorandum, Annex, in CAB 129/48, C(51)26.

[2] Conclusions of the British Defence Co-Ordination Committee(Far East), telegram dated 15 November 1951, Annex, in ibid.

[3] Annex, in ibid.

月 15 日之前种植橡胶树的农民,每公顷补助 40 元。(3) 对低收入者实行社会保障,当局设立"雇主供款基金"(Employers Provident Fund),于 1952 年 7 月开始实施,60 万名低收入者获基金提供的社会保障。(4) 扶持不受马共控制的"独立"工会,削弱马共在工人中的影响,在 1952 年,当局批准成立了 210 个工会,下设 400 个分会,约有 12.2 万名会员。[1]

坦普尔对形势的判断是,马来亚的各个族裔并没有要求独立的"真实愿望"[2],民族主义运动缺乏强有力的领导人,而民族主义政党也没有提出建立议会制的诉求,因此英国应当掌握去殖民化的主动权,不让马共占领先机。同时,法国在印度支那战场上的节节败退也给英国带来压力,担心多米诺效应会波及马来亚。于是,坦普尔于 1952 年 12 月在殖民部的一次会议上提出了马来亚自治进程的路线图:1953 年实现市镇、地方立法会议的选举,1954—1955 年进行州一级的立法会议的选举,1956—1958 年间举行联邦立法会议的选举,1960 年成立自治政府,完成自治进程。[3] 坦普尔的建议得到殖民部的首肯,同意在 8—10 年内完成马来亚自治,并在必要时缩短这个进程。[4]

1953 年马共调整战略,将重点由武装袭击转为争取民心,战事频度大幅下降,月平均战斗数由 1951 年的 194 起降为 1952 年的 117 起,而在 1952 年的前 4 个月总共只发生了 18 起。同时,马来亚的政治发展也有新的起色,马来民族统一机构(巫统)(United Malays National Organization,UMNO)和马来西亚华人公会(马华公会)(Malayan

---

[1] "1952: Great Britain and Colonies", in *Collier's Year Book*, in *Microsoft Encarta Reference Library 2004*.

[2] CO minute of talk with Templer, 3 December 1952. CO 1022/86, in David Goldsworthy, *The Conservative Government and the end of Empire*, *1951—1957*, London: HMSO, 1994, vol. 2, p. 344.

[3] Minutes of CO Departmental Meeting on Future Policy in Malaya, 3 December 1952, CO 1022/86,no. 3.

[4] Memorandum, "Political Objectives in British Territories of South East Asia", CO to JPS, 10 March 1953. CO 1022/91, in A. J. Stockwell, ed., *Malaya*, London: HMSO, 1995, vol. Ⅱ, p. 293.

Chinese Association，MCA)结成联盟。1954 年春,联盟提出要与英国殖民大臣利特尔顿举行谈判,将立法会成员由当局任命改为主要由选举产生,并提出选举产生的比例应当是 3/5。利特尔顿拒绝谈判,但联盟仍派出代表团到伦敦,并最终见到了殖民大臣。利特尔顿坚持不让步,谈判未获成果,联盟随即于 6 月 14 日宣布从行政机构中撤出其成员,并抵制任何立法会议选举。但是在与也主张立法会改革的新任高级专员唐纳德·麦吉利夫雷(Donald MacGillivray)会谈之后联盟改变了立场,同意与当局继续合作,并参加定于次年举行的立法会选举。[①]

1955 年,殖民当局与马共的交战基本结束,当局控制了局势,几年武装冲突共造成约 1.1 万人丧生。7 月 27 日举行立法会选举,结果,由东古·拉赫曼(Tengku Abdul Rahman)领导的联盟大胜,马来亚印度人国大党(Malayan Indian Congress)此时也加入了联盟。选举之后,英国让拉赫曼出任首席部长。由于取得出乎意料的大胜,拉赫曼决定将马来亚独立的时间提前,要求"在未来的一两年内,(建立)完全民主的自治政府"。他在 8 月 31 日新的立法会议开幕式上说:对于马来亚而言,独立是除了共产主义以外的唯一选择,"我们的要求是绝对和清晰的:要么取得独立,要么(英国)撤走"[②]。8 月,新任殖民大臣艾伦·伦诺克斯-博伊德(Alan T. Lennox-Boyd)出访马来亚,同意次年与马来亚方面在伦敦举行进一步会谈。

拉赫曼也与马共就结束武装冲突举行了谈判。本来,马共在 6 月就以马来亚民族解放军的名义主动建议与英国政府就实现马来亚和平、民主与独立问题举行谈判,也表示愿与联盟和其他主张以谈判方式结束战争的政党会商和平问题。于是,在 1955 年 12 月 28—29 日,拉赫曼和陈祯禄等人便在北部小镇贝岭(Baling)与马共领导人陈平举行谈判。但这次谈判在两个关键问题上未能达成协议:第一,承认马来亚共产党的合

---

① "1954：Malaya", in *Collier's Year Book*, in *Microsoft Encarta Reference Library 2004*.

② "1955：Malaya and Singapore", in *Collier's Year Book*, in *Microsoft Encarta Reference Library 2004*.

法地位;第二,赦免马共成员。拉赫曼不同意自动赦免,坚持要对放下武器的马共成员进行忠诚审查,马共于是也就不同意停止游击战,谈判由此破裂。拉赫曼在 12 月 30 日宣布:他将强化对马共的军事行动,借以为他的伦敦之行造势。

局势变化使英国殖民当局不得不采取更加现实的态度。首先,马来亚民族主义运动愈加高涨,不仅马来亚共产党的游击战争会继续进行,而且马来亚民族运动的新一代领导人正在崭露头角,影响力日渐强大。殖民大臣伦诺克斯-博伊德在 1957 年 1 月 7 日的一份致内阁殖民政策委员会的备忘录中建议尽快解决马来亚问题。尽管有枢密院长索尔兹伯里的反对,内阁大部分成员都赞成殖民大臣的建议,同意就马来亚的权力移交问题尽快举行谈判,而不对谈判设置条件。马来亚联盟要求在 1957 年 8 月 31 日之前移交权力,英国政府表示同意。双方将尽快任命一个制宪委员会起草宪法,马来亚在独立后将留在英联邦和英镑区之内。马方同意在国防、安全、财政和公务员任免等方面确保英国的利益,英方承诺提供援助并帮助马来亚组建军队。[1] 7 月 11 日,马来亚立法会通过了新的宪法;7 月 19 日,英国下院批准这部宪法。8 月 3 日,拉赫曼由 9 名土著领袖(苏丹)选为国家元首,任期 5 年。8 月 31 日,英国移交统治权,马来亚联合邦正式成立,拉赫曼成为首位总理。

在非洲的肯尼亚发生了第二场殖民战争。19 世纪英国势力侵入东非,起先由 1888 年建立的英属东非帝国公司(Imperial British East Africa Company)进行统治,1895 年因财政困难,英国政府接管该地,成立东非保护国(East Africa Protectorate),1920 年改名为肯尼亚。在非洲殖民地中,肯尼亚是除南非和南罗得西亚之外英国移民最多的殖民地,按照英国政府的计划,肯尼亚应发展成一个"白人国家"[2]。白人移民

---

[1] Circular telegram,"Discussions with Federation of Malaya, December-January 1956-1957". FO to HM representatives, 4 February 1957. CO 1030/494.

[2] Bernard Porter, *The Lion's Share: A Short History of British Imperialism 1850-1983*, p. 226.

在这里侵占大片土地,与非洲人的关系相当紧张,约 3 000 名白人移民占据了 1.67 万平方英里的肥沃高原,550 万非洲人却住在 5 200 平方英里的"保留地"内,生活极为贫困。但英国的移民计划并不成功,移民数量一直上不去,因此不仅没有成为计划中的"白人国家",也没有像南罗得西亚那样变为自治殖民地。殖民地除由英国委任的总督进行统治之外,还成立了有咨询权的立法会议,立法会成员开始时全部是白人,20 世纪 20 年代开始引入亚裔人和阿拉伯裔人。非洲人进入立法会是 40 年代中期的事,在此之前,非洲人没有任何政治权利。

非洲人的反抗斗争始于一战结束之后,肯尼亚成立了民族主义的东非协会(East African Association),1922 年被查禁。1924 年,基库尤人成立中央协会(Kikuyu Central Association),其初衷是收回被欧洲人占据的土地,发扬基库尤人的文化传统。协会的领导人之一是著名的非洲民族主义领袖乔莫·肯雅塔(Jomo Kenyatta)。肯雅塔年幼时接受过长老会的教育,30 年代初居住英国,曾就读于伦敦经济学院,他的研究课题以《面向肯尼亚山》(*Facing Mount Kenya*)为名出版,书中指出殖民化以前的非洲和谐有序,正是殖民主义的到来中断和破坏了原有的秩序。这本书使肯雅塔名声大震。

肯雅塔于 1929 年和 1931 年两度代表基库尤人中央协会前往伦敦进行交涉,要求英国归还被侵占的土地,改善殖民统治,给非洲人政治和经济的发展机会,但英国政府不予理睬。1944 年,一个更激进的民族主义政党——肯尼亚非洲同盟(Kenya African Union)成立了,其目标是肯尼亚自治和独立,1947 年,肯雅塔成为该党领袖。1948 年,肯尼亚非洲同盟向联合国提出申诉,要求联合国关注肯尼亚非洲人被剥夺土地的情况,但毫无结果。1949 年,肯尼亚最大的部族基库尤人建立了秘密的反抗组织——"茅茅"(Mau Mau),提出的口号是:把白人夺去的土地收回来。1951 年,肯尼亚出现暴力反抗的苗头。

1952 年,白人移民与非洲居民在土地问题上的紧张关系引起了伦敦的注意,当时,肯尼亚各主要族群中,欧洲裔 4 万人,印度裔 10 万人,非洲裔 550 万人,其中基库尤人最多,占 1/5。利特尔顿在内阁备忘录中写道:"东非地区非洲人口的迅速增加在一些非洲人居住地区造成严重的人口过密的局面,非洲人要求欧洲农牧场主,尤其是那些在肯尼亚高原地区的白人农牧场主放弃土地,让给他们。"他提议"必须采取措施来应付非洲人实在的和严峻的困难"。利特尔顿所说的措施并不包括将白人移民占据的土地归还给非洲人,而是提高生产率、开发尚未利用的荒地和派遣调查团前往调查等。① 内阁在 5 月 20 日的会议上同意派遣调查团;调查团迟至 1955 年才提交报告,对缓解紧张局势并未起作用。

1952 年 9 月,政府收到另一份有关肯尼亚局势的重要报告,提交报告的是殖民部国务大臣霍普金斯(H. L. Hopkins)的私人秘书彼得·史密瑟斯(Peter Smithers),他刚从东非和中非巡视归来,发现肯尼亚等地的"民族主义迅速高涨",有可能给整个地区造成"灾难性影响",因此建议英国政府作出让步,给殖民地某种程度的自治。② 英国殖民部不接受他的建议,殖民大臣说他"不相信出现了非洲民族主义跨边界传播的局面。……茅茅在更多的意义上只是寻衅滋扰的乌合之众,而不是带来一场深刻的政治动荡的组织"③。显然,殖民部对肯尼亚的局势估计不足,大大低估了茅茅的力量,因此,当 10 月初肯尼亚总督巴林发来有关局势恶化的两封急电时,殖民部大为震惊。

巴林的第一份急电于 10 月 10 日发出,称在基库尤,针对白人移民的袭击事件急剧增加,袭击者茅茅运动是一个有组织的阴谋集团,其策划者是以肯雅塔为首的肯尼亚非洲同盟。他认为"避免流血的稳妥方法是宣布紧急状态,并根据《紧急状态法》以行政手段追捕肯雅塔和他的追随者"④。10 月 13 日,巴林再次发出急电,希望英国政府能在 10 月 23

---

① Cabinet Memorandum by Mr. Lyttelton, 16 May 1952, CAB 129/52, C(52)163.
② Note by Smithers, 9 September 1952, CO 822/338, no. 14A.
③ Ibid.
④ Telegram from Sir E. Baring to Mr. Lyttelton, 10 October 1952, Annex 1, CAB 129/55, C(52)332.

日批准实施紧急状态法,要求动用一个营的兵力进行镇压。①

10月14日丘吉尔召集内阁会议,未经周折便批准巴林的请求,丘吉尔还向国防大臣提议,为了表现英国的军威,英军可在骚乱地区附近举行一次较大规模的空降演习。② 在紧急状态宣布后的10月21日,肯雅塔与其他186人被捕③。肯雅塔随后被判7年徒刑,罪名是策动茅茅起义。次年,肯尼亚非洲同盟被查禁。

但茅茅运动未被压服,在其领袖德丹·基马提(Dedan Kimathi)的领导下发动了武装反抗,起义由内罗毕扩散到基库尤全境,后又蔓延到与乌干达和坦噶尼喀接壤的地区。茅茅运动在其控制的地区建立了政府,实行征兵制,征收税务,建立后勤补给系统。参加茅茅运动的主要是基库尤族下层民众,而基库尤人上层则站在英国一方。茅茅运动还攻击与殖民当局合作的基库尤人,1953年3月27日,茅茅一个突击队袭击了基库尤人的一个村庄,杀死150名村民,其中有妇女和儿童。④ 在战争中,英国不断增派军队,最多时达3万余人。1953年6月,英军在肯尼亚山和阿伯代尔山(Aberdare mountains)向茅茅运动游击队发起全面进攻,警察在城市抓捕了数百名茅茅运动的支持者。法院进行频繁的审判,许多人被认定犯有杀人、放火和非法持有武器等"罪行",被判绞死。

战争也给英国带来沉重的负担,每月开支高达300万美元,尽管殖民当局向参加起义的基库尤人、恩布人(Embu)和麦鲁人(Meru)征收了特别税,但肯尼亚的财政赤字居高不下,如在1953年,肯尼亚的财政赤字是560万英镑,而在1955—1956财政年度,财政赤字达到1 560万英镑。⑤

① Telegram from Baring to Lyttelton,13 October 1952,Annex 2,ibid.
② Cabinet Conclusions,14 October 1952,CAB 128/25,CC85(52)1.
③ R. B. Edgerton, *Mau Mau: a African Crucible*, New York:The Free Press, 1989, p. 67.
④ "1953:Great Britain and Dependencies", in *Collier's Year Book*, in *Microsoft Encarta Reference Library 2004*(Redmond, WA:Microsoft Coporation, 2003).
⑤ "1955:Africa, British", in *Collier's Year Book*, in *Microsoft Encarta Reference Library 2004*.

在镇压的同时,殖民当局也试图以宪政改革的方法争取一部分非洲人的支持,孤立和分化茅茅运动。巴林在致利特尔顿的信中分析说:"肯尼亚的欧洲人口数目很少,又十分孤立,完全有可能被赶走。在这一点上,肯尼亚与南非和两个罗得西亚都明显不同。"他提出的改革方案是:在行政部门中增加非官守议员的比例,减少文官的比例;非官守议员要包括欧洲籍人士和非欧洲籍人士,其中非欧洲籍人士应该不仅限于亚洲籍。他认为,不改革也能打败茅茅运动,但改革对肯尼亚的"重建"极有帮助。① 此外,英国还加大了对肯尼亚的经济援助,在1952—1955 年期间,英国提供给肯尼亚的拨款为 5 040 万美元,无息贷款为 1 960 万美元。

不过从效果上看,英国的这些措施并未对平息茅茅运动产生直接作用。1954 年英国加强了对茅茅运动的作战,茅茅运动的大部分领导人仍然继续战斗。该年战争发生转折,殖民当局开展"霸王行动"("Operation Overlord"),并在内罗毕进行大规模逮捕,共抓捕 2.8 万名茅茅运动"嫌疑人"②。英国又采取分化、利诱的手段,至 1955 年底,战事逐渐平息,1956 年 7 月,英军撤出肯尼亚。该年 10 月,基马提被俘,次年 2 月,被绞死。据《因卡塔百科全书》提供的资料,这场战争中共有 1.1 万名茅茅运动成员战死,8 万名基库尤人被关入隔离营,约 100 名欧洲人和 2 000 名站在英国一方的非洲人丧生。③ 尽管如此,战争却没有能阻挡肯尼亚的民族独立运动,1963 年 12 月,肯尼亚宣布独立,肯雅塔成为肯尼亚第一位总统。

保守党执政期间发生第三场殖民战争,地点是在地中海的塞浦路斯岛。塞浦路斯起初并不是英国的殖民地,但由英国进行统治。之所以出

---

① Letter from Governor Sir E. Baring to Mr. Lyttelton on Constitutional Development,29 October 1953,CO 822/599,no. 74.

② Ibid.

③ "Mau Mau Rebellion", in *Collier's Year Book*, in *Microsoft Encarta Reference Library 2004*.

现这种情况,是因为该岛原属奥斯曼帝国,1878 年英国以援奥抗俄为由,与奥斯曼帝国签署秘密的《防卫联盟公约》(Convention of Defensive Alliance),其中规定奥斯曼保持对塞浦路斯岛的宗主权,英国则占领和管理该岛,每年向奥斯曼帝国支付相当于 50 万美元的租金。这样,英军进驻塞浦路斯,1879 年开始行使管理权。岛上的希腊族居民随即向英国提出与希腊合并的请愿书,但遭到拒绝。

一战中奥斯曼帝国加入中欧同盟国参战,与英国为敌,英国便宣布 1878 年条约无效,并于 1914 年 11 月兼并塞浦路斯。战后,土耳其承认了英国对塞浦路斯的所有权,1925 年,该岛成为英王直辖殖民地,由英国政府直接统治。1931 年,塞浦路斯发生暴动,遭严厉镇压。二战后,希腊族的合并运动再度兴起,工党政府试图用扩大自治权的方法来缓和与塞浦路斯人的关系,便宣布进行宪政改革,在未来建立塞浦路斯的自治政府。

塞浦路斯本来没有重要资源,也不具备战略意义,但 1948 年英国撤出巴勒斯坦后,该岛的战略地位日益重要,英国军方开始加强控制,并着重打击希族人的合并运动(enosis)。正是在同一年,主教米哈伊尔·穆斯科斯(bishop Mihail Mouskos)公开表示支持与希腊的合并,并要求举行全民公决。1950 年 1 月,英国拒绝该要求,引起希族人的强烈不满。10 月,穆斯科斯当选为塞浦路斯东正教会的大主教,称马卡里奥斯三世(Makarios Ⅲ),成为合并运动的领导人。

英国政府以强硬态度应对,声明它不允许改变塞浦路斯的政治地位。驻塞浦路斯总督安德鲁·赖特(Andrew Wright)听说希族人企图改变利马索尔市一些街道的名称,就下令将该市所有的希族市政委员逮捕入狱。当时在任的工党政府殖民大臣詹姆斯·格里菲斯(James Griffiths)指示赖特不要采取过激行动,但赖特不为所动。后来,总督得到了新闻检查、打击“犯罪”等权力,使该岛等同于进入紧急状态。

1954 年,希腊政府介入该岛事务,要求与英国政府就塞浦路斯的前途问题进行谈判。英国认为希方的意图是在塞浦路斯先建立代议制政府,经过几年过渡之后与希腊合并,于是就拒绝了希腊的要求。希腊随即于4月29日向西方盟国递交备忘录,要求盟国协助弥合希腊与英国之间的分歧,否则就将此问题提交联合国讨论,以争取塞浦路斯的"民族自决权"为由,争取得到国际社会的支持。英国极为愤怒,两国关系恶化。另一方面,对塞浦路斯事务同样关注的土耳其则希望维持该岛现状,支持岛上的土族居民要求,这样,塞浦路斯问题就复杂化了。

7月21日,丘吉尔政府宣布了对塞岛问题的政策纲领,主要内容是:(1)在可以预见的将来,英国维持对塞浦路斯的主权;(2)但不反对该岛在未来走向有限的自治;(3)同意根据新总督罗伯特·阿米塔奇(Robert Armitage)的改革提议,设立塞岛立法院,并规定立法院的组成结构;(4)总督有权采取一切步骤和措施,以确保现行法律的实施;(5)反对将塞浦路斯问题列入联合国大会或总务委员会的议程,联合国无权干涉塞浦路斯内部事务。[1]

五天后,内阁会议确认了以上政策。28日,殖民部国务大臣霍普金斯代表政府在议会发言,他的讲话中有一句话引起极大反响,他说:"基于其特定的情况,英联邦中的某些地区永远不能取得完全的独立。"[2]许多工党议员当场表示反对,而塞浦路斯的希族人则无法忍受,他们加紧了武装反抗的准备。

以马卡里奥斯(Makarios)为首的塞浦路斯希族拒绝了英国的制宪建议,他们强烈要求塞浦路斯自治,并与希腊合并。其军事组织"塞浦路斯战斗者全国组织"(即"埃奥卡",EOKA)于1955年4月1日开始武装斗争,对英军开展游击战。岛上的土族人不同意与希腊合并,于是组织"土耳其抵抗组织"(即"特姆特",TMT),对希族开战。8月底,在英国倡议下,英、希、土三国在伦敦举行会议,讨论结束冲突及塞浦路斯前途问题。但由于希腊与英、土的分歧过大,未能达成协议。9月25日,英国

---

[1] Joint Cabinet Memorandum by Lyttelton and Lloyd on Future Policy, 21 July 1954. CAB 129/69, C(54)245.

[2] Parliamentary Debates(Commons), 28 July 1954, Vol. 531, C. 508.

指派英军总参谋长约翰·哈定(John Harding)出任塞浦路斯总督和英军总司令,加强对希族武装力量的镇压。1956 年 3 月,英国逮捕马卡里奥斯并将他流放到塞舌尔群岛。塞浦路斯战争一直打到 1959 年才结束,有关各方都感到打不下去了,英国也意识到无法维持在塞浦路斯的统治。这一年,英国与希、土两国签订了一系列关于塞浦路斯独立的协议。1960 年 8 月 16 日,塞浦路斯正式独立。

如果说在马来亚和肯尼亚的战争中英国至少取得了军事胜利,那么在塞浦路斯连这一点都没能做到,虽说英国保住了在塞浦路斯岛上的两个军事基地。英国为殖民战争付出了巨大的代价,仅用于马来亚和肯尼亚的作战费用就达到 1 亿英镑。英国已意识到,要么为帝国的防务承受巨大的财政负担,要么大规模撤出殖民地。在举棋不定之中,一场新的战争终于使英国痛下决心。

这场战争发生在埃及,起因是争夺苏伊士运河。1952 年,埃及发生"七月革命",国王被推翻,"自由军官组织"组建了新政府。1954 年 10 月,埃及与英国签订《关于苏伊士运河基地的协定》(Agreement Regarding the Suez Canal Base),规定英军在协定签字后的 20 个月内撤离埃及。1956 年 6 月,英军撤出运河区,完全结束了对埃及的军事占领。但协定中却有一些隐患,为英国日后干涉留下了空间。其中一项条款规定:此后 7 年英国保留对运河区军事建筑的监督权,一旦阿拉伯国家或土耳其遭到进攻,英军有权重返运河区,维护其安全。后来,英国就是利用这项规定,与法国、以色列共同策划了运河危机,再顺势卷入以、埃战争,派军队重新占领苏伊士运河。

战争打响后,英国指望英联邦国家会挺身而出,像在两次世界大战中那样鼎力相助。但除澳大利亚、新西兰口头上表示站在英国一边外,加拿大主张派联合国部队去维护运河区和平,言外之意是不支持英、法干预,锡兰表示反对英国的侵略政策,印度和巴基斯坦则对英国的入侵予以谴责。

但最严重的打击来自美国,美国不仅没有如英国所愿那样支持英、法,反而在英国背后捅了一刀,它和苏联一道在联合国安理会向英、法提出撤军要求,并最终迫使英、法撤出。这次战争严重打击了英国的国际声誉,英国的行径与卑鄙小人并无二致。战争表明英国已沦为二流国家,无力主宰国际事务。这迫使英国重新评估自己的实力,进而调整其外交、国防和帝国政策。

在帝国事务方面,英国认识到它已不再具备维持一个庞大帝国的能力,这样,第二次去殖民化浪潮在 50 年代后半期兴起,其中黄金海岸的独立,为撒哈拉以南地区树立了榜样。黄金海岸是英国比较富庶的非洲殖民地,二战后民族主义运动高涨。早在 1951 年英国就批准该殖民地进行自治,著名的民族主义者、黄金海岸人民大会党主席克瓦米·恩克鲁玛(Kwame Nkrumah)获胜,他随即出任行政委员会领导人,1952 年 3 月改称总理。到 1957 年,英国认为黄金海岸经济基础稳固,本地官员已积累了数年的行政管理经验,符合独立国家的必备条件,因而同意它独立。同年 3 月 6 日,黄金海岸宣布独立,并更名为加纳。加纳是撒哈拉以南第一个摆脱了殖民统治的国家,加纳独立使非洲其他殖民地深受鼓舞,人们普遍相信,既然加纳能自己管理自己,那么其他非洲国家也能做到,于是,撒哈拉以南的民族独立运动很快进入高潮。

英国随即调整殖民政策,它放弃了原先缓慢撤出殖民地的做法,而力求尽快摆脱帝国这个包袱。1959 年 10 月起任英国殖民大臣的伊恩·麦克劳德(Iain N. Macleod)在谈到这个变化时说:"我们无法用武力保住我们在非洲的领地,我们甚至在动用大批部队的情况下连塞浦路斯这个小岛都保不住。戴高乐将军无法制服阿尔及利亚,人们迈向自由的步伐可以加以引导,但无法加以阻止。当然,步子迈得快就有风险。但是,步子慢的风险要大得多。"[1]哈罗德·麦克米伦首相持有相同观点,他于 1960 年 2 月在南非开普敦发表演说,那就是著名的"变革之风"演说,他说:"变革之风正吹遍这个大陆,无论我们是否喜欢,民族意识的增长是

---

[1] David Goldsworthy, *Colonial Issues in British Politics*, Clarendon Press, 1971, p. 363.

一个政治现实,我们都必须接受。"①

这样,第三次去殖民化高潮席卷而来,大英帝国在接二连三的殖民地独立浪潮的冲击下崩溃了。但独立还是要通过殖民地人民的斗争才能实现,为避免出现类似印度独立前后那样的剧烈动荡,英国在具体操作中尽量采用非暴力方式。通常的程序是:举行选举,选出立法机构;殖民当局向当地领导人移交权力;接着便是独立庆典。

在独立过程中,外部影响也起了很大作用。首先,社会主义阵营给殖民地人民以精神和物质支持,为他们培训民族主义领导人和军事指挥员,提供军火,进行反对帝国主义的宣传。其次,二战后美、苏取代英、法等老牌西方列强,成为世界上最强大的国家,英、法等老殖民帝国的崩溃是这种权力中心转变的必然结果,是不可逆转的必然趋势。第三,法国殖民地的斗争与英国殖民地的斗争相互影响,其作用十分明显。法属印度支那殖民地和法属阿尔及利亚的民族解放战争给英属殖民地的人民斗争以巨大鼓舞,加纳的独立又使从西非到非洲其他地方的民族独立运动深受鼓舞。第四,西方的殖民统治无意中起到了"社会动员"的作用,通过"开发"殖民地,宗主国创造了一种促使殖民地人民起来对宗主国的统治提出挑战的条件。殖民地的经济发展、与外部的联系、都市化的出现,使众多殖民地人民脱离原先的生活环境和文化氛围,非洲的民族主义领导人大多在西方的学校中接受了西方的教育,从这个意义上说,殖民主义造就了它自己的掘墓人。

与以上情况形成鲜明对照的是,一种所谓"二元型殖民地"②的地区基本上未受此次去殖民化的波及,在这种殖民地,白人移民人数较多,形成一定的规模,并且形成了白人社区和文化圈,但仍然在总人口中居少数地位。土著居民虽然处于被统治的地位,但土著首领的传统权力得到保留,其文化传统和社会结构在土著居住区内也得到延续,土著人口也

① 哈罗德·麦克米伦:《麦克米伦回忆录》(5),商务印书馆,1976年,第190页。
② "二元型殖民地"系笔者对此类殖民地的指称,旨在反映这种类型殖民地的二元文化特征。

占明显的多数。因此,这种殖民地在文化和社会上呈二元性质,相互之间的差异泾渭分明。英属殖民地中,南非和南罗得西亚就属这种类型。[①]

二战结束后,英国为加强对南罗得西亚及周围地区的控制,维护南非的稳定,设立了中非理事会,其主要任务是协调和控制南罗得西亚、北罗得西亚和尼亚萨兰三个殖民地的经济活动。这三个殖民地的白人统治者不愿受到英国过多的干涉和束缚,便商议组建一个联邦,维护自身的利益,此举遭到英国工党政府的反对。1951年,保守党政府上台后转而表示支持。1953年7月,三个殖民地组成中非联邦,其版图达120余万平方公里。

在50和60年代的去殖民化高潮中,北罗得西亚和尼亚萨兰受影响较大,南罗得西亚出现了非洲人的反抗,到60年代初,中非联邦已经风雨飘摇了。白人当局严厉打击非洲人民族主义运动,1961年,查禁了南罗得西亚民族民主党(前身为1919年成立的非洲人国民大会),随后又解散了乔舒亚·恩科莫(Joshua Nkomo)创建的津巴布韦非洲人民联盟和西托莱创建的津巴布韦非洲民族联盟,暂时稳定了白人的统治权。1963年,尼亚萨兰和北罗得西亚先后退出联邦,中非联邦于是解体。1964年,尼亚萨兰(即马拉维)和北罗得西亚(即赞比亚)宣布独立,实现了黑人多数的统治,南罗得西亚则走上与之相反的道路。

白人极端派组织——罗得西亚阵线在1963年12月举行的主要由白人参加的大选中获胜,不久,该阵线领导人伊恩·史密斯(Ian Smith)出任政府总理。英国在得知史密斯政权想要独立的意图时明确表示反对,威尔逊首相指示英国驻联合国代表团在1964年10月底宣读他本人的一份声明,称英国政府赞成南罗得西亚过渡到多数人统治。但史密斯政权一意孤行,于1964年11月4日举行"公民投票",并在1965年11月11日宣布"独立"。国际社会对这种违背大多数人民意愿的"独立"不予承认,英国在强大的压力下也表示了相同的立场,并与联合国等国际组

---

① 参见潘兴明《中非"白人国家"及其崩溃之原因》,载《世界历史》,1993年第6期。

织一起对它实行经济封锁和其他制裁。南罗得西亚民族主义者发动了旷日持久的游击战争,赞比亚等新独立的"前线国家"也给予巨大支持,向游击队提供了大量物质援助。在国际社会的巨大压力和武装斗争的强劲冲击下,史密斯政权在15年之后才同意交出权力。1980年4月18日,津巴布韦正式独立。

南非与南罗得西亚同属二元型殖民地,但白人移民到此定居、开发和统治的时间要长得多,因此其发展道路又呈现不同的特色。南非在1910年成为自治领,在当时那个时代背景下,并未像南罗得西亚那样受到国际社会的拒绝。二战后白人种族主义的统治反而加强了,尤其是南非国民党于1948年上台,随后就大力推行种族隔离政策,剥夺了黑人的一切权利。国际社会对此严加斥责,1961年,在亚非国家和部分欧美国家的压力下,南非退出英联邦。凭借它丰富的自然资源和长期以来形成的一套完整制度,南非白人政权在相当长的时期内维持了少数白人的统治权,直到1989年弗雷德里克·德克勒克(Frederik Willem de Klerk)任总统后,才实现政治改革,释放了纳尔逊·曼德拉(Nelson Mandela)等黑人领袖,宣布非洲人国民大会等黑人组织为合法组织,并在1994年4—5月举行多种族大选,实现了和平转移政权。

在帝国走向解体的过程中,英国考虑以英联邦取代英帝国。1953年,前殖民大臣艾默里对英联邦的前景作了乐观的描绘估计:"其他的非英联邦国家很有可能最终会决定加入英联邦。……天晓得英联邦会不会成为未来世界秩序的核心呢?"[1]的确,随着新独立国家纷纷留在英联邦内,拥护英帝国的人士感到得到了某种补偿。英国当权者将帝国原先的一套机构、制度、惯例搬入英联邦内加以实施:英国君主由英帝国的元首变为英联邦的元首,帝国会议改为英联邦总理会议,取消了总督,改为高级专员(白人自治领仍保留总督),英国的自治领部更名为联邦关系部,在1964年还增设了英联邦秘书处;保留英镑区,帝国特惠制的适用

---

[1] L. S. Amery, *My Political Life*, London: Hutchinson, 1953, Vol. Ⅰ, p. 16.

范围扩大到一些英联邦的新成员国；承认英联邦所有公民享受"英国国籍"，有权自由出入英国。

但英联邦毕竟与英帝国有很大不同，英联邦由独立主权国家组成，内部关系是平等的，而英国实力已大大下降，在政治、经济和军事上都不再具备控制的能力。此外，英国时时受到美国的牵制，而美国显然不允许英联邦成为另一个英帝国。最后，英联邦成员国之间不具备共同的利益基础，甚至在原来的白人自治领之间也是如此，因此向心力相当小。

这样，英联邦内各种矛盾就不断出现，亚非拉成员国将该组织当成一个表达意愿的讲坛，比如在60年代初，它们强烈反对南非推行种族隔离政策，主张将南非赶出英联邦，并且在1961年5月迫使南非撤回留在英联邦内的申请。这件事使英国感到难堪，它甚至觉得英联邦对于英国在世界上施加影响力几乎毫无帮助，失望之中，英国对外交政策和英国政府机构进行了较大的调整。在对外关系上，英国开始转向欧洲经济共同体，尽管1962年英联邦总理会议的公报表达了对"英国加入（共同体）所可能产生影响的不安"，但英国仍提出了加入共同体的申请。在英联邦公民的国籍管理上，英国于1962年实施《英联邦移民法案》，限制英联邦国家公民进入英国。在政府机构方面，英国于1968年将殖民部和联邦关系部并入外交部，1970年又将海外发展部撤销。英国对英联邦总理会议的态度也变得不那么重视和热心了，1966—1971年间仅开过一次会，而且从1971年开始，会议地点也不限于伦敦。1972年6月，英镑区在西方金融危机的冲击下寿终正寝，联邦特惠制亦于1977年宣告结束。最后，作为去殖民化的尾声，又有一些英属殖民地在70—80年代获得独立，香港于1997年归还中国。

在防务方面，英国使之与帝国向联邦的过渡相适应。在二战结束后的20年中，英国防务政策仍以其传统的安全观为核心，即英国本土安全与海外属地的安全紧密相关。但这个观念与战后英国防务的两大目标有冲突，一是支持盟国对抗苏联，二是减少海外防务义务，减轻英国的财政负担。此外，美国的势力渗入英帝国，1951年9月，帝国内与英国关系最紧密、最融洽的两个国家——澳大利亚和新西兰,竟背着英国与美国签署了《澳新美安全条约》(Australia, New Zealand and the United States Pacific Security Treaty),对此英国感到痛心。1956 年英国出兵苏伊士运河的原因之一,就是表明其防务的独立性,但美国略施小计,英国就栽了个大跟头。随后,英国调整了帝国的防务政策,在第二次、第三次去殖民化浪潮中,英国海外驻军大幅减少。

"帝国"防务政策的重大转折发生在 1968 年 7 月,当时英国宣布到 1971 年底将所有英国军事力量撤出苏伊士运河以东地区。这个转折与英国在帝国政策上的重大调整相比整整晚了 9 年时间,其原因在于:第一,英国根据各种条约在中东和亚太地区承担义务,其中包括《东南亚集体防务条约》(South-East Asia Collective Defence Treaty)和《巴格达条约》(Baghdad Pact),也包括与许多国家和地区签署的双边条约,如马耳他、利比亚、南阿拉伯联邦、巴林、卡塔尔、阿曼、科威特等。第二,英国为保住其世界军事强国的角色,十分重视军事基地的战略价值,在英国的战略应急计划中,新加坡和香港地区是保卫澳大利亚、新西兰和马来西亚的"前卫防线",波斯湾则确保英国的石油供应,亚丁和西蒙斯敦的基地承担着保护印度洋和好望角航线的任务。第三,英国决策过程中的"官僚主义惰性"起了作用,其表现为:直到毫无退路之时,决策者避免做实质性的决定,撤出苏伊士运河以东地区便是一个典型的例子。鉴于 1965 年英国在苏伊士运河以东驻军 55 000 人,每年军费支出达 3.17 亿英镑[①],英国财政部指出无力承担这笔巨大开支,要求削减军费。1966 年,政府发表的《防务评论》指出英国军事力量"分布过广",而且英国向动乱地区派遣应急部队次数过频,使英国难以承受。同时,英国认为对自己的安全直接相关的不再是"帝国",而是北约,为此必须将战略防务重点转移到西欧和北大西洋。

---

① Michael Howard, "Britain's Strategic Problem East of Suez", in *International Affairs*, Vol. 42, No. 2, 1966, pp. 179 - 183.

根据撤出方案，1967年12月，英军撤出亚丁。1971年10月，关闭英国远东总司令部，大部分驻新、马英军撤出该地。同年12月，撤销英国海湾司令部，仅在阿曼留下一支很小的驻军。1972年4月，在伦敦五国防务会议上，英国表明不再向东南亚条约组织国家派军，其保卫马来西亚和新加坡的任务改由澳大利亚和新西兰承担，同时，又减少在地中海地区的驻军。1970年，利比亚新政府解除了1953年《英利联盟条约》(British-Libyan Alliance Treaty)，英军被迫撤出。1972年，马耳他政府作出类似决定，英军随即撤出该岛。这样，到1974年，英国已不再充当世界军事强国的角色了。

此后英国采取的重大军事行动只有马尔维纳斯（福克兰）群岛战争。马尔维纳斯群岛是英国在南大西洋中的一个殖民地，阿根廷一直声称对它的主权。1981年11月，英国海军撤回了部署在该群岛斯坦利港的唯一一艘护卫舰，阿根廷认为这是英海军实力下降的表现，遂决定用武力收复该群岛。1982年4月2日，阿军在群岛登陆，时任首相的撒切尔夫人立即作出强烈反应，派出一支占其海军力量三分之二的特混舰队，共2.7万人，去夺回群岛。英国这次行动得到了美国的帮助，经过两个多月的战争，到6月份，英国恢复了对群岛的控制权。

战争使撒切尔夫人的个人声誉大震，但不意味着英帝国恢复昔日的辉煌。从英国的实力出发，它已无力这样做，它用于福克兰群岛的防务开支就高达每年2.5亿英镑。作为交战的对手来说，阿根廷的军事力量亦不强，且又是孤军作战。当时的国际环境对英国有利，第三世界和苏联都谴责英国，但未给阿根廷实质性的援助。美国和欧洲国家支持英国，这与英、法干预苏伊士运河时的情况完全不同。撒切尔夫人的个人因素也不可低估。要想在不同的时间和不同的地点重现以上所有这些条件，是不大可能的。因此说到底，这场战争只是英帝国在大撤退中的一次回光返照。

时至今日，昔日的大英帝国已不复存在，英国在海外的殖民地寥寥可数。前帝国的殖民地如今大多成了英联邦的成员国，目前英联邦拥有

53 个成员国,是世界上较大的国际性组织之一。与 1926 年英联邦初创时期相比,该组织的性质已经发生了根本的变化,它由英国及白人自治领组成的排他性俱乐部,变成了英国及原自治领、殖民地组成的包容性国际组织。英联邦的官方新定义如下:

> 英联邦是各政府的联系体,其组建的目的是使成员国得以为国际目标而相互支持和共同工作。英联邦也是最初由大英帝国联系在一起的国家"家庭",其现实的基础是语言、文化、法律和教育构成的共同传统。正是这一共同传统使得成员国能够在超过其他国家的相互信任和了解的情况下同舟共济。[1]

关于英联邦对于英国的价值,梅杰时期的外交大臣马尔科姆·里夫金德(Malcolm Rifkind)曾说,英联邦是英国施展影响力的平台:"我认为英帝国发展成英联邦绝对是一种天赐。……英联邦为我们提供了机会,去影响世界上许多政府政策……去扩展我们的文化、社会和政治联系……其结果是,我们能够影响事件的走向。"[2]说可以这么说,但英联邦对英国而言事实上已不起什么作用了,它充其量只是一个政策发布的平台。英国外交政策的重点已转向欧洲,转向与美国的紧密结盟。虽说英国人的帝国情结尚未完全泯灭,但英联邦不是英帝国,这一点却是毫无疑问的。历史好像和英国人开了一个玩笑,他们今天的领土范围与他们的祖辈们几个世纪之前开始向海外扩张时的差不多,显赫一时的"日不落帝国"似乎只是南柯一梦!

① Commonwealth Yearbook 1998. "What is the Commonwealth." http://www.tcol.co.uk/cmnwlth.htm
② House of Commons, *The Future Role of the Commonwealth*, Minutes of Evidence, pp. 143-144.

第五篇
外　交

第一章　均势、现实与理想

　　自 19 世纪中叶起,英国一直奉行"光荣孤立"的外交原则,索尔兹伯里曾在 1896 年对此作过概括:英国不参加固定的同盟与集团,保持行动自由。但当索尔兹伯里正在伦敦市长举行的宴会上炫耀英国的外交孤立时,欧陆大国已通过结盟建立了密切的关系,尤其当德国与法、俄一起迫使日本将甲午战争中侵占的辽东半岛和旅顺口归还给中国时,似乎就存在着德、意、奥三国同盟与法、俄联手的可能性,受其威胁最大的就是自我孤立的英国。

　　在布尔战争中,欧洲主要国家对英国抱有明显的敌意,使英国感到自己的"孤立"也许是光荣有余而安全不足,因此英国有意调整外交原则,放弃孤立,而它当时心目中的潜在盟友却是后来的劲敌——德国。原因似乎很简单,即德国是欧洲各大国中在殖民地问题上与英国矛盾最少的国家。1899 年德皇威廉二世(William Ⅱ)偕外交大臣毕洛(Bernhard Bülow)出访英国,为两国结盟提供了一个良好的契机。双方的会谈十分融洽,英国内阁重臣约瑟夫·张伯伦发表了热情洋溢的演说:"日耳曼族的主要性格所不同于盎格鲁-撒克逊族之处真是微乎其微,因而那种使我们同美国发生深厚同情的同样感情,也可以激发出来,从而形成我们同德意志帝国的深厚的情谊和同盟。"①但德国并没有与英国结盟的诚意,毕洛回国后对张伯伦的讲演和建议倍加嘲讽,他写道:"英国是德国所顾忌的唯一国家。"这样,英德结盟的计划便夭折了。

但在 1902 年 1 月 30 日,英国与一个亚洲国家日本结盟,正式结束了"光荣孤立"。对英国来说,这个盟约可以迅速解决英国在远东的海军力量弱于法、俄的难题,维护其在中国的利益;对日本而言,它对英国未和德、法、俄一起迫使它退出中国东北怀有好感,认为英国"一定会不惜一战来防患于未然,因此它的外交目的必然是孤立俄国,并准备在这个强国一旦陷入孤立时就要下手"②。

此例一开,类似的结盟行动便接踵而至了。1904 年英国与宿敌法国缔结协约,划分了两国在亚非等地的势力范围。1907 年《英俄协约》解决了英、俄在亚洲方面的纠纷。以上两项协约及 1893 年的俄、法同盟,使英、法、俄三国形成了协约国集团。

从表面上,英国外交原则似乎发生了根本性转折,但实质上,其操纵均势的目的并没有变,所变的只是实现这个目标的手段。蒙格(G. W. Monger)在分析外交大臣爱德华·格雷(Edward Grey)与俄国缔约的动机时指出:"格雷本人的陈述明白无误地表明,他寻求与俄国缔约的主要动机,是改变欧洲的力量对比,尤其要加上一个对付德国的砝码。"③英国外交部常务次官亚瑟·尼科尔森(Arthur Nicolson)在 1912 年谈到英国外交政策的原则时,作了十分明确的陈述:

> 我们的政策并不复杂,即不被任何人以任何方式束缚我们的手脚,要独立对自己的行动作出评判,继续与法、俄保持密切的关系,这些是和平的最佳保证。与此同时,与德国保持完美的友好关系,

① The Annual Register(1889), p. 127.
② 马里欧特:《现代英国》,姚曾廙译,商务印书馆,1973 年,第 223 页。
③ G. W. Monger, *The End of Isolation: British Foreign Policy, 1900—1907*, Nelson, 1963, p. 281.

准备与之友善地讨论任何悬而未决的问题。①

对照以往的"光荣孤立",英国仅放弃了拒绝结盟的做法,而在新形势下寻求新的均势仍是它的指导原则。1914 年第一次世界大战开始前,英国所寻求的新均势范围共包括四个地区,远远超出了欧洲的范围。

首先在欧洲,英国最戒备的是德国。1871 年普鲁士打败欧陆最强大的法国,建立起实力雄厚的德意志帝国,从这时起,英国就对德国的霸权主义感到担心,它的对欧政策就变成防止德国肢解和吞并奥匈帝国。为此,英国曾试图与德国结盟,达到影响和制约它的目的。这个努力失败之后,就转而与法、俄缔结协约,以便与日益强大的德国相抗衡。外交大臣格雷认为,尽管英国能与德国在海上较量,但在陆地上只有法、俄能与德国抗衡,他确信德国正在策划"一场迫近的与英国的搏斗"②。英国外交部对德国极不信任,针对 1909 年再度出现的与德国结盟的主张,外交部常务次官查尔斯·哈丁(Charles Hardinge)就明确表示,在可以预见的未来,英国不可能与德国结盟:"英、德、奥组成的集团不会存在多少时间,因为这个集团意味着德国在欧洲的支配地位,将不可避免地以英、德交战而告终,英国会处于一个完全孤立的境地,甚至不会得到任何强国的同情。"③从这里可以看出,英国人对德国的不信任源于德国的强大。

然而,既然英、德是欧洲最强大的两个国家,那么是否存在两国携手、共同支配欧洲的可能性呢? 英国外交部虽没有明确这样提及,但的确有一些人出于传统的联系,对德国存有幻想。尼科尔森就认为德国不会对英国的重大利益造成真正的威胁,甚至连格雷在 1913—1914 年时也倾向于相信柏林政府中存在着一个英国有可能与之打交道的温和派,

---

① G. P. Gooch and H. W. Temperley, eds., *British Documents on the Origins of the War*, *1898—1914*, London: HMSO, 1926—1938, Vol. 6, pp. 738 – 739.

② G. P. Gooch and H. W. Temperley, eds., *British Documents on the Origins of the War*, *1898—1914*, Vol. 6, p. 279.

③ K. Wilson, *The Policy of Entente*, Cambridge: Cambridge University Press, 1985, pp. 77 – 78.

尤其是在 1914 年初的几个月里,格雷主张缓和英、德之间的紧张关系。
奥地利大公弗朗茨・斐迪南(Franz Ferdinand)在萨拉热窝被刺后,格雷
甚至想依靠德国来影响奥匈帝国,以免作出强烈的反应。① 但这些努力
终归还是失败了,第一次世界大战因萨拉热窝事件而爆发。

英国和法国的关系在 1904 年英法协约之后不断改善,1905 年,两国
军事领导人通过秘密谈判,在英、法关系中增加了军事合作的内容。② 此
后,英国在法国遇到麻烦时便给予有力的支持,尤其是在 1911 年的摩洛
哥危机中,法、德两国剑拔弩张,处于战争边缘。英国政府于 7 月 21 日
作出表态,财政大臣劳合・乔治在伦敦市长官邸正告德国:英国将"不惜
冒一切危险来维持它在世界各大国中的地位和威望"③。德国根据这项
声明推断英国有可能会为法国而战,才未使这场危机演变为战争。但英
国仍疑心法国对低地国家存有侵略野心,而低地国家是英国十分关切的
敏感地区。在整个 19 世纪,英国竭力维护低地国家的独立,以防欧洲强
国以此为跳板入侵英国。所以当德国开始入侵比利时之时,英国便毫不
犹豫地对德宣战。

其次在亚太地区,英国希望与自治领联起手来对付其他的竞争对
手。20 世纪初,它主要关注的重点在澳洲殖民地,英国一方面支持澳大
利亚和新西兰成为帝国内的自治领,另一方面借助它们的力量维护帝国
的利益。在澳大利亚自治领成立仅仅 3 年之后,英国就将澳洲的陆地防
卫任务移交给澳洲,撤走了全部英国陆军。英国皇家海军虽然继续负责
海上安全,但英国要求殖民地组建自己的舰队,并分担英国海军的部分
开支。澳大利亚还先后 4 次参与了英国的军事行动,给英国提供了极大
的支持:第一次是参加针对新西兰毛利人的战事,第二次是派军队前往

① Z. S. Steiner, *Britain and the Origins of the First World War*, Palgrave Macmillan, 1977, pp. 149-151.
② Keith Robbins, *Sir Edward Grey*, Cassell, 1971, pp. 145-149.
③ John Grigg, *Lloyd George: The People's Champion*, 1902—1911, Eyre Methuen, 1978, pp. 308-309.

苏丹协同平息当地的暴动,第三次是参加南非的布尔战争,第四次是充当英国侵略中国的帮凶,派兵参与对义和团的镇压。"所有这四次海外战争都是源自当地反抗外国控制的暴动,澳大利亚军队都是站在帝国一方作战,镇压民族独立。"①

第三个地区是地中海和中东,在这里,英国的主要目标是保卫通往印度的军事和商业通道。为此,英国在地中海的直布罗陀、马耳他和塞浦路斯修建了军事基地,在埃及培植亲英政府,在亚丁设立了有武装保护的燃料供应站,使英国海军有效地控制了这些地区和附近海域。同时,它在这个地区的另一个目标是遏制俄国。出于对俄国的担忧,英国曾两度入侵阿富汗(1839—1842年,1878—1881年),又始终支持土耳其奥斯曼帝国,防止俄国鲸吞这个"西亚病夫"。《英俄协约》部分解决了两国的纠纷,直到1914年,英国也成功地限制了俄国对奥斯曼帝国的影响。但英国却未能阻止德国在1870—1914年间对这个帝国的经济渗透,而这就使奥斯曼帝国在一战开始后站到了德国一边。

第四个地区是加勒比,在这里,英国的主要目标不仅是要确保英属殖民地的安全,而且还要保护英国与南北美洲的贸易往来,防止美国的渗透。英国海军曾成功地使加勒比地区处于英国的支配之下,不过,进入20世纪后,在实力越来越强大的美国的压力下,英国逐步退让,渐渐将保卫加勒比海上通道的任务转交给美国海军。

总而言之,在以上四个地区,19世纪英国的外交卓有成效,但1900年之后,其总体地位遭到削弱,重要的标志是逐渐丧失制海权。诚然,英国此时对殖民地的控制仍很稳固,但海军不再具有超过其他两强之和的实力。美国、德国和日本的海军缩小了与英国海军的差距,它们在自己国家附近的海域已对英国海军构成挑战。转让加勒比地区的制海权已经表明:英国在某些地区丧失了独自控制航线的能力。因此,在大英帝国最显赫的时期,它已经开始走下坡路了。

---

① 麦金泰尔:《澳大利亚史》,潘兴明译,东方出版中心,2009年,第130页。

但英国未意识到世界大战近在眼前,因此对战争的准备不足。在对欧洲局势的判断上,英国虽感到最大的威胁来自德国,但英、德关系尚未恶化到军事冲突的地步,相反,在1914年还出现了改善的迹象。这时,协约国与同盟国的关系并不像1911年摩洛哥危机时那么紧张,即使在奥地利大公斐迪南遇刺后,英国也将它看作是一个地区性事件,还指望德国帮助解决奥地利难题。不管怎么说,英国人并不准备为波斯尼亚人的利益去跟德国人打仗。而且,英国的海军实力下降,陆军的规模较小,装备较差,战斗力有限,与大陆各国相比有不小的距离,因此英国对自己的军队能否参加欧洲战争颇感到怀疑。

此外,在1914年初夏,英国政府的主要精力放在爱尔兰问题上,当外交大臣格雷在7月24日向内阁成员宣读奥地利致塞尔维亚的照会时,在场的阁员都没有想到局势已经如此严重,温斯顿·丘吉尔记叙说:

> 他(格雷)已经朗读或讲述了好几分钟之后,我才将思绪从刚结束的乏味而不得要领的辩论中摆脱出来。我们大家都很疲劳,但随着格雷的言辞不断传来,我的心里形成了一个截然不同的印象。这份照会显然是一份最后通牒,是一份在近代史上史无前例的最后通牒……①

既然英国从上到下都未做好战争准备,而且德、奥、意似乎也不打算把战火烧到不列颠群岛,那么又是什么原因使英国卷入第一次世界大战呢? 首先,自由党政府害怕英国在欧洲孤立,格雷认为英国参战所付出的代价不会比不参战大,他说:"如果战争降临,而英国袖手旁观的话,以下两件事中的一件就会发生:(1)德国和奥地利赢得胜利,彻底打败法国,使俄国蒙耻……那么一个没有盟友的英国又地位何在呢?(2)如果法国和俄国获胜,那么它们又会怎样对待英国? 印度和地中海又会怎样呢?"②此处,英国将自身的利益与欧战的结果、与均势联系起来,反映了

---

① Winston Churchill, *The World Crisis*, *1911—1914*, Thornton Butterworth, 1923, p. 193.
② K. Wilson, *The Policy of Entente*, Cambridge University Press, 2009, p. 79.

过去一个世纪中英国外交政策的特点。

参战的第二个原因是保卫和扩张帝国。庞大的大英帝国与欧洲列强的殖民地犬牙交错地分布在世界：南非与德属西南非洲交界，澳大利亚、新西兰与德国在南太平洋的殖民地德属新几内亚为邻……德国与协约国交战，显然会危及英国海外属地的安全，如果协约国打败德国，英国便可瓜分德国的殖民地，扩大自己的领土，增强在世界上的影响力。英国自然不愿放过这个机会。同时，英国需要加强与自治领的联系，共同的奋斗为此提供了机会，各自治领似乎对英帝国忠心耿耿，澳大利亚首任总理埃德蒙·巴顿(Edmund Barton)这样说："冒犯我们中的任何一个，就等于冒犯了我们大家。"①事情是否真的如此，英国想在战场上看个究竟。

第三个原因是保卫本土安全，虽然自11世纪诺曼征服后英国本土就再未受到外敌的入侵，但如果法、比、荷等国都被德国征服，英国本土就危在旦夕。以后英国把军队主力放在西线，道理也在于此。此外，根据1830年的承诺，英国对比利时中立还承担责任。

尽管有这些理由，英国高层仍有人反战，在执政的自由党内，以下院议员阿瑟·庞森比(Arthur Ponsonby)为首的自由党外交事务组就反对参战，并声称得到数百名议员的支持。但到真正开战的时候，站在这个团体一边的仅有20—30名议员。反战的主要理由是费用巨大，并认为英国海军足以保卫国家。但更强大的反战势力在内阁之中，据推断，内阁20名阁员中有一半是反战派，不过战事开始后情况就发生变化。德军进攻比利时，破坏了该国中立，迫使英国必须宣战。一些持迟疑和反对态度的阁员对英国作战计划不知情，以为英国只需出动海军，假如他们知道英国会派出远征军渡海参战，就可能反对了。此外，如果内阁不能就参战问题保持一致立场，主战的阿斯奎斯、霍尔丹(Richard D.

---

① Stuart MacIntyre, *The Oxford History of Australia*, Melbourne: Oxford University Press, 1986, Vol. 4(1901—1942), p. 139.

Haldane)以及格雷等就要辞职,自由党政府也就垮台了。1914年8月2日,保守党两位重要人物博纳·劳(Andrew Bonar Law)和兰斯多恩(Lord Lansdowne)写信给阿斯奎斯,敦促他立即支援法国,阿斯奎斯知道这是保守党施加压力,因此他在内阁会议上指出:政府如果不作出决定,就会被赶下台。在这种情况下,自由党和工党中的反战派转而支持参战,连爱尔兰自治运动的领袖约翰·雷德蒙(John E. Redmond)也表示支持战争。于是,英国在8月4日以德国破坏比利时中立为由,对德国宣战。

战争期间,英国外交部主要关注两项工作:第一,制定战后对德政策,建立新均势。英国称这场战争是"终结一切战争的战争",具体地说,就是要建立永久安全体系,防止德国军国主义东山再起。战后对德政策的指导原则就是依据这一目标,在大大削弱德国的基础上重建各大国均势。因此,外交部主张不仅要根除德国的军国主义,而且要强迫它进行政治和社会改革,把德国变成一个和平国家。但政府中的其他官员和军方比较温和,劳合·乔治认为维持持久的和平,其前提之一是确认:"像德国这样一个伟大的国家必须存在下去。"[1]军方主张对德国进行惩罚和威慑,但不要强迫他们改造社会,1915—1918年任英帝国参谋总长的威廉·罗伯森(William R. Robertson)认为,一个受到惩罚但强大的德国,也许会对欧洲的均势作出贡献。政界和军界都担心战后的俄、法太强大,他们也对美国的影响感到担心,想竭力避免美国干涉欧洲事务。总之,英国对战后德国的设想仍基于传统均势原则,即防止出现过于强大的国家。

第二,维护与美国的贸易关系,确保军需供应,同时避免受制于美国。由于战争物资不足,英国和协约国大量从美国购买,而美国则借机既在经济上获利,又在政治上扩大它对欧洲的影响。战争期间,美国对

---

[1] J. Griggs, *Lloyd George: from Peace to War*, *1912—1916*, Methuen, 1985, pp. 419 - 420.

协约国的贷款为 100 亿美元,提供各种物资总价约 105 亿美元,成为欧洲的大债主。不过英国不愿让美国人发号施令,1916 年后期,美国总统伍德罗·威尔逊(Woodrow Wilson)向英国施压,要求协约国与德国媾和,遭到英国拒绝,英美关系下降到最低点。但由于美国的物资支持以及后来又直接参战,英国不得不从现实出发,将英美关系置于非常重要的位置上。

大战深刻影响了英国外交政策的走向。1914 年,英国意识到自己的实力已非昔日可比,因此在国际事务中奉行"现实政治",避免过多卷入与己不相干的冲突和纠纷。但英国成为战胜国后,自我感觉又好起来,重新去扩大国际影响。这样,从战争结束到 1939 年,英国推行"过度扩张"的外交政策,超出了英国的承受力。"现实主义"与"理想主义"在这段时间里激烈交锋,争夺对外交政策的决定权。

一战结束后,英国决策圈中有相当一部分人将这场大灾难归罪于战前的"现实政治"外交原则,转而青睐被冷落已久的理想主义外交。他们将希望寄托在新成立的国际联盟上,认为它提供了集体安全体系,可以阻止战争的再度爆发。

战后召开的"凡尔赛和会",从大国外交的角度看,其实质是英、法携手,与美国对抗。劳合·乔治率英国代表团前往巴黎时,已受到来自国内的巨大压力。英国民众要求严惩德国,迫使它交付巨额赔款,削减军队,并要求重建英国经济,迅速恢复正常生活。英国政治家将赔款问题作为拉选票的重要筹码,海军大臣对剑桥的选民说:"如果本政府再度执政,德国人就将付出手中的每一个便士,他们会像一只柠檬那样被榨干。"①但对如何确保未来的安全,英国人却显得不够关心。这个情况与法国不同,法国总理克里孟梭(Georges Clémenceau)为铲除德国的威胁,采取了联英、抗美的策略,他在提到美国总统威尔逊的"十四点"时带着

---

① Robert Skidelsky, *John Maynard Keynes: Hope Betrayed*, *1883—1920*, Macmillan, 1984, p. 378.

讥讽的语调说:上帝也只需要"十点"①。为了瓜分德国殖民地,得到更多的战争红利,英、法一拍即合,控制了和会和《凡尔赛和约》(Treaty of Versailles)的拟定。

在有关德国的领土、军备及战争赔款问题上,和约基本贯彻法国的主张,因而被英国一些内阁成员称为"法国文件"②。英国在和会上得到了它想要的德属殖民地,包括德属东非(即坦噶尼喀)、西南非洲(由南非托管)、德属新几内亚(由澳大利亚托管)、萨摩亚(由新西兰托管)。1921年,英国又得到对中东地区的巴勒斯坦、约旦、伊拉克和海湾诸酋长国的委任统治权。显然,英、法两国不仅是巴黎和会的操纵者,也是最大受益者。美国对此甚为不满,此时美国国内盛行孤立主义,美国国会遂拒绝批准《凡尔赛和约》,也不参加国际联盟。

和会上取得的成功使英国外交界喜出望外,急欲重振雄风,以积极的态度介入战后国际秩序的建立,这样,"理想主义"原则逐渐盛行起来。英国认为新的国际秩序应通过两种机制来实现:其一,进一步完善国际法,制定有法律约束力的条约和协定,以法治乱,维护世界的稳定。其二,建立新的外交合作渠道,加强双边或多边沟通,以合作取代对抗,以谈判取代战争,其中,英国尤其重视国际联盟。

什么是"理想主义"外交原则? 简而言之,就是通过法律手段和合作外交来和平解决国际争端。但这种理想从一开始就受到两大因素制约,第一是美国不合作,如上文所述,美国在巴黎和会上未能得手,于是便重返"孤立主义"老路,对英、法新秩序采取不参与、不合作的态度。英国本以为摆脱美国的干预可使英国有更大的行动自由,从而重建其霸主地位,但它的国力已大不如前,加上在大战中欠下美国40多亿美元债务,因此心有余而力不足。1920年5月,英国军方就对英国控制扩大后的帝

---

① Robert Holland, *The Pursuit of Greatness: Britain and the World Role*, 1900—1970, Fontana Press, 1991, p. 89.

② K. Morgan, *Consensus and Disunity: the Lloyd George Coalition Goverment*, 1918—1922, Clarendon Press, 1979, p. 139.

国的能力表示担心,英军总参谋长抱怨兵力不足,驻防地过于分散。英国政府无力承担各种干预和调停任务,使国际联盟从一开始就陷于瘫痪,打击了各国政府对国际联盟的信心。

第二个制约因素是"现实政治"的传统原则,英国外交官往往在公开的一般性场合大力宣扬理想主义,在私下的具体外交工作中又执行现实主义,给人以表里不一的印象。这方面的一个例子是 20 年代中期的"摩苏尔争端":摩苏尔是土耳其南部一个地区,可能蕴藏着丰富的石油资源,英国想将它划归伊拉克,以置于自己的控制下。土耳其的凯末尔政府表示反对,英国于是主张将此争端交给国际联盟的行政院处理,以体现理想主义的外交姿态。但由于英国是行政院的主要成员,该院在 1925年 12 月作出有利于英国的决定。土耳其政府拒绝接受这项决定,随后又不接受国际法院做出的关于该决定有效的裁决,声称要在摩苏尔发动游击战。这样一来,国际联盟就束手无策了,英国立刻改用"现实政治"的手法,执行强权外交,威胁要对土耳其实施制裁,并直截了当地告诉土耳其:若拒绝英方要求,将承担"严重的后果"。土耳其被迫于 1926 年 6月与英国、伊拉克签署条约,宣布土耳其承认国联的决定,从此,摩苏尔并入伊拉克版图。

尽管如此,英国还是在 20 世纪 20 年代通过一系列国际会议制定多项国际条约,在一定程度上实现了理想主义外交目标。1921 年 11 月—1922 年 2 月的华盛顿会议及其所达成的 3 项条约是对巴黎和会和《凡尔赛和约》的补充,从而形成了两次世界大战之间左右国际秩序的"凡尔赛-华盛顿体系"。这次会议对英国来说既有收获又有损失,根据《限制海军军备条约》,英国保住了一流海上强国的地位;《九国公约》则限制了日本独霸中国的野心,保护了英国的在华利益;《四国条约》却迫使英国终止英日同盟,"使英国在远东的地位受到永久性削弱"[1]。

1923 年 1 月 10 日,法国突然出兵占领德国的煤炭产地鲁尔区,英国

---

[1] W. N. Medlicott, *British Foreign Policy Since Versailles*, Methuen, 1968, p. 31.

担心此举会破坏欧洲和平,给法国带来太大的经济好处,于是公开反对法国的行动。英国媒体说:法国是在"用刺刀挖煤炭"[①]。美国也不赞成法国的军事占领,于是两国迫使法国同意召开国际专家委员会,研究德国赔款问题。美国金融家查尔斯·道威斯(Charles G. Dawes)和英国金融家雷金纳德·麦克那(Reginald McKenna)出任专家委员会两主席。1924年4月9日,专家委员会提出了著名的"道威斯计划",其内容除规定赔款事项外,还要求法国撤军,更重要的是通过外国贷款,来帮助德国恢复经济。

　　1924年,奥斯汀·张伯伦出任外交大臣,英国更积极地介入欧洲事务,对德国也显得比较宽容。德国在1924年9月提出加入国联和修改《凡尔赛和约》,英国单独与德国谈判,要它同意以国际保障的方式解决西部边界安全问题,以此打消法国的疑惧,不反对德国加入国联。美国对此表示支持。作为结果,各国于1925年10月召开洛迦诺会议,签订了《洛迦诺公约》(又称《莱茵保证公约》),英国为德国西部边界的现状和安全提供保证,德国遂于次年加入国联。至此,英国的理想主义外交政策步上高峰,以后它又筹备和参与国际裁军会议,签署《白里安-凯洛格非战公约》,声称"反对用战争解决国际争执"。在对德关系上,英国改变"榨干"德国的方针,认为应该维持德国经济的正常运转,这样可以使德国有能力支付赔款,同时避免德国过于弱小而破坏欧洲的均势。英国还主张削减德国赔款总量,让德国延期付款;在德国参加国联的问题上,英国也予以支持。

　　20世纪20年代,英国还调整了英、苏关系。苏俄诞生后,英国和其他西方国家一样急欲将它扼杀在摇篮里,于是派兵进行武装干涉。武装干涉失败、苏俄政权得到稳固,英国从现实主义出发,决定承认苏俄的存在。作为第一步,英国于1921年3月与苏俄互换代办,并签订贸易协

---

① K. Middlemass and J. Barnes, *Baldwin: a Biography*, Weidenfeld and Nicolson, 1969, p. 150.

定。1924年2月工党政府执政时,英国与苏联建交。

进入30年代,以"现实政治"为内容的现实主义外交一度回归英国外交界,国际联盟此时已成为摆设,无力解决国际纠纷,日本和德国甚至退出了这个国际组织。英国开始重视英美关系,依靠美国的力量来维持世界秩序。麦克唐纳于1929年再次出任首相,他在下院宣布工党政府要解决的两大问题是失业与和平。麦克唐纳一贯重视外交工作,在他1924年首次任首相时,就兼任外交大臣的职务。这一次他把这个重要职务给了阿瑟·亨德森,但他明确表示仍要过问重大的外交问题。

此时麦克唐纳最重视的是英美关系,他在1929年10月访问美国,受到美国各界的热烈欢迎。通过与美国合作,《伦敦海军条约》(London Naval Treaty)于1930年4月签署生效。但美国受大萧条的冲击和孤立主义的影响,对欧洲事务不感兴趣,后来在30年代的一些国际危机中,美国又采取与英国不同的立场,使英国一再感到自身力量不足。30年代英国执行绥靖主义政策,在一定程度上就是力量不足的表现。"九·一八事变"和意大利侵略埃塞俄比亚,将英国的绥靖政策暴露无遗。

日本发动"九·一八事变"后不久就占领了中国东北,1932年又出兵上海。美国不愿看到日本势力过于强大,也担心美国在华利益受到损害,因此对日本的侵略表示反对,并号召各国共同行动,制止日本的侵略。英国拒绝了美国的建议,主要原因是:一、担心激怒日本,影响英国在亚洲的殖民地。事变发生后,英国主要关心如何保护英国在中国和亚洲的利益,因此愿意对日本采取绥靖政策。二、英国认为主要的威胁来自德国,因此不愿对亚洲的危机投入过多的精力。财政大臣内维尔·张伯伦主张与日本达成谅解,英军总参谋部则提出警告说,它没有足够的兵力同时在欧洲和远东开战。三、英国仍希望将"祸水北引",希望日本与苏联发生冲突,正如同它希望将希特勒"祸水东引"一样。

对于意大利侵略埃塞俄比亚的行径,英国本应予以干涉,因为周边有英国殖民地。但英国外交部认为此举不会对英国在东北非地区的利益造成损害,而且英国政府担心如果英国坚决反对意大利的侵略,会使意大利与德国更紧密地联合;同时,如果墨索里尼的地位不稳,意大利共产党就有可能乘虚而入。因此,英国决定采取不干涉政策,听凭埃塞俄比亚由命运安排。事实上,英法两国还于1935年12月制订"霍尔-赖伐尔计划"(Hoare-Laval Pact),筹划将埃塞俄比亚的大片领土割让给意大利。

　　英国在两次危机中采取的绥靖政策,虽说使英国利益暂时无损,却使"国际联盟作为一个具有强制力机构的声誉……完全毁掉了"①。平心而论,英国一些有识之士对德国的威胁是有所警惕的,早在1928年,英国驻德国大使霍勒斯・朗博尔德爵士(Sir Horace Rumbold)就告诫说:"每消除德国的一种不满……〔就使它提出〕新的要求。"②1933年他又警告说:英、德战争可能在4—5年内爆发。③但直至1939年希特勒发动第二次世界大战,英国政府都不愿对他的侵略行为作强有力的回应,而是一味姑息退让。1934年,希特勒在国家预算中大幅度增加防务开支,英国向德国发出照会表示关注,但德国不予理会。1935年,德国政府正式宣布不履行《凡尔赛和约》中限制德国军备的条款,恢复征兵制。英国政府的反应是:希望与德国谈判解决这个问题,说服它重新加入国际联盟,为达到这个目的,英国甚至准备将一些原德属殖民地还给德国。④但德国继续推行对抗政策,一年后,德军就进兵莱茵区,开到了法国和比利时边界。英国外交大臣艾登仍希望能与德国达成一项互不侵犯条约,以解决两国间的纠纷。1936年6月18日艾登在下院说:政府的目标是"不折不扣地实现欧洲和解,息事宁人"⑤。

　　1937年5月内维尔・张伯伦接任首相,继续推行绥靖政策。他十分

① Ruth Henig, ed., *The League of Nations*, Edinburgh: Oliver & Boyd, 1973, p.117.

② C. J. Bartlett, *The Global Conflict: the International Rivalry of the Great Powers*, 1880—1970, Longman, 1984, pp.175–176.

③ C. J. Bartlett, *ibid.*.

④ Norton Medlicott, "Britain and Germany: the Search of Agreement 1930—1937", in David Dilks, ed., *Retreat from Power*, London: Macmillan, 1981, p.92.

⑤ C. J. Bartlett, *British Foreign Policy in the Twentieth Century*, p.41.

欣赏英国驻柏林大使内维尔·亨德森(Neville M. Henderson)对德国的温和判断,英军总参谋长提交给张伯伦的报告中,也认为德国在东、中欧的战略计划对英国没有威胁。在亨德森和总参谋长的影响下,张伯伦默认德国吞并奥地利,他也担心德国的野心会越来越大,最终破坏欧洲和平,因此,他迫切地想和德国达成某种协议,全面解决各种纠纷。

1938 年夏,希特勒制造了苏台德危机,企图把捷克斯洛伐克的苏台德地区并入德国。张伯伦闻讯后十分担忧,因为法国在 1925 年与捷克签订过一项条约,根据该项条约,法国应在德、捷爆发战争时加入战争。

当时,德国已制定了进攻捷克的"绿色方案",德军将在 10 月 1 日进入捷克。英国不打算干涉德军的行动,但不想看到战争的爆发。因此,在 9 月 15 日,当德国与捷克斯洛伐克的谈判仍无结果时,张伯伦竟不顾 69 岁的高龄,平生第一次乘坐飞机,前往德国面见希特勒。双方最终达成协议:在苏台德举行公民投票,以确定其归属。次日,张伯伦飞回伦敦,得到了本国政府和法国政府的支持。9 月 19 日,英法政府联合向捷克政府提交"建议书",要求捷方接受德国的要求,坐视德国兼并苏台德。但是当 9 月 22 日张伯伦再次飞往戈德斯堡会见希特勒时,他发现希特勒变得更加强硬了,提出了德军立刻进占苏台德的新要求。德国的这些新要求传到英国时,内阁深感震惊。外交部常务次官亚历山大·卡多根(Alexander Cadogan)写道:"我情愿战败也不愿名誉扫地,在这件事后我们怎么有脸去见外国人? 我们怎么能保得住埃及、印度和其他地区?"①

9 月 24 日,张伯伦返回英国。此时,美国总统罗斯福提议召开一个国际会议来和平解决这场危机。希特勒于 9 月 28 日表示接受美国的建议,向英、法、意三国领导人发出邀请,于次日在慕尼黑召开国际会议。9 月 29 日,张伯伦第三次飞往德国出席慕尼黑会议,与会者除希特勒外,还有墨索里尼和达拉第。经过一番争论,在捷克斯洛伐克代表不在场的

---

① David Dilks ed., *The Diaries of Sir Alexander Cadogan*, 1938—1945, Cassell, 1971, pp. 103 - 104.

情况下签署了了"慕尼黑协定",满足了德国吞并苏台德的野心。

张伯伦回国时洋洋得意,他走下飞机,一边挥舞一张纸,一边宣称:"这是我们时代的和平。"这张纸是他和希特勒签署的《英德宣言》(Anglo-German Declaration),双方宣布不打仗,德国也不再提出新的领土要求。但墨迹未干,德军就在 1939 年 3 月开进捷克斯洛伐克的其他地区,吞并了整个国家。事到如此,张伯伦也不得不承认"在希特勒抛弃了他的所有保证之后,我刚有时间进行思考,立刻就发现绝不可能再和希特勒打交道了。"①至此,英国的绥靖政策完全失败了,理想主义外交也宣告破产。

针对德国向波兰提出但泽走廊的问题,英国和法国于 3 月 31 日宣布向波兰提供安全保证;4 月 6 日,英国与波兰缔结互助条约,并对罗马尼亚和希腊的独立提供保证。4 月 15 日,英、法、俄在莫斯科开始互助条约谈判,但久拖不果。4 月 28 日,希特勒废止了 1935 年的英德海军协定,并废除 1934 年的德波互不侵犯条约。8 月 23 日,德国与苏联签订了《德苏互不侵犯条约》,紧接着,德军在 9 月 1 日入侵波兰。9 月 3 日,张伯伦以感伤的语调宣布英、德进入战争状态,第二次世界大战爆发了。

二战的爆发标志着英国外交政策的失败,这个失败是对德国及其他侵略国一昧妥协、执行绥靖政策的结果。英国在 20 世纪 30 年代的国际事务中依靠两个支撑点,一是国际联盟,二是集体外交行动。但由于英、法等国执行绥靖政策,国际联盟在处理日本侵略中国和意大利、吞并埃塞俄比亚问题时软弱无力,威信丧尽,在国际事务中已不发挥任何作用。在集体外交行动中,英国对德国的扩张主义又无所作为,助长了希特勒的侵略野心,终至形成"慕尼黑协定"这样英国外交史上的奇耻大辱。平心而论,英国的实力还没有软弱到不敢直着腰跟德国人讲话的地步,因此有必要深层探讨其外交失败的原因。

首先,英国一直把苏联视为最大威胁,因此在外交上对德国姑息忍

---

① Keith Feiling, *The Life of Neville Chamberlain*, Macmillan, 1947, p. 401.

让,企图将"祸水东引",希望在德、苏战争中两败俱伤,英国可收渔翁之利。鲍德温在 1936 年就曾表示:他担心打败了德国,会为共产主义敞开大门。苏联在 1936 年参与西班牙内战,更加引起英国的担心。[①] 张伯伦在 1938 年 9 月 21 日对美国大使明确表示:"战争是文明的终结——接踵而来的是共产主义或者更糟。"[②]张伯伦相信德国侵苏的可能性非常大,并且说:"在那种情况下,我们完全可以袖手旁观。"[③]

其次,英国担心对德国态度过分强硬,会导致新的战争爆发,英国即使在战争中获胜,付出的代价也太大:经济实力会下降,平等主义有更大的市场,国内的紧张气氛和不满情绪会增加。在国际舞台上,经受战争破坏的欧洲将为共产主义提供沃土,力量对比将有利于苏联;受害的是大英帝国,获益的可能还有美国和日本。这样一个推测,有许多在二战之后变为现实,所以英国坚持维持现状、避免发生战争,这种策略不能不说具有某种前瞻性。只是希特勒的侵略野心超出了英国的估计,英国没有设想到:希特勒想和日本瓜分世界!

最后,理想主义在 30 年代弥漫于社会,很大程度上左右了英国外交。但理想主义的两大支柱却走向崩溃了,以集体外交的方式或依靠国际联盟清除战争威胁的做法,已经行不通。在这里,我们看到事物的两个方面互为表里:绥靖主义破坏了理想主义外交的两大支柱,而两大支柱的坍塌又滋长了更多的绥靖主义。英国在 20 年代的理想主义外交中似乎尝到了甜头,但这个"甜头"却建立在英国实力大大跌落的基础上,英国以为理想主义外交可以填补国力的空虚——但事实证明那只是一个虚幻!

英国作为一个西方强国,在两次大战期间的外交活动中所起的作用是举足轻重的,其影响并不亚于二战后的美国。不幸的是,英国在这 20

---

① C. J. Bartlett, *British Foreign Policy in the Twentieth Century*, p. 51.

② Ibid.

③ B. Bond, *Chief of Staff: the Diaries of Sir Henry Pownall*, Leo Cooper, 1972, Vol. Ⅰ, p. 174.

年中推行不切实际的理想主义外交,而且在这种外交原则处处碰壁时仍墨守成规,直到战争爆发前夕才大幅度调整外交战略,重新奉行现实主义外交原则。因此,从总体上看,两次大战之间的英国外交是不成功的。英国至多只争取到了一点备战时间,稍微推迟了大战的爆发,却未能阻止大战的再度降临。

第二章　二战中的外交及影响

　　第二次世界大战开始后,英国政府在外交上恪守现实主义原则。在战时,军事行动压倒一切,但外交活动仍在积极进行之中,尤其在大战后期为决定战争结束及战后一系列问题而进行的高层外交更加引人注目,其作用在某种意义上并不比军事行动逊色,而且其影响更加广泛和深远。二战结束时建立的"雅尔塔体系"支配世界格局达四十余年之久,就是一个证明。

　　英国对德宣战后并未立即与德军交火,也未发兵驰援波兰,看上去英国对德军攻占波兰并不怎么在意。但是,当苏联军队于 9 月 17 日从东面越过苏波边境时,英国感到事态的严重,担心德苏结盟,在瓜分波兰后挥师西进,共同对付英法。事态的发展加剧了英国的忧虑,11 月 30 日苏军侵入芬兰。第二天,一个由苏联支持的奥托·库西宁(Otto V. Kuusinen)领导的芬共政府成立,英国立即决定给芬兰提供援助抗击苏联,但由于挪威和瑞典不准援助物资过境,所以英国的援助计划未能实施。在这种情况下,英国向法国增派远征军,因此,在大战开始阶段,英国对苏联的担心超过对德国的担心。

　　1940 年 5 月 10 日,希特勒的坦克打破了西线的平静,德军借道比利时,迅速攻入法国。英国除在战场上抵抗德军外,在外交上则力图阻止意大利参战。5 月 14 日,美国驻巴黎大使将意大利外长加莱阿佐·齐亚诺(Galeazzo Ciano)的一次讲话转达给法国,并认为意大利有可能站在德国一方参战。但直到 5 月 26 日战事吃紧时,法国总理保罗·雷诺(Paul Reynaud)才来到伦敦,将美国的转告通知了英国。英国主张给意大利一些好处,避免它参战。为此,英、法两国共同起草一份照会,同意在战争结束时满足意大利的某些要求。次日,法国政府起草了一个更大的让步计划,准备将大片法属非洲殖民地割让给意大利。但意大利的参战决心已下,墨索里尼在 5 月 25 日就写信告诉希特勒:意大利准备参战。6 月 10 日,意大利宣布参战,英、法的外交努力遭到挫败。

6 月 4 日,英法盟军完成了敦克尔刻大撤退,德军兵临巴黎城下,法军士气低落。法国政府准备放弃抵抗,英国则主张战斗到底。为了避免单独作战,英国试图说服法国继续战斗。6 月 11、12—13 日,丘吉尔首相率外交大臣艾登等军政要员前往法国,与法国总理雷诺、西线盟军总司令魏刚(Maxime Weygand)等人举行会议,劝说法国不要停战。6 月 14日,由英国起草的一个建立英法联盟的草案通过英法经济合作委员会提交给英法两国政府,草案说:"在现代世界历史如此危急的关头,联合王国政府和法兰西共和国政府声明永不分离地联合起来,以不可动摇的决心共同捍卫正义和自由,反对把人类变成机器人和奴隶的奴化制度。"① 根据这项草案,英法两国合并为"英法联盟",建立共同的机构决定防务、外交和经济政策,两国的军事机构、立法机构也予以合并,两国公民享有共同的公民权。草案还表示:"联盟将竭尽全力在任何战场上同敌人的有生力量相对抗。这样我们就一定能够取得胜利。"② 英国议会在 6 月15 和 16 日认真讨论了这个草案,但法国内阁在 16 日召开的会议上,根本没有提及这个方案。由于内阁中主张停战的意见占了上风,主战的雷诺总理于当晚内阁会议结束后宣布辞职。同日晚上 10 点,主和的菲利普·贝当(Henri Philippe Petain)接任总理,英法联盟计划夭折。

---

① J. B. Duroselle, *Histoire Diplomatique: de 1919 a Nos Jours*, Dalloz, 1978,p. 276.
② Ibid.

贝当上台后即宣布法国退出战争。丘吉尔希望法国能够将舰队转交给英国,用于对德作战,但被拒绝。失望之下,英国转向法国的反停战组织,尤其是以戴高乐(Charles de Gaulle)为首的抵抗运动。很快,就有大批反停战的法国人士来到伦敦,包括戴高乐。6月18日,到伦敦的第二天,戴高乐就在英国广播电台发表了著名的演说,号召法国人民继续战斗,伦敦也成了"自由法国运动"的中心。英国政府还派新闻大臣达夫·库珀和戈特将军前往拉巴特,会见在该地的25名法国议员,包括芒代尔(George Mandel)和达拉第(Edouard Daladier),商讨建立抵抗政府的事。后因贝当政府逮捕了芒代尔,这个计划未能实行。

6月22日,德、法签署停战协定,当晚英国召回了驻法大使。7月4日,英国舰队袭击法国舰队,法国宣布与英国断交,英国陷入了与德国单独作战的险境。此后,丘吉尔就把争取美国支持,发展英、美关系作为英国外交的首要任务。

还在德军进攻西线后不久,丘吉尔就以英国首相的名义给富兰克林·罗斯福总统发出电报,要求"美国借给英国40或50艘旧驱逐舰,使我们能够从我们现在拥有的舰队,向我们在战争初期开始建造的巨型舰队顺利过渡"[1]。罗斯福倾向于同意英国的要求,但考虑到国内反对卷入欧洲战争的呼声很高,便指示有关部门与英国进行谈判。不列颠空战打响不久,英美双方交换了照会,英国同意把在美洲的纽芬兰、百慕大、巴哈马、牙买加、安提瓜、圣卢西亚、特立尼达和圭亚那等地的军事基地租借给美国,租期99年。美国则向英国租让50艘驱逐舰,并同意出售大量军火。但英国很快就出现资金困难,到1940年11月,英国给美国支付了45亿美元,欠款约20亿美元,而英国还需要购买更多的美国武器。12月8日,丘吉尔给罗斯福写了一封长信,将上述情况告知罗斯福,暗示说,英国经济若崩溃,对美国的利益也是伤害。第二天罗斯福收到了这封信,他明白这封

---

[1] John Baylis, *Anglo-American Defence Relations, 1939—1984*, Palgrave Macmillan, 1984, p. 3.

信的分量,也知道丘吉尔想要什么。12 月 17 日,罗斯福在记者招待会上向与他相处甚为融洽的记者们作了一个生动的比喻:如果邻居的房子失火,你会毫不犹豫地把水管子借给他使用,等他把火扑灭后再和他算账。接着他切入正题,提议建立一种租借制度,将英国和其他友好国家需要的战争物资"租借"给他们。12 月 29 日,罗斯福在广播中向全国公布了这个建议,他说:"我们必须成为民主国家的大兵工厂。"1941 年 1 月 6 日罗斯福向国会正式提交《租借法案》(Lend-Lease Act, An Act to Further Promote the Defense of the United States),经过激烈辩论,该法案于 3 月 11 日通过国会。该法授权总统下令制造、购买并向所有他认为与美国防务有重要关系的国家出借或出租武器、弹药、战略原料、粮食等物资和情报、专利,战争结束后进行清账。这项法案不仅为英国等反法西斯国家解除了财政困难,使英美关系得到加强,而且也表明美国开始放弃中立政策。

当然,英国更希望美国直接参战,就像在第一次世界大战中那样。1941 年 1 月起,英美在华盛顿召开了一系列秘密会议,商讨加强两国的军事合作。将两国关系推向高峰的是英、美首脑在大西洋的会晤,8 月 9 日至 13 日,丘吉尔和罗斯福在大西洋纽芬兰阿根夏湾的军舰上讨论了苏德战争爆发后的国际形势,调整和发展了两国关系,商议了战略部署,并明确了各自的政策。会后发表了著名的《大西洋宪章》,确定国际关系的八点原则,即:英美不谋求领土扩张;未经当地居民同意,不得改变任何国家的领土现状;尊重各民族自由选择其政府的权利;努力促进世界贸易和取得原料的机会均等;促进所有国家进行合作,推动经济发展和社会进步;摧毁纳粹暴政,保障国际安全,战后两国须起草和平条约;保障海上航行自由;战后两国应该进行全面裁军。美国制定该宪章,原因之一是担心英国会像第一次世界大战时那样采取秘密瓜分领土的做法。会谈中最有现实意义的决定是:美国一旦参战,应首先对德国作战。①

---

① "The Atlantic Charter", August, 14, 1841. http://www.nato.int/cps/en/natolive/official_texts_16912.htm.

本来,英国对苏联一直抱有很大的戒心,但1941年6月22日德国入侵苏联后,英国立即改变态度。丘吉尔于第二天就发表声明,表示坚决支持苏联进行反抗。7月,英国与苏联签订了关于共同行动的协定;8月16日,英、美驻苏大使分别代表两国政府,宣布对苏联提供战争援助。1942年1月1日,英、美、苏、中等26个国家在华盛顿签署了《联合国家宣言》(Declaration by United Nations),宣布在战争中互相合作,不与敌国单独媾和。这样,反纳粹、反法西斯的统一战线就正式形成了,英国和苏联也成了战争中的盟国。对苏联政策的重大转折,完全出于英国的现实主义外交考虑,丘吉尔认为苏德战线的开辟会减轻西线和中东方面的压力,既然斯大林成了希特勒的敌人,那么英国就可以成为他的朋友。还在英国自己对德空战激烈进行之时,在短短3个月中,就向苏联提供了450架飞机。[1]

1941年12月7日,日本突袭珍珠港,美国国内的反战情绪立刻消失得无影无踪,英国也顿时感到轻松了不少。英美的安全利益都受到同一个敌人的侵犯,为协调两国的军事行动,丘吉尔和罗斯福于1941年12月22日在华盛顿举行代号为"阿卡迪亚"的会议。会议的成果之一就是上面提到的《联合国家宣言》,另外,两国决定建立"特殊关系",为此组建了好几个"联合委员会",以确保对英国的食品、原料和军火供给。双方建立"联合参谋部",作为军事上的最高合作机关,同意将整个战场划为几个战区,实现战区内的统一指挥。英国同意让美国使用英帝国在世界各地的所有军事设施。这次会议直到1942年1月14日才结束。

在此后的战争进程中,英美两国的特殊关系不断加强。1943年,英美领导人又举行了多次重要会议,协调盟国的战略战术,并讨论战后的处置问题。1943年1月14—24日,丘吉尔和罗斯福及两国高级军事领导人在摩洛哥的卡萨布兰卡举行会议,商讨盟国的近期军事行动计划。

---

[1] William H. McNeill, *Survey of International Affaires 1939—1946: America, Britain and Russia, Their Co-operation and Conflict*, Oxford University Press, 1953, p. 52.

会议决定在完成北非战役后进攻西西里岛，加强对德空袭，加强盟军在太平洋战区的实力，并推迟开辟第二战场。3月12—29日，英国外交大臣艾登到华盛顿会晤罗斯福及赫尔（Cordell Hull）、霍普金斯等美国领导人，商讨战后的有关问题，在有关苏联边界的变动、德国的分治、奥地利的重新独立等问题上双方形成共识。5月，针对斯大林关于开辟第二战场的要求，丘吉尔和罗斯福在华盛顿举行了"三叉戟"会议，决定1944年5月1日实施在西欧登陆的"霸王计划"，否决太平洋战区的优先地位，宣布放弃在中国的治外法权。意大利成立新政府之后，两国首脑又于8月14日至24日在加拿大的魁北克举行代号为"四分仪"的会议，中国代表宋子文也参加了有关的讨论。会议制定了四大国（英、美、苏、中）关于建立国际组织、维护和平的宣言草案；缔结了英、美合作制造原子弹的秘密协定；决定成立东南亚战区总司令部，由蒙巴顿和史迪威（Joseph W. Stilwell）分别出任司令和副司令，打通滇缅公路。

战争中，英、苏这两个盟国的关系虽有改善，但远不如英、美关系那么融洽。两国关系在1942年上半年比较好，苏联在5月派出外交部长莫洛托夫（Viacheslav M. Molotov）访问英、美，要求尽快开辟第二战场，并加速对苏联的军火供应。在伦敦，莫洛托夫未能说服英国于1942年开辟第二战场，但与英国达成了《英苏互助条约》（Anglo-Soviet Treaty），两国约定不与希特勒政府及任何没有放弃侵略政策的德国政府谈判，战后采取一致行动以防止德国新的侵略；战后应进行政治和经济合作，不参加旨在反对另一方的任何同盟。该条约的有效期为20年。在华盛顿，罗斯福向莫洛托夫表示：有可能在1942年开辟第二战场，但此后便没有下文。据此苏联大为不满，认为英、美把欧洲的作战负担全扔给自己。

英国感到需要向苏联出作解释，1942年9月12日，丘吉尔和美国驻苏大使威廉·哈里曼（William Averell Harriman）到莫斯科会见斯大林。斯大林提出严厉指责："不难设想，英国政府拒绝于1942年在欧洲开辟第二战场，必然要破坏苏联人民的士气，因为他们一直希望开辟第二战场,同时也要使前线的红军陷入更加困难的境地,并且要打乱苏联政府的计划。"①丘吉尔指出目前在西欧登陆的条件不成熟,作为补救,英国愿加强对德国的轰炸;英、美将在北非发动"火炬"行动,先消灭北非的德、意军队。斯大林表示接受丘吉尔的建议,但并未停止对英、美的批评。丘吉尔这次访问只取得部分成功。

1943 年 10 月 19 日,艾登和美国国务卿赫尔去莫斯科,与苏联外长莫洛托夫会谈。莫洛托夫最关心的是第二战场,但艾登受命不作承诺,只对苏联提出的鼓动土耳其参战的提议表示支持。会议取得两项成果,一是在德黑兰举行三国首脑会议,二是通过了关于处置德、意、奥地利三国以及关于普遍安全的四项宣言,宣布了德、日必须无条件投降的原则。

在赴德黑兰途中,丘吉尔和罗斯福在开罗与蒋介石会谈。11 月22—26 日,三国首脑集中讨论了对日作战和战后对日处置的问题。三国在《开罗宣言》(Cairo Declaration)中宣布要与日本作战到底,迫使日本无条件投降。宣言规定:"三国之宗旨,在剥夺日本自从一九一四年第一次世界大战开始后在太平洋上所夺得或占领之一切岛屿;在使日本所窃取于中国之领土,例如东北四省、台湾、澎湖群岛等,归还中华民国;其他日本以武力或贪欲所攫取之土地,亦务将日本驱逐出境;我三大盟国稔知朝鲜人民所受之奴隶待遇,决定在相当时期,使朝鲜自由与独立。"②会议讨论了中、英在缅甸战场的协调作战问题,但英国方面态度消极。

随后,丘吉尔、罗斯福前往德黑兰与斯大林会晤,讨论"霸王计划"的实施和战后世界秩序。在英国看来这次会议并不成功,丘吉尔希望盟军按计划在法国登陆时,也在巴尔干同时登陆,但遭罗斯福和斯大林的反对。关于战后处置,丘吉尔和斯大林在有关波兰的未来、英苏两国在巴尔干的存在方面有严重分歧;丘吉尔与罗斯福的分歧则集中在未来法国的作用和地位以及英国在中东、印度的地位和利益方面。③ 罗斯福向斯

① J. B. Duroselle, *Histoire Diplomatique: de 1919 a Nos Jours*, p. 369.
② "《开罗宣言》全文",光明网:http://news. gmw. cn/2013 - 12/01/content_9657710. htm
③ William H. McNeill, *Survey of International Affaires 1939—1946*, pp. 402 - 403.

大林表示：美国军队将在战后迅速撤离欧洲；丘吉尔对此不悦，他认为在欧洲遭到大战的削弱和摧毁的情况下，苏联会加大扩张。但会议还是通过了三份宣言，三国并宣布："无论是在战时，还是在战后的和平时期都将共同协作。"

1944 年 6—7 月，美、英联军成功地在诺曼底登陆，英、美关系更加密切了，而与苏联之间则发生摩擦。在 1944 年 8—10 月的敦巴顿橡树园会议上，英、美、苏、中四国代表决定成立联合国组织，并就该组织的宗旨原则、主要机构及其职权、会员国的资格等问题达成协议。英、美担心苏联权利过大，遂反对苏联有关安理会成员国对所有议案都拥有否决权的提议。①

1944 年下半年战事的发展使各大国之间的关系产生重大变化。在东线，苏联红军在当地游击队等人民武装的配合下解放了波兰、罗马尼亚、保加利亚、匈牙利及捷克斯洛伐克、南斯拉夫的部分地区；在西线，英、美军队将德军赶出了法、比、荷、意等国。大国在欧洲的势力范围开始形成了，对此后的大国外交产生了直接的影响。

为协调立场和作战方案，丘吉尔与罗斯福再次前往魁北克，举行代号为"八边形"的会议。双方决定盟军在西线分两路进攻，向柏林挺进；在对日作战和划分两国在德国的占领区问题上双方也取得谅解。

英国对苏联的影响十分不安，1944 年 10 月 9 日，丘吉尔亲赴莫斯科与斯大林讨论波兰和巴尔干问题。苏联挟红军胜利的强大势头，拒绝在波兰问题上让步，但两国在巴尔干问题上达成一些谅解：英国占领和控制希腊，苏联控制保加利亚，两国在南斯拉夫各占一半。

美国得知英、苏的以上安排后表示不快，而且它还想弄清楚苏联在波兰问题、对日作战问题上的态度，于是提议再次举行三巨头会晤。斯大林表示军务繁忙，不能离开苏联。美国总统特别助理霍普金斯提议会址可设在克里米亚，苏联方面表示同意。1945 年 2 月 4 日，丘吉尔、罗斯

① William H. McNeill, *Survey of International Affaires 1939—1946*, p. 456.

福和斯大林在克里米亚的雅尔塔再次会晤，主要讨论了三个问题。关于德国问题，苏、美两方都不同意划出一块占领区给法国，因它对战争胜利没有多大贡献；英国却坚持要给法国一块占领区，丘吉尔对罗斯福说：因为他一再重申美军将在战争胜利后的两年之内撤出欧洲，因此英国只能在一个强大的、统一的和具有活力的法国的协助下才能对抗苏联。[①] 霍普金斯同意丘吉尔的看法，他说："没有一个强大而有影响的法国，欧洲的稳定是不可想象的。"[②]于是罗斯福改变了态度，斯大林最后也同意了英国的主张。然而，三国在战争赔偿问题和肢解德国问题上没有达成一致。

关于波兰问题，三国的分歧较大。对于未来波兰的政府组成，英国和美国倾向于支持在伦敦的波兰流亡政府，但苏联支持共产党领导的卢布林政府，三国最后同意在较广泛的民主的基础上扩大卢布林政府，英、美还得到斯大林在已解放的国家举行"自由选举"的承诺。不过，三国对波兰的新边界没有取得一致意见，罗斯福主张以 1919 年的寇松线为波东部边界，丘吉尔希望更往东，斯大林坚决反对英国的立场，提出波兰可以从德国得到领土补偿。

关于对日作战问题，丘吉尔不是很感兴趣，他只是强调：反对将香港归还中国。美国要求苏联对日作战，苏联则同意：在德国投降后两至三个月对日发动进攻，条件是收回俄国在 1905 年失去的在华利益。三国于是在会上签订了一个秘密协定，满足了苏联的要求。

会议的另一项决定是确定在 1945 年 4 月 25 日于旧金山召开联合国会议，三国首脑决定了联合国安理会的组成及其职权。会议结束后，英国对它的评价不是很高，因为美国未能完全理解和接受英国关于加强法国地位的要求，更重要的是英、美在限制苏联对东欧的支配权方面未能采取强有力的措施。

---

① William H. McNeill, *Survey of International Affaires 1939—1946*, p. 532.

② J. B. Duroselle, *Histoire Diplomatique: de 1919 a Nos Jours*, p. 401.

雅尔塔会议后，随着德国的战败指日可待，英、美与苏联之间的矛盾和冲突也日趋明显。为了争夺战后主导权，夺取更大的物质和安全利益，东线的苏联红军和西线的英美军队展开了一场抢占德国领土的"赛跑"。4月25日，东、西盟军在易北河会师。5月8日，德国签署无条件投降书。

英美与苏联在好几个问题上发生了分歧，关系逐渐紧张。1945年2月27日，苏联副外长安德烈·维辛斯基（Andrey Y. Vyshinsky）前往布加勒斯特干预罗马尼亚的政府更迭，他迫使国王米哈伊（Michael）同意由共产党人彼得鲁·格罗查（Petru Groza）组建新政府，取代原有的政府。美国提出抗议，英国也表示不满。4月，苏联阻止在伦敦的波兰代表团前往莫斯科，丘吉尔和罗斯福都打电报向斯大林提出抗议。此外，斯大林则谴责英美试图安排盟国驻意大利总司令哈罗德·亚历山大（Harold Alexander）与驻意德军指挥官阿尔贝特·凯塞林（Albert Kesselring）谈判，安排驻意德军的单独投降。

为调解争端，在霍普金斯的斡旋下，三国首脑同意在柏林附近的波茨坦举行会议，会期是7月17日—8月2日。如以往一样，英国十分关注波兰的前途，理由是英国参战就是为了维护波兰的安全。但英国将波兰留在西方阵营中的努力失败了，三国首脑承认了新成立的亲苏政府。会议结束时，三国首脑签署《波茨坦协定》（Potsdam Agreement），对战后德国由四国分管、审讯战犯及对日作战问题作了明确规定。但由于有关波兰边界、与战败国签订和约以及战后德国的地位和国体等重大问题没有得到解决，因此会议同意设立英、美、法、苏、中五国外长会议（Council of Foreign Ministers），负责处理这些问题。后来，由于东西方对立，五国外长会议实际上未能发挥作用。7月26日，英、美、中三国发布《波茨坦宣言》（Potsdam Declaration），向日本发出最后通牒，要求日本无条件投降，否则就会被彻底毁灭。

欧洲战事结束不久，太平洋和东南亚战场也以盟军胜利而告结，英国再次成为战胜国，但战争给英国造成了深刻的影响。

　　首先,英国的经济实力大大降,黄金和外汇储备实际上已耗尽,私人和公司自 1918 年以来拥有的外国财产几乎全被政府强迫售出。英国欠帝国内各自治领和印度的债务达 35.67 亿英镑,而根据《租借法案》从美国获得的各种物资价值 310 亿英镑以上。美国政府最后决定只收回 6.5 亿英镑①,但即使这个零头,英国也付不出。同时,英国战时出口下降到 1939 年的约三分之一,1945 年的财政赤字达 7 亿英镑。

　　其次,英国对英帝国的控制被削弱了,战争期间,英国为争取殖民地、附属国的支持,对它们作出大量承诺,战后就必须兑现。同时,各殖民地民族解放运动兴起,促使帝国走向解体。

　　第三,欧洲的地缘政治发生变化,德国战败,在中欧留下了政治和军事真空,在波茨坦会议召开时,苏联已在很大程度上填补了这些真空。1939 年以前,英、法是遏制德国的主要力量,苏联处于次要地位。战后苏联实力大增,已控制了东欧许多国家,英、法仅靠自己的力量不足以与苏联抗衡,于是就倒向美国,使美国成了西方的霸主。

　　尽管如此,英、美关系却有一点微妙。在战争中,英、美两国相互支持,彼此依赖,形成了一种"特殊关系",因此在战后欢庆胜利时,两国都对这种源于共同的文化传统和安全利益的"特殊关系"大加赞颂。但两国在战后世界格局方面却有不少分歧,就远东而言,分歧表现在对待印度、缅甸和马来亚等英属殖民地民族主义运动的态度上,美国主张尽可能满足民族主义的要求,英国则希望尽量拖延,延续英帝国。在中东,美国不愿看到英国恢复战前的政治、经济支配地位,英国则力图避免美国以牺牲英国为代价控制这里的石油资源。1945 年 2 月,罗斯福在参议院的反对下被迫取消了 1944 年《英美石油协定》,更使英国对美国在中东的意图存有戒心。在西欧,英国主张由君主派组成比利时、意大利和希腊的政府,美国则认为这些人是纳粹的合作者。

　　战争中在一些问题上的不同立场也对战后英美关系产生了影响,其

---

① William H. McNeill, *Survey of International Affaires 1939—1946*, p. 676.

一,美国为建立经济霸权,刻意削弱英国在世界经济中的作用,1942 年 2 月英、美签订的《租借总协定》中的一项条款要求英国"在国际贸易中取消一切歧视性规定……降低关税和其他贸易壁垒"①,其目的是要废除英国的帝国特惠制。另外,美国在德国战败后,突然终止《租借法案》,令英国感到措手不及,甚至有过河拆桥之感。

其二,两国在德黑兰、雅尔塔和波茨坦会议前都没有商定共同策略,主要原因是罗斯福和杜鲁门不愿给斯大林造成印象,好像英美要合伙来对付苏联。但这也反映美国对战后英帝国东山再起的可能性存有戒心,而英、美的分歧就使斯大林受益。

其三,两国在波茨坦会议后对苏联的扩张立场不一,美国起先主张由欧洲人自己负责保卫欧洲,美军撤回;英国则认为欧洲国家无力承担这项任务,强烈要求美军留驻欧洲。后来,英国在这个问题上占了上风。

最后,两国在英帝国问题上出现了重大分歧。英、美在殖民主义问题上的立场从来就不同,一方面,英国拥有世界上最大的殖民帝国,是殖民主义的坚定倡导者;另一方面,美国原本是英国殖民地,对殖民主义素有反感,一战结束时威尔逊总统提出"自决"原则,向欧洲的帝国、包括英帝国发起了强有力的冲击。富兰克林·罗斯福的立场与他一样,他认为欧洲殖民主义是欧、美合作的主要障碍,不利于建立集体安全体系,也不利于美国扩大它的经济和政治影响。他声称殖民地只需经过宗主国一段时间的"训导"便可以走向独立,在这个问题上,罗斯福与丘吉尔之间存在着根本的冲突。1943 年在开罗时,罗斯福曾告诫丘吉尔:"世界历史上的一个新时代已经开始了,而你将不得不去适应这个时代。"②丘吉尔则在英帝国军队获得阿拉曼战役大捷之后,向全世界表达了他维护英帝国的坚定信念:

---

① William H. McNeill, *Survey of International Affairs 1939 - 1946*, p. 139.
② Warren Kimball, *The Juggler: Franklin Roosevelt as Wartime Statesman*, Princeton, NJ: 1991, p. 66.

　　我们决不放弃我们拥有的一切。我担任国王陛下的首席大臣并不是为了主持搞垮大英帝国。至于这项差事，假使真的出现的话，那就必须通过民主程序，由另外一个人来承担……此时此地，我们坚如磐石，拯救这个前途未卜的世界。①

　　关于《大西洋宪章》的一项原则，即民族自决的权利，两国有不同理解。英国认为它指的是欧洲受纳粹压迫的民族，与英帝国无关。丘吉尔说："《大西洋宪章》明白无误地……是针对那些我们希望使之摆脱纳粹暴政的欧洲民族，并不是针对大英帝国的内部事务，或者美国与菲律宾的关系。"②美国则认为该项原则适用于整个世界，助理国务卿韦尔斯声称："任何一个民族要求获得自由的权利都必须得到承认……应确保《大西洋宪章》的各项原则在全世界——在各大洋各大洲都得到推行。"③

　　美国不仅如是说，还采取具体的行动，打算将英帝国去殖民化。1942 年春，美国国务院就开始拟定一份文件——《民族独立宣言》（Declaration on National Liberation），要求实施《大西洋宪章》提出的各项原则；它要求殖民国家"通过教育和自治的方式为附属地各民族取得独立做好准备，并公布这个过程的时间表"④。美国国务院还起草了一份关于非自治民族的国际托管草案，主张将所有的殖民地置于国际托管之下。在这里，美国的企图暴露无遗：它不仅要结束老殖民国家的殖民统治，还想用美国主导下的国际托管取而代之，将原先的殖民地纳入自己的势力范围。对此，英国政府明确反对，1943 年 5 月 3 日，英国政府召开了一次大臣会议，会议提出四点反对意见：反对将殖民地与被纳粹占领的国家等同起来，反对提出殖民地"独立"问题，反对制定独立或自治的

---

① Churchill, A New Experience-Victory, 10 November 1942, in Churchill, *Speeches*, Vol. 6, p. 6695.

② 4 September, 1941, W. M. (41)89th Conclusions, CAB 65/19.

③ Robert E. Sherwood, *Roosevelt and Hopkins*(New York, 1948), p. 507.

④ Warren Kimball, *The Juggler: Franklin Roosevelt as Wartime Statesman*, p. 139.

时间表,反对将敌国附属地与其他国家殖民地放在一起处理。[1]

　　为在争论中获取主动权,英国政府提出了名为"波因顿-罗宾森方案"的殖民政策文件,主要内容是:英国的目标是促进殖民地人民的福祉,最终使殖民地走向自治;英国同意殖民地管理公开化,但反对美国主张的委任统治制度。

　　罗斯福虽然在许多场合提出"搞垮"英帝国的主张和要求,指示国务院等部门起草了一系列文件,但并未产生直接的效果。随着他的去世,以及美、苏对峙逐渐展现,美国政府对英国作出了重大让步,前提是维护自己在太平洋等地区的战略利益。双方在战时达成的文件只有两个:一是《大西洋宪章》,二是《联合国宪章》,其中有关于非自治领土的宣言和关于国际托管制度的内容。应当说,这两个文件中包含的反殖民主义原则对二战后的去殖民化产生了积极的影响,但在二战期间,这些文件并未对英帝国造成直接的冲击,因而也没有动摇英、美的同盟关系。

---

[1] Minutes in CO 323/1858/9057B; FO 371/35311.

第三章　从波茨坦到冷战

二战硝烟仍在太平洋上飘荡之时，英国人就把功勋卓著的丘吉尔拉下了台。工党新首相艾德礼专注于内政，他不谙外交事务，甚至提出由联合国来保护包括英国在内的国际安全。他声称英帝国能够得到"联合国组织的唯一保护"，一旦"这个新的组织成为现实，那么由谁来拥有昔兰尼加或索马里或是控制苏伊士运河就变得无关紧要了"①。但他的主张受到外交部和总参谋部的反对，未能成为工党政府对外政策的基调。外交大臣欧内斯特·贝文能力不凡，但他重实务而轻思想，基本上承袭了丘吉尔政府的主要政策原则。贝文十分警惕苏联的扩张，告诫艾德礼不要对苏联抱有幻想，他曾说苏联的姿态"完全是慕尼黑的翻版……假如我们按你的意思与斯大林交涉，他就会像尊重捷克斯洛伐克的独立那样去尊重这三国的独立"②。英国历史学家里奇·奥文达尔(Ritchie Ovendale)在他1979年出版的一本专著中写道："尽管工党政府在国内追求社会主义理想，但它并未把这种追求扩展

① Raymond Smith and John Zametica, "The Cold Warrior: Clement Attlee Reconsidered, 1945—1947", *International Affairs*, vol. 61, no. 2, Spring, 1985, p. 243.
② Raymond Smith and John Zametica, "The Cold Warrior", pp. 250 – 251.

到对外政策上。"①

此时英国的外交政策主要包括两个方面:第一,关于英国应该联合和依靠的力量。丘吉尔根据战后国际力量对比的变化和可能出现的东西方对抗的预测,曾提出著名的"三环外交"。1948年10月9日,他在保守党年会上说:

> 对于我们来说,第一环当然是英联邦和英帝国及其所包括的一切。第二环是包括我国、加拿大及其他英联邦自治领、美国也起着十分重要作用的英语世界。最后一环是联合起来的欧洲。这三大环同时并存,一旦它们连接在一起,就没有任何力量或力量的结合可以推翻它们,或敢于向它们挑战。现在你们想象一下这三个相互连接的环,就会看到,我们是在这三环中的每一个环里都占有重要地位的唯一国家。事实上我们正处在三环间的连接点上,由于我们这个岛国是海运线的中心,或许还是空运线的中心,我们就有机会把它们都连接在一起。②

显然,英联邦或英帝国是"三环外交"的立足之本。从战后半个世纪英国外交的运行来看,"三环外交"被历届英国政府所推行,只是在具体方针和侧重点方面有所不同。

第二,关于英国要遏制和对抗的对手,丘吉尔也明确指出它们是苏联及其他社会主义国家。二战后期,英国军方和外交部就从大量情报和分析研究中认为:英国战后的潜在威胁是苏联。1943年11月,丘吉尔在赴德黑兰途中就对哈罗德·麦克米伦说:"德国完了……现在的真正问题是俄国。"1944年4月21日,丘吉尔向杜鲁门建议,英美联军应尽快东进抢占地盘,争取抢在苏联军队之前攻占柏林,但杜鲁门坚守了盟国之

① Ritchie Ovendale, *The English-Speaking Alliance: Britain, the United States, the Dominions and the Cold War*, London: Macmillan, 1979, p.17.
② Robert R. James ed., *Winston Churchill: His Complete Speeches 1897—1963*, Vol.7, p.7721.

间事先达成的协议,没有听取丘吉尔的意见。

1946 年 3 月 5 日,已经不是首相的丘吉尔在杜鲁门的陪同下前往密苏里州,在富尔顿发表了著名的"铁幕"演说:"从波罗的海的什切青到亚得里亚海的的里雅斯特,一道横贯欧洲大陆的铁幕已经落下来。在这条线后面,坐落着中欧和东欧古国的都城,华沙、柏林、布拉格、维也纳、布达佩斯、贝尔格莱德、布加勒斯特和索非亚——所有这些名城及其居民无一不处在苏联的势力范围之内,不仅以这种或那种形式屈服于苏联的势力影响,而且还受到莫斯科日益增强的高压控制。"[1]

这篇演说被视为冷战的开始,同时也是对苏联领导人斯大林在同年 2 月 9 日一篇讲话的反击。斯大林在该讲话中指出:"资本主义的世界经济体系包藏着总危机和军事冲突的因素,因此,现代世界资本主义的发展并不是平稳地和平衡地前进,而是要通过危机和战祸。"[2]针对丘吉尔的富尔顿演说,斯大林在 3 月 13 日向《真理报》记者发表谈话,予以猛烈驳斥:"实际上,丘吉尔先生现在是站在战争挑拨者的立场上的,而且丘吉尔先生在这里并不是孤独的,他不仅在英国有朋友,而且在美国也有朋友。……毫无疑问,丘吉尔先生的方针是进行战争的方针,号召同苏联进行战争。"[3]以英、苏舌战为开端,东西方步入冷战。

在三环外交中,英国直到 60 年代初都将英、美关系看得很重,相比之下,它对欧洲事务的兴趣不大,但防务除外。

英、美关系在二战后经历了短暂的低落,1945 年 9 月,美国突然停止《租借法案》,12 月,又解散了负责原料、生产和资源的英美联合委员会。美国还根据 1946 年通过的《麦克马洪法案》,停止了与英国在原子武器方面的合作。但由于国际形势的变化,两国间的亲密关系又迅速恢复,1946 年 7 月,美国向英国贷款,帮助其战后重建。9 月,国务卿贝尔纳斯

---

[1] Arthur Schlesinger, ed., *The Dynamics of World Power: a Documentary History of U. S. Foreign Policy 1945—1973*, New York: Chelsea House, 1973, Vol. II, p. 211.

[2]《斯大林文选》,人民出版社,1962 年,下册,第 441 页。

[3] 同上书,第 462、463 页。

(James Byrnes)正式表明美军将不会很快从欧洲撤出。

战争结束时战胜国曾试图合作,以解决战争的善后问题。根据"三巨头"的《波茨坦协定》,第一次外长会议于 1945 年 9 月在伦敦举行,主要任务是为签订和约做准备。会上,苏联外长莫洛托夫提出苏联有权决定东欧各国政府的组成,对此贝文和贝尔纳斯予以反对,因此会议没有取得成果。第二次外长会议于 1946 年 4 月在巴黎举行,与会者原打算就德国问题做出决定,但因为苏联不允许英、美干预苏占区内部事务,英、美表示不满;而英、美又认为苏联对西方占领区心怀叵测。不过,会议还是确认了对战败国和约草案的基本内容。

1946 年 7 月,巴黎和会在卢森堡宫开幕,任务是审订盟国对意、罗、保、匈、芬五国的和约草案。会上,东西方国家在许多问题上激烈辩论,出乎西方国家意料之外的是,苏联代表团同意对存有分歧的问题通过表决方式解决,少数服从多数。结果,和会迅速取得进展,但有些问题尚需进一步讨论,10 月 15 日,当会议结束时,各方未能签署和约。

11 月 4 日,在纽约召开了第三次外长会议,继续讨论五国和约草案。苏联外长推翻了原先同意的表决方法,引起美国的不满。后来,虽因为苏联代表团缓和了立场,确定了五国和约的文本,但美国对苏联的表现有所质疑,开始接受英国关于苏联是西方的主要威胁的观点。

苏联帮助东欧各国建立社会主义政权,引起英、美两国的严重不安。起先它们对苏联的举措感到可以理解,因为根据雅尔塔会议精神,东欧(捷克斯洛伐克除外)属于苏联的势力范围,英、美无权干涉。但是当苏联的手段愈来愈强硬时,英、美担心苏联会进一步扩张,法、意两国共产党在大选中的出色表现更加剧了这种担心。正在这时,发生在中东地区的三场危机造成了英、苏对抗,驱使英国在冷战起源中充当了更积极的角色。

英军和苏军曾经分别驻扎在伊朗的南部和北部,根据苏、美、英三国协议,在战争结束后的 6 个月内,所有外国军队都须撤出。1945 年 8 月,苏联支持的阿塞拜疆民主党在伊朗北部举行起义,12 月,成立"阿塞拜疆自治共和国";同月,亲苏的库尔德民主党也宣布在西阿塞拜疆成立"库尔德人民共和国"。英国对此十分愤怒,它认为该国本属英国的势力范围。英、美在联合国安理会向苏联施压,对苏军迟迟不撤出伊朗提出抗议。1946年3月26日,苏联被迫宣布同意在6个星期内撤军,条件是安理会不再讨论伊朗问题。4月4日,苏联与伊朗达成协议,苏联履行撤军诺言,伊朗同意成立苏伊石油公司。到年底,伊朗军队镇压了北部亲苏政权,而次年10月,伊朗议会又投票否决了苏伊石油公司。这样,英国在美国的支持下取得了战后对抗苏联的第一个胜利。

接着英、苏又在土耳其发生冲突。1945年3月20日,苏联宣布废除1935年签订的"苏土中立和友好条约",并通知土耳其政府:必须归还俄国曾占有的卡尔斯和阿尔达汉地区(均位于安纳托利亚);修改1936年关于土耳其海峡的蒙特勒公约,改由苏、土两国共同负责海峡的防务。英、美首脑在波茨坦会议上曾同意苏联有关修改条约的要求,但强调海峡自由通航的原则。英国反对苏联参与海峡的防务,因为"如果土耳其被驱至苏联的怀抱中,这将把苏联的影响带入红海、波斯湾和阿拉伯联盟"①。美国在1946年春介入这场外交冲突,坚定地站在英国一边,杜鲁门总统公开说:"如果俄国军队在控制海峡的幌子下进入土耳其,那么俄国就会在不久以后用这些军队控制整个土耳其。"②1946年8月7日和9月24日,苏联发出两份照会,要求苏联和土耳其共同保证海峡的安全,遭到英、美、土的共同反对。苏联的意图受挫,与英、美的矛盾升级。

根据丘吉尔和斯大林于1944年10月就巴尔干地区达成的秘密协定,希腊属英国的势力范围。1944年10月,英军进占雅典,命令共产党领导的民族解放阵线解除武装。民族解放阵线愤然退出联合政府,举行起义,遭到英军的镇压。1946年9月,民族解放阵线指责全民公决不符

① R. Bullen & M. Pelly, eds., *Documents on British Policy Overseas*, London: HMSO, 1984, Series Ⅰ, Vol. Ⅰ, p. 38.

② Harry N. Howard, *Turkey, the Straits and U. S. Policy*, Baltimore and London: Johns Hopkins University Press, 1974, p. 244.

合规定,再次发动起义。英军协助希腊政府军进行围剿,卷入希腊内战。1947 年初,英国遭到罕见寒流的袭击,生产能力锐减。2 月 21 日,英国通知美国说它不能再继续保护希、土两国了,希望美国接手过问,向两国提供援助。美国政府同意了英国的要求,杜鲁门于 3 月 12 日发表讲话称:"余相信美国之政策端在支持自由之民族以抵抗少数武装分子或外来压力之征服企图。"[①] 这篇讲话被称为"杜鲁门主义"(Truman Doctrine),是美国正式参加冷战的宣言书。同年 6 月,国务卿马歇尔提出了向欧洲提供经济援助的计划,即"马歇尔计划"(Marshall Plan),目的是加速西欧重建,以加强其对抗苏联的能力。

接下来的冲突更加严重。1948 年 6 月 24 日,苏联切断了在德国的三个西方占领区与西柏林之间的水陆交通,对西柏林实施封锁。西方认为苏联意在把西方军队赶出西柏林,取得对整个柏林的控制权。三国空军于是投入紧急空运,向西柏林运送各种物资,同时,三国还切断了其占领区与苏联占领区之间的交通和贸易联系,实行反封锁。三国与苏联后来通过外交谈判达成妥协,危机于 1949 年 5 月才告结束。

对西方来说,这场危机促使它们更紧密地团结起来,也使美国政府更加坚信美军有必要留在欧洲。这样,英、美在欧洲的共同利益使它们之间的"特殊关系"具有了新的含义,其主要目标就是对抗苏联及社会主义阵营。英国在冷战中坚定地站在美国为首的西方阵营一边,力图充当跨大西洋的战略桥梁。

英国政府积极主动地加强和发展这种特殊关系。美国本来担心,具有"社会主义"色彩的工党政府会接近莫斯科,但艾德礼和贝文很快就打消了美国的担心。在 1946 和 1947 年,贝文在不同场合抨击苏联的威胁,使他赢得了"丘吉尔的称职继承者"称号。当时,工党政府将英美特殊关系置于英国外交的首要地位,据后来的首相卡拉汉回忆说:"1945 年美、英组成世界上最强大和最有影响力的联盟,英、美联手描绘战后世界

[①] 王绳祖:《国际关系史资料选编》,下册,武汉大学出版社,1983 年,第 91 页。

的近期未来。"①另外,工党政府以尊重民族自决为理由准许印度和巴基斯坦独立,这也深得美国的赞赏。在美国人的心目中,这个行动是一个奉行自由主义的大国所必须具备的,这样,英国又一次成为美国最倚重的伙伴。英、美之间的"特殊关系"在未来数十年中不仅支配了英国的对外政策,也对欧洲事务产生了重大影响。

英国重视与美国的"特殊关系"并不意味着英国甘心充当美国的小伙伴,相反,英国利用大战后法俄等欧洲传统强国衰弱的良机,试图成为欧洲的领袖。英国领导人在二战结束前的盟国首脑会议上为法国讲了不少好话,甚至为法国在德国争取到了一块占领区,其目的就是通过与法国的合作,扩大英国在欧洲的影响力。1947 年 3 月,英国与法国签署《英法同盟互助条约》(Treaty of Alliance and Mutual Assistance between the United Kingdom and France),即《敦刻尔克条约》(Treaty of Dunkirk),力图将英国占主导地位的英法同盟作为未来西欧军事政治联盟的基础。1948 年 1 月,贝文提议建立西欧联盟,得到西欧国家响应。同年 3 月,英、法、荷、比、卢五国代表签署了《布鲁塞尔条约》。8 月,组建具有政治、经济、军事合作性质的布鲁塞尔条约组织。但英国的实力毕竟有限,遂与其他成员国一起要求美国参与西欧防务。美国利用这个机会于 1949 年 4 月组建了北大西洋公约组织。布鲁塞尔条约组织的成员国全部加入北约,其军事机构也在 1950 年并入北约。

朝鲜战争爆发后,美国要求英国对西方的防务承担更多的义务,具体地说,美国不仅要求英国派兵参加朝鲜战争,而且希望它在欧洲防务中更有力地遏制来自苏联阵营的挑战。英国政府积极配合,随即宣布支持联合国的有关决议,将英国太平洋舰队交由美国指挥。1950 年 7 月,英国从香港驻军中抽调两个营前往朝鲜,至 11 月,英军的兵力已增加到 3 个旅。1950 年 12 月,贝文宣布大规模重整军备,准备在 1951—1954

---

① James Callaghan, *Time and Chance*, London:Fontana, 1988, p. 89. 卡拉汉本人持不同立场,他认为工党政府的对外政策既无道理也无必要。

年期间划拨 47 亿英镑专项开支。① 在朝鲜战争中,先后有约 10 万名英军参战,阵亡 1 078 人,负伤 2 674 人,另有 1 060 人失踪或被俘。②

与此同时,英国又极力阻止麦克阿瑟扩大战争的企图。麦克阿瑟曾多次要求动用空军轰炸中国东北地区,按照先前的约定,美国政府正式征询英国的意见。11 月 16 日,贝文答复道:英国不同意美军飞机进入中国;而同时加拿大、澳大利亚和法国等也做出相同的答复,美国政府只好作罢。1950 年 11 月,"联合国军"的第二次北犯被击退。11 月 30 日,杜鲁门向媒体宣布:在朝鲜使用核武器"始终是现实的考虑"③。英国政府立即意识到事态的严重性,于是急忙向美国表示,艾德礼希望与杜鲁门面商此事,美方遂表示同意。12 月 3 日,艾德礼和贝文在伦敦会晤了法国总理勒内・普利文(Rene Pleven)和外长罗伯特・舒曼(Jean-Baptiste Nicolas Robert Schuman),以协调两国对此事的立场。次日,艾德礼抵华盛顿与杜鲁门会谈。他首先委婉地表示:英国和欧洲对杜鲁门声明可能造成的后果感到担忧,建议美国尽早同意在朝鲜停火。同时,艾德礼再次要求美国在有关朝鲜战争的问题上做出重要决定前,与英国和其他参战国磋商,并力阻美国动用原子弹。④ 英国在重大问题上如此直率地向美国表述不同意见是非同寻常的,其原因是:此时苏联已拥有核武器,如果美国动用核武器,那么苏联有可能对美国的盟国比如英国实施核打击,以进行报复。杜鲁门仔细听取了艾德礼的陈述,很重视英国的立场,英美首脑会谈结束后发表的公报称:"总统声明他希望世界形势将永远不会需要动用原子弹。总统告诉首相:他愿意向首相通报有可能引起形

① Peter Truscott, *The Korean War in British Foreign and Domestic Policy*, 1950—1952, Oxford University Press, 1984, p. 108.
② Michael Hickey,"The Korean War: An Overview", last updated Nov. 5, 2009, in BBC, *World Wars in-depth*, www. bbc. co. uk
③ David McCullough, *Truman*, New York: Touchstone, 1992, p. 820.
④ Kenneth Harris, *Attlee*, George Weidenfeld & Nicolson Ltd., 1982, pp. 461 - 467.

势变化的各种情况。"①艾德礼的美国之行取得了令人瞩目的成就,在一定程度上遏制了美国扩大战争的企图,使杜鲁门打消了使用原子弹的念头。通过这个事件,英美特殊关系也得到进一步的巩固。

此时,英国对建立欧洲自己的防务体系并不十分热心。1950 年 10 月,法国总理普利文推出"普利文计划",提议建立包括西德在内的欧洲防务体系和统一的欧洲军。美国对这一提议表示支持。英国虽不反对,但表示不参加这个体系,它认为该体系会损害英国主权,影响它对其他地区的防务义务。结果,当《欧洲防务共同体条约》(European Defense Community Treaty)于 1952 年 5 月签署时,英国只与美国签署了一份双边附加协定,声明在该共同体成员国遭到外来侵略时,两国将予以支援,击败入侵者。这些承诺其实早已写入《北大西洋公约》,并没有新内容。英国这样做在很大程度上是想取悦于美国人,使其更多地承担欧洲的防务。英国为争取美国在欧洲常驻 30 万军队,自己也不得不向大陆派驻重兵。在北约防务体系中,英国派出了由 4 个师组成的莱茵军和第二战术空军,共计 5 万余名作战人员。

除了防务之外,英国仍不愿过多地卷入欧洲事务,而力图保留自己的行动自由。相比而言,工党政府更有意与欧洲合作,贝文在创建欧洲委员会的过程中起了很大作用。但是,这个于 1948 年 5 月成立的机构只是一个向成员国政府提供建议的咨询机构,用英国人的话来说:它是一个"清谈馆",各成员国只在其中交换看法。英国不愿意看到它变成一个权力机关,更不愿它成为欧洲合众国的基础。

法国则大力推动欧洲的联合。1950 年,法国外长舒曼提出"舒曼计划"(Schuman Plan),建议将法、德两国的钢铁、煤炭生产置于共同管理之下,同时欢迎其他欧洲国家参加。1952 年 1 月,欧洲煤钢共同体正式成立,其成员国有法国、西德、意大利、荷兰、比利时和卢森堡。英国没有

---

① Peter Lowe, "The Settlement of the Korean War", in John Yong, ed., *The Foreign Policy of Churchill's Peacetime Administration*, 1951—1955, Leicester University Press, 1988, p. 210.

参加,它担心对英帝国的煤钢生产和贸易发展产生不利影响,而且,煤钢共同体根据"多数原则"作决策的方法也不合英国的胃口,英国不愿这项原则损害其国家主权。结果,英国只是与该共同体签订了一个相互之间关系的协定。此后,当法国等上述六国于 1957 年 3 月 25 日签订《罗马条约》(Treaty of Rome),决定成立欧洲经济共同体和欧洲原子能共同体时,英国再一次充当了旁观者。

在欧洲以外地区,英、美合作共同支持亲西方国家,抵抗共产主义的影响。战争结束后的 10 年中,英、美合作的重点在中东和朝鲜。

在中东,英、美的目标是防止苏联渗入,将这一地区的英国基地作为对抗苏联的重要战略要地,控制该地的石油资源。美国主要通过财政援助的形式鼓励英国在这一地区维持庞大的基地网络,以备发生战争时动用。美国还支持英国在该地区建立集体防务体系,1955 年成立以英国为首的中央条约组织(巴格达条约组织)时,美国以观察员的身份参加了该组织的常设委员会。

在朝鲜,英国并没有任何政治、经济或安全利益,它之所以出兵朝鲜并召集英联邦成员国参战,其真实原因是换取美国在欧洲承担更多的防务,内阁在 1950 年 11 月对此解释说:"如果我们收回对美国在远东战略的支持,那么美国就不愿意继续其支援西欧防务的政策。在失去美国对欧洲的全力支持的情况下,我们几乎不可能抵御俄国在欧洲的侵略。"[①]

英国参加朝鲜战争,另一个因素是对美国的军事行动予以约束,避免战争升级,特别是不愿看到核战争爆发。艾德礼和贝文都不想把战争扩大到朝鲜以外,因为这种情况一旦出现,就有可能波及香港、马来亚,甚至欧洲,损害英国的利益。但同时英国又认为在朝鲜采取军事行动是必要的,可以遏制苏联的扩张。在英国看来,朝鲜战争是苏联策划的一次侵略,朝鲜半岛一旦落入苏联的势力范围,印度支那、香港和马来亚也

---

① Peter Truscott, *The Korean War in British Foreign and Domestic Policy*, 1950—1952, Oxford University Press, 1984, p. 18.

会相继陷落。

尽管在这个时期,英国外交基本上跟着美国走,但在承认新中国这件事上,却表现出它的独立性。英国不顾美国的反对,于1950年1月6日承认了新中国,在中英关系史上迈出了重要一步。这样做的原因是:

一、现实主义传统的又一次表现。英国人总是把民族利益放在第一位,而较少受其他因素的束缚,十月革命后英国也曾在西方国家中率先承认苏联,现在承认新中国,主要目标是维护和发展在华利益。

二、承认既成事实。按英国人的看法:一个政府若取得对大部分国土的控制权,便有资格获得他国的承认,而承认并不代表对它的肯定。丘吉尔对此作过精彩的论述,他说:"承认一个人的存在并非必定是赞同,人们不得不在这个充满罪恶和敌人的世界上承认他们并不喜欢的那些许许多多的人和事。建立外交关系的原因并不是要表达恭维之意,而是要取得便利";"当关系处于最困难的境地时,最需要的就是外交"①。

三、确保英国在中国的经济利益。新中国成立时,英国在华投资额高达10.3亿美元,而随着美国的退出,英国商人认为这是发展对华贸易的大好时机,他们不想放弃国民党政府欠下的留在大陆的那些债务。

四、维护英国在香港的地位和权益。二战以后,英国费了九牛二虎之力才保住了香港,此时自然不愿拱手放弃。它担心中国人民解放军会用武力解放香港,因此,承认新中国并在香港问题上求得与中方的沟通和谅解,是英国迫切需要的。

五、阻挡中国进入苏联势力范围。英国从国共之间的关系中发现中国共产党与苏联共产党不同,中共在某种程度上代表了中国人民的愿望,这样,英国将新中国看作是可以争取的对象,不能让苏联轻易得手。1950年贝文在评价英国承认新中国之举时指出:"我相信我们当时承认人民政府是正确的,没有让俄国人以为他们是唯一可以帮助中国的国

---

① Evan Luard, *Britain and China*, p. 82.

家,这是一个非常重要的因素。"①

六、英国对国民党感到失望,与其关系亦由冷淡转向恶化。英国政府曾多次对国民党政府的腐败和独裁进行抨击,尤其是对国民党海军在1949年末封锁大陆时骚扰英国商船、阻止英商贸易表示愤慨,贝文于1950年5月在下院说:国民党的封锁对英国在华利益的损害"比共产党人更为严重"②。

最后,工党对中国共产党及其政府持较友好的态度,因此在承认新中国的问题上也比较主动。工党下野后,仍重视发展与新中国的关系。1953年底,工党执行委员会通过一个决议,决定派代表团前往中国访问。在得到中国外交学会的邀请后,艾德礼亲率工党代表团来华。周恩来总理在1954年8月为安排接待该代表团召开的会议上说:"我们应当重视英国工党代表团访华",指出"英国对推进中英关系采取了主动的态度"③。

但中英关系正常化进程由于朝鲜战争的爆发而突然中止。此后在日内瓦会议期间,这个进程得以重启,在中英双方的共同努力下,两国建立了代办级外交关系。

在二战结束后的10年中英国外交政策基于这样一种认识:西方的利益受到苏联的威胁,英国应致力于消除这种威胁,但西欧自身的实力有限,因此和美国发展"特殊关系",敦促它参与西欧的防务,是英国外交的首要任务。为维护西欧的安全、与美国保持"特殊关系",英国付出了很大的代价。除负担帝国的防务,英军还在帝国之外承担了过多的责任,以致军力"过于分散"。英国由此在财政方面背上很大的包袱,它脆弱的经济本来已经负担过重,现在则遭到更大的削弱。

---

① 《下院辩论集》(*Hansard*),1950年5月24日,第2083栏。转引自冯仲平《论英国承认新中国的原因》,《山西师大学报》,1993年7月,第83页。
② *Parliamentary Debates*,*Commons*,Vol. 475,24 May,1950,Column,2086.
③ 周恩来:《推进中英关系,争取和平合作》,载中华人民共和国外交部、中共中央文献研究室编《周恩来外交文选》,中央文献出版社,1990年,第80、81页。

但英国对西欧经济一体化进程却显得冷淡,在战后的西欧,英国本是唯一能担负起领导作用的国家,美国也曾希望它这样做。英国政府却顾虑重重,优柔寡断,错失了良机,它认为参加欧洲煤钢共同体这样的超国家机构会损害英国的主权,也损害它与英帝国和英联邦内其他国家的关系。假如,当时英国在推动欧洲经济一体化方面更加主动一点,它在欧洲的影响无疑会大得多,也不会落到后来申请加入欧洲经济共同体而被拒于门外的地步。曾在外交部担任常务次官的知名外交家尼古拉斯·亨德森(Nicholas Henderson)在回顾那段经历时说:"战后那段时间里,所有西欧国家的政府都寻求我们的恩赐,在好几年时间内,我们的声望和影响是无与伦比的……我们本可以随心所欲地将欧洲打上我们的印记。"①然而英国在防务方面不惜承担过多的责任,体现了现实主义原则;在经济方面却很少考虑回报与收益,似乎又显示出一些理想主义遗风。英、美"特殊关系"是英国外交的一根支柱,但1956年的苏伊士运河事件却使英、美关系受到重大打击。

---

① Nicholas Henderson, "Britain's Decline: its Causes and Consequences", *The Economist*, 2 July, 1979, p. 34.

第四章　大调整时代

　　苏伊士运河危机对英国来说是一个分水岭,英国终于从数世纪之久
的大国梦中清醒过来,看清了自己的国际地位。以此为基础,它开始调
整外交政策。

　　中东盛产石油,又扼守亚、欧交通要冲,经济和战略地位十分重要。
英国竭力维护对该地区的支配权,尤其不愿失去对黄金水道——苏伊士
运河的控制权。因此,当埃及总统贾迈勒·阿卜杜尔·纳赛尔(Gamal
Abdel Nasser)于 1956 年 7 月 26 日宣布将以英资为主的国际苏伊士运
河公司收归国有时,英国首相安东尼·艾登立即回击,主张用军事手段
夺回运河。7 月 27 日,英国内阁开会,同意不惜采取单独行动以武力解
决问题。为此,英国向美国和法国等作了通报,希望得到它们的支持。
法国也主张军事干涉,目的是借此打击阿尔及利亚的民族解放运动。法
国方面通知艾登:"法国政府已经决定在必要时采取军事行动,并动用驻
扎在北非的 45 万法国军队。"①美国则对使用武力持谨慎态度,艾森豪威
尔致信艾登:"我必须坦率地告诉你,美国的公众舆论断然拒绝使用武
力,尤其是在足以保护我国重大利益的一切和平手段似乎还没有悉数用

---

① *Foreign Relations of the United States*,1955—1957,Vol. XVI,*Suez Crisis*,p. 41.

尽而全归无效的时候。"①显然,美国主张先使用"和平解决"的方法。8月1日,美国国务卿杜勒斯(John Foster Dulles)在伦敦推出"五点方案",建议召开国际会议使苏伊士运河国际化,只有当其他努力都失败之后才考虑动用武力。

8月16—22日,专门讨论这场危机的伦敦会议如期举行,会议发表了十八国宣言,建议拟定一个新条约取代1888年条约,承认埃及对苏伊士运河的主权,同意埃及从运河收入中得到合理的部分,但建立一个国际委员会管理运河。会后,由澳大利亚、美国、伊朗、埃塞俄比亚和瑞典组成的五国委员会在澳大利亚总理孟席斯的率领下前往埃及,转达十八国宣言。纳赛尔拒绝了国际共管运河的主张,五国委员会的埃及之行未获成功。此后,第二次伦敦会议和联合国安理会和平解决危机的努力均告失败,而美国仍坚持不使用武力。于是,英国抛开美国,在10月下旬与法国和以色列举行秘密会谈。

10月24日,英、法、以三国在巴黎签署秘密文件,规定以色列在29日入侵埃及西奈半岛,进抵运河区,发动战争;英、法则在10月30日向以、埃双方发出最后通牒,要求它们停火,各自后撤10英里,英、法军队则进驻运河区,隔开交战双方,保障运河通畅。如果埃及拒绝这个通牒,英、法军队将于10月31日对埃及开战,在战争中推翻纳赛尔政权,以听命于英、法的新统治者取而代之。以色列可在战后得到西奈半岛。

5天之后,以色列按期入侵西奈半岛。美国在震惊之余,立刻在联合国安理会采取行动,提议谴责以色列为侵略者,制止战争,以避免苏联援助埃及和直接插手中东事务。10月30日,艾森豪威尔在给艾登的信中对美国的立场作了如下解释:"目前埃及还没有正式要求援助。但是如果联合国发现以色列是侵略者,那么埃及就会请求苏联帮助——那时中东的事务就真要变糟了。"②英国不同意美国的立场,按原计划与法国一

---

① *Foreign Relations of the United States*,1955 - 1957,Vol. XVI, pp. 356 - 357,70.
② Ibid., p. 790.

起向以、埃双方提出最后通牒。艾登估计美国仍会支持英、法的行动,因此写信给艾森豪威尔,希望他"至少用一般的措词支持我们所做的事"①。

埃及拒绝了英、法的最后通牒,英、法军队遂于次日入侵塞得港,轰炸埃及各大城市,战争于是全面爆发。出乎英国意料的是,美国立即对英、法的侵略行为表示强烈反对,艾森豪威尔说英、法的行动破坏了西方盟国的团结,也是对美国的背信弃义。② 作为西方最强大的国家,美国对英、法背着自己另搞一套难以容忍。再者,美国认为英、法的行动转移了世界舆论对匈牙利事件的关注,使苏联能在逃避责任的情况下达到干涉匈牙利的目的。③ 另外,这场战争使西方与亚、非国家的关系陷于紧张,显然对苏联集团有利。因此,在美国看来,最好的解决办法是尽快停止这场战争,避免局势失控。

由于英、法在联合国安理会拥有否决权,因此美国在 11 月 1 日向联合国大会紧急会议提出一项提案,要求交战各方立即停火,并禁止所有联合国成员国向交战地区运送作战物资。在对这项美国提案进行表决时苏联投了赞成票,艾登十分气愤地表示:"在联合国大会上带头反对以色列、法国和英国行动的,不是苏联,也不是任何阿拉伯国家,而是美国政府。"④

苏联试图借此机会打入中东地区,分化西方国家。部长会议主席尼古拉·布尔加宁(Nikolai A. Bulganin)提议苏、美采取联合军事行动,制止侵略,为美国所拒绝。11 月 5 日,苏联又向英、法、以发出最后通牒,警告它们必须立即停火,否则苏联有可能使用现代毁灭性武器实施打击。

得悉苏联的最后通牒后,美国感到事态严重,艾森豪威尔立即打电话给艾登,强烈要求英国停止军事活动。同时,他指示美国财政部和国际货币基金组织不要干预 11 月初爆发的英镑危机,除非英国接受美国

---

① *Foreign Relations of the United States*,1955 – 1957,Vol. XVI,p. 872.
② J. B. Duroselle,*Histoire Diplomatique: de 1919 a Nos Jours*,p. 209.
③ *Foreign Relations of the United States*,1955 – 1957,Vol. XVI,p. 876.
④ 安东尼·艾登:《艾登回忆录》,下册,商务印书馆,1975 年,第 747 页。

的停火建议。无奈之下,英国说服法国于 11 月 6 日宣布停火。次日,联大紧急会议又通过决议,决定成立联合国部队进驻运河区,取代英、法军队。美国继续施压,要求英、法、以三国撤军。艾登沮丧地抱怨道:"美国政府差不多在每一个问题上都坚决反对我们,而且在停火后比停火前更严厉。"①12 月 3 日,英、法宣布在圣诞节前完成撤军。到 12 月 22 日,英、法军队全部撤出埃及,次年 1 月以色列也撤回到 1949 年的停火线。

苏伊士运河战争改变了中东地区的战略格局。纳赛尔在反抗西方和以色列的斗争中赢得了世界各国的广泛支持,声望大增,逐渐成为阿拉伯世界的领袖之一。他继而实施苏伊士运河国有化,加强了与苏联和东欧国家的合作。苏联通过向埃及提供武器、在战争中对埃及大力支持,而开始登上中东舞台。英国被迫撤出埃及,在世人面前丢尽了面子。英国在中东的影响急剧下降,是这场战争的最大输家。美国则在战争中渔利,以其反侵略、反殖民主义的面貌赢得了中东地区温和派国家领导人的好感,并乘机取代了英国的地位。1957 年 1 月,美国又提出"艾森豪威尔主义",以对付"共产主义侵略"为由,进一步介入中东事务。这样,美、苏争夺中东霸权的局面开始形成。

战争使英、美关系遭到重创,"特殊关系"岌岌可危。艾登愤怒地指责美国一面声称不排除使用武力作为解决中东危机的最后手段,一面又出尔反尔,背弃英国。② 英国驻华盛顿大使指责这种背信弃义是"美国蓄意的欺骗行为,使得 15 年以来共同磋商、分享情报和集中资源对抗共同敌人的做法迅速划上了句号"③。美国也感到对英国这个老朋友过于不讲情面了,艾森豪威尔在 1956 年 11 月写信给丘吉尔,对美国的行为表示遗憾,同时又解释说:美国是为了对抗苏联才不得不这样做,阻止"苏

---

① Robert A. Divine, *Eisenhower and the Cold War*, Oxford University Press,1981, p. 90.
② Robert Holland, *The Pursuit of Greatness: Britain and the World Role*,1900—1970, pp. 273 - 274.
③ Alistair Horne, *Macmillan 1894—1956*, Macmillan,1988, Vol. I, p. 545.

联控制石油"是美国的义务。①

但只要冷战格局仍然存在,只要美国仍然是西方最强大的国家,英国就不可能与它分道扬镳,因此,1957年麦克米伦接替艾登出任首相后,就大力修复英美的"特殊关系",两国关系又开始升温。升温从军事领域开始,1957年3月,麦克米伦和艾森豪威尔在百慕大会晤,艾森豪威尔做出重大决定:同意英国分享新开发的弹道导弹技术,在英国部署60枚"雷神"导弹,由美、英两国人员共同控制。这项决定清楚地表达了美国方面修复关系的愿望,对英国显然是一种安抚。这一年10月,苏联发射了人造地球卫星,西方世界大惊失色,推测苏联已具备用火箭发射核弹头的能力。在外力的压迫下,英、美决心加强合作,用新的技术去迎接新的挑战。结果,美国改变不与英国在核领域合作的政策,与英国签订了《为相互防务目的使用核能的合作协定》。新的合作不仅表现在原子武器领域,苏伊士战争硝烟刚散,英、美便联手对中东地区的亲西方国家提供援助,帮助它们对抗来自国内外的威胁。1958年7月,约旦国王侯赛因·伊本·塔拉勒(Hussein Ibn Talal)和黎巴嫩总统卡米尔·夏蒙(Camille Chamoun)分别向西方求助,英美联军当即前往上述两国,很快平定了两国的内乱。这次联合行动,与苏伊士运河危机时的英、美对抗形成鲜明对照。

1960年,美国同意向英军提供新研制出来的"天弩"导弹系统,这种系统能够携带核弹头击中苏联阵营的目标,伦敦认为美国这个决定比上次部署"雷神"导弹更有意义,因为"天弩"导弹将完全由英国控制,而英国是所有西方国家中唯一得到这种先进武器的国家。但不久后美国发现"天弩"系统有重大缺陷,不能用于实战,而英国政府中有人怀疑美国是否真心帮助英国加强核力量。但美国迅速采取补救措施,在宣布"天弩"出问题之后仅一个月,麦克米伦就与约翰·肯尼迪(John F.

---

① Dwright Eisenhower, *Waging Peace*, *1956—1961*, New York, Doubleday & Company, 1965, p. 680.

Kennedy)在拿骚达成一项新协议,英国从美国得到了由潜艇发射的"北极星"导弹系统,这样,英国毋须在武器研究方面花费巨资,便可保持其独立的核威慑力量。

在1962年10月的古巴导弹危机中,美国总统肯尼迪自始至终与麦克米伦保持接触,征询英国方面的意见。美国不仅向英国提供最新的核武器,而且在重大国际问题上听取英国的意见,这样,英美特殊关系达到了战后以来的最高峰。但这种状况未能维持多久,虽然英美在1963年与苏联谈判《部分禁止核试验条约》时继续合作,但此后两国关系又开始降温,进入下降阶段。这个变化与美国国务院内的"欧洲派"活动有关,该派以国务卿乔治·鲍尔(George Ball)为核心,坚决反对英国拥有独立的核威慑力量,理由是:第一,这有可能引起核扩散,进而打破美、苏之间的核武器平衡。第二,这有可能导致西欧放松常规武器装备,因而对北约的灵活反应战略造成损害。"欧洲派"在1963年12月说服刚上任的新总统林登·约翰逊(Lyndon B. Johnson)支持一项"多边核力量"(Multilateral Force)建议,将英国的核力量并入这支西欧军事力量。不出所料,英国对该建议十分冷淡,认为保持独立的核威慑力量对于保持英国的大国地位至关重要。1964年10月新的工党政府上台后提出一系列反建议,主张建立"大西洋核力量"(Atlantic Nuclear Force),这支部队将包括英、法的全部核力量和美国的核潜艇部队。[1] 不过,美国已经怀疑统一的西欧核力量是否有用,并放弃"多边核力量"计划了。英国提议组建"大西洋核力量"只是为了阻挠美国的"多边核力量",并非出于真心,因此也就不再提此事。

围绕核计划的外交纠纷使两国的分歧表面化,而越南战争使这种分歧更加深刻。1964年8月,美国称一艘美舰在北部湾遭到攻击,遂派飞机轰炸越南北方。1965年3月,美国向越南战场派遣大批地面部队和海空军扩大战争,同时又试图按朝鲜战争模式拉盟国参战,推出"多国"参

---

[1] John Baylis, *Anglo-American Defence Relations*, *1939—1984*, Macmillan, 1984, p. 147.

战计划,这样做的目的不是寻求盟国的军事援助,而是平息美国国会和欧洲国家的反战情绪,提升南越军队的低迷士气,并组建针对北越的国际联合阵线。1964 年 10 月,工党在大选中获胜,它一方面希望保持与美国的特殊关系,一方面又担心越南战争会危及地区和平,于是英国的对美政策就陷入困境,外交大臣帕特里克·沃克(Patrick G. Walker)在上任前写了一份"外交政策构想"("Thoughts on Foreign Policy"),称:"英国几乎所有的政策都在不同程度上是对英、美关系的反应。我们必须对此加以协调,并从中打造出一个具有连贯性的政策体系。"①外交部在新首相威尔逊访美之前提交了一份关于越南问题的备忘录,其中建议:对美国的越南政策,要在外交上表示支持,但在军事上要谨慎从事;越南战争的前景黯淡:"若以有限的攻势来拯救南越可能为时已晚,但……仅仅是继续保持守势就毫无取胜的希望。"②

12 月在华盛顿,面对约翰逊总统提出的派兵要求,威尔逊委婉地回答:英国经济困难,又深陷马来西亚的冲突之中,出兵确有困难。他甚至沿用当年艾德礼规劝杜鲁门不在朝鲜使用原子弹的先例,向约翰逊进言说:希望美国不要过深地卷入越南战争。威尔逊的态度,除受英国国内政局的约束,工党在议会中的微弱多数使他无法考虑出兵越南,他本人对越南问题的立场也不可忽视,早在 1954 年的日内瓦会议问题上,威尔逊作为工党左翼的比万派成员,就曾激烈反对英国追随美国介入印度支那地区。

美国对威尔逊十分恼火,它在两年前向英国提供过最新的核武器技术和装备,而在美国急需帮助之际,英国却拒绝伸出援助之手。不知趣的威尔逊在 1965 年 2 月还想再次前往华盛顿劝约翰逊削减军事行动,约翰逊在电话里不客气地回敬道:"我不会吩咐你如何去统治马来亚,你

① Robert Pearce, ed., *Patrick Gordon Walker: Political Diaries*, Historian's Press, 1991, p. 299.
② National Archives, PREM 13/692, FO Memorandum, "Visit to Washington by Prime Minister and Foreign Secretary: Viet Nam", Dec. 3, 1964.

418

也别吩咐我如何去管越南的事。……假如你愿意在越南帮我们一把,就给我们派出一些兵员和人手去对付游击队。而且,要向媒体宣布你打算给我们提供帮助。假如你现在不愿这样做,那就弄你的马来西亚问题去吧。"①国务卿腊斯克(Dean Rusk)更加直截了当地挖苦道:"我们需要的仅仅是一个团而已……不要指望我们再去救你们。"②结果,到1965年中期,"特殊关系"已远不如拿骚会晤时那么"特殊"了。

对"特殊关系"的更大打击发生在1967年。威尔逊政府在这一年决定从苏伊士运河以东撤出英国的所有军事力量。这项决定意味着英国在南海、东南亚、印度洋和波斯湾留下的空白只有由美国去填补,否则将落入苏联之手。这要求美国一面打越南战争,一面调拨大量军事力量去其他地区驻防。伦敦为平息华盛顿的怒气,提出将印度洋上的迪戈加西亚基地让给美国使用,但无甚收效。对于英国来说,撤退行动"消除了自己作为美国永恒的、不可缺少的小伙伴的那种紧张心理状态"③,因此其实质是削弱了英国与美国的关系,并且为以后更多地参与欧洲事务铺平了道路。

在越南战争方面,从1965年4月开始英国就试图寻找和平解决的方法。当年威尔逊政府采取了三项行动。一是派遣刚刚卸任的外交大臣沃克前往印度支那进行考察,了解各方对于和谈的立场和态度。沃克先后访问了西贡、万象、仰光、曼谷、吉隆坡、金边、东京和德里,但未获准访问河内和北京。二是在6月,由英联邦会议决定,英国、尼日利亚、加纳及特立尼达和多巴哥等四国首脑打算出访美国、南越、北越、苏联和中国,但因后面三国政府不同意而未能成行。三是在7月,威尔逊转而进行秘密外交,派遣工党左派议员、议会驻养老金部秘书戴维斯(Harold

① Harold Wilson, *The Labour Government 1964—1970: A Personal Record*, Weidenfeld and Nicolson, 1971, p. 80.
② John Baylis, *Anglo-American Defence Relations*, *1939—1984*, pp. 154-155.
③ Peter Unwin, "British Foreign Policy Opportunities", in *International Affairs*, Vol. 57, 1981(2), p. 226.

Davies)作为密使前往河内,试图促成越南与美国领导人的直接会谈。这一次行动走得最远,戴维斯获准进入河内。但在他抵达河内机场之前,其行程被泄漏,结果越方领导人拒绝与他见面。威尔逊政府的三次和平行动均未能成功,但也不无收获,来自工党左派的反战压力得到了明显的纾解。

1967 年 2 月,美国在波兰的斡旋下表现出缓和的迹象,约翰逊政府提出"A 阶段和 B 阶段"计划,同意在 A 阶段美国停止对北越的轰炸,然后在 B 阶段北越停止向南越渗透。威尔逊想利用苏联总理柯西金(Alexei Kosygin)访问英国的机会通过苏联向越南传递信息,但这次尝试仍旧没有产生效果。

英国的努力注定要失败,因为交战双方都对英国缺乏信任。在越南方面,越南和中国、苏联都不相信英国的中立,而英国与越、中、苏三国的关系都有很大问题。在美国方面,它表面上支持英国的努力,实际上却对英国拒不派兵耿耿于怀,不想让英国插手越南问题。值得注意的是,英国工党政府与美国民主党政府在越战问题上的分歧在 1966 年 6 月曾有一次公开爆发。6 月 28 日,美国开始轰炸河内和海防市人口稠密地区,威尔逊在当日发表一项声明,撇清英国与轰炸的干系。这项声明进一步打击了英、美关系,约翰逊对威尔逊完全失去信任。约翰逊的外交顾问威廉・邦迪(William P. Bundy)指出:威尔逊的这个"决裂"之举,表明他"不再是一条道上的人"①。

威尔逊本人在 1981 年承认,他给美国的是一种"负面支持"("negative support")。② 英国在越战中坚持了独立的外交原则,坚决不派军队参加战争。威尔逊政府与之前的艾德礼政府和之后的布莱尔政府都不一样,而英美"特殊关系"也就不可避免地受到了损害。原因有两

---

① Peter Jones, *America and the British Labour Party: the Special Relationship at Work*, London, I. B. Tauris, 1997, p. 173.

② Caroline Page, *US Official Propaganda During the Vietnam War, 1965—1973: The Limits of Persuasion*, Leicester University Press, 1996, p. 109.

个:一是威尔逊认为解决越南问题的正确方法不是军事手段,这一点与美国存在着根本分歧。1968 年 2 月,就在越战升级的重要时刻,威尔逊在白宫晚宴上公开对约翰逊说:越南问题"永远也不能通过强加的军事手段在持久公正的基础上解决。……在人们坐到谈判桌前打定主意媾和之前,绝不会有任何解决方法"①。

其次,威尔逊对英国卷入朝鲜战争印象深刻,尤其对美国动用核武器的企图感到担忧。作为艾德礼政府的一员,威尔逊对英国参加朝鲜战争的内情十分清楚,而美国在越战期间一直在考虑使用核武器。1964 年 3 月,美军参谋长联席会议就讨论过在中国参战的情况下,是否使用核武器。1965 年 5 月,腊斯克访问英国时曾向威尔逊表示:"如果发生一场新的朝鲜战争,就不会排除这种(使用核武器的)可能性。"②1967 年 5 月,美国参谋长联席会议向国防部长麦克拉马拉(Robert McNamara)提交一份备忘录,其中说如果美军向北越、老挝和柬埔寨发动进攻,"就很可能要在中国南部使用核武器"③。针对这些信息,威尔逊曾直接向美方表达了他的担心:"备受困扰的总统的焦虑言辞加剧了这个危险,即美国会陷入万劫不复的政策。"④

1970 年保守党在大选中获胜,该党与美国的关系一向比较密切,但首相爱德华·希思仍然推行工党政府削减防务开支的政策,对亨利·基辛格提出的 1973"欧洲年"计划漠然置之。希思任内在外交上的两大建树均与美国无关:一是加入欧洲共同体;二是实现中英关系正常化。最突出的是,英国与其他欧洲国家一起在第四次中东战争期间拒绝向运送军火给以色列的美国飞机提供基地,此时,英国外交已转向以西欧为中心,但又不愿为西欧防务承担更多义务。对美国而言,英国在防务方面

---

① Harold Wilson, *The Labour Government 1964—1970: A Personal Record*, p. 500.

② National Archives, PREM 13/695, "Record of a Conversation between the Prime Minister and Mr. Dean Rusk at No. 10, Downing Street at 9. 45 am on Friday, May 14, 1965".

③ Robert S. McNamara, *In Retrospect: The Tragedy and Lessons of Vietnam*, Times Books, 1995, p. 234.

④ Harold Wilson, *The Labour Government 1964—1970: A Personal Record*, p. 500.

的重要性已大大下降了,到 1973 年时,英美关系已变得平淡如常,再无"特殊"之处。

在 70 年代余下的时间里,英美之间的分歧,尤其是关于欧洲以外地区的分歧继续存在,1974 年,工党重新执政后,这种分歧呈扩大之势。1974—1975 年间,葡萄牙的索拉查(Antonio Salazar)独裁政权被推翻,随即安哥拉和莫桑比克也发生了带有社会主义倾向的革命,建立新政权。美国感到十分震惊,担心苏联势力在非洲扩张,但英国对这些变化却表现得很平静。在中东,卡特总统把外交重点放在埃、以和解上,最终使这两个敌国签署了《埃以和平条约》(Egypt-Israel Peace Treaty)。英国对发生在这个曾属于自己势力范围之内的地区和平进程未施加什么影响,反而与其他西欧国家一起认为:卡特的和平努力对巴勒斯坦人无益。在拉丁美洲,美国向右翼独裁者,如智利的皮诺切特(Augusto Pinochet)和尼加拉瓜的索摩查(Anastasio Somoza García),提供财政和军事援助,英国则更同情被暗杀的智利前总统阿连德(Salvador Allende Gassens)和被推翻的尼加拉瓜桑地诺解放阵线,因为它们的许多政策与工党相似。美国支持英国在南罗得西亚结束内战的努力,但英、美关系仍降到数十年来的最低点。直到 1979 年 5 月,玛格丽特·撒切尔领导保守党在大选中获胜,改变了对美政策,英、美关系才进入"复兴阶段"。

如果说希思是"欧洲主义者",那么玛格丽特·撒切尔就是"大西洋主义者"。撒切尔夫人确信要达到英国外交的主要目标,即维持英国的长期安全,就必须加强与美国的关系。因此从 1979 年 6 月起,对美关系就成为英国外交的最优先问题。

1979 年 12 月,北约外长们解决了在西欧部署巡航导弹和潘兴II式中程导弹方面的分歧,撒切尔夫人随即在恢复英、美关系方面迈出了一步。1980 年 1 月,英国宣布它同意美国在英国境内部署 160 枚上述导弹,这个具有象征意义的重大举措表明了英国对美国的信任和支持,尤其是当西欧的公众舆论普遍关注美国部署在欧洲的核力量时,英国的表态更是不凡,这一年 7 月英美达成协定,英国从美国购买先进的"三叉戟I型"导弹,用于替代已过时的北极星导弹,英国的核威慑力量得以加强。

1981 年 1 月罗纳德·里根(Ronald W. Reagan)出任美国总统,大大加快了英、美"特殊关系"的恢复过程。撒切尔夫人和里根都推崇"新右派"思想体系,在国内经济政策上强调发挥市场作用,减少国家干预,推行私有化和货币主义政策,强化资本主义制度;在对外政策上则运用各种手段遏制和对抗苏联的影响,主张对苏联采取强硬态度。1981 年 2 月撒切尔夫人访问美国,取得很大的成功,此行不仅加强了两位领导人的私人关系,而且就一个很重要的问题达成了协议,这就是由里根提出的建立一支"快速部署部队"的计划。1965 年,威尔逊曾拒绝约翰逊总统的类似提议,而撒切尔夫人则宣布要加入这项计划,这让里根深为感动,不久便给予丰厚的回报。1981 年 10 月,里根政府宣布"三叉戟 II 型"导弹提前投入现役,欢迎英国购买这种更先进的武器系统。经过 6 个月的讨论,英国与美国签订了一份购买"三叉戟 II 型"导弹系统的合同,美方再次给予很大的优惠。

就在英美关系迅速发展的时候,一场重大的考验来临了。1982 年 4 月 2 日阿根廷出兵占领有争议的马尔维纳斯(即福克兰)群岛,英国立刻作出强烈反应。撒切尔夫人 4 月 3 日在下院宣布:"英国的主权领土在许多年以来第一次受到外国入侵";"女王陛下政府的使命就是竭尽全力来捍卫这种权利"[①]。不久,联合国的调停努力失败,英国政府于是就发动了自二战以来最大的一次远征行动,它出动了英国海军力量三分之二的兵力去争夺该群岛,英、阿之间爆发武装冲突。

这次军事行动把美国推到了微妙的位置上,许多因素影响到美国的立场。首先,里根如果与英国站在一起,那么就可能损害美国与拉美国家的关系,而拉美一直被视为是美国的"后院",美国在这里有大量投资。其次,当时英、美在铺设苏联天然气管道的问题上发生分歧,英国与其他欧共体国家赞成铺设这条管道,美国则反对这样做,这个因素显然影响

---

① *Hansard* HC [21/633-638], April 3, 1982, "Falkland Islands".

了美国的决策。再次,根据《北大西洋公约》规定,任何一个缔约国受到武装攻击时,其他缔约者应出兵帮助该国,但范围仅限于北大西洋地区,所以美国并没有支援英国的义务。这样,美国起初试图以调解人的身份,通过和平方式解决这场争端。但阿根廷的加尔铁里(Leopoldo F. Galtieri)总统和英国的撒切尔首相都不愿意妥协,于是,到5月份里根开始倒向英国一方,他同意让英国舰只在美国军事基地补充燃料和物资,并向英国提供美国卫星获取的情报,这些情报为英军的作战行动提供了重要的支持。

在中东,英美合作十分默契。1982年以色列入侵黎巴嫩,将巴解组织逐出了贝鲁特。在以军撤退之后,叙利亚增加在黎境内的兵力,影响也趋扩大,同时黎各派武装力量的冲突连绵不断。美国主张向黎巴嫩派出维和部队,阻止各派武装冲突,遏制叙利亚的影响。出于宣传目的,美国希望其他国家能与美国一起行动。撒切尔首相作出积极反应,于1983年9月派出一支有相当规模的英军去参加以美国为首的多国部队,直至1984年3月该部队主力撤离黎巴嫩为止。

在发展战略武器方面,英国大力支持里根提出的"战略防御"(又称"星球大战")计划,1985年10月英、美国签订协定,同意英国公司为该计划生产部分产品。

在对南非政策方面两国也表现出空前一致。南非的种族隔离政策一直是困扰英国政府的一个难题,英国对1961年其他英联邦国家把南非逐出门外感到不快,相反却同情南非的白人政权。80年代中期南非的种族冲突加剧,黑人民族意识加强,在这种情况下,国际社会和英联邦国家要求对南非实行全面制裁,但英、美却反对制裁,其公开的理由是:制裁对南非的改革进程无益,却只能使人民、尤其是黑人受到损害。实际上,英、美更看重南非在冷战中的战略价值,两国都不愿看到南非在一场流血的革命后落入苏联的怀抱,于是在1986年夏,英、美联手阻止了国际对南非的制裁行动。

1985—1986年曾发生几次针对美国的恐怖行动。通过截获情报,美国认为利比亚政府策划了 1986 年 4 月在柏林一家夜总会的爆炸事件，造成多名美国军人伤亡，美国决定立即采取惩罚性行动，要求英国政府配合，同意美国军机从英国基地起飞对的黎波里和班加西进行空袭。英国政府迅速表示同意，于是，4 月 14—15 日夜，36 架美机对利比亚的两座城市进行轰炸。这次空袭进一步证明了英、美的"特殊关系"，相比之下，其他西欧国家都不让空袭利比亚的美国飞机飞越本国领空。由于在空袭前一天的欧洲外长会议上英国外交大臣杰弗里·豪没有向欧共体国家进行通报，这些国家都感到愤怒。英国国内反应也很强烈，工党提出严厉的批评。更严重的是，民意测验表明约三分之二的选民不赞成英国卷入美国的行动，他们担心利比亚会对英国人进行报复。撒切尔首相为英国政府作辩护，她说不接受美国的要求是"不可思议的"，英国在福克兰群岛战争中欠了美国的情，而且从人道主义立场出发，如果美国的远程重型轰炸机从本土出发轰炸利比亚，造成的平民伤亡可能要大得多。① 但利比亚问题并未就此了结，1988 年 12 月 21 日，美国泛美航空公司 103 航班在飞经英国北部洛克比时发生爆炸，造成机上和地面共270 人死亡。美、英经过 3 年的联合调查，于 1991 年 11 月确认爆炸是利比亚特工所为，两国于是发表声明，要求利比亚政府将涉嫌的两名利比亚人引渡给美、英。利比亚否认它卷入了这起爆炸案，并拒绝交出涉嫌人员。于是美、英等国促使联合国安理会于 1992 年 3 月 31 日通过 748号决议，对利比亚实行空中禁飞和军事禁运。

在 1991 年 1—2 月的"沙漠风暴"行动中，英国参加以美国为首的多国部队，将伊拉克军队赶出了科威特，这再次验证了两国之间的"特殊关系"。不过由于里根总统和撒切尔首相先后去职，两国关系又开始降温。其实，即便在撒切尔夫人和里根的"蜜月时代"，即便如撒切尔夫人所说，"我们在许多问题上看法相同，可以说是心心相印"②，英、美关系也还是

① *The Observer*, 20 April, 1986; *The Guardian*, 21 April, 1986.
② *Financial Times*, 23 March, 1985.

有一些波折的。

第一次发生在 1983 年,这年 10 月,美国趁格林纳达发生军事政变,以保护美国侨民为借口,出兵占领了这个小国,推翻了亲古巴的政府。从入侵的结果来看,英国是表示欢迎的,但格林纳达是英联邦成员,而英国政府事先却一无所知,甚至在美国开始入侵的几个小时之前,英国外交大臣杰弗里·豪还在下院表示:美国的干涉是不可能发生的。因此入侵发生后英国政府十分尴尬,因为按照惯例,美国在行动前即使不需英国同意,至少也应当通报英国。当时有这样一种说法:美国国务院也不知道入侵的计划,因此没有办法通知英国。① 撒切尔夫人感到非常愤怒,她打电话给里根,抨击美国的做法,这次谈话大概是他们之间最不愉快的一次。杰弗里·豪要求西欧联合起来对抗美国的专横作风,英国舆论也对美国向一个英联邦成员国动武表示愤慨。② 美国不理睬英国的批评,并且在 12 月还宣布解除对阿根廷的武器禁运。事实表明,在"特殊关系"中,英国是次要的、弱小的一方,华盛顿掌握着主导权。

较大的波折发生在 1987 年。两伊战争爆发后,波斯湾的油船受到威胁,英国从 1980 年 12 月起为在这一水域航行的英国船只提供护航,效果很好。但从 1986 年起,伊拉克对运载伊朗原油的西方和其他国家船只进行空袭,科威特感到受威胁,便非正式地与苏联联系,请求提供护航。美国唯恐让苏联渗入科威特,于是立即同意让所有科威特油轮悬挂美国国旗,由美国海军护航。伊朗对美国海军进入波斯湾表示反对,在海湾北部航道上布下水雷。由于驻波斯湾的美国海军不具备扫雷能力,于是在 1987 年 8 月向北约盟国求助。

出乎美国意料的是,英国政府的反应十分消极,英国认为美国的行动有可能引起更大的麻烦,导致伊朗或伊拉克对西方船只采取更大规模

---

① Z. Steiner,"Decision Making in American and British Foreign Policy: an Open and Shut Case", in *Review of International Studies*, Vol. 13, 1984(1), p. 9.

② Michael Smith,"Britain and U. S. Beyond the 'Special Relationship'?", in Peter Byrd ed., *British Foreign Policy under Thatcher*, New York: St. Martin's Press, 1988, p. 23.

的袭击,从而危害英国利益。而且,英国对美国运用其军事力量维持海湾秩序的决心也表示怀疑,因此,英国政府客气地回绝了美国的要求。从这一事件可以看出,英国并非无条件地听从美国的旨意,在作出重大决定时,还是将英国的利益放在首位。8月末,伊朗又在霍尔木兹海峡布雷,直接损害了航行自由的原则,同时也对英国利益造成威胁。只是到了这个时候,英国才下令6艘扫雷舰驶往波斯湾清除那里的水雷。

1992年1月,克林顿出任美国总统,他对英、美关系不那么重视。作为英、美"特殊关系"的一个象征,里根和布什任总统时每年圣诞节前都会邀请英国首相去白宫,但克林顿却没有请梅杰。在具体政策上两国也出现明显分歧。在波黑问题上,美国主张对塞族武装进行空中轰炸,英国却多次表示反对,称此举将使驻扎在那里的联合国地面部队中的英国军人遭到报复性袭击。为照顾英国的立场,北约缩小了空袭规模。另外英国也反对克林顿政府单方面冻结核试验的决定,因为这将使英国无法利用美国的核设施作试验。1994年6月在盟军登陆诺曼底50周年之际,克林顿赴英国与梅杰一起主持纪念活动,在这个加强两国关系的大好时刻,两国领导人好像对历史更感兴趣,根本就没有提"特殊关系"。而克林顿一进入法国,立刻表现得热情洋溢,对法国的欧洲一体化政策大加赞赏。

7月11日,克林顿在出席那不勒斯西方七国首脑会议之后访问德国,称德国已成为"美国在欧洲的主要盟国",美、德伙伴关系很独特。英国《每日电讯报》发表文章说:"克林顿昨天表明:美国现在认为德国是比英国更重要的盟国。……克林顿虽然强调华盛顿和伦敦的历史联系,但是他指出,随着欧洲加快一体化的进程,德国和美国现在的目标几乎完全一致,这把它们的关系提高到一个更高水平。"[1]该报在7月17日一篇题为《英国为什么总是形单影只》的文章中更明确地指出美、德关系才是"特殊关系","在华盛顿看来,对美国欧洲政策来说,英国现在顶多是与

---

① *The Daily Telegraph*，12 July，1994.

法国并列第二位的伙伴,也许是第三位"①。

　　造成英、美关系疏远的首要原因是西方国家之间实力对比已发生变化,英国地位下降,不再能胜任美国在国际战略中的主要伙伴和助手。德国、日本这些国家则实力上升,远比英国更有力量。

　　第二个原因是美国自身的政治经济变化和政策调整。从 60 年代开始,美国经济重心由东海岸向西海岸移动,太平洋地区也就更加重要,克林顿任美国总统后一再强调发展与亚太地区的关系,他在 1993 年 11 月主持在西雅图举行的亚太经合组织首脑会议时,发表题为"APEC 在创造就业、机会和安全的作用"的讲话,指出:"我们必须创设新的制度安排,以推进我们在国际上的经济和安全利益。……我们必须向太平洋经济伸出我们的双手。我们必须与太平洋国家同心协力,以为我国人民和太平洋国家人民创造更美好的未来……这就是我们的庄严使命和绝佳机会。"②事实上,到 1993 年,美国与太平洋地区的贸易已比与大西洋地区的贸易多 50%,美国财政部负责国际事务的助理部长劳伦斯·萨默斯在谈到美国对外经济政策重点及其原因时说:"改善与亚洲的经济合作,自然是以促进国内繁荣为目的的对外政策的主要部分,已经拥有每年 1 万亿美元进口市场的亚洲,在今后十年将占全世界经济增长的近一半。"③美国在国际战略中的倚靠对象,在亚太地区是日本,在欧洲已变为德国。另外,当一代致力于建立和发展美、英"特殊关系"的政治领导人退出政治舞台时,英美之间的传统纽带也就遭到削弱,这一点在里根和撒切尔夫人去职后尤为明显。

　　随着 1956 年以后英国加快从帝国撤退以及 1964 年以后与美国的关系降温,它越来越把对外关系的重点放在欧洲,试图在欧洲事务中发

① *The Daily Telegraph*,17 July,1994.

② William J. Clinton,"The APEC Role in Creating Jobs,Opportunities,and Security",Remarks to the Seattle APEC Host Committee,November 19,1993. http://www.presidency. ucsb. edu/ws/? pid＝46137

③ *The New York Times*,Nov. 11,1993.

挥主导作用,不让法国和德国主宰欧洲。二战结束初期,英国曾一度积极参与欧洲事务,于 1948 年加入欧洲经济合作组织(Organization for European Economic Cooperation),1950 年又加入欧洲支付联盟(European Payments Union)。但是到 50 年代,英国对法、德倡导的几个共同体抱有戒心,不愿参加,开始游离于欧洲一体化进程之外。但英国同时又担心这样会对本国不利,便在 1960 年 1 月,与瑞士、丹麦、挪威、瑞典、奥地利和葡萄牙创建了欧洲自由贸易联盟。与此同时,英国也加强与西欧其他国家的合作,比如在 1956 年 7 月与西德签署一份协定,同意在民用核能开发方面进行合作。次年 12 月,英国又与意大利签署了类似的协定。1960 年和 1961 年,英国与多个西欧国家达成协议,同意为对方公民到本国旅游提供出入境方面的便利。

关于与欧洲的关系,英国绕不开法国,当时法国是西欧除英国之外的最强大国家,英、法关系在很大程度上支配了英国与西欧的关系。1958 年 12 月,戴高乐就任法国总统,他着手阻止欧洲的一体化和超国家趋势,想把共同体改造为主权国家之间的经济互利组织。戴高乐这个想法符合英国的立场,因此麦克米伦在 1961 年 10 月启动了加入欧洲经济共同体的谈判。戴高乐表示欢迎,他希望建立一个不受美国控制的、真正属于欧洲的安全和经济组织。1962 年 12 月,在美国宣布"天弩"导弹系统不能使用时,戴高乐希望与英国进行军事合作,包括核合作,借此削弱英国与美国的军事联系。但英国并不打算放弃与美国的"特殊关系",在美国取消"天弩"导弹计划后仅一个星期,麦克米伦就与肯尼迪会晤,决定以美国的"北极星"导弹取而代之。法国在得知英国的决定后,立刻撤销了对英国加入共同体的支持,1963 年 1 月 14 日,法国政府否决英国的申请,戴高乐明确表示:英国的加入"最终将会出现一个依赖于美国并在美国领导下的庞大的大西洋共同体,它很快会吞噬掉欧洲共同体"[1]。

---

[1] 德里克·W.厄尔温:《第二次世界大战后的西欧政治》,章定昭译,中国对外翻译出版公司,1985 年,第 315 页。

英国加入欧共体的第一次努力至此受挫。

1964年工党执政，该党左翼认为欧共体是一个"资本主义俱乐部"，对西欧和英国的社会主义构成障碍，因而不主张加入这个组织。但1966年7月事情出现转机，工党政府新任外交大臣乔治·布朗（George Brown）是一个坚定的欧洲主义者，他设法使威尔逊政府改变立场，这样，英国于1967年5月第二次申请加入欧共体。戴高乐在私下交谈中向英国驻法国大使克里斯托弗·索姆斯（Christopher Soames）提出法国支持英国申请的三个条件：（1）减少欧洲对美国的依赖；（2）改变欧洲经济共同体的性质，使之成为一个自由贸易区，只对农产品作特别定价；（3）给予共同体内几个大国更大的决策权。这些条件对于英国来说是可以考虑的，其中大部分也是英国所希望的。① 但由于这次谈话的内容被英方泄露给西德，继而传遍了欧共体各国，引起轩然大波。英、法关系降至60年代的最低点。其他欧共体成员国对英国的申请也不予支持，欧共体部长理事会决定搁置英国的申请。

1969年4月，戴高乐辞去总统职务，由蓬皮杜（Georges Pompidou）继任，他主张扩大欧共体的规模。1969年12月欧共体六国首脑在海牙开会，接受了蓬皮杜的主张，宣布同意接纳英国加入欧共体。1970年6月保守党在大选中获胜，长期以来主张英国加入欧共体的爱德华·希思出任首相，为英、欧谈判铺平了道路。英国从1971年5月开始与欧共体举行正式谈判，1972年1月签署了一系列条约。1973年1月1日起英国成为该组织的正式成员国。

与此同时，东欧地区并未被英国忽视。从总体上说，英国对东欧的政策建立在这样一个观点之上，即苏联和它的华约盟国构成了对西方的主要威胁，因而在军事上英国须作好与之对抗的准备。但历届英国政府在某些方面还是与华约国家进行"部分合作"，显示出灵活的现实主义作

---

① Alan Campbell, "Anglo-French relations a decade ago", *International Affairs*, Vol. 58, 1982(2), pp. 237 - 253.

风。英国认为,北约的威慑力能够在短期内遏制苏联,然而从长远来看,部分合作政策可能对改善英、苏关系有所帮助,并最终消除长期以来的敌对状态。

在结束盟国对奥地利的军事占领问题上,英国与美、法一起同苏联进行谈判,寻求和平的解决方法。1955年,谈判取得突破,英、美、法、苏、奥五国外长于5月15日在维也纳签订了《关于恢复独立和民主奥地利国家的条约》,即《对奥和约》。此前在1月份,苏联发布了《关于终止苏联同德国的战争状态》令,给东西方关系带来了缓和气氛。奥地利问题解决后,旧日的四大盟国首脑重新聚首日内瓦湖畔,是二战结束以来的第一次。

战后英、苏最高层的首次接触发生在1956年4月,艾登在唐宁街10号会见了来访的赫鲁晓夫,就共同关心的国际问题和双边关系交换意见。1959年5月,英、苏签订贸易协定,有效期五年。同年12月,两国又签订了有效期两年的科学文化协定。这两个协定后来都曾多次续订。70年代前期,希思政府将部分合作原则扩大到华约其他国家,1971年4月,英国与波兰签署了长期贸易协定。第二年又与匈牙利、捷克斯洛伐克和罗马尼亚签订类似协定。1973年,英国还与波兰和东德签署了科技合作协定。

英国将对外关系重点转向欧洲,主要有以下一些原因:

第一,孤立于欧洲共同体之外,使英国经济增长速度减慢。欧洲经济共同体对外实行统一关税政策,对内实行资本、劳动力的自由流动,这些制度使六个成员国的经济增长率大大超过了英国,在1950—1960年间,共同体六国年均国内生产总值增长率为4.08%,英国为2.3%;1960—1970年间,英国增长率未变,共同体六国达到了4.2%。[①] 60年代初麦克米伦政府申请加入共同体的原因之一,就是改变英国经济发展

---

① Mancur Olson, *The Rise and Decline of Nations: Economic Growth , Stagflation and Social Rigidities*, Yale University Press, 1982, p. 6.

的不利地位。

第二，美国希望英国更多地卷入欧洲事务。二战结束后，美国一直想让英国在北约中承担更多的责任，鼓励英国在欧洲事务中发挥更大的作用。然而英国受帝国事务的牵制，在1956年前的大部分时间对欧洲事务不够重视。苏伊士运河危机后英国调整政策，慢慢地把重点转向欧洲。

第三，英帝国的解体及英联邦的衰落，加快了英国从旧帝国撤出和收缩的速度。英帝国向英联邦的转型是英国对战后民族独立运动的主动应对，其结果就是帝国失去其原有的价值，英国只有加强与西欧的关系才有可能弥补其损失。

第四，欧洲在英国的对外贸易中份额加大，1954年，欧洲在英国的进出口贸易中所占比例是18.4％和21.5％，到1971年增至29.9％和29.3％，到1978年又猛增至43.1％和41.8％。[1] 这就使英国与欧洲的共同经济利益增加了。

但是在英国加入欧共体后，其对欧政策是否发生了根本性变化？答案是否定的。在欧共体内，英国是一个不安分的成员，从加入欧共体开始，它屡屡在预算和农业问题上发难，尤其是在1975年，刚当选的工党政府为平息左翼的指责，决定就英国是否退出欧共体进行全民公决。虽然结果是大多数选民赞成留在欧共体内，但其他欧共体国家已对英国"另眼相看"。1979年撒切尔政府执政后，欧共体对英国缺乏成员国责任感抱怨不迭。1979年6月，撒切尔夫人在斯特拉斯堡欧共体首脑会议上声称，英国在那一年负担的10亿欧洲货币单位的摊派款不公。第二年在都柏林欧共体首脑会议上，她又公开说要"把我们的钱拿回来"[2]。当其他成员国不作让步时，撒切尔夫人又声称要将各国在欧共体预算中分担的比例与当年农产品定价挂钩，威胁要对农产品定价投否决票，于是，

---

[1] *Annual Abstract of Statistics*，1954，1971，1978.

[2] M. Butler，*Europe: More than a Continent*，London：Heinemann，1986，p. 95.

其他欧共体国家被迫表态愿意考虑英国的要求。在1984年的枫丹白露会议上这个问题得到解决,首脑们同意在确定预算分担时,将英国划入人均收入最低国家之列,英国每年可从它所支付的份额与欧共体用于英国开支的差额中,得到66％的返还款。

之后,英国又要求调整欧共体的农业政策,认为它不仅造成农业生产过剩,而且农业补贴在欧共体预算中所占比例过大,不符合撒切尔政府的自由市场原则。1987年7月,撒切尔政府否决了下一个财政年度的共同体预算案。在建立欧洲联盟的问题上,英国虽然签署了《马斯特里赫特条约》,但在建立经济货币联盟方面提出了保留条件,并为英国争取到在"社会宪章"和"货币统一"问题上的例外权。1994年6月,梅杰首相又在欧盟12国首脑会议上投票否决比利时首相让-吕克·德哈尔(Jean-Luc Dehaene)出任下一届欧盟委员会主席,以致法国总统密特朗(Francois Mitterrand)评论道:"这次会议显然是一个危机。"[1]

否决德哈尔出于以下几个考虑:首先,英国对德、法操纵欧洲事务表示不满,德哈尔是德、法推出的人选,事先未与其他国家商量;其次,英国认为德哈尔紧跟德、法,他的出任对英国不利;第三,从国内政治考虑,需要安抚保守党内的"疑欧派",该派对英国参与欧洲一体化一直持怀疑和阻挠态度,在这次会议之前该派就有言在先,如梅杰不阻止德哈尔任主席,就要对梅杰的首相地位发难。事实表明,否决哈德尔之后梅杰在党内的支持率上升,英国保守舆论界也表示赞赏。7月份,欧盟举行特别首脑会议,梅杰对卢森堡首相雅克·桑特(Jacques Santer)投了赞成票。

英国在欧洲事务中总是形单影只,其原因主要有:第一,英国在50年代没有抓住欧洲一体化的最初机会,将这个进程的主导权拱手让给德、法。第二,英国国内有势力强大的"疑欧派",而欧洲对英国也抱有猜疑心理。第三,英国受传统的均势原则影响,对欧洲任何强国都持有戒心。第四,从心理上说,英国一直认为自己不属于欧洲,而帝国的情结更

---

[1] *The Wall Street Journal*, June 27, 1994.

让它与"欧洲"划清界限。看来,英国与欧洲的关系还需要时间去理顺,以后如何发展仍需要时间去检验。

在 70 年代,英国与苏联、东欧的关系没有出现太大起伏,它基本上支持东西方的"缓和"。但撒切尔夫人上台后情况发生变化,舆论普遍认为她会对苏联采取强硬政策。事实确实如此,撒切尔政府在执政之初便大大加强了与美国的军事合作,提高国防开支。苏联入侵阿富汗之后,撒切尔政府立即予以严厉谴责,并在下院提出动议,要求英国体育界抵制在莫斯科举行的奥运会。这个要求受到英国奥委会主席丹尼斯·福洛斯的反对,而撒切尔夫人在"震惊"之余,又"直截了当地"向福洛斯当面阐述她的立场。

1981 年 12 月,波兰政局发生变化,成立了以雅鲁泽尔斯基(Wojciech Jaruzelski)为首的救国军事委员会,取缔了团结工会,逮捕了瓦文萨(Lech Walesa)等工会领导人。八天之后,撒切尔夫人即在英国下院严厉谴责波兰当局,指责它"正在犯历史性的错误"[1]。1982 年 2 月5 日,英国宣布对波兰实施制裁,成为西欧采取强硬措施的第一个国家。制裁内容包括:波兰外交官只可在距伦敦 25 英里以内范围中活动,推迟考虑波兰延期偿还债务问题,暂停发放由英国政府担保的贷款等。政府还宣布了对苏联的制裁措施,包括限制苏联外交官在英国的行动自由,削减一些英、苏协定的条款和适用范围等。英国广播公司将波兰语广播时间由每周 21 小时 15 分钟增加到 26 小时 15 分钟。

但英国并未中断与苏联、东欧国家的正常往来,外交部在这方面的态度较为积极。外交大臣在 1980—1981 年间出访罗、匈、波三国,在1981 年和 1983 年还访问了柏林和莫斯科。在贸易方面,英国保持了与苏、东国家的贸易,这项贸易约占英国贸易总额的 2%。[2] 在对波兰采取制裁时,外交部主张克制,外交大臣卡林顿(Peter Carrington)勋爵在上

---

[1] *Hansard*, 22 December, 1981, cc. 866 – 867.

[2] Michael Clarke,"The Soviet Union and Eastern Europe", in Peter Byrd ed., *British Foreign Policy under Thatcher*, p. 65.

院强调英国对波兰奉行严格的不干涉政策,希望波兰政府能够遵守对欧安会承担的义务和兑现关于改革的诺言。

1983年夏季,撒切尔夫人和内阁大臣重新评估英国与苏联阵营的关系,他们认为苏联有可能发生变化。9月份,政府与苏联问题专家举行一次秘密会议,讨论和分析东欧国家的现状。撒切尔夫人认为应该改变被动反应的策略,转向采取一些主动步骤,她同意外交部提出的"分化"策略,对那些比较容易打交道的东欧国家,要加强和它们的交往和联系。不久外交大臣杰弗里·豪出访匈牙利。次年2月,撒切尔夫人首访东欧,第一站仍然是匈牙利。10天后撒切尔夫人出席了苏联领导人安德罗波夫(Yury V. Andropov)的葬礼,尽管在这次活动中并未谈及英、苏关系,但为改善这种关系创造了氛围。3月,苏联第一副外长科尔尼延科访问英国,6月,英国外交大臣杰弗里·豪也去了莫斯科,双方会谈的内容集中在美国的"战略防御计划"(即"星球大战"计划)上,对两国关系涉及很少。直到1984年12月苏共中央政治局委员戈尔巴乔夫(Mikhail S. Gorbachev)率最高苏维埃代表团访问英国时,英、苏关系才发生重大变化。

1985年3月,苏联领导人契尔年科去世,撒切尔夫人与杰弗里·豪再赴莫斯科参加葬礼。这一次她与苏联新领导人戈尔巴乔夫举行了长时间的会谈,撒切尔夫人在会谈中表示要"与苏联更多地打交道","形成一种有建设性的关系"①。此后,英、苏签署一系列经济、文化、科技合作协定,两国领导人多次互访。撒切尔夫人与戈尔巴乔夫的私人关系相当不错,英国对他的"改革"表示支持。在苏联解体、东欧剧变时,英国大体上与美、欧保持一致,不对这些地区采取主动出击的政策。

在与中国关系方面,英国在承认新中国后经历了曲折的发展。根据双方协定,中国外交部副部长章汉夫与英国政府代表胡阶森于1950年3月2日起举行第一阶段建交谈判,但不久朝鲜战争爆发,中、英军队战场相见,

---

① Michael Clarke,"The Soviet Union and Eastern Europe", in Peter Byrd ed. , *British Foreign Policy under Thatcher*, p. 70.

谈判遂告中断。1954年4—6月日内瓦会议召开期间,周恩来总理与艾登外交大臣多次会晤,中英两国官员进行了第二阶段建交谈判,6月17日,两国达成互派代办的协议,中英建立"半外交关系"。但由于英国在一些重大问题上紧跟美国,阻碍了两国关系正常化。在有关联合国的中国代表权问题上,英国对驱逐国民党政权投了弃权票,又同意美国提出的搁置讨论中国代表权的建议,事实上认可了台湾当局在联合国的席位。1961年,英国在联合国首次投票赞成恢复中华人民共和国的合法席位,但又同意美国的提案,将中国代表权列为"重要问题",需联大三分之二多数票才能通过。

关于中国在香港的资产——主要是指两航(中国航空公司和中央航空公司)在港飞机的归属问题,英国偏袒台湾当局。当时两航已宣布起义,飞机已归属中国政府,但港英当局听任台湾将这批飞机出售给美国民用航空公司,1952年,英国的最高法院将这批飞机的所有权判给了这家公司。同时,英国政府还保留驻台湾淡水的英国领事馆,制造和散布"台湾地位未定论"。对此,中国方面多次指出,英国在台湾问题上耍两面派,这是中英关系正常化的主要障碍。1958年,周恩来总理在一届人大五次会议上专门阐述了中国的立场:

> 英国政府一方面承认中华人民共和国,另一方面却在联合国中协助美国支持蒋介石集团窃取中国的席位。同时,英国还是散布台湾地位未定的谬论的中心。……如果英国不改变它对待中国的两面态度,中英关系将不可避免地受到不利的影响。①

60年代初中英关系有所改善,蒙哥马利元帅两度出使中国,推进了两国之间的了解。但"文化大革命"又让中、英关系受到冲击,一些极"左""造反派"在北京焚烧英国代办处,酿成重大外交事件。

70年代初,随着美国总统尼克松访华,中、英关系也开始突破。1971年1月,两国官员开始就建交问题进行第三阶段谈判,英国政府同意改

---

① 《中华人民共和国对外关系文件集,1958》,世界知识出版社,第5卷,1957年,第22页。

变有关台湾问题的立场,支持恢复中国在联合国的合法席位;一俟关系正常化,英国将关闭驻淡水领事馆,并明确承认中华人民共和国政府是中国唯一的合法政府,台湾是中华人民共和国的一个省。1972年3月13日,中国外交部副部长乔冠华与英国驻华代办艾惕思分别代表本国政府签署了关于互换大使的联合公报,实现了中英关系正常化。此后中英关系得到较快发展,1984年12月,中、英两国政府签署了关于香港问题的联合声明,英国政府同意于1997年7月1日将香港交还给中华人民共和国。这以后两国领导人频频互访,经贸和文化关系也大大加强。但末代港督彭定康推出的"政革"方案为两国关系投上阴影,对香港回归后的事态发展产生一定影响。

　　1997年7月1日,香港正式回归中国,两国政府举行了体面的交接仪式,代表英方出席的是王储查尔斯和新任工党首相布莱尔。查尔斯在讲话中表示了向前看的态度,希望以1984年中英联合声明为基础,继续维持香港的繁荣与稳定。① 工党作为执政党,它在香港问题上不背包袱,没有与中国政府发生过正面对抗,因此有一个改善两国关系的契机。工党政府外交政策中很重要的一环就是加强与东亚国家的关系,力图从这个经济最活跃的地区获取最大的经济利益。1998年春,工党贸易大臣玛格丽特·贝科特和外交大臣罗宾·库克(Robin Cook)先后访问中国。此后布莱尔首相和朱镕基总理互访,江泽民主席也于1999年下半年出访英国。英国在对华关系上摆出积极姿态,双方的经贸关系得到发展。

　　然而,面对冷战结束后的国际形势,新上台的工党政府在外交上除了紧跟美国之外,并没有形成新思路,也没有制定出清晰的指导原则。在英、美特殊关系再次升温的背景下,"新干涉主义"成为工党对外政策的新特点。依据这一方针,工党政府参加了美国主导的科索沃战争、阿富汗战争和伊拉克战争,可谓大出风头。然而恰恰是伊拉克战争的旷日持久,断送了布莱尔这位自小皮特以来英国最年轻首相的大好前程。

---

① 《人民日报》1997年7月1日。

第五章　布莱尔的战争和外交

1997年5月,年富力强的布莱尔入主唐宁街10号。作为工党新一代领导人,他的注意力似乎应主要放在内政方面,而且与保守党相比,工党也显得不那么"好战"。二战之后英国发动的历次战争,基本上都是在保守党当政时发生的,如艾登的苏伊士运河战争、撒切尔的福克兰群岛战争等。然而布莱尔却打破了这个传统,成为工党历史上参战次数最多的首相。

1999年3月,布莱尔在北约成立50周年前夕以科索沃战争为例公开发表他对战争的看法:

> 我不会对欧洲的战争和动荡置若罔闻。1991年起的波斯尼亚战事表明,我们不能想当然地看待我们所在大陆的一切。我们的责任并不是以英吉利海峡为界。如果我们能够避免战争,就应当尽力而为之。波斯尼亚有多达20万人被杀,约200万人流离失所。为逃避家乡的种族清洗和玉石俱焚,许多波斯尼亚人逃难到欧洲各地,包括英国在内。我们不允许这样的事在科索沃重演,但不能排除这种可能性。①

---

① Tony Blair, "Our Responsibilities Do Not End at the Channel", *Independent on Sunday*, 14 Feb., 1999.

科索沃战争并未得到联合国授权,但英国参与了北约空袭南斯拉夫的行动,布莱尔还准备在必要时派英国地面部队参战,称"我们提议投入地面部队是为了达成和平协定。……我们讲的是约 10 万人规模的地面部队,也许会更多"①。

科索沃战争以南斯拉夫的分裂而告终,科索沃也于 2008 年 2 月单方面宣布"独立"。同时,北约声称的"人道主义干涉"并没有收到预想结果,战争造成科索沃百万人流离失所,同时又没阻止所谓的"种族清洗"和仇杀。但美国试图主宰欧洲和世界的野心却得以加强,联合国不仅未对不经授权而发动的战争进行惩处,事后甚至予以认可,由安理会授权北约在科索沃部署军队。

就在科索沃战争期间,布莱尔推出了他的"新干涉主义"(又称"人道干涉主义"或"布莱尔主义")。其主要内容是:当一个国家发生人道主义灾难(如种族屠杀和种族清洗)时,即使危机没有对其他国家构成威胁,国际社会也有权进行干涉。布莱尔于 1999 年 4 月在芝加哥经济俱乐部发表讲话,阐述了新干涉主义的基本内容:

> 我们在外交政策方面所面临的最紧迫的问题是确定我们主动介入其他民族冲突的条件。长久以来,不干涉原则一直被视为国际秩序的重要原则。我们并不想十分轻易地丢弃这个原则。一个国家不应以为自己有权改变另一个国家的政治制度,或煽动颠覆活动,或夺取有申诉的土地。但不干涉原则必须符合重要标准……当政府管理建立在少数人统治之上时,政权就丧失了合法性——请看看南非的情况。

接下来,新干涉主义的结论就出现了:"我们别无选择,只能干涉其他国

---

① Hansard, 23 Mar. 1999, col. 166.

家的事务。"①

很显然,这是以"改变另一个国家的政治制度"为目标的。布莱尔认为联合国宗旨中"不干涉内政"的原则不是绝对的、无条件的,而是相对的、有条件的;在人权受到侵害时,主权不再是神圣不可侵犯,换言之,人权高于主权。这种"新干涉主义"的现实背景,就是冷战后在西方兴起的所谓"价值观外交"。苏联解体后,抗衡西方的世界性力量不复存在,美国认为它可以主宰世界了,因此主动出击,准备随时动用武力,科索沃战争就是它第一次小试牛刀。布莱尔作为战后出生的新一代,接受美国的价值观,愿意为美国的外交做配角,这是他与之前的英国首相不同的地方。

布莱尔的新干涉主义得到了美国的充分肯定,美国国务卿赖斯(Condoleezza Rice)完全同意布莱尔的立场,她说:"在现实生活中,权力与价值观完全融合在一起。"②英美关系在布莱尔执政后有了明显改善,布莱尔与克林顿在国际战略上的立场相似,都认为解决国际问题的主要途径是国际社会的合作、人权干预和国家建设。小布什(George W. Bush)上台后奉行强硬的单边主义战略,布莱尔起初持有不同看法,但他担心的是美国退回到孤立主义的老路上去,"出现一个呆在家中的总统,放弃维和及其他国际责任"③。

"911事件"爆发后,布莱尔立即予以严厉谴责:"9月11日发生之事达到了恐怖主义血腥历史上无以复加的程度。……毫无疑问,本·拉登和他的手下制造了这场暴行。"他警告当时在阿富汗执政的塔利班:"要

① Tony Blair,"Doctrine of the International Community at the Economic Club",Chicago, 24 April, 1999. https://keeptonyblairforpm. wordpress. com/blair - speech - transcripts - from -1997 - 2007/♯chicago
② Condoleezza Rice:"Dr. Condoleezza Rice Discusses President's National Strategy", The White House, Office of the Press Secretary, Waldorf Astoria Hotel, New York, Oct. 1, 2002. http://georgewbush-whitehouse. archives. gov/news/releases/2002/10/20021001 - 6. html
③ John Kampfner, *Blair's War*, London:Free Press, 2003, p. 85.

么交出恐怖分子,要么自食其果,受到随之而来的行动的打击。"①从此,英国在反恐的旗号下紧随美国,参加了阿富汗战争和伊拉克战争。

2001年10月7日,阿富汗战争打响了,美、英等国军队连同阿富汗北方同盟的武装力量向塔利班发动攻击。起初战事进展顺利,塔利班在喀布尔的统治被推翻,但本·拉登不知在何处,战争只取得阶段性胜利。布莱尔认为英国参战不仅是因为美国受袭,而且也是为了履行他所说的国际责任,他说:对付目前危机的"不是孤立主义,而是世界与美国一起共同组成一个(国际)社会"②。

当战争尚在进行之时,美国已将下一个目标指向伊拉克,布什曾多次向布莱尔表明这一点,布莱尔坚定地支持美国。2002年4月,布莱尔公开表示这个立场:"我们绝不规避我们的责任,这就是说当美国为这些价值观而战时,无论战斗是多么的艰难,我们都会与美国并肩作战。"③布莱尔与布什的个人关系十分密切,不过两人的主次位置十分清晰,英国早已不是美国的平等伙伴,2002年7月,布莱尔曾对布什说:"乔治,不管你决定做什么,我都会跟着你干。"④他对英国政府中的其他阁僚说得更清楚:"我要对你们说的是,我们必须调整航向靠拢美国。如果我们不这样做,我们就会失去影响他们行动的能力。欧洲也是这么认为:我跟诺斯潘和施罗德都说过此事,他们都认为我们不能与美国人对着干。"⑤

但作为一个政治人物,布莱尔对美国发动伊拉克战争的性质还是有所警惕的,他认为美国在伊拉克想进行"政权更迭",这与在阿富汗直接打击恐怖主义不同。他认为发动这场战争,需要取得联合国的授权。因

---

① Tony Blair,"Speech to the Labour Party Annual Conference", 2 October, 2001. http://www.theguardian.com/politics/2001/oct/02/labourconference.labour6

② Tony Blair, ibid. .

③ Tony Blair, "Prime Minister's Speech at the George Bush Senior Presidential Library", 7 April, 2002. http://www.btinternet.com/~nlpwessex/Documents/oileconomiclifeblood.htm

④ Catherine Mayer,"Why Britain's Affair with the U. S. Is Over", *Time*, March 29, 2010. http://www.time.com/time/world/article/0,8599,1976102,00.html

⑤ Robin Cook, *The Point of Departure*, Simon & Schuster, 2003, pp. 115 - 116.

此他在 2002 年 9 月拟了一个单子,将此事归纳为以下四点:(1) 美国人会支持对伊拉克开战;(2) 乔治·布什会发动对伊拉克的战争;(3) "除非得到联合国的批准,英国人民、欧洲大陆人民和世界上大多数国家的人民都不会支持这场战争";(4) "从长时段来看,美国单独打败萨达姆要比美国在国际支持下打败萨达姆的危害性更大。"[①]从今天的角度回过头去看,布莱尔在当时的预测还是相当准确的。不过他还是在这个月去了戴维营,向布什再次表达英国的支持。

英国政府内部存在不同意见,外交部认为对伊动武证据不足,难以获得党内外支持。2002 年 2 月,外交大臣杰克·斯特劳(Jack Straw)向布莱尔提交一份备忘录,指出贸然支持伊拉克战争,有可能造成工党的分裂。他对战争的后果尤其感到担心,认为美国只说要销毁大规模杀伤性武器,却没有对以下三个问题做出解释:如何完成政权更迭? 如何保证更迭后的政权会比现在好? 如何在一个没有民主传统的国家实现民主?[②]

不过布莱尔决心已下,3 月 8 日内阁办公室的一份秘密文件做出判断:"总而言之,尽管存在着巨大的困难,但在地面战役中使用压倒优势武力是唯一的选择,这样我们才有把握推翻萨达姆并把伊拉克重新拉回国际社会。"[③]

为了让英国公众支持战争,布莱尔政府采取了三项措施:一、公布由英国情报机关搜集的有关伊拉克拥有大规模杀伤性武器的文件,这些情报认定伊拉克正在制造化学武器和生物武器,可以在 45 分钟之内将其使用。伊拉克正在秘密获取制造核武器的原料和技术,并研制、生产和部署中短程导弹。布莱尔认为这些情报证明:萨达姆政权已经对英国和

[①] Peter Stothard, *30 Days*: *A Month at the Heart of Blair's War*, Harper Collins, 2003, p. 87.

[②] PM 02/019, "Crawford/Iraq", Memo from Jack Straw to Tony Blair, 25 March, 2002. http://www.downingstreetmemo.com/docs/straw.pdf

[③] Cabinet Office, "Iraq: Options Paper", 7 March, 2002. http://www.downingstreetmemo.com/docs/iraqoptions.pdf

世界安全造成巨大威胁,必须采取强有力的行动予以打击,因此他向英国公众呼吁,"我们必须确保他[萨达姆]不会使用他所拥有的武器,或获得他想得到的武器"①,为此需要进行战争。

二、争取获得联合国的授权。英国检查总长兼皇家法律顾问戈德史密斯勋爵(Lord Goldsmith)曾向内阁会议提供法律咨询,指出在伊拉克采取军事行动只能有三个可选的法律依据:一是自卫行动,二是人道主义干涉,三是联合国授权。就当时的实际情况看,前两个依据均不存在,只有最后一个可以争取。因此布莱尔政府积极推进在联合国的活动,以获得战争的合法性支持。联合国安理会于 2002 年 11 月 8 日通过第1441 号决议,确认"伊拉克一直在违反[安理会]有关决议的规定",该决议对伊拉克发出警告:"继续违反有关规定就要面临严重的后果。"②什么是"严重后果",决议中并未说明,不过有一点是明确的,即安理会并未授权对伊开战。

三、在英国议会通过战争决议。关于宣战,英国的规定是经君主许可、由首相宣布即可以。但是如果有关动议未获议会批准,首相须辞职。当时,议会中反战的议员很多,其中包括工党议员,2002 年 11 月 25 日议会就安理会 1441 号决议进行辩论,85 名议员(其中多数是工党议员)提出一项修正案,要求在安理会通过授权开战的决议之前,不得在伊拉克动武。26 日议会继续辩论,并在辩论结束时对一项修正案进行表决,该修正案认为伊拉克战争尚处于"未获批准"的状态,结果以 393∶199 票被否决。值得注意的是,这 199 票中有 121 票来自工党。③ 至此,有关支持安理会 1441 号决议的议案获得通过,但未批准开战。3 月 17 日,美国总统布什向萨达姆发出最后通牒,限令他在 48 小时之内放弃权力,否则

---

① British Government, "Iraq's Weapons of Mass Destruction: The Assessment of the British Government", September, 2002. http://www.c-span.org/Content/PDF/Britdossier.pdf

② UNSC, Resolution 1441(2002), November 8, 2002. http://daccess-dds-ny.un.org/doc/UNDOC/GEN/N02/682/26/PDF/N0268226.pdf? OpenElement

③ Philip Cowley, *The Rebels: How Blair Mislaid His Majority*, Politico's, 2005, pp.114 - 116.

将面临军事打击。布莱尔知道战争即将开始,时间十分紧迫,于是在 3 月 18 日的议会会议上由政府提出对伊开战的议案。他明确表示,如果这个议案被否决,他将辞去首相职务。反战议员照例又提出修正案,称对伊开战未获联合国授权不具合法性。下院在激烈辩论后先后对修正案和政府议案进行了表决,其中修正案被以 396 票对 217 票否决,但有 139 名工党议员投了赞成票,这是 150 年以来议会中最大的一次倒戈。①按照英国政党制度的惯例,凡在重大议案表决中与本党立场不合的议员应辞职,但这一次宣布辞职的,仅有枢密院长兼下院领袖库克一人。最后,政府议案以 412∶149 票获通过,在开战前的最后时刻,布莱尔终于拿到了本国立法机构的授权书。

伊拉克战争又一次加强了英、美的特殊关系,90 年代的低潮期已经过去。从二战后英、美特殊关系经历的风风雨雨中,我们可以看出这种关系有很强的坚韧性,并不会因领导人的更迭而发生根本的变化。

英国与欧洲其他国家的关系依然困难重重。相比之下,工党对欧洲一体化的态度要比保守党积极,但在 2000 年 10 月,布莱尔在华沙发表演讲时出人意料地宣称:英国是一个"自豪和思想独立的岛屿民族"②。英国民众对欧洲一体化的认知程度在欧盟国家中一直处于较低水平,由欧盟组织的定期民意调查——"欧洲晴雨表"(Eurobarometer)提供了有力证据。2000 年春季调查显示,英国在欧盟认同方面表现最差,关于"欧盟成员国身份对你的国家来说是否是件好事",英国人只有 25% 回答"是"(到 2009 年这个比例也仅为 29%,在欧盟 27 国中倒数第二③);关于"是否相信欧盟委员会",回答"是"的只有 24%;关于"你是否支持欧元",22% 的人回答"是";而对其他一些问题,如"是否支持欧盟的共同安

① Philip Cowley, *The Rebels: How Blair Mislaid His Majority*, Politico's, 2005, pp. 114 - 116.
② Tony Blair, "Address given by Tony Blair to the Polish Stock Exchange", Warsaw, 6 October 2000. http://www.cvce.eu/en/obj/address_given_by_tony_blair_to_the_polish_stock_exchange_warsaw_6_october_2000 - en - f8c765d9 - ad33 - 4ce3 - bfbe - 7dd6d01141d7.html
③ *Eurobarometer*, no. 308, Spring 2009.

全政策"、"是否将欧盟扩张列为优先处理事项"等,"是"的比例也只有26％。[1] 这些数据表明英国人对自己的身份认同有较明显的意识,体现在国家对欧政策上就是特立独行。

英国与德、法等国的分歧主要体现在:一、欧盟改革问题。尽管各国都认为欧盟需要改革,但在改革的目标、内容和途径方面英国有自己的看法。在改革目标方面,英国的着眼点是自由经济为主导的一体化市场,保证欧洲的经济强势地位和高水平物质生活,德、法却旨在建立欧洲的政治联盟,实现欧洲政治一体化。在改革内容方面,英国认为欧盟应优先处理现实问题,如全球化、就业、环境保护、反恐和安全、非法移民、有组织犯罪、振兴经济等,德、法则重在消除欧盟内部的政治疆界。至于改革的途径,英国与德、法的分歧更大,德、法希望大力推进社会福利和社会保障,为此,法国曾推出每周35小时工作制,英国则力主以自由经济作为欧盟改革的突破口,要求开放市场,提高竞争力,减少欧盟的官僚习气,紧缩欧盟的巨额开支。英国舆论曾经指出:如果欧洲人只顾追求35小时工作制,那么亚洲人正在把一天当作35小时,欧洲国家如何能够与亚洲竞争?英国《卫报》甚至发出了欧洲文明正在衰落的警告。[2]

二、欧盟领导权问题。虽然英国与德、法一样居欧盟预算供款额前三位,但由于历史原因,英国却挤不进欧盟的决策核心圈,领导权掌握在德、法轴心手中。在过去40年里,欧共体和欧盟的决策方式是:先由德、法两国达成共识、提出方案,再交给其他成员国批准实施。对此,英国一直愤愤不平。1987年,撒切尔夫人为表达对欧共体农业政策的不满,断然否决了年度预算案。1994年,梅杰不顾其他11国的支持,否决了新任欧盟委员会主席人选。2005年的《欧盟宪法条约》危机发生后,法国总统希拉克和德国总理施罗德立即进行紧急磋商,试图继续保持德、法轴心的主导作用。这一次,又是英国发起挑战,英国不仅宣布不定期地推迟

---

① *Eurobarometer*，no. 53，Spring，2000.

② Timothy Garton Ash，"Decadent Europe"，*The Guardian*，9 June，2005.

对《条约》的公投、拒不在返款问题上作让步,而且提议对欧盟的财政和农业政策进行重新审议。此前不久,欧盟曾打算邀请津巴布韦领导人出席欧、非峰会,英国明确表示反对,并宣称欧盟如不接受英国的主张,将抵制峰会。英国的这些做法令欧盟感到不快,欧盟委员会主席巴罗佐告诫英国:"在(欧洲)共同事业方面施加影响的最佳途径绝不是说'不',而是要对面临的共同问题提出解决方法。"[1]

三、返款(rebate)问题。在欧盟,英国交纳的供款仅次于德国,排第二位,但根据欧盟与英国之间的安排,英国每年可以从欧洲得到约48亿欧元的返款,而英国是唯一得到返款的成员国。由于欧盟的财政困难,德、法要求英国逐步减少返款,其他欧盟国家也不同程度地支持德、法的主张。英国在这个问题上陷入孤立,但不肯退让,首相布莱尔明确表示:除非欧盟全面审视其财政预算,包括"共同农业政策"及农业补贴,否则英国不考虑返款问题。对此,法国总统希拉克针锋相对地表示:法国决不同意在农业补贴方面作任何让步。其实,返款问题与欧盟的农业补贴密切相连,事情可追溯到1984年,当时的英国首相撒切尔夫人认为英国交款过多,但得到的欧共体拨款尤其是农业补贴太少,因此就宣布要"把我们的钱拿回来"。无奈之下,欧共体在枫丹白露峰会上作出决定,英国可每年得到一笔返款,返款额为其交款额与得到的拨款(包括农业补贴)之间差额的66%,这种做法一直沿用下来。英国得到的拨款偏少,原因之一是英国得到的农业补贴远低于其他国家,尤其是法国。当时英国得到的农业补贴每年约为37亿欧元,法国则是105亿欧元,约占欧洲农业补贴总额的25%,因此英国觉得不公平。即使后来加上返款,英国得到的拨款也比法国少20亿欧元,而英国的交款额却比法国多。

四、"红线"(red lines)问题。英国在参与欧洲事务时,特别注意保护国家的主权、特性和利益,因此为保护对边界的控制,它不愿签署《申根协定》;为维护金融控制权和英镑的独立性,它不加入欧元区。对《欧

---

[1] Nicholas Watt,"EU Slams Brown on Terrorism",*The Guardian*,14 October,2007.

盟宪法条约》,英国的态度也十分消极,不仅采用公投的方式来决定是否批准该条约,而且将公投的时间放在 2006 年。法国和荷兰于 2005 年否决了该条约,英国便第一个宣布要推迟批准该条约,布莱尔也第一个使用了"反思"(reflection)这个术语。工党政府在 2007 年 6 月的布鲁塞尔峰会前,划定一条不可逾越的"红线",包括英国本国法律不受欧盟新条约的约束,不可用欧盟有效多数票强迫英国接受有关司法和国内事务方面的决定,不可要求英国将其外交政策置于欧盟的控制下,不能强求英国将有关社会安全和税收问题的控制权交给欧盟。① 如此,英国与欧盟其他成员国之间明显缺乏同步性,英国在欧洲特立独行的形象也依然如故。

在英国特立独行的背后,还蕴含着更深刻的原因。首先,英、美特殊关系在英国对外关系上居优先位置,在丘吉尔的"三环外交"设计里,英、美关系被置于首位,而这一思想被战后历届英国政府所遵循。英国认为,在冷战的形势下,只有依靠英、美特殊关系及美国的军事实力,才能对抗苏联及社会主义阵营,因此在欧洲事务方面,英国也以英、美关系为出发点。法、德建立欧洲防务共同体时,英国明确表示不参加,只和美国一起,签署了一个附加双边协定。1961 年英国申请加入欧洲经济共同体时,英、美关系既是其动力也是其目标,它"试图通过获得欧洲的政治领导权,为保持英国作为美国的主要盟国的传统作用而孤注一掷"②。换言之,英国希望通过加入欧洲经济共同体来加强它在英、美关系中的地位,同时又可对欧洲事务施加更大的影响。撒切尔时代,英、美关系十分密切,抵达战后的最高峰。此后两国关系虽有起伏,但性质和地位都没有根本变化。小布什时期英、美关系再次登上高峰。然而,正是布莱尔与布什的密切关系造成了英国民众和工党内部的不满,迫使这位 20 世纪最年轻的英国首相提前交出权力。

---

① Patrick Wintour,"Blair lays down lines over EU deal", *The Guardian*, 22 June, 2007.
② Brian Brivati and Harriet Jones, eds., *From Reconstruction to Integration*, *Britain and Europe since 1945*, Leicester University Press, 1993, p. 147.

其次,英国坚持国家主权的立场,对欧盟的联邦主义和超国家主义(supernationalism)持冷漠态度。[1]　丘吉尔固然在 40 年代后期提出过"欧洲合众国"的主张,但其意图是建立以英国为主导的欧洲联邦,英国外交官亨德森回忆道:"战后那段时间里,所有西欧国家的政府都寻求我们的恩赐。在好几年时间内,我们的影响和声望都是无与伦比的……我们本可以随心所欲地将欧洲打上我们的印记。"[2]但英国错过了那个机会,先是在 50 年代初不参加由法、德倡导的欧洲一体化,后来又在不得已参加时保持距离,并动用否决权来维护本国主权。在欧盟采取重大行动时,英国经常提出保留条件,比如在批准《马斯特里赫特条约》时,英国就表示不参加经济货币联盟,获得了在"货币统一"方面的例外权(opt-out)。在《申根协定》问题上英国的反应更为激烈,它不肯放弃对边界的控制,甚至在非欧盟成员国的挪威、冰岛和瑞士都加入该协定时,英国也不为所动。这个问题在英国十分敏感,布莱尔为安抚民众,就保证"绝不会放弃边界控制"[3]。负责移民和难民事务的内政大臣巴巴拉·罗切(Barbara Roche)公开表示:英国永远不会接受《申根协定》,不会放弃边界的控制权。[4] 而日益严重的难民问题也是它不开放边界的原因之一。这样做的结果,虽然在许多方面维护了英国主权,但在与其他成员国交往时就难免产生隔阂,并影响了英国在欧洲一体化中的作用和地位。

第三,英国对欧洲大陆国家始终有不信任感,对欧洲的任何强国都抱有戒心。时至今日,德、法已控制欧盟的领导权,英国虽不满,却又很无奈,找不到可行的应对谋略。它在欧盟内部行使否决权,虽然可以在

---

[1] Andrew Geddes, *The European Union and British Politics*, Palgrave Macmillan, 2004, pp. 5, 11.

[2] Nicholas Henderson,"Britain's Decline: Its Causes and Consequences", *The Economics*, 2 July, 1979, p. 34.

[3] Andrew Grice,"Britain to keep its border controls, says Home Office", *The Independent*, March 28, 2000.

[4] Andrew Grice, ibid.

一段时间内奏效,但从长远来看对英国更加不利。2005 年 6 月,法国和荷兰举行公投拒绝批准《欧盟宪法条约》,这时的形势曾对英国十分有利,丹麦、捷克、爱尔兰和葡萄牙与英国一致,取消或推迟了原定的公投,英国提出的重新审议欧盟预算的要求也得到西班牙、芬兰、瑞典、荷兰等国的响应,它们站到英国这一边,反对削减给英国的返款。布莱尔当时十分得意,称:"如果存在这样(孤立英国)的企图,那么它失败了,我们在会议桌上并不是孤军作战。"①但英国在入侵伊拉克、土耳其参加欧盟等问题上的立场很快就将这个好势头化为乌有,归根到底英国更愿意与美国保持一致。此外,英国领导人与欧洲其他领导人的关系也不融洽,相反经常表现得很紧张。60 年代,麦克米伦等英国领导人与法国总统戴高乐关系不好,这是英国申请加入欧共体受挫的原因之一。80 年代,撒切尔夫人在欧盟政策上持强硬立场,令其他欧洲领导人一再领教"铁娘子"的厉害。梅杰在 1994 年十二国峰会上以一当十一,否决了德哈尔的欧盟委员会主席提名。布莱尔在伊拉克战争等问题上与德、法领导人发生冲突,颇有其前任们的遗风。

最后,英联邦仍然是英国国际战略的一个部分,英国并没有将它放弃。英联邦由英帝国演化而来,作为由主权国家组成的重要国际组织,它又折射着英国对帝国的记忆和对往日荣耀的美好回顾。英国与英联邦国家的经济关系十分重要,在 20 世纪 50 年代,英国与其他英联邦国家的贸易额占英国总贸易额的一半左右,一直到 1962 年,仍超过与西欧国家的贸易总额。② 因此对英国来说,"自从伊丽莎白一世以来,对欧洲大陆的承诺只是一种战略上的义务,而不是一种政治或经济上的联盟。"③英国重视与英联邦的关系,英女王照例在新年到来时会向英联邦

---

① Philip Webster," EU in chaos as leaders spurn deal to resolve budget row", *The Times*, 18 June, 2005.

② Stephen George, *Britain and European Integration Since 1945*, Basil Blackwood Ltd., 1991, p. 46.

③ Paul Kennedy, *The Realities Behind Diplomacy*, Fontana Press, 1981, p. 371.

全体成员国及人民发表祝词。布莱尔首相明确表示,"就我本人而言,长期以来我一直是英联邦的坚定支持者"①,因为"英联邦代表三分之一的世界人口,其中有发展中国家和发达国家,大国和小国,拥有农业经济、服务业经济和制造业经济",英联邦在世界经济中发挥重要的作用。② 时至今日,英联邦的国际影响力已今非昔比,英联邦在英国经贸关系中的地位也远不如前。在英国主要贸易伙伴中,2006 年位列前 10 名的没有一个英联邦国家,加拿大是其中最靠前的,也仅排第 12 位。③ 不过英国仍把英联邦看作是维系它和发展中国家联系的重要纽带,把它作为推广自由市场经济制度和民主价值观的重要阵地。在国际事务中,英联邦依然是英国倚重的对象,伦敦之所以能获得 2012 年夏季奥运会的举办权,英联邦国家功不可没。而且,英联邦事务在英国外交中仍起作用,比如英国与欧盟围绕津巴布韦是否参加欧、非峰会的争议,就源于英联邦国家对津巴布韦的制裁。

总体而言,在欧洲一体化问题上工党的态度更加积极。20 世纪 90 年代在新工党计划中发挥过重要作用的曼德逊和里德认为:"在现代世界里,只有参加欧盟,英国才能获得真正的主权……许多问题已经超过了单个民族国家所能解决的能力,无论是全球变暖,在欧洲制止未来战争,还是通过国际经济合作来保证欧洲经济发展和充分就业(都是这样)。"④

同时,对英国而言,无论英、美特殊关系多么重要,英国却首先是一

---

① Tony Blair, "British Prime Minister Tony Blair's Address at the Commonwealth Business Forum", London, 22 October, 1997, http://www. thecommonwealth. org/Internal/151512/33369/33642/british_prime_minister_tony_blair_s_address_at_the/

② Tony Blair, "Tony Blair Reports on Commonwealth Heads of Government Meeting in Nigeria", 10 Downing Street, 12 September, 2003, http://www. britainusa. com/sections/articles_show_nt1. asp? d=0&i=41061&L1=0&L2=0&a=22153

③ 中国商务部:《2006 年英国对外贸易概况》《英国对主要贸易伙伴出口额》,http://countryreport. mofcom. gov. cn/assay/view. asp? news_id=5855

④ 大卫·贝利:《英国工党与欧洲一体化》,转引自《高校社科动态》,武晓光摘译,2006 年第 2 期,第 34 页。

个欧洲国家,与欧盟在经济上有很高的相互依存度,在政治上有很多的共同利益,因此只要欧洲一体化继续下去,它就不能游离于这个进程之外。不过英国会以自己的方式参与这个进程,并且不排除在新的形势下出现新的政策调整。①

英、俄关系在冷战后一度比较平静,主要因为叶利钦(Boris Yeltsin)采取了亲西方政策。但随着俄罗斯在外交方面加强自主性,特别是普京当政后,两国关系出现分歧,围绕伊拉克战争问题双方发生了激烈的冲突。伊战之前布莱尔与普京保持着良好的私人关系,所以在开战前他试图说服普京支持这场战争。但在莫斯科机场会面时,普京严厉地批评了英国的政策,后来俄、法、德三国一同采取反战立场。伊战告一段落时,布莱尔再次前往莫斯科,希望俄罗斯支持美国的伊拉克重建计划。这一次普京仍然不给他面子,他直言:"如果只是由国际社会的一个成员作出决定,并要求所有其他成员都给予支持的话,那么我们不能赞同。"他甚至在记者招待会上用嘲讽的口气问道:"那些大规模杀伤性武器如果确有其事的话,都在哪里呢?"②从此布莱尔和普京的关系就趋于冷淡,两国关系也开始走下坡路。

2006年发生了利特维年科事件。原俄罗斯特工亚历山大·利特维年科(Alexander Litvinenko)于当年11月1日与前克格勃特工安德烈·卢戈沃伊(Andrey Lugovoy)等人会面后发病,11月23日不治身亡。利特维年科去世前已取得英国国籍,并且曾公开批评普京,他死前还口述了一项声明,指责普京下令除掉自己。英国政府介入调查,最后断定是卢戈沃伊蓄意下毒致其死亡。英国检察机关要求引渡卢戈沃伊到英国,但被俄罗斯拒绝,普京公开表示英国的要求"是愚蠢之举",如果英方能够提供足够的证据,对卢戈沃伊的审判可以在俄罗斯进行。卢戈沃伊自

---

① 参见潘兴明《英国对欧政策新取向探析》,《外交评论》,2014年第4期,第107、120页。
② Patrick Wintour,"We are not with you and we don't believe you", *The Guardian*, 30 April, 2003.

己则以攻为守,指责是英国军情六处策划了这项谋杀。[1]7 月,双方的争执趋于激化,上升为外交纷争,英国政府宣布,由于俄罗斯拒绝引渡利特维年科遇害案的嫌疑人,英国驱逐 4 名俄国外交官。与此同时,英国还重新审查了英、俄之间的合作项目,英国下院决定中止与俄方举行的简化签证手续的谈判。俄罗斯外交部长拉夫罗夫(Sergei Lavrov)随即在莫斯科表示,英国此举将给俄、英关系带来最严重的后果。7 月 19 日,俄罗斯驱逐 4 名英国外交官,并中止与英方在反恐方面的合作。12 月,双方的纷争再现高潮,俄罗斯外交部于 12 日宣布,由于法律地位及税务问题没有解决,英国使馆下属的英国文化委员会在莫斯科以外的所有驻俄办事处从次年起一律停止活动。

造成英、俄对抗的还有其他因素:第一,两国在重大国际问题上立场经常对立,表现出基本判断的不同。在北约东扩问题上,俄罗斯存有很大戒心,认为对本国造成重大威胁,英国作为北约的主要成员国,当然支持东扩。在车臣问题上,俄罗斯认为那是本国的内政问题,打击分裂势力是国际反恐斗争的组成部分。英国认为俄军干涉该地区的自治权,批评其滥用武力造成平民伤亡,侵犯了人权。在美国将反导弹系统部署在东欧的问题上,俄罗斯认为此举直接威胁了俄罗斯的国家安全,因此坚决反对,作为对策,俄方恢复了远程战略轰炸机的巡航任务,宣布停止执行《欧洲常规武装力量条约》。英国、美国和其他欧洲国家则批评俄罗斯的上述措施,英国皇家空军甚至派出狂风战斗机拦截俄罗斯的图-95 远程战略轰炸机。

第二,两国之间不断发生不愉快事件,加深了情绪的对立。俄罗斯谴责英国接纳俄政府通缉的恐怖分子和叛逃者,抨击英国拒绝遣返车臣恐怖分子艾哈迈德·扎卡耶夫(Akhmed Zakayev),指责英国在反恐问题上实行"双重标准",让俄方感到难以容忍的是,寡头鲍里斯·别列佐

---

[1] Judy Taing,"Poison in UK-Russia Relations",FPA Newslinks,http://www. fpa. org/topics_info2414/topics_info_show. htm? doc_id=510710

夫斯基(Boris Berezovski)流亡英国以后,英国拒绝引渡,还发给他英国护照,英国则以司法障碍为理由,对此进行辩护。俄罗斯指责英国驻俄官方机构从事与其地位不符的活动,比如英国文化委员会为军情六处招募俄青年,对他们"洗脑",贬损俄政府的声望①。英方拒绝这种指责,又声称俄政府对英国的几个机构和公司,如英国广播公司等施加压力。俄罗斯在能源问题上采取一系列措施,如铺设由中亚通往欧洲的新天然气管道,扩大国有的俄罗斯天然气工业股份公司在能源出口方面的垄断权等,英国则警告俄方不要将能源作为"外交武器",对俄在境内排挤英资公司的做法表示不满。

在两国的间谍活动方面,90 年代以来被披露的主要事件有:1994 年 1 月,一名俄罗斯公司经理瓦迪姆·辛特索夫(Vadim Sintsov)因为替英国充当间谍被捕入狱,判刑 10 年。1994 年 4 月,英国驱逐一名俄外交官,作为对俄方驱逐一名英国外交官的报复,该外交官被指控为英国在俄罗斯的间谍机构头目。1996 年 5 月,俄罗斯指责 9 名英国外交人员组成一个间谍集团,将他们驱逐出境,英国则驱逐 4 名俄外交官作为回应。2000 年 7 月,一名俄罗斯外交官普拉通·奥布霍夫(Platon Obukov)被本国司法机关指控为英国进行间谍活动,判刑 11 年。2004 年 4 月,俄武器专家伊戈尔·苏特亚京(Igor Sutyagin)被判犯有叛国罪,获刑 15 年。② 两国间频频发生的间谍事件使双方更加难以互信,两国关系也经常处在碰撞之中。

第三,西方对俄罗斯抱有成见,使英、俄关系很难得到真正的改善。比如,英国认为俄罗斯仍然是苏联的延续,将普京描绘为"新沙皇"。英国对俄罗斯加强国防力量的努力疑虑重重,虽然它很少公开说俄罗斯构成了安全威胁,但抱有的戒心却很强烈。英国批评俄罗斯没有法治、不

---

① Adrian Blomfield, "Russia demands British Council closes offices", *Daily Telegraph*, 13 December, 2007.

② Jeremy Page and Richard Beeston, "The 'British' spy operation found lurking under a rock", *The Times*, 24 January, 2006.

讲秩序,指责俄拒绝引渡卢戈沃伊是袒护犯罪,俄罗斯则坚称其宪法不允许将本国公民引渡到其他国家,俄不能服从英国法院的指令。俄罗斯还对英国司法体系的独立性提出质疑,不相信英国法院会不顾英国政府的意愿而独立审案。① 双方对对方的基本判断如此对立,就很难真正建立起良好的关系。

除以上这些具体因素外,还有两个更深刻的原因,使英、俄之间纷争加剧,一是地缘政治的,二是文化传统的。从文化方面说,虽然俄罗斯和西欧国家都属于基督教文化传统,但俄罗斯属东正教亚文化传统,西欧属天主教-新教亚文化传统,双方在文化归属上一直有很大隔阂,在整个历史发展的过程中经常彼此对立。西方一直把俄罗斯视为"异类",不把它当作"自己人"。叶利钦时代,许多俄罗斯人真诚地希望融入西方,并且以为一旦脱离了共产主义,就会受到西方的热烈欢迎。但事实让他们大失所望,西方不准备给他们真诚的帮助,而只想把俄罗斯搞垮。俄罗斯人在心理上的这种转变成就了普京总统,而普京总统的上台,就使西方和俄罗斯的分歧表面化了。

在地缘政治方面,强大的俄国一直是西欧的畏惧所在。普京担任总统后,俄罗斯的经济实力迅速恢复,其国际影响也随之增长。得益于国际能源市场的价格猛涨,俄罗斯的能源出口收入剧增,根据英国方面的资料,俄罗斯的国内生产总值自 2002 年以来已经增加了 3 倍,2006 年的 GDP 为 9 750 亿美元,当年的经济增长率为 6.9%。② 在此基础上,普京的首要目标是复兴俄罗斯,重新确立本国的大国地位。俄罗斯已改变了被动防御的国际战略,而采取更为主动的战略态势,以反制美国及其盟友挤压俄罗斯战略空间的努力。而这又是包括英国在内的西方国家最为担心的,贯穿于整部欧洲历史的地缘政治传统再次发挥作用,阻挡俄罗斯也就成了西方国家的战略目标。西方的俄罗斯问题专家詹姆斯·

---

① Peter Schrank,"The big freeze", *op. cit.*
② Foreign and Commmnwealth Office,"The UK and Russia", *op. cit.*

尼克西这样说:"真正的问题在于俄外交政策中新出现的苏联特性,即建立在越来越强大的经济基础上的莽撞和信心。"①这个说法表达了西方对俄罗斯的基本看法。

尽管如此,英、俄关系以及西方与俄罗斯的关系毕竟与苏联时期有很大不同,俄罗斯已经不是社会主义国家,双方的冲突不再具有意识形态色彩和两种社会制度的色彩。如果说这种冲突发展下去,那就是典型的地缘政治冲突,其结果也难以预料。就英国的地理位置而言,它直接与俄罗斯发生对抗的可能性很小,但英国与美国的特殊关系却把这种可能性提高了,2014 年乌克兰危机爆发后,这种趋势开始明显。

但两国的利益又是互相渗透的,在全球化的背景下,两国的经济存在一定的相互依赖性。2006 年英国对俄出口 20.58 亿英镑,从俄进口50.28 亿英镑。另一方面,英国是俄罗斯最大的外国投资者,投资额在2006 年和 2007 年连续保持外国投资的第一位,其中 2006 年英国对俄投资为 90 亿美元②,目前在俄的英国公司超过 400 家。俄罗斯富裕阶层在伦敦拥有财产,他们的子女在英国学校读书。在伦敦证券市场上市的俄罗斯公司有 30 家,拥有市值在 3 000 亿英镑以上。③ 俄、英交恶对双方都不好,因此在互相驱逐外交人员的事件发生后普京总统表示:"我相信,俄、英关系将得到正常发展。无论是俄罗斯还是英国,都对发展两国关系充满兴趣,双方能够解决这一场迷你危机。"④

在英国与中国的关系方面,布莱尔政府执政之初就制定了两手外交策略,即一方面加强与中国的经济关系,另一方面推行人权外交,外交与

---

① Mark Rice-Oxley, "Litvinenko case poisons UK-Russia relations", *The Christian Science Monitor*, May 23, 2007.

② Foreign and Commmnwealth Office, "The UK and Russia", op. cit.

③ Tony Brenton, "Disagreements between Moscow and London Needed to be Overcome". British Embassy in Russia, http://www.britishembassy.gov.uk/servlet/Front/Print?pagename = OpenMarket/Xcelerate/ShowPage&c = Page&cid = 1152529685863&print = true&a=KArticle&aid=1188489386206

④ Tony Halpin and Richard Beeston, "We will survive this mini-crisis, says Putin after Moscow expels four diplomats", *The Times*, 20 July, 2007.

联邦事务部大臣范卓德(Derek Fatchett)称英国对华政策的任务是开启"更加具有建设性的全面关系的新篇章,处理好贸易问题和更加困难的人权问题"①。该部在 2000 年向下院外事委员会提交的一份呈文中,指出对华关系的总目标是"以积极的方式对中国的政治、经济和社会发展施加影响,促使中国在地区和更广大的国际社会发挥负责任的作用"②。包括四方面内容:(1) 鼓励和支持中国作为友好和负责任的伙伴,在各个方面更紧密地融入国际制度;(2) 帮助中国进行经济改革,实现繁荣和消除贫困;(3) 促进人权方面的积极变革,"特别强调实现法治";(4) 推进英国的商业利益。③

2004 年 5 月,在中英双方的共同努力下,两国宣布建立全面战略伙伴关系,同意建立两国总理年度会晤机制,并确定两国合作的重点领域。双方领导人频频互访,经贸合作不断深入。在发展关系的过程中,布莱尔也对中国有了新的认识,他意识到中国将发展成为世界上最大的经济体,影响力继续上升;并且,中国的发展不是威胁,而是重要的机会。④

布莱尔政府坚持一个中国的政策,承认台湾是中国的一部分;支持中国加入世贸组织,也赞同欧盟取消对华武器禁运。总体而言,中英关系发展得比较平稳,也比较顺畅,尽管在许多问题上双方的立场并不一致。

布莱尔本人在总结工党政府的对外事务和政策时归纳出三个方面:第一,坚持价值观和国家利益并重,维护和扩大英国的利益。第二,加强英、美特殊关系,保持与欧洲国家的联盟关系。第三,施展英国的综合实

---

① Hansard, June 10, 1997, col. 93.

② FCO, *Submission*, 2000, p. 4. in Shaun Breslin, "Beyond Diplomacy? UK Relation with China since 1997", *Political Studies Association*, 2004, p. 414. http://www2. warwick. ac. uk/ fac/soc/pais/people/breslin/research/beyond. pdf

③ Ibid. .

④ Xinhua/AFP, "Blair: China's Rapid Development not a Threat", *China Daily*, November 10, 2005. www. chinadaily. com. cn

力,实行硬实力与软实力相结合的外交政策。[①] 不过,从布莱尔的外交活动看,他更加重视硬实力,这一点与美国的新保守主义相当合拍。以"新干涉主义"为核心的布莱尔主义与传统的工党外交相去甚远,对比一下威尔逊政府对越战的立场和布莱尔政府对伊战的立场,其中的反差昭然若揭。布莱尔的外交和战争政策倒是更接近于保守党的撒切尔夫人,直至临下台的 2007 年 1 月,他还提出"新边界"之说,其中充满了战争的火药味:

> 我国的安全边界不再止于英吉利海峡。中东发生之事对我国产生影响。巴基斯坦、印度尼西亚发生之事,或非洲,如苏丹或索马里争夺领土和控制权的斗争同样如此。我国的安全新边界涵括全球。我武装部队将会部署在远离国土的其他国家境内,那些地方对我国国土并无直接威胁,那里的环境也显得陌生。在通常情况下,我军将与其他国家军队结盟、并肩作战,特别是与美国携手,但不排除其他国家。[②]

因此,这位 20 世纪最年轻的工党首相,也成了英国和平时期最"好战"的首相。

---

① Tony Blair,"Our Nation's Future: Defence", Jan. 12, 2007. http://webarchive. nationalarchives. gov. uk/+/http://www. number10. gov. uk/Page10735

② Tony Blair,"Our Nation's Future: Defence", Jan. 12, 2007.

第六篇
思想与文化

第一章　20世纪初的思想遗产

　　19、20世纪之交的英国思潮依然带有浓厚的维多利亚色彩,大致可以分为如下几类。

　　第一类可称之为传统主义,其第一个人物是梅因(Henry Summer Maine)。他在1816年出版的《古代法》中,坚持认为习惯法在人类历史上占主导地位[①];并认为所有进步社会的运动,都是一个"从身份到契约"的运动。在1884年出版的《大众政府》中,则提出要警惕民主的危害,以及政府权力过大给自由带来的威胁。强大有效的政府是边沁(Jeremy Bentham)功利主义提倡社会改革的基本出发点,梅因则要人们注意改革的历史特殊性以及是否有先例可循。斯蒂芬(James Fitzjames Stephen)则直截了当地攻击民主及"自然权利"说,在1873年出版的《自由、平等、博爱》一书中,他批评密尔(J. S. Mill)在《论自由》中主张的自由主义哲学,详细地阐述了他反民主的政治思想。莱基(William Edward Hartpole Lecky)的《民主与自由》一书描绘了在完全民主的政体下多数人实行暴政的可能性。十分有趣的是,这正是密尔自己在《论自由》一书

---

① 梅因:《古代法》,商务印书馆,1984年,第一章。

中已经指出的十分令人担忧的事情。①

1900—1914 年间没有人在理论上超过这三位保守主义大师，但仍有一些积极地捍卫社会、宗教和政治传统的文人。马洛克（William Hurrell Mallock）是一位活跃的政论家，他在 1867 年出版的《新共和国》使他变得臭名昭著，不过其文笔却幽默有趣，还能吸引一些读者，不过到 20 世纪，他已经江郎才尽，只能机械地反对社会主义罢了。休·塞西尔（Hugh Cecil）不喜欢哗众取宠，但他却真正要在理论上捍卫保守主义的信念。1912 年，他出版了有名的《保守主义》一书，从人类的天性出发来建立他的保守主义政治哲学。他说，人总是对突然和巨大的变化充满敌意，因为我们喜欢熟悉的事物而对陌生的事物感到恐惧。"天然的守旧思想是人们心灵的一种倾向。那是一种厌恶变化的心情。它部分地产生于对未知事物的怀疑以及相应地对经验而不是对理论论证的信赖；一部分产生于人们所具有的适应环境的能力，因此，人们熟悉的事物仅仅因为其习以为常就比不熟悉的事物容易被接受和容忍。"②但保守谨慎并不意味着要窒息发展，作为一种政治哲学的保守主义不反对变革与发展，只是反对鲁莽无知的突变而已。英国的保守主义反对标新立异，主张最大限度地维护现存体系。塞西尔推崇埃德蒙·伯克（Edmund Burke），因为伯克的信念建立在传统的宗教、法律和财产以及社会等级的基础之上。③

伯克式的保守主义对历史和传统极端尊重。历史在英国保守主义者那里最终成为了一个人人都可以把握的本质——即经验，而这种长期积淀的经验就是一个民族或一个国家的传统，政治权利是通过时间本身的推移来得到保证的。历史，即我们长期以一种特殊的方式做某种事情的习惯，本身就是一种理性。伯克甚至认为，就是在殖民地，英国的统治也应该对当地的习俗与传统表示适当的尊重。伯克在法国大革命的过

---

① 密尔：《论自由》，商务印书馆，1982 年，第 90—95 页。
② 休·塞西尔：《保守主义》，商务印书馆，1986 年，第 3 页。
③ 埃德蒙·伯克（1729—1797），辉格党政治家，保守主义理论家。

程中,反复批判启蒙主义如下的观点,即社会可以通过世俗的、平等的、自治的方式进行管理。在人类的个人主义天性相互冲突时,以伯克为首的保守主义者宁愿选择社会或政府,并反对完全建立在理性行为模式上的政治组织机构。[①] 在他们看来,国家是一个活生生的有机体,一个巨人,一个活的个体,它是许多个人的总和,这些个人不仅是由合理的契约联系在一起,而且是由血统、遗传、传统和历史有机地关联着的。在这个国家里,每个人都不可分割地与整体联系在一起,有机的国家有它的精神,有它独特的、与个人一样的个性。国家的实体应该由一些古老的传统组成,个人不应该单单为了自己的利益用全新的方式来行动,他的行为应该永远是他祖先的行为的继续。所以,塞西尔对罗伯特·皮尔[②]极为反感,他认为皮尔是保守主义的叛徒,是一个机会主义者,他的作为损害了国家的传统和各种势力之间的平衡。因为他解放了天主教徒,又废除了谷物法。

在 20 世纪初,法西斯主义的苗头是另一股值得注意的思潮。保守主义在现代虽有一些变异,但基本上还是人们已经习惯了的社会方式和思维方式的延伸。但在 1914 年以前,另一种完全不同的右翼思潮开始出现,这就是充满疯狂的战斗热情、蔑视个人一切权利的法西斯主义。从政治角度上讲,法西斯主义当时似乎仅表现为一种反闪族的种族主义,并不值得认真对待。[③] 然而在文学方面,这种思潮却有着相当可观的影响。从 20 世纪初一直到第二次世界大战之前,欧洲许多重要的作家都或多或少地受到法西斯主义的影响,倾向独裁与专制主义。传统的保守主义对此感到不安,但即便是反法西斯主义的传统主义也喜欢把法西斯主义与布尔什维主义等量齐观,并在两者之间发生冲突时宁愿支持法西斯主义。这或许是后来导致法西斯灾难的原因之一。

T. F. 休姆(T. F. Hulme)是法西斯主义理论的主要鼓吹者之一,不

---

① 陈晓律:《英国式保守主义的内涵及其现代解释》,《南京大学学报》,2001 年第二期。
② 罗伯特·皮尔(1788—1850),保守党政治家,英国首相。
③ C. B. Cox and A. E. Dyson, eds., *The Twentieth Century Mind: History*, *Ideas and Literature in Britain*, Oxford University Press, 1972, p. 116.

过他本人却在 1917 年的战争中于法国丧命。他的思想来源于伯格森
(Henri Bergson)、索雷尔(Georges Sorel)等人,其基本观点是否认人的
天性完美,否认进步与乐观的人道主义,他不相信会有一个完善无缺的
人类社会,认为那是一个不可实现的乌托邦。

休姆坚称,人必须受来自外部的价值引导,而不能仅凭自己的愿望
行事。这是他选择一个有权威结构的社会的基础,同样也是他选择一
种古典的、有规则的拟人式艺术手法的基础。他的作品充满了隐喻,
他所赞成与反对的事情都很难一下看清楚,却有一种强烈的精英主义
倾向:某些个人比常人站得高、看得远,人们必须在他们的指导下才能
前进,而无法依靠自己的理性思维。正因为如此,很多人把他划归为
法西斯主义的祖师之一。不过超人思想与法西斯主义毕竟还不是一回
事,他不支持半神式的人物,也不主张民族政权、军事性的群众组织,
以及反闪族的种族主义。尽管如此,法西斯主义的信徒们仍然抓住了
他的思想中一些对其有利的东西,大肆宣传,造成了一定的恶劣影响。

20 世纪初的第三股思潮是英国早就存在的自由主义传统。1900
年,斯蒂芬(Leslie Stephen)发表了三卷本的《英国功利主义》,而这一年,
另一位著名的功利主义大师亨利·西奇威克(Henry Sidgwick)正好离
开人世。当然,影响最大的还是人们熟知的自由主义大师约翰·斯图尔
特·密尔,他是个复杂的思想家,坚决捍卫民主自由主义,由此而形成了
维多利亚时期跨世纪的思想主流。从渊源上看,密尔更多地是洛克式的
自由主义传统的继承人,而不是他父亲和边沁那样坚决的功利主义者。
老密尔(James Mill,即密尔的父亲)曾说服边沁,认为只有民主政府才能
完全贯彻以理性为基础的法律改革,相比之下,小密尔则对民主政府在
态度上有更多的保留。他受托克维尔的影响,认为纯粹的民主政府可能
会成为多数人的暴政,所以他认为代议制是一种最好的形式,在这种形
式中,受过更多教育的社会精英在社会的决策上具有更大的发言权。[①]

① J. S. 密尔:《代议制政府》,商务印书馆,1984 年,第 37—55 页。

小密尔当之无愧是现代自由主义的奠基人。他的政治理论极度关注大多数人的意愿与少数人利益之间的平衡。因此在某种意义上,他的哲学已经带有20世纪政治的意识。就这点而言,小密尔虽然在1873年去世,他却已经是一个跨世纪的思想家。

小密尔关注的思想要点是思想与个人行为的自由,而不是民主。他的著作中一个压倒一切的主题是社会不应对个人造成更多的约束,从而妨碍个人的天赋得以充分发挥。令人惊异的是,密尔并未以功利主义的标准来作为自己理论的基础,他并不认为自由是最大多数人获取最大幸福的工具。他提出了一种新的观念,即自由本身就是一种目的,自由的价值存在于自由自身之中。密尔的政治理论是古典自由主义最经典的代表作。他的哲学鼓吹最大限度的个人自由以反对来自政府和社会其他个人对此的干预。他认为,任何外在的干预都会不自觉地有损个人自由。尽管还有《代议制政府》(*Considerations on Representative Government*)等著作,他的主要观点几乎全部集中在《论自由》(*On Liberty*)一书中。

密尔最大的特点在于,他并不仅仅局限于古典自由主义关心的政府权威与个人之间的平衡关系,而是更关心一种不易觉察的对个人自由的侵蚀。这种危害从法国大革命就开始出现,然而却一直未引起学者从学术角度进行研究,那就是人口的多数可以以公众舆论或社会的名义压制和剥夺少数人的自由,乃至单个人的自由,即我们现在所说的社会对个人的压制。因为这是一种强制性的一致,它比暴君的统治更可怕。因为它不仅体现在行动上,而且在思想和言论上也强求一致。换言之,公民自由与社会自由发生了巨大的冲突。而自由精神,其载体是单个的人,它是一切自由的根本。密尔认为,人类历史上有三个自由精神活跃的时期。第一为宗教改革后的时期,第二是法国启蒙运动时期,第三是18世纪后半叶德国思想解放时期——歌德时期。这三个时期的共同特点是冲破了一切精神的枷锁,获得了精神的解放与自由。正是这种精神的自由,推动了欧洲文明的发展。①

---

① J. S. 密尔:《论自由》,商务印书馆,1982年,第36页。

　　然而,英国现在面临的问题不是个人自由太多,而是社会控制个人自由的威胁。现在人们已不再问"我选择什么""什么合乎我的性格和气质""像我这样地位的人应该做什么"? 人们的心灵已习惯了习俗,屈服在枷锁之下,人性枯萎了。因此,密尔认为,人类要成为思考中高贵而美丽的对象,不能靠把自身中一切个性的东西都磨成一律,而要靠在他人权利和利益所允许的限度之内把它培养发扬出来。由于这工作还一半牵连着做这工作的人的性格,所以借着这同一过程,人类生活也就变得丰富、多彩、令人有生气,能供给高超思想和高尚情感以更富足的养料,并加强那条把每个人和本民族连接在一起的纽带,因为这过程把一个民族也变得更加值得个人来做它的成员。相应于每人个性的发展,每人也变得对于自己更有价值,因而对于他人也更有价值。他在自己的存在上有了更大程度的生命充实,而当单位中有了更多的生命时,由单位组成的群体中自然也有了更多的生命。[1]

　　1900—1914 年间在学术上似乎没有出现像密尔这样典型而杰出的自由主义代表。很多人只是在一定的范围内重复密尔的基本观点。约翰·缪尔(John Muir)在政治上表达了密尔的思想,他的主要行为之一就是反对英国发动的布尔战争,不过在理论上没有增加什么内容。霍布豪斯(Leonard Trelawny Hobhouse)的名著《自由主义》是在继承孔德(Isidore Marie Auguste François Xavier Comte)和斯宾塞(Herbert Spencer)理论的基础上发展的。在这本书中,霍布豪斯可以说透彻地反映了密尔的思想,他赞成自由是无条件地发展个人的个性与能力,而民主只是自由最为依赖的卫士而已。[2] 他还指出,民主政治的成功取决于对选民给予他们机会的反应。但是,反过来说,给选民机会必须是为了唤起反应。实行民主政体本身就是一种教育。在考虑给哪个阶级、哪种性别或哪个种族以公民权时,着眼点是该阶级、该性别、该种族对这种责

---

[1] J. S. 密尔:《论自由》,商务印书馆,1982 年,第 65—67 页。

[2] C. B. Cox and A. E. Dyson, ed., *The Twentieth Century Mind: History, Ideas and Literature in Britain*, London: Oxford University Press, 1972, pp. 118 - 119.

任可能作出的反应:它会有效地参与研究公共生活的问题吗？或者会不会是消极的投票材料,完全受不负责任的政客的摆布？尽管如此,民主政治还是必要的,因为如果社会的任何一个阶级被剥夺了这种政治参与的权利,对整个社会来说是危险的。基于这种认识,他坚持中央机构的权力下放和地方自治是民主进步的要素。① 这些观点,无疑都深化了人们对民主和自由这些抽象观念的认识。与此同时,他也进一步发展了密尔政治经济学思想中的部分社会主义因素,认为可以通过累进所得税等方式增进人们的经济自由。

此外,G. L. 迪金森(Goldsworthy Lowes Dickinson)的作品对英国社会的影响也极为深远,他赞美古希腊的价值观与柏拉图的思想,认为为了保持人们的自由,必须迫切解决人们的贫富悬殊的问题,尤其是工人阶级的贫穷问题。他的主要著作《正义与自由》(*Justice and Liberty: A Political Dialogue*)表述了贵族派、社会民主派与实践改革派之间的争论,虽然他一再强调自由对个人的价值高于一切,但仍准备承认人们的社会生活中有某些集体主义的价值。正义意味着人们的财产状况比较均等,社会的一部分财富应该用于文化发展,他还强调财富分配应最大限度地提高生产能力。

这种从密尔开始并发展起来的自由主义,被人们称为"新自由主义",但这与二战后的所谓新自由主义并非是同一个流派。它的重要主张是:要减少非正义就必须控制资本主义经济。J. A. 霍布森的著作十分集中地体现了这一倾向,1889 年,他出版了《工业法则》(*The Industrial System*)一书,认为自由企业不能自动地最大限度地利用资源,不平等的分配不适当地增加了富人的储蓄,又减少了穷人的有效需求,这对于工业生产而言是一种灾难。霍布森是正统经济学派中的异端分子,他的想法遭到很多人的严厉批判,认为他无视在经济学中人所共有的起码的智慧。半个多世纪后,大名鼎鼎的凯恩斯承认自己直接受惠于霍布森的思

① 霍布豪斯:《自由主义》,商务印书馆,1996 年,第 118—119 页。

想,才扭转了长期以来霍布森所遭受的不公平评价。

霍布森的另一部有影响的著作是 1909 年出版的《帝国主义》(*Imperialism: A Study*),列宁正是由此书得出了他关于帝国主义是资本主义最高阶段的结论。霍布森认为帝国主义扩张主要是因为资本为倾销自己的产品,不得不拼命扩大海外市场。霍布森的帝国主义理论使自由主义者们十分狼狈,而布尔战争更使他们处于一种道德上的灾难之中。按霍布森的看法,帝国主义很容易导致工业民族之间的战争,它只会为一小撮本来就已经很富有的人服务,争夺原材料产地和垄断市场只会给这一小撮富人带来利益,而广大的人民却只会在经济上陷入更深的痛苦之中。正确的解决办法,尤其是解决生产过剩这一周期性危机的办法,只能用更加合乎正义原则、更加有效地在国际上重新分配财富和收入的途径来实现。

英国的自由主义传统自密尔后开始出现分裂,从严格的功利主义退回到早期的辉格主义和洛克的自然权利说。但无论哪一种自由主义都不可能完全忽视经济方面的不公正现象,于是,对经济问题的关心造成了自由党内部的紧张,一派是传统的自由主义的维护者,另一派则是以劳合·乔治为首的激进改革派。劳合·乔治与传统主义的最大区别在于他主张用政府的权力来控制自由企业经济。1914 年以后,这种中等阶级的新自由主义成为工党的一个基本信念。坚持边沁功利主义原则的思想派别是著名的费边社(Fabian Society),它的主张构成了 20 世纪英国的另一种思想传统。

费边社创立于 1884 年,是由一群知识分子牵头组织起来的。因而人们就自然而然地将它与一些最知名的费边社的成员联系在一起,其中包括韦伯夫妇和萧伯纳。与其他理论流派相比,费边社的最大特点之一是治学严谨,他们强调一切结论都必须建立在严格的事实基础之上,必须能够令人信服。

费边社会主义当然不是马克思主义的社会主义,它主张社会主义是出于以下三种动机:(1)为所有的人提供同等的机会;(2)保障每一个人起码的生活水准;(3)发扬光大民主思想。费边社对民主的理解是:不仅每个公民都应当有在公共事务中起作用的同等机会,而且这些事务应当安排得容易些,以使尽可能多的人能在其中起积极的作用。另外,社会还应该鼓励公开讨论公共事务,让人们拥有为公益及利他主义目的组织起来的最大行动自由。①

在生产资料公有制方面,费边社认为这一命题并不具有绝对的意义,关键是要尽可能给社会的每一个成员提供有保证的基本生活,从而使他们享受到尽可能多的民主自由。以这一点看,费边社深受边沁功利主义思想的影响。以后,费边思想的晚期大师柯尔更是明确指出,政府对生产资料的控制本身并不足以保证令人向往的各种自由,只有使这种控制置于每个公民的监督之下,才能确保一个正义的经济制度的一项最基本的原则:充分利用一切可用的人力资源,使其按天赋进行劳动。

费边社会主义思想是边沁功利主义原则在一种强大的集体主义思想影响下的反响,但人们最熟悉的费边原则,却往往不是它的社会主义,而是它的渐进主义,一如其名字所暗示的那样。正是在这一点上,费边社与大多数马克思主义者不同,他们反对革命,认为革命既不必要也不令人向往。他们认为无产阶级的革命理论,尤其是劳动价值论,不过是用理论辞藻包裹起来的胡言乱语,社会主义是一定要实现的,但不是通过无产阶级革命,而是通过工业进步。社会将缓慢地发展到一个更高的阶段,而人类在此之前所创造的很多东西,如议会民主等等都应该保留下来。

费边社认为社会应该逐步地变革,而不应采取突变的方式,因此渐进改革方式是可取的。只有渐进变革,才不致引起社会的脱节。这种变革的主张,从本质上来说并没有太多的创新,它只是对英国几个世纪来的变革实践作了一次总结而已。然而,这种理论总结反过来又加强了以往渐进变革实践的合理性,并在一定程度上阻止了各种极端思潮在英国

————————————

① G. D. H. 柯尔:《费边社会主义》,商务印书馆,1984年,第23页。

的传播。

基尔特社会主义(Guild Socialism)是另一股十分有影响的思潮。在19世纪晚期的社会主义思潮中,一些人同情在社会生活中最不幸的那部分人,但费边社仅强调无控制的资本主义对资源的浪费,而不是谴责其残酷性;另一部分人则强调资本主义摧毁了劳动的真实价值,这种看法构成了世纪交接时期的第三股社会哲学思潮,拉斯基(Harold Laski)是其代表人物之一,他第一个站出来反对把市场价值看成是劳动者的真实价值,认为这是在科学的幌子下,毫无人性地宣扬物质至上。拉斯基呼吁政府出来干预,照顾那些绝望的人,用更高的价值观念去教育那些受商业主义价值支配的人,使劳动具有手艺人的传统特点和人性。尽管拉斯基的思想具有集体主义倾向,但他本人却不是社会主义者。但有趣的是,他的思想反而影响了许多社会主义者,以至一些研究者也把他列入了社会主义者的范畴。

这种思潮最终在20世纪发展成在欧洲具有很大影响的基尔特社会主义,这种理论认为劳动者如果不掌握劳动安排和分工权的话,就永远不可能拥有经济实力。生产大权必须掌握在某些基尔特手中,由它们垄断生产,而消费者的利益则由议会来保护。因此,基尔特①能保护人类的真正价值。

在基尔特社会主义者看来,国家的职能是在基尔特和议会两个机构发生冲突时扮演最高仲裁者的角色。基尔特社会主义者的最大特点是对国家政权以及一切官僚机构本能的敌视态度,它还继承和丰富了工联主义的战斗性传统,提出了工业自治和机构民主等概念。基尔特社会主义者对唯物主义不感兴趣,但坚决地维护阶级斗争的观念,认为谋求物质利益的资本家同在社会主义制度下可以得到人的崇高尊严的劳动阶级之间的对立是不可克服的。就此而言,他们与费边主义者有很大的区别,因为费边主义者喜欢以温和的方式解决问题,不希望在社会阶级中

---

① 基尔特,即 guild 的译音,意指中世纪的欧洲同业公会。

造成尖锐对立。

基尔特社会主义后来发展出"国家基尔特"的概念。国家基尔特是"工业中一种全面管理、执行和生产劳动的联合组织。它包括那些从事脑力劳动和体力劳动的人,管理员、化学家、熟练和不熟练的工人——一切能工作的人——都有权当会员。从数目上说,各工会必须形成这些国家基尔特的基础;然而,它们又必须合并成较大的团体"①。

以后,G. D. H. 柯尔进一步发展了基尔特理论,使其具有国家政权性质,国家占有生产资料,基尔特则管理生产活动。前者应规定商品的价格,负责保障消费者的利益,以免生产者剥削社会。国家和基尔特平等地合作,这种合作"并不是仁慈而优越的国家可以随时取消的让步,并且,为了确立这种合作,基尔特必须在平等的地位上与国家谈判。生产者同意生产和社会同意接受其生产的各种条件都必须由基尔特和国家协商决定。基尔特保留随时可以撤销劳动的权限以及经济资源;国家为制止不公道的要求,应依靠它在决定分歧问题时所享有的平等发言权和整个社会有组织的公意"。在双方发生冲突的时候,"我们必须依靠某一个代表各种行业的公民的机关来作最后的裁定"②。

生产过程既然建立在基尔特完全自治的基础上,摆脱了私人与国家的一切压迫,它就会毫无阻碍地继续下去,创造丰富的财富。社会将是一片升平景象,因为资产阶级和国家官僚主义既已消灭,阶级冲突和积愤也就不存在了。它从而又会给生产者带来工作自由、休息自由以及生产的创造自由。他们不再是为资本家从事机器苦役的工资奴隶,而成为了创造美好产品供整个社会享用的自由人。

不难看出,基尔特社会主义带有强烈的乌托邦色彩,虽然在现实中它面临着严酷的考验,也很难成为现实的政策,但它所拥有的理想主义

---

① S. G. Hobson, *Guild Principles in War and Peace*, London, 1908, pp. 26 - 27.
② 马克斯·比尔:《英国社会主义史》下卷,商务印书馆,1959 年,第 325 页。

光辉依旧让人肃然起敬。

纵观 20 世纪初的英国思想界,占统治地位的是源自黑格尔的理想主义,其代表人物是 T. H. 格林(Thomas Hill Green),他阐述的思想后来成为 20 世纪学术界基本的社会哲学之一。格林同意黑格尔对个人意识的某种怀疑,并雄辩地批判了自由主义将政府作为工具的理论。人类个体的充分发展不可能离开社会制度和社会关系而抽象地进行,但在黑格尔将国家抬到至高无上的道德地位时,格林却只认为它为社会提供了一种道德的权威。两者之间的分歧是明显的,德国式的绝对主义一进入英国,也就失去了它咄咄逼人的锋芒。

纯粹的德国理想主义在 1914 年后遭到了沉重的打击。总的来说,黑格尔的唯心主义政治理论只提供了一种雄辩的形而上学的判断标准,而根本未考虑权力分配问题对整个国家权力所产生的影响。对黑格尔式政治哲学保持一定距离的人认为,他们在更加合乎实际的政治理论领域已经作出了自己的贡献,他们将达尔文的物竞天择理论与黑格尔的理性主义混合到一起,认为比较理性的选择会战胜比较不理性的选择,从而使人类在政治发展的过程中逐渐趋于完善。

在格林思想影响下发展出了一个很重要的信念,即国家可以为社会的利益而干预个人的财产。他们反对自然权利说,因而激烈地批判现存的财产观念。他们相信社会的正确判断,并认为政府采取行动干预工人的工作及生存环境是必要的。这种态度与维多利亚时期的自由放任主义已经相去甚远,而那种不加限制的经济竞争有助于社会进化的观点,与格林的看法更是针锋相对。时至今日,格林的观点不仅为政府的活动提供了一个比较实际的基础,而且还为不那么死硬坚持自然权利的人提供了另一种选择。[①]

最后一股有影响的思潮是进化论,它把达尔文的生物进化引入了人

---

① C. B. Cox and A. E. Dyson, eds. , *The Twentieth Century Mind: History, Ideas and Literature in Britain*, Oxford University Press, 1972, pp. 131 - 132.

类社会及政治领域。自从《物种起源》出版后，不可胜数的著作试图把进化论引入社会领域，由于作者的立足点不同，同样的出发点也可以得出不同的结论。赫伯特·斯宾塞认为进化的过程是各种物体充分创造自己的优势，通过无情的竞争和淘汰而形成一个繁荣的世界。著名学者赫胥黎(T. H. Huxley)认为：对社会而言，减轻生存斗争所造成的痛苦是高于一切的道德义务。本杰明·基德则强调，人类在进化的过程中关注的不应该仅仅是个体的完善，更应该是文化的未来。

但更常见的是各种混杂的进化主义，萧伯纳或许是这种思潮中的一个典型代表。他一方面同情劳动者的痛苦，一方面又认为无情的竞争给强者提供了机遇，对知识分子而言，尤其对有杰出才能的人而言，这是一件好事。前面提到的新自由主义的早期代表霍布豪斯，尽管在学术上非常尊重斯宾塞，却不赞成他将生物进化直接引入人类社会。霍布豪斯认为人是有理性的生物，人可以按照自己的意愿来安排进化方向，改善竞争环境，从而避免那种盲目的、残酷的有害竞争。

在社会心理学方面，威廉·麦克道格尔(William McDougall)代表着最有成果的发展趋势。他继承了英国经验主义传统，不提倡先验的心理学。他反对所谓的"知识主义"，赞成边沁的主张，认为对人类的行为，应该从结果而不是其他方面来理解。人类能够进行理性选择，知道应该如何最大限度地满足自己。在进化的过程中，知识精英的导向作用是无足轻重的。

有趣的是，费边社成员之一的华莱士(Graham Wallas)，在其著作中表现出更加明显的反知识主义，他的著作《政治中的人类天性》将最新的心理学研究应用于政治实践分析。书的出发点是人们对代议制民主的普遍失望，因为这种制度的现实结果与人们的期望值相差太大。华莱士关注的是普通投票人在现代民主制度中的政治行为，他们的政治热情在很大程度上已经被职业政治家们利用或者剥夺了。一般民众远离政治运作过程，因此对政治只能做一种简单的反应，于是，他们更多的是用感情冲动而不是用理性来对待政治，这就使少数精英可以更方便地操纵和动员群众。当然,华莱士的反知识主义并不彻底,因为他本人就是由知识精英组成的费边社成员,他不像欧洲大陆学者那样信奉政治非理性主义,他仍然相信民主,而不是形形色色的专制主义。

这种对民主的信念一定程度上与英格兰自近代以来关于人民主权的概念有关。在英格兰,主权的学说和路径都与法、德两国不同。人民主权在17世纪已得到解决,国王已放弃对主权的绝对要求,甘愿充当"议会中的国王",而议会成为实际上的主权者。从法律的角度说,议会可以做任何事,因此议会是全能和不可抗拒的,行使着不受宪法限制的权力。这种状况有利于形成一种明确界定的主权学说,也有助于形成一种摆脱国王与人民之间的冲突并且不受这种冲突影响的学说。这一学说既不像博丹那样维护国王,也不像卢梭那样维护人民,亦不是试图在两者之间进行折中。它最终以一种全新的视角,即功利主义的视角来看待主权和立法等问题,其中最主要的大思想家是边沁。边沁抛弃了政治契约论,而将整个理论结构建立在功利主义的基础上。[①] 边沁认为,人们之所以服从权威,并非他们默认或心甘情愿,而是因为他们发现折中比不折中对他们更有利;让他们顺从的不是遵守承诺,而是追求"最大幸福"的倾向。

边沁的接班人是约翰·奥斯丁(John Austin),他是霍布斯以来最敏锐的法学家。他的学说体现在1832年初版的《法理学演讲录》(*Lectures on Jurisprudence*)中。在这本书里,他认为法哲学应该关注"法律是什么,而不是法律应该是什么",也就是说,他关注现实中的法律而不是理想的法律。[②] 他认为英国的主权者应该是"国王、贵族和下议院的选举者团体",这一团体在习惯上得到社会大部分人的服从。最高政府既不是合法的也不是非法的,既不是正义的也不是非正义的,最高政府只是最高政府,其最重要的职能,就是保证国民的政治自由和公民自由。因此,

---

① 小查尔斯·爱德华·梅里亚姆:《卢梭以来的主权学说史》,毕洪梅译,法律出版社,2006年,第107—109页。
② 同上书,第110—112页。

主权与自由之间不存在冲突,自由与主权并存这个问题不难理解,难理解的是一旦没有主权,自由如何存在。尽管奥斯丁不认为习惯就是法律,但依然暗示:英国的习惯构成司法体系的基础。习惯统治的终结就是主权的开始,而且一旦服从的习惯发展到政治社会的状态,即包括一个明确的特定的主权者,习惯的统治也就宣告结束。奥斯丁认为不可能限制主权者,但限制仍旧是存在的:倘若功利不再存在,服从也就同样终止,而主权也就达到了自己的限度。^① 以后梅因等人对奥斯丁的学说进行了严厉的批判,但它在学界仍具有广泛的影响。

以上这些就构成了 20 世纪开始时英国的思想遗产:怀疑民主,赞扬进化,谨慎地主张某种程度的国家干预。然而,在各种表象之下,对自由与民主的信奉仍然是根深蒂固的,其结果是,任何一种极端主义都不可能长期占据英国思想界的主流。

---

① 小查尔斯·爱德华·梅里亚姆:《卢梭以来的主权学说史》,毕洪梅译,法律出版社,2006 年,第 123、124 页。

第二章　文学、音乐与艺术

从 1914 年开始欧洲进入了大动荡，一直到 20 世纪中叶才算告一段落。一战结束前夕，俄国爆发十月革命；意大利发生法西斯夺权，然后是纳粹德国崛起。战争期间，胜利者在道德方面的崩溃与失败者几乎没有区别，各国的政治宣传压倒了一切，欧洲人心目中的真理受到了严重的践踏，于是玩世不恭的情绪出现了，人们在痛苦中丧失了信仰和价值，这是在欧洲历史上前所未有的。

对很多英国人来说，许多人习惯的生活方式被战争摧毁，他们感到真正的空虚、惊慌和迷惘。但这种冲击对于文学和艺术而言也许正是推动其发展的一种动力。几个世纪以来，英国已经形成了自己的美学传统，这就是浪漫的自然主义与民主精神的结合。感伤的浪漫主义一度成为英国文化的特点，按鲍桑葵（Bernard Bosanquet）的看法，在正常的情况下，就广阔的范围而言，"浪漫主义和自然主义本来就是一回事。近代人对于大自然的热爱，具有同一的根源，它只有一种同浪漫主义相对立的，既是好色的又是道德主义的，准科学自然主义；又是一种同自然主义相对立的，同对于真正的激情的感觉相去甚远的，常见的浪漫主义情绪"①。

---

① 鲍桑葵:《美学史》，商务印书馆，1986 年，第 569 页。

19世纪末20世纪初,西方的文化危机虽然也蔓延到英国,但20世纪初的英国文学却出现一个革新和试验时期,也就是后来所谓的"现代主义"时代。现代主义小说最突出的特点,是它把表现对象从客观的物质世界转向主观的精神世界,着重表现"自我"。在《雾都孤儿》(*Oliver Twist*)一类的传统小说中,一定时期的社会存在是通过人物与环境、人物与其他人物之间的关系和冲突来表现的,读者可以从一幅幅画面中看到种种变化和进展。但在现代主义小说中,一定时期的社会存在主要通过人物内心的各种的反应、感受、经验和联想而得到表现,作者把一个个变化不定、庞大复杂的心理结构呈现在读者面前。现代派小说表现的就是这些"自我",或者说,通过自我来反映社会现实。[①]

在这个背景下,英国崛起一批大作家,他们是詹姆斯·乔伊斯(James Joyce)、D. H. 劳伦斯(D. H. Lawrence)、W. B. 叶芝(W. B. Yeats)、玛多克斯·福特(Ford Madox Ford)、弗吉尼亚·伍尔芙(Virginia Woolf)等。这些作家最优秀的作品大都在1910—1930年之间发表,虽然他们之间差别明显,但其作品中仍然有许多"家族的类似"。与文化失望和颓废派的作家不同,他们富有献身精神,写作态度认真,其中一些人摒弃公认的准则,采取保守的、甚至反动的政治态度从事写作。当时人们对远古或神话时期的原始和无意识的心理现象发生兴趣,如果说他们对文化持有一种奇特的传统主义态度的话,他们的文学创作却富有创新精神,不沿用习惯的模式。他们被神话和象征所吸引,把过去与现在、现实主义叙述与神话的隐喻糅合在一起。[②]

受伯格森与弗洛伊德影响,20世纪初的英国小说表现出很大的多样性。最有独创性的小说家之一是约瑟夫·康拉德(Joseph Conrad,原名Józef Teodor Konrad Korzeniowski),他是个船长,对世界各国都有直接的了解。他用优美的英语写了许多小说,最著名的是《水仙号的黑水手》

---

① 侯维瑞:《现代英国小说史》,上海外语教育出版社,1985年,第14—15页。
② 艾弗·埃文斯:《英国文学简史》,蔡文显译,人民文学出版社,1984年,第404页。

(*The Nigger of the "Narcissus"*)、《青春》(*Youth，a Narrative and Two Other Stories*)，以及《吉姆爷》(*Lord Jim*)，这些多彩而浪漫的小说为作者赢得了声誉。而乔治·米勒(George Mills, George Millar)则从法国文学巨匠的作品中获益良多。毛姆(William Somerset Maugham)是另一位著名的作家，不过这一时期名家辈出，不免掩盖了他的一些光辉。毛姆的创作活动开始于 19 世纪末，他的小说故事情节多以东方殖民地国家的生活为背景，充满了异国情调。他早年研究莫泊桑，形成了叙事简练的风格，他的作品摒弃伤感情调，用泰然自若的坦率态度去处理性爱关系。他不像同时代人，尤其是萧伯纳那样在作品中传达深刻的教诲，当生活出现不愉快的格局时，他也如实记载而不加辩驳。他的现实主义具有愤世嫉俗的因素，散文则具有斯威夫特的自然真挚的笔力。总的来说，毛姆的名气在评论家那里并不大，但作品的可读性极强。他在 1919 年写成《月亮与六便士》(*The Moon and Sixpence*)，以法国印象派画家保罗·高更为素材，描写主人公斯特里克兰德放弃西方现代文明，来到太平洋塔西提岛上与土著生活的故事。这篇作品创造出一幅绚丽多彩的画卷，揭示了个性、天才与现代社会之间的矛盾，给读者留下深刻的印象。

在 20 世纪众多的小说家中，詹姆斯·乔伊斯和 D. H. 劳伦斯是最具独创性的小说家。乔伊斯是爱尔兰人，一生大部分时间是在欧洲大陆度过的，但在精神上，他从未离开过都柏林。[①] 乔伊斯和大部分知识分子一样，害怕群众的民族解放运动，而把希望寄托在爱尔兰党的议会活动上。不过爱尔兰党的活动并未取得理想的成果，这对乔伊斯的创作产生了很大影响，使他的作品透露出压抑的气氛。乔伊斯试图创作一种小说，它能形象地反映全部生活，包括有意识与无意识的全部内容，同时又不囿于一般的语言常规，他要打破通常的语言结构，直到它能形象地反映这种波动的印象为止。这种努力最初使他声名狼藉，但他坚持下去，终于

---

① 艾弗·埃文斯：《英国文学简史》，蔡文显译，人民出版社，1984 年，第 317 页。

将英国的意识流小说推向高峰,其代表作也就是那本最具争议的《尤利西斯》(*Ulysses*)。

有评论说,《尤利西斯》几乎触及都柏林生活的每一侧面,对哲学、历史、政治、心理学都有所触及,被有的评论者称为现代社会的百科全书。但它的故事情节却十分简单,总共只描绘了1904年6月16日早晨8点到次日凌晨2点18个小时内三个人物在都柏林的生活经历。斯蒂芬(Stephen Dedalus)在母亲死后一直沉浸在悲哀与懊丧之中,他由于没有听母亲的临终遗言而抱恨终身,又因与宗教、家庭及国家决裂而感到无所依托,渴望找到一位精神上的父亲。小说的主要人物布鲁姆是犹太裔爱尔兰人,他的职业是报纸广告承揽人。他每天都在都柏林四处奔忙,但劳而无获。十一年前幼子夭折,在他心灵上留下了不可弥补的创伤。他的性机能衰退,妻子在家招蜂引蝶,使他羞愧难当,更加重了精神上的折磨。作为一个跑街走巷的广告经纪人,他使人想起漂泊流浪的犹太人。他虽为都柏林人,却始终让人感到他不过是个异乡客。他为人诚恳好客,但经常受人嘲弄奚落;他相当通达世故,但不免流于庸俗猥琐。他的性格中有许多矛盾的对立面,他这种孤独处境是都柏林中等阶级的典型,其中包含着社会对个人的疏远与冷漠。①

一天晚上他们在一家妓院相遇,斯蒂芬穷极无聊,喝得酩酊大醉,布鲁姆为他解围,悉心照料。在灯影中两人相对而立,终于在彼此身上找到了各自精神上缺乏的东西。斯蒂芬找到了父亲,布鲁姆找到了儿子。布鲁姆深夜带斯蒂芬回家,他的妻子正好送走情人。当她听说斯蒂芬以后要和他们住在一起,就朦朦胧胧地感到一种母性的满足,并隐隐约约地感到对一个青年男子的冲动。她在性方面的挫折和追求从另一面反映了受伤的精神对健全的家庭和社会纽带的需求。乔伊斯通过对这三个人物潜意识活动的表现,概括了他们的全部精神生活和经历,反映出整整一个时代所面临的问题。作者好像用一台高倍数显微镜,将漫长的

① 侯维瑞:《现代英国小说史》,上海外语教育出版社,1985年,第259—260页。

时间和巨大的空间浓缩到 18 个小时和方圆十几里的范围之内。"乔伊斯所要表现的恰恰是全部生活、全部历史,它浓缩在 1904 年都柏林一天的生活中。"①在这个意义上,乔伊斯的小说具有强烈的社会感和历史感,尽管它以一种让人难以把握的"意识流"的方式进行展现。

《尤利西斯》对现代文学造成巨大冲击,被视为西方现代文学史上具有划时代意义的作品。有趣的是,这本书最先是在美国《微评论》(*Little Review*)杂志上连载刊登的,1922 年在巴黎以单行本发行。此书的中文译本有 800 多页,内容晦涩难解,充满了意识流的写作手法和大量的细节描写,可说是名副其实的实验作品,也因此备受争议。该书作者詹姆斯·乔伊斯是爱尔兰人,虽然一生都在描写自己的故乡都柏林,却对整个世界文坛产生了深远影响。他在以惊人的文学功底和细腻的洞察力刻画主人公丰富的精神生活的同时,也表现出作者本人对社会、理想与希望、存在与命运等问题的终极思考,传达出一种孤独的悲观主义情绪。1999 年《时代》周刊提名他为"20 世纪 100 位最重要的人物",因为他带给 20 世纪小说的影响是"革命性"的。

尽管乔伊斯在文学史上引人瞩目,但他的知名度却远不及另一位英国小说家 D. H. 劳伦斯。除开其他因素外,劳伦斯的作品更有"色"彩,从而使他的作品读者面更广。劳伦斯 1885 年出生于英国诺丁汉郡,父亲是矿工,母亲曾当过小学教员,并始终不接受矿工的生活格调,而期待过一种较为文雅的生活。这种期待深深地影响了她的孩子们,尤其是劳伦斯。父母之间的冲突后来被记录在《儿子与情人》(*Sons and Lovers*)中,就劳伦斯而言,他反感母亲的苛求与偏见,而父亲那种天赋的过快乐生活的本领却使他着迷。他在后来写的自传中为父亲之后的那一代矿工被驯化感到悲哀,"与带着强劲而美丽的孤寂、半荒弃的旷野景色相呼应的,与远远地踏着泥水走来的矿工和赛狗相呼应的"那样一种"潜在的野性和未经驯化的精神",在新一代矿工身上丧失了。他们屈从于他们的

---

① 转引自侯维瑞《现代英国小说史》,外语教育出版社,1985 年,第 260 页。

母亲,变得"节制、谨慎而一本正经……我们这一代的男人们……被弄得循规蹈矩、温良恭俭让"①。

　　劳伦斯认为,人类一切珍贵与纯洁的东西都受到现代文明的压抑,而他又不能像威尔斯那样,在设计新世界的蓝图时寻找慰藉。在劳伦斯看来,现代文明已经腐蚀了人的感情世界,连情欲也变成了理智的某种微不足道的副产品。于是他产生一种神秘的理想,就是重新发现情欲,让它能够自由地流露。他认为这种流露中存在着满足,也存在着力量。②劳伦斯的一系列作品,从《虹》(*The Rainbow*)、《儿子与情人》(*Sons and Lovers*)、《恋爱中的女人》(*Women in Love*),到最后一部作品《查特莱夫人的情人》(*Lady Chatterley's Lover*),都将"不合法"的情爱作为永恒的主题。他抗议那种冷酷的摧毁人类、使人与人之间的关系更趋恶化的现代文明,在这种文明的影响下,自由的、道德上纯洁的、大公无私的、感觉到自己与宇宙融为一体的自在的人变成了"社会动物",变成了为私欲所控制的奴隶。③ 他认为在文明社会中,无论上层还是下层、穷人还是富人,都是精神上的穷人,丢失了完整性、独创性、宇宙的统一性与强烈的敏感力。要使这些人恢复正常,就必须从恢复人类正常的性爱能力做起,所以他将两性问题看作是压倒一切的根本问题。

　　于是,弗洛伊德是否对劳伦斯产生过影响,就成为一个人们关心的问题了。弗洛伊德确信"文化人"中很少有人能达到柔情与感官快乐的完美统一,需要"在较低一级的性爱对象那里"得到补偿,结果便是无法与自己有教养的妻子很好相处。弗洛伊德认为,"任何希望在情爱生活中得到自由和幸福的人,必须克服对女人的敬重,而承认想与母亲、与姊妹发生乱伦关系的念头"。正经男人承认性爱是堕落的,正经女人则受其良好教养的约束,把性爱隐藏在心底。所以弗洛伊德坚信这个时代的性爱困境来源于基本的俄狄浦斯情结,人试图从文化的角度将二者的联

---

① 克墨德:《劳伦斯》,蔡文显译,三联书店,1986 年,第 2—3 页。
② 艾弗·埃文斯:《英国文学简史》,胡缨译,人民文学出版社,1984 年,第 313 页。
③ E. Rickgod, *Collections*, London, 1928, p. 56.

系切断,但这是不可能的,性爱是动物的本能,它或许永远不能与文明和解。① 尽管弗洛伊德和劳伦斯在手段与治疗方法上各有不同,但两人都关注了有深刻历史根源的时代病,即文明社会中情爱生活的障碍。我们可以把这种时代病称为资本主义制度下人的精神困境,物欲的狂潮彻底淹没了精神。所以,菲利普·利弗(Philip Rieff)将他们二人称作"诚实的邪教创始人"②。

将小说与社会、历史、政治等联系起来进行描述的作家,当首推乔治·奥威尔(George Orwell),他生于印度,父亲为殖民地官员。他14岁考入伊顿公学,获取奖学金,1921年从伊顿公学毕业后考取公职,到缅甸担任帝国警察。在那里,被奴役的殖民地人民的悲惨生活刺激了奥威尔的良知,并对他的观念和写作产生了深刻的影响。奥威尔同情殖民地人民的苦难,也同情英法等国的劳动人民。他反对现代政治中的种种腐败与独裁,尤其痛恨法西斯专政。他写过不少引人注目的小说,如《缅甸岁月》(*Burmese Days*)、《巴黎伦敦落魄记》(*Down and Out in Paris and London*)、《向加泰罗尼亚致敬》(*Homage to Catalonia*)、《狮子与独角兽》(*The Lion and the Unicorn: Socialism and the English Genius*)等。

然而,奥威尔之所以举世闻名,还因为他写了两部政治讽刺小说,那就是在1948年前后出版的《动物农场》(*Animal Farm*)和《1984》(*Nineteen Eighty-Four*)。在他的《动物农场》中,动物们了解到自己受了人类剥削,于是就开始造反,在赶走人类后,动物们自己当家了,反而产生了更加可怕的腐败现象。由于这部小说隐射了斯大林时期的苏维埃政权,曾引得苏联政府大为恼火。但《1984》则直接预言苏联政权在30年后会发展到如何恐怖的程度,到那时,由于科学发达,独裁者"大哥"不仅能有效地控制个人的行动,而且还能有效地控制人们的思想,将世界变得冰冷而恐怖。这样的预言让人不寒而栗,所幸其大部分并没有成为

---

① 克墨德:《劳伦斯》,蔡文显译,三联书店,1986年,第24—25页。
② 同上书,第25—26页。

现实。但奥威尔的政治小说却影响巨大,在某种程度上已经成为标准的西方意识形态,一直流传到现在。

维多利亚时代留下的文学遗产中,还有众多的女性作家和她们的作品,19世纪被誉为英国"女性创作的丰收季节"。进入20世纪,繁盛的趋势不仅没有减退,反而进一步发展,美国评论家伊莱恩·肖瓦尔特(Elaine Showalter)把20世纪英国女性文学分为三个时段:(1) 20世纪上半期的变革与现代主义;(2) 20世纪60—70年代的女性主义浪潮;(3) 20世纪80—90年代的多元化趋势。女性主义的理论和女权运动的实践为英国女作家的创作注入了源源不断的活力,从女性主义的先锋弗吉尼亚·伍尔芙,到逻辑推理大师阿加莎·克里斯蒂(Agatha Christie),再到情感细腻的多丽丝·莱辛(Doris Lessing)和风格活泼的比阿特莉丝·波特(Beatrix Potter)等等,女性小说家成就卓然,影响广泛,代表了20世纪英国女性文学的高度繁荣。

弗吉尼亚·伍尔芙出生于19世纪末的英国,经历了维多利亚时代的深刻变革。她与乔伊斯一样,都是意识流写作大师,但不同的是,乔伊斯关注爱尔兰下层中等阶级的心灵生活,伍尔芙则研究英国上层中等阶级的精神世界。她曾说:"如果作家是自由人而不是奴隶,如果他能写他想写的而不是写他必须写的,如果他的作品能依据他的切身感受而不是依据老框框,结果就会没有情节,没有喜剧,没有悲剧,没有已成俗套的爱情穿插或者最终结局……"①这也许就是伍尔芙使用意识流手法的思想动机。

她的一生体现了作者本人渴望自由、不受束缚的心态。她幼年时体弱多病,却在父亲浩瀚的藏书中获取丰厚的精神财富。1904年,伍尔芙移居伦敦的布鲁姆斯伯里,后来她家也成为著名的文化团体"布鲁姆斯伯里"的活动场所,汇聚了许多文人、学者和艺术家。她一生留下多部小说和数百篇评论文章,包括《出航》(*The Voyage Out*)、《一间自己的房

---

① 转引自侯维瑞主编《英国文学通史》,上海外语教育出版社,1999年,第629页。

间》(*A Room of One's Own*)、《奥兰多》(*Orlando*)、《岁月》(*The Years*)、《幕间》(*Between the Acts*)等等。1922 年的《雅各布的房间》(*Jacob's Room*)是伍尔芙的第一部意识流作品,通过一连串场景的变换显示主人公的成长与内心活动。1925 年,受到《尤利西斯》的影响,伍尔芙创作了小说《达罗卫夫人》(*Mrs. Dalloway*),借助回忆与现实交汇穿插的手法,将一位上层女性的一生浓缩在上午 9 点到次日凌晨的短短 15 个小时内,写作手法时而停滞在某一个时间点上,表现不同空间的活动;时而又凝固于某一地点,表现不同时间发生的事件。"小说用具有抒情诗旋律和意蕴的优美文体,挥洒自如地展现人物幽微深沉的内心独白和飘忽游移的自由联想……是意识流小说的又一典范。"[1]

伍尔芙后期的作品愈发朦胧抽象,如《到灯塔去》(*To the Lighthouse*)和《波浪》(*The Waves*)都具有象征性意义。这种独特的写作技艺代表了英国现实主义文学创作的一个高峰,然而,由于内容晦涩艰深,又难免脱离普通读者。但无论如何,伍尔芙都是 20 世纪一个伟大的小说家,E. M. 福斯特说她把英语的表达能力"又向未知推进了一些"[2]。

另一位和伍尔芙几乎同时、为大众所熟悉的英国女作家是阿加莎·克里斯蒂,她和伍尔芙的写作手法全然不同,被联合国教科文组织说成是"继莎士比亚后读者最多的作家"。克里斯蒂是英国公认的侦探推理小说大师,"她把推理小说写到无人企及的巅峰。没有几个人能比得上她的智商,没有几个人比她的作品更悬念丛生,没有人把'杀人游戏'比她玩得更丝丝入扣、扑朔迷离"[3]。据吉尼斯世界纪录统计,克里斯蒂是人类历史上最畅销的著书作家,其著作曾翻译成超过 103 种语言,总销售突破 20 亿本,只有《圣经》和莎士比亚的著作在这个数字之上。无论是《尼罗河上的惨案》(*Murder on the Nile*),还是《东方快车谋杀案》

---

① 侯维瑞主编:《英国文学通史》,上海外语教育出版社,1999 年,第 631 页。
② 转引自常耀信主编《英国文学通史》(第三卷),南开大学出版社,第 187 页。
③ 同上书,第 407 页。

（*Murder on the Oriental Express*），或者是《大侦探波洛》（*Poirot*）和《马普尔小姐》（*Miss Marple*），克里斯蒂创作的作品和人物都已成为经典，深入人心。从她创作的广播剧改编而成的话剧《捕鼠器》，更是在伦敦西区上演两万余场。或许，克里斯蒂借助女性的温情，化解了谋杀的残忍和血腥，她时而幽默时而冷静、娓娓道来的叙事手法也大大增添了故事的可读性，让读者在阅读的时候，总是忍不住参与其中，却又在结尾感到出其不意，获得极大的享受。2004 年，日本 NHK 电视台甚至把波洛和马普尔的故事改编为动画，称为《阿加莎·克里斯蒂的名侦探波洛与马普尔》（*Agatha Christie's Great Detectives Poirot and Marple*）。[①]

　　第一次世界大战带给女性的影响是深远的，对英国的女性文学来说亦是如此。多丽丝·莱辛正好出生在一战结束后的 1919 年，由于父亲是英国驻伊朗军中的军官，她出生在伊朗，1924 年又随家迁居南罗得西亚（即今天的津巴布韦）。1949 年莱辛回到英国，不久加入共产党，后来又退党。如此丰富的生活经历给莱辛带来源源不断的写作灵感，她的小说题材几乎包括了当时的所有主题：殖民主义、共产主义、女权主义、神秘主义、现代心理学等。她了解马克思主义，也了解现实社会，这使她对生活抱有批判态度，并体现在她的写作中。小说《青草在歌唱》（*The Grass is Singing*）描写了白人主妇与黑人女仆之间的关系，刻薄地批判"白人优越论"。著名的五部曲小说《暴力的孩子们》（*The Children of Violence Series*）展现在非洲一个被孤立的白人聚居地成长起来的女性探寻自我的经历。

　　莱辛的代表作是《金色笔记》（*The Golden Notebook*），记录一位女作家安娜·伍尔芙的感情心路。安娜有黑、红、黄、蓝四种颜色的笔记本，其中黑色记录在非洲的经历，红色记录政治内容，黄色是安娜自己创作的关于艾拉的故事，蓝色是安娜自己的日记。在四个笔记本的内容不断交错之后，小说结尾出现了金色笔记，把安娜还原成一个完整的人。莱

---

① 维基百科，"阿加莎·克里斯蒂"。

辛曾经写道:"描写一个人,也就描写了所有的人,因为你的问题、痛苦、欢乐、情感——以及你的那些不同寻常、非同凡响的思想——不可能只属于你一个人。"①或许,借由安娜,莱辛挖掘了人们现实生活中支离破碎的不同侧面,希望通过这种认识实现对自我的探索。②

此外,莱辛还探索其他形式的小说写作,到晚年仍在追求创新。比如她曾创作科幻小说《希卡斯塔》(*Shikasta*)和《第三、四、五区域间的联姻》(*The Marriages Between Zones Three*,*Four and Five*),还有恐怖小说《第五个孩子》(*The Fifth Child*)。2007 年,莱辛获诺贝尔文学奖,有人评价她是战后最卓越的英国女性作家之一。

二战后英国文坛上还涌现出一批优秀的女性作家,包括缪里尔·斯帕克(Muriel Spark)、艾丽丝·默多克(Iris Murdoch)、玛格丽特·德拉布尔(Margaret Drabble)等。她们描写新时代的女性,关注普通人的生活线索,《琼·布罗迪小姐的盛年》(*The Prime of Miss Jean Brodie*)、《在网下》(*Under the Net*)和《金色的耶路撒冷》(*Jerusalem the Golden*)分别是她们的代表作品。最后还有 J. K. 罗琳(J. K. Rowling)的《哈利·波特》,这部作品以其丰富的想象力和魔幻的故事情节征服了所有读者,一问世就吸引了全世界的注意力。"哈利·波特"系列被翻译成多种文字,拍成电影在全世界播放,这些作品将英国的文学创造力再一次推向高峰。

20 世纪 50 年代以后,传统的小说写作出现危机,现代派小说呈衰落趋势,实验性作品纷呈杂现,比如爱尔兰作家塞缪尔·贝克特(Samuel Barclay Beckett)的《莫洛伊》(*Molloy*)、《马龙之死》(*Malone Dies*)和《无名氏》(*The Unnamable*);安东尼·伯吉斯(Anthony Burgess)的《发条橙》(*A Clockwork Orange*)等。从 20 年代到 50 年代,无论从哪个角度看,小说创作已达到很高的水平,可是在英国社会中小说的重要性却在

---

① 侯维瑞主编:《英国文学通史》,上海外语教育出版社,1999 年,第 944 页。
② 王佐良、周珏良主编:《英国 20 世纪文学史》,外语教学与研究出版社,2006 年,第472 页。

下降——这在很大程度上是由现代通讯技术的发展及现代生活的紧张节奏造成的,无线电广播是第一个冲击波,而电视对小说的冲击更大。二战以后,读小说不再是社会的普遍现象了,首先是紧张的生活使人们丧失了时间,不可能花很多时间去读小说;其次,娱乐和休闲方式也发生很大变化,广播和电视的优势已明显表现出来。当然,广播和电视也改编优秀的或受人欢迎的小说,但它们不仅抢走了小说读者,而且改变了一般人的口味,可读性、趣味性乃至轰动性成为人们选择的首要因素,纯粹的艺术标准已经退位了。

在音乐方面,虽然英国在中世纪后期和文艺复兴时期曾做出过不少贡献,但自普赛尔(Henry Purcell)去世后,就再也没有出现过本民族杰出的作曲家。但 20 世纪上半叶,英国结束了 200 年来屈从于德国和意大利音乐优势的状况,再次产生有重要影响的音乐作品。一批优秀的作曲家出现了,像当时的美国人一样,他们或喜欢勃拉姆斯的守旧派理想,或追随瓦格纳和施特劳斯的发展方向。这一代人中最重要的作曲家是爱德华·埃尔加(Edward William Elgar),在一般人印象中,埃尔加似乎是英帝国全盛时代的人物,但这种印象并不正确。不过他的音乐却表现了这一时代的某种特征,具有时代的气息。

埃尔加年轻时是个站柜台的小伙计,通过不懈的自学,终于成才。使他声名大震的是 1899 年在伦敦演奏的《谜语变奏曲》(*Enigma Variations*),他由此获得全国的承认。但第二年他花了很大力气创作的清唱剧《杰隆修斯之梦》(*The Dream of Gerontius*)却不受欢迎。1910 年他的《B 小调小提琴协奏曲》(作品第 61 号)(*Violin Concerto in B minor*, *Op. 61*)再次引起轰动。事实上,这三部作品都是晚期浪漫主义的代表作,有永久保留的价值,尤其是 B 小调小提琴协奏曲,清丽、深远、忧郁,从骨子里透出一股英国绅士的特性,使人难以忘怀。这些曲子至今仍在上演,并且在英国之外也享有声誉,可以说,是埃尔加使英国音乐重新走向世界。

进入 20 世纪,新一代作曲家对欧洲大陆的新音乐潮流十分熟悉,他

们中不少人曾经在法国学习。但是两件事具有"英国特性"。第一件是
1898 年建立了英国民歌协会(The Folk-Song Society)[1],它专门收集和
出版一些民间音乐,这些音乐过去不被人们注意,即使被注意也未引起
专业作曲家的足够兴趣。20 世纪头十年,英国年轻作曲家被他们本国的
音乐旋律吸引住了——这些调式与那种充满了半音阶的外国旋律大不
相同,加上本国旋律中温和的 6/8 拍,两种因素相结合,就使他们的作品
具有强烈的民族色彩。

另一件事是编辑和出版 16 世纪的复调声乐作品,人们把早期作曲
家伯尔德(William Byrd)和塔沃纳(John Taverner)的弥撒曲、经文歌等
编印成册,也把韦尔克(Thomas Weelkes)与莫利(Thomas Morley)的牧
歌汇编出版。年轻的作曲家们接触了这些在教科书中学不到的轻快节
奏与和声运用,这样,20 年代初的英国作曲家就具备了与大陆同行大不
相同的一种传统,这是一种民族传统,难以用文字表达,但在他们的创作
中却明显地表现出来了。

由此产生了两位大作曲家:沃恩·威廉斯(Ralph Vaughan
Williams)与本杰明·布里顿(Benjamin Britten)。在 20 世纪上半叶,沃
恩·威廉斯非常活跃,他的作品范围广,风格独特,加上他的教学活动,
都使他在那个时代无人可望其项背。

威廉斯小时候学过钢琴、小提琴与和声,从切特豪斯公学毕业后就
进入皇家音乐学院,随休伯特·帕里爵士(Sir Hubert Parry)学作曲。从
皇家音乐学院毕业后,又在剑桥大学获得学位,然后以教堂管风琴师和
唱诗班指挥的身份定居伦敦。1896 年他去柏林跟麦克斯·布鲁赫(Max
Bruch)学习。返回英国后,他参加了民歌协会并开始接触民间音乐,从
而给他的作品留下了非常鲜明的烙印。他在第一次世界大战中服役,以
后在皇家音乐学院任教,一生中其余的时间几乎都是在那里度过的。

1914 年他 40 多岁时写下了充满活力的《伦敦交响曲》(A London

---

[1] 英国民间歌舞协会(The English Folk Dance and Song Society)的前身。

Symphony），给人留下良好的印象，此后 40 年中，音乐界逐渐承认他是一位日臻成熟的作曲家。他既不追赶欧洲大陆不断变化的风格，也不会原地踏步不思向前。他一生留下了许多作品，写过 9 首交响曲，几部大型歌剧如《牲口贩》（*Hugh the Drover*）、《恋爱中的约翰爵士》（*Sir John in Love*）、《假面舞会》（*Job：A Masque for Dancing*）等。他还写过伴奏音乐、室内乐，以及近百首歌曲。他的作品表现出典型的"英国"风格，那时欧洲大陆流行梦幻音乐，玩世不恭，但英国乐曲依然故我，充满了庄严肃穆的气息。

在威廉斯生活的时代，一大批青年作曲家崭露头角，其中有古斯塔夫·霍尔斯特（Gustav Holst）、约翰·爱尔兰（John Ireland）、阿罗德·巴克斯（Arnold Bax）、阿瑟·本杰明（Arthur Benjamin）、埃德蒙·鲁勃拉（Edmund Rubbra）、威廉·沃尔顿（William Walton）、伦诺克斯·伯克利（Lennox Berkeley）、艾伦·洛桑（Alan Rawslhorne）等。这中间最杰出的是本杰明·布里顿，他被誉为莫扎特式的神童。

布里顿的个人生涯与创造性与莫扎特惊人地相像。他很小的时候就开始即兴作曲，而且从未间断过。他在作曲时极为敏捷，先在脑子里完成乐曲的构思，然后随便在什么地方，剧场后台或飞机上，把构思转写为乐谱。他既写器乐作品，也写歌剧；既写世俗的合唱作品，也写宗教合唱曲；既写儿童乐曲，也写古典乐曲。他的创作兼容并蓄，人们从他的音乐中，可找到与他自己的风格完全不同的作曲家的影响，这种情况与莫扎特十分相像。

歌剧是布里顿作品的精华，其中给人印象最深的，是根据乔治·克雷布（George Crabbe）的诗改编的歌剧《彼得·格莱姆斯》（*Peter Grimes*）。这是一部心理分析剧，描写一个受折磨的渔民的悲剧，许多评论家视之为 20 世纪最成功的歌剧之一。故事发生在海边的一个小村庄：彼得·格莱姆斯是一个"粗鄙"的人，孤独、贫穷，没有朋友，人们还怀疑他虐待给他干活的小徒工。小徒工死在海里，格莱姆斯被带上法庭，虽然他被宣判无罪，但除了一个寡妇之外，全村都不欢迎这个孤独的人。

格莱姆斯立志要赚足够的钱以赢得全村人的尊敬,并娶寡妇埃伦为妻。为此,他又找了一个徒工,并且对他凶狠残忍,当埃伦劝阻他时,他竟然打她。最终的结局是格莱姆斯逼死了小徒工,引起全村的公愤。但当人们找到他时他已经完全丧失理智了,他凿沉了自己的船,淹死在海中。布里顿给这个故事谱了曲,合唱与重唱在剧中占重要位置。歌曲虽然悲凉,但十分优美。①

　　布里顿在英国音乐史上的地位还不止于此,他的创作跨越了 20 世纪两个不同的发展阶段。正如一些学者指出的那样,20 世纪发生的变化是任何一个时代所无法比拟的。在物质与社会因素的影响下,音乐的原则似乎被打倒了,听众喜爱现实中的音乐;战争的冲击似乎更大,因为在二战结束后,不同的民族风格事实上已不存在,光凭音乐的旋律,已经很难判断出乐曲来自何处,正如英国评论家约翰·阿米斯(John Amis)在《速度》杂志中所说:

　　　　他们在写何种音乐? 悦耳性不见了,政治性看来也过时了。当前人们爱好的是古典的、古典前期的音乐,不那么喜欢 19 世纪的音乐和贝尔格·斯特拉文斯基、巴托克及欣德米特的音乐。十二音音乐曾引起极大的震动和争论,但除了对贝尔格的天才加以一般性称赞外,只有一个年轻的德国评论家对十二音音乐大加赞赏。具体音乐同样遭遇到了普遍的厌恶。具体音乐是一位无线电技师发明的,它只能通过录音形成,它所用的音响与抽象的音响相反,是具体的音响,如咳嗽声,锅盖在能够发出共鸣的木板上快速旋转的声响,火车声及录在磁带上的钢琴击奏后所发出的杂声。②

　　二战之后的音乐流派纷呈,谁都无法预测现代音乐的走向:序列音乐(Serial music)、偶然音乐(Aleatoric music③)、电子音乐(Electronic

---

① ② 彼得·斯·汉森:《二十世纪音乐概论》下册,孟宪福译,人民音乐出版社,1987 年,第 165 页。

③ 亦称为 aleatory music 或 chance music。

music)、"唯音"派（Sound）、最简单派（Minimal music）、环境派（Environmental composers）和概念派（Conceptual composers）等纷纷出现,很难说谁更能代表未来发展的主流。随着电子乐器的出现,电子音乐可以演奏各种流派的音乐,所以电子音乐对其他流派的影响是很大的。反过来,其他流派对电子音乐的影响也非常大,但在一贯保守的英国,保守的作曲家依然坚持自己的阵地,本杰明·布里顿就在其中。

布里顿创作严肃的音乐,其中最著名的是 1962 年的《战争安魂曲》（War Requiem）。这支曲子是为祭奠二战中被炸毁的英国城市考文垂而写作的,是一首由合唱、童声合唱、独唱和管弦乐队联合表演的大型作品。乐曲中还穿插英国诗人弗雷德·欧文（Fred Owen）的九首诅咒战争的诗,由于诗人就是在战争中死去的,歌词就加强了乐曲的感染力。

另一位保守派作曲家是迈克尔·蒂佩特（Michael Tippett）,他的作品题材广泛:对人类环境的关切,对纳粹暴行的抗议,对少数民族生活的赞美等等。他的作品节奏复杂,和声丰富多彩,并使用了黑人的旋律,从而显得别具风味。但他的歌剧却相对呆板,说教味太浓而缺乏戏剧性,所以并不十分受人欢迎。

总的来说,严肃音乐在 20 世纪似乎失去了目标,音乐几乎是无目的的游戏。流行音乐占据大部分音乐市场,古典的、严肃的音乐只能在通俗的潮流中苦苦挣扎。不过,经典作品的光辉依然与世长存,令人苦恼的是 20 世纪这些严肃的作曲家们,他们几乎像贝多芬一样勤奋地献身于音乐事业,孜孜以求在制作上有所突破,但他们却没有留下像贝多芬那样辉煌的作品——这就不能不使人感到深深的遗憾了。

不过,在这种遗憾中出现一个怪异的亮点,那就是披头士乐队（the Beatles）。在当代世界,人们也许不知道英国在 20 世纪有什么音乐成就或著名作曲家,但他们一定知道披头士乐队。一个由四人组成的流行乐队能有如此的影响力,不仅是因为他们的音乐反映了时代的脉动、顺应了大众音乐的潮流,而且它生逢其时,将现代青年人的内心苦闷、欲望与追求通过一种易于流行的音乐形式表现出来,并与商业化的运作有机地结合,从而造就了一个辉煌的传奇。

披头士是时代与社会的产物,正如伊安·泰勒博士所说:"再说回利物浦那些不招人待见的街道吧。依我看来,没有那些街道、那种邻里关系、码头、足球,没有利物浦所具有的,以趾高气扬、咄咄逼人、目中无人的方式体现出与众不同、独树一帜的感觉,就不会出现叫得上名堂的默西节拍,也不会有披头士现象。"①这一段话十分中肯地界定了披头士的性质:它扎根于这样的社会土壤中,并依靠这种土壤提供的各种养分而生长。

此时,在二战后"婴儿潮"中出生的孩子们已经长大,他们不甘心依照父辈的模式继续生活,而试图寻找一种新的方式来实现自己的人生价值。他们觉得需要"呐喊",而一种大众流行的音乐,显然让他们的青春活力得以释放。20世纪50年代的利物浦,就是孕育这种新音乐最好的摇篮之一。各种各样的来客以及他们带来的唱片音乐,最终产生了属于这一代年轻人自己的摇滚乐,其最成功的代表就是披头士音乐。这种音乐融合了白人乡村音乐和黑人音乐节奏以及布鲁斯音乐的特点,很快风靡了西方世界。其中的核心人物是约翰·列侬(John Winston Lennon),他出身于一个船员服务生的家庭,从小生活在利物浦的贫民区。他一直是学校的捣乱分子,在他看来,流行音乐比小学的教育有意思。15岁那年,母亲给他买了一把二手吉他,列侬于是组建了自己的乐队。他在好友皮特的家里找到一块搓衣板和一个茶叶箱,在箱子里塞上一个扫帚把,用弦的一头系在扫帚的一端,另一头系在茶叶箱的另一边,拨弦时听起来就像一个低音提琴。②

1956年,当其他几个伙伴加入后,一支名叫"采石工"(the Quarrymen)的"噪音"乐队问世了。1957年,保罗·麦卡特尼(Paul McCartney)加入"采石工",以后乔治·哈里森(George Harrison)和斯

---

① 戴维·普利查德和艾伦·莱萨特:《见证披头士》,孙仲旭译,人民音乐出版社,2003年,序第1页。
② 亚瑟·戴维斯:《披头士》,时利和译,作家出版社,2007年,第8—9页。

图尔特·萨特克里夫(Stuart Sutcliffe)也相继加入。这支乐队后来改名为"约翰尼和月亮狗"(Johnny and the Moondogs)。1960年初,由于列侬经常到一个名叫紫兰花的咖啡馆里发泄,咖啡店老板艾伦·威廉姆斯(Allan Williams)就成为乐队的第一任经理。后来一个叫拉里·派纳斯的伦敦人要威廉姆斯介绍几支乐队,"约翰尼和月亮狗"也被推荐了。不过,威廉姆斯建议队员们给乐队改名,几经推敲,有人建议他们叫"甲壳虫"(the Beetles),但列侬很快把它改写成"披头士"(the Beatles)。这个名字暗合当时流行的术语"垮掉的一代"(the beat generation),也标志着他们是一支新潮乐队。①

改名后,1960年8月16日,他们启程去汉堡,开始在德国演出。一开始反响并不好,但是渐渐地,他们的演出有了进步,他们的听众从寥寥几个到人满为患。根据第一份合同,他们一星期要演出7个晚上,每天晚上至少要演出4个半小时。② 汉堡演出取得了极大的成功,后来大家也认为,没有汉堡这一次出行,就永远不会有"披头士"。他们离开利物浦时还默默无闻,但回到利物浦时已经很有名气了,并在不久之后风靡了世界。

1964年2月7日,披头士乐队的4位成员和其他随行人员,包括美国制作人菲尔·斯派克特(Phil Spector),登上了泛美公司的101航班,开始了美国之旅。1963年底披头士已经在美国家喻户晓,一天之内他们演出的票就卖光了。披头士的成功在很大程度上是因为他们与众不同:没有一个中心人物,而是四个人一起上台,一起演奏,自己玩乐器,代表着一种新潮流。③ 但出人意料的是,他们在如日中天的时候停止了巡回演出,并且在1970年解散。

其间发生了这样一件事:1966年7月底,美国亚拉巴马州伯明翰市

---

① 亚瑟·戴维斯:《披头士》,时利和译,作家出版社,2007年,第17—20页。
② 戴维·普利查德和艾伦·莱萨特:《见证披头士》,孙仲旭译,人民音乐出版社,2003年,第46页。
③ 同上书,第169—171页。

的几位电台人员发现伦敦《标准晚报》(*Evening Standard*)上刊登过的一篇采访文章,其中约翰·列侬漫不经心地说,披头士比耶稣·基督更受欢迎:

> 基督教会是衰败的,它会消失、萎缩,我不需要在这点上与人争论,我是对的,我也会被证明正确。我们现在比耶稣还受欢迎。我不知道哪一样先消失,是摇滚乐呢,还是基督教。耶稣还可以,但是他的门徒们愚笨而平庸。①

披头士的成员后来一再进行辩解,但这种言论对其活动明显有害,一些保守派甚至对他们产生了仇恨。他们的巡回演出就此打住,即便还有其他原因,但这个因素肯定是致命的。

列侬曾经说:解散的原因是成员们渴望享有更多的自由。这个原因应该是存在的,当一个青年团体中每一个人都以追求个性和自由为目的时,要长期保持合作的关系,的确十分困难。列侬与麦卡特尼的裂痕无法愈合,而麦卡特尼的离队使人们误以为是他导致乐队的解散。② 此外,列侬还是一个社会活动家和反战者,这就导致了更多的变数。在反对越战的美国青年人中,披头士享有很高的声誉,所以他的反战活动影响极大,也使美国政府十分头痛。美国政府试图驱逐他,又担心这样的行动会进一步加强他在年轻人中的影响,只能把他列为"不受欢迎的人",由FBI对他进行监督,并给他设置了很多圈套,所幸列侬都没有上当。有趣的是,英国的军情五处(MI5)也盯上了他:他们怀疑列侬给爱尔兰共和军提供过金钱资助。

1980年,约翰·列侬在纽约被一个歌迷枪杀,使披头士以前的成员心理上都笼罩着阴影,他们担心还会出现同样的事,所以,这次事件标志

---

① 戴维·普利查德和艾伦·莱萨特:《见证披头士》,孙仲旭译,人民音乐出版社,2003年,第257页。
② 亚瑟·戴维斯:《披头士》,时利和译,作家出版社,2007年,第98—101页。

着一个时代的终结。人们一直怀疑列侬是被人谋杀的,原因是他的反战身份。也许正因为这个原因,英年早逝的列侬如以前的猫王和后来的迈克尔·杰克逊一样,被歌迷们送上了神坛,在他被枪杀至今的 30 年间,列侬成为了反战、和平与爱的化身:他是一个出色的音乐家,同时还是一个伟大的社会活动家。多年后,一支热爱约翰·列侬的乐队激动地歌唱着他们的偶像:"那年冬天子弹给了你自由,没有了躯壳就活在人们心中。"①

　　披头士时代过去了,但披头士音乐究竟是什么? 按照马克·赫特斯加德(Mark Hertsgaard)的看法,它是"一种面向大众的高级艺术"②。换言之,大众需要流行音乐,但他们也需要高级艺术,把高级艺术与大众口味协调起来,这就是披头士音乐成功的秘密:在一个商业化的时代,无视大众是不行的,但只会讨好大众、自我矮化也不行,一个富有创新精神的音乐团队,必须引领时代的潮流。

　　在视觉艺术方面,工艺美术运动在 20 世纪初继续发扬光大。自 18 世纪以来,英国政府就在鼓励艺术与工艺生产相结合。19 世纪初期,标准化生产和大批量生产已经严重危及传统的手工艺,因此,把艺术和生产结合起来,既可以使手艺人有工作,又可以提升工业品的美学品味。1888 年在伦敦成立了工艺美术展览协会(Arts and Crafts Exhibition Society),标志着工艺美术运动(Arts and Crafts movement)的正式开始,在其中,约翰·拉斯金(John Ruskin)和威廉·莫里斯(William Morris)发挥了重要作用。莫里斯不喜欢大工业化制造,更偏爱手工业设计,但他解决不了经济困境,即手工制品比较昂贵,只限于少数人使用。拉斯金认为艺术品的价值与投入其中的劳动量有关,这种看法影响了莫里斯,使他接受艺术与劳动相结合的观点。19 世纪最后 10 年,唯美主义运动(Aesthetic movement)、工艺美术运动与工业化汇集在一起,产

---

① 马帅:《约翰·列侬被 FBI 视为眼中钉》,转引自 2011 年 2 月 7 日《扬子晚报》,A14 版。
② Kenneth Womack and Todd F. Davis ed., *Reading the Beatles*, *Cultural Studies*, *Literary Criticism*, *and the Fab Four*, the State University of New York Press, 2006, p. 161.

生出一种新的装饰风格,这种风格在英国被叫做"现代风格",在法国也被称为"新艺术",意大利则称之为"花草风格"或"自由风格",在西班牙被称为"现代派",可以说,拉斯金与莫里斯等人的思想在此开花结果。①

在雕塑方面,雅各布·爱普斯坦(Jacob Epstein)从 1905 年起生活在英国,并从新的运动中获取灵感。他认识毕加索,与他分享对非洲艺术的爱好。他的作品还受到未来派的影响,从他的作品中,甚至可以体验到机器的震颤和"音响"。但他的作品从一开始就颇受争议,因为它与德国的表现主义一样带有某种野性。

爱普斯坦影响了英国雕塑家亨利·摩尔(Henry Moore)。摩尔曾研究大英博物馆中的史前雕塑,对这些作品中蕴藏的活力印象深刻,他认为这些作品都能对自然起直接的作用,例如阿兹特克人的雨神像,可以浇灌干涸的土地。人形的雕像在异教徒眼中是自然的一个组成部分,艺术与自然连为一体。受到这种启示,摩尔开始创作躺着的形象,暗示北英格兰崎岖的山川,他自己就在这里长大,并且接受职业训练。

摩尔观察奇形怪状的岩石和兽骨,收藏它们,按照他的理解来创造雕塑。他有时做小巧精致的自然物,有时又做纪念碑式的庞然大物,无论大小,都做得很好。摩尔更喜欢雕刻,而不是铸造,他喜欢依照材料的形状进行摸索,顺其自然塑造形象,比如雕刻一块石头时,石头并不完全变形,但同时又塑造成一个人物的形象。②

在 20 世纪初,法国和欧洲的一些国家的服装、家具等设计都流行"装饰艺术",在法国产生装饰艺术的那些因素,在英国也有,只是没有法国来得那么快。一战之后的那些年代里,家庭中的鲜艳色彩和衣服上的自由新风,都体现一种乐观情绪,以及对未来的美好信念。过去那种宏伟的建筑风格依然存在,这样就使公共建筑显得辉煌雄壮,但在私人建

---

① 唐纳德·雷诺兹:《剑桥艺术史·19 世纪艺术》,钱乘旦译,译林出版社,2009 年,第 95—99、106—107 页。

② 罗斯玛丽·兰伯特:《剑桥艺术史·20 世纪艺术》,钱乘旦译,译林出版社,2009 年,第 49—50 页。

筑方面,新的观念却在形成,花园城市中筑起了英国式的别墅或都铎风格的房屋,四周环绕着草坪,沿街排列着弯曲的街道。这对拥挤的城市来说,不啻是一种解决问题的方法,也是对早先工艺美术运动的一种延续。

法国设计师使用的那种埃及和其他异域风格的流行式样,也在英国出现了,特别表现在剧场建筑以及像布兰特为塞尔弗里奇公司设计的电梯门等等的细节处理上。外国的影响也在陶瓷上反映出来,特别是在伯纳德·利奇(Bernard Leach)的作品上得到反映。利奇曾在日本留学,回欧洲时带来了有关日本的传统知识,这使人们再度欣赏起东方的图形和装饰来,就如同 19 世纪发现日本的版画时一样。利奇在康沃尔的圣艾夫斯(St Ives)工作,他采用当地的釉彩和黏土,充分发挥了地方特点。他和他的学生很像是发动了一次新的工艺美术运动。皇家美术学院陶瓷部的主任威廉·默里(William Staite Murray)还受到日本陶瓷大师滨田的影响,这样,日本的影响在两次世界大战期间就波及整整一代陶瓷专业学生。①

这些情况表明,在美术与实用艺术方面,英国一直保持着开放的心态,一点也不保守。只要是好的和美的,英国人从不拒绝。同时,他们也不放弃自己的传统,并且尽可能在引进新的艺术表现形式时将传统的长处融合进去。

20 世纪中期,一场名为"明天是什么"(*What is tomorrow?*)的展览唤醒了英国的波普艺术。这场展览展出许多英国著名艺术家的作品,比如理查德·汉密尔顿(Richard Hamilton)的《究竟是什么让今日的家庭如此不同,如此有吸引力?》(*Just what is it that makes today's homes so different, so appealing?*)。汉密尔顿借一组拼凑起来的物像和人像来呈现家庭内景,这个作品被看作是波普艺术的先驱。

---

① 罗斯玛丽·兰伯特:《剑桥艺术史·20 世纪艺术》,钱乘旦译,译林出版社,2009 年,第 57—59 页。

雕塑家安东尼·卡罗爵士(Sir Anthony Caro)是 60 年代英国艺术的领军人物。他在 1959 年访问美国,结识了美国艺术家,使他的艺术创作发生重大转变:"美国人让我看到没有障碍和规矩……当了解到雕塑或绘画的唯一限制,是它能否实现自己的意图而并非它是不是'艺术'时,你会感到极大的自由。"[①]这种观念来自 20 世纪 50 年代的"最简单派"(Minimal Art),作为抽象艺术的一个派别,它主张把造型简化到单纯的几何形状,利用工业材料来表示强有力的结构。因此,卡罗丢掉传统的黏土和石膏,开始用钢梁和铁片进行创作。由于他在圣马丁艺术学校(Central Saint Martins)任教,因此在年轻的雕塑家中产生了不小的影响,其中包括抽象艺术的杰出代表菲利普·金(Phillip King)、威廉·塔克(William G. Tucker)和艾萨克·维金(Isaac Witkin)等。

在绘画艺术方面,约翰·霍伊兰(John Hoyland)、霍华德·霍奇金(Howard Hodgkin)、约翰·沃克尔(John Walker)和伊安·斯蒂文森(Ian Stephenson)开创了"色域绘画"新天地,这种绘画试图唤起崇高的冥想和超然的感受,使观画者陷入沉思之中。霍伊兰的《黎巴嫩》(*Lebanon*)和霍奇金的《在史密斯广场的晚宴》(*Dinner at Smith Square*)都是用丰富、鲜艳的色彩描绘抽象的场景,借题目与观者进行互动。[②]

对传统的挑战激发了许多有趣的实验,理查德·朗(Richard Long)的《小白石圈》(*Small White Pebble Circles*)和《白瀑布》(*White Water Falls*),巴里·弗拉纳根(Barry Flanagan)的《岩石上的思想者》(*Thinker on a Rock*)和《月牙与钟上的野兔一跃》(*Leaping Hare on Crescent and Bell*)都是妙趣横生的作品。值得一提的还有《一棵橡树》(*An Oak Tree*),迈克尔·克雷格-马丁(Michael Craig-Martin)于 1973 年创作的作品。这幅作品的主题是一棵想象的橡树,由两个部分构成:一是一杯没喝过的水,放置在离地面 2 米多高的玻璃板上;二是水下方的文字说

---

① 雕塑家安东尼·卡罗,http://www.arts.org.cn/alm%20files/Anthony%20Caro.htm
② 维基百科,"色域绘画",http://zh.wikipedia.org/wiki/%E8%89%B2%E5%9F%9F%E7%BB%98%E7%94%BB

明,粘贴在墙壁上。马丁对这幅作品的解释是:"这杯存在的水恰恰代表了这棵成长中的橡树",借助这种表达方式,艺术工作"揭示了自身最基本的元素,即相信艺术家自己有表达的能力,以及这种表达能被观者接受"①。

对材料的演绎加上"后殖民时代的文化焦虑",酝酿了 20 世纪后半期的"年轻艺术家"运动(Young British Artist Movement),它表现着一种后现代的风格,其代表人物包括前卫艺术家达明·赫斯特(Damien Hirst)、雕塑家蕾切尔·怀特里德(Rachel Whiteread)与翠西·艾敏(Tracey Emin)等人。他们的作品传递了创作者独一无二的个人风格,并且将日常生活与抽象的艺术联系在一起。比如在艾敏的"纪念碑山谷"(Monument Valley)里,她展示了在亚利桑那山谷中坐在祖母的扶椅上读书的自己。她在这把椅子上绣着她个人轶事的图像,又加上她曾经到过的地方的名字。作品似乎展现了作者的一次心灵之旅,结果非常成功,最终被命名为"椅子能赚很多钱"。

除椅子之外,床、情人的名字、狰狞的人像、不规则的金属部件,等等,都可成为艺术的好素材。青年艺术家们举办各种展览,将其取名为"冻结"(Freeze)或"感觉"(Sensation)。他们与知名的艺术品收藏家合作,萨奇画廊曾为他们提供大量赞助,并收藏他们的作品。以后,泰特美术馆(Tate Modern)、透纳奖(Turner Prize)和皇家美术学院(Royal Academy)也逐渐为他们打开大门,使这个起先只是"小众"的流派成为英国艺术发展中不可或缺的一个部分。

---

① 转引自 wikipedia "an oak tree",http://en. wikipedia. org/wiki/An_Oak_Tree#cite_note - manchester - 3

第三章　历史学与历史学家

20世纪对英国来说是一个大起大落的时代,两次世界大战一会儿把英国推进绝望的深渊,一会儿又让它浮上胜利的高潮。历史学研究不可能超越这个时代背景,它同样有希望也有失落。

历史学的专业化倾向加强了,过去那些有钱有闲的绅士用业余时间写作历史的情况不再存在,历史学家需要经过专业的培训,大学教授的职位增加了,其人数之多足以使他们每个人都专门集中在一个非常狭小的范围内。但这是个十分危险的倾向,结果是历史学与公众进行交流的机会减少了。专业化倾向与大量增加的史料有关,随着越来越多的档案向公众开放,更多的文件需要历史学家去整理,在历史学界,要成为无所不知的通才已经不大可能。当历史学家在自己专业的范围内忙于梳理时,他们发觉对研究范围之外的事几乎一无所知,满足不了公众的要求。公众于是表示不满,史学家的队伍便分成了两派,一派仍然致力于专业化研究,另一派则想为历史提供意义,提供一种历史哲学。

费边社历史学家就试图提供这种哲学。20年代末,英国工党开始掌权,历史学家以同情的目光审视这个过程,尝试解释其中的原因。他们研究工业社会的历史,展现劳工经历的苦难,寻找工党与工会运动之间的关系。1894年韦伯夫妇出版了《英国工会运动史》(*History of Trade*

Unionism)，1897 年又写出《工业民主》(*Industrial Democracy*)。此后，韦伯夫妇写了许多著作，其内容涉及司法、地方政府、城镇、农村劳工等，十分有力地揭示了工业社会对工人生活的影响。他们之后，另一个费边主义者 G. D. H. 柯尔同样多产，同样有才华，他的多卷本《社会主义思想史》(*A History of Socialist Thought*)至今仍有巨大的影响。第三位重要的社会主义历史学家是托尼，他在社会史与经济史研究中使用马克思主义思想，同时也使用马克斯·韦伯的思想。托尼强调普通劳动者的历史地位，作为一个基督教社会主义者，他相信对劳工的同情合乎人类本性。他为工党写了不少小册子，并为工人教育委员会做了大量工作。不过，最让人难忘的是他的《宗教与资本主义的兴起》(*Religion and the Rise of Capitalism*，1926 年)，这本书奠定了英国宗教社会学的基础。他在书中说：历史的任务是"鼓励和激起人们生存的勇气，而不是制造尸体，通过扩大人们的知识范围来增强人们的理解力，从而在我们时代面临的问题中看到新的天使"[①]。自托尼以后，社会史就更加是"没有政治的历史"了。

随着这种趋势的发展，人们对历史是艺术还是科学的老问题失去了兴趣，历史学家把注意力转移到过去与现在的关系上。柯林伍德(R. G. Collingwood)发展了意大利哲学家克罗齐的观点，认为过去并非是一堆死去的材料，而是活生生的体验物；历史包含着对过去的理解，而这种理解只能通过历史学家的思考和体验完成。历史学家需要运用想象力，但过多的想象又可能破坏历史的真实。如果认为历史独立于历史学家而存在，那么，它要么有一个客观的判断标准，要么就得承认有多少个历史学家就有多少个标准，在这种情况下，历史就是对过去的探讨。然而对置身于历史之外的人来说，由于无法体验当时人的真实感情，过去也就没有意义。但是从另一方面说，假如历史的意义需要到历史之外去寻找——无论是到基督教还是到马克思那里去寻找，如果不经过与史料对

[①] R. H. Tawney, *Religion and the Rise of Capitalism*, Penguin Books, 1966, p. 19.

话,就有可能毁掉历史学。

剑桥学者赫伯特·巴特菲尔德(Herbert Bartfield)揭示了历史学的另一种危险倾向,即根据现在的需要去解释过去。他攻击辉格派史学家如马考来和屈维廉等人,他们把路德看作宗教自由的起点,把以后发生的事看作是进步与反动的斗争,而历史学家永远站在进步这一边。这种辉格派观点遭到巴特菲尔德的猛烈攻击,他认为,"假如我们把现实看作是绝对的而把过去的历代人的事迹仅看作是可以提供这种能力的,我们没有认识到在一系列的事件中,我们自身也是相对的,我们丧失了发现我们自身的思想和偏见在历史长河中应有位置的时机"①。

巴特菲尔德自己的观点是:历史学家不是要发表一个一般性的宣言,而是要进行细节的考证;历史不是解决问题的手段,而是一种工具,帮助人们认识到过去是多么复杂。他的观点对那些正在做细致研究的学者来说,当然很有吸引力,但对公众而言,他们已经被历史学家的微末细节搅得昏头胀脑,巴特菲尔德更让他们钻进羊肠小道,因此对历史学完全丧失兴趣。

这个时期英国最著名的历史学家是刘易斯·纳米尔(Lewis Namier),一个波兰出生的犹太人。纳米尔可以说是他那个时代的产物,在他身上可以看到多种思想的痕迹,其中包括卡尔·马克思。纳米尔从弗洛伊德那里学到了对历史人物进行心理分析的技巧,他强调心理因素在历史发展中的重要作用;他欣赏无穷无尽的历史文献,认为这些是历史研究的基础。有人说纳米尔不具备历史精神,因为他不相信意识形态。纳米尔毫不掩饰地认为:"一个人的自由心灵越是不受政治主张和信条的束缚,他的思想成就也就越大。"②纳米尔是坚定的保守主义者,同时也是心理学家,他善于从表面的事件中寻求事物的本源,认为历史学家不仅要考虑一个人怎么说,更应该看他怎么做,因此,私人档案比公共

---

① Herbert Bartfield, *The Whig Interpretation of History*, London, 1931, p. 63.
② Edwar Carr, *What is History*, London, 1965, p. 39。

档案更重要。

1929 年纳米尔出版《乔治三世继位时期的政治结构》(*The Structure of Politics at the Accession of George III*),这本书让他一举成名,并且对历史研究产生了重大影响。纳米尔证明了历史学家可以按照自己的意愿来安排史料,而不是在堆积如山的史料面前畏缩不前。他还开创了一种研究组织机构的新方法,那就是对组织中的每一个人进行研究,将他们的交往、语言和行动加在一起,就能剖析组织的性质。这种方式受到了史学界的热情欢迎,并形成一个"纳米尔学派"。但纳米尔的危害也是不容否认的,他忽视思想和原则对人类行为的影响。同时,由于把组织机构分解开来进行研究,就把一些原本是真实的东西也否定掉了。

另一位重要的历史学家是利顿·斯特雷奇(Lytton Strachey),他认为自己的使命是拯救历史,把历史从沉闷的史料堆砌中解放出来。他想恢复马考来的传统,认为历史学家首先是艺术家,掌握历史表现的艺术,远比一般艺术困难得多。不加解释的真理只是埋在地下的无用金矿,只有解释了才有用处。[①] 斯特雷奇在 1918 年出版《不朽的维多利亚人》(*Eminent Victorians*),该书用优美的散文加上闪烁的机智与幽默吸引了读者,无声地转达了维多利亚精神。他还写过一本大受欢迎的著作《维多利亚女王》(*Queen Victoria*),在批判技巧和心理描述方面进行了成功的尝试。

除斯特雷奇外,还有一些历史学家努力与公众沟通,他们的尝试受到传统历史学家的冷遇,但他们并不气馁。他们想创造一种宏观史学,与原有的微观史学并列。使用这种新方法的第一位大师是德国人奥斯瓦尔德·斯宾格勒(Oswald Spengler),他在 1918 年发表的《西方的没落》(*The Decline of the West*)第一卷,引起了广泛关注。他对人类文明抱有一种悲观的态度,认为文明都有诞生、成长、衰老和死亡的过程。这种思维方式在英国史学界引起巨大震动,催生了新一代的历史学家,其

---

① Michael Holroyd, *Lytton Strachey: A Biography*, Penguin, 1968, p. 262.

集大成者是阿诺德·汤因比(Arnold J. Toynbee)。

汤因比用乐观主义的态度对待文明兴衰,他与斯宾格勒观点相反,却仍有许多相似之处。两人都用宏观的方法研究历史,都把文明作为历史研究的单位。在汤因比的巨著《历史研究》(A Study of History)中,他列举了二十几种文明,并以一种大师的手笔描述这些文明的兴衰过程。他还从文化、哲学、心理学、社会学的角度对这些文明加以叙述,表现出一种宏大的气派。《历史研究》有很高的学术价值,并开拓了人们的视野。但它同时也受到许多学者的攻击,因为汤因比闯进了一个又一个专门的领域,受到专家们的批评,专家们发现这里的事实不对,那里的材料不足,有知识的人对整部著作的学术价值失去信心,有人甚至认为《历史研究》根本就不是历史学著作,而是小说。他们认为汤因比和斯特雷奇一样,是先有计划,再选择史料的。

尽管学术界议论纷纷,公众的反应却十分踊跃,人们对书中的观点十分满意,因为它让历史具有意义。与斯宾格勒一样,汤因比也从历史预测未来,但他的结论让人高兴,他认为西方文明尚未解体,仍旧处于发展状态,因此,西方文明仍有希望。这样的见解对于西方读者来说,是值得欣慰的。

汤因比在这种"文化形态历史观"中提出了许多令人深思的问题,其中最著名的或许是"挑战与应战"理论。汤因比认为任何文明都会不断遭到来自内部与外部的压力,这些压力构成了挑战。如果某种文明活力尚存,它就能够应付挑战;而一旦丧失活力,它就无法应付挑战进而逐渐衰亡,这时,文明内部的"无产者"便会推翻统治者,创建一种新的文明,或者,文明外部的敌人会攻入文明的内部,使其瓦解。[①]

"挑战与应战"之说成了西方学者的热门话题,如何保持西方文明的活力,也成了许多西方人关注的问题。汤因比还冲击了"西欧中心论",让西方人认识到:世界上不仅有西方文明,还有很多其他文明;西方文明

---

① 汤因比:《历史研究》中册,曹未风等译,上海人民出版社,1986年,第154页。

若故步自封,也会有消亡的一天。这样的警示对西方历史学家后来编纂真正的"世界史",无疑起到了推动作用。

20世纪上半叶的英国历史学家中,乔治·马考来·屈维廉(G. M. Trevelyan)是另一位有重大影响的学者。他早年就读于剑桥大学三一学院,是阿克顿(Lord Acton)的学生。他的史学方法受两方面的影响:一是他的舅舅马考来(Thomas Babington Macaulay),认为历史是哲学和诗学的结合,历史学家应注重文学描写;一是他的老师阿克顿,认为历史应该是"客观主义"的。他先后出版了不少著作,最主要的是1926年出版的《英国史》(*History of England*)。不过,今天人们更为关注的是他在社会史方面的贡献。社会史兴起于第二次世界大战以后,是一种与政治史相对的历史学。屈维廉在1944年出版《英国社会史》(*A Social History of England*),这是第一部从社会史角度撰写的英国通史,按照屈维廉的看法,社会史就是"把政治排除在外的人民的历史"①。

社会史在第二次世界大战之后蓬勃发展,出现了许多社会史学家,多数社会史学家的路子与屈维廉并不相同,他们从不同角度恢复历史上的社会状态,比如劳工、妇女、教育、宗教等问题,而屈维廉的社会史其实只集中于衣食住行。

在社会史学家中,理论方面做出划时代贡献的是马克思主义历史学家E. P. 汤普森(E. P. Thompson),他的成名作是《英国工人阶级的形成》(*The Making of the English Working Class*)。汤普森认为工人在创造历史的同时也创造了自己,从而完成了工人阶级的"形成"。他提出一个关于阶级和阶级形成的理论,在他看来,阶级不是社会中预先就有的"东西",而是"产生"出来的;不是先验的"存在",而是一种"关系"。当一个人出生时,他就进入某种生产关系,这种关系决定了一个人日后的经历;处于相同生产关系中的人会有大致相同的经历,这就构成了阶级经历。当一批人从共同的阶级经历中得出结论,认为他们有共同的利益,并且

① 杨豫:《西方史学史》,江西人民出版社,1993年,第400—401页。

这种利益与他人不同时,阶级就产生了。也就是说,只有当阶级本身意识到自己的存在,即通常所说有了阶级觉悟时,阶级才算形成。但阶级对自我的意识又只有在许许多多的历史事件中才能取得,因此,阶级只有在历史的运动中才体现出来,是个历史的"形成"①。

　　除《英国工人阶级的形成》之外,汤普森还写过许多有分量的论文,对普通民众的生活、习惯、文化等作了别具一格的剖析,这些论文后来以《共同的习惯》(Customs in Common: Studies in Traditional Popular Culture)为名编辑成册,其中分为两类,一类是描述性的,另一类是论战性的。第一类论文中会分析一些民间风俗,得出十分有趣的结论,比如英国在18世纪曾有一种"卖妻"现象:丈夫用绳子把妻子牵到市场上卖掉,此后双方就一刀两断。这种卖妻现象曾一度使英国学者感到难堪,因为它给"文明"的英国抹了黑。汤普森却指出:这是在一个婚姻关系由宗教的纽带严格地束缚、离婚几乎不可能的社会中下层百姓不得已而为之的离婚手段,"卖妻"是双方协议的结果,表示一种好离好散的意思。因而,这实际上是对女子爱情选择的一种让步,体现着社会在特殊情况下的一种进步。第二类文章理论性比较强,其中比较突出的是"没有阶级的阶级斗争"。汤普森认为,18世纪的英国社会是一个两极社会,一方是绅士,他们是统治者;另一方是平民,他们是被统治者。统治者和被统治者具有相同的意识形态,即英国传统的家长制观念,在这种观念指导下,统治者要管好社会,要保证被统治者的基本生存;被统治者在此前提下则接受统治者的统治,于是双方处在一种平衡状态中。一旦统治者没有履行自己的职责而让被统治者感受到生存危机,被统治者就会闹事,提醒统治者回归正轨。这种冲突是"没有阶级的阶级斗争",因为阶级尚未形成,斗争已经开始了。总之,在18世纪的转型时期,传统与习俗起着双重作用:一方面它维持着统治者的霸权,使之能够继续统治;另一方面,民众又借习俗的力量保护自己,从而在统治者的霸权框架内构造一

---

① 参见汤普森《英国工人阶级的形成》,钱乘旦等译,译林出版社,2001年,"前言"。

个民众的文化。①

　　作为一代宗师,汤普森在史学领域的影响是深远的,这个影响遍及欧美,甚至及于世界。汤普森的思想深度引人赞叹,给人以强烈的冲击力。

　　马克思主义历史学派是英国史学界一个显著的特征,其他代表人物还有克里斯托弗·希尔(Christopher Hill)、艾瑞克·霍布斯鲍姆(Eric Hobsbawm)、罗德尼·希尔顿(Rodney Hilton)、维克多·基尔南(Victor Kiernan)、莫里斯·多布(Maurice Dobb)、多纳·托尔(Dona Torr)、乔治·汤姆森(George Thomson)等。②

　　希尔曾经是英共党员(汤普森也是),二战结束后与其他几位马克思主义历史学家组建"共产党员历史小组"(Communist Party Historians Group),并创办《过去与现在》(Past and Present)杂志。希尔主要关注17世纪的英国史,是英国革命史专家,负有盛名。他先后出版过《清教与革命》(Puritanism and Revolution)、《英国革命的思想起源》(Intellectual Origins of the English Revolution)、《天翻地覆》(The World Turned Upside Down)、《革命世纪》(The Century of Revolution)等著作,认为17世纪的英国革命是资产阶级革命,这个观点在《革命世纪》中表现得最为彻底。

　　霍布斯鲍姆是另一位重要的马克思主义历史学家,他的"年代四部曲"(The Age of Revolution, The Age of Capital, The Age of Empire, The Age of Extremes)是久负盛名的经典之作,对18—20世纪的西方资本主义史做了全景式的阐释。他对英国工业革命时期的社会经济史颇有研究,然而使他成为世界知名的历史学家的,则是他关于民族与民族主义的研究。《民族与民族主义》(Nations and Nationalism since 1780),其中提出:"民族"是18世纪尤其法国大革命以后才出现的

---

① 钱乘旦:《转型社会中的平民百姓》,载于《二十一世纪》1995年4月号,总第28期,第6065页。
② 张广智主编:《西方史学史》,复旦大学出版社,2008年,第340页。

一种新的社会现象,只有在民族认同的基础上才形成民族,因此,是民族主义缔造了民族。这个观点与汤普森的阶级"形成"的理论异曲同工,而强调群体意识在群体形成过程中的重要作用,是英国马克思主义历史学派的共同特点。

关于民族国家,霍布斯鲍姆认为那是为国家的利益而想象出来的现代产物,因此是有问题的。他虽然是一个犹太人,但始终反对犹太复国主义,而强调他的超民族主义,有评论家认为:"或许由此我们可以深入理解霍布斯鲍姆的政治智慧,他试图把人类从狭隘的种族和民族身份中超拔出来,进入一种真正的大同主义和人道主义境界。"①

作为一个"无悔的共产主义者"、一个倡导"社会历史"研究并秉持"全球史观"的马克思主义历史学家,霍布斯鲍姆一生著述颇丰。他的研究以"漫长的19世纪"为主,同时还延伸到17、18世纪及"短暂的20世纪",而他研究的地理范围则从英国到欧洲大陆,甚至还包括拉丁美洲和其他地区。此外,他的研究对象也不局限于历史学,他还以弗朗西斯·牛顿为笔名留下许多政治、社会与文艺评论,兼具社会学、文化学和人类学的视角。和其他马克思主义历史学家一样,他关注社会底层,包括土匪和强盗这些不入大雅之堂的社会群体,写过《原匪:19—20世纪古典式社会运动研究》(*Primitive Rebels: Studies in Archaic Forms of Social Movement in the 19th and 20th Centuries*)、《非常民:反抗、造反与爵士乐》(*Uncommon People: Resistance, Rebellion and Jazz*)、《匪徒》(*Bandits*)等作品。

"自下而上地写历史"反映了第二次世界大战以后西方史学的新思潮,非马克思主义历史学家也采用这种新视野,从而使历史学进入一个新的繁荣期。在这方面,劳伦斯·斯通(Lawrence Stone)是一个代表性人物,他关于婚姻、家庭和贵族制的研究反映了英国新社会史的成果。

---

① Blake Alcott, "The Humanity of Eric Hobsbawm", *The Guardian*, 2 October 2012. 转引自《霍布斯鲍姆民族主义史学研究综述》,《理论与现代化》2013年第5期。

他的作品包括《贵族的危机》(*The Crisis of the Aristocracy，1558—1641*)、《开放的精英?》(*An Open Elite? England 1540—1880*)、《家庭、性和婚姻》(*The Family，Sex and Marriage in England，1500—1800*)、《离婚之路》(*Road to Divorce：England，1530—1987*)等。由于受托尼影响，他主要关注近代早期的经济与社会史。他善于运用统计学方法，利用大量案例或数据来说明自己的观点，比如在《开放的精英?》一书中，他利用赫福德等三个郡大约 260 年中贵族和乡绅在地产管理、庄园建造、家产传承、家庭关系和婚配离异等诸方面的档案进行研究，为了解都铎王朝后期至维多利亚时代英国精英阶层的历史提供了翔实的资料，并予以解读。

20 世纪后期另一位重要的历史学家彼得·伯克(Peter Burke)擅长文化和思想史，在史学理论和方法方面亦有不少建树。他的代表作包括：《欧洲近代早期的大众文化》(*Popular Culture in Early Modern Europe*)、《以图证史》(*Eyewitnessing: The Uses of Images as Historical Evidence*)、《知识社会史》(*A Social History of Knowledge: from Gutenberg to Diderot*)、《编造路易十四》(*The Fabrication of Louis XIV*)、《什么是文化史》(*What is Cultural History*)等。他迎合当时的新文化史潮流，试图用文化这一抽象的概念去解释人类社会的发展轨迹，从而在历史研究中独辟蹊径。

最后，我们要介绍一位为中国的英国史学科发展做出巨大贡献的英国历史学家：哈里·狄金森(Harry Dickinson)，他是爱丁堡大学教授、著名的 18 世纪史专家，作品有《博林布鲁克》(*Bolingbroke*)、《沃尔波尔与辉格党优势》(*Walpole and the Whig Supremacy*)、《自由与财产》(*Liberty and Property*)、《18 世纪英国的大众政治》(*The Politics of the People in 18th Century Britain*)、《英国激进主义与法国大革命》(*British Redicalism and the French Revolution*)等，共十多部，并担任过《历史》(*History*)杂志主编和英国皇家历史学会副主席。1980 年他第一次到中国，是第一个与中国历史学家接触并带来英国史学界最新研究成果的英国历史学家。此后三十多年中他先后二十多次来中国，帮助培养了好几代博士研究生。中国的英国史学界都知道他的名字，很多人得到过他的帮助或指导。他与中国同行结下了深厚的友谊，是这个领域的英国籍"白求恩"。

第四章　学术与科学

英国人重视学术和科学研究,认为这是个人才智得以充分发挥的创造性活动,因此是高尚的劳动。在这些领域,产生了不少世界级的大师。

贝特兰·罗素(Bertrand Russell)是其中的一位。按艾耶尔(A. J. Ayer)的看法,罗素是位罕见的哲学家,他不仅把哲学中的一些专门问题与自然科学结合起来,而且与初等教育和高等教育结合在一起,此外还参加政治活动。他的著作涉及面非常广,但他的学术地位,主要是由他的哲学著作、特别是他在青年和中年早期完成的著作树立的。[1]

罗素的重要贡献在逻辑哲学方面,在这方面他继承了英国经验论的古老传统。他认为,我们的一切信念都需要用哲学来证明其合理,当然,他并不认为通过哲学论证能够解决诸如写字桌的存在或滑铁卢战役的结果等等的经验论问题,也不认为它能够解决偶数集的存在或毕达哥拉斯定理的效准这样的形式问题。但他认为哲学的论证仍然是必要的,原因是,在回答这些问题时,需要断定一些命题,除非我们有权利相信某些类型的实体的存在,否则我们就没有权利接受这些命题,换句话说:除非有物质的客体,否则就不可能有桌子;除非有进行战斗的人,有进行战斗

---

① A. J. 艾耶尔:《贝特兰·罗素》,尹大贻译,上海译文出版社,1982年,第1页。

的地点和时间,否则就不可能有战役;必须先有数,然后有些数才会是素数。但是我们是否有理由以及在什么意义上能够确认物质客体或人或空间中的点或过去的事件或数的存在呢? 这就需要进行哲学讨论。

罗素认为,我们从最不容易怀疑的要素出发,然后看从这些要素中可以构造出什么东西来,或从它们能推论出什么东西来。由此他认为:"科学的哲学研究的最高准则是:在任何可能的地方,都要用逻辑构造来代替推论出来的实体",以便最大限度地保证论证的真实性。① 换言之,当给予的某一种规则可以把关于 A 的陈述翻译成一套关于 B、C、D 的陈述,后者至少具有相同的事实内容时,则一个客体 A 就表明是一个由一套客体 B、C、D 所构成的逻辑构造。罗素强调为了正确地解决哲学问题,必须运用逻辑技术,由此他甚至认为逻辑就是哲学的本质。同时,因为罗素所愿意揭示为逻辑构造的实体已经在我们的信念体系中起过重要作用,构造它们的过程便采取一种分析过程的形式。正因为如此,罗素也常常被说成是分析哲学家。

罗素的思想涉及很广,这里不可能一一提及,但他关于一个古老的命题,即心灵与物质的关系问题,还是值得一提。他认为,"世界由这样的一些事实构成,这些事实不管我们愿意怎样去设想它们,都保持它们自己本来的样子"②。那么,构成世界的事件特征是什么呢? 一种为许多人所同意的看法是:客体或事件可以分为心理与物质的两类,它们并不重合。罗素反对这种看法,他声称:"我认为,构成我们经验世界的素材,既不是精神,也不是物质,而是比精神和物质都更原始的东西。"③罗素认为中立素材是构成心灵与物体两者的潜感觉材料,按照心灵与物体所包含的共同元素的不同的群,就形成了心灵与物体的不同。不过,以后罗素又放弃了这个被称为"中立的一元论"的立场,而赞成把物质的客体表述为推论出来的实体,而不是逻辑的结构。罗素反复强调,我们不能知

---

① A. J. 艾耶尔:《贝特兰·罗素》,尹大贻译,上海译文出版社,1982 年,第 20—25 页。
② 同上书,第 101 页。
③ 同上书,第 103 页。

道这些外在客体的内在性质,也不知道客体是否可以还原为事件,所以,如果认为客体具有我们用以说明我们知觉的性质,这在理论上是可能的。同时,罗素主张,我们没有正当的理由相信,客体除与知觉有纯粹结构的相似之外,还有另外的什么东西。

罗素对世界的描述包括他认为心灵与大脑一致,物质事件与它们所引起的知觉有结构上的符合,这些看法都有一个特点,那就是企图使世界的图景与现代科学理论相协调。罗素认为:"科学并不是在任何时候都是完全对的,但它也很少是完全错误的,而且,它作为一种规则,比非科学的理论有更大的可能性是正确的。因此,把科学理论作为假设而加以接受是合理的。"[①]

罗素是一个有创见的哲学家,他的思想对 20 世纪的哲学产生了重要影响。此外,他还是一个社会活动家,他关心人类的命运,关心妇女的权利。

卡尔·波普尔(Karl Popper)是另一个有影响的英国哲学家,他原籍奥地利,后移居英国,1945 年才加入英国国籍,此时他的思想已经很有影响了。波普尔把他的哲学定名为"批判理性主义",其中包括"证伪主义"和"社会改良"两个方面。1965 年,他被授予爵士称号,并且是英国科学院院士和美国艺术与科学院院士。

波普尔早在 30 年代就提出了和逻辑实证主义者不同的看法,他把科学哲学叫做"科学发展的逻辑学",认为它的任务不是研究科学知识的结构,而是研究科学知识的发展。正因如此,他的主要影响来自他的科学哲学,虽然他广泛涉及了科学和社会问题。

波普尔承认科学哲学是认识论,同时又认为:"认识论的中心问题历来是而且现在仍然是知识的增长问题。而研究知识增长的最好途径是研究科学知识的增长。"[②]研究知识增长,就不能只分析概念,而必须对科

---

① A. J. 艾耶尔:《贝特兰·罗素》,尹大贻译,上海译文出版社,1982 年,第 105 页。
② 江天骥:《当代西方科学哲学》,中国社会科学出版社,1984 年,第 105 页。

学问题、理论和方法以及科学讨论进行分析。也就是说,研究知识的增长,就要研究人们获取知识的过程,不能脱离科学发展史而单纯对现成的科学理论进行逻辑分析。

波普尔的科学哲学是针对逻辑实证主义的经验主义哲学的,是对现代自然科学作出的唯理主义反应。波普尔据此建立起严密的"猜想-反驳方法论",这是他的科学哲学乃至整个哲学的主体。他的主要哲学著作是《研究的逻辑》,1959 年以《科学发现的逻辑》(*The Logic of Scientific Discovery*)为名发行英译版。1963 年出版《猜想与反驳:科学知识的增长》(*Conjectures and Refutations: The Growth of Scientific Knowledge*)。1972 年出版《客观的知识:一个进化论的研究》(*Objective Knowledge: An Evolutionary Approach*)。就哲学贡献而言,第一本著作提出了他的批判理性主义观点,第二本建立了猜想-反驳方法论,第三本则倡言他的三个世界的学说。

逻辑实证主义是现代自然科学革命的第一个哲学产儿,其本质是从经验主义出发,运用现代逻辑工具对科学革命做方法论总结。囿于经验主义,它把科学知识归结为通过归纳法从经验确立起来的即将得到证实的真命题,科学的发展是这种命题和由它们构成的理论的累积;它把方法论分析局限于用形式逻辑的工具对现成知识——概念、命题和理论等等——做静态的分析。因此,它最终只建立了关于科学证明的现代逻辑方法。

现代自然科学此时最需要的是建立科学发现的方法论,波普尔正是顺应此种需要提出了自己的理论。首先,他建立了同逻辑实证主义针锋相对的科学知识观,这就是反归纳主义-证伪主义,它的结论是"知识是假说"。他认为,现代自然科学表明,科学的精神是批判,也就是不断推翻旧理论,不断作出新发现,而科学发现是理性的活动,无须新的经验参与。也就是说,科学就是理性不断作出假说,而这种假说又不断遭到批判,即被证伪。因此,他提出科学和非科学的区分不是逻辑实证主义的"可证实性判据",而应该是他所说的"可证伪性判据"。他进而提出,可证实性不仅不合理,而且不可能,因为用以证实的工具即归纳法无效。相比之下,他的可证伪性判据不仅合理,而且可能,它的工具是否定式假言-直言三段论演绎法,据此可借助"判决性实验",以单程陈述的真论证作为科学知识的全程陈述其假,即可实现证伪。他还提出,作为科学知识之表征的可证伪性还可定量地加以刻画,为此他引入了"可证伪度"的概念,只有可证伪的陈述才是科学的陈述,而科学陈述的可证伪度越高,即它禁止得越多,它的经验含量也就越多,知识含量也就越多。

其次,他从这种证伪主义出发对科学做分析,突破把知识看作静态的积累而加以逻辑分析的框框,而把科学看作知识增长的动态过程,通过"理性重建"把这个过程复现为著名的四段图式:"问题→尝试解决→排除错误→新的问题。"①

尝试解决就是进行科学发现,解决的方案往往同时有好几个,这就要通过排除错误来做选择。他认为,这时才需要诉诸经验,即接受那些较好地经过了经验检验的理论,尽管它将来最终还是会被证伪,他将此称为确认。此外,他还用所谓"逼真度"来取代"真理",以此对科学进步进行度量。他认为,理论包含真性和假性两部分,而逼真度是真性内容减去假性内容的差。

总的来说,波普尔的最大贡献是从唯理主义出发,建立了关于科学发现的猜想-反驳方法论,由此把逻辑实证主义开创的科学方法论研究大大推进了一步。更确切地说,使科学方法论增加了新的层面,更符合科学的实际。②

20 世纪最有影响的经济学家是约翰·凯恩斯,他的研究成果远远超出了他本专业的范围,不仅为世人所熟知,而且极大地影响了世界各国政府的经济政策。

凯恩斯于 1905 年毕业于剑桥大学,当时主修的是数学和文学。其

---

① 卡尔·波普尔:《猜想与反驳》,傅季重等译,上海译文出版社,1986 年,中译本序,第 2—3 页。
② 参见卡尔·波普尔《猜想与反驳》,傅季重等译,上海译文出版社,1986 年,中译本序,第 4 页。

后的一年间他留在剑桥,师从当时最著名的英国经济学家马歇尔和庇古攻读经济学。此后,除了在剑桥大学任教外,他还长期在英国政府担任要职,1919 年他以英国财政部首席代表身份参加巴黎和会,并撰写《和约的经济后果》一文,抨击凡尔赛条约中要求德、奥战败国赔款的有关条款,由于此文,他名声大震。二战后凯恩斯任职于英国财政部,并担任英格兰银行的董事,是英国经济政策的主要制定者。1944 年他还率领英国代表团参加了布雷顿森林会议,接着又出任国际货币基金组织和国际复兴开发银行董事,对战后经济复苏作出重要的贡献。

使凯恩斯蜚声四海而成为经济学泰斗的主要著作是 1936 年出版的《就业、利息与货币通论》(*The General Theory of Employment*，*Interest and Money*),这本书被认为是经济学发展史上的一个里程碑,凯恩斯主义由此而来。

20 世纪最初几十年,在西方经济学界占统治地位的是以马歇尔为代表的局部均衡理论,认为资本主义经济能够借助于市场供求力量自动地达到充分就业的均衡状态。凯恩斯早年也接受这一思想,但一战之后,英国长期遭受经济失调和严重失业之苦,凯恩斯认为这是经济紧缩导致的,因而他竭力反对恢复金本位制,认为此举会导致通货紧缩及国内外相对价格的失衡,从而使英国的出口品价格太高,不利于竞争,这正是英国经济困境的根源所在。因此,他主张政府采取通货管理政策,通过价格控制来调整经济。这些看法表明凯恩斯已经开始偏离传统的经济学。

决定性的转变发生在 1929 年经济大危机以后,这次危机的范围之大、持续时间之长都是空前的。传统的经济学理论不能为摆脱危机提供对策,于是凯恩斯便潜心研究,结果,从根本上动摇了传统的经济理论,引发了经济学界的一场革命。[1]

在《通论》中,凯恩斯否定了传统经济学的观点,他指出,以往经济学中的均衡,是建立在供给本身创造需求这一错误理论基础上的充分就业

---

[1] 以下内容参见凯恩斯《就业、利息与货币通论》,商务印书馆,1994 年,第一、二、三、十八章。

均衡,这只适合于特殊情况,而通常的情况是小于充分就业的均衡,因此当大危机爆发时,经济理论无法应对。他认为他的理论既可解释充分就业的情况,也可解释小于充分就业的情况。

凯恩斯认为,导致失业的原因是有效需求不足,而一国的就业水平是由有效需求决定的。有效需求是指商品总供给价格与总需求价格达到均衡时的总需求,而总供给在短期内不会有大的变动,因而就业水平实际上取决于总需求或有效需求。

凯恩斯认为,有效需求不足是由消费倾向、对资本未来收益的预期以及对货币的灵活偏好这三个心理因素造成的。他指出,有效需求即总需求是消费需求与投资需求之和,因此有效需求不足是消费与投资不足的结果,心理上的消费倾向使得消费的增长赶不上收入的增长,因而引起消费需求的不足。对货币的偏好及对资本未来收益的预期使预期的利润率有偏低的趋势,从而与利息率不相适应,这就导致了投资需求的不足。凯恩斯还指出,心理上对资本未来收益的预期即资本边际效率的作用在三个基本心理因素中尤为重要,危机发生的主要原因就在于资本的边际效率突然崩溃。

凯恩斯认为,资本主义制度中不存在自动达到充分就业的机制,因而主张政府干预经济,通过政府的各种政策,尤其是财政政策来刺激消费和增加投资,以实现充分就业。消费倾向在短期内是相对稳定的,因而要实现充分就业就必须从增加投资需求着手。凯恩斯指出:"因为要使消费倾向与投资引诱二者相互适应,故政府机能不能不扩大,这从 19 世纪政论家看来,或从当代美国的理财家看来,恐怕要认为是对于个人主义之极大的侵犯。然而我为之辩护,认为这是唯一切实办法,可以避免现行经济形态之全部毁灭;又是必要条件,可以让私人策动力有适当运用。"[①]因而,政府应大量投资来干预经济,以增加就业机会,促使国民收入成倍地增长。

《通论》出版后在西方经济学界和政界引起了巨大的反响,一些经济

---

① 凯恩斯:《就业、利息与货币通论》,商务印书馆,1994 年,第 328 页。

学家把它称为"凯恩斯革命",并把它与斯密的《国富论》和马克思的《资本论》并列为经济学说史上的三大巨著。此后,凯恩斯的经济理论逐渐取代了传统的经济理论,成为西方经济学的正统理论。

第二次世界大战后,西方经济经历了一段繁荣的发展时期,人们把这种繁荣部分地归功于凯恩斯的学说。然而,当70年代各国碰到通货膨胀与失业交织并发的危机时,凯恩斯的学说无法解释,也无法提出有效的对策,于是对凯恩斯的责难纷至沓来。在此情况下,另一位英国经济学家、诺贝尔经济学奖获得者约翰·希克斯(John Hicks)的分析就显得十分重要了。

希克斯认为凯恩斯未给予通货膨胀以足够的重视,因为他关心的是萧条和失业,但以后的经济学家却从凯恩斯的著作中得出需求"拉动"通货膨胀和工资"推进"通货膨胀或二者共同起作用的结论,并用以解释当前的通货膨胀。希克斯认为这些解释苍白无力,没有触及问题的实质,据此,他提出了"结构性通货膨胀"的观点。

他认为,此种通货膨胀主要来自劳工市场结构性的特点,它与总需求的变动没有直接联系,需求的多或少不会引起膨胀和收缩。这种通货膨胀与"工资推进"的通货膨胀也不同,因为它不来自外界的、非经济的原因,也不可能像后者那样可以依赖政治协商或法律冻结的手段来解决。希克斯的看法是:这种通货膨胀有其内在的、经济的根源,即劳工市场的就业结构与工资结构,其关键是在两个部门之间生产率差距存在的既定条件下划一的货币工资增长。"在非扩展工业中的工资上升,不是由于劳工缺乏,而是由于不公平所造成的,因为在非扩展工业中的工人感觉他们是被丢在后面了。这在旧日是不会发展到这种程度的,因为易受循环影响的工业在繁荣时期所发的高工资被认为是暂时的。对在其他工业里的人来讲,在繁荣时期仍发给他们相对低的工资,并不是那样不公平,因为他们知道他们从工资稳定中得到好处的那个时刻一定会到来。但是在新的情况下,当由繁荣时期劳工缺乏而造成的高工资看来带有比较永久性的时候,其他工业的工人就要施加更大的压力,使他们的工资能够赶上去。"①

针对这种情况,希克斯认为有必要进一步研究劳工市场的结构,争取比较平衡的经济增长,注意经济效率和公平原则的兼顾问题,而不能沿用凯恩斯及其追随者的处方,即用抑制需求的办法来控制通货膨胀,或用政治上的压力来防止工资推进,因为这些办法对结构性通货膨胀没有多大效力。

除此之外,希克斯在价格理论上也有贡献。以前的宏观经济理论与微观经济理论是两个彼此隔绝的独立领域,而凯恩斯学说作为一种宏观理论,被认为是不涉及微观理论中的价格问题的。如何沟通宏观与微观这两个经济理论领域,成为近年来学术界的热点。希克斯提出的"两种价格体系",在这方面进行了有益的探索。

希克斯认为,凯恩斯在讨论收入、储蓄和投资等问题时,把价格作为已知的,这并不是认为价格不会变动,而是假定价格变动的原因是供求以外的力量起作用。希克斯认为:"在现代经济中,至少存在两种市场。在一种市场里,价格由生产者来规定,对于这种市场来说,固定价格这一假定是有很大意义的。但是还有另一种市场,即弹性价格市场或投机市场,在这种市场里,价格仍然决定于供求关系。"②所以在经济理论中必须同时考虑两种市场或两种价格体系,而不能为了简化,只考虑其中的一种。在固定价格市场里,存货归专门经营该种商品的厂商所拥有,没有中间商存在(或中间商由买方或卖方有效控制),其实际存货和合意的存货往往是不一致的。而在弹性市场价格里,则存在中间商,所以实际存货和合意存货总是相等。正是由于弹性价格体系下中间商的存在,这些中间商的行动又必定受他们对价格未来动向的预期所决定,这就对经济生活本身产生了巨大的影响。希克斯指出:"至少在原则上,至少在弹性价格制度里(我们将看到这种限制条件很重要),很清楚,对膨胀性工资

---

① 约翰·希克斯:《凯恩斯经济学的危机》,商务印书馆,1979年,第58—59页。
② 同上书,第19页。

上升和相应的价格上涨可能有一个全面的调整——一个膨胀性均衡,在其中,各种实际价格比率和在没有膨胀时并无不同。"这种均衡性膨胀,"就是在凯恩斯意义上的均衡,它不含有充分就业的意思"①。也就是说,通货膨胀可以同大量失业同时存在,而仍然保持均衡状态,如果忽视了对弹性市场的考察,那么也就无法理解这一点。

然而希克斯认为,现实世界并不只存在弹性价格市场,而且还存在固定价格市场,那里的价格并非取决于供求,中间商也不存在。劳工市场和其他许多种商品正是这样的固定价格市场。这样,在弹性价格体系中可能出现的"膨胀性均衡",却不可能出现于有固定价格体系存在的经济中。这时虽有膨胀,但经济并不处于均衡状态。这样的通货膨胀(它也可能与大量失业并存)将是有破坏性的,它损害劳资关系,影响社会福利,影响财政收入,并要求不断地重新规定价格。"在完全弹性价格的模型里,所有这些都不予以考虑,但这些都是通货膨胀真正害人的方式。"②

希克斯的分析显然比以往的学者们更有说服力,除此之外,他在经济增长理论方面也有独到的见解。他认为科学技术是经济进步的必要条件,但不是充分条件,单凭科学技术这一条不足以说明经济增长的浮动力。希克斯认为,经济增长的决定性因素包括以下四类:(一)技术;(二)规模经济;(三)土地;(四)劳动。③

他所指的土地即一切自然资源。说到部门性劳动短缺所需的技术发明时,希克斯引申出关于中间技术或适用性技术的观点。他认为技术发明多来自先进国家,这些技术往往适用于先进国家的条件,与发展中国家的需要不甚符合。因此,适当放慢技术进步速度,多采用中间技术或适用技术,对发展中国家来说,不失为明智之举。

希克斯的理论固然也有其值得推敲之处,但他毕竟自成一家,影响很大。在当代西方经济学界国家干预主义和经济自由主义两大思潮的

---

① 约翰・希克斯:《凯恩斯经济学的危机》,商务印书馆,1979年,第62页。
② 同上书,第65—66页。
③ 约翰・希克斯:《经济学展望》,商务印书馆,1986年,第44页。

斗争中,希克斯的倾向性是很明显的,他反对货币主义学派,支持凯恩斯主义,但在理论上又同后者保持一定距离。也正因如此,把他作为凯恩斯之后第二个重要的英国经济学家加以介绍是很有必要的。

说到经济史,还必须提到剑桥学派,这是英国经济学家马歇尔(Alfred Marshall)在世纪之交开创的,由于几位活跃人物都在剑桥任教,因此被称为"剑桥学派"。其中最有影响的是马歇尔的学生阿瑟·庇古(Arthur Cecil Pigou)。

庇古的研究涵盖面很广,涉及经济学许多领域,尤其是福利经济学,其代表作就定名为《福利经济学》(The Economics of Welfare)。他从福利与国民收入、国民收入的使用分配、国民收入与劳动等方面,论述经济领域中影响福利的诸因素,并为如何增加福利提供思考。本书标志着福利经济学完整理论的形成,庇古也因此被称为"福利经济学之父"。

庇古对商业周期、失业、公共财政、指数经济学以及国民产出的量度等也有很深研究,作为剑桥大学经济学教授,他讲授的《高级经济学》是该校以后 30 年经济学课程的范本。他还培养并影响了一批剑桥出身的经济学家,后来多成为经济学界的领军人物。庇古还发现价格下降会使私人部门净财富的实际价值上升,从而拉动消费需求。这个发现被称为"财富效应"或利率效应,也就是著名的"庇古效应"(Pigou Effect)。

除经济学领域,英国学者在文化人类学方面取得的成就也是举世公认的,其中最著名的是伦敦大学教授马林诺夫斯基(Bronisław Kasper Malinowski),他是人类学功能学派的开山大师之一。人类学是一门新兴学科,它的发展一方面与考古有关,一方面与西方国家的殖民扩张有关。在殖民扩张中,西方国家要面对殖民地的各种问题,因此需要对殖民地的文化与社会进行研究,由此产生人类学。人类学可分为体质人类学与文化人类学,由于体质人类学不是由一般的非专业人员所能理解的,而且人种间的体质不同也不能说明什么问题,所以后来流行比较广泛的是文化人类学。

马林诺夫斯基对人类学的研究注重田野考察,他考察了许多地区,对人类学的发展做出独特的贡献。他认为,人与人之间最重要的差异不是体质,而是心灵,心灵的差异就是文化的差异。"文化是指那一群传统的器物、货品、技术、思想、习惯及价值而言的,这概念其实包容着及调节着一切社会科学。"①但这样一个文化的概念毕竟太大了,使人难以把握。为了让读者易于理解他说的文化,他从功能的角度来解说文化。他首先批判进化学派和历史学派的观点,进化学派把文化发展视作一连串依一定法则循序渐进、有序进展的变化,它假定文化可以分成简单的要素,于是就有火的进化、宗教进化、陶器进化甚至饮食进化的学说。家庭、婚姻等却并不是这样简单的变化,人的种种制度是变化的,但并不是骇人听闻的突变,而是因功能的增加而引起的形式上的逐渐分化。所以,马林诺夫斯基认为,除非我们对各种文化现象的性质有充分的了解,并且能一一规定它们的功能及描写它们的方式,否则,揣度它们的起源及发展阶段是没有意义的。"起源""阶段""发展的法则""文化生长"等概念一直到现在都模糊不清,而且不能靠经验来了解。②

历史学派否认文化的自我变化,认为在文化的生成与发展中最重要的是模仿,借用从外面传入的器物及风俗,他们把世界各地文化的相同之处很细心地勾画出来,来重构文化传播的路线,从而重构人类的文化发展史。但学者们重构的结果却不一样,其最主要的缺陷,是他们采用了决定文化要素的相同标准。文化不能作为一堆偶然集合的"特质"来看待,只有可以比较的要素才能相提并论。物质文化中不重要的细节、社会制度及文化价值应该分开来讨论,它们不是同样的"发明",不能被同样地"传播"或"移植"③。

因此,马林诺夫斯基指出:必须对某一特定文化加以功能的研究,否则就无法解释各要素之间的关系,也无法弄清楚文化的形式。从功能的角度出发,马林诺夫斯基给"文化"下了这样的定义:"文化包括一套工具

---

① 马林诺夫斯基:《文化论》,费孝通等译,中国民间文艺出版社,1987年,第2页。
② 同上书,第12页。
③ 同上书,第12—13页。

及一套风俗——人体或心灵的习惯,它们都是直接的或间接的满足人类的需要。一切文化要素……一定都是在活动着,发生作用,而且是有效的。文化要素的动态性质指示了人类学的重要工作就是研究文化的功能。"①

从功能的角度来研究文化是一个全新的角度,也正是从这样的角度,马林诺夫斯基发表了不少独特的见解。比如在科学、巫术与宗教问题上,他认为:野蛮人的原始知识也来自日常生活,即人在自然界谋生的经验,是在观察中产生的,而且为理智所固化。巫术是一种情绪状态中的特殊经验,在这种经验中人所体察的不是自然而是自己,启示真理的不是理智而是感情。如果说知识的理论是逻辑构建的,那么巫术的理论则来自对欲望的联想,它们一个属于俗界,一个属于灵界。②

巫术与宗教都起源于人们的情感张力,当人们在理智的经验中找不到出路时,就逃避到超自然的领域中去寻找,两者的区别是:巫术是实用的技术,所有的动作都是达到目的的手段;宗教则本身便是目的,其行为别无其他目的。马林诺夫斯基还对科学、巫术与宗教三者进行归纳,他指出:科学使人认识他的四周环境,利用自然力;有了知识便有了力量,远超过自然界的其他生物。宗教能建立、固定和提高对价值的态度,比如与环境的和谐,对传统的敬服,对艰苦奋斗、视死如归等行为的信念和勇气。这些信仰保持在教义与仪式里面,其实有很大的生物学价值。正因为如此,宗教启示能给原始人以真理——一种广义的实用意义上的真理。③

马林诺夫斯基对巫术文化功能的认识尤为深刻,他认为,人类由于自身的种种缺陷难免碰壁,巫术就在此时出现了,它使人恢复自信,使人保持平衡与精神统一,而不管他是在盛怒之下,是在怨恨之中,还是在情迷颠倒状态里。巫术使人乐观,提高战胜恐惧的信心。巫术的价值,是

---

① 马林诺夫斯基:《文化论》,费孝通等译,中国民间文艺出版社,1987年,第14页。
② 同上书,第74—75页。
③ 同上书,第76—77页。

使自信胜过犹豫,使乐观胜过悲观,如果没有巫术,原始人便无法战胜他所遇到的各种困难,因此人类也就不可能进步到更高级的文化。①

在社会学和社会思想方面,安东尼·吉登斯也许是 20 世纪最重要的人物,他和布莱尔一起提倡"第三条道路",产生了重要影响。1938 年,吉登斯出生于英国北部,后来在赫尔大学(Hull University)学习社会学和心理学。1959 年,吉登斯前往伦敦政治经济学院(London School of Economics and Politics)读社会学硕士学位。1969 年受聘剑桥大学担任讲师,1976 年在剑桥大学获得博士学位后成为教授,曾被布莱尔聘为首席顾问,是"新工党"政策的精神指引。

吉登斯为人熟知的是他的"结构化理论"及当代社会本体论,也就是他从分析现代社会的变迁中得出的一系列理论。两个理论成果代表了吉登斯思想的两个阶段。第一个阶段从 20 世纪 70 年代初到 80 年代中期,著作包括《资本主义与现代社会理论》(*Capitalism and Modern Social Theory*)、《社会学方法的新规则》(*New Rules of Sociological Method*)、《社会与政治理论研究》(*Studies in Social and Political Theory*)、《社会理论的核心问题》(*Central Problems in Social Theory*)等。第二个阶段从 20 世纪 80 年代至今,著有《现代性的后果》(*Consequences of Modernity*)、《现代性与自我认同》(*Modernity and Self-Identity*)、《超越左与右》(*Beyond Left and Right*)、《第三条道路:社会民主主义的复兴》(*The Third Way, the Renewal of Social Democracy*)与《第三条道路及其批评》(*The Third Way and Its Critics*)等。"第三条道路"就是在这些著作中提出来的,所谓超越"左"与"右",不是超越资本主义和社会主义,而是为工党寻找新的出路。②

20 世纪的英国,也在科学技术领域为人类作出了重要贡献。从诺贝尔奖获奖人数看,英国仅次于美国之后。世纪之交取得的第一项成就在

---

① 马林诺夫斯基:《巫术、科学、宗教与神话》,李安宅译,中国民间文艺出版社,1986 年,第77 页。
② 参见田启波:《吉登斯现代社会变迁思想研究》,人民出版社,2007 年。

电子领域:物理学家汤姆生(William Thomson)28岁就成为英国皇家学会的会员,在1893年以前他主要研究麦克斯韦(J. C. Maxwell)的电磁理论。伦琴发现X射线后,汤姆生转而研究阴极射线,证明阴极射线确实是具有质量的带电离子束。他发现阴极射线粒子的质量和电量的比值,要比氢离子的质量和电量的比值小,如果阴极射线粒子带电量和氢离子带电量相同的话,那么阴极射线粒子的质量就是氢离子质量的一千多分之一。1897年,汤姆生在英国皇家学会的演讲中,详细论证阴极射线就是由具有质量的带电粒子组成的,这种粒子的电荷等于基本电荷,它就是电子。

电子的发现揭示了电的物质本质,它向原子王国前进了一步,又成为量子力学的基础之一。此后,居里夫人发现了镭和提取镭的方法,然而,铀和镭等放射性物质发出的射线是什么呢? 解开这个谜的,又是一个英国物理学家,他的名字叫欧内斯特·卢瑟福(Ernest Rutherford)。

卢瑟福出生于新西兰,他凭着自己的勤奋,于1895年获奖学金去英国深造,进入享有盛名的剑桥大学卡文迪什实验室,开始他的学术生涯。1899年前后,他发现铀放射出的射线可以分为两个部分,一个部分不能穿透厚度超过1/50毫米的铝片,他取名为α射线;另一部分穿透能力较强,能穿透大约半毫米厚的铝片,他取名为β射线;β射线带有负电荷,实际上就是电子束。他后来又发现铀放射物中还有穿透力更强的r射线,其性质与X射线相像。卢瑟福与另一位英国科学家索迪合作,发现有些放射性元素会变成另一种放射性元素。1902年,他俩提出了放射性元素蜕变的假说,认为放射性现象和化学反应不一样,不是原子之间结合方式的变化,而是原子本身发生了变化,一种原子放射出α、β和r射线后就变成了另一种原子,这表明,原子是可以分裂的。

1911年,卢瑟福提出了原子结构模型,他认为原子的正电荷都集中在原子内部很小的一个原子核上,电子在核外绕原子核运动。原子核概念的提出,为现代物理学提供了重要基础。此后,卢瑟福又用α粒子作炮弹去轰击原子核。1919年,卢瑟福与助手合作用α粒子轰击氮原子核时发现,氮原子核破裂后发射出一种带正电的粒子,这种粒子被取名叫质子(实际上就是氢原子核),破裂以后的氮原子核和 α 粒子结合成氧原子核。这个实验表明,不但放射性现象会导致原子自然蜕变,使一种元素变成另一种元素,而且可以用人工方法改变原子核,把一种元素变成另一种元素。

卢瑟福的实验为人工轰击原子核造成裂变奠定了基础,以后的科学家继续他的工作,终于把人工利用核能的愿望变成了现实。

在分子生物领域,英国生化学家桑格(Frederick Sanger)做出了很大成就。他从 1945 年起开始研究肽链上氨基酸的排列次序,随后又研究一种简单的蛋白质分子——牛胰岛素。1953 年他弄清了牛胰岛素的结构,并由此获得了 1958 年的诺贝尔奖。弄清蛋白质结构后,人们就可以人工合成蛋白质了,这种前景显然是令人鼓舞的。

在遗传基因研究方面,英国科学家做出了卓越贡献。1928 年,英国细菌学家格里菲斯进行关于两种丙种肺炎球菌的研究,一种是 S 型肺炎球菌,把少量的 S 型肺炎球菌注射到小鼠身上,小鼠就会患肺炎而死亡。另一种是 R 型肺炎球菌,即使把大量的 R 型肺炎球菌注射到小鼠身上,小鼠也不患肺炎。格里菲斯有一次把加热杀死的 S 型肺炎球菌和活的 R 型肺炎球菌混合在一起注射到小鼠身上,小鼠竟然患病死亡。从死鼠身上发现了复活的 S 型肺炎球菌,这使人们大感不解。后来,艾弗里等三个美国科学家解开了这个谜,原来是 S 型肺炎球菌的 DNA 进入了 R 型肺炎球菌,使 R 型肺炎球菌转化成了 S 型肺炎球菌。这证明 DNA 是遗传的关键,但 DNA 的分子结构如何,仍有待学者们的研究。

解开 DNA 之谜的仍然是英国科学家。英国物理学家阿斯特伯里(William Thomas Astbury,1898—1961)最早用 X 射线衍射法测定 DNA 结构,1940 年他拍摄了一些 DNA 的 X 射线衍射照片,这些照片虽然质量不高,但仍可证明他关于 DNA 是由一叠扁平核苷酸构成的推断。50 年代初,英国有三个研究小组在继续这项工作,其中第二组即威尔金斯小组制成了高度定向的 DNA 纤维,由此拍出了非常清晰的照片,进一步证实了阿斯特伯里的推断,并测出两个相邻核苷酸的间距是 3.4 埃。

突破性的进展是由第三组取得的,这一组包括英国物理学家克里克(Francis Crick)和美国生物学家沃森(James Watson)。他们在研究 DNA 结构的过程中,曾设想过几种可能的模型,但拿不到照片作为实验根据。1953 年 2 月,他们看到了第二组的照片,随后立刻开始研究,不到几个星期就通过分析照片发现了 DNA 分子的双螺旋结构。他们的结论是:DNA 分子结构是一个正常的螺旋形式,这个螺旋的直径大约是 20 埃,沿着螺旋长度每 34 埃完成一个螺距,由于两个核苷酸的间距是 3.4 埃,所以每个螺距是由 10 个核苷酸组成的。根据 DNA 分子的密度推论,这个螺旋是由两条核苷酸构成的,是双螺旋,由此又推论出四种核苷酸碱基配对的原则,即胞嘧啶 C 配对鸟嘌呤 G,胸腺嘧啶 T 配对鸟嘌呤 A。沃森和克里克把他们的研究结果与威尔金斯小组提供的 X 射线衍射照片一起发表在 1953 年 4 月的《自然》杂志上,由于这一划时代的成就,沃森、克里克、威尔金斯三人共同获得了 1962 年的诺贝尔医学奖和生物学奖。

他们的发现可说在一定程度上打开了遗传和生命的密码,因此对科学进步和社会发展产生了难以估计的影响,很多学者预测 21 世纪应该是分子生物学的世纪。

在电子技术方面,1904 年,英国工程师弗莱明(John Ambrose Fleming)用爱迪生效应发明了二极管。此后,美国人又在他的基础上发明了三极管,随之而来的就是一场电子革命,收音机开始普及,广播电台也在各地建立起来。1936 年,在英国产生了第一台电视机,电视的时代随之到来。这一切都表明英国科学家在 20 世纪取得了令人仰慕的研究成果。事实上,在物理、化学、生物、遗传工程等基础学科领域中,英国至今仍保持着世界的领先地位。

20 世纪下半叶,英国放慢了科学发展的速度,但仍取得一些重要的成就。在信息技术方面,艾伦·图林(Alan Turing)在二战期间设计的用于破译德国密码机的"巨人"计算机,和他的同事汤米·弗劳尔斯

(Tommy Flowers)等人设计的其他破译设备,可看作是现代电脑的雏形,为信息技术发展作出了巨大贡献。此外,图林的论文"计算机能思考吗?"还提出计算机可以思考的观点,为人工智能研究提供了思想依据。

在物理学方面,斯蒂芬・霍金(Steven Hawking)被认为是牛顿和爱因斯坦以后最杰出的物理学家之一,人称"宇宙之王"。其代表作是《时间简史》(*A Brief History of Time*)和《果壳中的宇宙》(*The Universe in a Nutshell*),其中讨论的都是物理学里最深奥、最抽象的概念,但它们像畅销书一样为常人所熟知。霍金的观点,包括宇宙大爆炸自奇点开始,时间始于此刻,黑洞最终会蒸发等等,都有待以后的科学家去证明或推翻。

在其他方面,英国科学家也取得不少成果。1972年英国人汉斯菲尔德(Godfrey Hounsfield)研制出电子计算机断层扫描机,即CT,是伦琴之后在放射诊断学上最重要的成果。1978年,英国人爱德华兹(Robert Edwards)首次用体外受精回植的方法培育出世界上第一例"试管婴儿",以后还颁发了克隆人类胚胎的执照。帝国理工大学破解蛋白质复合体结构,被看作是新能源革命的标志性事件。美中不足的是,英国科技的大部分成果都未能在本土得到应用,而是去别国开花结果了。当然,这与英国的社会、文化机制有关,这里就不展开讨论了。

尾声：21世纪的挑战

2007年5月1日，布莱尔执政十周年纪念日。那一天他在苏格兰发表演说：

> 几周后我就不再是本国首相，最有可能的是：一个苏格兰人将成为联合王国的首相……那个人建立了世界上一个强大的经济体，如我所说，他会是一位伟大的首相。①

此时，布莱尔已经三次出任首相了，这在工党历史上绝无仅有。2005年英国再次举行大选，工党以66席议会多数继续掌权，虽说它的领先势头大大衰减，但布莱尔已经是世界风云人物了，他紧跟美国，似乎是西方世界的第二号首脑。但正因为这个原因，他在国内的人望却急剧下降，伊拉克战争引起国人的普遍不满，而一个又一个的政治丑闻，更损毁了工党的形象。然而，布莱尔的传记作者安东尼·塞尔登（Anthony Seldon）却说，布莱尔第三次执政成绩最斐然，在教育、医疗、福利、财政、司法公正、核能政策等等方面都做了不少工作。有一点他说得很准：布莱尔"没有抛弃撒切尔夫人的任何政策：私有化被保留而且加强了，工会改革没

---

① Adam Boulton, *Tony's Ten Years*, *Memories of the Blair Administration*, Simon & Schuster, London, 2008, p. 3.

有出现任何有意义的立场,私人财政主动性(Private Finance Initiative,
PFI)被扩大",总而概之,"布莱尔把撒切尔夫人的方案继续推向前,一直推
到政治上允许的程度"①。因此,布莱尔执政意味着新的共识政治——撒
切尔式的共识政治,这应该没有问题。

　　布莱尔时期,曾经困扰保守党的结构性政治腐败又一次得到验证,
这一次出现的不仅是"金钱换提问"②,而且是"金钱换门路"(cash for
access)、"金钱换爵位"(cash for honour)。早在布莱尔刚开始执政,就爆
出 F1 汽车大赛③(Formula One)老板向工党捐赠 100 万英镑,换取政府
在颁布烟草广告禁令时得到豁免权,以维护巨大商业利益的丑闻;布莱
尔自己卷入丑闻中。④　不久,人们又发现与梅杰时期相比,不仅议员可以
收受金钱影响议会辩论,工党大臣的政治顾问也可以收受金钱为人穿针
引线,让他们直接与政府成员见面,为本人或本集团牟利,这就是"金钱
换门路"。2001 年,工党政府重要成员曼德尔森(Peter Mandelson)因涉
嫌为两名印度亿万富翁非法办理英国护照而被迫辞职,这是"金钱换门
路"的典型犯案。曼德尔森此前已经因为不正当获取政府贷款购买房屋
被揭发而辞过一次职了,但布莱尔将其再次任用,因为他是"新工党"的
重要奠基人。⑤

　　更大的风暴还在后面,曼德尔森只是开始,"金钱换爵位"差一点卷
倒了工党政府,断送布莱尔的人生旅途。用金钱换取爵位是英国政治中
的潜规则,由来已久,政党经常用爵位来奖励向本党捐赠巨款的人,尤其
是在大选时慷慨解囊的人。布莱尔任职期间,贵族册封的速度最快,多
数是向工党捐赠的各种有钱人,其中包括歌剧演员迈克尔·利维
(Michael Levy),他在 1997 年工党胜选中立下大功,为工党拉到大笔赞

① Anthony Seldon ed., *Blair's Britain*,*1997—2007*,Cambridge University Press,2007,
　　p. 647.
② 见本书第 92 页。
③ 中文译名为"世界一级方程式锦标赛"。
④ Mick Temple,*Blair*,Haus Publishing,London,2006,pp. 53 - 54.
⑤ Anthony Seldon,*Blair*,Free Press,London,2005,pp. 169 - 175.

助费。为此他受封男爵,并多次以布莱尔私人特使的身份出访外国。作为潜规则,"金钱换爵位"不算违法,但工党上台后要表现它与保守党的区别,就加强了这方面的立法与监管。同时,工党以前靠工会提供财政支援,"新工党"与工会划清界限,就不得不另找门路,用爵位换金钱,可是它又试图要掩蔽,就示意捐款人用借贷形式转账,从而规避申报。

2006年初,终于东窗事发。经人举报,伦敦警察厅介入调查。工党当时的财务总管德罗米(Jack Dromey)居然在一个公开场合说他对这些钱毫不知情,这就加重了公众的疑心。调查持续了一年多,直到布莱尔下台才算了结。其间,布莱尔在一个月内被传唤三次,在英国历史上,他是唯一被传唤的在职首相。利维等一干人被拘捕,多名高官被传讯,一百多人接受质询,内阁几乎所有成员都没有逃脱干系。这件事最终不了了之,但在英国的政治生活和公众心理上都投下一层厚厚的阴影。①

所以到布莱尔离职时,已经是阴云密布了,而工党内部的权力之争迫使他最终离开英国的政治舞台。"新工党"有两个领袖,一是布莱尔,二是布朗,他们曾经是同志加战友,都属于"苏格兰帮"(Scottish Mafia)②,都对工党的理想有所向往。在史密斯领导时期,他们同为改革派干将,共同憧憬"新工党"。起先,布朗是两人中的老大,但史密斯去世时他支持布莱尔出任党领袖,在布朗的支持下,布莱尔一路顺风,登上了首相宝座。坊间一直有一种传闻,说两人之间有君子协定,讲好了要先后出任首相,永不互斗,永不对抗。不过这种传闻从来没有被证实过,在真实的政治生活中,人们看见布莱尔一直让布朗执掌财政部,事实上是政府的第二号人物。但布莱尔三次连选连任,丝毫没有让位的意思,他和布朗之间的关系就越来越微妙,越来越紧张。两人经常说一些摸不着头脑的话,人们甚至盛传:在"金钱换爵位"危机中,布朗是真正的推手。然而就在丑闻风波闹得沸沸扬扬时,布莱尔宣布他即将下台,布朗将接

① Adam Boulton, *Tony's Ten Years*, *Memories of the Blair Administration*, Pocket Books, London, pp. 307 – 315.
② 布莱尔是英格兰人,在爱丁堡出生和长大;布朗是苏格兰本地人。

替首相职。

布朗是一位能干的理财家,在他担任财政大臣期间,英国经济平稳发展,为工党增加不少砝码。相比于布莱尔,他作风踏实,稳重老沉,对商界和资本主义较少好感,对下层民众有更多的同情。但他不像布莱尔那样能说会道,给人的感觉是有一点刻板,甚至腼腆。他上任之后就出访中国,对中国的态度更加友好。布朗的传记作者这样写道:

> 戈登·布朗当然希望,在把自己的一生献给公共服务和改进人类状态的时候,他的政治抱负是一个无与伦比的成功政府,与罗伯特·皮尔、威廉·格拉斯顿、玛格丽特·撒切尔的政府一样,成为英国历史的一块基石……①

但这样一位能干的理财家却在 2008 年以后的国际金融危机中栽倒了,正如有学者说:"工党团队必须对那一个时段作严肃的反思,因为经济危机最坏的部分有不少是他们自己造成的,市场机制至高无上的信念也被破坏了。伦敦城的'不守规矩'(Light-touch regulation)一度曾给这个城市成功地带来大量财富,但最终却是一场灾难。下一届政府只得举借公债、削减公共开支。新工党的规划就其初衷而言也许已经灭亡了,但寻找替代方案的过程却仍在进行中……"②

在这种情况下举行了 2010 年议会大选,工党丢掉议会多数,成为反对党。以卡梅伦为首的保守党与自由民主党结盟,组建两党联合政府。延续 13 年的工党执政至此结束,20 世纪留下的这一条尾巴,也就告一段落。

但英国的历史仍在继续,21 世纪对英国来说,可能意味着巨大的变化。

一方面,经过几百年的发展,英国已经是一个成熟的现代社会,它的

① Tom Bower, *Gordon Brown*, *Prime Minister*, Harper Perennial, London, 2007, p. 535.
② Florence Faucher-King & Patrick Le Galès, *The New Labour Experiment*, *Change and Reform under Blair and Brown*, Stanford University Press, 2010, p. 156.

各种制度性安排彼此平衡,充分体现出优越性。它的社会相对稳定,生活水平高,经济发达,人民心态相对平稳,既不急功近利,也不暮气沉沉。它保留着一定的创造力,在世界科技领域中既领先又不冒尖;在当代巨变的湍流中既稳重又不无动于衷。它的土地安静而祥和,绿树葱葱,鲜花点点,宛如一幅幅图画。工业革命时代那种喧哗躁动的气息已经褪去了,仿佛功成名就者静静地坐下来,安享他的成就。每一个到过英国的人都能感受那种平静的气氛——一个成熟的工业化社会应有的自信与自得。

但 21 世纪却面对着若干棘手的问题,这些问题将决定英国的命运。这个国家再一次来到命运的十字路口,21 世纪很可能对它异常重要。

首先,英国的经济发展。自 21 世纪开始以来,英国的经济一直表现良好,它已经摆脱 20 世纪下半叶病态的衰退,进入了良性的运转期。2014 年,它的经济增长率接近 3%,国民经济总量排名世界第五,人均GDP 约 4 万美元。但是在 21 世纪剩下的时间里,这个地位是不稳固的,巴西、印度、俄罗斯都可能超过它,法国、意大利本来就不比它差。这对英国来说是巨大的挑战,作为世界上第一个工业化国家,它是否甘心于这种下滑? 如果这种下滑继续下去,会对它造成什么影响? 这是英国政治家们不得不考虑的。因此,如何保持经济发展的正面趋势,是 21 世纪的重大课题。当然,英国的人均收入相当高,不过它的实际生活水平并不很高,因此英国经济只能增长,不能下降,绝不能再现 20 世纪 60、70年代的危机,然而这就提出一个问题:社会福利与经济效率如何平衡?

在 2008 年开始的世界金融危机中,英国是西方发达国家中受影响最小的,英国人普遍认为其原因是英国未参加欧元区,因此侥幸躲过一劫。这种心理加上英国始终在欧洲一体化问题上抵触情绪很大,“岛国对峙大陆”的历史心态挥之不去,所以英国与欧盟究竟是什么关系,在 21世纪是必须解决的问题。英国的两难是:它在 20 世纪已经丢掉帝国,经济的增长必须面对欧洲,但它从来就不接受“欧洲整体”的概念,所以在心理深处不认同“欧洲”。如此矛盾的状态使英国在对欧问题上反反复复,进进退退,2016 年 6 月,英国举行了脱欧公投,结果脱欧派出人意料地以微弱优势获胜。英国政坛由此受到巨大冲击,首相戴维·卡梅伦(David Cameron)宣布辞职,新任保守党党魁特雷莎·梅(Theresa May)随后入主白厅,成为英国历史上第二位女首相。英国在融入欧洲 43 年后又退出欧盟,成为其进退反复之路上的又一个来回。然而问题是:退出欧盟,英国向哪里去? 退出欧盟会造成世界整体格局不小的动荡,摆在英国人面前的是一个尴尬的选择。

与英国"脱欧"好像同台唱戏,苏格兰日益起劲地要求"脱英",这让人感到哭笑不得。苏格兰和英格兰的"联姻"一直是比较成功的,双方在互利的基础上共同生活了三个多世纪,基本上没有发生太大的龃龉。然而在 20 世纪下半叶"苏格兰民族主义"突然高涨,起先是文化民族主义,很快就变成政治民族主义。1999 年实行分权,苏格兰民族党很快取得苏格兰议会的控制权,但它立即就要求完全的独立,却在 2015 年的全民公决中未能成功。然而,这件事并没有完,英国不存在反分裂、维护国家统一的法律,也没有限制公投次数的规定,因此这样的公投可以一次又一次地进行下去,直至有朝一日一不当心,超过 50%零点几个百分点,公投就过去了。所以它最终的结果一定是公投成功,苏格兰独立,因此苏格兰和英格兰在 21 世纪分家的可能性非常大。可是一旦苏格兰独立,联合王国还能存在吗? 威尔士会怎样? 北爱尔兰更会如何? 到 21 世纪结束的时候,联合王国也许已经不存在了,到那个时候,"英国"就又成为英格兰,现在的英国将和古代罗马一样,变成一个历史的记忆! 英国解体会对欧洲、对世界产生巨大的影响,英国人是否已做好这个准备?

即使不出现这个情况,爱尔兰问题仍然很棘手。现在形成的解决方案只是一个权宜之计,有关各方事实上都把这个问题冻结起来,留待后人的智慧去解决。如本书相关章节所述,爱尔兰问题其实是一个死结,无论用什么方法去解,都不能让各方感到满意,因此最好的方法就是永久冻结,前提是各方都不打破现有的平衡。但如果联合王国因苏格兰独立而解体,这个平衡就被打破,爱尔兰将出现重大危机。一旦出现这个情况,那时的政治家们如何处理? 人们不得不拭目以待。

还有一个棘手的问题是种族-宗教冲突,本书相关章节已介绍过这方面情况,此处不再赘述。需要交代的是,英国政府在 21 世纪宣布"多元文化主义"在英国已经失败,因为"多元文化主义"造成的文化认同超越了国家认同,使社会与国家的撕裂几乎难以避免。由此可以看出种族-宗教冲突有多么严重的潜在破坏力,而英帝国的历史包袱所造成的多种族、多文化的人口现状,又使这种冲突已经是一个事实。加上少数种族在经济上的劣势地位,文化差异与阶级剥削交叉在一起,问题变得更加复杂。

所有这些,都使 21 世纪成为一个挑战的世纪,英国人不得不细心应对。如果我们在本书结束的时候说:"机遇与挑战并存",那绝不是一句套话。作为历史,本书以此结尾;但作为未来,英国的历史却没有结束,它还要继续走下去。

附 录

一 英王世系简表

（自诺曼底征服始）

1. 诺曼王朝与金雀花王朝

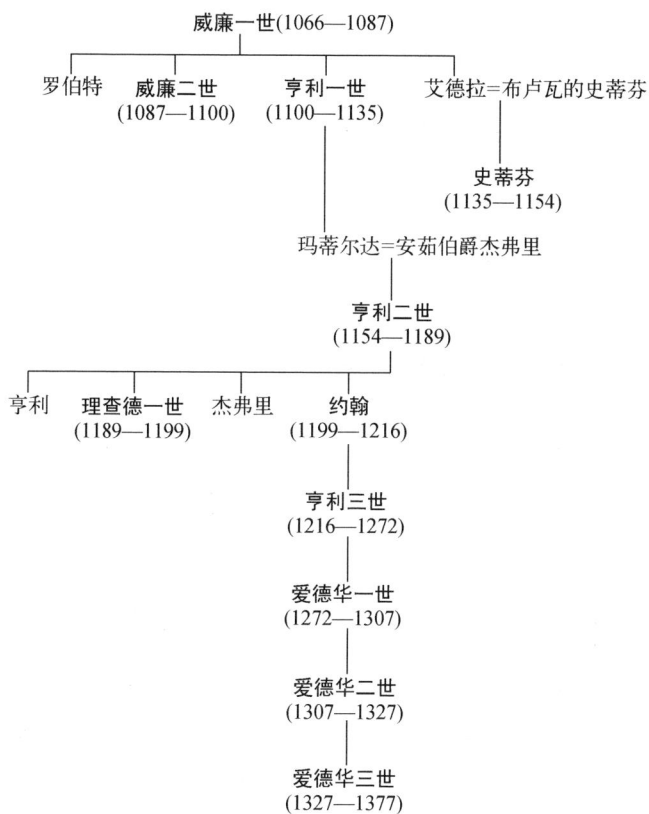

威廉一世(1066—1087)

罗伯特　威廉二世　亨利一世　艾德拉=布卢瓦的史蒂芬
　　　　(1087—1100)　(1100—1135)

史蒂芬
(1135—1154)

玛蒂尔达=安茹伯爵杰弗里

亨利二世
(1154—1189)

亨利　理查德一世　杰弗里　约翰
　　　(1189—1199)　　　　(1199—1216)

亨利三世
(1216—1272)

爱德华一世
(1272—1307)

爱德华二世
(1307—1327)

爱德华三世
(1327—1377)

2. 兰开斯特王朝和约克王朝

爱德华三世(1327—1377)

托马斯

约克公爵爱德蒙

理查德

兰开斯特公爵约翰=(首次婚姻)=(第二次婚姻)=(第三次婚姻)

亨利·博福特

约翰·博福特

爱德蒙

约翰

爱德蒙·都铎=玛格丽特

亨利四世(1399—1413)

亨利五世(1413—1422)

亨利六世(1422—1461)

亨利七世(1485—1509)

爱德华

莱昂内尔

威廉

理查德二世(1377—1399)

马奇伯爵莫蒂默=菲利帕

爱德蒙·莫蒂默

罗杰

安妮

罗杰

爱德蒙

约克公爵理查德

理查德三世(1483—1485)

爱德华四世(1461—1483)

伊丽莎白

理查德

爱德华五世(1483)

3. 都铎王朝和斯图亚特王朝

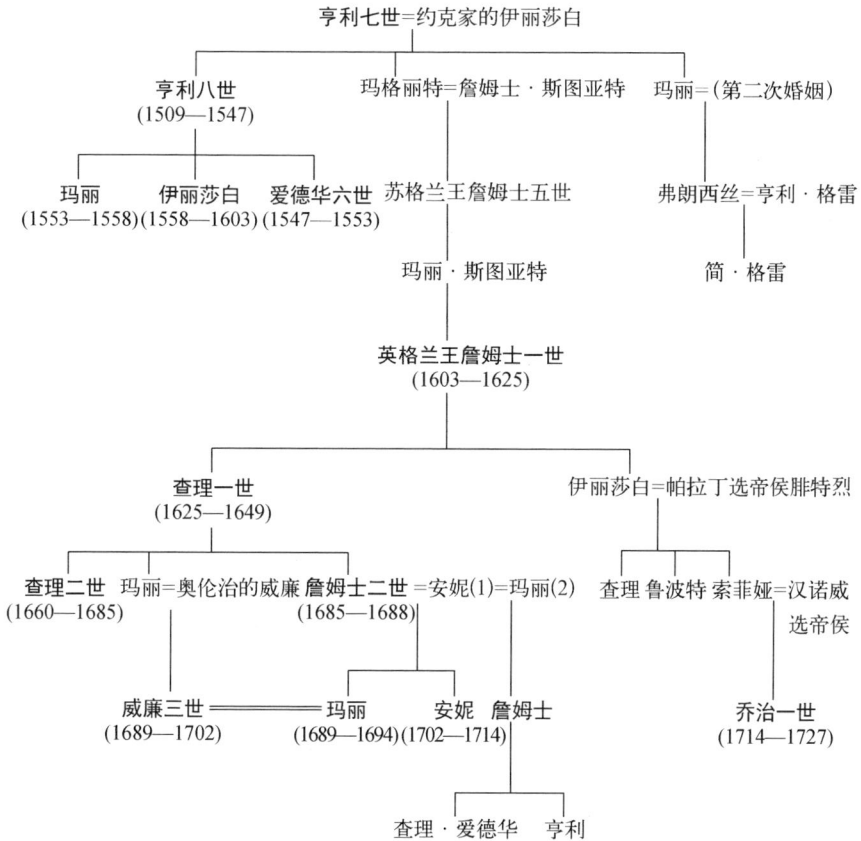

亨利七世＝约克家的伊丽莎白

亨利八世
(1509—1547)

玛格丽特＝詹姆士·斯图亚特　　玛丽＝(第二次婚姻)

玛丽　　　伊丽莎白　　爱德华六世　苏格兰王詹姆士五世
(1553—1558)(1558—1603)(1547—1553)

弗朗西丝＝亨利·格雷

玛丽·斯图亚特　　　　　　　简·格雷

英格兰王詹姆士一世
(1603—1625)

查理一世
(1625—1649)

伊丽莎白＝帕拉丁选帝侯腓特烈

查理二世　玛丽＝奥伦治的威廉　詹姆士二世　＝安妮(1)＝玛丽(2)　查理 鲁波特 索菲娅＝汉诺威
(1660—1685)　　　　　　　　(1685—1688)　　　　　　　　　　　　　　　　选帝侯

威廉三世 ＝＝＝＝＝＝ 玛丽　　　安妮　詹姆士　　　　　乔治一世
(1689—1702)　　(1689—1694)(1702—1714)　　　　　(1714—1727)

查理·爱德华　亨利

4. 汉诺威王朝和温莎王朝(1917 年以后)

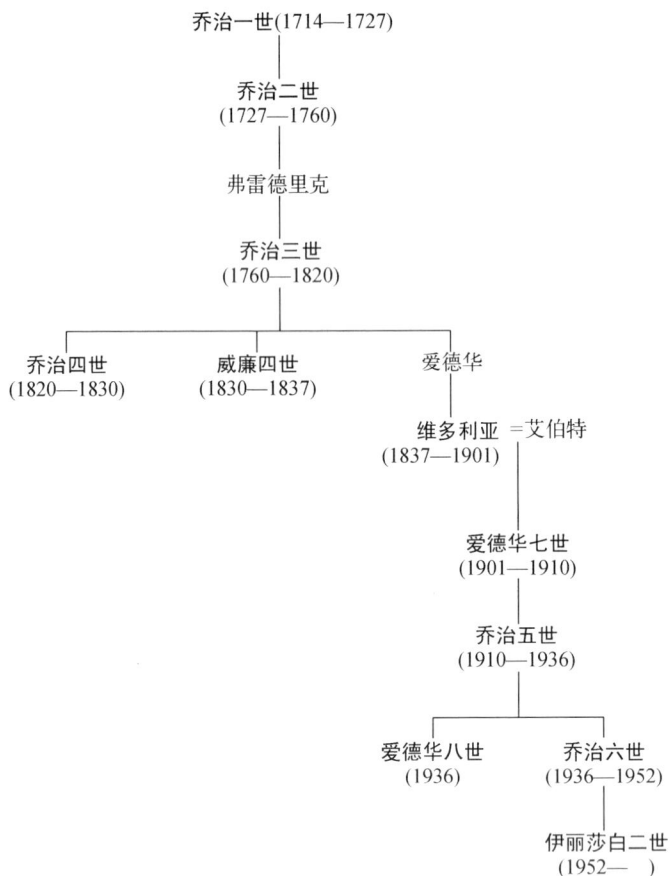

乔治一世(1714—1727)

乔治二世
(1727—1760)

弗雷德里克

乔治三世
(1760—1820)

乔治四世　　　　威廉四世　　　　　爱德华
(1820—1830)　　(1830—1837)

维多利亚 ＝艾伯特
(1837—1901)

爱德华七世
(1901—1910)

乔治五世
(1910—1936)

爱德华八世　　　乔治六世
(1936)　　　　(1936—1952)

伊丽莎白二世
(1952—　　)

二 英国历届首相表

罗伯特·沃尔波尔	(1721—1742,辉格党)
约翰·卡特莱特	(1742—1744,辉格党)
亨利·佩勒姆	(1744—1754,辉格党)
纽卡斯尔公爵	(1754—1756,辉格党)
威廉·皮特	(1756—1757,辉格党)
皮特和纽卡斯尔公爵	(1757—1761,辉格党)
纽卡斯尔和布特伯爵	(1761—1762)
布特伯爵	(1762—1763,国王之友)
乔治·格伦维尔	(1763—1765)
罗金汉侯爵	(1765—1766,辉格党)
查塔姆勋爵威廉·皮特	(1766—1768,辉格党)
格拉夫顿公爵	(1768—1770)
诺思勋爵	(1770 — 1782,国王之友)
罗金汉侯爵	(1782,辉格党)
谢尔本勋爵	(1782—1783,辉格党)
福克斯和诺思	(1783)
小威廉·皮特	(1783—1801,托利党)
亨利·阿丁顿	(1801—1804,托利党)
小威廉·皮特	(1804—1806,托利党)
查尔斯·福克斯	(1806—1807,"全才内阁")
波特兰公爵	(1807—1809,托利党)
斯潘塞·帕西瓦尔	(1809—1812,托利党)
利物浦勋爵	(1812—1827,托利党)
乔治·坎宁	(1827,托利党自由派)
戈德里奇勋爵	(1827,托利党)
威灵顿公爵	(1828—1830,托利党)
格雷伯爵	(1830—1834,辉格党)
墨尔本勋爵	(1834,辉格党)

罗伯特·皮尔	(1834—1835,保守党)
墨尔本勋爵	(1835—1841,辉格党)
罗伯特·皮尔	(1841—1846,保守党)
约翰·罗素勋爵	(1846—1852,辉格党)
德比勋爵和本杰明·迪斯雷利	(1852,保守党)
阿伯丁勋爵	(1852—1855,辉格党与皮尔派联合)
帕默斯顿勋爵	(1855—1858,辉格党)
德比和迪斯雷利	(1858—1859,保守党)
帕默斯顿勋爵	(1859—1865,辉格党)
罗素勋爵	(1865—1866,辉格-自由党)
德比和迪斯雷利	(1866—1868,保守党)
威廉·格拉斯顿	(1868—1874,自由党)
本杰明·迪斯雷利	(1874—1880,保守党)
格拉斯顿	(1880—1885,自由党)
索尔兹伯里勋爵	(1885—1886,保守党)
格拉斯顿	(1886,自由党)
索尔兹伯里勋爵	(1886—1892,保守党)
格拉斯顿	(1892—1894,自由党)
罗斯伯里勋爵	(1894—1895,自由党)
索尔兹伯里勋爵	(1895—1902,保守党)
阿瑟·贝尔福	(1902—1905,保守党)
坎贝尔-班纳曼	(1905—1908,自由党)
赫伯特·阿斯奎斯	(1908—1915,自由党)
赫伯特·阿斯奎斯	(1915—1916,联合政府)
劳合·乔治	(1916—1922,联合政府)
博纳·劳	(1922—1923,保守党)
斯坦利·鲍德温	(1923—1924,保守党)
拉姆齐·麦克唐纳	(1924,工党)
斯坦利·鲍德温	(1924—1929,保守党)
拉姆齐·麦克唐纳	(1929—1931,工党)
拉姆齐·麦克唐纳	(1931—1935,国民政府)

斯坦利·鲍德温　　　　　　　（1935—1937,国民政府）

内维尔·张伯伦　　　　　　　（1937—1940,国民政府）

温斯顿·丘吉尔　　　　　　　（1940—1945,联合政府）

温斯顿·丘吉尔　　　　　　　（1945,看守政府）

克莱门特·艾德礼　　　　　　（1945—1951,工党）

温斯顿·丘吉尔　　　　　　　（1951—1955,保守党）

安东尼·艾登　　　　　　　　（1955—1957,保守党）

哈罗德·麦克米伦　　　　　　（1957—1963,保守党）

道格拉斯-霍姆爵士　　　　　（1963—1964,保守党）

哈罗德·威尔逊　　　　　　　（1964—1970,工党）

爱德华·希思　　　　　　　　（1970—1974,保守党）

哈罗德·威尔逊　　　　　　　（1974—1976,工党）

詹姆斯·卡拉汉　　　　　　　（1976—1979,工党）

玛格丽特·撒切尔　　　　　　（1979—1990,保守党）

约翰·梅杰　　　　　　　　　（1990—1997,保守党）

托尼·布莱尔　　　　　　　　（1997—2007,工党）

戈登·布朗　　　　　　　　　（2007—2010,工党）

戴维·卡梅伦　　　　　　　　（2010—2016,保守党）

特雷莎·梅　　　　　　　　　（2016—2019,保守党）

鲍里斯·约翰逊　　　　　　　（2019—　　,保守党）

三　英联邦成员国一览表

国家	加入英联邦时间
安提瓜和巴布达	1981.11
澳大利亚	1931.1
巴巴多斯	1966.11
巴布亚新几内亚	1975.9
巴哈马	1973.7
伯利兹	1981.9
博茨瓦纳	1966.9
多米尼克	1978.11
斐济	1970.10
冈比亚	1965.2
格林纳达	1974.2
圭亚那	1966.5
基里巴斯	1979.7
加拿大	1931.7
加纳	1957.7
肯尼亚	1963.12
喀麦隆	1995.11
莱索托	1966.10
卢旺达	2009.11
马耳他	1964.12
马拉维	1964.7
马来西亚	1957.8
毛里求斯	1968.3
孟加拉国	1972.4
莫桑比克	1995.11
纳米比亚	1990.3
瑙鲁	1968.1

尼日利亚	1960.10
塞拉利昂	1961.4
塞浦路斯	1961.3
塞舌尔	1976.6
圣基茨和尼维斯	1983.8
圣卢西亚	1979.2
圣文森特和格林纳丁斯	1979.10
斯里兰卡	1948.2
斯威士兰	1968.9
所罗门群岛	1978.7
坦桑尼亚	1961.12
汤加	1970.6
特立尼达和多巴哥	1962.8
图瓦卢	1978.10
瓦努阿图	1980.7
文莱	1984.1
乌干达	1962.10
萨摩亚	1970.8
新加坡	1965.10
新西兰	1931.2
牙买加	1962.8
印度	1947.8
英国	
赞比亚	1964.10
巴基斯坦	1989 年重新加入
南非	1994 年重新加入

四　地图 *

1. 1901 年的英属印度

1901年的英属印度

---

　* 本书地图引自［英］马丁·吉尔伯特著《英国历史地图》(第三版)，王玉菡译，中国青年出版社，2009 年。

2. 1914—1922 年的爱尔兰

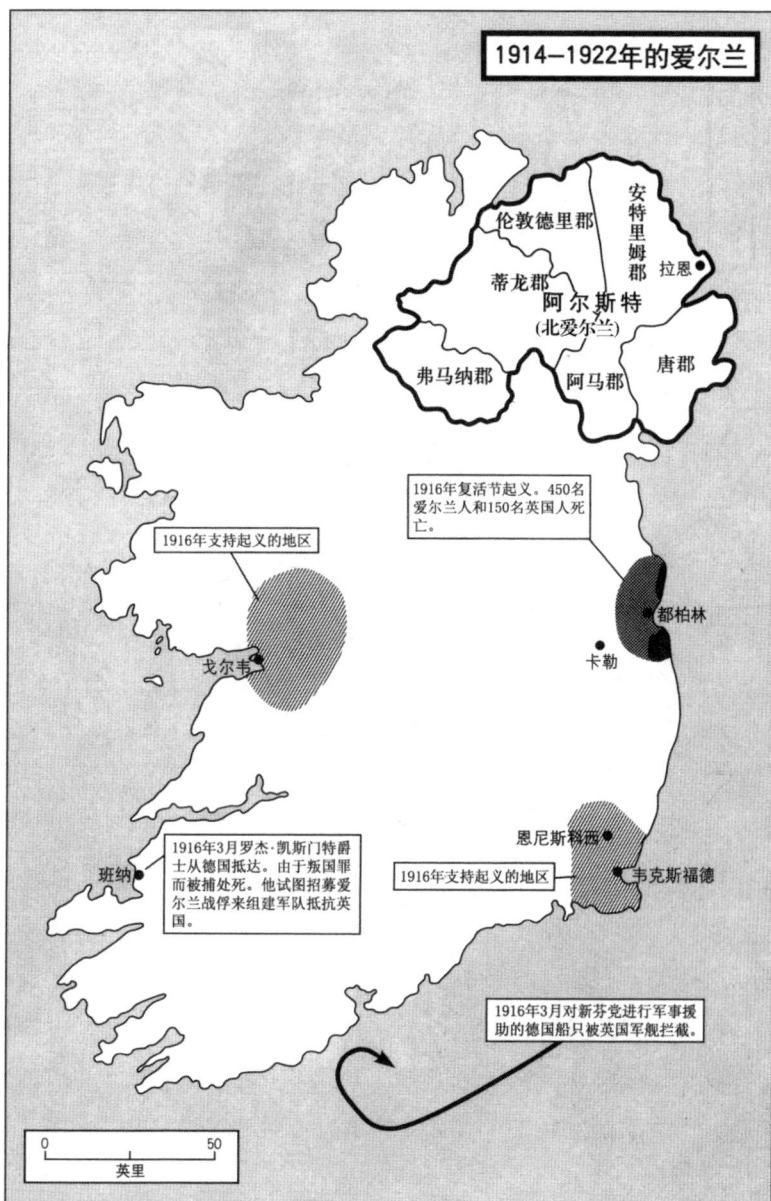

1914—1922年的爱尔兰

伦敦德里郡

安特里姆郡

蒂龙郡

拉恩

阿尔斯特
(北爱尔兰)

弗马纳郡

阿马郡

唐郡

1916年复活节起义。450名爱尔兰人和150名英国人死亡。

1916年支持起义的地区

都柏林

戈尔韦

卡勒

1916年3月罗杰·凯斯门特爵士从德国抵达。由于叛国罪而被捕处死。他试图招募爱尔兰战俘来组建军队抵抗英国。

班纳

恩尼斯科西

1916年支持起义的地区

韦克斯福德

1916年3月对新芬党进行军事援助的德国船只被英国军舰拦截。

0 ___ 50
英里

3. 1920 年的大英帝国

1920年的大英帝国

1919年原为德国殖民地的多哥、喀麦隆、瑙鲁、坦噶尼喀、德属西南非洲（归英自治领南非）、德属新几内亚（归英自治领澳大利亚）由英国托管。

4. 1945—1966 年的英国

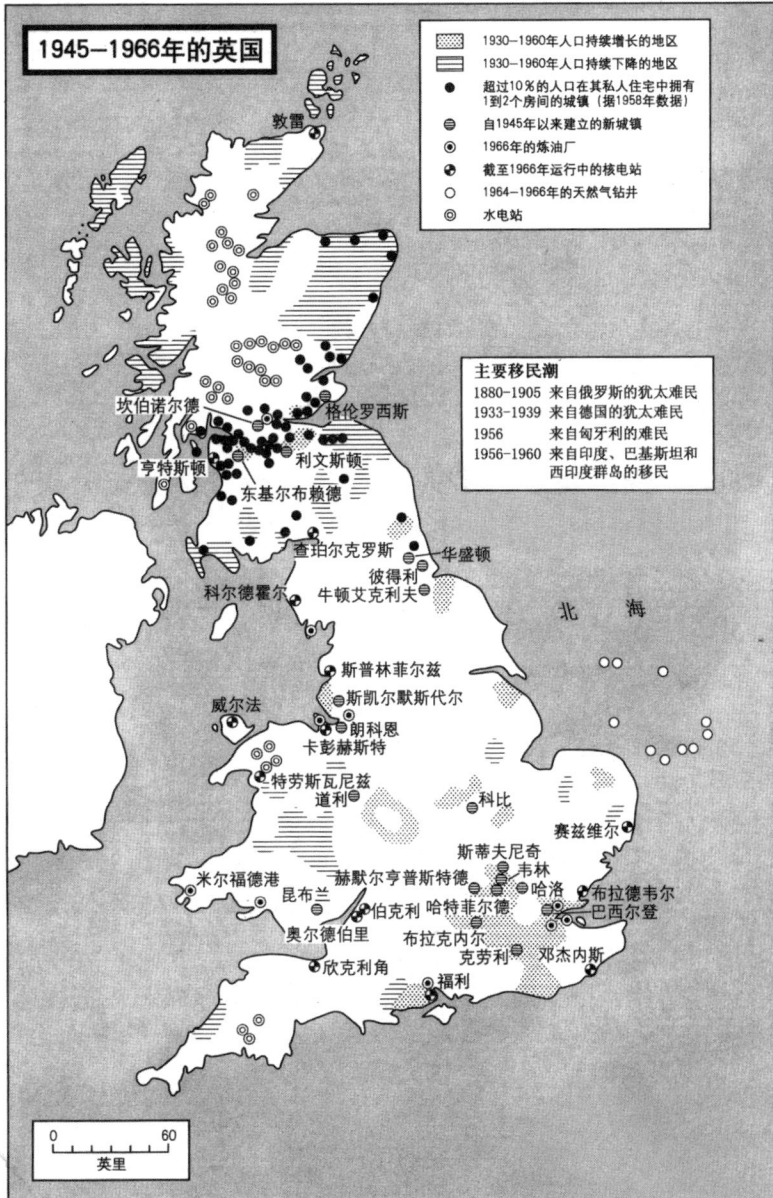

1945—1966年的英国

图例
1930-1960年人口持续增长的地区
1930-1960年人口持续下降的地区
超过10％的人口在其私人住宅中拥有1到2个房间的城镇（据1958年数据）
自1945年以来建立的新城镇
1966年的炼油厂
截至1966年运行中的核电站
1964-1966年的天然气钻井
水电站

主要移民潮

1880-1905 来自俄罗斯的犹太难民
1933-1939 来自德国的犹太难民
1956 来自匈牙利的难民
1956-1960 来自印度、巴基斯坦和西印度群岛的移民

北 海

敦雷

坎伯诺尔德
格伦罗西斯
亨特斯顿
利文斯顿
东基尔布赖德
查珀尔克罗斯
华盛顿
彼得利
科尔德霍尔
牛顿艾克利夫
斯普林菲尔兹
威尔法
斯凯尔默斯代尔
朗科恩
卡彭赫斯特
特劳斯瓦尼兹
道利
科比
赛兹维尔
斯蒂夫尼奇
米尔福德港
赫默尔亨普斯特德
韦林
哈洛
布拉德韦尔
昆布兰
伯克利
哈特菲尔德
巴西尔登
奥尔德伯里
布拉克内尔
克劳利
邓杰内斯
欣克利角
福利

0   60
英里

5．1264—1967 年的大学创办情况

1264—1967年的大学创办情况

- 阿伯丁大学 1495
- 邓迪大学 1967
- 圣安德鲁斯大学 1410
- 1967 斯特灵大学
- 格拉斯哥大学 1451
- 爱丁堡大学 1583
- 斯特拉斯克莱德大学 1964
- 赫瑞瓦特大学 1966
- 纽卡斯尔大学 1963
- 达勒姆大学 1832
- 兰开斯特大学 1964
- 约克大学 1963
- 1904 利兹大学
- 布拉德福德大学 1966
- 赫尔大学 1954
- 利物浦大学 1903
- 曼彻斯特大学 1851
- 设菲尔德大学 1905
- 索尔福德大学 1967
- 班戈分校
- 基尔大学 1962
- 1938 诺丁汉大学
- 1966 拉夫伯勒大学
- 阿斯顿大学 1966
- 1957 莱斯特大学
- 东安格利亚大学 1964
- 阿伯里斯特威斯分校
- 威尔士大学 1893
- 伯明翰大学 1900
- 1965 沃里克大学
- 剑桥大学 1284
- 斯旺西分校
- 加的夫分校
- 牛津大学 1264
- 埃塞克斯大学 1965
- 雷丁大学 1926
- 布鲁内尔大学 1966
- 布里斯托尔大学 1909
- 萨里大学 1966
- 伦敦大学 1836
- 巴斯大学 1966
- 城市大学 1966
- 肯特大学 1965
- 南安普教大学 1952
- 萨塞克斯大学 1961
- 埃克塞特大学 1955

图例：
- ● 1264—1583 年创办的大学
- ◒ 19 世纪创办的大学
- ◓ 1900—1938 年创办的大学
- ◉ 1952—1967 年创办的大学

0　　　　50
英里

附　录

6. 1999—2000 年的政府开支

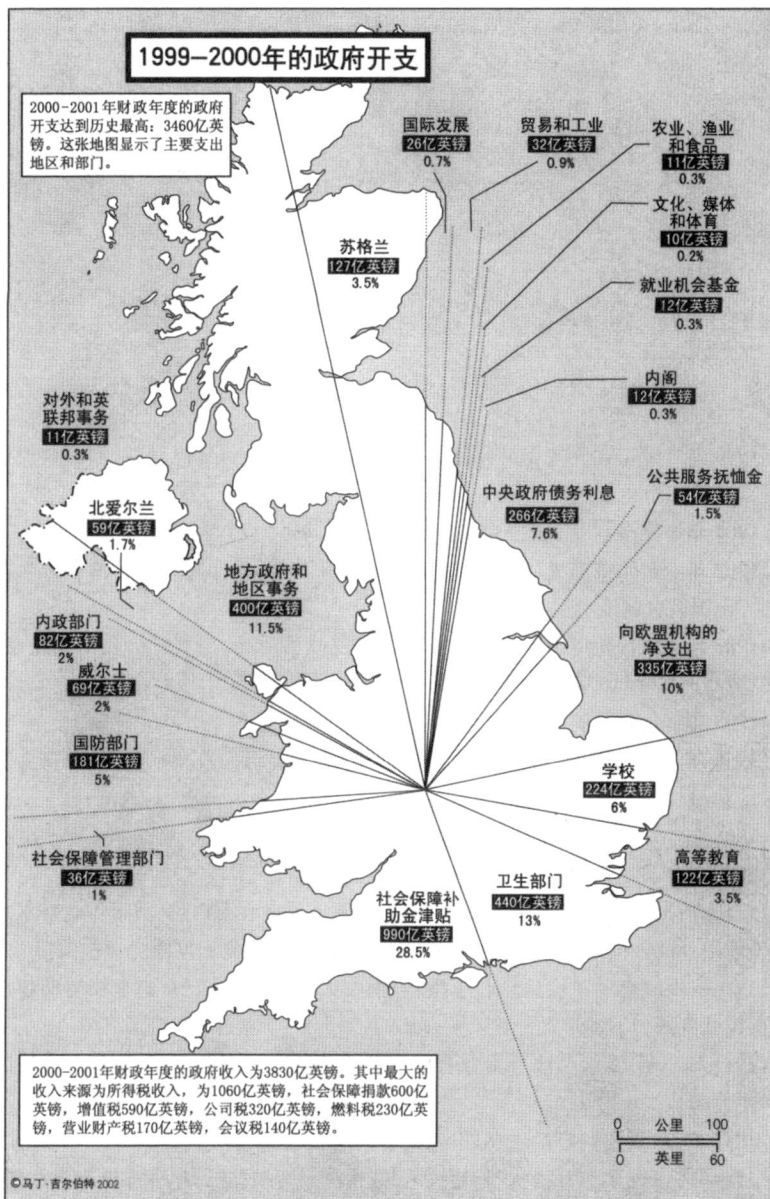

1999—2000年的政府开支

2000-2001年财政年度的政府开支达到历史最高：3460亿英镑。这张地图显示了主要支出地区和部门。

国际发展
26亿英镑
0.7%

贸易和工业
32亿英镑
0.9%

农业、渔业和食品
11亿英镑
0.3%

文化、媒体和体育
10亿英镑
0.2%

就业机会基金
12亿英镑
0.3%

内阁
12亿英镑
0.3%

苏格兰
127亿英镑
3.5%

对外和英联邦事务
11亿英镑
0.3%

公共服务抚恤金
54亿英镑
1.5%

中央政府债务利息
266亿英镑
7.6%

北爱尔兰
59亿英镑
1.7%

地方政府和地区事务
400亿英镑
11.5%

向欧盟机构的净支出
335亿英镑
10%

内政部门
82亿英镑
2%

威尔士
69亿英镑
2%

国防部门
181亿英镑
5%

学校
2244亿英镑
6%

社会保障管理部门
36亿英镑
1%

社会保障补助金津贴
990亿英镑
28.5%

卫生部门
440亿英镑
13%

高等教育
122亿英镑
3.5%

2000-2001年财政年度的政府收入为3830亿英镑。其中最大的收入来源为所得税收入，为1060亿英镑，社会保障捐款600亿英镑，增值税590亿英镑，公司税320亿英镑，燃料税230亿英镑，营业财产税170亿英镑，会议税140亿英镑。

公里 0 100

英里 0 60

©马丁·吉尔伯特 2002

553

五 大事年表

1900 年 劳工代表权委员会在伦敦成立;议会大选,保守党获胜,索尔兹伯里侯爵继续出任首相

1901 年 维多利亚女王去世,爱德华七世继位

1902 年 索尔兹伯里侯爵退休,贝尔福接任首相;颁布《1902 年教育法》,第一次统一全国教育制度

1903 年 张伯伦退出政府并正式开始关税改革运动;妇女社会政治同盟建立,开始"战斗的妇女选举权运动"

1905 年 贝尔福辞职;爱尔兰新芬党成立

1906 年 议会大选,自由党获胜,坎贝尔-班纳曼出任首相;劳工代表权委员会更名工党,组建独立的议会党团

1908 年 坎贝尔-班纳曼辞职,阿斯奎斯接任首相

1909 年 自由党政府提出"人民预算",遭上院否决

1910 年 议会大选,结果僵持;自由党和爱尔兰自治党结盟,承诺实行爱尔兰自治;爱德华七世去世,乔治五世继位;议会再次大选,自由党和保守党再次僵持

1910—1914 年 工会运动趋于激烈,损失大量工作日;妇女选举权运动趋于激烈,盛行低度暴力活动

1911 年 制定《议会法》,大力削减上院权限;制定《国民保险法》,实行自愿的社会保险原则

1912 年 《爱尔兰自治法案》引发爱尔兰内战危机

1914 年 《爱尔兰自治法》获通过,因战争爆发未被执行;第一次世界大战爆发,政府实行经济管控政策

1915 年 达达尼尔海峡战役受挫;组建联合政府,保守党参加

1916 年　阿斯奎斯辞职,劳合·乔治接任首相;组建战争指导委员会,为战时最高领导机构;爱尔兰复活节起义,被迅速镇压

1918 年　自由党分裂,形成劳合·乔治派和阿斯奎斯派;议会大选,联合政府派大胜,保守党掌权,自由党衰落;第一次世界大战结束,劳合·乔治出席凡尔赛会议

1919 年　爱尔兰志愿军改组为爱尔兰共和军

1921 年　爱尔兰组建"自由邦",取得帝国内自治领地位

1922 年　保守党退出联合政府,劳合·乔治下台;议会大选,保守党获胜,博纳·劳出任首相;工党成为第二大党

1923 年　博纳·劳辞职,鲍德温接任首相;因提出关税改革方案而进行议会大选,保守党失去议会多数;北爱尔兰 6 郡脱离爱尔兰留在联合王国内;英国改国名为"大不列颠及北爱尔兰联合王国"

1924 年　1 月,工党组建少数派政府,麦克唐纳出任首相;10 月,工党政府被推翻,举行新的议会大选,发生"季诺维也夫信件"事件,保守党获胜,鲍德温出任首相

1926 年　全国总罢工,300 万人卷入;德·瓦列拉组建芬尼亚党

1927 年　制定新的《劳资争议法》,限制工会活动和罢工权利

1928 年　苏格兰民族党成立

1929 年　议会大选,工党获胜,麦克唐纳出任首相

1929—1933 年　世界经济大危机,英国受到沉重打击,到 1934 年才基本恢复

1931 年　麦克唐纳辞职,旋又受命组建"国民政府",继续担任首相;工党将麦克唐纳开除出党;议会大选,"国民政府派"获胜,麦克唐纳继续担任首相;英国放弃金本位

1932 年　英国放弃自由贸易原则;渥太华帝国经济会议,建立帝国特惠制

1935 年　国民政府改组,鲍德温出任首相;议会大选,保守党获胜;艾德礼出任工党领袖

1936 年　凯恩斯发表《就业、利息与货币通论》;英国开始重整军备,丘吉尔发出战争警告;乔治五世去世,爱德华八世继位;国王婚姻危机,爱德华八世退位,乔治六世继位

1937 年　鲍德温辞职,内维尔·张伯伦接任首相

1938 年　慕尼黑协议,张伯伦受到英雄般欢呼;丘吉尔严厉抨击该协议

1939 年　3 月,德军进军布拉格,张伯伦对波兰做出安全保证;9 月,德军入侵波兰,第二次世界大战爆发

1940 年　张伯伦辞职,丘吉尔接任首相,发表就职演说,表示要把战争进行到底;敦刻尔克大撤退;丘吉尔组织联合政府,成立战时内阁;不列颠之战,英国摆脱了被侵占危险

1941 年　英军撤出巴尔干半岛,在克里特岛被歼灭;英美联合发布《大西洋宪章》

1942 年 英、美、苏、中等 26 国在华盛顿签署《联合国家宣言》;北非战事激烈,美军卷入;《贝弗里奇报告》出炉

1943 年 北非战场全面胜利,英美联军攻入意大利,意大利投降;英、美、中三国首脑发表《开罗宣言》;英、美、苏三国首脑举行德黑兰会议

1944 年 诺曼底登陆

1945 年 德国投降;议会大选,工党获胜,丘吉尔下台,艾德礼出任首相;英、美、苏三国签署《波茨坦协定》,发表《波茨坦公告》

1946 年 工党政府制定《国民保险法》和《国民医疗服务法》,开始建立"福利国家"

1946—1948 年 工党政府推行国有化政策;保守党调整政策,英国进入"共识政治"

1948 年 爱尔兰独立,成为"爱尔兰共和国"

1950—1960 年 爱尔兰共和军在南北爱尔兰掀起暴力高潮,要求爱尔兰统一

1950 年 议会大选,工党以微弱多数获胜,艾德礼继续担任首相

1951 年 工党分裂,比万派退出政府;议会大选,保守党获胜,丘吉尔出任首相

1952 年 乔治六世去世,伊丽莎白二世继位

1955 年 丘吉尔辞职,艾登接任首相;议会大选,保守党获胜,艾登继续担任首相

1956 年 苏伊士运河事件,英军被迫撤出苏伊士运河

1957 年 艾登辞职,麦克米伦继任首相

1959 年 议会大选,保守党获胜,麦克米伦继续担任首相

1962 年 "长刀之夜",麦克米伦解除 7 名内阁大臣和 9 名非内阁大臣职务;《英联邦移民法》取消英联邦国家公民在英国定居的权利

1963 年 麦克米伦辞职,道格拉斯-霍姆爵士接任首相

1964 年 议会大选,工党以微弱多数获胜,威尔逊出任首相;希思接替霍姆成为保守党领袖;英国开始出现滞胀现象——"英国病"

1960—1970 年 工会要求增加工资,罢工活动连续不断,给英国经济以沉重打击,"英国病"症状日益加剧

1966 年 议会大选,工党获胜,威尔逊继续担任首相

1968 年 《移民法》取消英联邦国家公民自由出入英国的权利

1969 年 北爱尔兰局势恶化,英军进驻,开始 20 多年的军事占领

1970 年 议会大选,保守党获胜,希思担任首相

1971 年 爱尔兰共和军恢复暴力活动,引发 20 多年的北爱尔兰暴力对抗

1972 年 英国经济陷入困境,英镑实行"浮动";工会罢工进入高峰

1973 年 爱尔兰共和军刺杀蒙巴顿公爵

1974 年 矿工大罢工,迫使希思政府宣布大选,两党均未过半数,威尔逊组建少

数派政府;经济危机加剧,罢工活动加剧,议会再次进行大选,工党获胜,威尔逊继续担任首相

1976 年 威尔逊辞职,卡拉汉接任首相,经济危机继续加剧;颁布《种族关系法》,规定任何形式的种族歧视为非法

1978 年 议会通过《苏格兰法》和《威尔士法》,同意在苏格兰和威尔士各自建立分权的议会,但需经全民公决才可生效

1979 年 保守党以一票多数击败政府,卡拉汉宣布举行大选,保守党获胜,撒切尔夫人出任首相;苏格兰和威尔士举行全民公决,否决了分权法案

1979—1988 年 撒切尔夫人执行紧缩政策,削减开支,减少福利项目,打击工会,实行私有化,猛药整治"英国病",至 1988 年英国经济全面好转

1981 年 工党选举新领袖,左派富特当选,右派另组社会民主党;被关押的 11 名爱尔兰共和军绝食致死,国际舆论轰动;制定《国籍法》,规定在英国出生者不自动取得英国国籍;该法主要针对有色人种

1982 年 爱尔兰共和军开始对英国本土发动袭击,多地发生暴力事件

1983 年 议会大选,保守党获胜,撒切尔夫人继续担任首相;工党选举新领袖,金诺克当选

1984 年 爱尔兰共和军在保守党年会驻地实施大爆炸

1984 年 3 月—1985 年 3 月 煤矿工会大罢工,在政府强硬应对下全面失败,工会力量受重挫

1985 年 伦敦及其他多个城市发生大规模种族骚乱,造成人员伤亡与重大财产损失

1987 年 议会大选,保守党获胜,撒切尔夫人第三次连任首相

1988 年 洛克比空难

1990 年 撒切尔夫人辞职,"撒切尔时代"结束,梅杰接任首相

1991 年 爱尔兰共和军向英国首相官邸发射火箭

1992 年 议会大选,保守党获胜,梅杰继续担任首相;史密斯接任工党领袖,开始转变工党方向

1994 年 史密斯去世,布莱尔接任工党领袖;工党代表大会废除党纲第四条,放弃"公有制";爱尔兰共和军宣布停火,开始和平进程;以色列驻英使馆被阿拉伯裔妇女炸毁

1996 年 爱尔兰共和军终止停火,在伦敦引发大爆炸

1997 年 议会大选,工党获压倒性胜利,布莱尔出任首相;工党走"第三条道路",英国进入第二次"共识政治";苏格兰和威尔士分别举行第二次全民公决,通过了分权方案;英国政府与爱尔兰民族主义者开始谈判,新芬党放弃暴力活动

1998 年 有关各方签署关于爱尔兰问题的和平协议,制定解决爱尔兰问题的基本框架

1999 年　议会通过《贵族院法》,使大多数世袭贵族丧失在上院的表决权;苏格兰和威尔士分别举行分权的议会选举,并组建分权政府

2001 年　布莱尔连任首相;阿富汗战争

2003 年　伊拉克战争

2005 年　布莱尔第三次连任首相;伦敦地铁爆炸案

2007 年　戈登·布朗接任首相

2009 年　英国开始从阿富汗撤军

2010 年　保守党与自由民主党组建联合政府,戴维·卡梅伦任首相

2011 年　参与对利比亚的空袭

2012 年　伦敦举办夏季奥运会

2014 年　苏格兰独立公投失败

2015 年　卡梅伦连任首相;伊丽莎白二世成为在位时间最长的君主

2016 年　脱欧公投获通过,英国脱离欧盟;卡梅伦宣布辞职;特雷莎·梅接任首相,成为继撒切尔夫人之后的第二任女性首相

六 参考书目

一、英文部分

Allport，Alan，*Gordon Brown*，New York：Chelsea House Publishers，2009.

Al-Sayyid，Afaf Lufti，*Egypt and Cromer: A Study in Anglo-Egyptian Relations*，London：John Murray，1968.

Amery，L S.，*My Political Life*，vol. i，London：Hutchinson，1953.

——*My Political Life*，vol. ii，London：Hutchinson，1954.

Arnault，Jacques，*Procès du Colonialisme*，Paris：Éditions Sociales，1958.

Artis，M. J.，ed.，*The UK Economy: A Manual of Applied Economics*，London，1989.

Attlee，C. R.，*As It Happened*，London：Heinemann，1954.

Bacon，R. and W. Eltis，*Britain's Economic Problem：Too Few Producers*，London，1978.

Baines，Dudley，"The Onset of Depression"，*in* Paul Johnson ed.，*20th Century Britain: Economic，Social and Cultural Change*，London and New York，1994.

Bartfield，Herbert，*The Whig Interpretation of History*，London，1931.

Bartlett，C. J.，*British Foreign Policy in the Twentieth Century*，Palgrave Macmillan，1989.

Bartlett，C. J.，*The Global Conflict: the International Rivalry Of the Great Powers，1880 - 1970*，London：Longman，1984.

Baylis，John，*Anglo-American Defence Relations，1939 - 1984*，London：

Palgrave Macmillan, 1984.

Bealey, F. & H. Pelling, *Labour and Politics 1900 - 1906*, Macmillan, London, 1958.

Beckerman, W., *Slow Growth in Britain: Causes and Consequences*, Cambridge, 1979.

Beckett, J. C., *The Making of Modern Ireland*, *1603 - 1923*, London & Boston, 1981, second edition.

Bishop, M. and J. Kay, *Privatisation: An Economic Analysis*, London, 1988.

Blackman, Janet, "The First Women's Liberation Movement", David Rubinstein, ed., *People for the People*, London & New York, 1973.

Blake, Robert, *The Conservative Party from Peel to Thatcher*, London, 1985.

Bond, B., *Chief of Staff: the Diaries of Sir Henry Pownal*, London: Leo Cooper, 1972,

Bose, S. C., *The Indian Struggle 1920 - 1942*, London: Asia Publishing House, 1964.

Boulton, Adam, *Tony's Ten Years*, *Memories of the Blair Administration*, Simon & Schuster, London, 2008.

Bower, Tom, *Gordon Brown*, *Prime Minister*, Harper Perennial, London, 2007.

Briggs, Asa, *A Social History of England*, Penguin Books, Middlesex, 1985.

Brivati, Brian and Harriet Jones, eds., *From Reconsruction to Integration*, *Britain and Europe since 1945*, Leicester: Leicester University Press, 1993.

Brown, M. Barratt, *After Imperialism*, London: Heinemann, 1963.

Bullen, R. & M. Pelly, eds., *Documents on British Policy Overseas*, London: HMSO.

Burnett, J., *A History of the Cost of Living*, Penguin Books, London, 1969.

Butler, David and Anne Sloman, *British Political Facts 1900 - 1979*, St Martin's Press, New York, 1980, fifth edition.

Butler, M., *Europe: More than a Continent*, London: Heinemann, 1986.

Butter, David & Gareth, *Twentieth Century British Political Facts 1900 - 2000*, Macmillan Press, London, eighth edition, 2000.

Byrd, Peter, ed., *British Foreign Policy under Thatcher*, Philip Allan, 1988.

Cable, James, *Political Institutions and Issues in Britain*, London, 1987.

Callaghan, James, *Time and Chance*, London: Fontana, 1988.

Callwell, C. E., *Field Marshall Sir Henry Wilson*, London: Cassell, 1927, Vol. II.

Campbell-Johnson, A., *Mission, with Mountbatten*, London: Robert Hale, 1951.

Carr, Edwar, *What is History*, London, 1965.

Carrington, C. E., *The Cambridge History of the British Empire*, New York: Cambridge University Press, 1959, Vol. Ⅲ.

Causes of the Slow Rate of Economic Growth in the United Kingdom, Cambridge, 1965.

Champion, A. G. & A. R. Townsend, *Contemporary Britain, a Ceographical Perspective*, London & New York, 1990.

Childs, D., *Britain Since 1945: A Political History*, London, 1979.

Churchill, Winston, *Winston Churchill: His Complete Speeches*, 7 vols, London: Chelsea, 1974.

——*The Second World War*, London: Cassell, 1971.

——*The World Crisis, 1911 - 1914*, London: Thornton Butterworth, 1923.

Coetzee, Frans, *For Party or Country: Nationalism and the Dilemmas of Popular Conservatism in Edwardian England*, Oxford University Press, 1990.

Cohen, Barry and David Black, *Australia: a Topical History*, Perth: Carroll's Pty. Ltd, 1973.

Cole, G. D. H., *A Short History of the British Working-Class Movement*, London, 1952.

Cole, G. D. H., *A Short History of the British Working-Class Movement*, London, 1952, Part Ⅲ, Chapter 2.

Cole, G. D. H., *A Short History of the British Working-Class Movement*, London, 1952, Part Ⅱ, Chapters 5 & 6.

Condliffe, J. D. and W. T. G. Airey, *A Short History of New Zealand*, Auckland, 1968.

Constantine, Stephen, *Social Conditions in Britain, 1918 - 1939*, London & New York, 1983.

Cook, Chris, *A Short History of the Liberal Party, 1900 - 1976*, St Martin's Press, New York, 1976.

Cook, Robin, *The Point of Departure*, London: Simon & Schuster, 2003.

Cornwall, J., *Modern Capitalism: Its Growth and Transformation*, London, 1977.

Court, W. H. B., *British Economlc History 1870 - 1914, Commentary and Documents*, Cambridge University Press, 1965.

Cowley, Philip, *The Rebels: How Blair Mislaid His Majority*, London: Politico's, 2005.

Cox, C. B. and A. E. Dyson, eds., *The Twentieth Century Mind: History, Ideas and Literature in Britain*, London: Oxford University Press, 1972.

Crafts, N. F. R. & N. W. C. Woodward, eds., *The British Economy Since 1945*, Oxford, 1991.

Crick, Bernard, *The Reform of Parliament*, London, 1966.

Crowley, F. K., ed., *A New History of Australia*, Melbourne: Heinemann, 1977.

Cutler, Tony, Karel Williams & John Williams, *Keynes, Beveridge and Beyond*, London & New York, 1986.

David Cobham, *The Making of Monetary Policy in the UK*, 1975 – 2000, Chichester: John Wiley & Sons, 2002.

Davies, A. J., *To Build a New Jerusalem, the Labour Movement from the 1880s to the 1990s*, Michael Joseph, London, 1992.

Davis, Andrew, *Leisure, Gender and Poverty, Working-Class Culture in Salford and Manchester, 1900 – 1939*, Open University, 1992.

Deane, Phyllis and W. A. Cole, *British Economic Growth: 1688 – 1959*, Cambridge University Press, 1967.

Dilks, D., *Curzon in India*, London: Hart Davis, 1969.

Dilks, David, ed., *The Diaries of Sir Alexander Cadogan, 1938 – 1945*, London: Cassell, 1971.

Divine, Robert A., *Eisenhower and the Cold War*, Oxford: Oxford University Press, 1981.

Douglas, David C., gen. ed., *English Historical Documents*, vol. xii, Cambridge University Press, 1977.

Dunett, P. G. S., *The Decline of the British Motor Industry*, London, 1981.

Duroselle, J. B., *Histoire Diplomatique: de 1919 a Nos Jours*, Paris: Dalloz, 1978.

Dutton, David, *British Politics Since 1945, the Rise and Fall of Consensus*, Basil Blackwell, Cambridge, 1991.

Edgerton, R. B., *Mau Mau: a African Crucible*, New York: The Free Press, 1989.

Eisenhower, Dwright, *Waging Peace, 1956 – 1961*, New York, Doubleday & Company, 1965.

Elton, Lord, *Imperial Commonwealth*, London: Collins, 1945.

Evans, M. J., *The Truth About Supply-Side Economics*, London, 1982.

Faucher-King, Florence, & Patrick Le Galès, *The New Labour Experiment, Change and Reform under Blair and Brown*, Stanford University Press, 2010.

Feiling, Keith, *The Life of Neville Chamberlain*, London: Macmillan, 1947.

Ferguson, P., *Industrial Economics: Issues and Perspectives*, Macmillan, London, 1988.

Foot, Michael, *Loyalists and Loners*, London, 1986.

Foot, Paul, *The Politics of Harold Wilson*, Hamondswoth: Penguin, 1968.

Gann, L. H. and Peter Duignan, eds., *Colonialism in Africa, 1870 - 1960: The History and Politics of Colonialism, 1870 - 1914*, New York and London, Cambridge University Press, 1969.

Geddes, Andrew, *The European Union and British Politics*, Palgrave Macmillan, 2004.

George, Stephen, *Britain and European Integration Since 1945*, Oxford: Basil Blackwood Ltd., 1991.

Gilbert, M., ed., *Servant of India*, London: Longman, 1966.

Goldsworthy, David, *Colonial Issues in British Politics*, Oxford: Clarendon Press, 1971.

——ed., *British Documents on the End of Empire, Series A, the Conservative Government and the End of Empire 1951 - 1957*, London: HMSO, 1994.

Gollin, A. M., *Proconsul in Politics*, London: Anthony Blond, 1964.

Gopel, S., *British Policy in India 1858 - 1905*, Cambridge: Cambridge University Press, 1965.

Gregg, Pauline, *Modern Britain, a Social and Economic History since 1760*, Pegasus, New York, 1965.

Gregg, Pauline, *Modern Britain, a Social and Economic History since 1760*, Pegasus, New York, 1965, chapter 24, "Education".

Gregg, Pauline, *Modern Britain, a Social and Economic History since 1760*, Pegasus, New York, 1965.

Grigg, John, *Lloyd George: The People's Champion, 1902 - 1911*, London : Eyre Methuen, 1978.

Griggs, J., *Lloyd George: from Peace to War, 1912 - 1916*, London: Methuen, 1985.

Hamilton, Henry, *History of the Homeland*, George Allen & Unwin Ltd., London, 1965.

Hancock, W. K., *Argument of Empire*, London: Penguin, 1943.

Hanham, H. J., *Elections and Party Management: Politics in the Time of Disraeli and Gladstone*, London, 1959.

Hannington, Wal, *Unemployed Struggles*, *1919 - 1936*, London: Lawrence and Wishart, 1936, first edition.

Harris, K., *Thatcher*, London, 1988.

Harris, Kenneth, *Attlee*, London: George Weidenfeld & Nicolson Ltd., 1982.

Harrison, J. P. C., *The Common People*, Flemingo, London, 1984.

Harvey, J. and L. Bather, *The British Constitution*, Macmillan, London, 1963.

Havighurst, Alfred F., *Britain in Transition*, Chicago University Press, 1985, fourth edition.

Henig, Ruth, ed., *The League of Nations*, Edinburgh: Oliver & Boyd, 1973.

Hennessy, Peter, *Never Again*, *Britain 1945 - 1951*, Vintage, London, 1992.

Hinden, Rita, ed. , *Fabian Colonial Essays*, London: Allen & Unwin, 1945.

Hinden, Rita, *Empire and After: Study of British Imperial Attitudes*, London: UK Essential Books, 1949.

Hobsbawm, E. J., *Industry and Empire*, Penguin Books, 1979.

Hobson, S. G., *Guild Principles in War and Peace*, London, 1908.

Hodson, H. V., *The Great Divide*, London: Hutchinson, 1969.

Hoggwood, K., *Trends of Public Policy in Britain*, London, 1993.

Holland, R. F., *The Pursuit of Greatness: Britain and the World Role*, *1900 - 1970*, London: Fontana, 1991.

Holroyd, Michael, *Lytton Strachey: A Biography*, London: Penguin, 1968.

Horne, Alistair, *Macmillan 1894 - 1956*, London: Macmillan, 1988.

Howard, Harry N., *Turkey, the Straits and U. S. Policy*, Baltimore and London: Johns Hopkins University Press, 1974.

Howard, M., *The Continental Commitment*, London: Penguin Books, 1974.

Hunt, E. H., *British Labour History 1815 - 1914*, Humanities Press, New Jersey, 1981.

Hyam, R., ed., *British Documents on the End of Empire Series A*, *vol. 2: The Labour Government and the End of Empire 1945 - 1951*, London: HMSO, 1992.

Ingle, Stephen, *The British Party System*, Oxford Univesity Press, 1989, second edtion, chapter 8.

James, L., *The Rise and Fall of the British Empire*, New York: St. Martin's Press, 1994.

James, R. Robert, *The British Revolution*, *British Politics 1880 - 1939*, London, 1978.

Jefferys, Kevin, *The Attlee Government 1945 - 1951*, London & New York, 1992.

Johnson, Paul, ed., *20th Century Britain: Economic*, *Cultural and Social Change*, London and New York, 1994.

Jones, J. H., G. Cardwright and P. H. Guenhault, *The Coal Mining Industry*, London, 1939.

Jones, Peter, *America and the British Labour Party: the Special Relationship at Work*, London, I. B. Tauris, 1997.

Kampfner, *John, Blair's War*, London: Free Press, 2003.

Keith, A. B., *The Constitutional Law of the British Dominions*, London: Macmillan, 1933.

Kennedy, Paul, *The Realities Behind Diplomacy*, Glasgow: Fontana Press, 1981.

Kimball, Warren, *The Juggler: Franklin Roosevelt as Wartime Statesman*, Princeton, NJ: 1991.

King, Anthony ed., *The British Prime Minister*, Macmillan Press, London, 1986, second edition.

Koss, S. E., *John Morley at the India Office 1905 - 1910*, New Haven: Yale University Press, 1969.

Lamfalusy, A., *Investment and Growth in Mature Economies*, London, 1961.

Laslett, P. & R. Wall, *Household and Family in Past Time*, Cambridge, 1972.

Lee, C. H., *The British Economy Since 1700*, Cambridge University Press, 1986.

Lloyd, T, O., *Empire to Welfare State*, Oxford University Press, 1986.

Lloyd, T. O., *Empire to Welfare State*, *English History 1906 - 1985*, Oxford University Press, third edition, 1991.

Longford, Lord, *A History of the House of Lords*, London, 1988.

Lowe, Peter, "The Settlement of the Korean War", in John Yong, ed., *The Foreign Policy of Churchill's Peacetime Administration*, *1951 - 1955*, Leicester: Leicester University Press, 1988.

Luard, Evan, *Britain and China*, Johns Hopkins, 1962.

Ludlam, Steve and Martin J. Smith, eds., *Governing as New Labour: Policy*

Politics under Blair, Basingstoke: Palgrave Macmillan, 2004.

Lunt, W. E., *History of England*, Harper & Brothers, New York & London, 1946.

MacIntyre, Stuart, *The Oxford History of Australia*, Melbourne: Oxford University Press, 1986, Vol. 4,(1901-1942).

Mackintosh, John P., *The British Cabinet*, London, 1977, third edition.

Maddison, A., *The World Economy in the Twentieth Century*, Paris, 1989.

Mansergh, P., *The Commonwealth Experience*, London: Weidenfeld & Nicolson, 1969.

Mansfield, P., *The British in Egypt*, London: Weidenfeld and Nicolson, 1971.

Marwick, Arthur, *British Society since 1945*, Penguin Books, London, 1990.

Marwick, Arthur, *The Deluge: British Society and the First World War*, Macmillan, London, 1965.

Mathias, P., *The First Industrial Nation*, London, 1969.

McCullough, David, *Truman*, New York: Touchstone, 1992.

McKibbin, Ross, *The Evolution of the Labour Party*, *1910-1924*, Oxford University Press, 1986.

McNamara, Robert S., *In Retrospect: The Tragedy and Lessons of Vietnam*, New York: Times Books, 1995.

McNeill, William H., *Survey of International Affaires 1939-1946: America*, *Britain and Russia*, *Their Co-operation and Conflict*, London, Oxford University Press, 1953.

Medlicott, Norton,"Britain and Germany: the Search of Agreement 1930-1937", in David Dilks, ed., *Retreat from Power*, London: Macmillan, 1981.

Medlicott, W. N., *British Foreign Policy Since Versailles*, London: Methuen, 1968.

Mehrotra, S. R., *India and the Commonwealth 1885-1929*, London: Allen & Unwin, 1965.

Mehrotra, S. R., *India and the Commonwealth*, London: Allen & Unwin, 1965.

Middlemas, K, & J. Barnes, *Baldwin*, London, 1969.

Middlemas, Keith, *Britain in Search of Balance 1940-1961*, Stanford University, 1986.

Middlemas, K. and J. Barnes, *Baldwin: a Biography*, London: Weidenfeld and Nicolson, 1969.

Millward, R. and D. M. Parker, "Public and Private Enterprise: Comparative Behaviour and Relative Efficiency", in the authors ed., *Public Sector Economics*, Longman, London, 1983.

Mitchell, B. R., *British Historical Statistics*, Cambridge University Press, 1988.

Monger, G. W., *The End of Isolation: British Foreign Policy, 1900 - 1907*, London: Nelson, 1963.

Moran, Michael, *Politics and Society in Britain*, London, 1989, second edition.

Morgan, K., O, *The Age of Lloyd George*, London, 1978.

Morgan, K., *Consensus and Disunity: the Lloyd George Coalition, 1918 - 1922*, Oxford: Clarendon Press, 1979.

Morgan, Kenneth O., *Labour People, Leaders and Lieutenants: Hardie to Kinnock*, Oxford University Press, 1987.

Morgan, Kenneth O., *The People's Peace, British History 1945 - 1989*, Oxford University Press, 1992.

Morley, J., *Recollections*, New York: Macmillan, 1917, Vol. 2.

Morris-Jones, W. G., and G. Fisher, eds., *Decolonization and After*, London: Frank Cass, 1980.

Mungeam, G. H., *British Rule in Kenya 1895 - 1912*, Oxford: Clarendon Press, 1966.

Olson, Mancur, *The Rise and Decline of Nations: Economic Growth, Stagflation and Social Rigidities*, New Haven: Yale University Press, 1982.

Orendale, Ritchie, *The English-Speaking Alliance: Britain, the United States, the Dominions and the Cold War*, London: Macmillan, 1979.

Osmond, John, *The Divided Kingdom*, Constable, London, 1988.

Page, Caroline, *US Official Propaganda During the Vietnam War, 1965 - 1973: The Limits of Persuasion*, Leicester: Leicester University Press, 1996.

Pearce, Malcolm & Geoffrey Stewart, *British Political History, 1867 - 1990*, Routledge, London & New York, 1992.

Pearce, Malcolm & Geoffrey Stewart, *British Political History, 1867 - 2001*, Routledge, London & New York, third edition, 2002.

Pearce, Robert, ed., *Patrick Gordon Walker: Political Diaries*, London: Historian's Press, 1991.

Pelling, Henry, *A Short History of the Labour Party*, London, 1965, second edition.

Pimlott, Ben, *Labour and the Left in the 1930s*, London, 1986.

Porter, Bernard, *The Lion's Share: A Short History of British Imperialism 1850 - 1983*, London: Longman, 1984.

Porter, J. H., "Cotton and Wool Textile", in D. H. Alderoft and N. K. Buxon eds., *British Industry between the Wars*, London.

Postan, M. M., *British War Production*, London, 1952.

Pryke, R., *Nationalized Industries*, Oxford, 1981.

——*Public Enterprise in Reality*, London, 1971.

Pulzer, P., *Political Representation and Elections in Britain*, London, 1967.

Punnett, R. M., *British Government and Politics*, Norton, New York, 1968.

Ramsden, John, *The Age of Balfour and Baldwin*, *1902 - 1940*, London & New York, 1978.

Randall, F., *British Government and Politics*, Plymouth, Britain, 1984, third edtion.

Read, D., *Edwardian England*, London, 1972.

Richardson, H. W., *Economic Recovery in Britain 1932 - 1939*, London, 1967.

Rickgod, E., *Collections*, London, 1928.

Riddell, P., *The Thatcher Era and Its Legacy*, London, 1991.

Robbins, Keith, *Sir Edward Grey*, London: Cassell, 1971.

——*The Eclipse of a Great Power*, Longman, London and New York, 1983.

——*The Eclipse of a Great Power*, *Modern Britain 1870 - 1975*, London & New York, 1983.

——*The Eclipse of a Great Power*, *Modern Britain 1870 - 1975*, Longman, London & New York, 1990, fourth edition.

Roberts, B. C., *The Trades Union Congress 1868 - 1921*, Harvard University Press, 1958.

Rose, David & Carolyn Vogler, *Social Class in Britain Today*, London, 1988.

Royle, Edward, *Modern Britain*, *a Social History 1750 - 1985*, Arnold, London, 1987.

Rubinstein, David, ed., *People for the People*, London & New York, 1973.

Sayers, R. S., *A History of Economic Change in England 1880 - 1939*, Oxford University Press, 1978.

Schlesinger, Arthur, ed., *The Dynamics of World Power: a Documentary History of U. S. Foreign Policy 1945 - 1973*, New York: Chelsea House, 1973, Vol. II.

Seldon, Anthony, *Blair*, Free Press, London, 2005.

——*UK Political Parties Since 1945*, New York & London, 1990.

——ed., *Blair's Britain*, *1997 - 2007*, Cambridge: Cambridge University Press, 2007.

Seldon, Anthony and Dennis Kavanagh, eds., *The Blair Effect 2001 - 2005*, Cambridge: Cambridge University Press, 2005.

Shepherd, Robert, *The Power Brokers*, *the Tory Party and Its Leaders*, Hutchinson, London, 1991.

Sherwood, Robert, E., *Roosevelt and Hopkins*, New York, 1948.

Sithole, Ndabaningi, *African Nationalism*, Cape Town: Oxford University Press, 1959.

Skidelsky, Robert. *John Maynard Keynes: Hope Betrayed*, *1883 - 1920*, London: Macmillan, 1984.

Smellie, K. B., *Great Britain Since 1688*, Michigan University Press, 1962.

Srinivasan, Krishnan, *The Rise*, *Decline and Future of the British Commonwealth*, London: Palgrave, 2005.

Steiner, Z. S., *Britain and the Origins of the First World War*, London: Palgrave Macmillan, 1977.

Stevenson, John, *British Society 1914 - 1945*, Penguin Books, London, 1990.

Stothard, Peter, *30 Days: A Month at the Heart of Blair's War*, London: Harper Collins, 2003.

Sydney, and Beatrice Webb, *Industrial Democracy*, first published in 1897.

Tawney, R. H., *Religion and the Rise of Capitalism*, London: Penguin Books, 1966.

Teieh, Mikulas & Roy Porter eds., *The National Question in Europe in Historical Context*, Cambridge University Press, 1993.

Temple, Mick, *Blair*, Haus Publishing, London, 2006.

Thane, Pat, *The Foundations of the Welfare State*, Longman, London & New York, 1993, second editon.

Thomas, Ned, *The Welsh Extremist*, Lolfa, Britain, 1973.

Thomson, David, *England in the Twentieth Century*, Penguin Books, 1970.

Thornton, A. P., *The Imperial Idea and Its Enemies*, London: Macmillan, 1959.

Tomlinson, J., *Problems of British Economic Policy 1870 - 1945*, London and New York, 1981.

Truscott, Peter, *The Korean War in British Foreign and Domestic Policy*,

1950 - 1952, Oxford: Oxford University Press, 1984.

Wainwright, Hilary, *Labour, a Tale of Two Parties*, London, 1987.

Wasti, S. R., *Lord Minto and the Indian Nationalist Movement 1905 - 1910*, Oxford: Clarendon Press, 1964.

Watt, D. C., *Personalities and Politics*, London: Longman, 1965.

Webb, R. K., *Modern England*, London, 1986.

White, L. W. and W. D. Hussey, *Goverment in Great Britain, the Empire and the Commonwealth*, Cambridge University Press, 1965.

Williams, K., J. Williams & D. Thomas, *Why Are the British Bad at Manufacturing?* London, 1983.

Wilson, Harold, *The Labour Government 1964 - 1970: A Personal Record*, London: Weidenfeld and Nicolson, 1971.

Wilson, K., *The Policy of Entente*, Cambridge: Cambridge University Press, 1985.

Wolpert, S., *Shamful Flight, The Last Years of the British Empire in India*, Oxford: Oxford UP, 2006.

Wolpert, S. A., *Morley and India 1906 - 1910*, Cambridge: Cambridge University Press, 1967.

Womack, Kenneth & Todd F. Davis eds., *Reading the Beatles, Cultural Studies, Literary Criticism, and the Fab Four*, New York: the State University of New York Press, 2006.

Youngson, A. J., *The British Economy 1920 - 1959*, Harvard University Press, 1960.

Zebel, S. H., *Balfour: A Political Biography*, Cambridge: Cambridge University Press, 1973.

二、中文部分

［澳］麦金泰尔著:《澳大利亚史》,东方出版中心 2009 年版。

［德］马克斯·比尔:《英国社会主义史》下卷,商务印书馆 1959 年版。

［俄］斯大林:《斯大林文选》,人民出版社 1962 年版下册。

［加］哈里·G. 约翰逊:《凯恩斯的革命与对抗革命的货币主义者》,载《现代国外经济学论文选》第一辑,第 91—110 页。

［加］戴维·普理查德和艾伦·莱萨特:《见证披头士》,人民音乐出版社 2003 年版。

［美］C. E. 布莱克和 E. C. 赫尔姆赖克合著:《二十世纪欧洲史》,人民出版社 1984 年版。

［美］彼得·斯·汉森:《二十世纪音乐概论》下册,人民音乐出版社 1987 年版。

［美］小查尔斯·爱德华·梅里亚姆:《卢梭以来的主权学说史》,法律出版社 2006 年版。

［意］卡洛·M. 奇波拉主编:《欧洲经济史》,第 6 卷(上册),商务印书馆 1991 年版。

［意］亚瑟·戴维斯:《披头士乐队》,作家出版社 2007 年版。

［英］A. J. 艾耶尔:《贝特兰·罗素》,上海译文出版社 1982 年版。

［英］G. D. H. 柯尔:《费边社会主义》,商务印书馆 1984 年版。

［英］J. S. 密尔:《代议制政府》,商务印书馆 1984 年版。

［英］J. S. 密尔:《论自由》,商务印书馆 1982 年版。

［英］W. N. 梅德利科特:《英国现代史》,商务印书馆 1990 年版。

［英］艾登:《安东尼·艾登回忆录》(下册),商务印书馆 1975 年版。

［英］艾弗·埃文斯:《英国文学简史》,人民文学出版社 1984 年版。

［英］鲍桑葵:《美学史》,商务印书馆 1986 年版。

［英］彼得·詹金斯:《撒切尔夫人的革命》,新华出版社 1990 年版。

［英］德里克·W. 厄尔温:《第二次世界大战后的西欧政治》,中国对外翻译出版公司 1985 年版。

［英］亨利·佩林:《丘吉尔传》,东方出版社 1988 年版。

［英］华尔特·艾尔提斯:《凯恩斯传统教义的失败》,载《现代国外经济学论文选》,第一辑。

［英］霍布豪斯:《自由主义》,商务印书馆 1996 年版。

［英］卡尔·波普尔:《猜想与反驳》,上海译文出版社 1986 年版。

［英］凯恩斯:《就业、利息与货币通论》,商务印书馆 1994 年版。

［英］克墨德:《劳伦斯》,三联书店 1986 年版。

［英］肯尼斯·哈里斯:《撒切尔首相传》,职工教育出版社 1989 年版。

［英］罗伯特·基:《爱尔兰史》,东方出版中心 2010 年版。

［英］罗斯玛丽·兰伯特:《剑桥艺术史·20 世纪艺术》,译林出版社 2009 年版。

［英］马里欧特:《现代英国》,商务印书馆 1973 年版。

［英］马林诺夫斯基:《文化论》,中国民间文艺出版社 1987 年版。

［英］马林诺夫斯基:《巫术、科学、宗教与神话》,中国民间文艺出版社 1986 年版。

［英］马歇尔:《经济学原理》下卷,商务印书馆 1965 年版。

［英］麦克米伦:《麦克米伦回忆录》(5),商务印书馆 1976 年版。

［英］梅因:《古代法》,商务印书馆 1984 年版。

［英］丘吉尔:《第二次世界大战回忆录》第二卷,商务印书馆 1975 年版,第一册。

［英］丘吉尔:《第二次世界大战回忆录》第二卷,商务印书馆 1975 年版。

［英］丘吉尔：《第二次世界大战回忆录》第一卷，商务印书馆 1974 年版，第二册。

［英］丘吉尔：《第二次世界大战回忆录》第一卷，商务印书馆 1974 年版，第四册。

［英］汤普森：《英国工人阶级的形成》，译林出版社 2001 年出版，"前言"。

［英］汤因比：《历史研究》中册，上海人民出版社 1986 年版。

［英］唐纳德·雷诺兹：《剑桥艺术史·19 世纪艺术》，译林出版社 2009 年版。

［英］休·塞西尔：《保守主义》，商务印书馆 1986 年版。

［英］伊丽莎白·约翰逊：《凯恩斯是科学家还是政治家?》，载琼·罗宾逊编《凯恩斯以后》，商务印书馆 1985 年版。

［英］约翰·希克斯：《经济学展望》，商务印书馆 1986 年版。

［英］约翰·希克斯：《凯恩斯经济学的危机》，商务印书馆 1979 年版。

《英王陛下政府的声明与宣言草案及其通讯和决议》，伦敦 1942 年。引自巴拉布舍维奇·季雅科夫《印度现代史》，三联书店 1975 年版。

《现代国外经济学论文选》，商务印书馆 1979 年版，第一辑。

常耀信主编：《英国文学通史》（第三卷），南开大学出版社 2012 年版。

侯维瑞：《现代英国小说史》，外语教育出版社 1985 年版。

侯维瑞主编：《英国文学通史》，上海外语教育出版社 1999 年版。

江天骥：《当代西方科学哲学》，中国社会科学出版社 1984 年版。

罗志如、厉以宁：《20 世纪的英国："英国病"的研究》，人民出版社 1982 年版。

田启波：《吉登斯现代社会变迁思想研究》，人民出版社 2007 年版。

王绳祖：《国际关系史资料选编》（下册），武汉大学出版社 1983 年版。

王振华主编：《撒切尔主义》，中国社会科学出版社 1992 年版。

王佐良、周珏良主编：《英国 20 世纪文学史》，外语教学与研究出版社 2006 年版。

许宝强、罗永生选编：《解殖与民族主义》，中央编译出版社 2004 年版。

杨雪章：《凯恩斯主义》，商务印书馆 1964 年版。

杨豫：《西方史学史》，江西人民出版社 1993 年版。

杨振武主编：《各国概况·欧洲部分》，世界知识出版社 1001 年版。

张广智：《西方史学史》，复旦大学出版社 2008 年版。

《周恩来外交文选》，中央文献出版社 1990 年版。

《中华人民共和国对外关系文件集,1958 年》，世界知识出版社。

七 译名对照与索引

后　记

　　本卷作者分工如下：钱乘旦撰写第一篇"政治"，第三篇"社会"，"前言"与"尾声"；陈祖洲撰写第二篇"经济"1—5 章，徐滨补写第 6 章；潘兴明撰写第四篇"帝国与联邦"，第五篇"外交"；陈晓律撰写第六篇"思想与文化"。钱乘旦统稿全书，并对内容和文字进行修改。孙莹帮助做"参考书目"和"译名对照与索引"，谨此感谢。